엑셀을 활용한

경영자료분석과 의사결정

김상수 이근필 공저

도서출판 시대가치

서 문

현재 우리가 살아가는 사회를 정의하라고 하면 '지식사회'와 '창조사회'라는 단어가 가장 적합하지 않을까 싶다. 4차 산업혁명과 함께 big data, AI, 메타버스 등의 디지털 기술이 매우 빠른 속도로 발전하고 그 영향력이 크다 하더라도 아직까지는 인간의 지적 능력을 대신할 수는 없다. 디지털 사회에서는 인간이 정보와 기술을 잘 사용하는 능력을 갖추는 것도 중요하지만 정보와 기술을 이용해서 문제를 해결할 수 있는 활용능력을 갖추는 것이 더욱 중요하기 때문이다. 특히 경영학 분야에서는 정보와 기술을 활용하여 경영 현상을 분석하고 대안을 찾아내는 분석능력과 의사결정 역량을 갖추는 것이 매우 중요하다.

많은 대학의 경영학과에서 경영자료를 처리하고 분석하여 의사결정을 할 수 있는 능력을 배양하기 위하여 경영자료분석, 경영자료처리, 의사결정론 등의 다양한 과목에서 spreadsheet software와 database software 사용방법을 강의하고 있다. 이 책은 경영학을 전공하는 학생들의 데이터 분석능력과 의사결정능력의 배양을 위해 가장 보편적으로 사용되는 Microsoft사의 Excel 활용능력을 키우기 위하여 쓰여졌다. 대부분의 spreadsheet software 교재들이 software 사용방법을 배운 후 적용분야를 설명하고 있는 반면에, 본서는 spreadsheet software를 활용하는 경영학의 응용분야에 대한 이론적 개념을 먼저 설명하고 해당 응용분야에서 Excel을 활용하는 방법을 구체적으로 설명하는 순서로 구성되었다. 이를 통하여 본서를 학습하는 학생들의 경영학에 대한 이해도를 높이는 동시에 Excel의 사용능력을 향상시키는 데 그 목적을 두고 있다.

본서는 총 6장으로 구성되어 있다. 1장에서는 데이터베이스에 대한 이해를 기반으로 Excel에서 간단한 database software를 구축하고 이용하는 방법에 대하여 설명하였고, 2장에서는 기업의 경영성과를 평가하고 분석하는 재무제표에 대한 개념적 이해를 기반으로 Excel을 활용하여 재무제표의 작성과 재무비율을 계산하는 방법 등을 설명하였다. 3장은 경제성 분석에 관한 내용으로 현금의 시간가치와 수익성 분석, 부가가치 분석 등의 개념을 학습하고 이를 Excel의 재무함수 등을 통해 계산하는 방법을 설명하였다. 4장에서는 통계학의 기본개념인 기술통계분석과 추론통계 분석을 학습하고 Excel을 활용한 통계분석 방법을 제시하였으며, 5장에서는 이동평균법, 지수평활법, 분할법, 회귀분석법 등의 수요예측의 개념을 학습하고 이를 Excel을 통하여 계산하는 방법을 설명하였고, 6장에서는 의사결정의 개념과 계량적 의사결정 방법 중의 하나인 선형계획법을 Excel을 활용하여 계산하는 방법을 설명하였다. 또한 각 장의 후반부에는 각 장의 주제와 관련한 사례와 함께 이를 분석하는 방법을 '사례연구' 타이틀로 수록하였으며, 아울러 효과적인 기획서 및 보고서를 작성하는 방법을 수록하였다. 그리고 본서 부록으로 Excel 활용 팁을 구분하여 담아 놓았다.

본서는 이론과 활용법을 가급적 쉽고 자세하게 설명함으로써 이 책을 이용하여 강의하시는 교수님들이나 Excel을 배우는 학생들을 조금이나마 행복하게 해드렸으면 하는 생각으로 사례와 도표를 이용한 자세한 설명을 하기 위해 나름의 노력을 하였으나 많은 부분에서 부족함을 느낀다.

끝으로 이 책을 집필하는 데 함께 참여한 이근필 박사과정과 경영자료분석이라는 과목을 만들고 함께 강의하면서 많은 조언을 해주시는 박광호 교수님을 비롯한 백동현 교수와 한창희 교수께 다시 한번 감사의 말씀을 드리고 싶다. 마지막으로 사랑하는 우리 가족들의 사랑과 믿음 없이는 나의 존재가 의미가 없기에 다시 한번 고마움의 마음을 전하고 싶다.

2021년 12월

대표저자 **김상수**

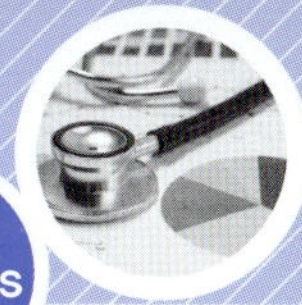

Contents

차 례

1장 데이터베이스의 관리

4장 통계분석

5장 수요예측

Contents

6장 선형계획법

CHAPTER

1

데이터베이스의 관리

1 데이터베이스의 관리

1) 데이터베이스 관리의 개요

(1) 기업 경영과 데이터베이스

SUMMARY

- 기업 경영활동에는 많은 양의 자료가 발생하기 때문에 이를 효율적으로 수집, 저장, 관리, 활용, 공유해야 함.
- 데이터(Data) 및 정보(Information)가 없으면 기업 경영은 불가능함.
- 많은 기업들은 대량의 자료를 보다 신속하게 처리하기 위하여 Oracle, SAP과 같은 대형 데이터베이스 관리시스템(DBMS: Database Management Systems)을 개발하여 이용함.
- 소상공인 및 개인들은 MS의 Access 같은 도구나, 혹은 간단한 DB는 MS Excel Database를 활용해서 기업 경영에 필요한 정보를 가공하는 능력을 갖추어야 함.
- Customer Relationship Management, Business Intelligence, Data mining, Data warehousing, Big Data 등 모든 지능화의 도구는 Database임.

기업 경영활동을 수행하는 데는 **많은 양의** 거래(transactions)가 발생하며, 이들 거래들은 **많은 양의 자료**를 발생시킨다. 예를 들어, 고객들이 상품이나 서비스를 구입하고 돈을 지불하는 것은 하나의 거래이며, 이와 같은 거래는 하루에도 수없이 발생하고, 동시에 구입 일자, 제품명, 가격, 수량, 고객번호, 고객의 이름, 신용카드번호, 판매자의 번호 등 많은 양의 자료가 발생한다. 또한 생산부서에서는 많은 종류의 부품을 구입하기 위하여 공급업자에게 발주서를 보내고, 이들 발주서를 받은 공급업자들은 부품과 원자재를 납품하게 되는데 이들 거래 활동에도 공급업자의 이름, 주소, 부품의 이름, 부품의 사양, 가격, 수량, 입고 일자, 불량품의 수 등의 많은 양의 자료가 발생한다.

이렇게 기업 경영활동을 수행하는 데는 많은 거래가 일어나고 동시에 많은 양의 자료가 발생하기 때문에 이들 **자료를 신속하고 효율적으로 처리할 필요**가 있기에 기업들은 많은 양의 자료를 신속하게 처리하기 위하여 Oracle, SAP과 같은 대형 데이터베이스 관리시스템(DBMS: database management systems)을 개발하여 많은 양의 자료를 수집 · 정리 · 갱신 · 저장 · 분류 · 검색하고, 보고서를 만드는 것이다. 대량의 자료를 신속하게 처리하기 위하여 데이터베이스 관리시스템을 기초로 개발된 정보시스템을 ERP(Enterprise Resource Planning) 시스템이라고 하는데 대부분의 기업, 정부기관, 대학들은 이와 같은 시스템을 도입하여 많은 양의 정보를 신속하게 처리함으로써 인건비와 원가를 줄이게 된다.

특히 일부 산업에서는 정보시스템 없이는 경영활동을 수행할 수 없을 정도로 정보시스템에 대한 의존도가 매우 높다. 은행과 증권회사와 같은 금융회사에서 예금과 인출 업무를 처리하는 계좌정보시스템, 대형 슈퍼마켓이나 백화점과 같은 유통회사들의 POS(point of sale) 정보시스템, 고객의 예약을 처리하는 항공사의 예약처리시스템, 한국전력이나 KT와 같은 공공기업들의 정보시스템, 학생들의 학사행정을 처리하는 대학의 교무행정시스템, 행정안전부나 국세청과 같은 정부기관들의 정보시스템들은 이들 조직들의 업무처리활동의 근간이 되며 이들 정보시스템 없이는 경영활동을 수행할 수 없다. 또한 Customer Relationship Management, Business Intelligence, Data mining, Data warehousing, Big Data 등 모든 지능화의 도구는 데이터베이스(Database)를 기반으로 하고 있다.

간단한 형태의 데이터베이스를 관리할 필요가 있을 때는 엑셀과 같은 스프레드시트 소프트웨어를 이용하여 자료의 정리, 분류, 검색, 보고서 작성과 같은 데이터베이스 관련 업무들을 수행할 수 있다. 본 장에서는 엑셀을 이용하여 데이터베이스를 만들고 자료들을 정렬, 검색, 분류, 보고서 작성과 같은 업무들을 수행하는 것을 설명하게 된다.

2) 자료의 계층구조

SUMMARY

- 필드(field) : 관심을 가지고 있는 개체들의 특성을 묘사하는 변수. 엑셀에서는 하나의 셀이 하나의 필드를 구성
- 레코드(record) : 관심을 가지고 있는 대상이나 개체. 엑셀에서는 한 줄의 행

- 파일(file) : 레코드들과 레코드들의 필드들을 함께 모아 놓은 것으로 테이블로 불리기도 하며 엑셀에서는 하나의 sheet가 파일에 해당
- 데이터베이스(database) : 여러 파일들을 일련의 규칙에 의하여 연결시켜서 모아 놓은 것으로 엑셀에서는 엑셀 문서 하나에 해당

데이터베이스를 구축하고 관리하는 일을 수행하기 위해서는 자료의 계층 간 구조와 용어에 대한 이해가 필요하다. 데이터베이스 계층은 필드, 레코드, 파일, 데이터베이스 등의 순서로 구성되어 있다.

(1) 필드(field)

관심을 가지고 있는 개체(대상, entity)들의 특성(characteristics)을 묘사하는 변수(variables)들을 필드라고 한다. 사람이라는 개체의 특성을 표현하는 변수들에는 이름, 나이, 주민등록번호, 성별, 주소, 체중, 키 등이 있고, 기업의 특성을 묘사하는 변수들로는 회사명, 사업자등록번호, 업종, 매출액, 종업원의 수, 경상이익 등이 있다. 이처럼 우리가 관심을 가지고 있는 개체들의 특성을 묘사하는 변수들을 필드라고 하는데 이 필드들은 크게 나이, 체중, 신장, 매출액, 종업원의 수, 경상이익과 같은 숫자형 필드와 이름, 주민등록번호, 성별, 주소, 회사명, 업종과 같은 문자형 필드들로 분류된다.

또한 개체들은 다른 개체들과 구분할 수 있도록 한 개체만이 갖는 유일한 필드를 가지고 있어야 한다. 사람들의 주민등록번호, 학생들의 학번, 군인들의 군번, 기업들의 사업자등록번호, 고객들의 고객번호가 각 개체들이 가지는 유일한 필드이다. 이들 필드를 통하여 각 개체들은 다른 개체들과 분류될 수 있다. 이처럼 각 개체들이 가지고 있는 유일한 필드를 Primary field라고 한다. 각 개체들이 유일한 값을 갖는 Primary field는 데이터베이스를 구축하고 이용하는 데 기본 출발점이 된다.

(2) 레코드(record)

우리가 관심을 가지고 있는 대상이나 개체들을 레코드라고 한다. 대학에서는 관심을 가지고 있는 대상인 학생들이 레코드가 되고, 마케팅부서에서는 고객들이 레코드가 되며, 생산부서에서는 생산되는 제품들이 생산부서 데이터베이스의 레코드들이 된다.

데이터베이스의 규모는 필드의 수와 레코드의 수로서 결정된다.

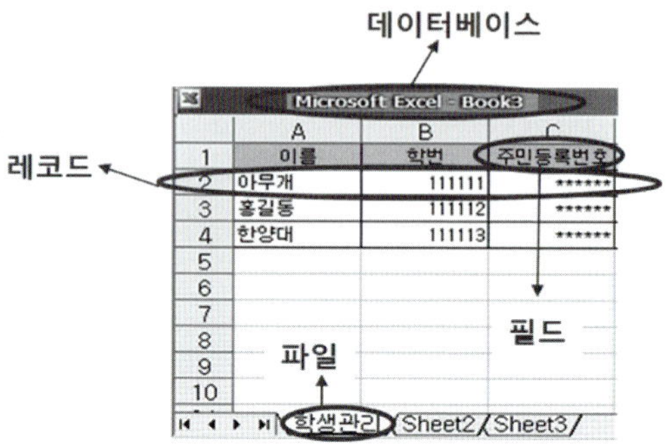

[자료의 계층구조]

(3) 파일(file)

레코드들과 레코드들의 필드들을 함께 모아 놓은 것을 파일 또는 테이블이라고 한다. 대학교에서 수강신청한 학생들의 레코드들을 모아 놓은 것은 수강신청 파일이 되고, 회사에서 판매실적의 레코드들을 모아 놓은 것은 판매실적 파일이 된다. 이처럼 관련성이 있는 레코드들을 일련의 규칙에 의하여 집합시켜 놓은 것이 파일이다.

(4) 데이터베이스(database)

관련성이 있는 여러 파일들을 일련의 규칙에 의하여 연결시켜서 모아 놓은 것을 데이터베이스라 한다. 예를 들어, 대학교에서 학생들의 수강신청 자료들을 모아 놓은 수강신청 파일, 강의과목과 담당 교수의 자료들을 모아 놓은 강의 교수 파일, 학생들의 과거 수강한 과목과 성적들을 모아 놓은 성적 파일들은 관련성을 가지고 있다. 세 개의 파일들의 관계를 설정함으로써 자료의 중복성을 피하면서 학사관리에 필요한 정보를 쉽게 추출할 수 있다. 예를 들어, 강의 교수 파일과 수강신청 파일을 연결하면 강의과목에 따른 담당 교수를 찾고, 그 과목에 수강신청한 학생들의 정보를 추출할 수 있다. 또한 수강신청 파일과 성적 파일을 연결하면 중복으로 수강신청한 학생들을 찾아낼 수 있다. 이처럼 데이터베이스의 개념은 자료의 중복성을 피함과 동시에 경영활동에 필요한 정보를 쉽게 추출할 수 있도록 파일들을 논리적인 관점에서 연결시켜 놓은 것으로 이해하면 된다.

3) 데이터베이스의 활용

SUMMARY

- 자료의 정렬: 레코드들을 어떤 순서나 기준(sort key)에 의하여 배열하는 것
- 자료의 검색 및 추출: 어떤 조건이나 기준에 의하여 레코드들을 찾는 것
- 테이블 작성: 수집된 자료를 정리하여 정보로 가공하고 요약하는 기능
- 보고서의 작성: 자료를 가공하여 의사결정에 필요한 정보로 만든 후 의사결정자에게 제공

(1) 자료의 정렬

데이터베이스의 자료를 수집해서 구축한 다음에 첫 번째 하는 일 중의 하나는 **레코드들을 어떤 순서나 기준에 의하여 정렬하는** 일이다. 레코드들을 정렬할 때는 기준이나 관심을 가지고 있는 필드들을 이용하여 정리한다. 예를 들어, 성적 데이터베이스인 경우에는 학번에 따라서, 혹은 학점 순에 의하여 학생 레코드들을 정렬한다. 또한 고객 데이터베이스인 경우 관심사항이 구입액수라면 구입액수에 따라서 고객들을 정렬할 수도 있고 관심사항이 방문횟수라면 방문횟수에 따라 고객들을 정렬할 수도 있다. 일반적으로 **레코드들을 정렬할 때 이용하는 필드들을** Sort key라고 하는데 성적 데이터베이스의 레코드들을 학번 순에 따라서 정리한다면 학번 필드가 Sort key가 되고, 고객 데이터베이스에서 구입액 순으로 정렬하면 구입액이 Sort key가 된다. 때에 따라서는 두 개 이상의 필드들을 이용하여서도 자료를 정리할 수 있다. 예를 들어, 학년과 성적 순으로 자료를 정리하면 컴퓨터에서는 작업이 동시에 이루어지지만, 논리적으로 보면 학년으로 학생들을 정렬한 후에 다음에는 성적 순으로 재정렬하게 된다.

(2) 자료의 검색과 추출

데이터베이스를 이용하여 자료를 관리함으로써 얻을 수 있는 장점 중 하나는 필요한 정보를 보다 쉽게 검색할 수 있다는 것이다. **어떤 조건이나 기준에 의하여 레코드들을 찾는 것을** 추출(Filter) 혹은 검색(Retrieval)이라고 한다. 성적 데이터베이스인 경우에, 3학년 중에서 성적이 B+ 이상인 학생들을 보고 싶다면 3학년과 B+를 조건으로 검

색기능을 이용하면 쉽게 해당 학생을 찾을 수 있다. 또한 특정 조건을 지정하면 고객 데이터베이스에서 특정 종류의 제품을 일정 기간 동안에 일정 액수 이상 구매한 고객들의 리스트(list)도 쉽게 추출할 수 있다. 이와 같은 자료의 검색기능은 데이터베이스 관리기능 중에서 가장 중요한 기능 중 하나이다.

(3) 테이블 작성

데이터베이스의 기능 중 하나는 **수집된 자료를 정리**(summary)하고 **정보로 가공**하여 보고서의 형태로 작성하는 것이다. 이렇게 데이터베이스 관리시스템을 이용하여 **자료를 요약**하는 기능을 **피벗 테이블**(pivot table)이라고 한다. 피벗 테이블은 여러 필드와 레코드에 산재한 값들 중 의사결정에 **필요한 정보들을 모아 일목요연하게 표의 형태로 보여주는** 기능을 수행하는데, 이 피벗 테이블을 이용함으로써 의사결정자들이 의사결정에 필요한 정보를 적절한 형태로 가공하여 적시에 원하는 형태로 제공함으로써 경영활동의 성과를 높일 수 있다.

4) 보고서의 작성

SUMMARY

보고서의 종류

- 정기 보고서(Scheduled Report) : 주별, 월별 등 정례적인 보고서
- 요구 보고서(Demand Report) : 상사나 고객의 요구에 의하여 특별히 작성되는 보고서
- 예외 보고서(Exception Report) : 특정한 상황이나 돌발 상황이 발생할 때 만들어지는 보고서

자료를 가공하여 의사결정에 필요한 정보로 만든 후에는 보고서의 형태로 작성되어 관리자나 의사결정자에게 제공된다. 보고서는 주별, 월별, 분기별과 같이 정례적으로 보고하는 **정기적인 보고서**(Scheduled Report), 상사나 고객의 요구에 의하여 특별히 작성되는 **요구 보고서**(Demand Report), 특정한 상황이나 돌발 상황이 발생할 때 만들어지는 **예외 보고서**(Exception Report) 등 크게 세 종류로 분류된다. 보고서의 작성과

관련하여서는 정기적인 보고서를 잘 작성하는 능력도 중요하지만 예외 보고서를 작성하는 능력도 매우 중요한데 경영환경의 변화나 경영활동에 변화가 발생했다면 그 변화의 원인, 변화의 방향과 추세, 변화에 대한 대처방안 등을 찾고 분석하여 보고서를 작성하는 능력이 요구된다. 정기적인 보고서는 규칙적으로 작성하여야 하는 수동적인 형태의 보고서이지만 예외 보고서는 보고서를 작성하는 사람의 능력을 표현할 수 있는 능동적인 형태의 보고서라고 볼 수 있다.

최종 보고서의 작성이나 보고서 작성 여부를 결정하는 것은 의사결정자의 판단에 의하지만 일차적으로는 정보 수집자가 자료를 분류, 정렬, 혹은 기준에 의하여 검색한 결과에 기초하여 보고를 하게 되고 수집된 자료에 대한 합계, 평균, 최대, 최소, 편차, 테이블, 도표 등의 기초적인 가공과정을 거쳐서 그 결과들을 보고하기도 한다. 때에 따라서는 복잡한 통계기법이나 경영기법들을 이용하여 제공받은 자료를 가공하여 중요한 정보를 추출하기도 한다. 따라서 자료들을 정리하고 그 결과들을 보고할 때에는 정보를 이용하는 의사결정자의 입장에서 작성되도록 노력하여야 하는데, 일반적으로 분석된 정보를 보고서로 작성할 때는 다음과 같은 점들을 유의하여야 한다.

SUMMARY

보고서 작성 시의 유의사항

- 보고서를 이용하는 사람의 필요에 적합한 정보만을 선택하여 보고
- 정보의 상대적 중요도에 따라 강조할 정보를 선택하여 표시
- 정보의 내용을 효과적으로 전달할 수 있는 보고서의 형태를 선택

(1) 이용자의 요구 분석

보고서는 보고서를 이용하는 이용자(경영자, 고객)의 요구에 맞도록 작성하여야 한다. 이용자가 그 보고서를 왜 필요로 하는지를 고려하여 보고서에 필요한 정보를 포함시켜야 하며 이용자가 필요로 하지 않는 정보는 보고서에 포함시킬 필요가 없다.

(2) 정보의 중요성 분석

앞 단계에서 보고서에서 포함시켜야 할 중요한 내용(contents)을 찾아냈으면 다음

단계에서는 중요한 내용 중에서 상대적으로 무엇이 더욱 중요한지를 찾아내야 한다. 상대적으로 중요한 정보는 다른 정보들에 비하여 표현 방식이나 순서에서 우선권을 가져야 한다.

(3) 보고서의 형태 분석

보고서의 내용뿐만 아니라 보고서의 내용을 효과적으로 전달할 수 있도록 보고서의 형태(format)에도 관심을 가져야 한다. 같은 내용이라 하여도 내용을 담고 있는 보고서의 형태에 따라서 정보의 전달 효과와 의사결정자의 만족도는 다를 수밖에 없다. 따라서 보고서를 이용하는 이용자의 입장에서 보고서의 양식(design)과 형태를 결정하여야 한다.

2 Excel을 활용한 데이터베이스 관리

본 장에서는 엑셀을 이용하여 간단한 자료들을 정리 · 검색 · 분류하고 보고서 작성과 같은 업무를 수행하는 것을 설명하게 된다. 다음과 같은 한 기업체의 인사기록 자료를 가지고 간단한 정렬과 필요한 자료의 추출, 부분 합, 피벗 테이블의 구성, 데이터베이스 함수 등을 살펴보도록 한다.

1) 자료의 정렬

① 새로운 파일을 열어 “데이터베이스 관리.xls”라는 새로운 이름으로 저장한다.

1〉 새로운 파일의 작성과 자료의 입력

② <표 1-1>과 같은 인사기록 자료를 엑셀로 입력한다.

표 1-1 ● 한양기업의 인사기록 자료

ID	이름	성별	생년월일	직위	소속부서	월급	입사일	최종학력	근무평점	컴퓨터실력	영어실력
101	김상수	남	1970년 06월 19일	이사	영업본부	5,500,000	1999년 03월 02일	대졸	75	65	75
102	최성호	남	1973년 01월 12일	이사	영업본부	5,300,000	2001년 07월 31일	대졸	89	75	69
103	권동환	남	1975년 05월 30일	부장	영업본부	4,700,000	2003년 04월 08일	대졸	60	75	85
104	이상준	남	1977년 01월 13일	부장	영업본부	4,550,000	2005년 03월 02일	대졸	73	60	91
105	박지혜	여	1978년 05월 24일	부장	영업본부	4,400,000	2006년 03월 02일	대졸	58	80	77
106	조원희	남	1979년 02월 23일	과장	영업1팀	4,300,000	2006년 05월 09일	대졸	80	92	76
107	윤영주	여	1980년 09월 27일	과장	영업2팀	4,100,000	2007년 11월 01일	대졸	67	72	95
108	김형섭	남	1982년 03월 06일	과장	영업3팀	4,000,000	2009년 06월 11일	고졸	88	68	39
109	현원민	남	1983년 12월 27일	과장	영업4팀	3,800,000	2010년 03월 02일	대졸	92	80	66
110	김현진	남	1984년 03월 07일	대리	영업1팀	3,500,000	2010년 06월 28일	대졸	88	90	88
111	류도영	남	1985년 06월 23일	대리	영업3팀	3,400,000	2011년 03월 02일	대졸	66	45	44
112	박지은	여	1984년 12월 27일	대리	영업2팀	3,300,000	2011년 08월 19일	대졸	75	60	68
113	이용웅	남	1992년 02월 13일	사원	영업본부	2,800,000	2011년 09월 01일	대졸	82	95	85
114	김석규	남	1986년 02월 03일	대리	영업4팀	3,350,000	2012년 03월 02일	대졸	78	80	49
115	정유석	남	1986년 01월 25일	대리	영업5팀	3,350,000	2012년 12월 11일	대졸	75	45	82
116	김민수	남	1987년 11월 30일	대리	영업2팀	3,300,000	2013년 04월 01일	대졸	89	90	90
117	강요한	남	1986년 10월 09일	대리	영업1팀	3,300,000	2013년 08월 16일	대졸	78	80	73
118	이정훈	남	1988년 06월 21일	대리	영업3팀	3,250,000	2014년 03월 02일	대졸	92	85	61
119	김지영	여	1988년 12월 21일	대리	영업5팀	2,950,000	2014년 03월 02일	대졸	65	60	69
120	심정웅	남	1983년 03월 05일	과장	영업5팀	3,600,000	2014년 04월 08일	대졸	59	65	78
121	김현규	남	1988년 07월 04일	사원	영업4팀	3,000,000	2014년 08월 01일	대졸	75	85	74
122	서지혜	여	1989년 12월 30일	사원	영업3팀	2,900,000	2014년 09월 28일	대졸	67	90	52
123	박규희	여	1989년 03월 06일	사원	영업2팀	2,900,000	2015년 06월 30일	대졸	70	75	94
124	김용성	남	1988년 03월 26일	사원	영업5팀	3,000,000	2015년 08월 01일	대졸	80	85	78
125	한동민	남	1991년 11월 06일	사원	영업2팀	2,950,000	2015년 09월 11일	대졸	75	70	78

ID	이름	성별	생년월일	직위	소속부서	월급	입사일	최종학력	근무평점	컴퓨터실력	영어실력
126	강성길	남	1991년 07월 30일	대리	영업4팀	3,200,000	2016년 03월 15일	고졸	70	75	87
127	정원동	남	1989년 04월 08일	사원	영업4팀	2,900,000	2016년 04월 01일	대졸	59	65	59
128	박소연	여	1996년 02월 14일	사원	영업2팀	2,780,000	2016년 06월 23일	고졸	69	45	60
129	남궁란	여	1993년 02월 02일	사원	영업3팀	2,850,000	2016년 09월 01일	고졸	83	88	88
130	한재승	남	1991년 09월 15일	사원	영업1팀	2,860,000	2017년 03월 02일	대졸	85	65	90
131	차보근	남	1992년 09월 23일	사원	영업5팀	2,860,000	2017년 03월 02일	대졸	65	80	58
132	신승철	남	1988년 07월 10일	사원	영업1팀	2,950,000	2017년 06월 11일	대졸	80	85	88
133	김정은	여	1995년 12월 01일	사원	영업3팀	2,860,000	2017년 09월 01일	대졸	49	50	49
134	변종국	남	1992년 01월 08일	사원	영업4팀	2,860,000	2017년 11월 11일	대졸	58	85	77
135	류성희	남	1992년 05월 27일	사원	영업1팀	2,860,000	2017년 11월 12일	대졸	70	78	80
136	강호진	남	1987년 12월 20일	사원	영업1팀	2,950,000	2018년 05월 01일	대졸	57	60	80
137	이원호	남	1994년 02월 15일	사원	영업2팀	2,860,000	2018년 07월 03일	대졸	68	80	88
138	조성우	남	1991년 07월 07일	사원	영업3팀	2,900,000	2018년 09월 01일	대졸	85	90	62
139	김세희	여	1992년 02월 03일	사원	영업3팀	2,860,000	2018년 12월 01일	대졸	85	86	70
140	임종욱	남	1989년 04월 18일	사원	영업5팀	2,900,000	2019년 03월 02일	대졸	66	80	92
141	이관우	남	1991년 11월 29일	사원	영업5팀	2,860,000	2019년 03월 02일	대졸	69	84	75
142	고윤기	남	1993년 04월 06일	사원	영업본부	2,800,000	2019년 06월 11일	대졸	69	80	65
143	이길성	남	1992년 05월 25일	사원	영업1팀	2,900,000	2019년 09월 01일	대졸	74	56	85
144	안효상	남	1991년 03월 07일	사원	영업2팀	2,860,000	2019년 09월 28일	대졸	90	78	69
145	노경렬	남	1993년 03월 15일	사원	영업본부	2,800,000	2020년 03월 02일	대졸	76	77	95
146	공윤정	여	1998년 03월 16일	사원	영업4팀	2,750,000	2020년 03월 02일	고졸	80	90	77
147	방성필	남	1990년 08월 10일	사원	영업5팀	2,900,000	2020년 07월 15일	대졸	90	87	84
148	이서구	남	1994년 12월 27일	사원	영업본부	2,800,000	2020년 09월 01일	대졸	72	70	86
149	김진영	여	1999년 09월 21일	사원	영업본부	2,700,000	2021년 03월 02일	고졸	90	95	78
150	이영은	남	1989년 02월 25일	사원	영업4팀	2,900,000	2021년 08월 01일	대졸	87	65	70

③ 그러면 <그림 1-1>과 같은 화면이 된다.

그림 1-1 ● 엑셀을 이용한 데이터베이스

A1 fx ID

	A	B	C	D	E	F	G	H	I	J	K	L
1	ID	이름	성별	생년월일	직위	소속부서	월급	입사일	최종학력	근무평점	컴퓨터실력	영어실력
2	101	김상수	남	1970년 06월 19일	이사	영업본부	5,500,000	1999년 03월 02일	대졸	75	65	75
3	102	최성호	남	1973년 01월 12일	이사	영업본부	5,300,000	2001년 07월 31일	대졸	89	75	69
4	103	권동환	남	1975년 05월 30일	부장	영업본부	4,700,000	2003년 04월 08일	대졸	60	75	85
5	104	이상준	남	1977년 01월 13일	부장	영업본부	4,550,000	2005년 03월 02일	대졸	73	60	91
6	105	박지혜	여	1978년 05월 24일	부장	영업본부	4,400,000	2006년 03월 02일	대졸	58	80	77
7	106	조원희	남	1979년 02월 23일	과장	영업1팀	4,300,000	2006년 05월 09일	대졸	80	92	76
8	107	윤영주	여	1980년 09월 27일	과장	영업2팀	4,100,000	2007년 11월 01일	대졸	67	72	95
9	108	김형섭	남	1982년 03월 06일	과장	영업3팀	4,000,000	2009년 06월 11일	고졸	88	68	39
10	109	현원민	남	1983년 12월 27일	과장	영업4팀	3,800,000	2010년 03월 02일	대졸	92	80	66
11	110	심정웅	남	1983년 03월 05일	과장	영업5팀	3,600,000	2014년 04월 08일	대졸	59	65	78
12	111	김현진	남	1984년 03월 07일	대리	영업1팀	3,500,000	2010년 06월 28일	대졸	88	90	88
13	112	박지은	여	1984년 12월 27일	대리	영업2팀	3,300,000	2011년 08월 19일	대졸	75	60	68
14	113	류도영	남	1985년 06월 23일	대리	영업3팀	3,400,000	2011년 03월 02일	대졸	66	45	44
15	114	김석규	남	1986년 02월 03일	대리	영업4팀	3,350,000	2012년 03월 02일	대졸	78	80	49
16	115	정유석	남	1986년 01월 25일	대리	영업5팀	3,350,000	2012년 12월 11일	대졸	75	45	82
17	116	강요한	남	1986년 10월 09일	대리	영업1팀	3,300,000	2013년 08월 16일	대졸	78	80	73
18	117	김민수	남	1987년 11월 30일	대리	영업2팀	3,300,000	2013년 04월 01일	대졸	89	90	90
19	118	이정훈	남	1988년 06월 21일	대리	영업3팀	3,250,000	2014년 03월 02일	대졸	92	85	61
20	119	강성길	남	1991년 07월 30일	대리	영업4팀	3,200,000	2016년 03월 15일	고졸	70	75	87
21	120	김지영	여	1988년 12월 21일	대리	영업5팀	2,950,000	2014년 03월 02일	대졸	65	60	69
22	121	김용성	남	1988년 03월 26일	사원	영업5팀	3,000,000	2015년 08월 01일	대졸	80	85	78
23	122	김현규	남	1988년 07월 04일	사원	영업4팀	3,000,000	2014년 08월 01일	대졸	75	85	74
24	123	서지혜	여	1989년 12월 30일	사원	영업3팀	2,900,000	2014년 09월 28일	대졸	67	90	52
25	124	박규희	여	1989년 03월 06일	사원	영업2팀	2,900,000	2015년 06월 30일	대졸	70	75	94
26	125	강호진	남	1987년 12월 20일	사원	영업1팀	2,950,000	2018년 05월 01일	대졸	57	60	80
27	126	신승철	남	1988년 07월 10일	사원	영업1팀	2,950,000	2017년 06월 11일	대졸	80	85	88
28	127	한동민	남	1991년 11월 06일	사원	영업2팀	2,950,000	2015년 09월 11일	대졸	75	70	78
29	128	남궁란	여	1993년 02월 02일	사원	영업3팀	2,850,000	2016년 09월 01일	고졸	83	88	88
30	129	정원동	남	1989년 04월 08일	사원	영업4팀	2,900,000	2016년 04월 01일	대졸	59	65	59
31	130	임종욱	남	1989년 04월 18일	사원	영업5팀	2,900,000	2019년 03월 02일	대졸	66	80	92
32	131	방성필	남	1990년 08월 10일	사원	영업5팀	2,900,000	2020년 07월 15일	대졸	90	87	84
33	132	이영은	남	1989년 02월 25일	사원	영업4팀	2,900,000	2021년 08월 01일	대졸	87	65	70
34	133	조성우	남	1991년 07월 07일	사원	영업3팀	2,900,000	2018년 09월 01일	대졸	85	90	62

인사기록

2〉 하나의 정렬키(sort key)로 정렬하는 방법

① 위와 같이 정렬되지 않은 목록을 월급 기준으로 정렬하기 위해 목록의 아무 곳이나 하나의 셀을 선택한 다음 메뉴에서 [데이터] – [정렬]을 선택한다.

② <그림 1-2>와 같이 정렬 대화상자 오른쪽의 [내 데이터에 머리글 표시]를 선택하고, 정렬기준의 아래 화살표를 누르고, 월급을 선택하고, 내림차순(descending order)을 선택한 후 확인을 누른다.

그림 1-2 ● 정렬 대화상자

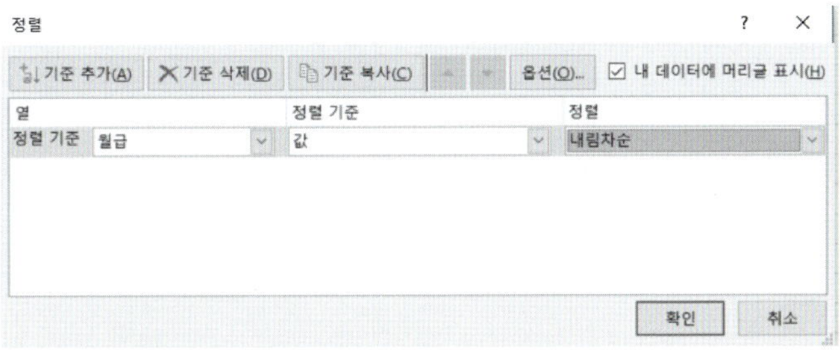

③ 같은 방법을 사용하여 목록에서 월급을 기준으로 오름차순(ascending order)에 의하여 정렬을 할 수도 있다.

④ 정렬 대화상자에서 첫 번째 기준에서는 “월급”을, 정렬방법은 내림차순으로 선택한 후 확인을 누르면 <그림 1-3>과 같은 모양이 된다.

⑤ <그림 1-3>은 “월급”을 기준으로 내림차순에 의해 정렬한 결과이다. “월급”이 가장 많은 순서대로 정렬되어 있다.

⑥ <그림 1-4>는 “월급”을 기준으로 오름차순에 의해 정렬한 결과이다. 이는 “월급”이 가장 적은 순서대로 정렬되어 있다.

그림 1-3 ● 월급을 기준으로 내림차순에 의해 정렬한 결과

G2 fx 5500000

	A	B	C	D	E	F	G	H	I	J	K	L
1	ID	이름	성별	생년월일	직위	소속부서	월급	입사일	최종학력	근무평점	컴퓨터실력	영어실력
2	101	김상수	남	1970년 06월 19일	이사	영업본부	5,500,000	1999년 03월 02일	대졸	75	65	75
3	102	최성호	남	1973년 01월 12일	이사	영업본부	5,300,000	2001년 07월 31일	대졸	89	75	69
4	103	권동환	남	1975년 05월 30일	부장	영업본부	4,700,000	2003년 04월 08일	대졸	60	75	85
5	104	이상준	남	1977년 01월 13일	부장	영업본부	4,550,000	2005년 03월 02일	대졸	73	60	91
6	105	박지혜	여	1978년 05월 24일	부장	영업본부	4,400,000	2006년 03월 02일	대졸	58	80	77
7	106	조원희	남	1979년 02월 23일	과장	영업1팀	4,300,000	2006년 05월 09일	대졸	80	92	76
8	107	윤영주	여	1980년 09월 27일	과장	영업2팀	4,100,000	2007년 11월 01일	대졸	67	72	95
9	108	김형섭	남	1982년 03월 06일	과장	영업3팀	4,000,000	2009년 06월 11일	고졸	88	68	39
10	109	현원민	남	1983년 12월 27일	과장	영업4팀	3,800,000	2010년 03월 02일	대졸	92	80	66
11	110	심정웅	남	1983년 03월 05일	과장	영업5팀	3,600,000	2014년 04월 08일	대졸	59	65	78
12	111	김현진	남	1984년 03월 07일	대리	영업1팀	3,500,000	2010년 06월 28일	대졸	88	90	88
13	113	류도영	남	1985년 06월 23일	대리	영업3팀	3,400,000	2011년 03월 02일	대졸	66	45	44
14	114	김석규	남	1986년 02월 03일	대리	영업4팀	3,350,000	2012년 03월 02일	대졸	78	80	49
15	115	정유석	남	1986년 01월 25일	대리	영업5팀	3,350,000	2012년 12월 11일	대졸	75	45	82
16	112	박지은	여	1984년 12월 27일	대리	영업2팀	3,300,000	2011년 08월 19일	대졸	75	60	68
17	116	강요한	남	1986년 10월 09일	대리	영업1팀	3,300,000	2013년 08월 16일	대졸	78	80	73
18	117	김민수	남	1987년 11월 30일	대리	영업2팀	3,300,000	2013년 04월 01일	대졸	89	90	90
19	118	이정훈	남	1988년 06월 21일	대리	영업3팀	3,250,000	2014년 03월 02일	대졸	92	85	61
20	119	강성길	남	1991년 07월 30일	대리	영업4팀	3,200,000	2016년 03월 15일	고졸	70	75	87
21	121	김용성	남	1988년 03월 26일	사원	영업5팀	3,000,000	2015년 08월 01일	대졸	80	85	78
22	122	김현규	남	1988년 07월 04일	사원	영업4팀	3,000,000	2014년 08월 01일	대졸	75	85	74
23	120	김지영	여	1988년 12월 21일	대리	영업5팀	2,950,000	2014년 03월 02일	대졸	65	60	69
24	125	강호진	남	1987년 12월 20일	사원	영업1팀	2,950,000	2018년 05월 01일	대졸	57	60	80
25	126	신승철	남	1988년 07월 10일	사원	영업1팀	2,950,000	2017년 06월 11일	대졸	80	85	88
26	127	한동민	남	1991년 11월 06일	사원	영업2팀	2,950,000	2015년 09월 11일	대졸	75	70	78
27	123	서지혜	여	1989년 12월 30일	사원	영업3팀	2,900,000	2014년 09월 28일	대졸	67	90	52
28	124	박규희	여	1989년 03월 06일	사원	영업2팀	2,900,000	2015년 06월 30일	대졸	70	75	94
29	129	정원동	남	1989년 04월 08일	사원	영업4팀	2,900,000	2016년 04월 01일	대졸	59	65	59
30	130	임종욱	남	1989년 04월 18일	사원	영업5팀	2,900,000	2019년 03월 02일	대졸	66	80	92
31	131	방성필	남	1990년 08월 10일	사원	영업5팀	2,900,000	2020년 07월 15일	대졸	90	87	84
32	132	이영은	남	1989년 02월 25일	사원	영업4팀	2,900,000	2021년 08월 01일	대졸	87	65	70
33	133	조성우	남	1991년 07월 07일	사원	영업3팀	2,900,000	2018년 09월 01일	대졸	85	90	62
34	135	이길성	남	1992년 05월 25일	사원	영업1팀	2,900,000	2019년 09월 01일	대졸	74	56	85

인사기록

그림 1-4 ● 월급을 기준으로 오름차순에 의해 정렬한 결과

G2 fx 2700000

	A	B	C	D	E	F	G	H	I	J	K	L
1	ID	이름	성별	생년월일	직위	소속부서	월급	입사일	최종학력	근무평점	컴퓨터실력	영어실력
2	150	김진영	여	1999년 09월 21일	사원	영업본부	2,700,000	2021년 03월 02일	고졸	90	95	78
3	139	공윤정	여	1998년 03월 16일	사원	영업4팀	2,750,000	2020년 03월 02일	고졸	80	90	77
4	134	박소연	여	1996년 02월 14일	사원	영업2팀	2,780,000	2016년 06월 23일	고졸	69	45	60
5	146	이용웅	남	1992년 02월 13일	사원	영업본부	2,800,000	2011년 09월 01일	대졸	82	95	85
6	147	노경렬	남	1993년 03월 15일	사원	영업본부	2,800,000	2020년 03월 02일	대졸	76	77	95
7	148	고윤기	남	1993년 04월 06일	사원	영업본부	2,800,000	2019년 06월 11일	대졸	69	80	65
8	149	이서구	남	1994년 12월 27일	사원	영업본부	2,800,000	2020년 09월 01일	대졸	72	70	86
9	128	남궁란	여	1993년 02월 02일	사원	영업3팀	2,850,000	2016년 09월 01일	고졸	83	88	88
10	136	한재승	남	1991년 09월 15일	사원	영업1팀	2,860,000	2017년 03월 02일	대졸	85	65	90
11	137	김정은	여	1995년 12월 01일	사원	영업3팀	2,860,000	2017년 09월 01일	대졸	49	50	49
12	138	차보근	남	1992년 09월 23일	사원	영업5팀	2,860,000	2017년 03월 02일	대졸	65	80	58
13	140	안효상	남	1991년 03월 07일	사원	영업2팀	2,860,000	2019년 09월 28일	대졸	90	78	69
14	141	변종국	남	1992년 01월 08일	사원	영업4팀	2,860,000	2017년 11월 11일	대졸	58	85	77
15	142	이원호	남	1994년 02월 15일	사원	영업2팀	2,860,000	2018년 07월 03일	대졸	68	80	88
16	143	류성희	남	1992년 05월 27일	사원	영업1팀	2,860,000	2017년 11월 12일	대졸	70	78	80
17	144	김세희	여	1992년 02월 03일	사원	영업3팀	2,860,000	2018년 12월 01일	대졸	85	86	70
18	145	이관우	남	1991년 11월 29일	사원	영업5팀	2,860,000	2019년 03월 02일	대졸	69	84	75
19	123	서지혜	여	1989년 12월 30일	사원	영업3팀	2,900,000	2014년 09월 28일	대졸	67	90	52
20	124	박규희	여	1989년 03월 06일	사원	영업2팀	2,900,000	2015년 06월 30일	대졸	70	75	94
21	129	정원동	남	1989년 04월 08일	사원	영업4팀	2,900,000	2016년 04월 01일	대졸	59	65	59
22	130	임종욱	남	1989년 04월 18일	사원	영업5팀	2,900,000	2019년 03월 02일	대졸	66	80	92
23	131	방성필	남	1990년 08월 10일	사원	영업5팀	2,900,000	2020년 07월 15일	대졸	90	87	84
24	132	이영은	남	1989년 02월 25일	사원	영업4팀	2,900,000	2021년 08월 01일	대졸	87	65	70
25	133	조성우	남	1991년 07월 07일	사원	영업3팀	2,900,000	2018년 09월 01일	대졸	85	90	62
26	135	이길성	남	1992년 05월 25일	사원	영업1팀	2,900,000	2019년 09월 01일	대졸	74	56	85
27	120	김지영	여	1988년 12월 21일	대리	영업5팀	2,950,000	2014년 03월 02일	대졸	65	60	69
28	125	강호진	남	1987년 12월 20일	사원	영업1팀	2,950,000	2018년 05월 01일	대졸	57	60	80
29	126	신승철	남	1988년 07월 10일	사원	영업1팀	2,950,000	2017년 06월 11일	대졸	80	85	88
30	127	한동민	남	1991년 11월 06일	사원	영업2팀	2,950,000	2015년 09월 11일	대졸	75	70	78
31	121	김용성	남	1988년 03월 26일	사원	영업5팀	3,000,000	2015년 08월 01일	대졸	80	85	78
32	122	김현규	남	1988년 07월 04일	사원	영업4팀	3,000,000	2014년 08월 01일	대졸	75	85	74
33	119	강성길	남	1991년 07월 30일	대리	영업4팀	3,200,000	2016년 03월 15일	고졸	70	75	87
34	118	이정훈	남	1988년 06월 21일	대리	영업3팀	3,250,000	2014년 03월 02일	대졸	92	85	61

인사기록

3〉 두 개의 정렬키로 정렬하는 방법

이번에는 두 개의 필드로 자료들을 정렬하는 방법을 살펴보자. 인사기록 자료를 "근무평점"과 "영어실력"을 기준으로 하여 정렬하는 방법은 다음과 같이 수행한다.

그림 1-5 • 정렬 대화상자

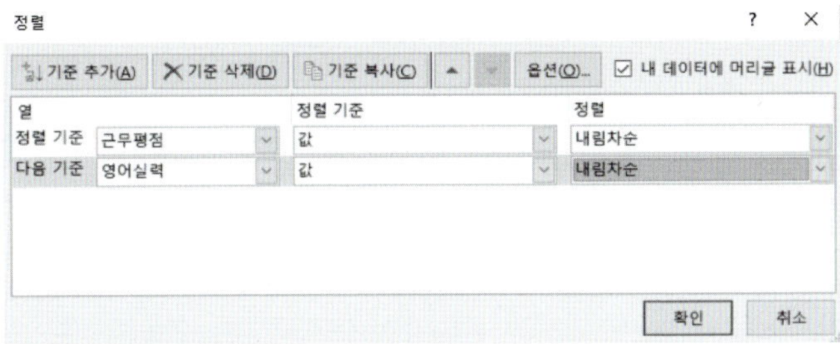

① 목록의 아무 곳이나 하나의 셀을 선택한 후 메뉴에서 [데이터] - [정렬]을 선택한다.

② <그림 1-5>처럼 정렬 대화상자 오른쪽의 [내 데이터에 머리글 표시]를 선택하고 첫째 기준에서는 "근무평점"을 내림차순으로 선택하고, 기준 추가를 눌러 기준을 추가한 다음 둘째 기준에서는 "영어실력"을 내림차순으로 선택한 후 확인을 누른다.

③ <그림 1-6>은 인사기록 자료가 "근무평점"과 "영어실력"을 내림차순으로 정렬된 것을 나타낸 것이다.

그림 1-6 • 근무평점과 영어실력을 기준으로 내림차순 정렬한 결과

G2 fx 3800000

	A	B	C	D	E	F	G	H	I	J	K	L
1	ID	이름	성별	생년월일	직위	소속부서	월급	입사일	최종학력	근무평점	컴퓨터실력	영어실력
2	109	현원민	남	1983년 12월 27일	과장	영업4팀	3,800,000	2010년 03월 02일	대졸	92	80	66
3	118	이정훈	남	1988년 06월 21일	대리	영업3팀	3,250,000	2014년 03월 02일	대졸	92	85	61
4	131	방성필	남	1990년 08월 10일	사원	영업5팀	2,900,000	2020년 07월 15일	대졸	90	87	84
5	150	김진영	여	1999년 09월 21일	사원	영업본부	2,700,000	2021년 03월 02일	고졸	90	95	78
6	140	안효상	남	1991년 03월 07일	사원	영업2팀	2,860,000	2019년 09월 28일	대졸	90	78	69
7	117	김민수	남	1987년 11월 30일	대리	영업2팀	3,300,000	2013년 04월 01일	대졸	89	90	90
8	102	최성호	남	1973년 01월 12일	이사	영업본부	5,300,000	2001년 07월 31일	대졸	89	75	69
9	111	김현진	남	1984년 03월 07일	대리	영업1팀	3,500,000	2010년 06월 28일	대졸	88	90	88
10	108	김형섭	남	1982년 03월 06일	과장	영업3팀	4,000,000	2009년 06월 11일	고졸	88	68	39
11	132	이영은	남	1989년 02월 25일	사원	영업4팀	2,900,000	2021년 08월 01일	대졸	87	65	70
12	136	한재승	남	1991년 09월 15일	사원	영업1팀	2,860,000	2017년 03월 02일	대졸	85	65	90
13	144	김세희	여	1992년 02월 03일	사원	영업3팀	2,860,000	2018년 12월 01일	대졸	85	86	70
14	133	조성우	남	1991년 07월 07일	사원	영업3팀	2,900,000	2018년 09월 01일	대졸	85	90	62
15	128	남궁란	여	1993년 02월 02일	사원	영업3팀	2,850,000	2016년 09월 01일	고졸	83	88	88
16	146	이용웅	남	1992년 02월 13일	사원	영업본부	2,800,000	2011년 09월 01일	대졸	82	95	85
17	126	신승철	남	1988년 07월 10일	사원	영업1팀	2,950,000	2017년 06월 11일	대졸	80	85	88

4〉 세 개의 정렬키로 정렬하는 법

앞의 경우처럼 두 가지 기준으로 정렬할 수도 있지만, 경우에 따라서는 한 번에 세 가지 기준으로 워크시트를 정렬할 수 있다. 이번에는 성별, 직위, 월급 순으로 정렬해 보자.

그림 1-7 ● **정렬 대화상자**

① 인사기록 자료의 아무 곳이나 하나의 셀을 선택한 후 메뉴에서 [데이터]-[정렬]을 선택한다.

② <그림 1-7>처럼 정렬 대화상자 오른쪽의 [내 데이터에 머리글 표시]를 선택하고 첫째 기준에서 "성별"을 오름차순으로 선택하고, 기준 추가를 누른 후 둘째 기준으로 "직위"를 오름차순으로 선택하고, 셋째 기준으로 "월급"을 내림차순으로 선택한 후 확인을 누른다.

③ <그림 1-8>과 같이 목록이 "성별", "직위", "월급" 기준으로 정렬된다.

④ 엑셀에서는 기본적으로 한 개의 기준으로 자료를 정렬하게 되어 있다. 그러나 수십 개 이상의 기준으로도 정렬이 가능하다. 예를 들어, 네 개 이상의 기준으로 정렬해야 한다면 먼저 우선순위가 높은 세 개의 정렬키로 정렬한 후 최종적으로 네 번째 정렬키로 정렬하면 된다.

그림 1-8 • **성별, 직위, 월급을 기준으로 정렬한 결과**

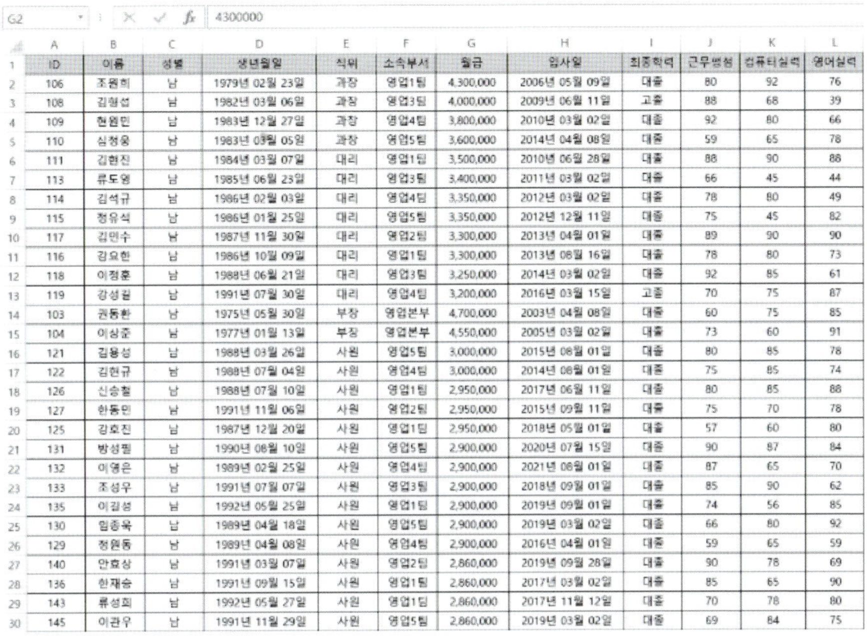

	A	B	C	D	E	F	G	H	I	J	K	L
1	ID	이름	성별	생년월일	직위	소속부서	월급	입사일	최종학력	근무평점	컴퓨터실력	영어실력
2	106	조원희	남	1979년 02월 23일	과장	영업1팀	4,300,000	2006년 05월 09일	대졸	80	92	76
3	108	김형섭	남	1982년 03월 06일	과장	영업3팀	4,000,000	2009년 06월 11일	고졸	88	68	39
4	109	현원민	남	1983년 12월 27일	과장	영업4팀	3,800,000	2010년 03월 02일	대졸	92	80	66
5	110	심정용	남	1983년 03월 05일	과장	영업5팀	3,600,000	2014년 04월 08일	대졸	59	65	78
6	111	김현진	남	1984년 03월 07일	대리	영업1팀	3,500,000	2010년 06월 28일	대졸	88	90	88
7	113	류도영	남	1985년 06월 23일	대리	영업3팀	3,400,000	2011년 03월 02일	대졸	66	45	44
8	114	김석규	남	1986년 02월 03일	대리	영업4팀	3,350,000	2012년 03월 02일	대졸	78	80	49
9	115	정유석	남	1986년 01월 25일	대리	영업5팀	3,350,000	2012년 12월 11일	대졸	75	45	82
10	117	김민수	남	1987년 11월 30일	대리	영업2팀	3,300,000	2013년 04월 01일	대졸	89	90	90
11	116	김요한	남	1986년 10월 09일	대리	영업1팀	3,300,000	2013년 08월 16일	대졸	78	80	73
12	118	이정훈	남	1988년 06월 21일	대리	영업3팀	3,250,000	2014년 03월 02일	대졸	92	85	61
13	119	강성길	남	1991년 07월 30일	대리	영업4팀	3,200,000	2016년 03월 15일	고졸	70	75	87
14	103	권동환	남	1975년 05월 30일	부장	영업본부	4,700,000	2003년 04월 08일	대졸	60	75	85
15	104	이상준	남	1977년 01월 13일	부장	영업본부	4,550,000	2005년 03월 02일	대졸	73	60	91
16	121	김용성	남	1988년 03월 26일	사원	영업5팀	3,000,000	2015년 08월 01일	대졸	80	85	78
17	122	김현규	남	1988년 07월 04일	사원	영업4팀	3,000,000	2014년 08월 01일	대졸	75	85	74
18	126	신승철	남	1988년 07월 10일	사원	영업1팀	2,950,000	2017년 06월 11일	대졸	80	85	88
19	127	한동민	남	1991년 11월 06일	사원	영업2팀	2,950,000	2015년 09월 11일	대졸	75	70	78
20	125	강호진	남	1987년 12월 20일	사원	영업1팀	2,950,000	2018년 05월 01일	대졸	57	60	80
21	131	방성필	남	1990년 08월 10일	사원	영업5팀	2,900,000	2020년 07월 15일	대졸	90	87	84
22	132	이영은	남	1989년 02월 25일	사원	영업4팀	2,900,000	2021년 08월 01일	대졸	87	65	70
23	133	조성우	남	1991년 07월 07일	사원	영업3팀	2,900,000	2018년 09월 01일	대졸	85	90	62
24	135	이길성	남	1992년 05월 25일	사원	영업1팀	2,900,000	2019년 09월 01일	대졸	74	56	85
25	130	임종욱	남	1989년 04월 18일	사원	영업5팀	2,900,000	2019년 03월 02일	대졸	66	80	92
26	129	정원동	남	1989년 04월 08일	사원	영업4팀	2,900,000	2016년 04월 01일	대졸	59	65	59
27	140	안효상	남	1991년 03월 07일	사원	영업2팀	2,860,000	2019년 09월 28일	대졸	90	78	69
28	136	한재승	남	1991년 09월 15일	사원	영업1팀	2,860,000	2017년 03월 02일	대졸	85	65	90
29	143	류성희	남	1992년 05월 27일	사원	영업1팀	2,860,000	2017년 11월 12일	대졸	70	78	80
30	145	이관우	남	1991년 11월 29일	사원	영업5팀	2,860,000	2019년 03월 02일	대졸	69	84	75

2) 자료의 추출(Filter)

엑셀의 자동필터(자동추출)를 이용하면 어떤 기준이나 조건에 맞는 레코드들만 검색할 수 있다. 먼저 <그림 1-9>와 같이 [데이터] - [필터] - [자동필터]를 선택한다.

그림 1-9 • **자료의 추출**

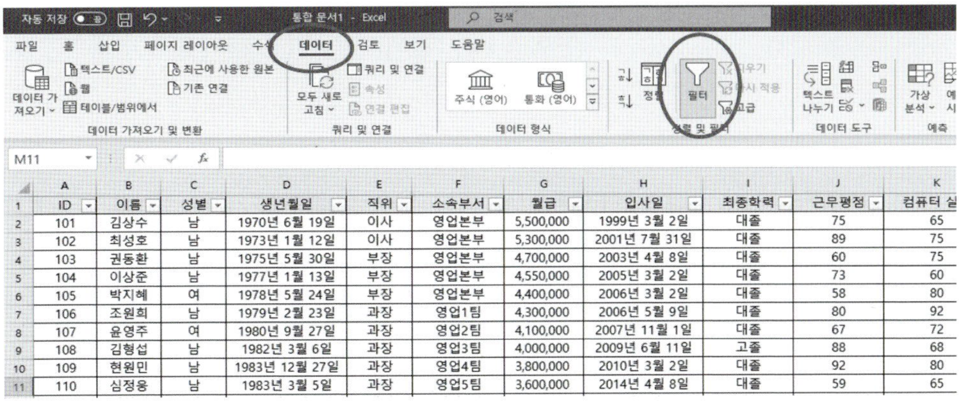

	A	B	C	D	E	F	G	H	I	J	K
1	ID	이름	성별	생년월일	직위	소속부서	월급	입사일	최종학력	근무평점	컴퓨터 실
2	101	김상수	남	1970년 6월 19일	이사	영업본부	5,500,000	1999년 3월 2일	대졸	75	65
3	102	최성호	남	1973년 1월 12일	이사	영업본부	5,300,000	2001년 7월 31일	대졸	89	75
4	103	권동환	남	1975년 5월 30일	부장	영업본부	4,700,000	2003년 4월 8일	대졸	60	75
5	104	이상준	남	1977년 1월 13일	부장	영업본부	4,550,000	2005년 3월 2일	대졸	73	60
6	105	박지혜	여	1978년 5월 24일	부장	영업본부	4,400,000	2006년 3월 2일	대졸	58	80
7	106	조원희	남	1979년 2월 23일	과장	영업1팀	4,300,000	2006년 5월 9일	대졸	80	92
8	107	윤영주	여	1980년 9월 27일	과장	영업2팀	4,100,000	2007년 11월 1일	대졸	67	72
9	108	김형섭	남	1982년 3월 6일	과장	영업3팀	4,000,000	2009년 6월 11일	고졸	88	68
10	109	현원민	남	1983년 12월 27일	과장	영업4팀	3,800,000	2010년 3월 2일	대졸	92	80
11	110	심정용	남	1983년 3월 5일	과장	영업5팀	3,600,000	2014년 4월 8일	대졸	59	65

① 인사기록에서 아무 곳이나 하나의 셀을 선택한 후 메뉴에서 [데이터] – [필터]를 선택한다.

② <그림 1-10>과 같이 각 필드들의 열 제목 옆에 목록 단추가 표시된다. 목록 단추를 누르면 해당 필드의 값들이 나타나 있다. 성별 필드 옆의 목록 단추를 선택하면 선택 가능한 필드 값들이 나타난다.

③ 성별의 열에서 항목명 "남"을 선택한다.

1〉 하나의 조건에 의한 자료 추출

그림 1-10 ● 하나의 조건에 의한 자료 추출

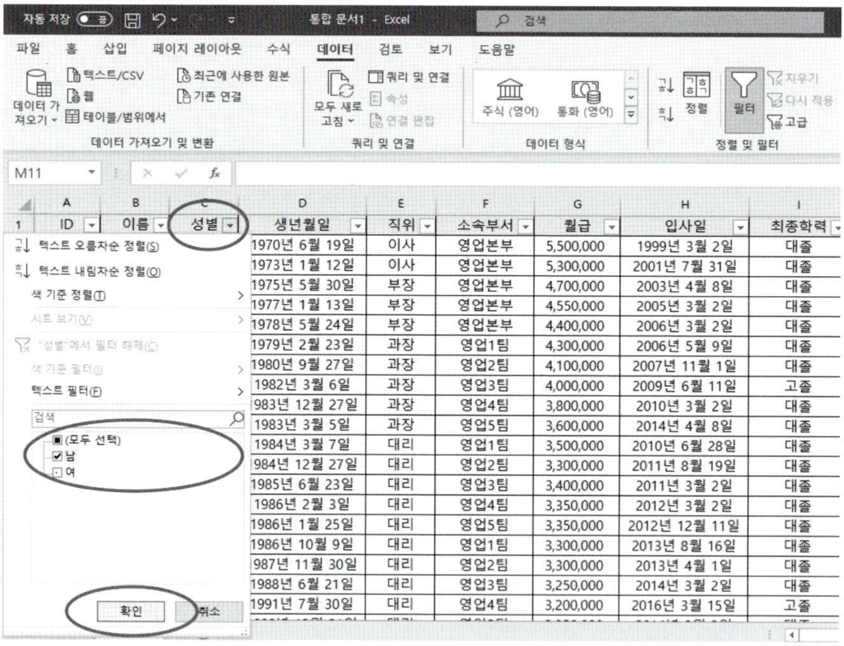

④ 그러면 <그림 1-11>처럼 전체 사원들 중에서 남자 사원들의 레코드들만 추출된다.

그림 1-11 ● **전체 사원 중 남자 사원들의 레코드**

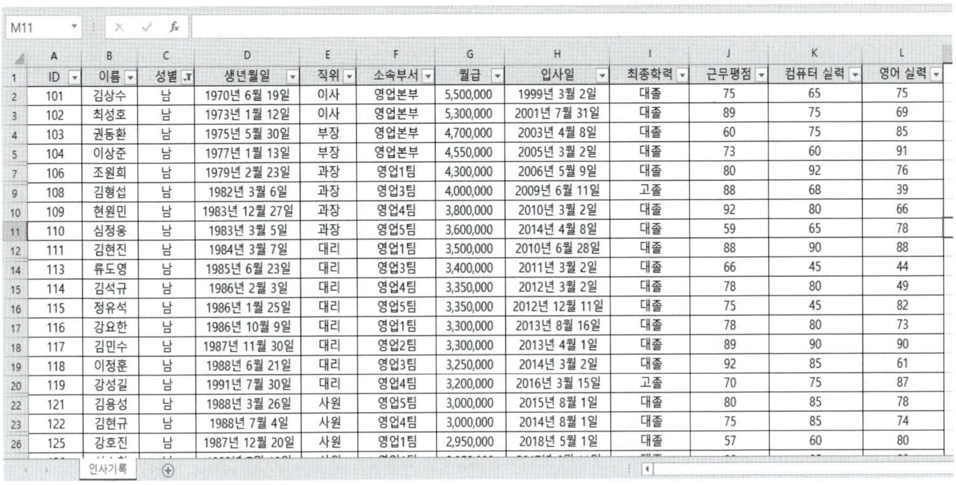

	ID	이름	성별	생년월일	직위	소속부서	월급	입사일	최종학력	근무평점	컴퓨터 실력	영어 실력
2	101	김상수	남	1970년 6월 19일	이사	영업본부	5,500,000	1999년 3월 2일	대졸	75	65	75
3	102	최성호	남	1973년 1월 12일	이사	영업본부	5,300,000	2001년 7월 31일	대졸	89	75	69
4	103	권동환	남	1975년 5월 30일	부장	영업본부	4,700,000	2003년 4월 8일	대졸	60	75	85
5	104	이상준	남	1977년 1월 13일	부장	영업본부	4,550,000	2005년 3월 2일	대졸	73	60	91
7	106	조원희	남	1979년 2월 23일	과장	영업1팀	4,300,000	2006년 5월 9일	대졸	80	92	76
9	108	김형섭	남	1982년 3월 6일	과장	영업3팀	4,000,000	2009년 6월 11일	고졸	88	68	39
10	109	현원민	남	1983년 12월 27일	과장	영업4팀	3,800,000	2010년 3월 2일	대졸	92	80	66
11	110	심정웅	남	1983년 3월 5일	과장	영업5팀	3,600,000	2014년 4월 8일	대졸	59	65	78
12	111	김현진	남	1984년 3월 7일	대리	영업1팀	3,500,000	2010년 6월 28일	대졸	88	90	88
14	113	류도영	남	1985년 6월 23일	대리	영업3팀	3,400,000	2011년 3월 2일	대졸	66	45	44
15	114	김석규	남	1986년 2월 3일	대리	영업4팀	3,350,000	2012년 3월 2일	대졸	78	80	49
16	115	정유석	남	1986년 1월 25일	대리	영업5팀	3,350,000	2012년 12월 11일	대졸	75	45	82
17	116	강요한	남	1986년 10월 9일	대리	영업1팀	3,300,000	2013년 8월 16일	대졸	78	80	73
18	117	김민수	남	1987년 11월 30일	대리	영업2팀	3,300,000	2013년 4월 1일	대졸	89	90	90
19	118	이정훈	남	1988년 6월 21일	대리	영업3팀	3,250,000	2014년 3월 2일	대졸	92	85	61
20	119	강성길	남	1991년 7월 30일	대리	영업4팀	3,200,000	2016년 3월 15일	고졸	70	75	87
22	121	김용성	남	1988년 3월 26일	사원	영업5팀	3,000,000	2015년 8월 1일	대졸	80	85	78
23	122	김현규	남	1988년 7월 4일	사원	영업4팀	3,000,000	2014년 8월 1일	대졸	75	85	74
26	125	강호진	남	1987년 12월 20일	사원	영업1팀	2,950,000	2018년 5월 1일	대졸	57	60	80

2〉 두 개의 조건에 의한 자료 추출

필요에 따라서는 두 개 이상의 기준에 의하여 레코드들을 추출해야 할 경우가 있다. 하나의 조건에 의한 자료 추출 시와 같은 방법으로 두 개 이상의 필드를 선택하여 필드 옆의 목록 단추를 선택하면 원하는 레코드들만으로 추출된 정보를 볼 수 있다. 또한 필드에서 나타난 값이 아닌 특정 범위나 기준을 이용하여 레코드들을 추출하고자 할 때는 사용자 정의 기능을 선택하여 값의 범위를 지정하여 추출하면 된다. 예를 들어, 남자 사원들 중에서 월급이 350만 원을 초과하는 사원들을 추출하고자 할 때는 다음과 같은 과정을 거쳐서 수행하면 된다.

① 인사기록 목록의 아무 곳이나 하나의 셀을 선택한 후 메뉴에서 [데이터]-[필터]를 선택한다.

② 사원 필드 옆에 있는 목록 상자에서 "남자"를 선택하면 전 사원들 중에서 남자 사원들만을 추출하게 된다.

③ 그 다음에 월급의 목록 상자에서 [숫자 필터]-[사용자 지정 자동 필터]를 선택한다. 사용자 지정 자동 필터 대화상자에서 추출조건을 <그림 1-12>와 같이 지정할 수 있다.

그림 1-12 ● 사용자 지정 자동 필터

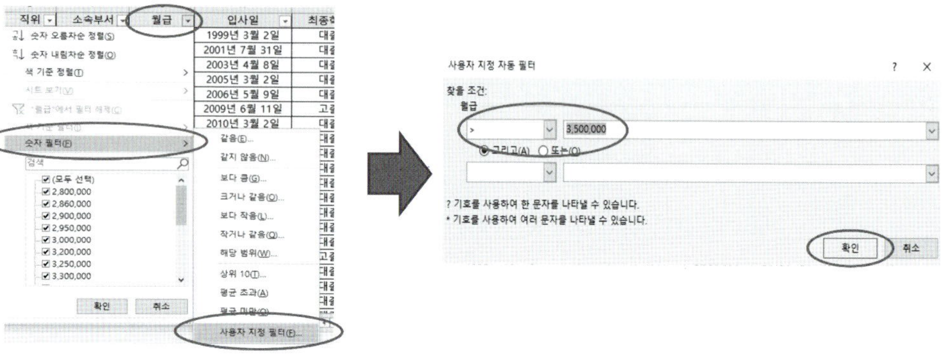

④ 첫 번째 목록상의 아래 화살표를 눌러 '>(보다 초과)'를 선택한다. 두 번째 목록 상자에서는 아래 화살표를 누르고 3,500,000을 선택한 후 확인을 누른다.

⑤ 그러면 <그림 1-13>과 같이 남자 사원들 중에서 월급이 350만 원을 초과하는 사원들의 자료가 추출된다.

그림 1-13 ● 남자 사원들 중 월급이 ₩3,500,000을 초과하는 사람들의 레코드

	ID	이름	성별	생년월일	직위	소속부서	월급	입사일	최종학력	근무평점	컴퓨터 실력	영어 실력
2	101	김상수	남	1970년 6월 19일	이사	영업본부	5,500,000	1999년 3월 2일	대졸	75	65	75
3	102	최성호	남	1973년 1월 12일	이사	영업본부	5,300,000	2001년 7월 31일	대졸	89	75	69
4	103	권동환	남	1975년 5월 30일	부장	영업본부	4,700,000	2003년 4월 8일	대졸	60	75	85
5	104	이상준	남	1977년 1월 13일	부장	영업본부	4,550,000	2005년 3월 2일	대졸	73	60	91
7	106	조원희	남	1979년 2월 23일	과장	영업1팀	4,300,000	2006년 5월 9일	대졸	80	92	76
9	108	김형섭	남	1982년 3월 6일	과장	영업3팀	4,000,000	2009년 6월 11일	고졸	88	68	39
10	109	현원민	남	1983년 12월 27일	과장	영업4팀	3,800,000	2010년 3월 2일	대졸	92	80	66
11	110	심정웅	남	1983년 3월 5일	과장	영업5팀	3,600,000	2014년 4월 8일	대졸	59	65	78

⑥ 위와 같은 방법으로 입사일이 2002년 3월 2일 이후부터 근무평점이 75점 이하인 사원들을 추출하면 <그림 1-14>와 같다.

그림 1-14 ● 입사일이 2002년 3월 2일 이후, 근무평점 75점 이하인 사람들의 레코드

	ID	이름	성별	생년월일	직위	소속부서	월급	입사일	최종학력	근무평점	컴퓨터 실력	영어 실력
4	103	권동환	남	1975년 5월 30일	부장	영업본부	4,700,000	2003년 4월 8일	대졸	60	75	85
5	104	이상준	남	1977년 1월 13일	부장	영업본부	4,550,000	2005년 3월 2일	대졸	73	60	91
6	105	박지혜	여	1978년 5월 24일	부장	영업본부	4,400,000	2006년 3월 2일	대졸	58	80	77
8	107	윤영주	여	1980년 9월 27일	과장	영업2팀	4,100,000	2007년 11월 1일	대졸	67	72	95
11	110	심정웅	남	1983년 3월 5일	과장	영업5팀	3,600,000	2014년 4월 8일	대졸	59	65	78
14	113	류도영	남	1985년 6월 23일	대리	영업3팀	3,400,000	2011년 3월 2일	대졸	66	45	44
20	119	강성길	남	1991년 7월 30일	대리	영업4팀	3,200,000	2016년 3월 15일	고졸	70	75	87
21	120	김지영	여	1988년 12월 21일	대리	영업5팀	2,950,000	2014년 3월 2일	대졸	65	60	69
24	123	서지혜	여	1989년 12월 30일	사원	영업3팀	2,900,000	2014년 9월 28일	대졸	67	90	52
25	124	박규희	여	1989년 3월 6일	사원	영업2팀	2,900,000	2015년 6월 30일	대졸	70	75	94
26	125	강호진	남	1987년 12월 20일	사원	영업1팀	2,950,000	2018년 5월 1일	대졸	57	60	80
30	129	정원동	남	1989년 4월 8일	사원	영업4팀	2,900,000	2016년 4월 1일	대졸	59	65	59
31	130	임종욱	남	1989년 4월 18일	사원	영업5팀	2,900,000	2019년 3월 2일	대졸	66	80	92
35	134	박소연	여	1996년 2월 14일	사원	영업2팀	2,780,000	2016년 6월 23일	고졸	69	45	60
36	135	이길성	남	1992년 5월 25일	사원	영업1팀	2,900,000	2019년 9월 1일	대졸	74	56	85
38	137	김정은	여	1995년 12월 1일	사원	영업3팀	2,860,000	2017년 9월 1일	대졸	49	50	49
39	138	차보근	남	1992년 9월 23일	사원	영업5팀	2,860,000	2017년 3월 2일	대졸	65	80	58
42	141	변종국	남	1992년 1월 8일	사원	영업4팀	2,860,000	2017년 11월 11일	대졸	58	85	77
43	142	이원호	남	1994년 2월 15일	사원	영업2팀	2,860,000	2018년 7월 3일	대졸	68	80	88

3〉 세 개 이상의 조건에 의한 자료 추출

자동필터로 추출하기에 다소 복잡한 조건의 경우는 미리 워크시트상에 추출조건을 입력하여 필터 중 고급필터를 실행하면 복잡한 조건의 검색도 가능하다. 여기서는 월급이 300만 원 이상, 근무평점이 73점 이하, 컴퓨터 실력이 75점 이하인 사원들을 추출해 보기로 하자.

① "인사기록"을 『Sheet 2』에 복사한다.

② 『Sheet 2』를 선택하여 셀 A1을 첫 행으로 하여 <그림 1-15>와 같이 붙여넣은 후 월급에는 ">=3,000,000", 근무평점에는 "<=73", 컴퓨터 실력에는 "<=75"를 모두 입력한다.

그림 1-15 ● 레코드의 추출 조건 설정

L11

	A	B	C	D	E	F	G	H	I	J	K	L
1	ID	이름	성별	생년월일	직위	소속부서	월급	입사일	최종학력	근무평점	컴퓨터 실력	영어 실력
2							>=3,000,000			<=73	<=75	
3												

③ 인사기록 워크시트에서 모든 데이터를 복사하여 <그림 1-16>처럼 『Sheet 2』에 붙여넣는다.

그림 1-16 ● 레코드와 레코드 추출 조건

N47

	A	B	C	D	E	F	G	H	I	J	K	L
1	ID	이름	성별	생년월일	직위	소속부서	월급	입사일	최종학력	근무평점	컴퓨터 실력	영어 실력
2							>=3,000,000			<=73	<=75	
3												
4	ID	이름	성별	생년월일	직위	소속부서	월급	입사일	최종학력	근무평점	컴퓨터 실력	영어 실력
5	101	김상수	남	1970년 6월 19일	이사	영업본부	5,500,000	1999년 3월 2일	대졸	75	65	75
6	102	최성호	남	1973년 1월 12일	이사	영업본부	5,300,000	2001년 7월 31일	대졸	89	75	69
7	103	권동환	남	1975년 5월 30일	부장	영업본부	4,700,000	2003년 4월 8일	대졸	60	75	85
8	104	이상준	남	1977년 1월 13일	부장	영업본부	4,550,000	2005년 3월 2일	대졸	73	60	91
9	105	박지혜	여	1978년 5월 24일	부장	영업본부	4,400,000	2006년 3월 2일	대졸	58	80	77
10	106	조원희	남	1979년 2월 23일	과장	영업1팀	4,300,000	2006년 5월 9일	대졸	80	92	76
11	107	윤영주	여	1980년 9월 27일	과장	영업2팀	4,100,000	2007년 11월 1일	대졸	67	72	95
12	108	김형섭	남	1982년 3월 6일	과장	영업3팀	4,000,000	2009년 6월 11일	고졸	88	68	39
13	109	현원민	남	1983년 12월 27일	과장	영업4팀	3,800,000	2010년 3월 2일	대졸	92	80	66
14	110	심정웅	남	1983년 3월 5일	과장	영업5팀	3,600,000	2014년 4월 8일	대졸	59	65	78
15	111	김현진	남	1984년 3월 7일	대리	영업1팀	3,500,000	2010년 6월 28일	대졸	88	90	88
16	112	박지은	여	1984년 12월 27일	대리	영업2팀	3,300,000	2011년 8월 19일	대졸	75	60	68
17	113	류도영	남	1985년 6월 23일	대리	영업3팀	3,400,000	2011년 3월 2일	대졸	66	45	44
18	114	김석규	남	1986년 2월 3일	대리	영업4팀	3,350,000	2012년 3월 2일	대졸	78	80	49
19	115	정유석	남	1986년 1월 25일	대리	영업5팀	3,350,000	2012년 12월 11일	대졸	75	45	82
20	116	강요한	남	1986년 10월 9일	대리	영업1팀	3,300,000	2013년 8월 16일	대졸	78	80	73

인사기록 | Sheet2

④ 메뉴에서 [데이터] – [필터] – [고급필터]를 선택한다.

⑤ <그림 1-17>과 같이 고급필터 대화상자가 나타나면 데이터 범위는 "$A$4:$L$54"를 지정하고, 조건범위는 "$A$1:$L$2"를 입력하고 확인을 누른다.

그림 1-17 ● **고급필터 대화상자**

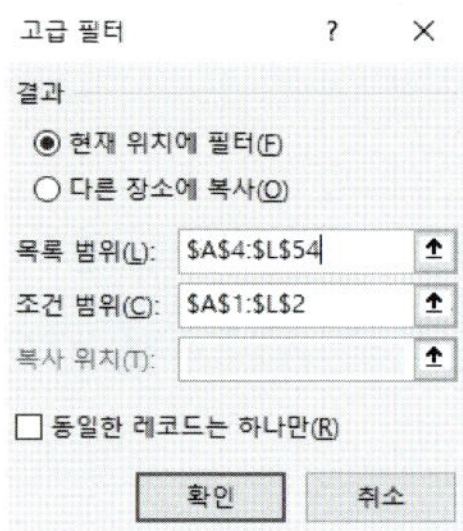

⑥ 그러면 추출결과가 <그림 1-18>과 같이 나오게 된다.

그림 1-18 ● **고급필터로 추출된 레코드 1**

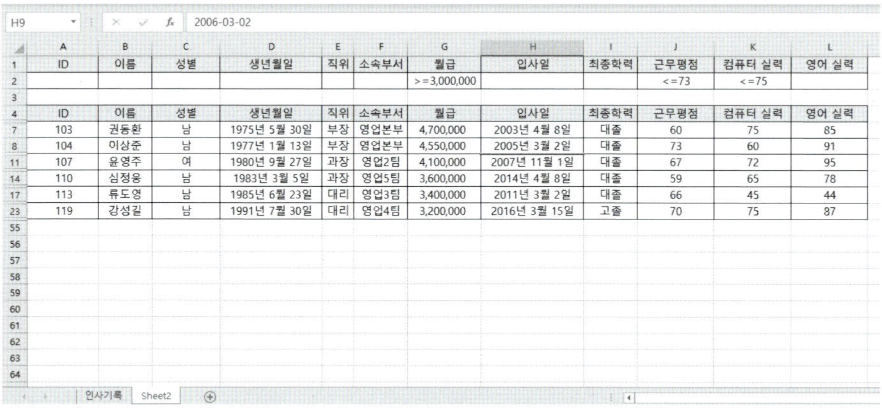

H9 | 2006-03-02

	A	B	C	D	E	F	G	H	I	J	K	L
1	ID	이름	성별	생년월일	직위	소속부서	월급	입사일	최종학력	근무평점	컴퓨터 실력	영어 실력
2							>=3,000,000			<=73	<=75	
3												
4	ID	이름	성별	생년월일	직위	소속부서	월급	입사일	최종학력	근무평점	컴퓨터 실력	영어 실력
7	103	권동환	남	1975년 5월 30일	부장	영업본부	4,700,000	2003년 4월 8일	대졸	60	75	85
8	104	이상준	남	1977년 1월 13일	부장	영업본부	4,550,000	2005년 3월 2일	대졸	73	60	91
11	107	윤영주	여	1980년 9월 27일	과장	영업2팀	4,100,000	2007년 11월 1일	대졸	67	72	95
14	110	심정웅	남	1983년 3월 5일	과장	영업5팀	3,600,000	2014년 4월 8일	대졸	59	65	78
17	113	류도영	남	1985년 6월 23일	대리	영업3팀	3,400,000	2011년 3월 2일	대졸	66	45	44
23	119	강성길	남	1991년 7월 30일	대리	영업4팀	3,200,000	2016년 3월 15일	고졸	70	75	87

인사기록 | Sheet2

⑦ 테이블을 원래 상태로 되돌리기 위해서는 메뉴에서 [데이터] – [필터] – [지우기]를 선택하면 인사기록의 원래 자료가 모두 표시된다.

⑧ 같은 방법으로 직위가 사원급에서 근무평점이 75점 이상, 영어 실력이 85점 이상의 조건으로 추출하면 <그림 1-19>와 같은 결과가 나온다.

⑨ 『Sheet 2』를 『추출』로 이름 변경한다.

그림 1-19 ● 고급필터를 이용한 추출된 레코드 2

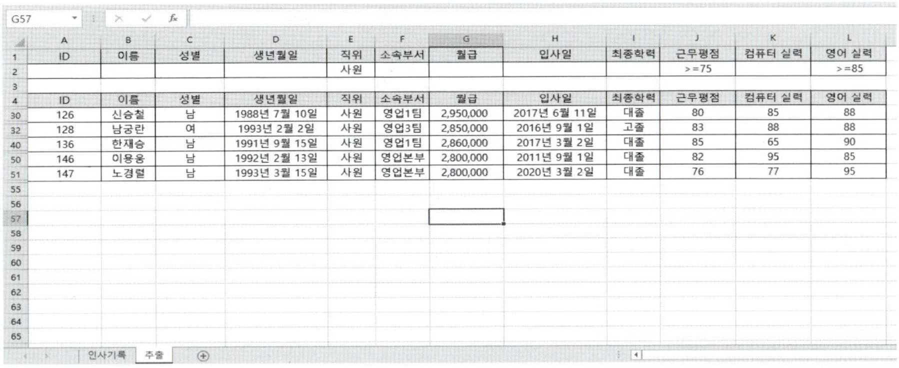

ID	이름	성별	생년월일	직위	소속부서	월급	입사일	최종학력	근무평점	컴퓨터 실력	영어 실력
				사원					>=75		>=85

ID	이름	성별	생년월일	직위	소속부서	월급	입사일	최종학력	근무평점	컴퓨터 실력	영어 실력
126	신승철	남	1988년 7월 10일	사원	영업1팀	2,950,000	2017년 6월 11일	대졸	80	85	88
128	남궁란	여	1993년 2월 2일	사원	영업3팀	2,850,000	2016년 9월 1일	고졸	83	88	88
136	한재승	남	1991년 9월 15일	사원	영업1팀	2,860,000	2017년 3월 2일	대졸	85	65	90
146	이용웅	남	1992년 2월 13일	사원	영업본부	2,800,000	2011년 9월 1일	대졸	82	95	85
147	노경렬	남	1993년 3월 15일	사원	영업본부	2,800,000	2020년 3월 2일	대졸	76	77	95

3) Excel 기본 함수

함수란 사칙연산에서 사용하는 '+' '-'와 같이 엑셀에서 약속되고 통용되는 계산식으로서 반복적으로 사용되는 복잡한 계산과정을 미리 정해놓은 수식에 의하여 연산되도록 하는 것이다. Excel을 이용하여 Database를 관리하기 위해서는 Excel의 기본 함수에 대한 이해가 있어야 하는데, Excel의 함수는 재무, 날짜 및 시간, 수학/삼각, 통계 등 11가지의 범주에 300건이 넘는 방대한 종류가 있으므로 본 장에서는 Database 관리에 필요한 몇 종류의 기본 함수에 대하여서만 간단히 알아보도록 한다.

범주	용 도
재무	재무관련 계산에서 사용(IRR, NPV, PV 등)
날짜 및 시간	수식에 날짜와 시간을 사용할 때(DATE, DAY, DAYS 360 등)
수학/삼각	범위의 합계, 반올림 등의 수학적인 계산에 사용(ABS, COS, LOG 등)
통계	일정 범위의 데이터의 통계적 분석에 사용(CORREL, COUNTIF 등)
찾기/참조 영역	목록의 특정 값이나 셀의 참조영역을 찾을 때 사용(ADDRESS 등)
데이터베이스	목록 값이 특정 조건이나 찾을 조건을 만족하는지 분석(DAVERAGE 등)
텍스트	수식에서 문자열을 조작할 때 사용(ASC, CODE 등)
논리	조건의 참과 거짓을 알아보거나 여러 조건의 검색 시 사용(AND, IF 등)
정보	셀에 저장될 데이터의 종류를 결정할 때 사용(CELL, INFO 등)
공학	공학용 계산에 사용(BESSELI, BITOR, COMPLEX 등)
큐브	SQL 서버의 데이터 이용 시에 사용(CUBEMEMBER, CUBESET 등)

(1) Count 계열함수

Count 계열의 함수는 숫자를 세는 기능을 가지는 함수를 말하는데 범위 내에서 숫자로 입력된 셀의 개수를 세어주는 Count 함수, 숫자뿐만 아니라 문자나 오류값 등을 모두 세어주는 CountA 함수 등이 대표적인 Count 계열의 함수이다.

구분	함수	조 건	적용방법
Count 계열 함수	count	숫자로 입력된 셀의 개수를 계산함	(Count 범위)
	counta	숫자, 문자, 오류 값 등을 모두 포함하여 비어 있지 않은 셀의 개수를 계산함	(Count 범위)
	countif	하나의 조건을 부여하여 셀의 개수를 계산함	(기준범위, 기준)
	countifs	두 개 이상의 조건(최대 124개)을 부여하여 셀의 개수를 계산함	(기준범위 1, 기준 1, 기준범위 2, 기준 2…)
	frequency	도수분포표 작성 함수로서 구간을 지정하여 셀의 개수를 계산함	(Data 열, 구간 열)

(2) Sum 계열함수

Sum 계열의 함수는 더하기를 쉽게 해주는 함수로 Excel에서 가장 많이 쓰이는 함수라고 해도 과언이 아닐 만큼 가장 기본적이고 필수적인 함수이다.

구분	함수	조 건	적용방법
Sum 계열 함수	sum	숫자가 입력된 셀의 합계를 계산함	(Number1, Number2…)
	sumif	하나의 조건을 부여하여 셀의 합계를 계산함	(기준범위, 기준, 합계범위)
	sumifs	두 개 이상의 조건(최대 127개)을 부여하여 셀의 합계를 계산함	(합계범위, 기준범위 1, 기준 1, 기준범위 2, 기준 2 …)

(3) Average 계열함수

Sum 계열의 함수만큼 자주 사용되는 Average 계열의 함수는 평균을 계산해 주는 함수로 숫자가 입력된 셀의 평균을 계산하는 Average 함수를 기본으로 중간값을 찾아주는 Median 함수 등이 있다.

구분	함수	조 건	적용방법
Average 계열 함수	average	숫자가 입력된 셀의 평균을 계산함	(숫자 1, 숫자 2…)
	averageif	하나의 조건을 부여하여 셀의 평균을 계산함	(기준범위, 기준, 평균범위)
	averageifs	두 개 이상의 조건(최대 127개)을 부여하여 셀의 평균을 계산함	(평균범위, 기준범위 1, 기준 1, 범위 2, 기준 2…)
	median	지정된 범위 내에서 크기가 중간인 값을 찾아냄	(Number1, Number2…)
	trimmean	상위값과 하위값을 조건에 맞게 삭제한 후 평균을 계산함(내부평균 계산)	(평균범위, 삭제 Percent)

4) 피벗 테이블 작성

1〉 부분합의 계산(sub-total)

데이터 목록에서 부분합을 사용하면 워크시트 내에 산재되어 있는 정보 중 필요한 정보만을 추출하여 간략하고 효율적으로 요약할 수 있다. 예를 들어, 직위에 따른 월급의 합계를 계산하고자 할 때 부분합의 기능을 이용하면 손쉽게 계산을 할 수 있다.

① 자료의 부분합을 구하기 위해 레코드들을 먼저 직위별로 정렬한다. 목록 위에서 메뉴의 [데이터] - [정렬]을 선택한다.

② 정렬 대화상자가 나타나면 첫째 기준에 "직위"를 선택하고 오름차순을 선택한다. 인사기록 자료는 <그림 1-20>과 같이 "직위"별로 정렬된다.

그림 1-20 • 직위별 오름차순으로 정리된 레코드

G14 | 3250000

	A	B	C	D	E	F	G	H	I	J	K	L
1	ID	이름	성별	생년월일	직위	소속부서	월급	입사일	최종학력	근무평점	컴퓨터 실력	영어 실력
2	106	조원희	남	1979년 2월 23일	과장	영업1팀	4,300,000	2006년 5월 9일	대졸	80	92	76
3	107	윤영주	여	1980년 9월 27일	과장	영업2팀	4,100,000	2007년 11월 1일	대졸	67	72	95
4	108	김형섭	남	1982년 3월 6일	과장	영업3팀	4,000,000	2009년 6월 11일	고졸	88	68	39
5	109	현원민	남	1983년 12월 27일	과장	영업4팀	3,800,000	2010년 3월 2일	대졸	92	80	66
6	110	심정웅	남	1983년 3월 5일	과장	영업5팀	3,600,000	2014년 4월 8일	대졸	59	65	78
7	111	김현진	남	1984년 3월 7일	대리	영업1팀	3,500,000	2010년 6월 28일	대졸	88	90	88
8	112	박지은	여	1984년 12월 27일	대리	영업2팀	3,300,000	2011년 8월 19일	대졸	75	60	68
9	113	류도영	남	1985년 6월 23일	대리	영업3팀	3,400,000	2011년 3월 2일	대졸	66	45	44
10	114	김석규	남	1986년 2월 3일	대리	영업4팀	3,350,000	2012년 3월 2일	대졸	78	80	49
11	115	정유석	남	1986년 1월 25일	대리	영업5팀	3,350,000	2012년 12월 11일	대졸	75	45	82
12	116	강요한	남	1986년 10월 9일	대리	영업1팀	3,300,000	2013년 8월 16일	대졸	78	80	73
13	117	김민수	남	1987년 11월 30일	대리	영업2팀	3,300,000	2013년 4월 1일	대졸	89	90	90
14	118	이정훈	남	1988년 6월 21일	대리	영업3팀	3,250,000	2014년 3월 2일	대졸	92	85	61

③ 목록에 있는 셀을 선택하고 메뉴에서 [데이터] – [부분합]을 선택하면 부분합 대화상자가 나타난다. <그림 1-21>과 같이 그룹화할 항목 상자에서 부분합을 구할 그룹인 "직위"를 선택한다. 또 사용할 함수에서는 부분합을 구할 때 사용할 함수인 합계를 선택한다. 부분합 계산 항목 상자에서 부분합을 구할 값이 들어 있는 "월급"의 확인란을 체크한다.

그림 1-21 ● **부분합 대화상자**

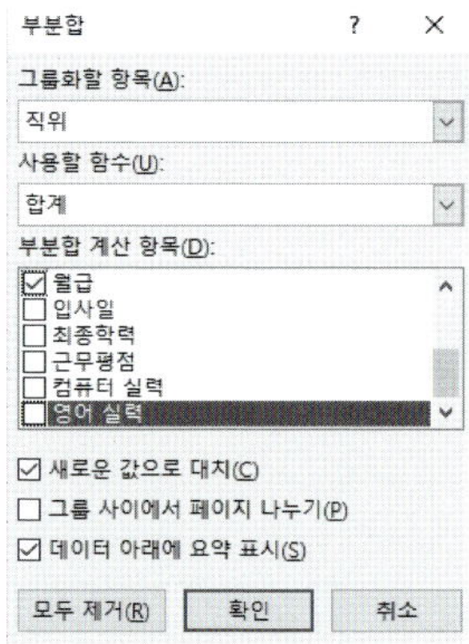

④ 그러면 <그림 1-22>와 같이 월급 합계 데이터베이스가 나타나게 된다.

그림 1-22 ● **부분합을 이용한 직급별 월급 합계**

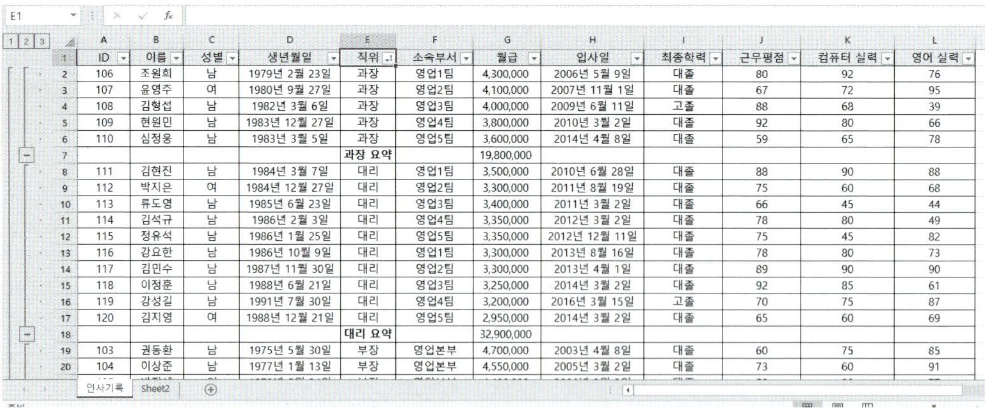

	ID	이름	성별	생년월일	직위	소속부서	월급	입사일	최종학력	근무평점	컴퓨터 실력	영어 실력
2	106	조원희	남	1979년 2월 23일	과장	영업1팀	4,300,000	2006년 5월 9일	대졸	80	92	76
3	107	윤영주	여	1980년 9월 27일	과장	영업2팀	4,100,000	2007년 11월 1일	대졸	67	72	95
4	108	김형섭	남	1982년 3월 6일	과장	영업3팀	4,000,000	2009년 6월 11일	고졸	88	68	39
5	109	현원민	남	1983년 12월 27일	과장	영업4팀	3,800,000	2010년 3월 2일	대졸	92	80	66
6	110	심정웅	남	1983년 3월 5일	과장	영업5팀	3,600,000	2014년 4월 8일	대졸	59	65	78
7					**과장 요약**		19,800,000					
8	111	김현진	남	1984년 3월 7일	대리	영업1팀	3,500,000	2010년 6월 28일	대졸	88	90	88
9	112	박지은	여	1984년 12월 27일	대리	영업2팀	3,300,000	2011년 8월 19일	대졸	75	60	68
10	113	류도영	남	1985년 6월 23일	대리	영업3팀	3,400,000	2011년 3월 2일	대졸	66	45	44
11	114	김석규	남	1986년 2월 3일	대리	영업4팀	3,350,000	2012년 3월 2일	대졸	78	80	49
12	115	정유석	남	1986년 1월 25일	대리	영업5팀	3,350,000	2012년 12월 11일	대졸	75	45	82
13	116	강요한	남	1986년 10월 9일	대리	영업1팀	3,300,000	2013년 8월 16일	대졸	78	80	73
14	117	김민수	남	1987년 11월 30일	대리	영업2팀	3,300,000	2013년 4월 1일	대졸	89	90	90
15	118	이정훈	남	1988년 6월 21일	대리	영업3팀	3,250,000	2014년 3월 2일	대졸	92	85	61
16	119	강성길	남	1991년 7월 30일	대리	영업4팀	3,200,000	2016년 3월 15일	고졸	70	75	87
17	120	김지영	여	1988년 12월 21일	대리	영업5팀	2,950,000	2014년 3월 2일	대졸	65	60	69
18					**대리 요약**		32,900,000					
19	103	권동환	남	1975년 5월 30일	부장	영업본부	4,700,000	2003년 4월 8일	대졸	60	75	85
20	104	이상준	남	1977년 1월 13일	부장	영업본부	4,550,000	2005년 3월 2일	대졸	73	60	91

⑤ 보고할 목적에 따라서 보고서의 수준을 적정하게 조정(levels of outlining)한다. 각 합계 항목의 옆에 나타나 있는 수준기호 조정 버튼을 누르면 집계 내역을

조정할 수 있다.

⑥ 수준기호를 선택하면 각 직급별 월급 집계가 나타난다.

⑦ 수준기호 1을 선택했을 경우 <그림 1-23>과 같이 회사 전체 직원의 월급 합계가 나타난다.

그림 1-23 ● 수준기호 1을 선택했을 때의 데이터베이스

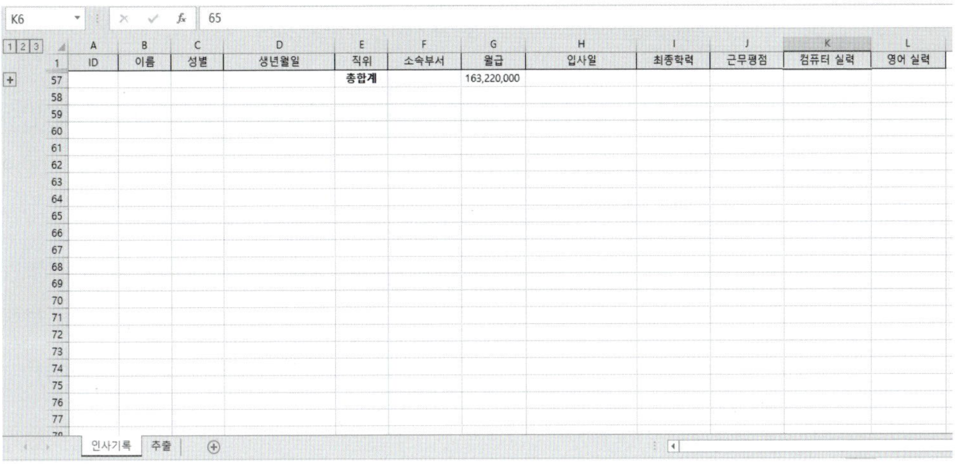

⑧ 수준기호 2를 선택했을 때에는 <그림 1-24>와 같이 각 직급별 월급의 합계만 나타나게 된다.

그림 1-24 ● 수준기호 2를 선택했을 때의 데이터베이스

⑨ 수준기호 3을 선택했을 경우는 위의 <그림 1-22>와 같은 화면이 나타나게 된다.

2〉 부분평균의 계산(sub-average)

부분합을 계산하는 방법으로 자료들의 부분평균을 쉽게 계산할 수 있다. 먼저 성별로 자료들을 정렬하고, 성별에 따른 월급의 평균, 근무평점의 평균, 컴퓨터 실력의 평균, 영어 실력의 평균을 [데이터]−[부분합]을 이용하여 계산해 보자.

① 부분평균을 구하기 위해 자료들을 먼저 "성별"로 정렬한다. 목록 위에서 메뉴의 [데이터]−[정렬]을 선택하여 정렬 대화상자가 나타나면 첫째 기준에 "성별"을 선택하고 오름차순으로 선택한다.

② 목록에 있는 셀을 선택하고 메뉴에서 [데이터]−[부분합]을 선택하면 부분합 대화상자가 나타난다. <그림 1-25>와 같이 부분합 대화상자의 그룹화할 항목상자에서 부분합을 구할 그룹인 "성별"을 선택한다. 사용할 함수에서는 부분합을 구할 때 사용할 함수인 "평균"을 선택한다.

그림 1-25 ● **부분합 대화상자**

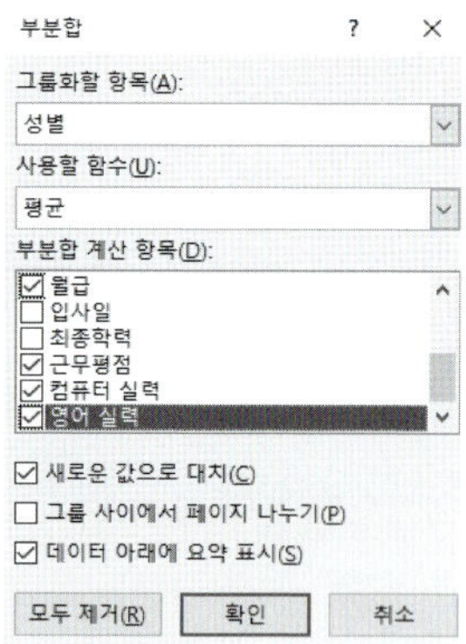

③ 부분합 계산 항목상자에서 부분합을 구할 값이 들어 있는 열의 확인란을 선택하면(월급, 근무평점, 컴퓨터 실력, 영어 실력을 체크) <그림 1-26>과 같은 화면이 나타난다.

④ 보고서 수준을 보고할 목적에 따라서 조정버튼을 이용하여 조정할 수 있다.

그림 1-26 ● **성별로 구분한 월급, 컴퓨터 실력, 영어 실력의 평균**

	ID	이름	성별	생년월일	직위	소속부서	월급	입사일	최종학력	근무평점	컴퓨터 실력	영어 실력
2	106	조원희	남	1979년 2월 23일	과장	영업1팀	4,300,000	2006년 5월 9일	대졸	80	92	76
3	108	김형섭	남	1982년 3월 6일	과장	영업3팀	4,000,000	2009년 6월 11일	고졸	88	68	39
4	109	현원민	남	1983년 12월 27일	과장	영업4팀	3,800,000	2010년 3월 2일	대졸	92	80	66
5	110	심정웅	남	1983년 3월 5일	과장	영업5팀	3,600,000	2014년 4월 8일	대졸	59	65	78
6	111	김현진	남	1984년 3월 7일	대리	영업1팀	3,500,000	2010년 6월 28일	대졸	88	90	88
7	113	류도영	남	1985년 6월 23일	대리	영업3팀	3,400,000	2011년 3월 2일	대졸	66	45	44
8	114	김석규	남	1986년 2월 3일	대리	영업4팀	3,350,000	2012년 3월 2일	대졸	78	80	49
9	115	정유석	남	1986년 1월 25일	대리	영업5팀	3,350,000	2012년 12월 11일	대졸	75	45	82
10	116	강요한	남	1986년 10월 9일	대리	영업1팀	3,300,000	2013년 8월 16일	대졸	78	80	73
11	117	김민수	남	1987년 11월 30일	대리	영업2팀	3,300,000	2013년 4월 1일	대졸	89	90	90
12	118	이정훈	남	1988년 6월 21일	대리	영업3팀	3,250,000	2014년 3월 2일	대졸	92	85	61
13	119	강성길	남	1991년 7월 30일	대리	영업4팀	3,200,000	2016년 3월 15일	고졸	70	75	87
14	103	권동환	남	1975년 5월 30일	부장	영업본부	4,700,000	2003년 4월 8일	대졸	60	75	85
15	104	이상준	남	1977년 1월 13일	부장	영업본부	4,550,000	2005년 3월 2일	대졸	73	60	91
16	121	김용성	남	1988년 3월 26일	사원	영업5팀	3,000,000	2015년 8월 1일	대졸	80	85	78
17	122	김현규	남	1988년 7월 4일	사원	영업4팀	3,000,000	2014년 8월 1일	대졸	75	85	74

3〉 하나의 자료를 위한 피벗 테이블 작성

엑셀의 피벗 테이블 기능을 이용하면 자료를 간단하게 정리하여 보고서 형태로 만들 수 있다. 피벗 테이블의 피벗은 회전이라는 의미로 필드를 자유롭게 바꿀 수 있으며 다양한 각도에서 목록의 내용을 분석할 수 있다. 하지만 어떠한 목적에서 목록을 만들 것인가를 명확히 해야만 의미 있는 피벗 테이블을 작성할 수 있다는 점을 명심하자. 또한 피벗 테이블과 동시에 피벗 차트를 만들어서 정보를 쉽게 요약할 수 있다.

① 피벗 테이블의 작성을 위해 『Sheet 3』에 인사기록 데이터를 복사하여 붙여넣기를 한 후 『Sheet 3』의 이름을 『피벗 테이블』로 바꾼다.

② 인사기록 데이터를 "직위"에 의해 오름차순으로 정렬하면 <그림 1-27>과 같이 나타난다.

③ 직위별로 정렬된 자료들을 이용하여 소속부서와 직위별 월급의 합계를 피벗 테이블로 작성할 수 있다. 먼저 목록 안의 셀을 선택한 후 메뉴에서 [삽입]-[피벗 테이블]을 선택하면 피벗 테이블을 시작할 수 있다.

그림 1-27 ● 직위에 의한 오름차순 정렬

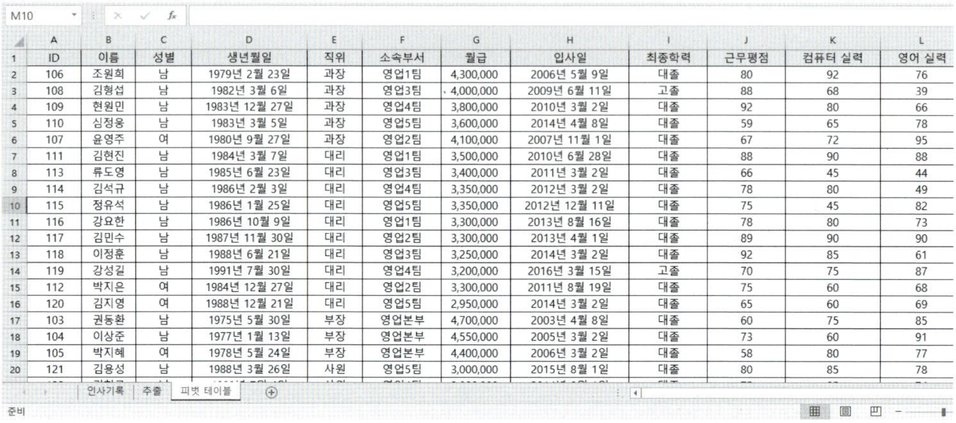

	A	B	C	D	E	F	G	H	I	J	K	L
1	ID	이름	성별	생년월일	직위	소속부서	월급	입사일	최종학력	근무평점	컴퓨터 실력	영어 실력
2	106	조원희	남	1979년 2월 23일	과장	영업1팀	4,300,000	2006년 5월 9일	대졸	80	92	76
3	108	김형섭	남	1982년 3월 6일	과장	영업3팀	4,000,000	2009년 6월 11일	고졸	88	68	39
4	109	현원민	남	1983년 12월 27일	과장	영업4팀	3,800,000	2010년 3월 2일	대졸	92	80	66
5	110	심정웅	남	1983년 3월 5일	과장	영업5팀	3,600,000	2014년 4월 8일	대졸	59	65	78
6	107	윤영주	여	1980년 9월 27일	과장	영업2팀	4,100,000	2007년 11월 1일	대졸	67	72	95
7	111	김현진	남	1984년 3월 7일	대리	영업1팀	3,500,000	2010년 6월 28일	대졸	88	90	88
8	113	류도영	남	1985년 6월 23일	대리	영업3팀	3,400,000	2011년 3월 2일	대졸	66	45	44
9	114	김석규	남	1986년 2월 3일	대리	영업4팀	3,350,000	2012년 3월 2일	대졸	78	80	49
10	115	정유석	남	1986년 1월 25일	대리	영업5팀	3,350,000	2012년 12월 11일	대졸	75	45	82
11	116	강요한	남	1986년 10월 9일	대리	영업1팀	3,300,000	2013년 8월 16일	대졸	78	80	73
12	117	김민수	남	1987년 11월 30일	대리	영업2팀	3,300,000	2013년 4월 1일	대졸	89	90	90
13	118	이정훈	남	1988년 6월 21일	대리	영업3팀	3,250,000	2014년 3월 2일	대졸	92	85	61
14	119	강성길	남	1991년 7월 30일	대리	영업4팀	3,200,000	2016년 3월 15일	고졸	70	75	87
15	112	박지은	여	1984년 12월 27일	대리	영업2팀	3,300,000	2011년 8월 19일	대졸	75	60	68
16	120	김지영	여	1988년 12월 21일	대리	영업5팀	2,950,000	2014년 3월 2일	대졸	65	60	69
17	103	권동환	남	1975년 5월 30일	부장	영업본부	4,700,000	2003년 4월 8일	대졸	60	75	85
18	104	이상준	남	1977년 1월 13일	부장	영업본부	4,550,000	2005년 3월 2일	대졸	73	60	91
19	105	박지혜	여	1978년 5월 24일	부장	영업본부	4,400,000	2006년 3월 2일	대졸	58	80	77
20	121	김용성	남	1988년 3월 26일	사원	영업5팀	3,000,000	2015년 8월 1일	대졸	80	85	78

④ <그림 1-28>처럼 피벗 테이블을 만들기 위한 데이터를 선택하고 피벗 테이블 보고서를 넣을 위치를 결정한다.

그림 1-28 ● 피벗 테이블 만들기

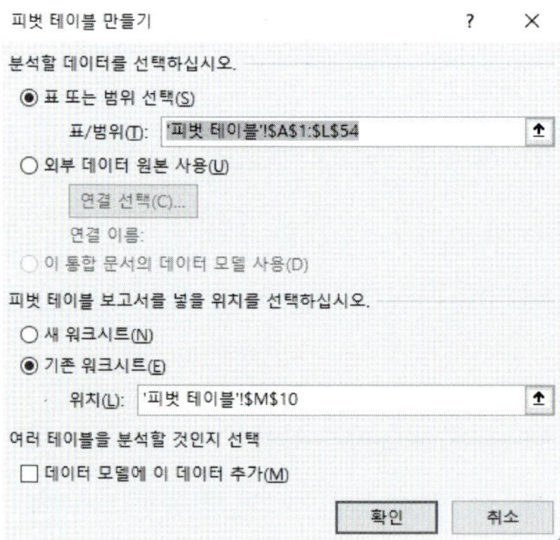

⑤ <그림 1-29>와 같은 그림이 나온다.

그림 1-29 ● **피벗 테이블 작성 초기 화면**

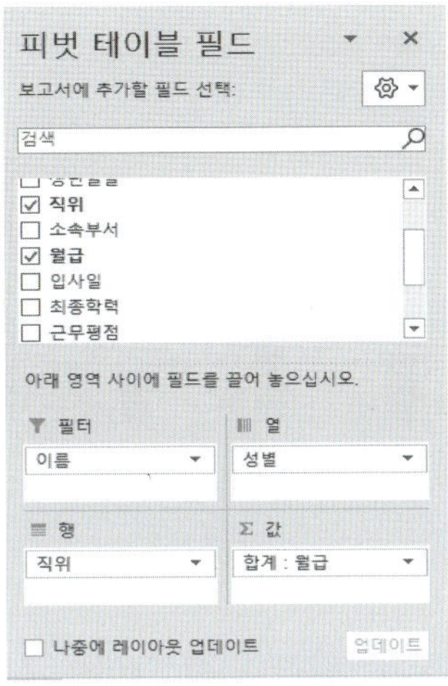

⑥ 여기서 피벗 테이블의 형식을 결정한다. 오른쪽의 "피벗 테이블 필드 목록"에서 필요한 항목을 클릭하고 필요한 영역(행 필드와 열 필드)에 드래그하면 된다. 그러면 <그림 1-30>과 같이 피벗 테이블이 만들어진다.

그림 1-30 ● **피벗 테이블 완성**

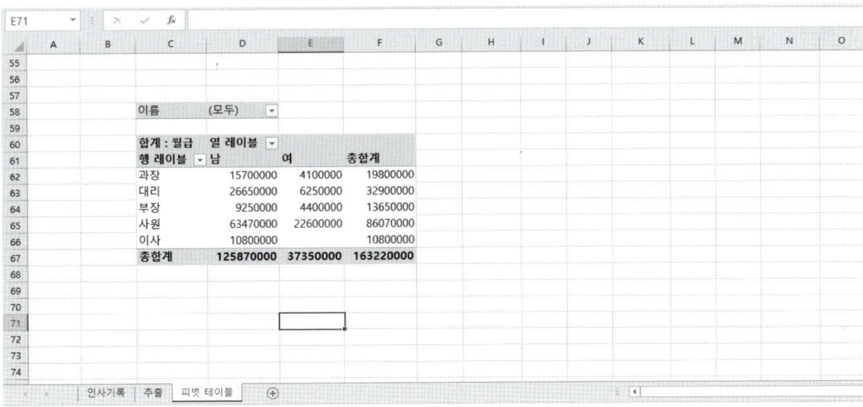

이름 (모두)

합계 : 월급	열 레이블		
행 레이블	남	여	총합계
과장	15700000	4100000	19800000
대리	26650000	6250000	32900000
부장	9250000	4400000	13650000
사원	63470000	22600000	86070000
이사	10800000		10800000
총합계	**125870000**	**37350000**	**163220000**

⑦ 피벗 테이블 작성과 같은 방법으로 피벗 차트를 만들 수도 있는데 [삽입]－[피벗 테이블]－[피벗 차트]를 선택한 후, 앞의 피벗 테이블 작성 시와 같은 방법으로 행과 열의 필드 목록을 드래그하여 채워 넣으면 아래 <그림 1-31>과 같은 누적 세로 막대형 차트가 생성됨을 알 수 있다.

그림 1-31 • **피벗 차트**

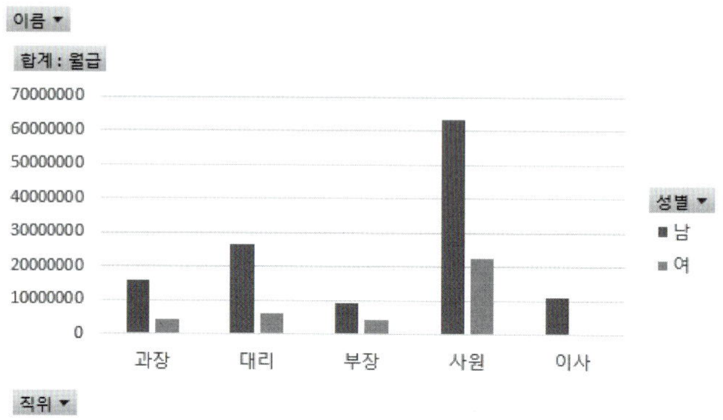

4) 두 개 이상의 자료를 위한 피벗 테이블 작성

위의 방법과 같이 성별과 직위별에 따른 근무평점, 영어 실력, 컴퓨터 실력의 합계를 피벗 테이블로 구성하려면 다음과 같은 과정을 거쳐서 만들 수 있다.

① 목록 안의 셀 A1을 선택한 후 메뉴에서 [삽입]-[피벗 테이블]을 선택하면 시작할 수 있다.

② 자동으로 목록 전체가 선택되는데 범위를 확인하고 다음을 누른다.

③ 기존의 피벗 테이블을 두고서 새로운 피벗 테이블을 작성한다.

④ 오른쪽의 피벗 테이블 필드 목록에서 필요한 항목을 클릭하고 드래그하면 <그림 1-32>와 같이 피벗 테이블이 만들어진다.

그림 1-32 • **직위와 성별에 따른 피벗 테이블**

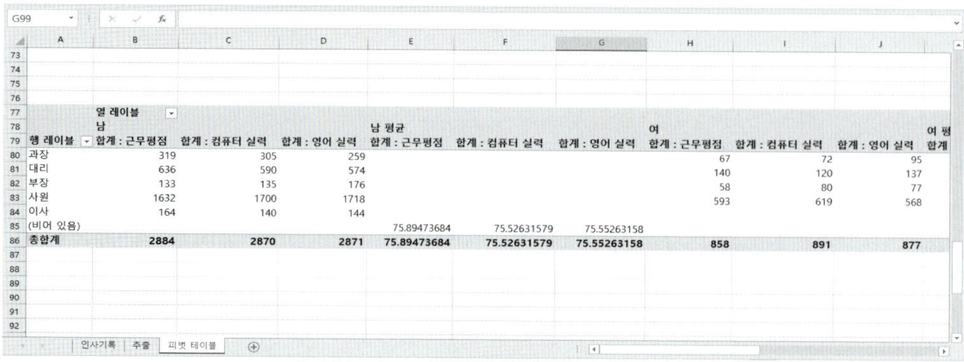

	열 레이블									
	남			남 평균			여			여 평
행 레이블	합계 : 근무평점	합계 : 컴퓨터 실력	합계 : 영어 실력	합계 : 근무평점	합계 : 컴퓨터 실력	합계 : 영어 실력	합계 : 근무평점	합계 : 컴퓨터 실력	합계 : 영어 실력	합계
과장	319	305	259				67	72	95	
대리	636	590	574				140	120	137	
부장	133	135	176				58	80	77	
사원	1632	1700	1718				593	619	568	
이사	164	140	144							
(비어 있음)				75.89473684	75.52631579	75.55263158				
총합계	**2884**	**2870**	**2871**	**75.89473684**	**75.52631579**	**75.55263158**	**858**	**891**	**877**	

⑤ 피벗 테이블 작성과 같은 방법으로 피벗 차트를 만들 수 있다. 엑셀 목록에서 [삽입]－[피벗 테이블]－[피벗 차트]를 선택하여 작성한 차트가 <그림 1-33>과 같이 나타난다.

그림 1-33 ● 피벗 차트

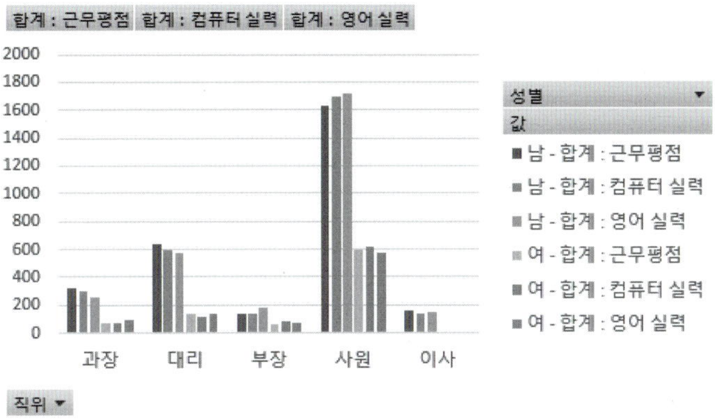

5) 피벗 테이블의 수정

피벗 테이블을 작성한 후 피벗 테이블을 수정할 필요가 있는 경우에는 피벗 테이블 도구를 사용하는 것이 편리하다. 피벗 테이블 도구모음을 나타내기 위해서는 이미 작성된 피벗 테이블을 선택하기만 하면 <그림 1-34>와 같은 피벗 테이블 도구모음이 나타난다. 만약 위에서 작성된 피벗 테이블에서 자료의 합을 수정하고자 할 때는 다음과 같은 방법을 이용하면 된다.

그림 1-34 ● 피벗 테이블 도구모음

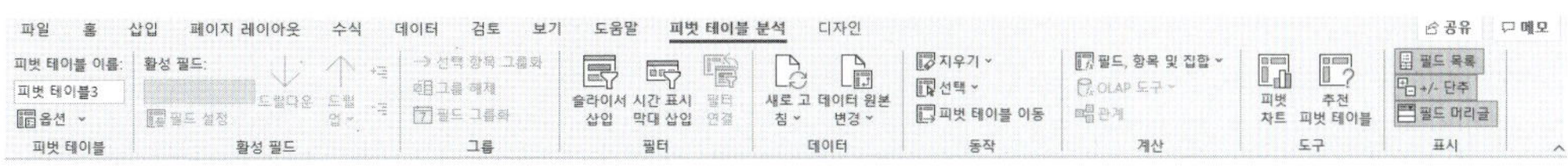

① 근무평점의 합을 평균으로 수정하기 위해서는 셀 B5, B8, B11, B14, B17, B20을 영역으로 설정한 뒤 옵션의 활성필드에서 필드설정을 선택하면 <그림 1-35>와 같은 피벗 테이블 필드가 나타나게 된다. 여기서 합계 대신 "평균"을

선택하고 확인을 누르거나 마우스 오른쪽 버튼을 이용하여 값 요약 기준에서 평균을 선택하면 된다.

그림 1-35 ● **피벗 테이블 필드**

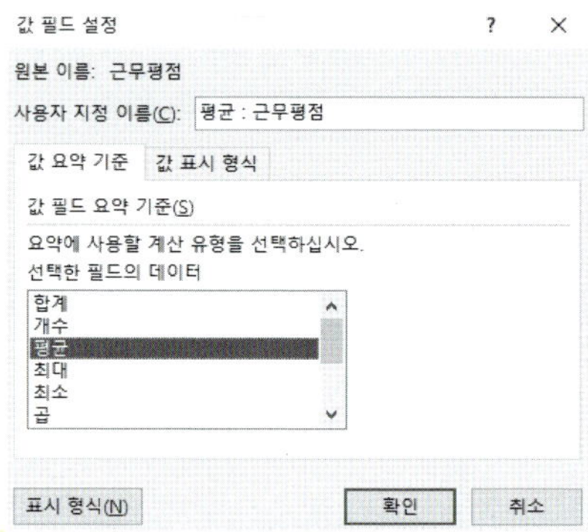

② 그러면 <그림 1-36>과 같이 직위별 근무평점의 합계가 근무평점의 평균으로 바뀌게 된다.

그림 1-36 ● **직위와 성별에 따른 피벗 테이블 - 근무평점의 평균**

	열 레이블								
	남			여			전체 평균 : 근무평점	전체 합계 : 컴퓨터 실력	전체 합계 : 영어 실력
행 레이블	평균 : 근무평점	합계 : 컴퓨터 실력	합계 : 영어 실력	평균 : 근무평점	합계 : 컴퓨터 실력	합계 : 영어 실력			
과장	79.75	305	259	67	72	95	77.2	377	354
대리	79.5	590	574	70	120	137	77.6	710	711
부장	66.5	135	176	58	80	77	63.66666667	215	253
사원	74.18181818	1700	1718	74.125	619	568	74.16666667	2319	2286
이사	82	140	144				82	140	144
총합계	**75.89473684**	**2870**	**2871**	**71.5**	**891**	**877**	**74.84**	**3761**	**3748**

③ 같은 방법으로 컴퓨터 실력과 영어 실력의 합을 평균으로 각각 수정하면 최종적으로 <그림 1-37>과 같은 결과를 얻게 된다.

그림 1-37 ● **직위와 성별에 따른 피벗 테이블 - 근무평점, 컴퓨터 실력, 영어 실력의 평균**

	열 레이블								
	남			여			전체 평균 : 근무평점	전체 평균 : 컴퓨터 실력	전체 평균 : 영어 실력
행 레이블	평균 : 근무평점	평균 : 컴퓨터 실력	평균 : 영어 실력	평균 : 근무평점	평균 : 컴퓨터 실력	평균 : 영어 실력			
과장	79.75	76.25	64.75	67	72	95	77.2	75.4	70.8
대리	79.5	73.75	71.75	70	60	68.5	77.6	71	71.1
부장	66.5	67.5	88	58	80	77	63.66666667	71.66666667	84.33333333
사원	74.18181818	77.27272727	78.09090909	74.125	77.375	71	74.16666667	77.3	76.2
이사	82	70	72				82	70	72
총합계	**75.89473684**	**75.52631579**	**75.55263158**	**71.5**	**74.25**	**73.08333333**	**74.84**	**75.22**	**74.96**

④ 이렇게 여기서 피벗 테이블이 바뀌면 그에 따라서 이전에 만들었던 차트도 <그림 1-38>과 같이 동시에 변하게 된다.

그림 1-38 ● 피벗 테이블 변화에 따른 Chart 변화

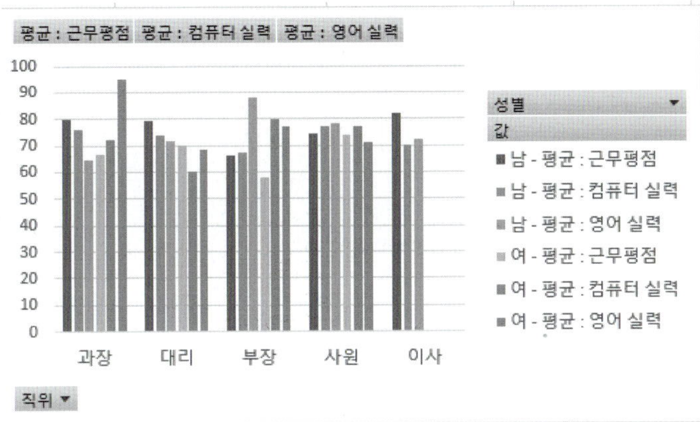

5) 데이터베이스 함수

(1) 데이터베이스 함수의 종류와 구성

① 데이터베이스 함수의 종류

데이터베이스를 보다 효율적으로 다루기 위하여 엑셀에서는 데이터베이스 함수를 제공하고 있다. 데이터베이스 함수는 통계함수와 같은 기존 함수들의 이름 앞에 D가 추가되어 있다. 예를 들어, AVERAGE라는 함수는 자료들의 평균을 계산하는 통계함수인데 DAVERAGE는 일정한 기준에 맞는 자료들의 평균을 계산하는 데이터베이스 함수이다. 엑셀에서 제공되는 데이터베이스 함수는 다음과 같다.

표 1-2 ● **데이터베이스 함수의 종류**

함수이름	설 명
DAVERAGE	선택한 데이터베이스 항목의 평균을 구한다.
DCOUNT	데이터베이스에서 숫자가 들어 있는 셀 수를 구한다.
DCOUNTA	데이터베이스에서 비어 있지 않은 셀 수를 구한다.
DGET	데이터베이스에서 지정한 조건과 일치하는 한 레코드를 추출한다.
DMAX	선택한 데이터베이스 항목의 최대값을 구한다.
DMIN	선택한 데이터베이스 항목의 최소값을 구한다.
DPRODUCT	데이터베이스에서 조건과 일치하는 레코드의 특정 필드 값을 곱한다.
DSTDEV	선택한 데이터베이스 항목의 표본을 바탕으로 표준편차를 구한다.
DSTDEVP	선택한 데이터베이스 항목의 전체 모집단을 바탕으로 표준편차를 계산한다.
DSUM	데이터베이스에서 조건과 일치하는 레코드의 필드 열 값을 더한다.
DVAR	선택한 데이터베이스 항목의 표본을 바탕으로 분산을 구한다.
DVARP	선택한 데이터베이스 항목의 전체 모집단을 바탕으로 분산을 계산한다.
GETPIVOTDATA	피벗 테이블에 저장된 데이터를 구한다.

② 데이터베이스 함수의 구성

엑셀에는 데이터베이스 계산에 사용하는 13개의 워크시트 함수가 있다. 줄여서 D 함수로 표시하는 이러한 함수들은 database, field, criteria의 세 인수를 사용한다. 이 인수들은 데이터베이스 함수에서 사용하는 워크시트 범위를 참조한다.

Dfunction(database, field, criteria)

- Database: 데이터베이스를 구성하는 셀 범위를 가리킨다.
- Field: 함수에서 사용하는 필드로 데이터베이스 필드의 첫 열에 필드 이름이 정의된다.
- Criteria: 함수의 찾을 조건을 지정한 셀 범위의 참조영역으로 찾을 조건 범위에 지정한 조건과 일치하는 정보를 구한다. 찾을 조건 영역은 함수로 요약할 목록의 열 이름표를 포함한다. 찾을 조건의 참조영역은 "셀 범위" 또는 "찾을 조건"과 같은 범위 이름으로 입력된다.

(2) 데이터베이스 함수의 적용

1〉 입사년도가 2002년 3월 1일 이후 직원들의 자료 추출

① 데이터베이스 함수를 적용하기 위하여 새로운 시트를 삽입하여 이름을 데이터베이스 함수로 바꾼다.

② 인사기록을 복사하여 셀 A5를 첫째 셀로 하여 붙여넣는다.

③ 자료를 찾을 데이터베이스 조건을 <그림 1-39>와 같이 입력한다.

그림 1-39 ● 데이터베이스 조건

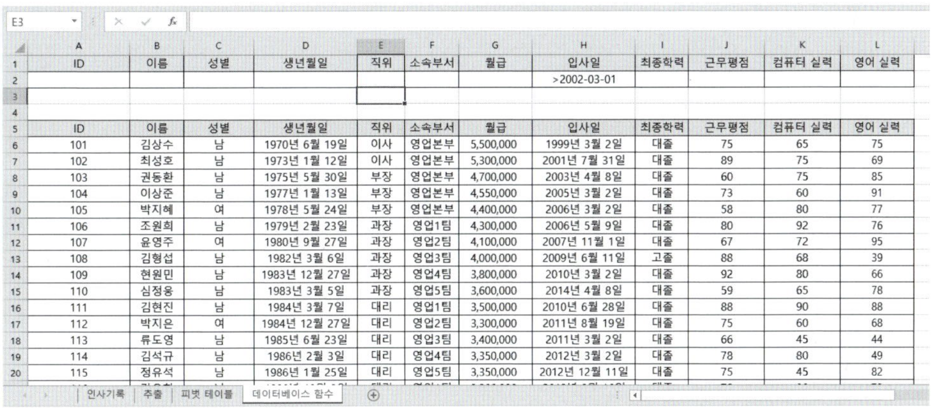

ID	이름	성별	생년월일	직위	소속부서	월급	입사일	최종학력	근무평점	컴퓨터 실력	영어 실력
							>2002-03-01				

ID	이름	성별	생년월일	직위	소속부서	월급	입사일	최종학력	근무평점	컴퓨터 실력	영어 실력
101	김상수	남	1970년 6월 19일	이사	영업본부	5,500,000	1999년 3월 2일	대졸	75	65	75
102	최성호	남	1973년 1월 12일	이사	영업본부	5,300,000	2001년 7월 31일	대졸	89	75	69
103	권동환	남	1975년 5월 30일	부장	영업본부	4,700,000	2003년 4월 8일	대졸	60	75	85
104	이상준	남	1977년 1월 13일	부장	영업본부	4,550,000	2005년 3월 2일	대졸	73	60	91
105	박지혜	여	1978년 5월 24일	부장	영업본부	4,400,000	2006년 3월 2일	대졸	58	80	77
106	조원희	남	1979년 2월 23일	과장	영업1팀	4,300,000	2006년 5월 9일	대졸	80	92	76
107	윤영주	여	1980년 9월 27일	과장	영업2팀	4,100,000	2007년 11월 1일	대졸	67	72	95
108	김형섭	남	1982년 3월 6일	과장	영업3팀	4,000,000	2009년 6월 11일	고졸	88	68	39
109	현원민	남	1983년 12월 27일	과장	영업4팀	3,800,000	2010년 3월 2일	대졸	92	80	66
110	심정웅	남	1983년 3월 5일	과장	영업5팀	3,600,000	2014년 4월 8일	대졸	59	65	78
111	김현진	남	1984년 3월 7일	대리	영업1팀	3,500,000	2010년 6월 28일	대졸	88	90	88
112	박지은	여	1984년 12월 27일	대리	영업2팀	3,300,000	2011년 8월 19일	대졸	75	60	68
113	류도영	남	1985년 6월 23일	대리	영업3팀	3,400,000	2011년 3월 2일	대졸	66	45	44
114	김석규	남	1986년 2월 3일	대리	영업4팀	3,350,000	2012년 3월 2일	대졸	78	80	49
115	정유석	남	1986년 1월 25일	대리	영업5팀	3,350,000	2012년 12월 11일	대졸	75	45	82

④ 입사년도가 2002년 3월 1일 이후인 직원들의 수를 데이터베이스 함수를 이용하여 찾기 위해 셀 O7에 “1. 직원들의 수”라고 입력한다.

⑤ 셀 R7을 선택하고 [표준도구모음]에서 [함수 마법사]를 누른다.

⑥ 함수 마법사의 대화상자에서 함수범주는 [데이터베이스]를 선택하고 함수이름은 DCOUNT를 선택하고 확인을 누른다.

⑦ 함수 대화상자가 나타나면 <그림 1-40>과 같이 입력한다.

그림 1-40 ● **함수 대화상자**

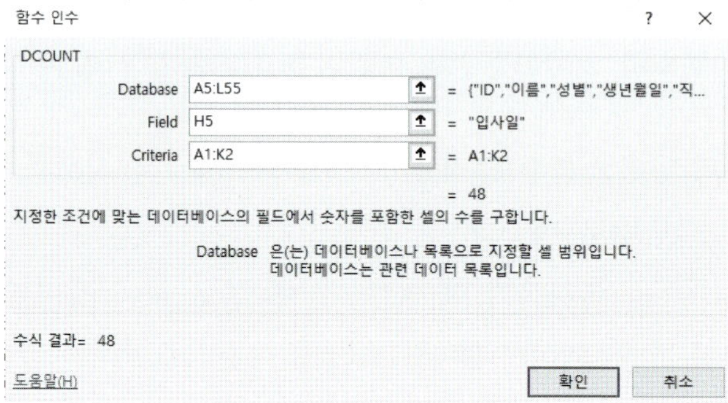

⑧ 위와 같은 방법을 사용하여 2002년 3월 1일 이후의 직원들의 월급 평균(DAVERAGE), 입사년도가 2002년 3월 1일 이후인 직원들의 월급의 총합계(DSUM)의 함수값을 구하면 <그림 1-41>과 같이 나타난다.

그림 1-41 ● **입사년도를 기준으로 한 데이터베이스 함수의 적용**

소속부서	월급	입사일	최종학력	근무평점	컴퓨터 실력	영어 실력
영업본부	5,500,000	1999년 3월 2일	대졸	75	65	75
영업본부	5,300,000	2001년 7월 31일	대졸	89	75	69
영업본부	4,700,000	2003년 4월 8일	대졸	60	75	85
영업본부	4,550,000	2005년 3월 2일	대졸	73	60	91
영업본부	4,400,000	2006년 3월 2일	대졸	58	80	77
영업1팀	4,300,000	2006년 5월 9일	대졸	80	92	76
영업2팀	4,100,000	2007년 11월 1일	대졸	67	72	95
영업3팀	4,000,000	2009년 6월 11일	고졸	88	68	39
영업4팀	3,800,000	2010년 3월 2일	대졸	92	80	66
영업5팀	3,600,000	2014년 4월 8일	대졸	59	65	78
영업1팀	3,500,000	2010년 6월 28일	대졸	88	90	88
영업2팀	3,300,000	2011년 8월 19일	대졸	75	60	68
영업3팀	3,400,000	2011년 3월 2일	대졸	66	45	44
영업4팀	3,350,000	2012년 3월 2일	대졸	78	80	49
영업5팀	3,350,000	2012년 12월 11일	대졸	75	45	82

1. 직원들의 수	48
2. 직원들 월급의 평균	3,175,417
3. 직원들 월급의 총합계	152,420,000

2〉 직위가 사원인 직원들 중 컴퓨터 실력이 최고인 직원

직위가 사원인 직원들의 컴퓨터 실력의 최대값(DMAX)도 역시 함수 마법사를 이용하여 구할 수 있다.

① 셀 H2의 값을 지우고, 셀 E2를 선택하여 "사원"이라고 입력한다.

② 셀 O15를 선택하여 "4. 사원들 컴퓨터 실력의 최대값"이라고 입력한다.

③ 셀 R15를 선택하고 함수 마법사를 선택한다.

④ [함수 마법사]에서 함수범주는 [데이터베이스]를, 함수이름은 DMAX를 선택하고 확인을 누른다.

⑤ 함수 대화상자가 나타나면 <그림 1-42>와 같이 입력한다.

그림 1-42 ● 함수 대화상자

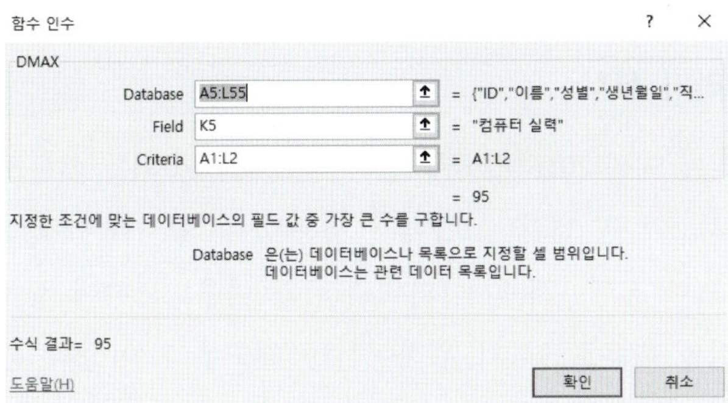

⑥ 위와 마찬가지로 직위가 "사원"인 직원들의 컴퓨터 실력의 최소값(DMIN)과 컴퓨터 실력의 평균(DAVERAGE)을 구하면 <그림 1-43>과 같다.

그림 1-43 ● 직위 기준을 이용한 데이터베이스

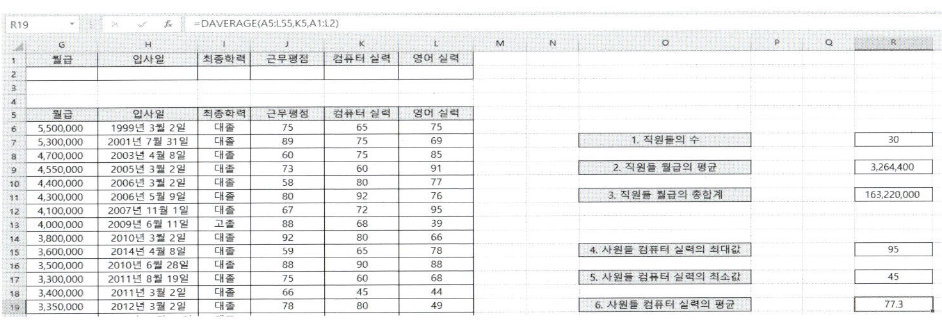

R19 =DAVERAGE(A5:L55,K5,A1:L2)

	G	H	I	J	K	L	M	N	O	P	Q	R
1	월급	입사일	최종학력	근무평점	컴퓨터 실력	영어 실력						
2												
3												
4												
5	월급	입사일	최종학력	근무평점	컴퓨터 실력	영어 실력						
6	5,500,000	1999년 3월 2일	대졸	75	65	75						
7	5,300,000	2001년 7월 31일	대졸	89	75	69			1. 직원들의 수			30
8	4,700,000	2003년 4월 8일	대졸	60	75	85						
9	4,550,000	2005년 3월 2일	대졸	73	60	91			2. 직원들 월급의 평균			3,264,400
10	4,400,000	2006년 3월 2일	대졸	58	80	77						
11	4,300,000	2006년 5월 9일	대졸	80	92	76			3. 직원들 월급의 총합계			163,220,000
12	4,100,000	2007년 11월 1일	대졸	67	72	95						
13	4,000,000	2009년 6월 11일	고졸	88	68	39						
14	3,800,000	2010년 3월 2일	대졸	92	80	66						
15	3,600,000	2014년 4월 8일	대졸	59	65	78			4. 사원들 컴퓨터 실력의 최대값			95
16	3,500,000	2010년 6월 28일	대졸	88	90	88						
17	3,300,000	2011년 8월 19일	대졸	75	60	68			5. 사원들 컴퓨터 실력의 최소값			45
18	3,400,000	2011년 3월 2일	대졸	66	45	44						
19	3,350,000	2012년 3월 2일	대졸	78	80	49			6. 사원들 컴퓨터 실력의 평균			77.3

6) 데이터 전처리와 파워쿼리

샘플이나 예제와 같이 데이터베이스에 적합한 형태로 주어진 데이터의 경우에는 해당 데이터를 바로 이용하여 원하는 계산을 하고 보고서를 작성할 수 있지만, 인터넷에 있는 데이터를 복사하여 사용하거나 다른 자료에 있는 데이터를 사용하여 데이터베이스를 만들 경우에는 해당 데이터의 형식이나 단위 등이 상이하기 때문에 데이터베이스에 적합한 형태로 자료를 먼저 변환해야 할 필요가 있다. 적은 숫자의 데이터라면 수작업을 통해 데이터의 형식을 수정할 수 있지만 천 개, 만 개의 데이터가 있는 대용량 데이터라면 일일이 수작업을 통해 형식을 변환하는 것은 불가능에 가까운 일이다.

엑셀에서는 데이터 전처리를 전문적으로 수행하는 기능은 없지만 파워쿼리 기능을 이용하면 기본적 수준의 데이터 전처리와 사용자가 원하는 형태로 원천 데이터를 변환할 수 있다.

(1) 파워쿼리의 설치

파워쿼리는 엑셀 2016버전부터는 기본으로 제공되는 기능으로 메뉴에서 [데이터] - [데이터 가져오기 및 변환] 그룹에서 사용할 수 있지만 엑셀 2013 이하의 버전에서는 마이크로소프트 홈페이지에서 [파워쿼리]를 다운로드하여 설치하여야 한다.

파워쿼리를 다운로드하기 위하여서는 윈도우 7 이상의 운영체제와 익스플로러 9 이상의 버전을 사용해야 하며 32bit, 64bit의 오피스 버전 중 자신의 오피스 버전에 맞는 프로그램을 다운받아 설치하면 되는데 적합한 프로그램을 설치하고 나면 아래 <그림 1-44>와 같이 메뉴 항목에 [파워쿼리]라는 그룹이 생성된다.

그림 1-44 • 파워쿼리 메뉴

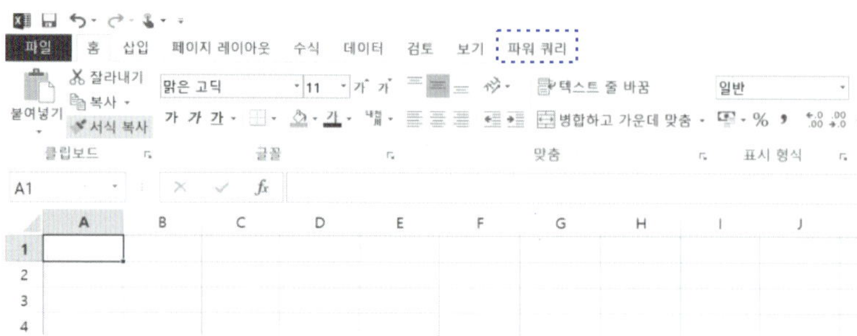

1〉 텍스트 파일을 쿼리편집기로 가져오기

텍스트 파일은 엑셀 파일보다는 저장용량이 작기 때문에 대용량의 데이터를 보관하기에 용이하여 서버 등에서 받는 대용량 데이터는 텍스트나 CSV 형태의 파일로 제공되는 경우가 많다. 이런 텍스트 데이터를 받아 엑셀 파일에서 사용하거나 해당 데이터를 일부 편집하여 사용하는 방법을 알아보도록 하자.

① <그림 1-45>와 같이 메뉴에서 [파워쿼리] - [파일에서] 항목을 선택하고 [텍스트/CVS]를 선택한다.

그림 1-45 ● **파워쿼리 메뉴**

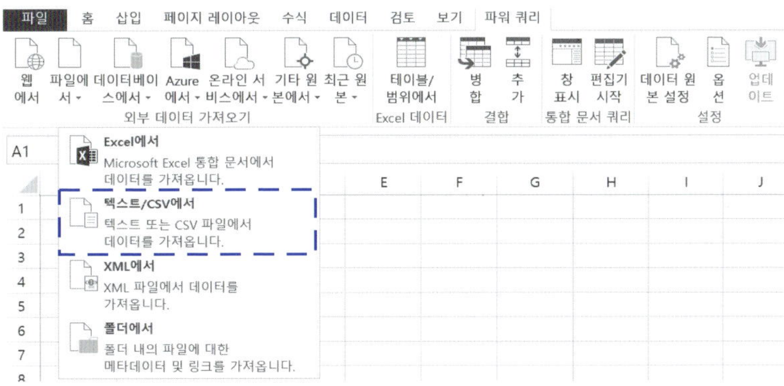

② 파일 선택창이 열리면 <그림 1-46>과 같이 "직원명부.TXT" 파일을 선택한다.

그림 1-46 ● **파일 선택**

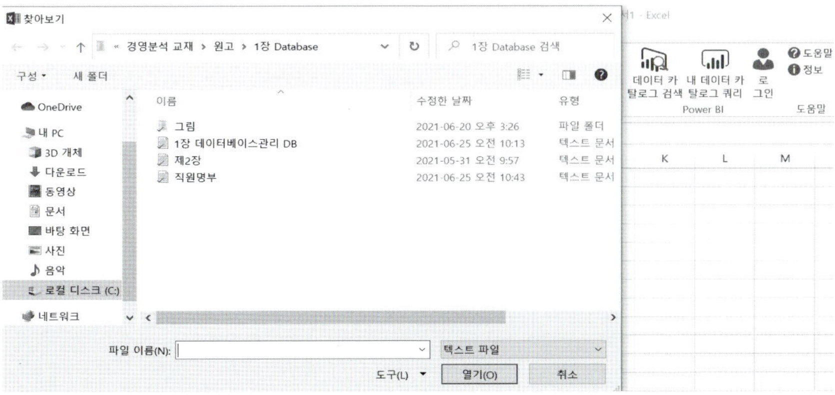

③ <그림 1-47>과 같이 탐색창이 열리면 파일 원본과 구분 기호를 확인하고 [편집]을 클릭한다. 텍스트 파일은 열을 쉼표나 공백, 탭으로 구분하기 때문에 구분 기호를 정확하게 선택해야 한다.

그림 1-47 ● 파워쿼리 탐색창

④ <그림 1-48>과 같이 파워쿼리 편집기 창이 열리면 최종학력과 근무평점, 컴퓨터 실력, 영어 실력 열을 삭제한다. 삭제를 하기 위해서는 해당 열의 첫 번째 행을 선택하여 마우스 우측 버튼을 클릭하면 단축메뉴가 뜨게 되는데 [제거]를 선택하면 된다.

그림 1-48 ● 파워쿼리 편집기

⑤ 해당 열을 제거하였으면 <그림 1-49>와 같이 메뉴에서 [닫기 및 로드]를 선택한다.

그림 1-49 ● 닫기 및 로드

	ID	이름	성별	생년월...	직위	소속부...	월급	입사일
1	101	김상수	남	1970-06-19	이사	영업본부	5500000	1999-03-02
2	102	최성호	남	1973-01-12	이사	영업본부	5300000	2001-07-31
3	103	권동환	남	1975-05-30	부장	영업본부	4700000	2003-04-08
4	104	이상준	남	1977-01-13	부장	영업본부	4550000	2005-03-02
5	105	박지혜	여	1978-05-24	부장	영업본부	4400000	2006-03-02
6	106	조원희	남	1979-02-23	과장	영업1팀	4300000	2006-05-09
7	107	윤영주	여	1980-09-27	과장	영업2팀	4100000	2007-11-01
8	108	김형섭	남	1982-03-06	과장	영업3팀	4000000	2009-06-11
9	109	현원민	남	1983-12-27	과장	영업4팀	3800000	2010-03-02
10	110	김현진	남	1984-03-07	대리	영업1팀	3500000	2010-06-28
11	111	류도영	남	1985-06-23	대리	영업3팀	3400000	2011-03-02
12	112	박지은	여	1984-12-27	대리	영업2팀	3300000	2011-08-19
13	113	이용웅	남	1992-02-13	사원	영업본부	2800000	2011-09-01
14	114	김석규	남	1986-02-03	대리	영업4팀	3350000	2012-03-02

⑥ 해당 데이터가 엑셀 화면에 <그림 1-50>과 같이 로드된다.

그림 1-50 ● 파워쿼리로 로드된 내용

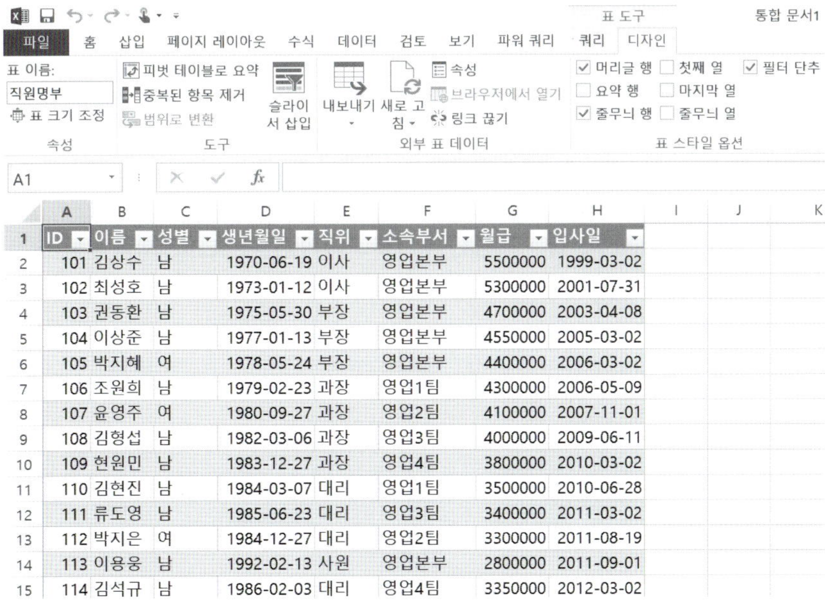

ID	이름	성별	생년월일	직위	소속부서	월급	입사일
101	김상수	남	1970-06-19	이사	영업본부	5500000	1999-03-02
102	최성호	남	1973-01-12	이사	영업본부	5300000	2001-07-31
103	권동환	남	1975-05-30	부장	영업본부	4700000	2003-04-08
104	이상준	남	1977-01-13	부장	영업본부	4550000	2005-03-02
105	박지혜	여	1978-05-24	부장	영업본부	4400000	2006-03-02
106	조원희	남	1979-02-23	과장	영업1팀	4300000	2006-05-09
107	윤영주	여	1980-09-27	과장	영업2팀	4100000	2007-11-01
108	김형섭	남	1982-03-06	과장	영업3팀	4000000	2009-06-11
109	현원민	남	1983-12-27	과장	영업4팀	3800000	2010-03-02
110	김현진	남	1984-03-07	대리	영업1팀	3500000	2010-06-28
111	류도영	남	1985-06-23	대리	영업3팀	3400000	2011-03-02
112	박지은	여	1984-12-27	대리	영업2팀	3300000	2011-08-19
113	이용웅	남	1992-02-13	사원	영업본부	2800000	2011-09-01
114	김석규	남	1986-02-03	대리	영업4팀	3350000	2012-03-02

2〉 웹 데이터를 쿼리 편집기로 가져오기

인터넷을 이용하여 웹 사이트들을 검색해 보면 여러 가지 정보와 데이터들을 발견할 수 있는데 이러한 웹 페이지상에 표시된 데이터를 웹 데이터라고 한다. 웹 데이터를 단순히 복사하여 엑셀 창에 붙여넣기를 할 수도 있지만 엑셀의 파워쿼리 기능을 활용하면 원하는 형태로 원하는 자료만 편집을 하여 엑셀에 붙여넣기를 할 수 있다. 또한 웹에서 가져온 원천 데이터가 변동되는 경우에는 새로고침을 통해서 변경된 데이터로 반영하여 표시하는 기능도 가지고 있다.

① 웹 사이트에서 원하는 데이터가 포함되어 있는 페이지의 주소를 복사한다. 샘플의 주소는 외환 환율을 표시하는 웹 페이지의 주소이다.
https://www.mibank.me/exchange/bank/index.php

② 메뉴의 [파워쿼리]-[웹에서]를 선택하면 <그림 1-51>과 같이 웹 주소를 입력하는 창이 뜬다.

그림 1-51 ● 웹 주소 입력창

③ URL에 복사한 웹 주소를 붙여넣고 [확인]을 선택하면 해당 페이지를 찾아 탐색창이 열린다.

그림 1-52 ● 웹 파워쿼리 탐색창

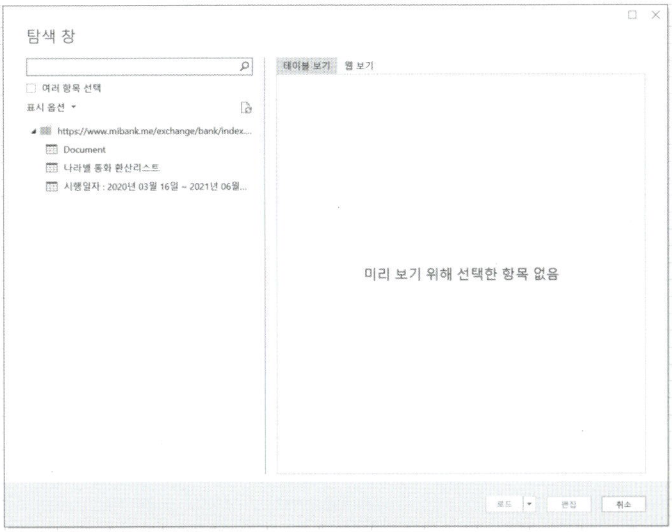

④ 표시옵션에는 웹에서 Table 형태로 구현되어 엑셀로 불러들일 수 있는 표들이 보여지게 되는데 리스트 중에 [나라별 통화 환산리스트]를 선택하면 <그림 1-53>과 같이 표시된다.

그림 1-53 ● 웹 파워쿼리 탐색창 테이블 보기

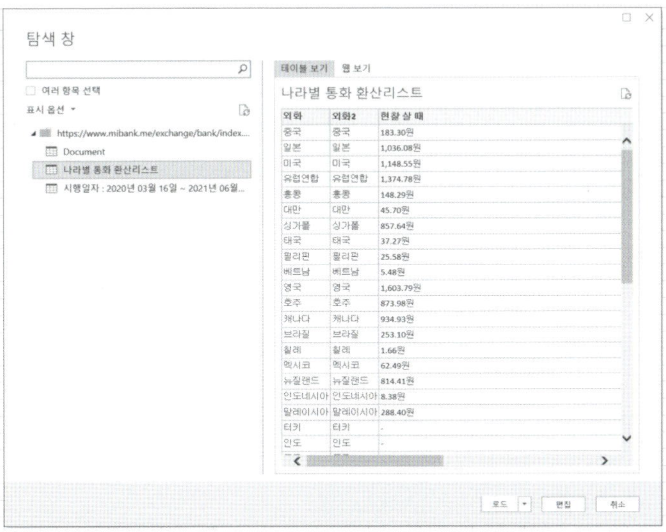

⑤ [편집]을 선택하면 파워쿼리 편집기가 열리면서 <그림 1-54>와 같은 화면이 표시된다.

그림 1-54 • **파워쿼리 편집기**

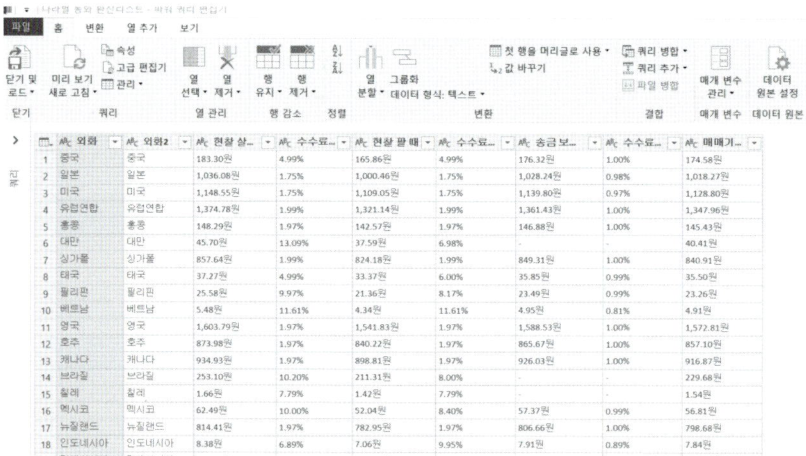

⑥ 필요한 정보가 현찰 살 때와 현찰 팔 때라고 가정하면 나머지 필요 없는 창은 삭제하여야 한다. 맨 윗줄에 마우스를 위치하고 오른쪽 버튼을 누르면 단축메뉴가 뜨고 [제거]를 선택하여 나머지 행을 삭제하면 <그림 1-55>와 같이 된다.

그림 1-55 • **파워쿼리 편집기**

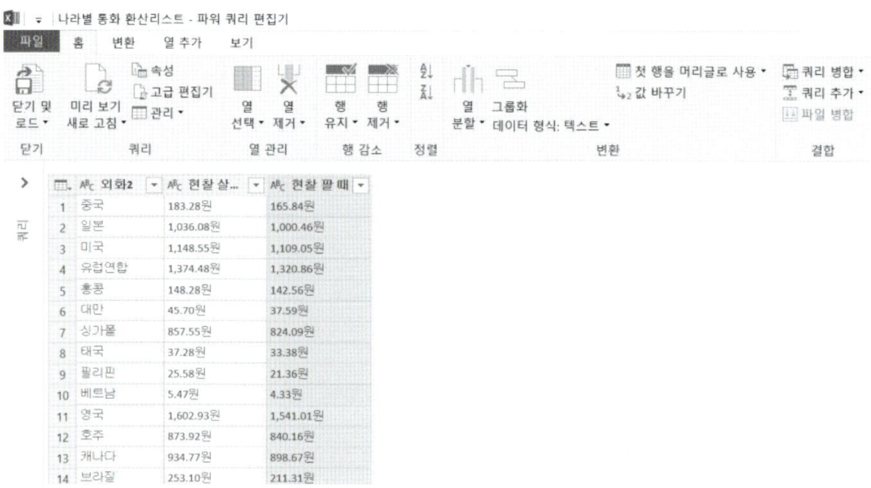

⑦ 현재 파워쿼리 편집기에 표시된 데이터는 텍스트형식으로 인식되어 있는 상태인데 '원'이라는 글자를 빼고 숫자형식으로만 표시하기 위해 메뉴에서 [열분할]을 선택한다.

⑧ [열분할]을 선택하면 어떤 기준에 의해 분할을 할 것인가를 다시 선택하여야 하는데 '원'이라는 문자를 제거하고 싶은 상황이므로 [문자 수 기준]을 선택한다.

⑨ [문자 수 기준]을 선택하면 구체적으로 어떻게 분할할 것인가를 선택하는 <그림 1-56>과 같은 창이 뜨게 되는데 '원'을 분리해서 제거하려고 하는 것이므로 [문자 수]는 [1]을 선택하고 [가능한 한 오른쪽 끝에서 한 번] 분할하는 것을 선택한다.

그림 1-56 ● 열 분할창

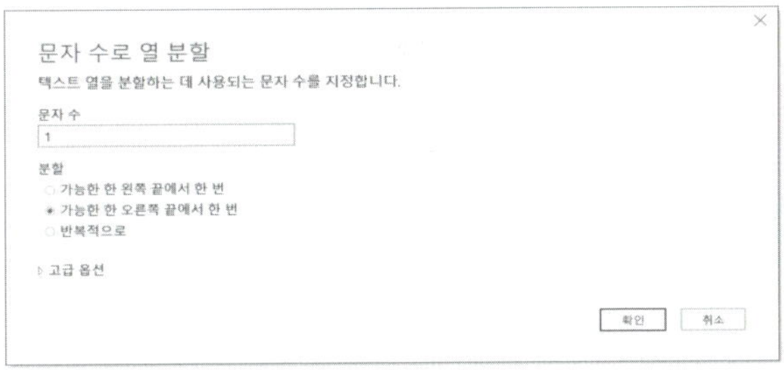

⑩ 위의 그림에서 [확인]을 누르면 <그림 1-57>과 같이 숫자와 텍스트 '원'이 별도의 열로 분리되어 표시된다.

그림 1-57 ● 파워쿼리 편집기

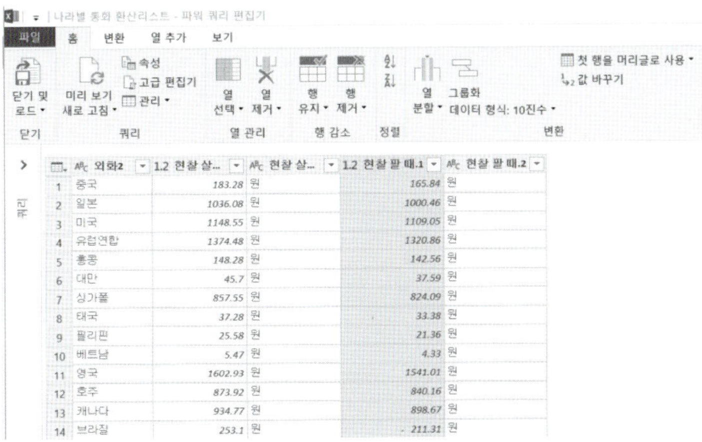

⑪ 문자열 '원'은 필요 없는 열이므로 제거하고 [닫기 및 로드]를 선택하면 <그림 1-58>과 같이 엑셀 페이지에 로드된다.

그림 1-58 ● 엑셀로 로드된 화면

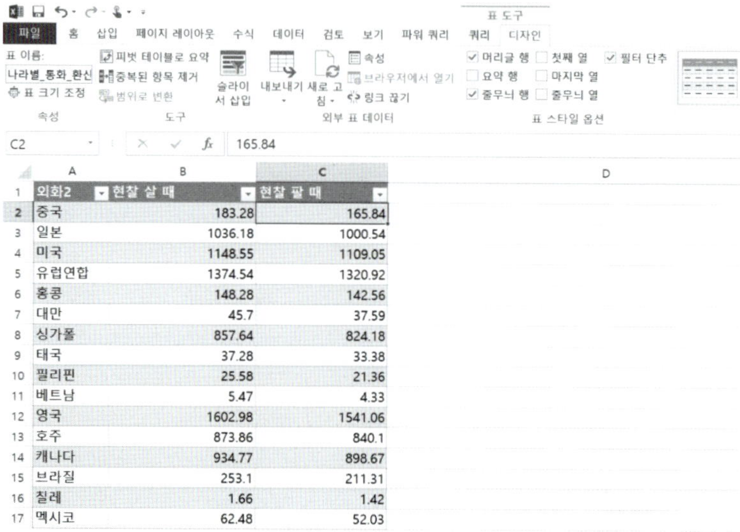

외화2	현찰 살 때	현찰 팔 때
중국	183.28	165.84
일본	1036.18	1000.54
미국	1148.55	1109.05
유럽연합	1374.54	1320.92
홍콩	148.28	142.56
대만	45.7	37.59
싱가폴	857.64	824.18
태국	37.28	33.38
필리핀	25.58	21.36
베트남	5.47	4.33
영국	1602.98	1541.06
호주	873.86	840.1
캐나다	934.77	898.67
브라질	253.1	211.31
칠레	1.66	1.42
멕시코	62.48	52.03

[사/례/연/구]

데이터베이스의 관리

다음은 직업 구직 컨설팅 B사(社)의 대졸자 고객 데이터베이스이다.

1) B사(社)의 회원 데이터베이스

번호	회원ID	회원이름	성별	나이	전공분야	취업 희망지	졸업학점	TOEIC점수	자격증수	희망연봉(만원)
1	025angel	신얄리	여	24	경영	서울	3.6	750	2	3,200
2	js2000	이주성	남	29	영어영문	부산	4	810	0	3,500
3	humanly	송제승	남	30	전산	서울	3.7	690	1	3,100
4	phtos1	송경승	남	28	경영	서울	3.5	770	4	3,250
5	master02	이대규	남	44	경영	대전	4.1	760	1	3,300
6	tewyou	박후상	남	33	기계	서울	3.1	850	2	3,100
7	somea	정영진	여	29	전산	서울	3.7	910	4	3,550
8	young2111	김동호	남	34	기계	광주	3.6	880	0	3,400
9	adist99	이주형	남	26	경영	서울	3.4	770	1	3,200
10	blue120	조성훈	남	22	영어영문	서울	4.2	710	3	3,300
11	1031dawn	유창현	남	28	국어국문	부산	2.9	890	0	3,650
12	dooromy	이관우	남	29	경영	서울	4	680	1	3,300
13	jinution	안휘식	남	42	기계	대전	3	720	1	3,250
14	kwon0807	권수진	여	22	광고홍보	서울	4.1	760	3	3,200
15	sunny000	김정기	남	27	국어국문	부산	3.8	740	1	3,400
16	ujins	유진석	남	34	신문방송	광주	3.7	850	3	3,650
17	han2712	한인철	남	33	중어중문	서울	3.4	830	4	3,600
18	chinadull	박형윤	여	22	경영	서울	4.2	800	0	3,200
19	altarye21c	정재훈	남	23	금속재료	광주	4.3	710	4	3,250
20	lenton	이호륜	남	25	신문방송	광주	3.4	790	1	3,300
21	being2	김건일	남	24	금속재료	대전	3.6	730	1	3,350
22	bluekim	김수정	여	31	경영	부산	3.8	840	2	3,600
23	ysor	오영선	여	22	기계	서울	3	810	2	3,450
24	conson3	김덕룡	남	28	경영	서울	3.9	775	1	3,500
25	kanod	이태훈	남	24	국어국문	광주	4	805	3	3,200
26	hjddds	정아영	여	23	경제	서울	4.2	915	1	3,850
27	hsung	성복현	남	29	일어일문	서울	3.5	885	0	3,600
28	aially2	강철민	남	24	신문방송	광주	3.8	715	1	3,400
29	jinusn	장주용	남	26	일어일문	서울	3.6	765	3	3,350
30	redion	구자복	남	27	광고홍보	서울	3.9	595	2	3,400
31	jjlwk	이원구	남	30	경제	부산	4	665	2	3,400
32	jlc488	강신	남	29	경제	광주	3.4	765	1	3,350
33	angler	김진영	여	24	금속재료	서울	3.3	815	3	3,400
34	jwpix	이재현	여	28	경영	서울	2.9	815	2	3,400
35	bcbg0611	김성호	남	29	일어일문	부산	4.1	875	1	3,600
36	kjb019	이기태	남	29	영어영문	부산	3.5	775	1	3,400
37	hwajung	이화정	여	25	경영	서울	3.7	695	2	3,300
38	land715	이성규	남	39	기계	인천	3.4	765	0	3,200
39	ult	이현정	여	23	중어중문	인천	3.8	885	2	3,650
40	mmser	구정모	남	29	경영	서울	3.5	880	1	3,550
41	najaro25	김미혜	여	30	경제	부산	3.1	675	1	3,200
42	neomy0	민호기	남	25	국어국문	대전	4.3	920	0	3,450
43	prism	박일권	남	40	영어영문	광주	3.5	875	2	3,450
44	sally307	최재숙	여	23	경영	인천	3.7	880	4	3,300
45	superman	이진규	남	26	중어중문	서울	3.5	760	2	3,350
46	cbk1111	김명국	남	27	기계	서울	3.7	775	1	3,400
47	tjddlrtn	성익수	남	32	경제	서울	3.5	900	1	3,250
48	uglyboy	권혜진	여	25	경영	광주	3.6	895	4	3,300
49	yihi	안희태	남	41	국어국문	부산	3.4	675	2	3,100
50	ysort	김영미	여	29	경제	대전	3.8	745	1	3,200

2) 자료의 정렬

(1) 하나의 정렬키로 정렬하는 법

1〉 나이를 기준으로 한 내림차순 정렬

I16 fx 810

	A	B	C	D	E	F	G	H	I	J	K
1	번호	회원ID	회원이름	성별	나이	전공분야	취업희망지	졸업학점	TOEIC점수	자격증수	희망연봉(만원)
2	5	master02	이대규	남	44	경영	대전	4.1	760	1	3300
3	13	jinution	안휘식	남	42	기계	대전	3	720	1	3250
4	49	yihi	안희태	남	41	국어국문	부산	3.4	675	2	3100
5	44	prsim	박일권	남	40	영어영문	광주	3.5	875	4	3300
6	38	land715	이성규	남	39	기계	인천	3.4	765	0	3200
7	8	young2111	김동효	남	34	기계	광주	3.6	880	0	3400
8	16	ujins	유진석	남	34	신문방송	광주	3.7	850	3	3650
9	6	tewyou	박후상	남	33	기계	서울	3.1	850	2	3100
10	17	han2712	한인철	남	33	중어중문	서울	3.4	830	4	3600
11	47	tjddlrtn	성익수	남	32	경제	서울	3.5	900	1	3250
12	22	bluekim	김수정	여	31	경영	부산	3.8	840	2	3600
13	3	humanly	송제승	남	30	전산	서울	3.7	690	1	3100
14	31	jjlwk	이원구	남	30	경제	부산	3	665	2	3400
15	41	najaro25	김미혜	여	30	경제	부산	3.1	675	1	3200
16	2	js2000	이주성	남	29	영어영문	부산	4	810	0	3500
17	7	somea	정영진	여	29	전산	서울	3.7	910	4	3550
18	12	dooromy	이관우	남	29	경영	서울	4	680	1	3300

B사 회원들을 나이순으로 내림차순 정렬을 한 결과이다.

2〉 졸업학점을 기준으로 한 오름차순 정렬

O21 fx

	A	B	C	D	E	F	G	H	I	J	K
1	번호	회원ID	회원이름	성별	나이	전공분야	취업희망지	졸업학점	TOEIC점수	자격증수	희망연봉(만원)
2	11	1031dawn	유창현	남	28	국어국문	부산	2.9	890	0	3650
3	34	jwplx	이재현	여	28	경영	서울	2.9	815	1	3400
4	13	jinution	안휘식	남	42	기계	대전	3	720	1	3250
5	23	ysor	오영선	여	22	기계	서울	3	810	2	3450
6	31	jjlwk	이원구	남	30	경제	부산	3	665	2	3400
7	6	tewyou	박후상	남	33	기계	서울	3.1	850	2	3100
8	41	najaro25	김미혜	여	30	경제	부산	3.1	675	1	3200
9	33	angler	김진영	여	24	금속재료	서울	3.3	815	3	3400
10	9	adist99	이주형	남	26	경영	서울	3.4	770	1	3200
11	17	han2712	한인철	남	33	중어중문	서울	3.4	830	4	3600
12	32	jlc488	강신	남	29	경제	광주	3.4	765	1	3350
13	38	land715	이성규	남	39	기계	인천	3.4	765	0	3200
14	49	yihi	안희태	남	41	국어국문	부산	3.4	675	2	3100
15	4	photos1	송경승	남	28	경영	서울	3.5	770	4	3250

B사 회원들을 졸업학점을 기준으로 오름차순 정렬을 한 결과이다.

(2) 두 개의 정렬키로 정렬하는 법

1〉 성별과 TOEIC점수를 기준으로 한 내림차순 정렬

M10

	A	B	C	D	E	F	G	H	I	J	K
1	번호	회원ID	회원이름	성별	나이	전공분야	취업희망지	졸업학점	TOEIC점수	자격증수	희망연봉(만원)
2	26	hjddds	정아영	여	23	경제	서울	4.2	915	1	3850
3	7	somea	정영진	여	29	전산	서울	3.7	910	4	3550
4	48	uglyboy	권혜진	여	25	경영	광주	3.6	895	4	3300
5	39	ult	이현정	여	23	중어중문	인천	3.8	885	2	3650
6	43	sally307	최재숙	여	23	경영	인천	3.7	880	2	3450
7	22	bluekim	김수정	여	31	경영	부산	3.8	840	2	3600
8	34	jwplx	이재현	여	28	경영	서울	2.9	815	2	3400
9	33	angler	김진영	여	24	금속재료	서울	3.3	815	3	3400
10	23	ysor	오영선	여	22	기계	서울	3	810	2	3450
11	18	chinadull	박형윤	여	22	경영	서울	4.2	800	0	3200
12	14	kwon0807	권수진	여	22	광고홍보	서울	4.1	760	3	3200
13	1	025angel	신알리	여	24	경영	서울	3.6	750	2	3200
14	50	ysort	김영미	여	29	경제	대전	3.8	745	1	3200
15	37	hwajung	이화정	여	25	경영	서울	3.7	695	2	3300

B사 회원들을 성별과 TOEIC점수 순으로 내림차순 정렬을 한 결과이다.

2〉 나이와 자격증 수를 기준으로 한 오름차순 정렬

L6

	A	B	C	D	E	F	G	H	I	J	K
1	번호	회원ID	회원이름	성별	나이	전공분야	취업희망지	졸업학점	TOEIC점수	자격증수	희망연봉(만원)
2	18	chinadull	박형윤	여	22	경영	서울	4.2	800	0	3200
3	23	ysor	오영선	여	22	기계	서울	3	810	2	3450
4	14	kwon0807	권수진	여	22	광고홍보	서울	4.1	760	3	3200
5	10	blue120	조성훈	남	22	영어영문	서울	4.2	710	3	3300
6	26	hjddds	정아영	여	23	경제	서울	4.2	915	1	3850
7	39	ult	이현정	여	23	중어중문	인천	3.8	885	2	3650
8	43	sally307	최재숙	여	23	경영	인천	3.7	880	2	3450
9	19	altarye21c	정재훈	남	23	금속재료	광주	4.3	710	4	3250
10	21	being2	김건일	남	24	금속재료	대전	3.6	730	1	3350
11	28	aially2	강철민	남	24	신문방송	광주	3.8	715	1	3400
12	1	025angel	신알리	여	24	경영	서울	3.6	750	2	3200
13	33	angler	김진영	여	24	금속재료	서울	3.3	815	3	3400
14	25	kanod	이태훈	남	24	국어국문	광주	4	805	3	3200
15	42	neomy0	민호기	남	25	국어국문	대전	4.3	920	0	3450
16	20	lenton	이호른	남	25	신문방송	광주	3.5	790	1	3300
17	37	hwajung	이화정	여	25	경영	서울	3.7	695	2	3300
18	48	uglyboy	권혜진	여	25	경영	광주	3.6	895	4	3300

B사 회원들을 나이와 자격증 수를 기준으로 하여 오름차순 정렬을 한 결과이다.

(3) 세 개의 정렬키로 정렬하는 법

1) 나이, 졸업학점, 취업 희망지를 기준으로 한 내림차순 정렬

번호	회원ID	회원이름	성별	나이	전공분야	취업희망지	졸업학점	TOEIC점수	자격증수	희망연봉(만원)
5	master02	이대규	남	44	경영	대전	4.1	760	1	3300
13	jinution	안휘식	남	42	기계	대전	3	720	1	3250
49	yihi	안희태	남	41	국어국문	부산	3.4	675	2	3100
44	prsim	박일권	남	40	영어영문	광주	3.5	875	4	3300
38	land715	이성규	남	39	기계	인천	3.4	765	0	3200
16	ujins	유진석	남	34	신문방송	광주	3.7	850	3	3650
8	young2111	김동효	남	34	기계	광주	3.6	880	0	3400
17	han2712	한인철	남	33	중어중문	서울	3.4	830	4	3600
6	tewyou	박후상	남	33	기계	서울	3.1	850	2	3100
47	tjddlrtn	성익수	남	32	경제	서울	3.5	900	1	3250
22	bluekim	김수정	여	31	경영	부산	3.8	840	2	3600
3	humanly	송제승	남	30	전산	서울	3.7	690	1	3100
41	najaro25	김미혜	여	30	경제	부산	3.1	675	1	3200
31	jjlwk	이원구	남	30	경제	부산	3	665	2	3400
35	bcbg0611	김성호	남	29	일어일문	부산	4.1	875	1	3600
12	dooromy	이관우	남	29	경영	서울	4	680	1	3300
2	js2000	이주성	남	29	영어영문	부산	4	810	0	3500

나이, 졸업학점, 취업 희망지를 기준으로 하여 내림차순 정렬을 한 결과이다.

2) 전공분야, 졸업학점, 희망 연봉을 기준으로 한 오름차순 정렬

번호	회원ID	회원이름	성별	나이	전공분야	취업희망지	졸업학점	TOEIC점수	자격증수	희망연봉(만원)
34	jwplx	이재현	여	28	경영	서울	2.9	815	2	3400
9	adist99	이주형	남	26	경영	서울	3.4	770	1	3200
4	photos1	송경승	남	28	경영	서울	3.5	770	4	3250
40	mmser	구정모	남	29	경영	서울	3.5	880	1	3550
1	025angel	신얄리	여	24	경영	서울	3.6	750	2	3200
48	uglyboy	권혜진	여	25	경영	광주	3.6	895	4	3300
37	hwajung	이화정	여	25	경영	서울	3.7	695	2	3300
43	sally307	최재숙	여	23	경영	인천	3.7	880	2	3450
22	bluekim	김수정	여	31	경영	부산	3.8	840	2	3600
24	conson3	김덕룡	남	28	경영	서울	3.9	775	1	3500
12	dooromy	이관우	남	29	경영	서울	4	680	1	3300
5	master02	이대규	남	44	경영	대전	4.1	760	1	3300
18	chinadull	박형윤	여	22	경영	서울	4.2	800	0	3200
31	jjlwk	이원구	남	30	경제	부산	3	665	2	3400
41	najaro25	김미혜	여	30	경제	부산	3.1	675	1	3200
32	jlc488	강신	남	29	경제	광주	3.4	765	1	3350
47	tjddlrtn	성익수	남	32	경제	서울	3.5	900	1	3250
50	ysort	김영미	여	29	경제	대전	3.8	745	1	3200
26	hjddds	정아영	여	23	경제	서울	4.2	915	1	3850

전공분야, 졸업학점, 희망 연봉을 기준으로 하여 오름차순 정렬을 한 결과이다.

3) 자료의 추출

(1) 하나의 조건에 의한 자료 추출

1〉 회원 중 자격증 수가 4개인 회원의 추출

L9

	A	B	C	D	E	F	G	H	I	J	K
1	번호	회원ID	회원이	성별	나이	전공분	취업희망	졸업학	TOEIC점	자격증	희망연봉(만원
4	4	photos1	송경승	남	28	경영	서울	3.5	770	4	3250
7	48	uglyboy	권혜진	여	25	경영	광주	3.6	895	4	3300
9	43	sally307	최재숙	여	23	경영	인천	3.7	880	4	3450
30	19	altarye21c	정재훈	남	23	금속재료	광주	4.3	710	4	3250
48	7	somea	정영진	여	29	전산	서울	3.7	910	4	3550
49	17	han2712	한인철	남	33	중어중문	서울	3.4	830	4	3600
52											

회원 중 자격증 수가 4개인 회원을 추출한 결과이다.

2〉 회원 중 여자 회원의 추출

L9

	A	B	C	D	E	F	G	H	I	J	K
1	번호	회원ID	회원이	성별	나이	전공분	취업희망	졸업학	TOEIC점	자격증	희망연봉(만원
2	34	jwplx	이재현	여	28	경영	서울	2.9	815	1	3400
6	1	025angel	신얄리	여	24	경영	서울	3.6	750	2	3200
7	48	uglyboy	권혜진	여	25	경영	광주	3.6	895	4	3300
8	37	hwajung	이화정	여	25	경영	서울	3.7	695	2	3300
9	43	sally307	최재숙	여	23	경영	인천	3.7	880	4	3450
10	22	bluekim	김수정	여	31	경영	부산	3.8	840	2	3600
14	18	chinadull	박형윤	여	22	경영	서울	4.2	800	0	3200
16	41	najaro25	김미혜	여	30	경제	부산	3.1	675	1	3200
19	50	ysort	김영미	여	29	경제	대전	3.8	745	1	3200
20	26	hjddds	정아영	여	23	경제	서울	4.2	915	1	3850
22	14	kwon0807	권수진	여	22	광고홍보	서울	4.1	760	3	3200
28	33	angler	김진영	여	24	금속재료	서울	3.3	815	3	3400
32	23	ysor	오영선	여	22	기계	서울	3	810	2	3450
48	7	somea	정영진	여	29	전산	서울	3.7	910	4	3550
51	39	ult	이현정	여	23	중어중문	인천	3.8	885	2	3650

회원 중 여자인 회원을 추출한 결과이다.

(2) 두 개의 기준에 의한 자료 추출

1〉 회원 중 남자 회원이고 희망 연봉이 3,500만 원 이상인 회원의 추출

	A	B	C	D	E	F	G	H	I	J	K
1	번호	회원ID	회원이	성별	나이	전공분	취업희망	졸업학	TOEIC점	자격증	희망연봉(만원
5	40	mmser	구정모	남	29	경영	서울	3.5	880	1	3550
11	24	conson3	김덕룡	남	28	경영	서울	3.9	775	1	3500
23	11	1031dawn	유창현	남	28	국어국문	부산	2.9	890	0	3650
38	16	ujins	유진석	남	34	신문방송	광주	3.7	850	3	3650
42	2	js2000	이주성	남	29	영어영문	부산	4	810	0	3500
44	27	hsung	성복현	남	29	일어일문	서울	3.5	885	0	3600
46	35	bcbg0611	김성호	남	29	일어일문	부산	4.1	875	1	3600
49	17	han2712	한인철	남	33	중어중문	서울	3.4	830	4	3600

회원 중 남자 회원이고 희망 연봉이 3,500만 원 이상인 회원을 추출한 결과이다.

2〉 회원 중 졸업학점이 3.8 이상이고 TOEIC점수가 880점 이상인 회원의 추출

	A	B	C	D	E	F	G	H	I	J	K
1	번호	회원ID	회원이름	성별	나이	전공분야	취업희망지	졸업학점	TOEIC점수	자격증수	희망연봉(만원)
20	26	hjddds	정아영	여	23	경제	서울	4.2	915	1	3850
27	42	neomy0	민호기	남	25	국어국문	대전	4.3	920	0	3450
51	39	ult	이현정	여	23	중어중문	인천	3.8	885	2	3650
52											

회원 중 졸업학점이 3.8 이상, TOEIC점수가 880점 이상인 회원을 추출한 결과이다.

(3) 세 개 이상의 기준에 의한 자료 추출(고급필터 이용)

1〉 회원 중 나이가 25살 이상이고 전공분야가 경영이며, 자격증 수가 2개 이상인 회원의 추출

H60

	A	B	C	D	E	F	G	H	I	J	K
1	번호	회원ID	회원이름	성별	나이	전공분야	취업희망지	졸업학점	TOEIC점수	자격증수	희망연봉(만원)
2					>=25	경영				>=2	
3											
4	번호	회원ID	회원이름	성별	나이	전공분야	취업희망지	졸업학점	TOEIC점수	자격증수	희망연봉(만원)
5	34	jwplx	이재현	여	28	경영	서울	2.9	815	2	3400
7	4	photos1	송경승	남	28	경영	서울	3.5	770	4	3250
10	48	uglyboy	권혜진	여	25	경영	광주	3.6	895	4	3300
11	37	hwajung	이화정	여	25	경영	서울	3.7	695	2	3300
13	22	bluekim	김수정	여	31	경영	부산	3.8	840	2	3600

회원 중 나이가 25살 이상이고 전공분야가 경영이며, 자격증 수가 2개 이상인 회원들을 추출한 결과이다.

2〉 회원 중 나이가 30살 이상, 취업희망지가 서울, 졸업학점이 3.4 이상, TOEIC점수가 700점 이상인 회원의 추출

F60

	A	B	C	D	E	F	G	H	I	J	K
1	번호	회원ID	회원이름	성별	나이	전공분야	취업희망지	졸업학점	TOEIC점수	자격증수	희망연봉(만원)
2					>=30		서울	>=3.4	>=700		
3											
4	번호	회원ID	회원이름	성별	나이	전공분야	취업희망지	졸업학점	TOEIC점수	자격증수	희망연봉(만원)
21	47	tjddlrtn	성익수	남	32	경제	서울	3.5	900	1	3250
52	17	han2712	한인철	남	33	중어중문	서울	3.4	830	4	3600
55											

회원 중 나이가 30살 이상, 취업희망지가 서울, 졸업학점이 3.4 이상, TOEIC점수가 700점 이상인 회원들을 추출한 결과이다.

4) 피벗 테이블

(1) 부분합 계산

1〉 전공분야별로 자격증 수에 대한 부분합

M17

	A	B	C	D	E	F	G	H	I	J	K
1	번호	회원ID	회원이름	성별	나이	전공분야	취업희망지	졸업학점	TOEIC점수	자격증수	희망연봉(만원)
2	1	025angel	신알리	여	24	경영	서울	3.6	750	2	3200
3	4	photos1	송경숭	남	28	경영	서울	3.5	770	4	3250
4	5	master02	이대규	남	44	경영	대전	4.1	760	1	3300
5	9	adist99	이주형	남	26	경영	서울	3.4	770	1	3200
6	12	dooromy	이관우	남	29	경영	서울	4	680	1	3300
7	18	chinadull	박형윤	여	22	경영	서울	4.2	800	0	3200
8	22	bluekim	김수정	여	31	경영	부산	3.8	840	2	3600
9	24	conson3	김덕룡	남	28	경영	서울	3.9	775	1	3500
10	34	jwplx	이재현	여	28	경영	서울	2.9	815	2	3400
11	37	hwajung	이화정	여	25	경영	서울	3.7	695	2	3300
12	40	mmser	구정모	남	29	경영	서울	3.5	880	1	3550
13	44	sally307	최재숙	여	23	경영	인천	3.7	890	4	3300
14	48	uglyboy	권혜진	여	25	경영	광주	3.6	895	4	3300
15						**경영 요약**				25	
16	26	hjddds	정아영	여	23	경제	서울	4.2	915	[illegible]	3850
17	31	jjlwk	이원구	남	30	경제	부산	3	665	2	3400
18	32	jlc488	강신	남	29	경제	광주	3.4	765	1	3350
19	41	najaro25	김미혜	여	30	경제	부산	3.1	675	1	3200
20	47	tjddlrtn	성익수	남	32	경제	서울	3.5	900	1	3250
21	50	ysort	김영미	여	29	경제	대전	3.8	745	1	3200
22						**경제 요약**				7	
23	14	kwon0807	권수진	여	22	광고홍보	서울	4.1	760	3	3200
24	30	redion	구자북	남	27	광고홍보	서울	3.9	595	2	3400

① 전공분야별로 자격증 수에 대한 부분합 결과이다.

② 경영을 전공한 회원들의 자격증 수의 총합은 25개라는 것을 알 수 있다.

2〉 성별로 희망 연봉에 대한 부분합

M16

	A	B	C	D	E	F	G	H	I	J	K
34	3	humanly	송제승	남	30	전산	서울	3.7	690	1	3,100
35	17	han2712	한인철	남	33	중어중문	서울	3.4	830	4	3,600
36	45	superman	이진규	남	26	중어중문	서울	3.5	760	2	3,350
37				**남 요약**							117,850
38	1	025angel	신알리	여	24	경영	서울	3.6	750	2	3,200
39	18	chinadull	박형윤	여	22	경영	서울	4.2	800	0	3,200
40	22	bluekim	김수정	여	31	경영	부산	3.8	840	2	3,600
41	34	jwplx	이재현	여	28	경영	서울	2.9	815	2	3,400
42	37	hwajung	이화정	여	25	경영	서울	3.7	695	2	3,300
43	44	sally307	최재숙	여	23	경영	인천	3.7	890	4	3,300
44	48	uglyboy	권혜진	여	25	경영	광주	3.6	895	4	3,300
45	26	hjddds	정아영	여	23	경제	서울	4.2	915	1	3,850
46	41	najaro25	김미혜	여	30	경제	부산	3.1	675	1	3,200
47	50	ysort	김영미	여	29	경제	대전	3.8	745	1	3,200
48	14	kwon0807	권수진	여	22	광고홍보	서울	4.1	760	3	3,200
49	33	angler	김진영	여	24	금속재료	서울	3.3	815	3	3,400
50	23	ysor	오영선	여	22	기계	서울	3	810	2	3,450
51	7	somea	정영진	여	29	전산	서울	3.7	910	4	3,550
52	39	ult	이현정	여	23	중어중문	인천	3.8	885	2	3,650
53				**여 요약**							50,800
54				**총합계**							168,650
55											

① 성별로 희망 연봉에 대한 부분합의 결과이다.

② 여성 회원들의 희망 연봉의 총합은 50,800(만 원)이라는 것을 알 수 있다.

(2) 부분평균 계산

1〉 성별로 TOEIC점수에 대한 평균

H10

	A	B	C	D	E	F	G	H	I	J	K
31	27	hsung	성복현	남	29	일어일문	서울	3.5	885	0	3,600
32	29	jinusn	장주용	남	26	일어일문	서울	3.6	765	3	3,350
33	35	bcbg0611	김성호	남	29	일어일문	부산	4.1	875	1	3,600
34	3	humanly	송제승	남	30	전산	서울	3.7	690	1	3,100
35	17	han2712	한인철	남	33	중어중문	서울	3.4	830	4	3,600
36	45	superman	이진규	남	26	중어중문	서울	3.5	760	2	3,350
37				**남 평균**					781.4285714		
38	1	025angel	신알리	여	24	경영	서울	3.6	750	2	3,200
39	18	chinadull	박형윤	여	22	경영	서울	4.2	800	0	3,200
40	22	bluekim	김수정	여	31	경영	부산	3.8	840	2	3,600
41	34	jwplx	이재현	여	28	경영	서울	2.9	815	2	3,400
42	37	hwajung	이화정	여	25	경영	서울	3.7	695	2	3,300
43	44	sally307	최재숙	여	23	경영	인천	3.7	890	4	3,300
44	48	uglyboy	권혜진	여	25	경영	광주	3.6	895	4	3,300
45	26	hjddds	정아영	여	23	경제	서울	4.2	915	1	3,850
46	41	najaro25	김미혜	여	30	경제	부산	3.1	675	1	3,200
47	50	ysort	김영미	여	29	경제	대전	3.8	745	1	3,200
48	14	kwon0807	권수진	여	22	광고홍보	서울	4.1	760	3	3,200
49	33	angler	김진영	여	24	금속재료	서울	3.3	815	3	3,400
50	23	ysor	오영선	여	22	기계	서울	3	810	2	3,450
51	7	somea	정영진	여	29	전산	서울	3.7	910	4	3,550
52	39	ult	이현정	여	23	중어중문	인천	3.8	885	2	3,650
53				**여 평균**					813.3333333		
54				**전체 평균**					791		
55											

① 성별로 TOEIC점수에 대한 평균에 대한 결과이다.

② 남성 회원들보다 여성 회원의 TOEIC점수에 대한 평균이 높다는 것을 알 수 있다.

2〉 전공분야별로 졸업학점에 대한 평균

H10

	A	B	C	D	E	F	G	H	I	J	K
40	46	cbk1111	김명국	남	27	기계	서울	3.7	775	1	3,400
41	23	ysor	오영선	여	22	기계	서울	3	810	2	3,450
42						**기계 평균**		3.3			
43	16	ujins	유진석	남	34	신문방송	광주	3.7	850	3	3,650
44	20	lenton	이호륜	남	25	신문방송	광주	3.5	790	1	3,300
45	28	aially2	강철민	남	24	신문방송	광주	3.8	715	1	3,400
46						**신문방송 평균**		3.666666667			
47	2	js2000	이주성	남	29	영어영문	부산	4	810	0	3,500
48	10	blue120	조성훈	남	22	영어영문	서울	4.2	710	3	3,300
49	36	kjb019	이기태	남	29	영어영문	부산	3.5	775	1	3,400
50	43	prism	박일권	남	40	영어영문	광주	3.5	875	2	3,450
51						**영어영문 평균**		3.8			
52	27	hsung	성복현	남	29	일어일문	서울	3.5	885	0	3,600
53	29	jinusn	장주용	남	26	일어일문	서울	3.6	765	3	3,350
54	35	bcbg0611	김성호	남	29	일어일문	부산	4.1	875	1	3,600
55						**일어일문 평균**		3.733333333			
56	3	humanly	송제승	남	30	전산	서울	3.7	690	1	3,100
57	7	somea	정영진	여	29	전산	서울	3.7	910	4	3,550
58						**전산 평균**		3.7			
59	17	han2712	한인철	남	33	중어중문	서울	3.4	830	4	3,600
60	45	superman	이진규	남	26	중어중문	서울	3.5	760	2	3,350
61	39	ult	이현정	여	23	중어중문	인천	3.8	885	2	3,650
62						**중어중문 평균**		3.566666667			
63						**전체 평균**		3.636			

① 전공분야별로 졸업학점에 대한 부분평균의 결과이다.

② 위에 나타난 그림상으로는 중어중문을 전공한 회원들보다 전산을 전공한 회원들의 졸업학점 평균이 더 높다는 것을 알 수 있다.

(3) 피벗 테이블

1〉 하나의 자료를 위한 피벗 테이블 작성

평균 : TOEIC점수	열 레이블		
행 레이블	남	여	총합계
경영	772.5	812.1428571	793.8461538
경제	776.6666667	778.3333333	777.5
광고홍보	595	760	677.5
국어국문	806		806
금속재료	720	815	751.6666667
기계	798	810	800
신문방송	785		785
영어영문	792.5		792.5
일어일문	841.6666667		841.6666667
전산	690	910	800
중어중문	795	885	825
총합계	**781.4285714**	**813.3333333**	**791**

① 성별, 전공분야별로 TOEIC점수의 평균에 관한 피벗 테이블이다.

② 위의 내용에서 볼 수 있듯이 모든 회원들의 TOEIC 평균은 791점이고 그 중 일어일문을 전공한 회원들의 TOEIC점수 평균이 가장 높다는 것을 알 수 있다.

③ 아래의 그래프는 피벗 테이블을 토대로 만든 그래프이다.

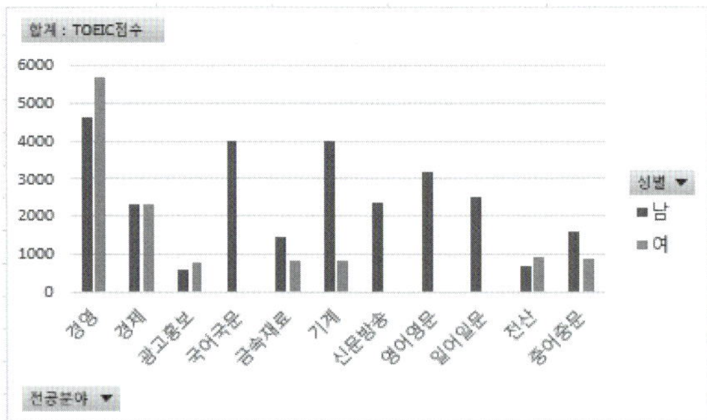

2〉 두 개 이상의 자료를 위한 피벗 테이블 작성

행 레이블	열 레이블 남 평균 : 졸업학점	평균 : 자격증수	여 평균 : 졸업학점	평균 : 자격증수	전체 평균 : 졸업학점	전체 평균 : 자격증수
광주	3.725	1.875	3.600	4.000	3.711	2.111
대전	3.750	0.750	3.800	1.000	3.760	0.800
부산	3.529	1.000	3.450	1.500	3.511	1.111
서울	3.627	1.800	3.633	2.111	3.629	1.917
인천	3.400	0.000	3.750	3.000	3.633	2.000
총합계	**3.637**	**1.486**	**3.633**	**2.200**	**3.636**	**1.700**

① 성별, 취업희망지별 졸업학점 및 자격증 수 평균에 관한 피벗 테이블이다.

② 모든 회원들의 졸업학점의 평균은 3.636점이고 자격증 수는 1.7개라는 것을 알 수 있다.

③ 그 중 광주에 취업하려는 회원들의 졸업학점이 가장 높다는 것을 알 수 있다.

④ 또 광주에 취업하려는 회원들의 자격증 수도 다른 지역에 취업하려는 사람들보다 더 많다는 것을 알 수 있다.

⑤ 아래의 그래프는 피벗 테이블을 토대로 만든 그래프이다.

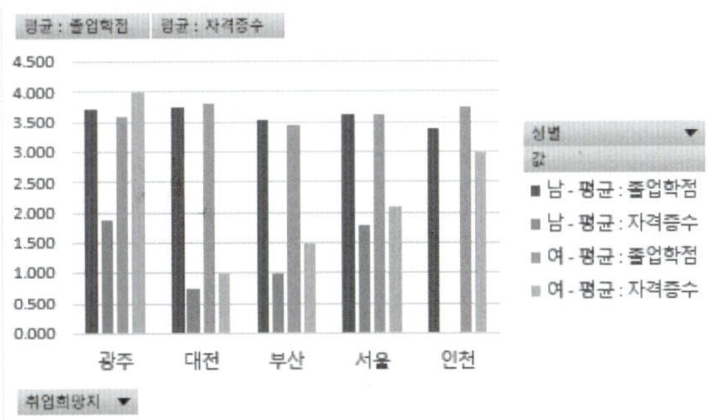

5) 데이터베이스 함수

(1) 전공분야가 경영인 회원들의 자료 추출

1. 회원들의 수	DCOUNT(A4:K54,A4,A1:K2)	13
2. 회원들의 TOEIC점수의 평균	DAVERAGE(A4:K54,I4,A1:K2)	793.0769231
3. 회원들의 희망 연봉의 평균(만 원)	DAVERAGE(A4:K54,J4,A1:K2)	3338.4615
4. 회원들의 자격증 수의 합계	DSUM(A4:K54,K4,A1:K2)	25

① 전공분야가 경영인 회원들의 수는 13명이고 이들의 TOEIC점수의 평균은 793점이다.

② 전공분야가 경영인 회원들의 희망 연봉의 평균은 3,338(만 원)으로 나타났다.

③ 또 전공분야가 경영인 회원들의 자격증 수를 모두 합하면 25개이다.

(2) 취업희망지가 서울인 회원들 중에서 최고 졸업학점과 최고 TOEIC점수 및 최다 자격증 수 자료 추출

1. 취업희망지가 서울인 회원들 중 졸업학점의 최대값	DMAX(A4:K54,H4,A1:K2)	4.2
2. 취업희망지가 서울인 회원들 중 TOEIC점수의 최대값	DMAX(A4:K54,I4,A1:K2)	915
3. 취업희망지가 서울인 회원들 중 자격증 수의 최대값	DMAX(A4:K54,K4,A1:K2)	4

① 취업희망지가 서울인 회원들 중에서 최고의 졸업학점은 4.2점이다.

② 취업희망지가 서울인 회원들 중에서 최고의 TOEIC점수는 915점이다.

③ 취업희망지가 서울인 회원들 중에서 자격증을 최고로 많이 가진 사람은 4개를 가진 것으로 나타났다.

보고서 작성팁 1 누구에게 무엇을 말하려고 하는 것인가?

조직에 대한 여러 가지 정의가 있을 수 있지만 보통 조직이란 공동의 목표를 달성하기 위해 분업과 통합의 활동체계를 갖춘 사회적 단위라고 볼 수 있을 것이다. 조직을 목표 달성을 위한 하나의 유기체라고 생각한다면, 커뮤니케이션이란 혈액과 같은 역할을 통해 조직에 생명을 불어 넣어주는 역할을 하고 있음에는 의심의 여지가 없을 것이다.

효과적 커뮤니케이션을 위해서는 여러 가지 방법이 있겠지만 본서에서는 비주얼과 영상을 중심으로 정보를 획득하고 커뮤니케이션을 해왔기에 상대적으로 문서 중심의 커뮤니케이션에 어려움을 겪고 있는 MZ세대를 위하여 조직에서 필요한 기획서나 보고서의 작성 팁을 각 장의 후반부에 정리하여 엑셀을 통하여 분석한 자료들을 효과적으로 보고서나 기획서로 작성하는 데 필요한 팁을 정리하였다.

1. [문서작성의 출발] 누구에게 무슨 말을 하려고 하는 것인가?

보고서를 처음 쓰려고 할 때의 막연함은 누구나 겪는 문제인데 이를 해결하고 문서의 작성에 들어가기 위해서는 먼저 보고서를 작성하는 목적에 대한 검토가 필요하다. 보고서이므로 문서의 구조로 생각하기보다는 먼저 자신이 누구에게 무슨 이야기를 하려고 하는 것인가를 생각하는 데서 첫 출발을 할 필요가 있다. 같이 여행을 가기 위해서 친구를 설득한다거나 주변의 사람들과 스터디를 조직하기 위해 스터디의 필요성을 이야기하는 것처럼 본인이 작성하는 보고서는 누가 읽게 될 것이며 무슨 이야기를 하려고 하는 것인가를 먼저 말로 전달할 때처럼 생각해 보아야 한다. 문서라는 형식에 미리 겁을 먹지 말고 누군가를 만나서 용건을 이야기하는 것이라 생각하고 미리 이야기 할 내용을 정리해 본다면 비교적 쉽게 보고서의 작성을 시작할 수 있다.

2. 가이드북은 이전의 기획서

문서의 형식이나 내용에 대한 전체적인 윤곽이 잡혀가면 자신이 작성하고자 하는 기획서나 보고서와 유사한 형태의 기획서나 보고서를 찾아보아야 한다. 이전의 기획서나 보고서는 여러분들과 마찬가지의 상황에서 선배들이 오랜 기간의 고민과 노력으로 만들어진 결과물일 뿐더러 이미 승인을 받은 문서이므로 훌륭한 가이드의 역할을 할 수 있다. 또한 이전 보고서의 리뷰를 통해서 해당 조직이나 회사에서 사용되는 고유한 문서작업의 형식이나 방법이 존재하는지도 확인할 필요가 있다. 생각보다 각 조직에서는 자신들만의 문서작성 방법이나 가이드가 매우 세세하게 공식, 비공식적으로 정리되어 있는 경우가 많은데 심지어는 제목과 본문의 폰트의 크기, 그래프의 색까지도 정해져 있는 경우를 종종 보게 된다. 따라서 문서의 작성에 들어가기 전에 이전 보고서를 통해 전반적인 문서작성의 가이드를 확인할 필요가 있다.

3. 자신이 보고를 받는 입장에서 다시 한번 생각해 보기

팀장님이 임원에게 보고할 시장동향 보고서를 준비하라는 지시를 받았다고 생각해 보자. 여기서 먼저 생각해야 할 것은 자신이 임원의 입장에서 어떤 보고서를 받아보고 싶을까를 생각해 보는 것이다. 보고를 받는 사람의 입장에서 생각하라는 것은 두 가지의 측면에서 접근을 하여야 하는데 첫 번째는 보고의 내용에 관한 것이다.

시장의 동향을 파악하는 이유는 단순히 시장이 어떻게 움직이고 있는가를 파악하는 것에 그치는 것이 아니라 시장의 동향에 따른 자사의 방향을 설정하기 위함일 것이다. 따라서 시장의 동향을 A, B, C로 나열하는 데서 끝내는 것이 아니라 시장의 동향은 A, B, C인데 우리는 시장의 동향과는 다른 D쪽으로 가고 있으므로 방향을 전환하여야 하고 그 방향은 우리의 핵심역량이 있는 A쪽으로 가야 한다는 등의 외부의 상황과 내부의 상황을 종합하여 전략적 방향에 대한 판단을 포함하여야 한다. 자신이 보고서를 받아보는 사람의 입장에서 해당 보고서의 내용을 보고 판단하여야 하는 사항, 물어보고 싶은 사항이 보고서 안에 포함되도록 작성되어야 한다.

두 번째 고려할 사항은 보고서를 받아보는 사람은 대체적으로 바쁘다는 것이다. 따라서 열심히 일했다는 것을 어필하려는 듯한 두꺼운 보고서, 문자 중심으로 빼곡히 쓰여져 있어 한눈에 내용을 파악하기 힘든 보고서, 전문용어들로만 가득 차서 한눈에 이해가 힘든 보고서를 작성하면 안 된다는 점이다. 좋은 보고서, 기획서는 좋은 커뮤니케이션이고 좋은 커뮤니케이션은 전달하고자 하는 바를 명확하게 전달하면서도 짧은 시간만 소요되고도 쉽게 이해할 수 있어야 한다.

짧은 시간 한눈에 훑어보아도 내용과 결론이 눈에 들어올 수 있도록 간단한 보고서를 작성하는 방법에 관하여서는 패트릭 라일리의 저서 *One page proposal*에 잘 정리되어 있는데 그 대강을 알아보면 아래와 같다.

항 목	작성방법	작성목적
제목	큰 글씨, 한 줄로 주제를 집약	기획서의 내용을 제시
부제	작은 글씨, 세부내용의 간결한 한정	흥미의 유발, 제목을 보강
목표	하나의 문장	기획서의 궁극적 목표
2차 목표	상세한 목표 나열, 장점을 부각	목표의 보강
논리적 근거	2~3의 문단, 논리적 이유 제시 예상 질문에 대한 답변 포함	설득의 과정 실행이 필요한 이유
재정	예상 비용 및 수익 명시	양적 목표의 계수화
현재 상태	현상 파악, 기대–현실의 차이	현재 상황을 설명
요구사항/실행	세부 실행 사항 제시	제안자가 원하는 행동 제시
마무리–날짜, 서명		공식 문서화

〈페이지의 구성〉

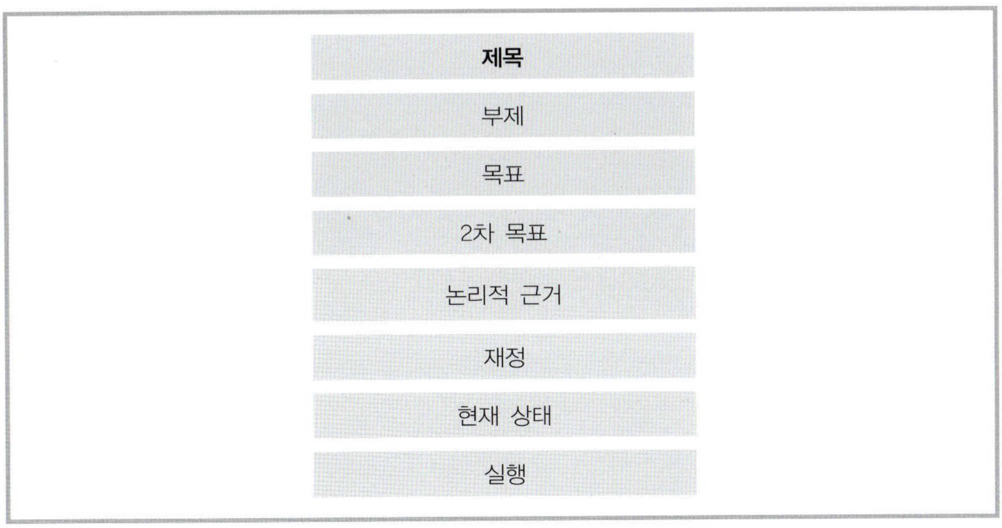

CHAPTER

2

재무제표 분석

1. 재무제표 분석의 개요
2. Excel을 활용한 재무분석

1 재무제표 분석의 개요

1) 재무제표

(1) 재무제표의 이해

SUMMARY

재무제표의 종류

- 재무상태표: 일정 시점에서의 회사의 재무상태를 자산, 부채 및 자본으로 나누어 표시한 것
- 손익계산서: 일정 기간 동안의 영업내용을 수익과 비용으로 나누어 표시한 것
- 현금흐름표: 일정 기간 동안의 현금(예금, 유가증권 포함)의 증가 및 감소를 영업활동, 투자활동, 재무활동으로 분류하여 표시한 것
- 자본변동표: 일정 기간 동안의 자본(자본금, 이익잉여금 등)의 변동 내역을 기록하여 소유주의 투자와 분배 정보를 표시한 것
- 주석: 재무제표의 해당 과목 또는 금액에 기호를 붙여 세부 내용을 기록한 것

기업의 이해관계자(주주, 경영자, 직원, 채권자 등)들은 효과적이고 효율적인 의사결정을 위해 기업의 재무상태 및 경영성과에 관한 정보를 필요로 한다. 기업의 경영성과와 재무구조에 관한 정보는 재무상태표(statement of financial position)와 손익계산서(income statement), 자본변동표(statement of changes in equity), 현금흐름표(statement of cash flows)와 주석 등의 재무제표로 표현된다. 이와 같은 기업 재무제표는 1년 또는 특정 회계기간 동안 기업의 경영활동을 요약한 재무적 보고서로 기업과 이해관계를 가지고 있는 재무제표 이용자들이 기업에 관한 의사결정을 할 때 도움이 될 수 있는 재무정보를 제공하고자 하는 데 있다. 각 이해관계자마다 필요한 재무정보가 다를 수 있기에 어떤 재무정보를 필요로 하느냐에 따라 작성하여야 할 재무제표의 종류와 재무분석의 유형이 결정된다.

재무제표 분석(finance statement analysis)이란 기업이 작성·공표하는 재무제표를 기초로 기업의 경영성과와 재무상태를 평가하고 미래의 수익 잠재력과 위험을 예측하기 위하여 여러 가지 회계적 분석을 수행하는 것을 말한다. 기업의 재무상태와 경영성과를 나타내고 있는 재무보고서 중 가장 보편적으로 이용되는 것이 재무상태표와 손익계산서이다. 재무상태표와 손익계산서에는 기업의 경영자들과 구성원들의 활동성과가 나타나게 되며, 이를 통하여 기업의 재무상태와 경영성과를 파악하고 평가할 수 있다. 주주나 채권자들은 기업에 대한 투자 여부를 결정할 때 투자 대상 기업의 재무구조와 경영성과에 대하여 많은 관심을 가지고 있는데 이와 관련한 많은 정보들을 재무제표 분석을 통하여 획득할 수 있다. 그렇기 때문에 재무제표 분석은 기업의 이해관계자들에게 매우 유용한 정보를 제공해 주는 중요한 보고서라고 할 수 있다.

SUMMARY

재무제표의 유용성

- 기업의 재무상태와 경영성과에 관한 다수의 중요한 핵심 재무정보들이 재무제표의 형식을 통해 정보 이용자에게 제공됨으로써 그들의 합리적인 의사결정을 지원하고 있다.
- 현행 재무제표에 의해 제공되는 재무정보는 기업과 관련되어 있는 다수 이해관계자의 이해조정을 위한 기초자료로 활용되고 있다.

재무제표 분석

- 기업이 작성·공표하는 재무제표를 기초로 기업의 경영성과와 현재의 재무상태를 평가하고 미래의 수익 잠재력과 관련위험을 예측하기 위하여 여러 가지 회계적 분석을 수행하는 것

그러나 재무제표 분석은 기업의 현재 재무상태나 과거 경영성과만을 나타낼 뿐, 미래의 재무상태나 경영성과를 나타내지는 못하는 단점을 가지고 있기에 추정 재무제표(project financial statement)의 작성 등을 통해 미래의 재무상태와 경영성과를 예측하기도 한다.

재무제표는 경영의사결정과 관련한 중요한 정보들을 포함하고 있기에 기업 경영에 관련된 이해당사자들은 효율적 의사결정을 위해 기업의 재무상태를 평가할 수 있는 능력을 가져야 하기에 본 장에서는 기업의 경영성과와 재무상태를 분석하는 데 필수적인 재무상태표와 손익계산서를 작성하고 분석하는 방법을 알아보도록 한다.

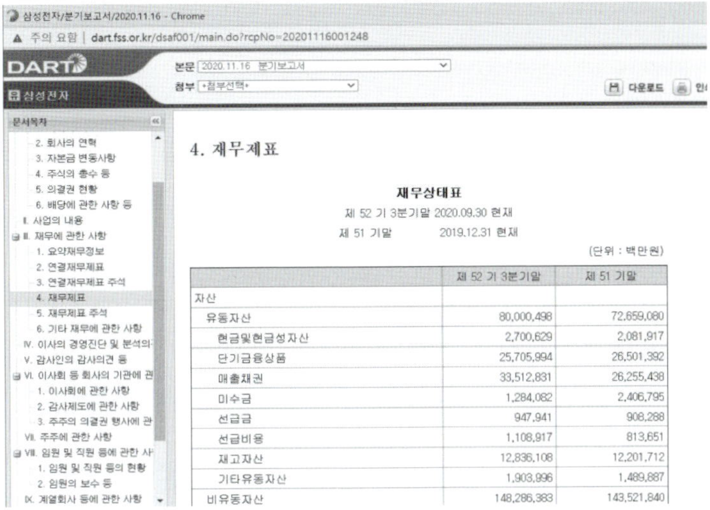

4. 재무제표

재무상태표

제 52 기 3분기말 2020.09.30 현재

제 51 기말 2019.12.31 현재

(단위 : 백만원)

	제 52 기 3분기말	제 51 기말
자산		
유동자산	80,000,498	72,659,080
현금및현금성자산	2,700,629	2,081,917
단기금융상품	25,705,994	26,501,392
매출채권	33,512,831	26,255,438
미수금	1,284,082	2,406,795
선급금	947,941	908,288
선급비용	1,108,917	813,651
재고자산	12,836,108	12,201,712
기타유동자산	1,903,996	1,489,887
비유동자산	148,286,383	143,521,840

* 금융감독원의 전자공시 시스템에서는 일정 자본금 규모 이상의 외부감사법인들의 재무제표를 매년 공시하여 누구나 자유롭게 조회할 수 있는 서비스를 제공하고 있다.

(2) 재무제표의 순환

재무상태표, 손익계산서, 현금흐름표, 자본변동표 등의 개별 재무제표는 회계의 순환과정과 서로 연계되어 있다. 각 회계연도가 시작되는 기초의 재무상태표를 기준으로 기중의 회계적 사건들이 진행되면서 재무상태가 변화하며, 영업활동의 성과가 손익계산서에 기록된다. 재무활동과 투자활동, 영업활동 등의 결과에 따라 현금의 흐름이 발생하게 되는데 이는 현금흐름표에 정리된다. 기말이 되면 재무활동, 투자활동, 영업활동 등의 결과가 재무상태표에 기록이 되고 기중에 발생한 이익에 대하여 기말에 배당을 실시하는 등의 자본항목의 변동이 있게 되며 이는 자본변동표에 기록이 되는 순서로 매 회계연도마다 순환과정을 거치게 된다.

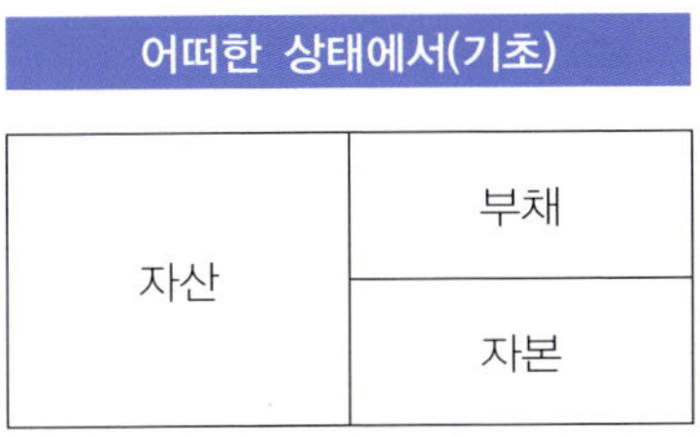

〈재무상태표〉

어떠한 과정을 거쳐(기중)

차변	대변
자산의 증가	자산의 감소
부채의 감소	부채의 증가
자본의 감소	자본의 증가
비용의 발생	수익의 발생

→

〈재무상태표〉

<table>
<tr><td rowspan="3">자산의 증감</td><td>부채의 증감</td></tr>
<tr><td>자본의 증감</td></tr>
<tr><td>당기순이익</td></tr>
<tr><td>비용</td><td>수익</td></tr>
</table>

〈손익계산서〉

← 현금의 흐름 →

〈현금흐름표〉

어떻게 변했는가(기말)

〈재무상태표〉

<table>
<tr><td rowspan="3">자산</td><td>부채</td></tr>
<tr><td>자본의 변동</td></tr>
<tr><td>이익잉여금</td></tr>
</table>

〈자본변동표〉

2) 재무상태표

(1) 재무상태표의 개념

SUMMARY

- 재무상태표(statement of financial position)는 특정 시점의 재무상태를 나타내기 위해 작성되는 재무제표이며, 특정 시점에 있어서 자산(assets), 부채(liabilities), 자본(owner's equity)의 상태를 표시
- 자산 = 부채 + 자본

자산(기업의 자원): 미래에 경제적 효익을 가져다 줄 것으로 기대되는 자원
부채(채권자 지분): 미래에 자원의 유출 또는 사용이 예상되는 의무
자본(소유주 지분): 기업의 자산에서 부채를 차감한 잔여지분, 순자산

재무상태표(statement of financial position)는 특정 시점의 재무상태를 나타내기 위해 작성되는 재무제표이며, 특정 시점에 있어서 자산(assets), 부채(liabilities), 자본(owner's equity)의 상태를 대변과 차변에 나누어 표시하기 때문에 재무상태표(balance sheet)라고도 부른다.

모든 기업은 회계연도 말에 한 번씩은 반드시 재무상태표를 작성하여야 하며, 필요에 따라서는 반기말, 분기말 또는 월말에 재무상태표를 작성하기도 한다. 재무상태표는 자산, 부채, 자본 계정으로 구성되어 있는데 각각의 내용은 아래와 같다.

① **자산**: 기업이 경영활동을 수행하거나 기타의 목적을 달성하기 위하여 소유 또는 통제하고 있는 유형 및 무형의 재화, 용역 및 권리 등을 포함한 제반 경제적 자산을 말한다.

② **부채**: 기업이 미래의 어느 시점에 제3자에게 현금을 지급하거나 기타 재화나 용역을 제공해야 할 의무를 나타낸다. 그리고 부채는 자산의 변제를 통하여 소멸되기 때문에 기업자산에 대한 채권자의 지분을 나타낸다.

③ **자본**: 자본은 자본금(net worth)이라고도 부르는데, 이는 총자산으로부터 부채를 차감한 금액이라는 의미로 기업의 순자산을 나타낸다고 볼 수 있으며 때로는 부채가 자산보다 커서 자본이 "0" 이하가 되는 경우가 있는데 이를 자본잠식이라고 한다.

결과적으로 재무상태표는 기업이 어떻게 자금을 조달(자산, 부채)하여 어떻게 운용(자산)하고 있는가를 자산과 부채, 자본의 세부적 계정을 통해 표시하고 있는 것이라고 볼 수 있다.

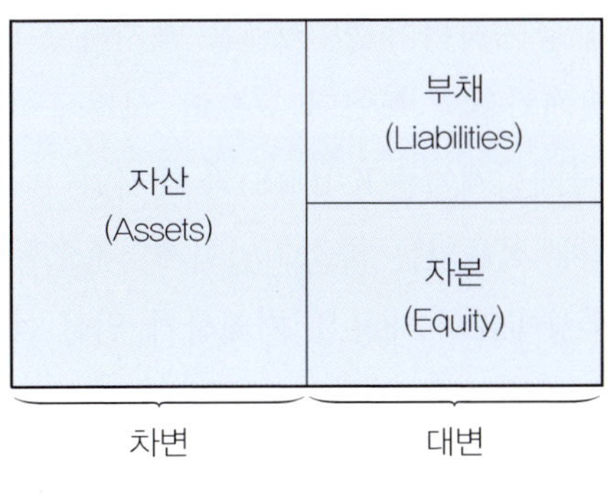

(2) 재무상태표의 형식

재무상태표는 자산과 부채 및 자본에 관한 정보를 제공하는 재무보고서로 회계등식과 동일한 『자산=부채+자본』의 기본골격을 갖추고 있다.

재무상태표의 보고 방식으로는 계정식과 보고식의 두 가지가 있다. 계정식 재무상태표는 <표 2-1>과 같이 중앙을 중심으로 좌측에는 자산을 우측에는 부채와 자본을 보고하는 방법이고, 보고식 재무상태표는 좌우의 구별이 없이 재무상태표 상단으로부터 자산, 부채 및 자본의 순서대로 연속 표시하는 방법을 말한다. 기업의 회계기준에서는 이 두 가지 방법을 모두 허용하고 있으나 일반적으로 자산, 부채 및 자본을 동시에 파악할 수 있는 계정식이 많이 사용되고 있다.

표 2-1 ● **재무상태표의 형식**

계정식 재무상태표	
〈자산〉	〈부채〉
유동자산	유동부채
비유동자산	비유동부채
투자자산	〈자본〉
유형자산	자본금
무형자산	자본잉여금
	이익잉여금

보고식 재무상태표	
〈자산〉	유동자산
	비유동자산
〈부채〉	유동부채
	비유동부채
〈자본〉	자본금
	자본잉여금
	이익잉여금

(3) 재무상태표의 작성기준

기업회계기준에서는 회계정보의 유용성을 높이기 위하여 기업별 재무제표 작성실무의 통일성을 기하고 동시에 기업 간의 특징적 차이를 보고할 수 있도록 기업이 재무상태표를 작성할 때 준거하여야 할 기준을 제시하고 있다. 이 기준을 기업회계기준이라고 하는데 기업회계기준은 기업의 규모와 성격에 따라서 상장기업, 금융기관 등에 적용되는 한국채택국제회계기준(K-IFRS)과 대기업이나 중견기업에 적용되는 일반기업회계기준, 중소기업에 적용되는 중소기업회계기준으로 구분된다.

일반적으로 재무상태표의 내용을 기재하기 위한 계정과목은 크게 자산, 부채와 자본으로 구분하고 각 자산, 부채, 자본의 세부 과목은 유동성이 높은 것에서 낮은 순으로 정리하여 기록한다. 이렇듯 재무상태표에 보고되는 과목을 구분하고 기록하는 순서를 정한 것은 결국 정보의 유용성을 높이기 위함이며 <표 2-2>에서 재무상태표에 구분되어 나타나는 일반적인 과목과 기록 순서들을 볼 수 있다.

표 2-2 ● 재무상태표의 과목 구분

자산의 과목 구분		부채의 과목 구분	
Ⅰ. 유동자산		Ⅰ. 유동부채	
1. 당좌자산	(1) 현금과 현금등가물		(1) 매입채무
	(2) 단기금융자산		(2) 미지급법인세
	(3) 매출채권		(3) 미지급금
	(대손충당금)		(4) 선수금
	(4) 단기대여금		(5) 예수금
	(대손충당금)		(6) ……
	(5) 미수금	Ⅱ. 비유동부채	
	(6) ……		(1) 사채
2. 재고자산	(1) 상품		(사채할인발행차금)
	(2) 제품		(2) 장기차입금
	(3) 반제품		(3) 외화장기차입금
	(4) 재공품		(4) 퇴직급여충당금
	(5) 원재료		(5) 단체퇴직급여충당금
	(6) ……		(6) ……
Ⅱ. 비유동자산		부채총계	
1. 투자자산	(1)		
	(2)	**자본의 과목 구분**	
	(3)	Ⅰ. 자본금	
	(4)		(1) 보통주 자본금
	(5)		(2) 우선주 자본금
	(6) ……	Ⅱ. 자본잉여금	
2. 유형자산	(1) 토지	1. 자본준비금	(1) 주식발행초과금
	(2) 건물		(2) 기타 자본잉여금
	(감가상각누계액)	2. 재평가적립금	
	(3) 구축물	Ⅲ. 이익잉여금	
	(감가상각누계액)		(1) 이익준비금
	(4) 기계장치		(2) 기업합리화 적립금
	(감가상각누계액)		(3) 기술개발준비금
	(5) 차량운반구		(4) 차기이월이익잉여금
	(감가상각누계액)		(5) ……
	(6) 기타의 유형자산	Ⅳ. 자본조정	
3. 무형자산	(1)		(1) 투자유가증권평가손익
	(2)		(2) 전환권대가
	(3)		(3) 주식매입선택권
	(4)		(4) ……
	(5)	자본총계	
자산총계		부채와 자본총계	

<표 2-3>은 본 장에서 샘플 및 예제로 사용될 사무자동화기기를 생산하는 ㈜비투엘의 2018년부터 2020년까지의 3개년간 보고식 재무상태표이다.

표 2-3 ● 재무상태표

㈜비투엘 (단위: 천 원)

과 목	제38기 (2018.12.31)	제39기 (2019.12.31)	제40기 (2020.12.31)
〈자산〉			
1. 유동자산	**214,514,609**	**209,028,670**	**224,121,566**
(1) 당좌자산	159,439,224	176,959,202	188,296,649
(2) 재고자산	55,075,365	32,069,468	35,824,917
2. 비유동자산	**151,468,252**	**200,643,617**	**209,291,463**
(1) 투자자산	56,581,395	78,748,875	86,792,566
(2) 유형자산	94,886,857	121,894,742	122,498,897
(3) 무형자산	–	–	–
자산총계	**365,982,226**	**409,672,287**	**433,413,029**
〈부채〉			
1. 유동부채	79,928,226	41,391,211	55,556,807
2. 비유동부채	14,805,026	10,974,495	23,364,403
부채총계	**94,733,252**	**52,365,706**	**78,921,210**
〈자본〉			
1. 자본금	49,413,000	49,413,211	50,400,145
2. 자본잉여금	113,673,688	145,094,828	144,978,410
3. 이익잉여금	116,457,205	137,369,027	150,735,270
4. 자본조정	△8,294,284	25,429,726	8,377,994
자본총계	**271,249,609**	**357,306,581**	**354,491,819**
부채와 자본총계	**365,982,861**	**409,672,287**	**433,413,029**

3) 손익계산서

(1) 손익계산서(income statement)의 개념

기업은 일상적인 영업활동이나 부수적인 경영활동 등을 수행하고 그 결과로 이익과 손실을 발생시키게 되는데, 손익계산서는 일정 기간 동안 이익과 손실로 표현된 기업의 경영성과를 나타내 주는 재무제표이다. 구체적으로는 경영성과를 『수익 − 비용 =

순이익(또는 순손실)』로 계산하여 수익, 비용 및 순이익의 형태로 요약하는 것이다.

경영활동을 수행하는 과정에서 창출되는 수익은 수익인식의 원칙(수익의 발생시점과 실현시점의 문제)에 의해, 그리고 이 과정에서 소요되는 희생인 비용은 비용대응의 원칙(수익에 대응하는 시점)에 의해 인식된다. 한 회계기간 동안 인식된 수익과 이에 대응된 비용의 차액이 그 기간 동안의 순이익이 되는 것이다. 수익과 비용은 경상적이고 반복적으로 수행되는 영업활동에서 발생되어야 하나, 경영활동을 수행하는 과정에서 예외적으로 발생되는 수익과 비용 또한 있을 수 있다. 이러한 예외적 수익과 비용 항목은 이득과 손실로 구분하여 경상적인 수익과 비용과 분리함으로써 그 특수성을 강조하며, 기업회계기준에서는 각각 특별이익 및 특별손실로 지칭하고 있다. 한 회계기간 동안의 경영활동의 결과가 흑자인 경우 당기순이익이 양의 수치로 나타나며, 적자인 경우에는 당기순이익이라는 용어 대신에 당기순손실이라는 용어를 사용한다. <표 2-4>는 수익과 비용을 구분하고 기업의 수익과 비용의 발생 원천을 요약한 것이다.

표 2-4 ● 기업의 수익/비용의 발생 원천

구분	수익/비용의 구분	발생활동의 종류
수익	매출	주된 영업활동
	영업 외 수익	보조적인 영업활동
	특별이익	비경상적인 활동
비용	매출원가, 판매비와 일반관리비	주된 영업활동
	특별손실	비경상적인 활동
	법인세 등	법인소득세의 활동
	영업 외 비용	보조적인 영업활동

앞서 살펴본 재무상태표는 특정 시점의 재무상태를 보고하는 정태적인 성격의 보고서이나, 손익계산서는 작성대상기간 동안의 경영성과를 나타내는 동태적인 성격을 띠는 보고서이다. 또한 기업회계기준에서는 재무상태표의 작성일을 손익계산서 기간의 종점(終點)과 일치시키고 있다. 따라서 재무상태표에 보고되는 재무상태는 손익계산서에 보고되는 경영성과를 이미 반영한 후의 재무상태를 나타내게 된다. 이렇게 재무제표들 간의 연계성을 유지하도록 한 것은 회계정보의 활용성을 높이기 위한 것이다.

(2) 손익계산서의 형식

손익계산서는 머리말과 본문으로 구성되며, 본문 기재사항의 이해를 돕기 위한 주기, 주석사항뿐만 아니라 여러 가지 보조명세서가 손익계산서의 일부를 이룬다. 머리말에는 손익계산서라는 명칭, 회사이름, 그리고 손익계산서의 작성기간이 기재된다. 손익계산서의 기간은 대체로 회계기간의 초부터 반년 혹은 1년이 된다. 손익계산서의 본문에는 당기순이익을 계산하는 과정을 일정한 체계를 갖추어 정리한다. 기업회계기준에서는 당기순이익에 영향을 미치는 항목들을 그 발생원천이 되는 활동의 성격에 따라 체계적으로 구분하여 정리하도록 하고 있는데, 이는 보다 정선된 회계정보를 제공하기 위해서이다.

[기업회계기준 별지 제5호 서식]

손 익 계 산 서

제 기 20 년 월 일부터 20 년 월 일까지
제 기 20 년 월 일부터 20 년 월 일까지

회사명 단위 : 원(천원 또는 백만원 등)

머리말

과목	제×(당)기		제×(전)기	
	금액		금액	
Ⅰ. 매출액				
Ⅱ. 매출원가				
1. 기초상품(또는제품)재고액				
2. 당기매입액 (또는 당기제품제조원가)				
3. 기말상품(또는제품)재고액				
Ⅲ. 매출총이익 (또는 매출총손실)				
Ⅳ. 판매비와관리비				
1. 급여				
2. 퇴직급여				
3. 복리후생비				
4. 임차료				
5. 접대비				
6. 감가상각비				
7. 세금과공과				
8. 광고선전비				
9. 경상연구개발비				
10. 대손상각비				
11. ············				
Ⅴ. 영업이익 (또는 영업손실)				
Ⅵ. 영업외수익				
1. 이자수익				
2. 배당금수익				
3. 임대료				
4. 유가증권처분이익				
5. 유가증권평가이익				
6. 매입할인				

본문

매출총이익은 매출에서 매출원가를 차감시킨 금액인데, 이 금액에서 판매비와 일반관리비 등이 차감되어야만 궁극적으로 이익 또는 손실이 계산된다는 뜻에서 총이익(또는 매출총이익)으로 지칭하고 있다.

매출총이익에서 판매비 및 일반관리비를 차감하면 영업수익인 매출에서 영업비용을 차감한 결과이므로 이는 영업활동의 성과를 나타낸다는 뜻에서 영업이익이라고 지칭한다. 영업이익에서 주된 영업활동을 보조하는 영업 외 활동의 수익과 비용을 가감하면 기업의 경상적이고 반복적인 활동에서 창출되었다는 의미의 경상이익이 나타난다.

경상이익에다 특별이익을 가산하고 특별손실을 차감하면 법인세비용차감전순이익이 나타나고, 이 금액에서 세법에 따른 법인소득관련세인 법인세 등을 공제하면 손익계산서 본문의 최종 수입인 당기순이익이 최종 집계된다. <표 2-5>는 손익계산서상 이익의 산출 개념을 정리한 것이다.

표 2-5 ● 이익의 산출 개념

과 목	제××기
매출액	
매출원가	
매출총이익	
판매비와관리비	
영업이익	
영업외수익	
영업외비용	
경상이익	
특별이익	
특별손실	
법인세비용차감전순이익	
법인세비용	
당기순이익(순손실)	

매출총이익	매출액 − 매출원가
영업이익	매출총이익 − 판매비와관리비
경상이익	영업이익 + 영업외수익 − 영업외비용
법인세비용차감전순이익	경상이익 + 특별이익 − 특별손실
당기순이익	법인세비용차감전순이익 − 법인세비용 등

다음 <표 2-6>은 샘플과 예제에서 사용될 ㈜비투엘의 2018년부터 2020년까지 3개년간의 요약식 손익계산서이다.

표 2-6 ● 손익계산서

㈜비투엘 (단위: 천 원)

과 목	제38기 (2018.1.1~2018.12.31)	제39기 (2019.1.1~2019.12.31)	제40기 (2020.1.1~2020.12.31)
매출액	281,030,290	252,381,686	260,158,740
매출원가	202,769,772	204,265,172	191,972,694
매출총이익	**78,260,518**	**48,116,514**	**68,186,046**
판매비와관리비	33,737,844	24,394,887	31,079,810
영업이익	**44,522,674**	**23,721,627**	**37,106,236**
영업외수익	22,565,615	37,789,607	33,715,801
영업외비용	7,709,730	13,423,289	3,322,922
경상이익	**59,378,559**	**48,087,945**	**67,499,115**
특별이익	1,552	133,427	917
특별손실	–	125,205	–
법인세비용차감전순이익	**59,380,111**	**48,096,167**	**67,500,032**
법인세비용	13,672,127	12,466,917	20,711,606
당기순이익(순손실)	**45,707,984**	**35,627,250**	**46,788,426**

4) 현금흐름표

(1) 현금흐름표의 개념

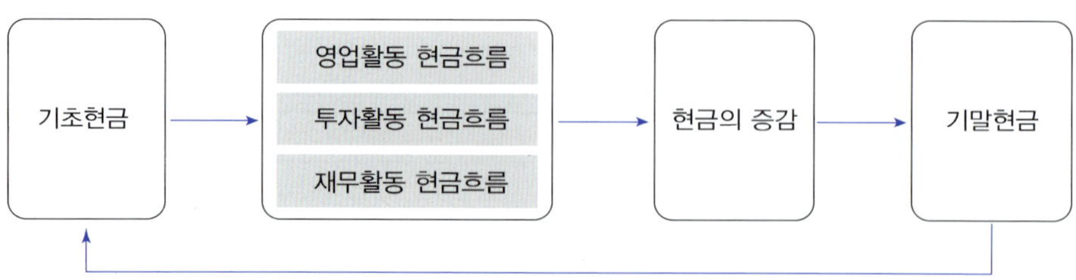

현금흐름표는 일정 기간 동안의 기업의 현금흐름을 나타내는 표이다. 기업은 영업활동을 통해 수익을 발생시키고 수익을 얻기 위하여 비용을 집행하면서 현금의 유출과 유입이 있게 된다. 또한 생산을 위해 공장을 건설하거나 노후된 자산을 처분하는 등의 투자활동에 의해서도 현금의 유출과 유입이 발생하고 부채의 차입과 상환, 자기자본의 증액이나 배당금의 지급 등의 재무활동을 통해서도 현금의 입출이 발생하게 되는데, 일정 기간 동안의 현금의 유입과 유출을 영업활동, 투자활동, 재무활동으로 구분하여 기록한 것이 현금흐름표이다.

현금흐름표에서의 현금은 순수한 현금(현금, 보통예금 등)과 3개월 이내 현금화되는 현금등가물(단기어음, 수표 등)을 포함하는 개념이며 재무상태표가 기초에서 기말로 변천해가는 과정을 현금흐름의 측면에서 표시하고 있는 것이다.

현금흐름표를 작성하는 목적은 기업의 이해관계자들에게 해당 기업의 현금 및 현금성 자산의 창출능력과 현금흐름의 사용용도를 평가하는 데 유용한 정보들을 제공하기 때문이다. 현금흐름이 부족하다면 그것이 영업활동의 부진에서 기인하는지, 투자활동의 증가로 인한 것인지, 과다한 배당으로 인한 것인지를 판단할 수 있게 하며 부족한 현금흐름을 차입을 통해 해결하였는지 자기자본의 증대를 통하여 해결하였는지도 현금흐름표를 분석함으로써 판단할 수 있다.

	현금유입	현금유출
영업활동 현금흐름	1. 제품 등의 판매(매출채권 회수 포함) 2. 이자 수입 3. ……	1. 공급자와 종업원에 대한 지출 2. 이자 지급, 법인세 납부 3. ……
투자활동 현금흐름	1. 금융상품의 처분 2. 유형자산의 처분 3. ……	1. 금융상품의 취득 2. 유형자산의 취득 3. ……
재무활동 현금흐름	1. 현금의 차입(어음, 사채의 발행 등) 2. 주식의 발행 3. ……	1. 차입금의 상환 2. 배당금 지급 3. ……

(2) 현금흐름표의 형식

현금흐름표는 영업활동, 투자활동, 재무활동으로 분류하여 작성하여야 하는데 이는 현금흐름의 창출능력, 현금흐름의 사용 내역 등을 구분함으로써 그 원인과 결과를 보다 자세히 분석하기 위함이다. 현금흐름표의 작성은 재무상태표와 손익계산서를 바탕으로 현금의 변동액을 계산하고 영업활동에 의한 현금흐름을 계산한 후 투자활동과 재무활동으로 인한 현금흐름을 순서대로 계산하는 단계를 거치게 된다. 이 과정에서 영업활동으로 인한 현금흐름을 어떻게 계산하는가에 따라서 간접법과 직접법으로 구분된다. 직접법은 영업활동으로 인한 현금흐름을 직접적인 유입과 유출로 구분하여 산출하는 방법이고, 간접법은 손익계산서상의 당기순이익을 기반으로 현금유출이 없는 비용은 가산하고 현금유입이 없는 수익은 차감하는 방법이다.

직접법에 의한 측정	간접법에 의한 측정
매출, 임대료 등의 현금유입 매입처에 대한 지급 급여 등의 영업활동 비용 지급 배당금 수입 법인세 지급 ……	**포괄손익계산서상의 당기순이익** **당기순이익에 가산:** + 투자활동·재무활동 관련 비용 + 현금유출이 없는 영업활동 비용 **당기순이익에서 차감:** - 투자활동·재무활동 관련 수익 - 현금유입이 없는 영업활동 수익 **영업활동으로 인한 자산·부채의 변동:** - 영업유동자산 항목의 증가 + 영업유동자산 항목의 감소 + 영업유동부채 항목의 증가 - 영업유동부채 항목의 감소
영업활동 현금흐름	= **영업활동 현금흐름**

현금흐름표의 작성목적으로 보면 직접법이 적합한 방법이라고 할 수 있으나 개별 영업활동의 수익과 비용을 모두 일일이 반영하여야 하는 번거로움이 있기 때문에 당기순이익을 기반으로 예외적 사항만을 반영하는 간접법이 실무적으로는 더 많이 사용되고 있다.

직접법에 의한 현금흐름표 (단위: 원)		
		20×2
Ⅰ. 영업활동 현금흐름		
고객으로부터의 유입된 현금	×,×××	
공급자와 종업원에 대한 현금유출	(×××)	
영업으로부터 창출된 현금(A)	×,×××	
이자지급(B)	(××)	
법인세의 납부(C)	(××)	
영업활동 현금흐름(A+B+C)		×,×××
Ⅱ. 투자활동 현금흐름		
유형자산의 취득	(×××)	
설비의 처분	××	
이자수취	××	
배당금수취	××	
투자활동 현금흐름		(×××)
Ⅲ. 재무활동 현금흐름		
유상증자	×××	
장기차입금	×××	
배당금지급	(×××)	
재무활동 현금흐름		(×××)
Ⅳ. 현금 및 현금성자산의 순증가(Ⅰ+Ⅱ+Ⅲ)		×××
Ⅴ. 기초 현금 및 현금성자산		××
Ⅵ. 기말 현금 및 현금성자산(Ⅳ+Ⅴ)		×××

간접법에 의한 현금흐름표 (단위: 원)		
		20×2
Ⅰ. 영업활동 현금흐름		
법인세비용차감전순이익	×,×××	
가감:		
감가상각비	×××	
외화환산손실	××	
투자수익	(×××)	
이자비용	××	
	×,×××	
매출채권 및 기타채권의 증가	(×××)	
재고자산의 감소	×,×××	
매입채무의 감소	(×,×××)	
영업에서 창출된 현금(A)	×,×××	
이자지급(B)	(×××)	
법인세의 납부(C)	(×××)	
영업활동 현금흐름(A+B+C)		×,×××
Ⅱ. 투자활동 현금흐름		
유형자산의 취득	(×××)	
설비의 처분	××	
이자수취	××	
배당금수취	××	
투자활동 현금흐름		(×××)
Ⅲ. 재무활동 현금흐름		
유상증자	×××	
장기차입금	×××	
배당금지급	(×××)	
재무활동 현금흐름		(×××)
Ⅳ. 현금 및 현금성자산의 순증가(Ⅰ+Ⅱ+Ⅲ)		×××
Ⅴ. 기초 현금 및 현금성자산		××
Ⅵ. 기말 현금 및 현금성자산(Ⅳ+Ⅴ)		×××

5) 추세분석

SUMMARY

- 추세분석: 두 개 이상의 연속된 회계기간에 대해 주요 재무제표 항목들의 변화율을 비교하는 기법을 추세분석(trend analysis: 혹은 수평적 분석)이라고 함.
- 추세분석은 시간의 흐름에 따라서 기업의 재무구조와 경영성과가 어떻게 변화하는지에 대한 유용한 정보를 제공함.

기업의 재무구조와 경영성과가 두 개 이상의 연속된 회계기간에 어떻게 변화하였는지는 기업의 이해관계자의 입장에서는 매우 궁금한 사항일 것이다. 때문에 두 개 이상의 연속된 회계기간에 대해 주요 재무제표 항목들의 변화율을 비교하여 분석을 하게 되는데 이러한 기법을 추세분석(trend analysis: 혹은 수평적 분석)이라고 한다.

추세분석은 먼저 기준 연도를 정하고 기준 연도 이후의 해당 재무제표 항목을 기준 연도의 항목에 대한 금액이나 비율로 표시하면서 특별한 변화들을 분석하는 것을 말한다. 추세분석을 할 때 중요한 것은 추세분석 대상의 모든 항목을 정리하여 보고하기보다는 정보를 이용하는 상사나 의사결정자가 관심을 가지고 있는 중요한 항목들을 중심으로 요약하여 분석하는 일이다.

표 2-7 ● **추세분석**

주요 항목		2018년	2019년	2020년
자산	금액	365,982,861	409,672,287	433,413,029
	백분율	100%	112%	118%
부채	금액	94,733,252	52,365,706	78,921,210
	백분율	100%	55%	83%
매출액	금액	281,030,290	252,381,686	260,158,740
	백분율	100%	90%	93%
순이익	금액	45,707,984	35,629,250	46,788,426
	백분율	100%	78%	102%

예를 들어, <표 2-7>은 표본 회사의 과거 3년간의 재무상태표 <표 2-3>과 손익계산서 <표 2-6>으로부터 추출한 주요 항목과 이에 대한 추세분석이다. 이 회사의 자산은 지속적으로 증가하고 있는 것을 알 수 있으며, 반면에 부채는 2019년도에 큰 폭으로 감소하였다가 2020년도에 소폭 상승하였다. 따라서 기준 연도와 비교하여 자산은 늘고 부채는 줄어들어 재무구조가 건전해졌다는 것을 알 수 있다. 또한 3년간 매출액은 거의 변함이 없으며 2018년도에는 순이익이 매출액에 비하여 많이 감소하였으나 2020년도에는 2018년도에 비해 매출액이 감소하였음에도 불구하고 순이익은 증가한 것을 알 수 있다. 이는 기업의 생산성이 높아지거나 혹은 기술개발과 같은 원가절감을 통하여 원가의 비중이 낮아졌음을 유추할 수 있다. 이처럼 추세분석은 시간의 흐름에 따라서 기업의 재무구조와 경영성과가 어떻게 변화하는지에 대한 유용한 정보를 제공하여 준다.

6) 재무비율분석

(1) 재무비율분석의 의의

재무비율분석(financial ratio analysis)은 재무제표상의 항목을 서로 대응하는 항목으로 분류하여 그 총체적 구성비나 개별 항목들 간 연관비율을 산출하고, 이를 과거의 평균비율이나 산업의 표준비율과 비교함으로써 기업의 재무상태와 경영성과를 분석, 비교, 평가하는 것을 말한다.

<표 2-8>과 <표 2-9>는 ㈜비투엘의 재무상태표와 손익계산서의 주요 항목을 백분율로 표시한 것이다. 백분율 재무비율분석은 재무제표 각 구성요소들이 차지하는 상대적 비율을 표시한 것으로 구성비율분석이라고도 하며 재무제표상의 각 구성요소들의 상대적 중요성을 비교하는 데 유용하다.

백분율 재무상태표는 재무상태표상의 모든 항목을 자산총계에 대한 비율로 나타낸 것으로 <표 2-8>의 ㈜비투엘의 백분율 재무상태표를 보면 유동자산의 비율이 비유동자산의 비율보다 높다는 것을 알 수 있다. 이는 ㈜비투엘의 자산이 비유동자산에 비하여 유동자산으로 많이 구성되어 있고 유동자산의 비율이 높다는 것은 ㈜비투엘의 유동성이 우수함을 표시하고 있다고 볼 수 있다. 또한 3년간의 비교를 통해 이 회사의 자산 중 투자자산은 증가한 반면, 나머지 자산은 매년 감소하고 있음을 알 수 있다. 또한 부채와 자기자본비율을 검토해 볼 때 타인자본의 의존도는 2019년도에 큰 폭으로 감소하였다가 2020년도에 약간 증가했다는 것을 알 수 있다. 이처럼 백분율 재무상태표는 기업의 자산, 부채, 자본이 어떻게 구성되어 있고, 시간의 흐름에 어떻게 변화하고 있는지를 표시하는 보고서이다.

표 2-8 ● 백분율 재무상태표

〈자산〉			
1. 유동자산	**58.6**	**51.0**	**51.7**
(1) 당좌자산	43.6	43.2	43.4
(2) 재고자산	15.0	7.8	8.3
2. 비유동자산	**41.4**	**49.0**	**48.3**
(1) 투자자산	15.5	19.2	20.0
(2) 유형자산	25.9	29.8	28.3
(3) 무형자산	–	–	–
자산총계	**100.0**	**100.0**	**100.0**
〈부채〉			
1. 유동부채	21.8	10.1	12.8
2. 비유동부채	4.0	2.7	5.4
부채총계	**25.9**	**12.8**	**18.2**
〈자본〉			
1. 자본금	13.5	12.1	11.6
2. 자본잉여금	31.1	35.4	33.5
3. 이익잉여금	31.8	33.5	34.8
4. 자본조정	2.3	6.2	1.9
자본총계	**74.1**	**87.2**	**81.8**
부채와 자본총계	**100.0**	**100.0**	**100.0**

표 2-9 ● 백분율 손익계산서

과목	제38기	제39기	제40기
	(2018.1.1~2018.12.31)	(2019.1.1~2019.12.31)	(2020.1.1~2020.12.31)
매출액	100.0	100.0	100.0
매출원가	72.2	80.9	73.8
매출총이익	27.8	19.1	26.2
판매비와관리비	12.0	9.7	11.9
영업이익	15.8	9.4	14.3
영업외수익	8.0	15.0	13.0
영업외비용	2.7	5.3	1.3
경상이익	21.1	19.1	25.9
특별이익	0.0006	0.05	0.0004
특별손실	–	–	–
법인세비용차감전순이익	21.1	19.1	25.9
법인세비용	4.9	4.9	8.0
당기순이익	16.3	18.1	18.0

<표 2-9>는 백분율 손익계산서로 손익계산서의 모든 항목을 매출액에 대한 비율로 나타낸 것으로 전체 매출액에 있어서 매출원가, 판매비와관리비와 같은 주요 원가 항목들이 매출액에서 차지하는 비중들을 한눈에 알아볼 수 있도록 구성되어 있다.

또한 백분율 재무제표는 동종 산업에 있는 다른 기업들과 비교를 해봄으로써 기업 간의 영업의 특징과 재무적인 특징을 파악하는 데 이용되기도 한다. 그리고 이러한 일련의 비교분석 과정들은 엑셀을 이용하면 보다 쉽게 수행할 수 있으며 다양한 표현을 할 수 있다. 예를 들면, 재무상태표의 자산에서 차지하는 유동자산과 비유동자산의 비율은 엑셀의 함수를 이용하여 간편하게 구할 수 있으며 <그림 2-1>과 같이 그래프를 통해 보다 효과적으로 표현할 수도 있다.

그림 2-1 ● **자산의 구성비율**

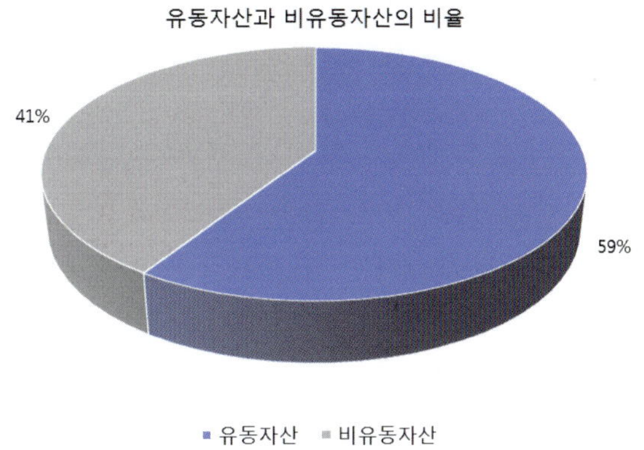

(2) 재무비율의 종류

분류	경제적 의미	관련 비율
유동성비율	단기채무지급능력 등을 측정	유동비율, 당좌비율 등
레버리지비율 (자본구조비율)	부채의존도와 장기채무지급능력 등을 측정	부채비율, 자기자본비율, 고정비율 등
활동성비율 (효율성비율)	보유자산의 이용 효율성 등을 측정	매출채권회전율, 재고자산회전율, 유형자산회전율 등
수익성비율	매출, 투자에 대한 수익성과 경영의 총괄적 효율성 등을 측정	총자산순이익률, 매출액순이익률 등
성장성비율	외형 및 수익의 성장성 등을 측정	총자산증가율, 매출액증가율 등
생산성비율	생산요소의 성과 등을 측정	부가가치율, 노동생산성 등
시장가치비율	주식시장에서의 평가 등을 측정	주가수익비율, 주가장부가치 비율 등

재무비율은 이용 목적에 따라 여러 종류로 구분할 수 있으나 본서에서는 주요한 재무비율인 유동성비율, 레버리지비율, 수익성비율, 활동성비율을 중심으로 알아보도록 한다.

(3) 유동성비율(liquidity ratios)

유동성비율

- 유동비율 = 유동자산/유동부채 × 100
- 당좌비율 = (유동자산 - 재고자산)/유동부채 × 100

유동성비율이란 기업의 단기채무에 대한 지급능력을 평가할 수 있는 비율을 말하며 유동비율(current ratio)과 당좌비율(quick ratio)이 대표적이다.

① 유동비율(current ratio): 유동자산을 유동부채로 나눈 값으로, 단기채무에 충당할 수 있는 유동자산이 얼마나 되는지 나타내는 비율이다. 은행에서 대출심사 시 기업의 단기지급능력을 판단하는 지표로 널리 이용되므로 은행가비율(banker's ratio)이라고도 하며, 산업의 특성에 따라 차이가 있지만 일반적으로 200% 이상이면 유동성이 양호한 것으로 판단하고 있다. 그러나 유동비율이 높아질수록 기업의 수익성이 낮아지므로 유동성이 높다고 항상 바람직한 것은 아니며, 특정 시점의 상황과 산업의 특성에 따라 달라질 수 있다.

② 당좌비율(quick ratio): 유동자산에서 재고자산을 뺀 값을 유동부채로 나눈 값으로, 현금화의 속도가 비교적 늦은 재고자산의 처분 없이도 단기부채를 지불할 수 있는 능력을 나타내는 비율이다. 유동비율보다 더 보수적인 유동성 평가의 기준이라고 할 수 있다.

(4) 레버리지비율(leverage ratios)

레버리지비율

- 부채비율 = 타인자본/자기자본 × 100
- 자기자본비율 = 자기자본/총자산 × 100

레버리지비율은 기업의 타인자본의존도 또는 장기부채에 대한 지급능력을 나타내는 비율로 부채성비율이라고도 한다. 레버리지비율은 주주들의 입장에서는 재무위험의 정도를 나타내는 척도가 된다. 레버리지비율에는 여러 종류가 있으나 본서에서는 부채비율과 자기자본비율을 알아보겠다.

① **부채비율**(debt ratio): 기업의 총부채를 자기자본으로 나눈 값으로 기업 재무구조의 안정성을 나타내는 비율로써 부채와 자기자본의 비율을 판단할 수 있다. 부채비율이 100%가 넘는다는 것은 자기자본에 비해 타인자본이 높다는 것을 의미한다. 일반적으로 부채비율이 낮을수록 기업의 재무구조가 건실하다고 평가하나 산업의 특성에 따라 적정 부채비율이 다르므로 부채비율로 기업의 재무위험 평가 시에는 산업의 특성을 고려하여야 한다.

② **자기자본비율**(net worth to total assets): 총자산 중에서 자기자본이 차지하는 비율로, 은행에서 대출심사 시 중요한 기준으로 삼는 비율 중의 하나이다. 자기자본비율이 높다는 것은 총자산 중에 자기자본이 차지하는 비중이 높다고 볼 수 있는 반면에 부채가 차지하는 비율은 낮다고 볼 수 있으므로 부채비율과 같은 맥락으로 기업을 평가할 수 있다.

(5) 수익성비율(profitability ratios)

수익성비율

- 매출액이익률 = 당기순이익/매출액
- 자기자본이익률 = 당기순이익/자기자본 × 100

수익성비율은 일정 기간 동안의 경영활동의 성과를 종합적으로 측정하는 비율로써 매출액이익률과 자본이익률이 있다.

① **매출액이익률**(profit to net sales ratio): 매출총이익, 영업이익, 순이익 등을 매출액으로 나누어 구할 수 있으며 매출총이익률은 기업의 생산효율이나 판매능력을 나타낼 수 있다. 또한 영업이익률은 고유한 영업활동의 수익성 및 영업활동능력을 나타낸다. 순이익률은 기업의 전체적인 수익성을 나타낸다.

② **자본이익률**: 총자본이익률(ROA: return on assets), 자기자본이익률(ROE: return on equity), 주당이익률(EPS: earnings per share ratio) 등이 있으나 본서에서는 대표적 자본이익률인 총자본이익률과 자기자본이익률을 설명하도록 한다. 총자본이익률은 당기순이익을 총자산으로 나누어 값을 구할 수 있으며 총자산(=총자본) 대비 당기순이익의 크기를 알 수 있다. 자기자본이익률은 당기순이익을 자기자본만으로 나누어 그 값을 구하며 자기자본 대비 당기순이익의 크기를 알 수 있다.

(6) 활동성비율(activity ratios)

활동성비율
- 재고자산회전율 = 매출액/재고자산 × 100
- 매출채권회전율 = 매출액/매출채권 × 100
- 비유동자산회전율 = 매출액/비유동자산 × 100
- 총자산회전율 = 매출액/총자산 × 100

활동성비율은 매출액에 대한 주요 자산의 회전율로 표시하며 기업이 자산을 얼마나 효율적으로 활용하는지 나타내는 비율이다. 활동성비율로는 매출채권회전율, 재고자산회전율, 총자산회전율 등 여러 가지가 있다.

① **재고자산회전율**: 매출액을 재고자산으로 나눈 값으로, 재고자산이 일정 기간 동안 몇 회에 걸쳐 현금, 매출채권 등의 당좌자산으로 전환되었는지 나타내는 비율이다. 따라서 재고자산회전율이 높을수록 재고자산이 당좌자산으로 전환된 횟수가 높다는 것으로 이해할 수 있다. 즉, 적은 재고자산으로 효율적인 생산 및 판매활동을 수행하였다는 것을 의미한다. 반면에 재고자산회전율이 낮다는 것은 매출액에 비하여 재고자산이 많다는 것을 의미한다.

② **비유동자산회전율**: 매출액을 비유동자산으로 나눈 값으로, 비유동자산의 회전율이 높을수록 비유동자산의 이용이 효율적이라는 것으로 볼 수 있다.

③ **총자산회전율**: 매출액을 총자산으로 나눈 값으로, 기업이 보유 중인 총자산의 활용도를 나타내는 비율이다. 총자산회전율이 높다는 것은 적은 자산으로 높은 매출을 올렸다는 것으로 해석할 수 있다.

2 Excel을 활용한 재무분석

1) 재무제표 작성 시 유의사항

(1) 재무제표 내용의 파악

정보는 의사결정자가 문제를 해결하는 데 필수적인 사항으로 반드시 의사결정자의 의사결정에 관련되어야 하고, 정확하여야 하며, 적절한 시점에 제공되어야 한다. 엑셀은 정보의 원천인 자료를 입력하고, 입력된 자료를 계산하고 분석하여 정보로 가공하는 도구이다. 따라서 재무상태표와 손익계산서와 같은 자료를 엑셀의 워크시트를 이용하여 분석할 때 선행되어야 하는 것은 어떤 내용(what)을, 누구(who)에게, 언제(when), 어떠한 방법(how)으로 정리하고 분석하여 보고하는지를 사전에 결정하여야 한다는 것이다. 회계감사를 위한 자료라면 구체적 감사가 가능하도록 보다 상세한 회계기준에 의하여 자세한 항목까지 입력하여야 하지만, 기업의 전체적인 재무구조와 영업성과를 평가할 때에는 재무상태표와 손익계산서의 주요 지표들을 중심으로 분석하여도 기업의 전체적인 재무구조와 경영성과를 분석할 수 있을 것이다. 이처럼 보고서의 작성에는 재무제표를 작성하는 워크시트에 무엇을 담을 것인지를 사전에 정확히 파악하여 분석하는 기획력이 필요하다.

(2) 워크시트 내 자료들 간의 관계 분석

재무상태표와 손익계산서와 같은 워크시트 작성 시에는 단순히 기초자료(source data)에서 입력되는 자료와 기초자료를 이용하여 계산되는 자료를 구분하여야 한다. 예를 들어, 재무상태표에서 유동자산이라는 주요 항목은 당좌자산, 재고자산, 기타자산의 합으로 구성되어 있다. 만약에 당좌자산, 재고자산, 기타자산의 자료에 오차가 있거나 입력이 잘못 이루어지면 그 항목들의 합인 유동자산도 변하게 된다. 따라서 유동자산은 숫자로 입력하기보다는 당좌자산, 재고자산, 기타자산의 합으로 계산되도록 셀의 산식을 구성하여야 오류의 위험을 줄일 수 있다.

또한 손익계산서에서도 매출액이나 매출원가는 기초자료에서 바로 입력되고, 매출총이익은 매출액과 매출원가의 차이로 계산된다. 따라서 매출액과 매출원가는 워크시트에 바로 숫자로 입력하고 매출총이익은 매출액에서 매출원가를 차감하도록 산식을 입력하여 엑셀에서 이들의 관계가 정확히 함수나 식으로 표현되어야 한다. <표 2-3>과 <표 2-6>에서 보통 글자로 입력된 항목들은 재무상태표와 손익계산서의 기초자료에서 바로 입력된 항목들이고, 굵은 글자로 표기된 항목들은 기초자료를 바탕으로 각 항목들의 계산으로 구성된 항목들이다.

(3) 워크시트 양식의 결정

앞 단계에서 재무상태표와 손익계산서에 담을 주요 내용을 파악하고 구성항목 자료 간의 관계를 분석하였다면 다음 단계는 재무상태표와 손익계산서를 어떠한 형태로 만들 것인지를 결정하는 것이다. 물론 기본적인 내용을 입력한 후 양식을 수정할 수도 있다. 그러나 사전에 양식을 결정한 후 자료를 입력한다면 작업의 효율성을 높임과 동시에 사후 수정하는 작업 또한 줄어들 것이다. 그러나 이와 같은 작업을 많이 수행해 보지 않은 단계에서 사전에 재무상태표와 손익계산서의 양식을 결정하기란 쉬운 일이 아니다. 이와 같은 작업은 보다 많은 경험과 기획력을 필요로 할 것이다.

본 장에서는 <표 2-3>과 <표 2-6>에서와 같이 ㈜비투엘의 2018년부터 2020년까지의 재무상태표와 손익계산서의 내용과 양식을 기초로 하여 재무분석을 하는 데 필요한 엑셀 기능을 설명하도록 한다.

2) 재무상태표의 작성

재무제표를 분석하기 위해서는 먼저 재무상태표와 손익계산서의 기초자료를 입력해야 한다. 자료를 입력할 때는 기초자료에서 바로 입력되는 자료(raw data)와 이를 이용하여 계산되는 자료를 구분하여 입력해야 한다.

(1) 통합문서의 생성

그림 2-2 ● 열기와 저장

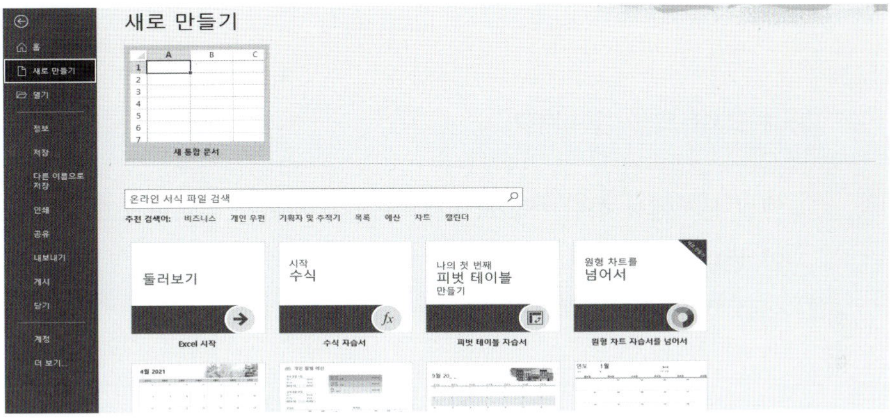

1〉 새로운 파일 열기와 저장

① 엑셀 프로그램을 시작한 상태에서 표준도구모음의 새파일을 누르면(프로그램 실행 시 이미 새로운 파일이 형성되어 있으나 저장되어 있지 않음) 새 엑셀 파일을 만들 수 있다.

② [Microsoft office 단추]에서 [저장]을 클릭하면 <그림 2-3>과 같이 대화상자가 나타난다.

그림 2-3 ● 재무상태표의 기초자료 입력

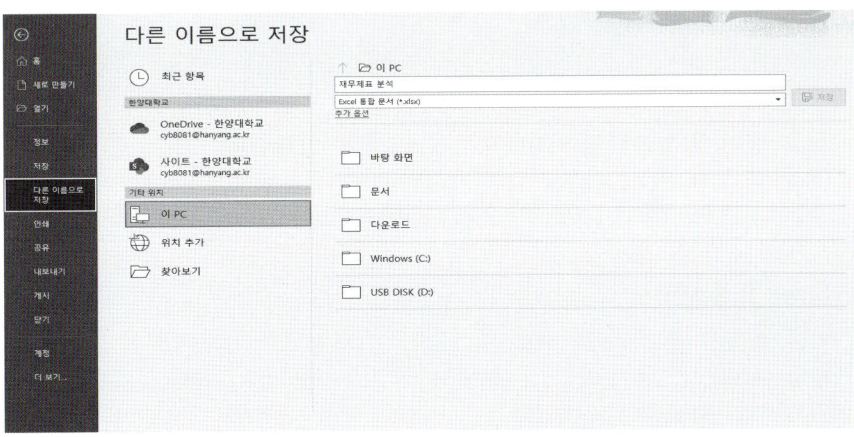

③ 대화상자에서 [저장 위치]에는 저장하고자 하는 위치나 폴더를 선택하고 파일 이름(N)에는 원하는 파일이름(예를 들면, '재무제표 분석.xls')을 입력하고 저장 버튼을 누른다.

2〉 워크시트의 이름 바꾸기

① 엑셀 문서에서 하단 『Sheet 1』의 오른쪽 버튼을 누르면 <그림 2-4>와 같은 창이 뜬다.

② 이름 바꾸기를 선택하면 『Sheet 1』의 탭이 활성화된다.

그림 2-4 ● 이름 바꾸기

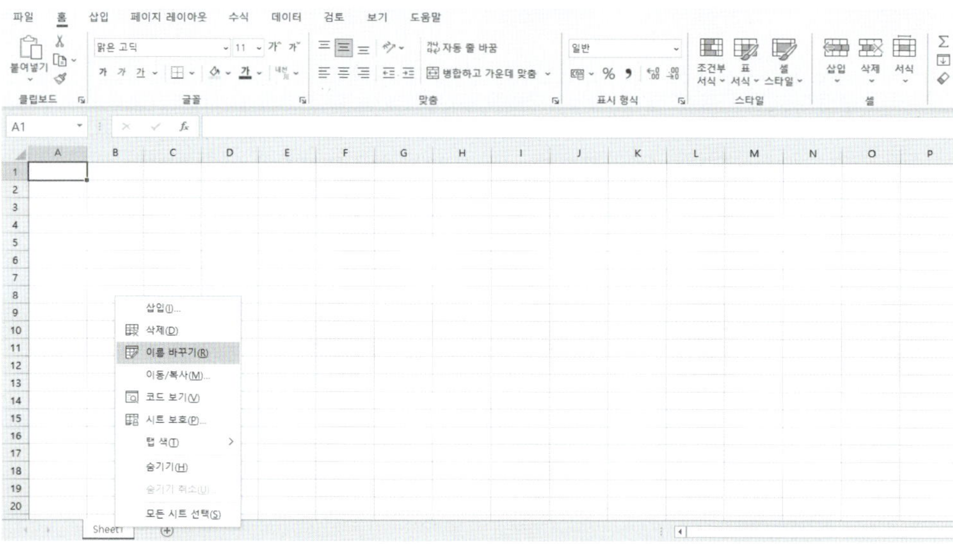

③ 탭이 활성화되면 『기초재무제표』라고 입력한다.

④ 탭이 『기초재무제표』로 바뀌었다.

Sheet 이름 바꾸기

- 단순히 워크시트의 이름을 바꿀 경우 『Sheet 1』의 탭에서 더블클릭을 할 경우 바로 바꿀 수 있다.
- Sheet 탭에서 오른쪽 마우스를 클릭하면 Sheet의 이름 바꾸기 외에 Sheet의 삽입, 삭제, 이동/복사 등의 기능을 수행할 수 있다.

(2) 기초자료의 입력

1〉 재무상태표의 기초자료 입력

① <그림 2-5>와 같이 『기초재무제표』 시트에 입력을 한다.

② 재무상태표에 나타난 숫자자료(당좌자산, 재고자산, 투자자산, 유형자산, 무형자산, 유동부채, 비유동부채, 이연부채, 자본금, 자본잉여금, 이익잉여금, 자본조정)를 입력하면 <그림 2-5>와 같은 화면이 된다. 분석 시 자료는 셀의 값을 참조하기보다는 셀의 주소를 참조하여 분석을 수행하기 때문에 반드시 자료를 셀의 주소에 맞추어 입력한다.

그림 2-5 ● 재무상태표의 기초자료 입력

G7

	A	B	C	D
1	**1. 재무상태표**			
2	과 목	2018	2019	2020
3	<자 산>			
4	1. 유동자산			
5	(1) 당좌자산	159,439,244	176,959,202	188,296,649
6	(2) 재고자산	55,075,365	32,069,468	35,824,917
7	2. 비유동자산			
8	(1) 투자자산	56,581,395	78,748,875	86,792,566
9	(2) 유형자산	94,886,857	121,894,742	122,498,897
10	(3) 무형자산	0	0	0
11	자산총계			
12	<부 채>			
13	1. 유동부채	79,928,226	41,391,211	55,556,807
14	2. 비유동부채	14,805,026	10,974,495	23,364,403
15	부채총계			
16	<자 본>			
17	1. 자본금	49,413,000	49,413,000	50,400,145
18	2. 자본잉여금	113,673,688	145,094,828	144,978,410
19	3. 이익잉여금	116,457,205	137,369,027	150,735,270

기초재무제표

(3) 숫자의 표기형식 변경

재무제표의 자료들은 표시형식이 통화이기 때문에 셀서식에서 통화유형으로 지정해 주어야 하며 날짜 등 숫자로 표기되는 형식 등은 숫자로 인식하지 않도록 해야 한다. 예를 들면, 재무제표상의 금액은 모두 숫자로 나타내어 계산(사칙연산)을 수행할 수 있으나, 해당 기업의 결산일을 입력하는 셀(B2, C2, D2)은 숫자로 입력되지만 계산할 수 없는 연도 또는 날짜를 나타내므로 이를 조정할 필요성이 있다.

먼저 숫자로 인식해야 하는(사칙연산이 가능한) 서식을 조정하는 방법에는 [표시형식] 도구모음을 이용하는 방법과 홈 메뉴에서 [셀] – [서식] – [셀 서식]을 이용하는 방법 등이 있다.

1〉 표시형식 도구모음을 이용하는 방법

<그림 2-6>과 같이 [표시형식] 도구모음에는 자주 쓰이는 서식들의 유형을 아이콘으로 나타내고 있으며 여기에는 통화유형, 백분율유형, 콤마유형, 자릿수 늘림, 자릿수 줄임 등이 있다. [표시형식] 도구모음의 숫자서식 단추를 사용하여 일부 숫자서식을 지정할 수 있다. 예를 들어, [통화유형] 버튼을 사용하면 4053470을 4,053,470으로 나타낼 수 있다.

① 통화로 표시해야 할 범위(B4:D22)를 선택한다.

② 서식도구모음에서 통화유형(재무제표상의 숫자는 모두 통화이므로)을 선택하면 범위 내의 수치들을 통화(원)로 인식함과 동시에 원화표기도 나타난다.

③ 마찬가지로 입력된 수치가 백분율인 경우에 백분율을 선택하면 범위 내의 수치들을 백분율로 인식함과 동시에 백분율 기호(%)가 나타난다.

그림 2-6 • 숫자 표시 형식

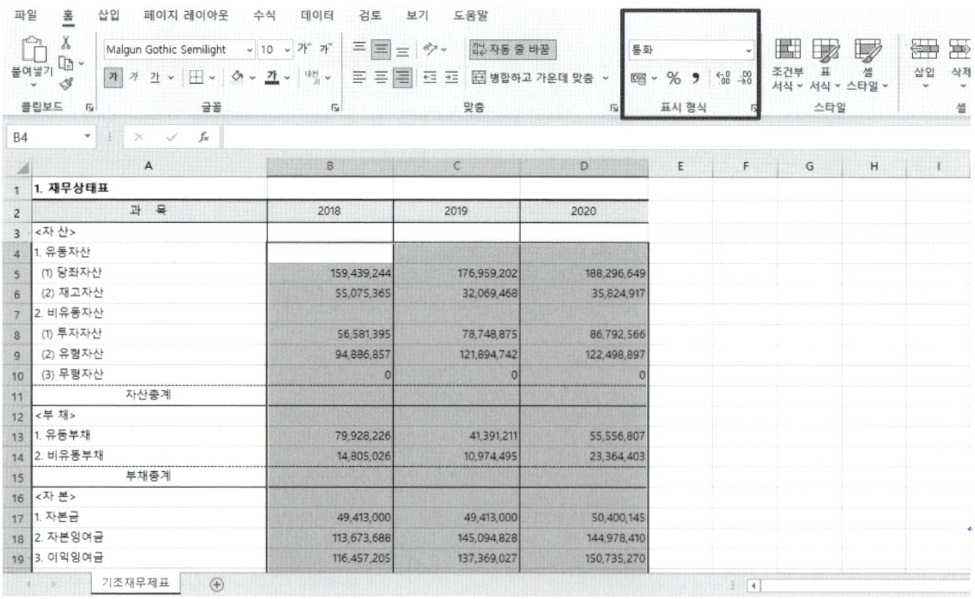

실행취소

- 서식도구모음을 이용하면 신속하게 서식유형을 바꿀 수 있다는 장점이 있는 반면에 서식기호까지 셀에 나타나게 되어 문서의 혼란을 가져올 수 있다. 이것이 마음에 안 든다면 실행취소 버튼(Ctrl+Z)을 눌러 취소를 할 수 있다.

2) 홈 메뉴에서 [셀]-[서식]-[셀 서식]을 이용하는 방법

① 통화로 표시해야 할 범위(B4:D22)를 선택한다.

② 홈 메뉴에서 표시형식을 선택하거나 범위 설정 후 마우스 오른쪽 버튼을 클릭하면 새로운 메뉴가 활성화되며 여기에서 [셀 서식]을 선택하면 <그림 2-7>과 같은 셀 서식 대화상자가 나타난다.

③ 셀 서식 대화상자에서 소수점 이하 자릿수에는 "0"을, 기호사용에는 "없음"을, 음수표기형식은 "－1,234"를 선택하면 보기에서 지정한 형식이 나타난다.

그림 2-7 ● **셀 서식**

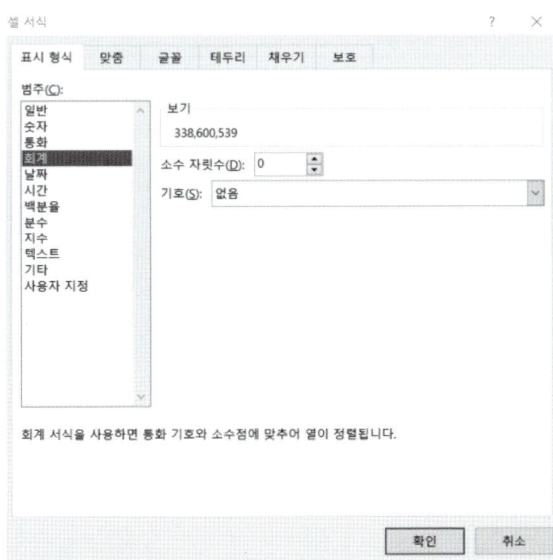

④ 옵션 설정이 끝나면 확인 버튼을 누른다. 지정한 형식으로 셀의 표기형식들이 <그림 2-8>과 같이 바뀌었다.

⑤ 셀 서식은 <그림 2-7>에서 보는 바와 같이 통화 외에 숫자, 회계, 날짜, 시간 등 많은 종류의 서식을 보유하고 있으므로 적절히 사용하면 큰 효과를 가져올 수 있다.

그림 2-8 ● 재무상태표의 기초자료 입력

A41 과 목

	A	B	C	D
4	1. 유동자산			
5	(1) 당좌자산	159,439,244	176,959,202	188,296,649
6	(2) 재고자산	55,075,365	32,069,468	35,824,917
7	2. 비유동자산			
8	(1) 투자자산	56,581,395	78,748,875	86,792,566
9	(2) 유형자산	94,886,857	121,894,742	122,498,897
10	(3) 무형자산	0	0	0
11	자산총계			
12	<부 채>			
13	1. 유동부채	79,928,226	41,391,211	55,556,807
14	2. 비유동부채	14,805,026	10,974,495	23,364,403
15	부채총계			
16	<자 본>			
17	1. 자본금	49,413,000	49,413,000	50,400,145
18	2. 자본잉여금	113,673,688	145,094,828	144,978,410
19	3. 이익잉여금	116,457,205	137,369,027	150,735,270
20	4. 자본조정	-8,294,284	25,429,726	8,377,994
21	자본총계			
22	부채와 자본 총계			

기초재무제표

서식변환

- 사칙연산을 수행하지 않도록 하기 위한 방법은 앞에서 소개한 방법 외에 숫자 앞에 작은따옴표(')를 표시하는 방법도 있다. 이 작은따옴표를 앞에 붙인 뒤 숫자를 입력하면 해당 셀의 숫자는 문자로 인식하게 된다. 예제는 이 방법을 사용하였으며 작은따옴표는 셀에는 나타나지 않으나 수식입력란에는 나타난다.

(4) 수식입력과 계산

1〉 수식입력

① 셀 B4(2018년도의 유동자산)를 선택한다.

② 유동자산은 당좌자산과 재고자산의 합계이므로 이들의 합을 셀 B4에 입력해야

한다.

③ 편집도구모음에서 자동합계(∑) 버튼을 누른다.

④ 마우스를 이용하여 B5:B6까지 드래그하여 <그림 2-9>와 같이 영역을 설정하고, 영역이 맞게 설정되었으면 엔터를 누른다.

⑤ 마우스의 채우기 핸들을 이용하여 C4와 D4로 수식을 복사한다.

⑥ 이와 같은 방법으로 비유동자산의 합은 B7에 "=SUM(B8:B11)"을 입력하여 합계를 구한다.

⑦ 비유동자산의 수식을 마우스의 채우기 핸들을 이용하여 2019년과 2020년으로 각각 복사하여 비유동자산의 합계를 구한다.

그림 2-9 ● 합계 구하기

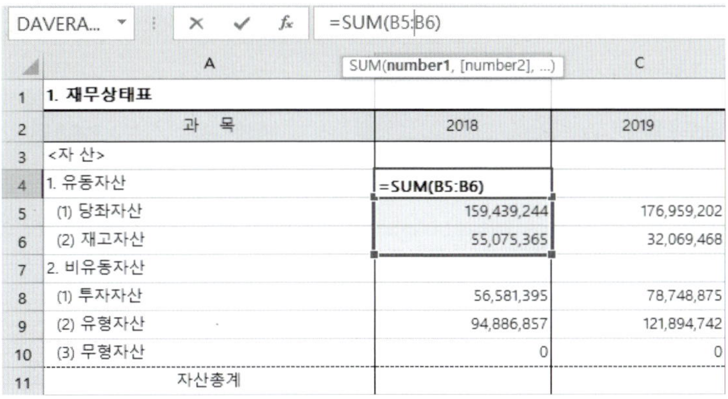

채우기 핸들

- 수식을 입력한 셀을 선택하고 우측 하단 모서리에 마우스를 갖다 대면 십자(+)모양의 표시가 나타나며 그 상태로 마우스를 드래그하면 드래그하는 방향으로 수식이 복사되며 수식에 입력된 영역 역시 조정된다.
- 직접 해보고 어떻게 입력된 영역이 조정되었는지를 확인해 보기를 바란다.

2〉 분할된 영역의 합계 구하기

셀 B11에는 자산총계를 입력해야 하는데 유동자산의 합계는 B4에 있고, 비유동자산의 합계는 B7에 있기 때문에 분할된 영역의 합계를 구해야 한다.

① 2018년의 자산총계가 입력되어야 할 셀 B11을 선택한다.

② 편집도구모음의 자동합계(Σ) 버튼을 누른다.

③ 활성화된 셀을 무시하고 유동자산인 셀 B4를 누른다.

④ 다시 Ctrl키를 누른 채 비유동자산인 셀 B7을 누른다. 이렇게 따로 선택한 영역은 <그림 2-10>과 같이 점선으로 활성화되어 나타난다. 합하고자 하는 영역을 확인하고 엔터를 누른다.

그림 2-10 ● **분할된 영역의 합계 구하기**

DAVERA... | =SUM(B4,B7)

SUM(number1, **[number2]**, [number3], ...)

	A	B	C	D
1	**1. 재무상태표**			
2	과 목	2018	2019	2020
3	<자 산>			
4	1. 유동자산	**214,514,609**	**209,028,670**	**224,121,566**
5	(1) 당좌자산	159,439,244	176,959,202	188,296,649
6	(2) 재고자산	55,075,365	32,069,468	35,824,917
7	2. 비유동자산	**151,468,252**	**200,643,617**	**209,291,463**
8	(1) 투자자산	56,581,395	78,748,875	86,792,566
9	(2) 유형자산	94,886,857	121,894,742	122,498,897
10	(3) 무형자산	0	0	0
11	자산총계	=SUM(**B4,B7**)		
12	<부 채>			
13	1. 유동부채	79,928,226	41,391,211	55,556,807
14	2. 비유동부채	14,805,026	10,974,495	23,364,403
15	부채총계			
16	<자 본>			
17	1. 자본금	49,413,000	49,413,000	50,400,145
18	2. 자본잉여금	113,673,688	145,094,828	144,978,410
19	3. 이익잉여금	116,457,205	137,369,027	150,735,270

기초재무제표

⑤ 셀 B11의 수식을 채우기 핸들을 이용하여 C11과 D11로 복사한다.

⑥ 셀 B15의 부채총계에서도 자동합계를 이용하여 합계를 구하고 자본총계에서도 같은 방법으로 합계를 구한다.

⑦ 셀 B22는 부채와 자본의 총계이므로 분할된 영역합계(부채총계 B15, 자본총계 B21)를 구한다. 각각의 수식을 복사하면 다음 <그림 2-11>과 같이 재무상태표가 완성된다.

그림 2-11 ● **재무상태표**

F27

	A	B	C	D
1	**1. 재무상태표**			
2	과 목	2018	2019	2020
3	<자 산>			
4	1. 유동자산	**214,514,609**	**209,028,670**	**224,121,566**
5	(1) 당좌자산	159,439,244	176,959,202	188,296,649
6	(2) 재고자산	55,075,365	32,069,468	35,824,917
7	2. 비유동자산	**151,468,252**	**200,643,617**	**209,291,463**
8	(1) 투자자산	56,581,395	78,748,875	86,792,566
9	(2) 유형자산	94,886,857	121,894,742	122,498,897
10	(3) 무형자산	0	0	0
11	자산총계	**365,982,861**	**409,672,287**	**433,413,029**
12	<부 채>			
13	1. 유동부채	79,928,226	41,391,211	55,556,807
14	2. 비유동부채	14,805,026	10,974,495	23,364,403
15	부채총계	**94,733,252**	**52,365,706**	**78,921,210**
16	<자 본>			
17	1. 자본금	49,413,000	49,413,000	50,400,145
18	2. 자본잉여금	113,673,688	145,094,828	144,978,410
19	3. 이익잉여금	116,457,205	137,369,027	150,735,270
20	4. 자본조정	-8,294,284	25,429,726	8,377,994
21	자본총계	**271,249,609**	**357,306,581**	**354,491,819**
22	부채와 자본 총계	**365,982,861**	**409,672,287**	**433,413,029**

기초재무제표

합계수식

- 셀 B4와 B7의 합계는 "Ctrl키"를 이용하며 수식은 "=SUM(B4,B7)"임을 앞에서 살펴보았다.
- 자본총계를 구하기 위하여 셀 B17부터 B20까지 드래그하여 영역을 설정하는 대신 셀 B17을 선택한 후 "Shift키"를 누른 채 셀 B20을 클릭하게 되면 셀 B17부터 셀 B20까지 선택되어 드래그한 것과 같은 결과를 가져온다. 또한 이 결과 수식은 "=SUM(B17:B20)"임에 유의하자.

3) 손익계산서의 작성

(1) 기초자료의 입력

① 셀 A24에 "2. 손익계산서"라고 입력한 뒤 <그림 2-12>와 같이 손익계산서를 구성하는 주요 항목의 이름과 연도를 입력한다.

② 매출액과 매출원가 등 보통 글씨체로 입력된 부분은 기초자료로부터 입력되어

야 하며 굵은 글씨체로 입력된 매출총이익, 영업이익, 경상이익, 법인세비용차감전순이익, 당기순이익 등은 수식을 통해 입력될 부분이다.

그림 2-12 ● 손익계산서 작성

	A	B	C	D
23				(단위:천원)
24	**2. 손익계산서**			
25	과 목	2018	2019	2020
26	매출액	281,030,290	252,381,686	260,158,740
27	매출원가	202,769,772	204,265,172	191,972,694
28	**매출총이익**			
29	판매비와 관리비	33,737,844	24,394,887	31,079,810
30	**영업이익**			
31	영업외수익	22,565,615	37,789,607	33,715,801
32	영업외비용	7,709,730	13,423,289	3,322,922
33	**경상이익**			
34	특별이익	1,552	133,427	917
35	특별손실	0	125,205	0
36	**법인세비용 차감전 순이익**			
37	법인세비용	13,672,127	12,466,917	20,711,606
38	**당기순이익(순손실)**			
39				(단위:천원)
40				

기초재무제표

③ 기타 셀 서식 설정 등은 재무상태표 작성 시와 동일하다.

(2) 수식 입력

① 셀 B28의 매출총이익 금액은 매출액에서 매출원가를 차감한 금액이므로 "= B26 - B27"을 입력한다.

② 영업이익 역시 매출총이익에서 판매비와 관리비를 차감한 금액이므로 셀 B30에는 "= B28 - B29"를 입력한다.

③ 경상이익은 영업이익에서 영업외수익을 합하고 영업외비용을 차감한 금액이므로 셀 B33에는 "= B30 + B31 - B32"로 입력한다.

④ 법인세비용차감전순이익은 경상이익에 특별이익을 합하고 특별손실을 차감한 금액이므로 셀 B36에는 "= B33 + B34 - B35"를 입력한다.

⑤ 마지막으로 당기순이익은 법인세비용차감전순이익에서 법인세비용을 차감한 금액이므로 셀 B38에는 "= B36 - B37"을 입력한다.

⑥ 계산된 항목들의 식을 2019년, 2020년으로 마우스의 채우기 핸들을 이용하여 복사하면 <그림 2-13>과 같이 나타난다.

매출액
− 매출원가

매출총이익
− 판매비와관리비

영업이익
\+ 영업외수익
− 영업외비용

경상이익
\+ 특별이익
− 특별손실

법인세비용차감전순이익
− 법인세비용

당기순이익

그림 2-13 • 손익계산서

	A	B	C	D
23				(단위:천원)
24	2. 손익계산서			
25	과 목	2018	2019	2020
26	매출액	281,030,290	252,381,686	260,158,740
27	매출원가	202,769,772	204,265,172	191,972,694
28	**매출총이익**	**78,260,518**	**48,116,514**	**68,186,046**
29	판매비와 관리비	33,737,844	24,394,887	31,079,810
30	**영업이익**	**44,522,674**	**23,721,627**	**37,106,236**
31	영업외수익	22,565,615	37,789,607	33,715,801
32	영업외비용	7,709,730	13,423,289	3,322,922
33	**경상이익**	**59,378,559**	**48,087,945**	**67,499,115**
34	특별이익	1,552	133,427	917
35	특별손실	0	125,205	0
36	**법인세비용 차감전 순이익**	**59,380,111**	**48,096,167**	**67,500,032**
37	법인세비용	13,672,127	12,466,917	20,711,606
38	**당기순이익(순손실)**	**45,707,984**	**35,629,250**	**46,788,426**
39				(단위:천원)
40				

(3) 서식 조정 및 출력

재무상태표와 손익계산서의 입력이 끝나면 각각의 서식을 조정하고 출력하도록 한다.

1〉 괘선 그리기

① 앞에서 작성한 재무상태표를 예를 들어 괘선을 그려보자.

② A2:D22의 영역을 설정한다.

③ 마우스의 오른쪽 버튼을 클릭하여 [셀 서식]을 선택한다.

④ <그림 2-14>와 같이 원하는 선의 스타일을 설정한다.

그림 2-14 ● 선그리기

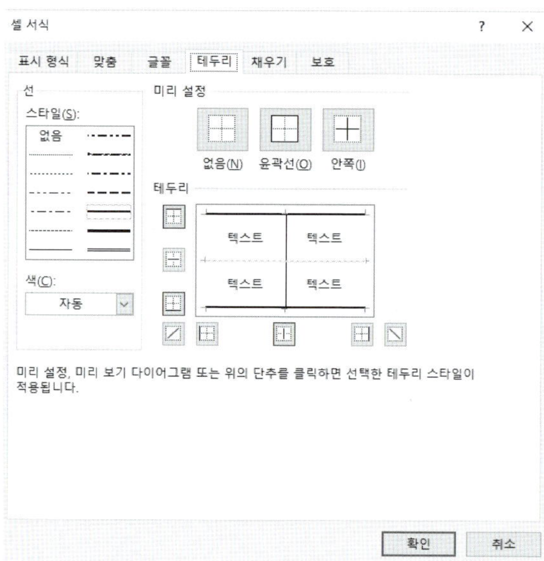

⑤ 또한 [색]에서는 설정한 영역의 셀의 색깔을 선택할 수 있다.

2〉 서식과 글꼴 조정하기

재무상태표 중 각 계정과목의 중요성에 따라 강조할 필요성이 있다면 글자 모양을 셀 서식을 이용해 변경하여 강조할 수 있다.

① 강조하고자 하는 셀들을 선택한다.

② 지정한 셀들 중 하나의 셀 위에서 마우스 오른쪽 버튼을 클릭하면 단축메뉴가 나타난다. 단축메뉴 중 셀 서식을 선택하면 <그림 2-14>와 같은 셀 서식 대화상자가 나타난다.

③ 셀 서식 [맞춤]을 선택하면 텍스트의 정렬을 선택할 수 있으며, [글꼴]을 선택하면 글자 모양을 조정할 수 있다.

3〉 재무제표의 출력

① 미리보기하여 『기초재무제표』의 여백표시를 설정하고 여백의 크기를 조정한다.

② 인쇄도구모음에서 페이지 설정을 선택하고 여백 탭을 누른다.

③ 엑셀의 기본여백이 되어 있으면 페이지 가운데 맞춤에서 가로에 체크하고 확인을 누른다.

④ 미리보기에서 여백조정 크기 핸들을 이용하여 여백을 조정하고 여백조정이 끝나면 [인쇄]를 누른다.

⑤ 인쇄 대화상자가 나타나면 인쇄범위와 인쇄대상, 인쇄매수를 지정하고 확인을 누른다. 인쇄범위는 모두로, 인쇄대상은 선택한 시트로, 인쇄매수는 1매로 지정하고 확인을 누른다.

그림 2-15 ● 재무제표 미리보기

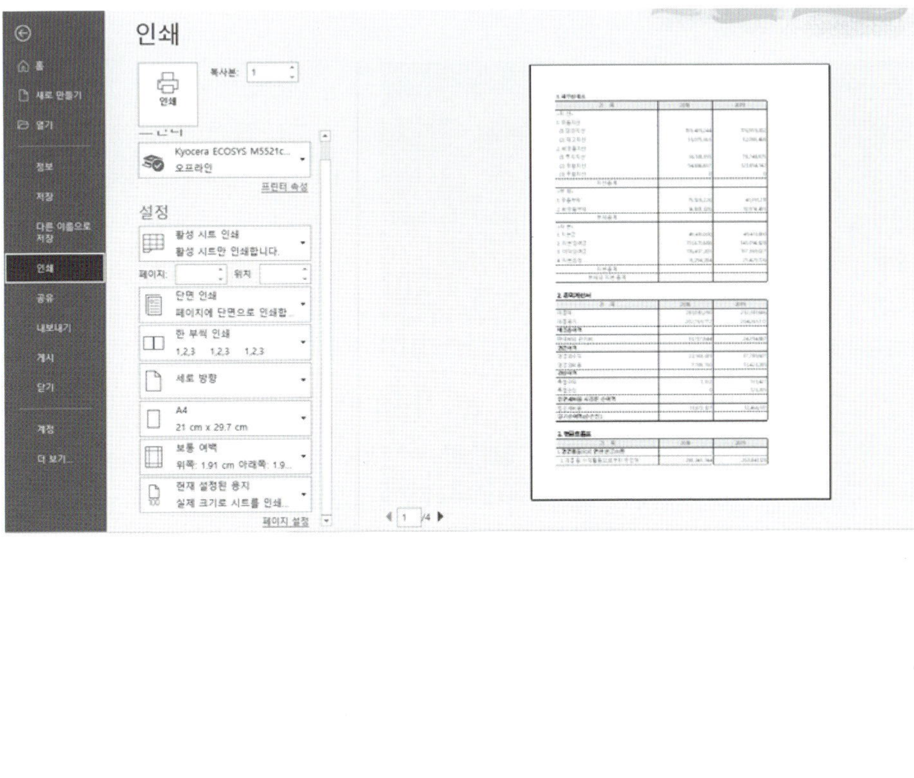

4) 추세분석

(1) 추세분석 시트의 작성

1〉 새로운 시트의 이름 바꾸기

① 『Sheet 2』를 선택한다.

② 『추세분석』이라고 시트의 이름을 바꾼다.

2〉 기초자료의 입력

<그림 2-16>과 같이 주요 항목의 이름과 연도를 입력한다.

그림 2-16 ● 추세분석 시트 작성

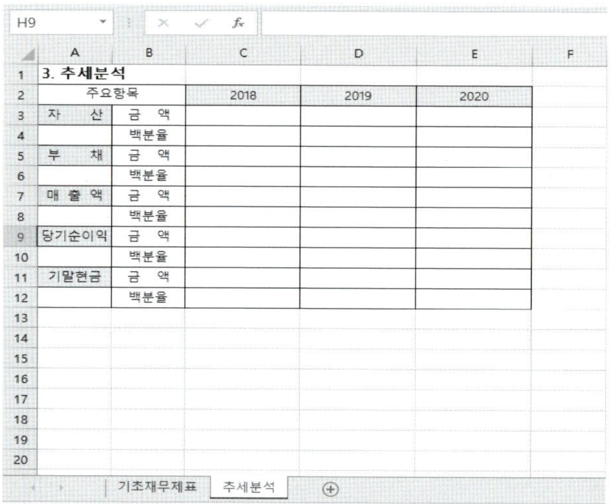

	A	B	C	D	E	F
1	3. 추세분석					
2	주요항목		2018	2019	2020	
3	자 산	금 액				
4		백분율				
5	부 채	금 액				
6		백분율				
7	매 출 액	금 액				
8		백분율				
9	당기순이익	금 액				
10		백분율				
11	기말현금	금 액				
12		백분율				

(2) 수식의 입력과 셀의 참조

1〉 셀과 범위 참조

참조는 워크시트의 셀이나 셀 범위를 정의하여 수식에서 사용할 값이나 데이터를 찾는 것을 말한다. 수식의 셀을 참조하는 방법은 상대참조(relative reference)와 절대참조(absolute reference)가 있다. 절대참조란 수식이 들어 있는 셀의 위치와 상관없이 변하지 않는 셀의 주소로서 그 형식은 $A$1, $B$1 등과 같으며, 상대참조란 수식이 들어 있는 셀을 기준으로 다른 셀의 위치를 나타내는 셀 참조영역(예 : A1)을 말한다. 이것은 현재의 위치를 기준으로 길을 가르쳐 주는 것과 같다.

그림 2-17 ● **상대참조**

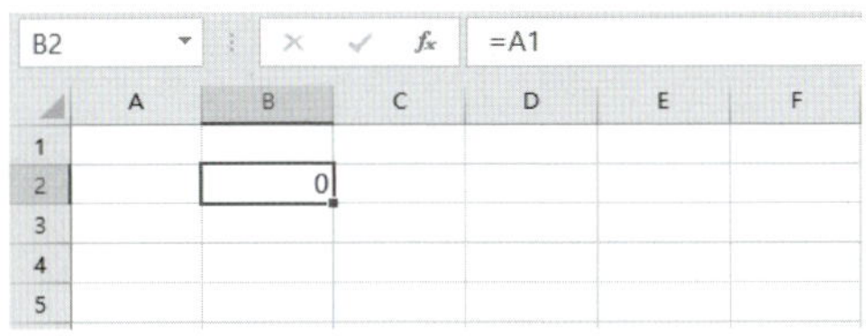

<그림 2-17>에서 보면 셀 B2에는 수식 "=A1"이 들어 있으며 이것은 셀 B2에 셀 A1의 값을 입력하라는 의미이다. 이것을 셀 B2에서 채우기 핸들로 셀 B3을 복사하게 되면 셀 B3에는 "=A2"의 수식이 채워진다. 상대참조를 사용하는 수식을 복사하면 붙여넣은 수식의 참조는 보통 수식의 원래 위치와 다른 셀을 참조하게 된다.

수식을 다른 셀로 복사할 때 참조가 바뀌지 않도록 하려면 절대참조를 사용한다. 예를 들어, 셀 A1과 셀 B1을 곱하는 수식 "=A1*B1"을 다른 셀에 복사하면 <그림 2-18>의 왼쪽 그림과 같이 두 참조가 모두 바뀌게 되며 셀 C2에는 수식 "=A2*B2"가 되어 셀 A2의 값은 "0"으로 인식하므로 셀 C2의 값은 "0"이 된다. 그러나 바꾸지 않으려는 참조영역 앞에 "$"를 붙이면 절대참조가 만들어진다. 셀 A1의 절대참조를 만들려면 다음과 같이 A열 1행 모두에 "$"를 붙여 "=$A$1*B1"과 같이 만들면 채우기 핸들로 셀 C2를 채워도 <그림 2-18>의 아래 그림과 같이 셀 A1을 곱해 주는 수식은 변함이 없다.

그림 2-18 ● **절대참조**

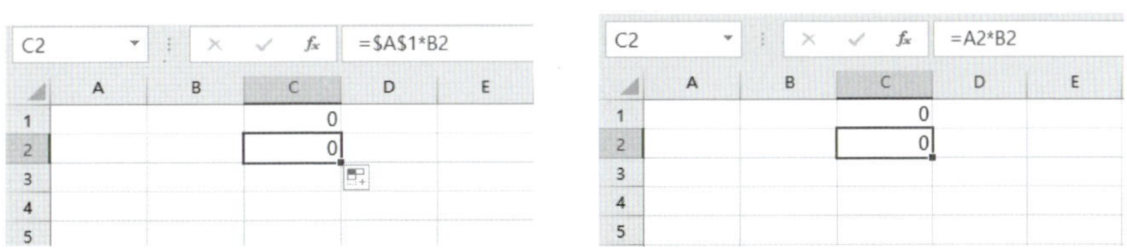

셀 A열만 절대참조를 하고 싶다면 수식 "=$A1*B1"과 같이 A열에만 "$"를 붙여주면 되고, 역시 마찬가지로 1행에만 절대참조를 하고 싶다면 "=A$1*B1"과 같이

1행에만 “$”를 붙여주면 된다.

2〉 자료의 참조하기

자산, 부채, 매출액, 순이익의 백분율은 재무상태표와 손익계산서에서 해당되는 셀들을 이용하여 계산한다. 즉, 셀 C3에는 2018년의 자산총계의 금액이 입력되어야 한다. 이 경우 마우스를 이용하여 『기초재무제표』 시트의 금액을 참조해야 한다.

① 셀 C3를 선택한뒤 “=”을 입력하거나 수식입력줄 왼쪽의 “=”을 누른다.

② 마우스로 『기초재무제표』 시트를 누르고 자산총계가 있는 셀 B11을 선택하면 점선으로 활성화된다. 선택한 상태에서 “확인” 또는 “엔터”를 누른다. 화면이 자동으로 『추세분석』 시트로 돌아오고 <그림 2-19>와 같이 나타난다. 여기서 수식입력줄을 주의 깊게 볼 필요가 있다.

그림 2-19 • 자료 참조하기

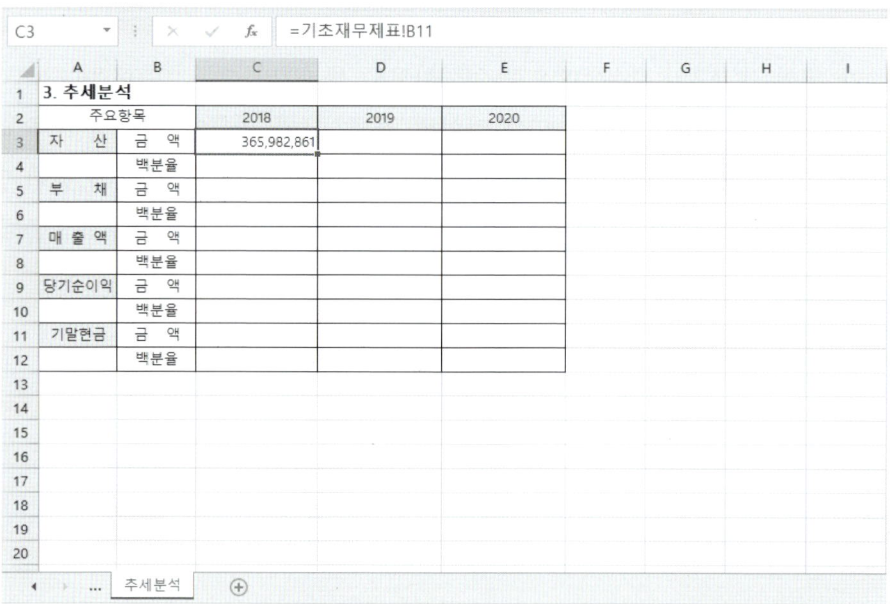

이와 같은 방법으로 부채(C5), 매출액(C7), 당기순이익(C9)을 입력한다.

③ 2019년과 2020년의 자료도 같은 방법으로 입력을 하거나 채우기 핸들을 이용

하여 입력할 수 있다.

그림 2-20 ● 추세분석 자료입력

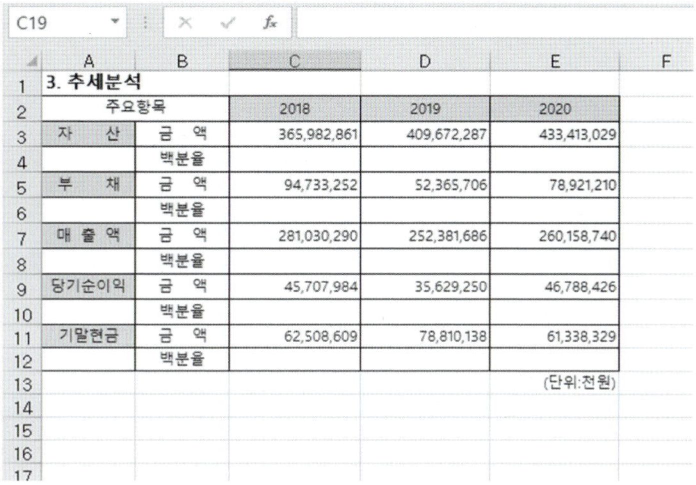

C19

	A	B	C	D	E	F
1	3. 추세분석					
2	주요항목		2018	2019	2020	
3	자 산	금 액	365,982,861	409,672,287	433,413,029	
4		백분율				
5	부 채	금 액	94,733,252	52,365,706	78,921,210	
6		백분율				
7	매 출 액	금 액	281,030,290	252,381,686	260,158,740	
8		백분율				
9	당기순이익	금 액	45,707,984	35,629,250	46,788,426	
10		백분율				
11	기말현금	금 액	62,508,609	78,810,138	61,338,329	
12		백분율				
13					(단위:천원)	
14						
15						
16						
17						

3〉 수식의 입력

수식의 입력 역시 셀 참조를 이용하여 백분율을 계산하도록 하자.

① 셀 C4를 선택한다. "="를 입력하고 마우스로 셀 C3을 누른다. 셀 C3이 점선으로 활성화된 후 키보드의 "/(나누기)"를 입력하고 다시 셀 C3을 선택하고 "엔터"를 누른다. 계산 결과가 "1"로 나타난다. 셀 C4의 표기형식을 백분율로 나타내어야 하므로 표기형식을 백분율로 바꿔준다.

② 마우스를 이용하여 D5와 E5를 채우기 핸들로 복사할 수 있으나 주의할 점이 있다. 즉, 2019년과 2020년은 2018년을 기준으로 자산의 증감률을 나타내는 것이므로 항상 2018년의 자산이 기준 금액이 된다.

③ 따라서 셀의 수식 "=C3/C3"을 수식 "=C3/$C$3"으로 바꾸어 준 다음에 채우기 핸들을 이용하여 복사한다. 그렇게 되면 셀 D4에는 "=D3/$C$3"이 입력되며 2018년의 자산에 대하여 2019년의 증감률을 확인할 수 있다.

④ 이와 같은 방법으로 부채, 매출액, 당기순이익 등을 입력하면 <그림 2-21>과 같이 나타난다.

그림 2-21 ● 추세분석

3. 추세분석

주요항목		2018	2019	2020
자 산	금 액	365,982,861	409,672,287	433,413,029
	백분율	100%	112%	118%
부 채	금 액	94,733,252	52,365,706	78,921,210
	백분율	100%	55%	83%
매 출 액	금 액	281,030,290	252,381,686	260,158,740
	백분율	100%	90%	93%
당기순이익	금 액	45,707,984	35,629,250	46,788,426
	백분율	100%	78%	102%
기말현금	금 액	62,508,609	78,810,138	61,338,329
	백분율	100%	126%	98%

(단위:천원)

(3) 차트 그리기

1〉 차트 그리기

일반적으로는 이전의 예와 같이 데이터 테이블 전체에 대한 차트를 작성한다. 그러나 이 경우 분할된 영역에 대한 차트를 그려야 한다. 데이터 테이블이 백분율로 나타나 있으므로 이에 유의하며 차트로 나타내 보도록 하자.

자산, 부채, 매출액, 순이익의 금액 변화는 세로 막대형 그래프를 이용하여 변화상태를 보여줄 수 있다. 차트를 그리기 위해서는 차트에 사용할 데이터 영역을 먼저 설정한다.

① Ctrl키를 누른 채 C4:E4, C6:E6, C8:E8, C10:E10을 선택한다. 이것은 각 항목의 연도별 증감률만을 선택한 것이다.

② 삽입을 클릭하면 <그림 2-22>와 같이 나타난다.

③ 차트의 종류를 선택한다. 여기서는 2차원 세로 막대형(묶은 세로 막대형) 그래프를 선택한다.

그림 2-22 • 차트 그리기 1단계

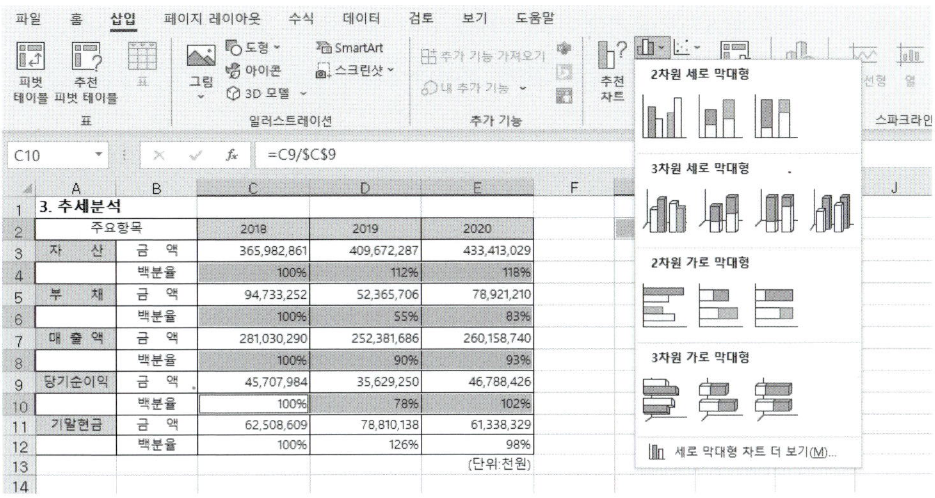

④ 차트가 생성된 후, 차트의 우측 하단 빈 공간에서 마우스 오른쪽 버튼을 누르면 <그림 2-23>과 같은 메뉴가 나타난다. 이때 [데이터 선택]을 클릭한다.

⑤ <그림 2-24>와 같은 데이터 원본 선택창이 뜨면, [범례 항목(계열)]에서는 계열 1의 이름에는 2018, 계열 2의 이름에는 2019, 계열 3의 이름에는 2020이라고 입력한다.

그림 2-23 • 데이터 선택

그림 2-24 • 데이터 원본 선택

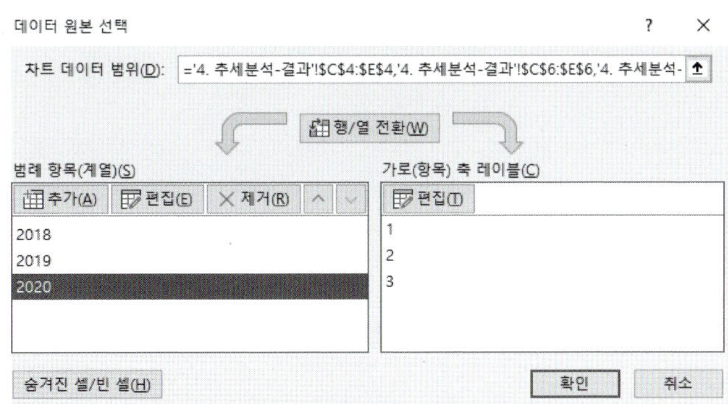

⑥ [가로(항목) 축 레이블] 밑에 있는 [편집] 버튼을 누르고 자산(A3), 부채(A5), 매출액(A7), 당기순이익(A9)을 Ctrl키를 누른 채 선택한다. 이것은 각 항목과 그래프를 대응시키기 위한 것이다.

그림 2-25 ● 축 레이블 범위 지정

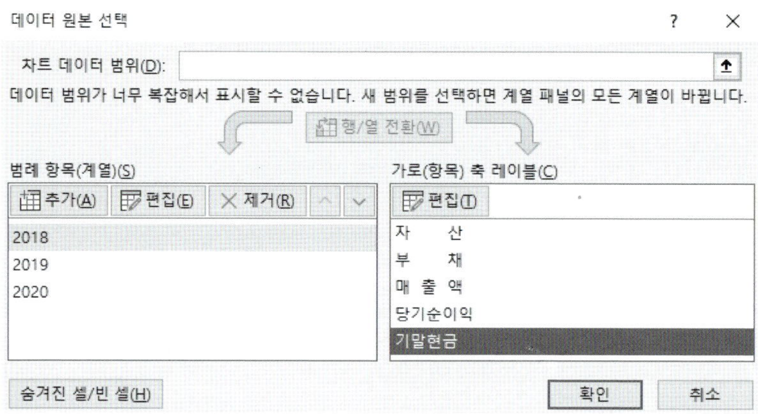

2〉 차트의 편집

차트의 편집은 차트제목, X축, Y축, 범례 등에 대해서 간단하게 알아보자. 차트의 제목 위에서 마우스를 더블클릭하게 되면 "차트 제목 서식"이라는 새로운 창이 활성화된다. 여기에서 차트 제목의 무늬, 글꼴, 맞춤 등의 옵션을 설정할 수 있다. 마찬가지로 X축, Y축, 범례도 같은 방법으로 설정할 수 있다.

5) 재무비율분석

(1) 재무비율분석 시트 작성

1〉 재무제표의 복사

재무비율분석은 재무상태표와 손익계산서 각 항목의 크기를 백분율로 표시하여 비교, 분석하는 것이다. 따라서 재무비율분석을 수행하기 위해서는 재무상태표와 손익계산산서를 다른 시트에서 복사하여야 한다. 자료를 복사하는 방법에는 시트 전체를 복사하는 방법과 셀을 복사하고 선택하여 붙이는 방법이 있다.

① 시트의 복사

- 『기초재무제표』 시트탭 위에 마우스 포인터를 위치하고 오른쪽 버튼을 눌러 단축메뉴가 나타나면 "이동/복사"를 선택한다.
- <그림 2-26>과 같이 이동/복사 대화상자가 나타나면 [복사본 만들기]를 선택하고, 추세분석 다음에 오도록 한다.

그림 2-26 ● **Sheet의 이동/복사**

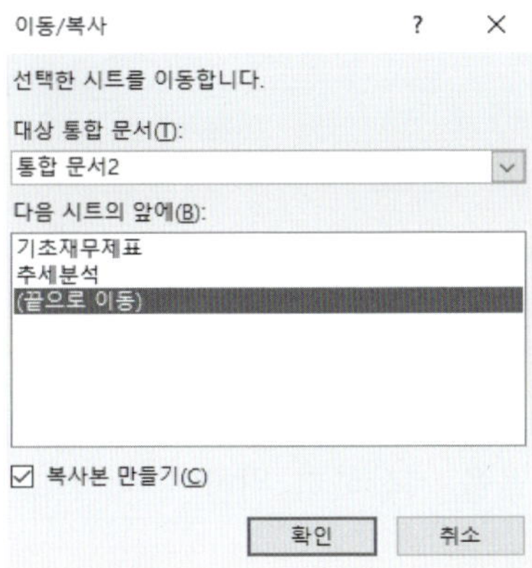

- 확인을 클릭하면 『재무제표분석(2)』라는 새로운 시트가 생긴다. 단축메뉴를 이용하여 시트의 이름을 『재무비율분석』으로 바꾼다.

② 셀을 복사하여 선택하여 붙이기: 이 경우 『기초재무제표』 시트의 값뿐만 아니라 수식까지 그대로 복사한다. 『기초재무제표』 시트에서 복사할 영역을 선택하여 복사한 후 새로운 시트의 A1에서 마우스의 오른쪽 버튼을 클릭하여 [선택하여 붙여넣기]를 선택하면 <그림 2-27>과 같은 "선택하여 붙여넣기" 대화상자가 활성화된다. 붙여넣기에서 "모두"를 선택하면 『기초재무제표』의 값과 수식이 모두 복사되며, "값"을 선택하면 값만 복사된다. 여기에서는 [모두]를 선택한다.

그림 2-27 ● 선택하여 붙여넣기

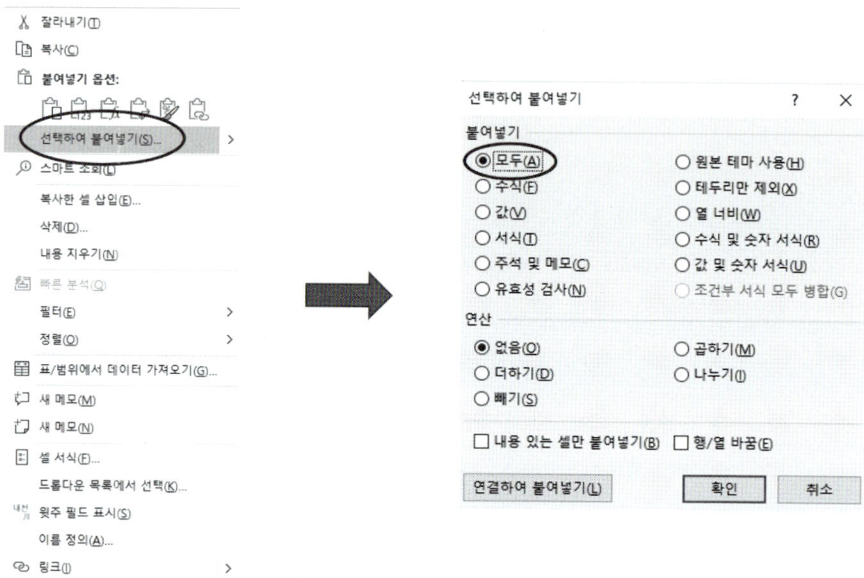

2) 재무제표의 백분율 계산

각 항목의 구성비율을 계산하기 위하여 각 연도 옆에 백분율을 계산할 수 있는 열을 삽입하여야 한다.

① 재무상태표와 손익계산서의 각 연도 옆에 열을 삽입하기 위하여 열 머리글을 눌러 전체 열을 선택한다. 열 머리글은 각 열의 위에 있는 문자나 숫자가 지정된 회색영역으로서, 전체 열을 선택하려면 열 머리글을 누르면 된다. 마우스 오른쪽 버튼으로 열 머리글을 누르면 바로 가는 메뉴가 나타나고, 열 너비를 늘이거나 줄이기 위해서는 오른쪽 선을 마우스로 끌어당기면 된다.

② 선택한 전체 열 위에서 마우스를 이용하여 단축메뉴를 불러 [삽입]을 선택한다.

③ 이와 같은 방법으로 C열, E열, G열을 삽입하면 <그림 2-28>과 같이 나타나며 셀 C2, E2, G2에 "백분율"이라 입력한다.

④ 셀 C4는 총자산 중 유동자산이 차지하는 비율로서 "=B4/$B$11"을 입력한다. 여기서 셀 표기형식을 백분율로 바꿔주면 비율로 나타난다.

⑤ 같은 방법으로 당좌자산, 재고자산 등의 비율을 구한다.

⑥ 부채 이하의 계정과목과 자본 이하의 계정과목은 부채와 자본총계(B22)로 나누어 구해 주면 <그림 2-29>와 같이 나타난다.

그림 2-28 • 재무상태표 비율 분석(1)

	A	B	C	D	E	F	G
1	**1. 재무상태표 비율 분석**						
2	과 목	2018	백분율	2019	백분율	2020	백분율
3	<자 산>						
4	1. 유동자산	**214,514,609**		**209,028,670**		**224,121,566**	
5	(1) 당좌자산	159,439,244		176,959,202		188,296,649	
6	(2) 재고자산	55,075,365		32,069,468		35,824,917	
7	2. 비유동자산	**151,468,252**		**200,643,617**		**209,291,463**	
8	(1) 투자자산	56,581,395		78,748,875		86,792,566	
9	(2) 유형자산	94,886,857		121,894,742		122,498,897	
10	(3) 무형자산	0		0		0	
11	자산총계	**365,982,861**		**409,672,287**		**433,413,029**	
12	<부 채>						
13	1. 유동부채	79,928,226		41,391,211		55,556,807	
14	2. 비유동부채	14,805,026		10,974,495		23,364,403	
15	부채총계	**94,733,252**		**52,365,706**		**78,921,210**	
16	<자 본>						
17	1. 자본금	49,413,000		49,413,000		50,400,145	
18	2. 자본잉여금	113,673,688		145,094,828		144,978,410	
19	3. 이익잉여금	116,457,205		137,369,027		150,735,270	
20	4. 자본조정	-8,294,284		25,429,726		8,377,994	
21	자본총계	**271,249,609**		**357,306,581**		**354,491,819**	
22	부채와 자본 총계	**365,982,861**		**409,672,287**		**433,413,029**	

그림 2-29 • 재무상태표 비율 분석(2)

	A	B	C	D	E	F	G
1	**1. 재무상태표 비율 분석**						
2	과 목	2018	백분율	2019	백분율	2020	백분율
3	<자 산>						
4	1. 유동자산	**214,514,609**	**59%**	**209,028,670**	**51%**	**224,121,566**	**52%**
5	(1) 당좌자산	159,439,244	44%	176,959,202	43%	188,296,649	43%
6	(2) 재고자산	55,075,365	15%	32,069,468	8%	35,824,917	8%
7	2. 비유동자산	**151,468,252**	**41%**	**200,643,617**	**49%**	**209,291,463**	**48%**
8	(1) 투자자산	56,581,395	15%	78,748,875	19%	86,792,566	20%
9	(2) 유형자산	94,886,857	26%	121,894,742	30%	122,498,897	28%
10	(3) 무형자산	0	0%	0	0%	0	0%
11	자산총계	**365,982,861**	**100%**	**409,672,287**	**100%**	**433,413,029**	**100%**
12	<부 채>						
13	1. 유동부채	79,928,226	22%	41,391,211	10%	55,556,807	13%
14	2. 비유동부채	14,805,026	4%	10,974,495	3%	23,364,403	5%
15	부채총계	**94,733,252**	**26%**	**52,365,706**	**13%**	**78,921,210**	**18%**
16	<자 본>						
17	1. 자본금	49,413,000	14%	49,413,000	12%	50,400,145	12%
18	2. 자본잉여금	113,673,688	31%	145,094,828	35%	144,978,410	33%
19	3. 이익잉여금	116,457,205	32%	137,369,027	34%	150,735,270	35%
20	4. 자본조정	-8,294,284	-2%	25,429,726	6%	8,377,994	2%
21	자본총계	**271,249,609**	**74%**	**357,306,581**	**87%**	**354,491,819**	**82%**
22	부채와 자본 총계	**365,982,861**	**100%**	**409,672,287**	**100%**	**433,413,029**	**100%**

그림 2-30 • 손익계산서 비율 분석

24	2. 손익계산서 비율 분석						
25	과 목	2018	백분율	2019	백분율	2020	백분율
26	매출액	281,030,290	100%	252,381,686	100%	260,158,740	100%
27	매출원가	202,769,772	72%	204,265,172	81%	191,972,694	74%
28	**매출총이익**	**78,260,518**	28%	**48,116,514**	19%	**68,186,046**	26%
29	판매비와 관리비	33,737,844	12%	24,394,887	10%	31,079,810	12%
30	**영업이익**	**44,522,674**	16%	**23,721,627**	9%	**37,106,236**	14%
31	영업외수익	22,565,615	8%	37,789,607	15%	33,715,801	13%
32	영업외비용	7,709,730	3%	13,423,289	5%	3,322,922	1%
33	**경상이익**	**59,378,559**	21%	**48,087,945**	19%	**67,499,115**	26%
34	특별이익	1,552	0%	133,427	0%	917	0%
35	특별손실	0	0%	125,205	0%	0	0%
36	**법인세비용 차감전 순이익**	**59,380,111**	21%	**48,096,167**	19%	**67,500,032**	26%
37	법인세비용	13,672,127	5%	12,466,917	5%	20,711,606	8%
38	**당기순이익(순손실)**	**45,707,984**	16%	**35,629,250**	14%	**46,788,426**	18%

⑦ 손익계산서는 매출액에서 차지하는 비율을 구하는 것으로 모든 항목을 매출액(B26)으로 나누어 백분율을 구하면 <그림 2-30>과 같다.

(2) 재무비율의 계산

각종 재무비율을 알아보기 위하여 『재무비율분석』 시트에 <그림 2-31>과 같이 입력한다.

1) 유동성비율(Liquidity ratios)

유동성비율에는 앞에서 살펴본 바와 같이 유동비율과 당좌비율이 있다.

① 유동비율은 유동자산을 유동부채로 나눈 값이므로 셀 K3에는 수식 "=B4/B13"을 입력해야 한다. 같은 방법으로 2019, 2020년도의 유동비율을 구할 수 있다.
② 당좌비율은 당좌자산을 유동부채로 나눈 값이므로 셀 K4에는 수식 "=B5/B13"을 입력하며 같은 방법으로 2019, 2020년도의 당좌비율을 구할 수 있다.

그림 2-31 ● 재무비율 분석

3. 재무비율 분석

항 목		2018	2019	2020
유동성비율	유동비율			
	당좌비율			
레버리지비율	부채비율			
	자기자본비율			
수익성비율	매출총이익률			
	영업이익률			
	순이익률			
	총자본이익률			
	자기자본이익률			
활동성 비율	재고자산회전율			
	비유동자산회전율			
	총자산 회전율			
성장성 비율	총자산 증가율			
	매출액 증가율			
	영업이익 증가율			
	당기순이익 증가율			

2〉 레버리지비율(Leverage ratios)

① 부채비율은 기업의 총부채를 자기자본으로 나눈 값이다. 따라서 2018년도의 부채비율인 셀 K5에는 수식 "=B15/B21"을 입력하며 2019, 2020년도의 부채비율도 이와 같은 방법으로 구할 수 있다.

② 자기자본비율은 총자산 중에서 자기자본 비율이 차지하는 비율, 즉 자기자본을 총자산으로 나누어 준 값이다. 그러므로 2018년도의 자기자본비율 셀 K6에는 수식 "=B21/B22"를 입력한다.

3〉 수익성비율(Profitability ratios)

① 매출총이익률은 매출액에서 매출총이익이 차지하는 비율로 매출총이익을 매출액으로 나눈 값이다. 따라서 2018년도의 매출총이익률인 셀 K7에는 수식 "=B28/B26"을 입력한다.

② 영업이익률은 영업이익을 매출액으로 나눈 값이다. 따라서 2018년도의 영업이익률인 셀 K8에는 수식 "=B30/B26"을 입력한다.

③ 순이익률은 순이익을 매출액으로 나눈 값이다. 따라서 2018년도의 순이익률인 셀 K9에는 수식 "=B38/B26"을 입력한다. 같은 방법으로 2019, 2020년도의

값을 입력해 주면 <그림 2-32>와 같이 나타난다.

4〉 활동성비율(Activity ratios)

① 재고자산회전율은 매출액을 재고자산으로 나눈 값이다. 그러므로 2018년도의 재고자산회전율인 셀 K10에는 수식 "=B26/B6"을 입력한다.

② 비유동자산회전율은 매출액을 비유동자산으로 나눈 값이므로 2018년도의 비유동자산회전율인 셀 K11에는 수식 "=B26/B7"을 입력한다.

③ 총자산회전율은 매출액을 총자산으로 나눈 값이므로 2018년 총자산회전율인 셀 K12에는 수식 "=B26/B11"을 입력한다. 같은 방법으로 2019, 2020년도의 활동성비율을 구할 수 있다.

그림 2-32 • **재무비율 분석**

I	J	K	L	M
3. 재무비율 분석				
항 목		2018	2019	2020
유동성비율	유동비율	268%	505%	403%
	당좌비율	199%	428%	339%
레버리지비율	부채비율	35%	15%	22%
	자기자본비율	74%	87%	82%
수익성비율	매출총이익률	28%	19%	26%
	영업이익률	16%	9%	14%
	순이익률	16%	14%	18%
	총자본이익률	12%	9%	11%
	자기자본이익률	17%	10%	13%
활동성 비율	재고자산회전율	5.103	7.870	7.262
	비유동자산회전율	1.855	1.258	1.243
	총자산 회전율	0.768	0.087	0.600
성장성 비율	총자산 증가율	5%	12%	6%
	매출액 증가율	5%	-10%	3%
	영업이익 증가율	5%	-47%	56%
	당기순이익 증가율	5%	-22%	31%

(3) 차트 그리기

재무상태표와 손익계산서와 분석결과를 토대로 그래프를 그려보자.

1〉 재무제표

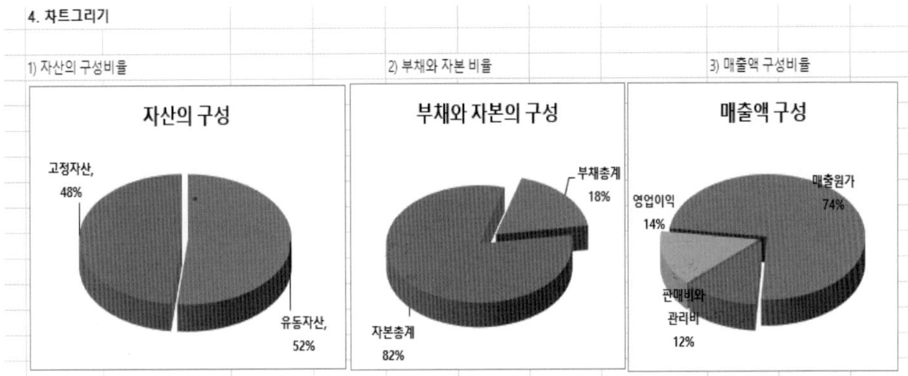

2〉 추세분석

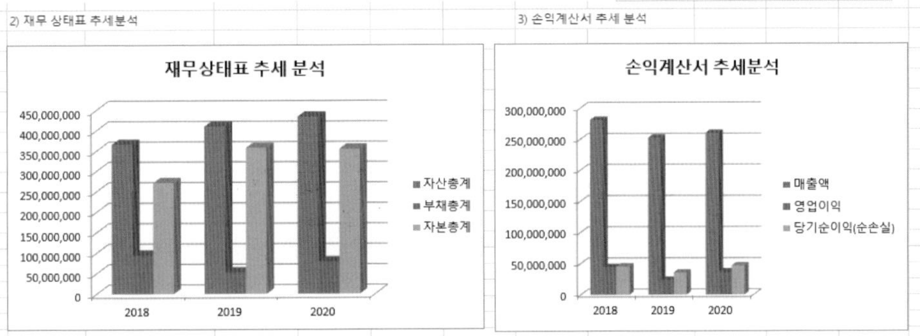

3〉 재무비율 분석

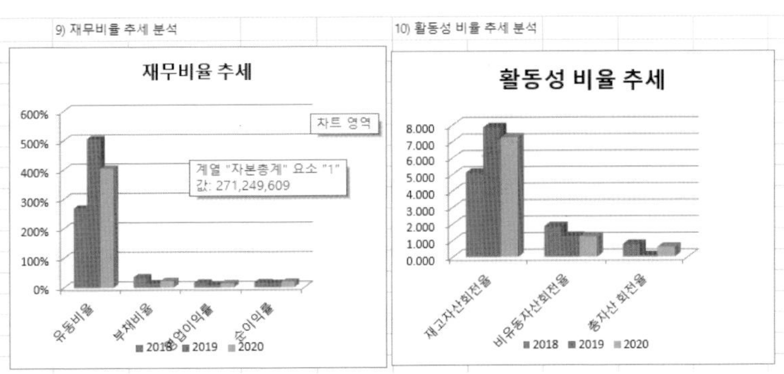

[사/례/연/구]

재무제표 분석

지금까지 학습한 재무분석의 개념과 엑셀을 활용한 여러 재무분석 기법을 실제 기업의 재무제표를 가지고 실습을 해보도록 하자. 다음은 C사(社)의 실제 사례를 기초로 하여 앞에서 배운 재무제표를 분석한 사례이다. C사의 재무비율 분석과 산업의 평균적인 비율과 비교분석을 통하여 C사의 현재위치를 분석해 보도록 하자.

1) 기초 재무제표(C社)

(1) 재무상태표

과목	2018	2019	2020
〈자산〉			
1. 유동자산	630,258,614	586,844,977	568,900,918
(1) 당좌자산	375,267,444	395,120,878	338,600,539
(2) 재고자산	254,991,170	191,724,099	230,300,379
2. 비유동자산	1,595,037,653	1,777,701,246	2,051,959,301
(1) 투자자산	541,746,680	712,093,659	1,023,482,624
(2) 유형자산	930,692,027	1,062,776,619	1,025,506,870
(3) 무형자산	122,598,946	2,830,968	2,969,807
자산총계	2,225,296,267	2,364,546,223	2,620,860,219
〈부채〉			
1. 유동부채	1,046,050,262	754,101,253	844,855,558
2. 비유동부채	504,503,825	553,952,170	459,320,631
부채총계	1,550,554,087	1,308,053,423	1,304,176,189
〈자본〉			
1. 자본금	53,994,610	99,604,565	136,333,650
2. 자본잉여금	515,710,981	748,232,209	781,540,039
3. 이익잉여금	76,100,600	163,648,599	155,896,698
4. 자본조정	28,935,989	45,007,427	242,913,643
자본총계	674,742,180	1,056,492,800	1,316,684,030
부채와 자본총계	2,225,296,267	2,364,546,223	2,620,860,219

(2) 손익계산서

과목	2018	2019	2020
매출액	2,036,645,306	2,331,815,388	2,206,773,428
매출원가	1,434,193,513	1,751,932,409	1,601,190,854
매출총이익	602,451,793	579,882,979	605,582,574
판매비와 관리비	419,453,455	419,855,272	433,798,463
영업이익	182,998,338	160,027,707	171,784,111
영업 외 수익	131,601,295	253,212,636	126,859,157
영업 외 비용	302,906,212	309,875,674	130,124,809
경상이익	11,693,421	103,364,669	168,518,459
특별이익	1,414,788	21,037,451	–
특별손실	1,562,768	5,430,306	–
법인세비용차감전순이익	11,545,441	118,971,814	168,518,459
법인세비용	2,038,095	13,044,569	49,262,648
당기순이익(순손실)	9,507,346	105,927,245	119,255,811

2) 추세분석

(1) 재무지표 추세

주요 항목		2018	2019	2020
자산	금액	2,225,296,267	2,364,546,223	2,620,860,219
	백분율	100%	106%	18%
부채	금액	1,550,554,087	1,308,053,423	1,304,176,189
	백분율	100%	84%	84%
자본	금액	674,742,180	1,056,492,800	1,316,684,030
	백분율	100%	157%	195%
매출액	금액	2,036,645,306	2,331,815,388	2,206,773,428
	백분율	100%	114%	108%
당기순이익	금액	9,507,346	105,927,425	119,255,811
	백분율	100%	1114%	1254%

(2) 재무지표의 추세분석

1〉 자산, 부채, 자본의 변화추이

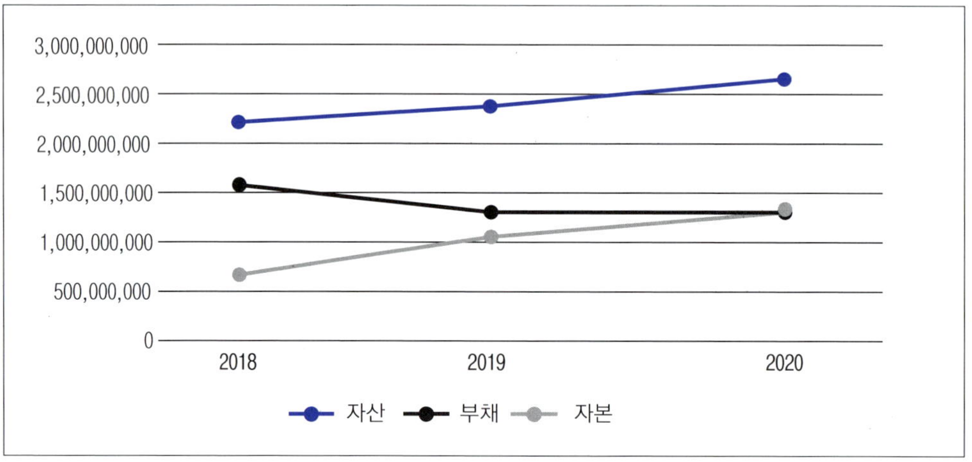

2〉 자산의 변화 추이

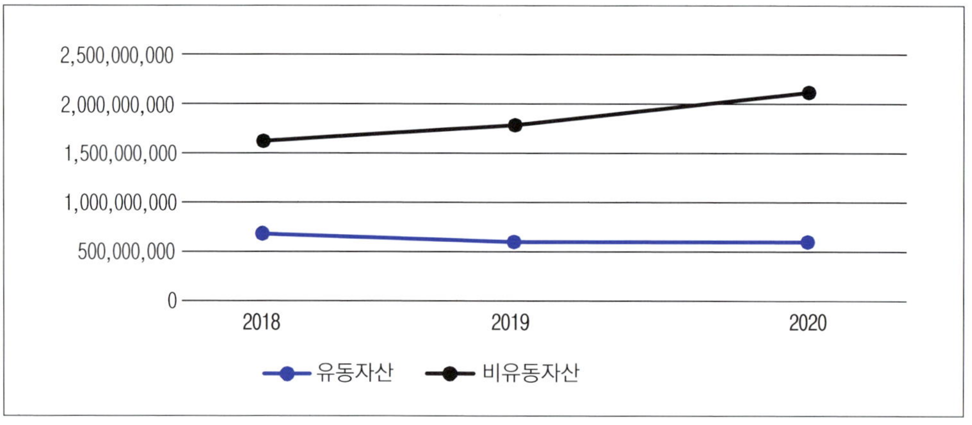

① C사는 2018년 이후 3년간 자산의 꾸준한 증가가 있었지만 유동자산은 오히려 감소하였다. 이는 지난 3년 동안 유동자산의 감소율보다 비유동자산의 증가율이 더 높았기 때문이다.

② 그래프에서 볼 수 있듯이 유동자산은 그 비율이 점차 감소하고, 비유동자산은 점점 증가하는 것을 볼 수 있다. 이런 유동자산, 비유동자산의 변화가 전체 자산의 증가를 가져왔다.

3〉 매출액, 당기순이익의 증감률

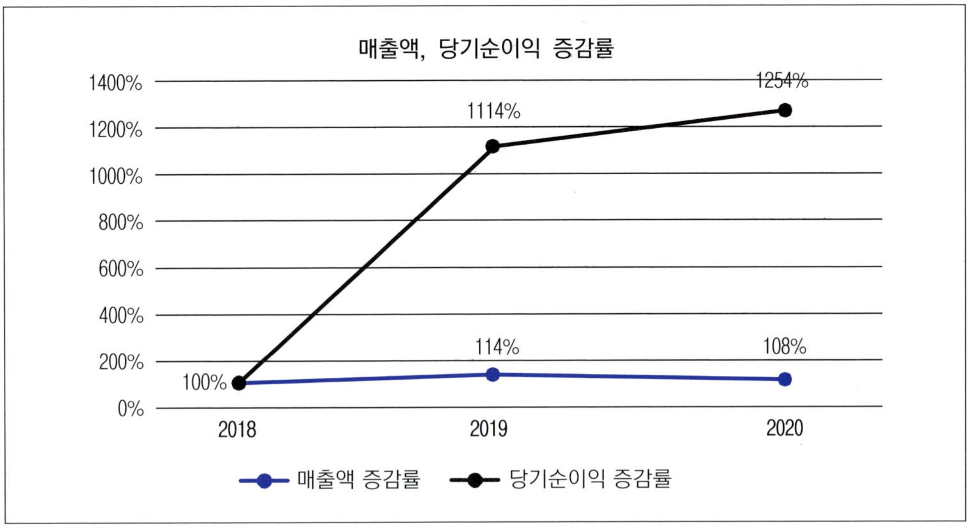

① 2019년도의 당기순이익은 전년도에 비해 10배 이상 증가하였음을 알 수 있다. 그러나 매출액의 증가는 14%에 그쳤으므로, 당기순이익의 증가가 매출 증대에 기인한 것으로 볼 수 없다.

② 당기순이익의 증가는 판매/관리의 효율성 증가로 인한 판매/관리비 감소 또는 영업이익, 경상이익의 증가로 예측할 수 있다.

4〉 손익항목의 변화 추이

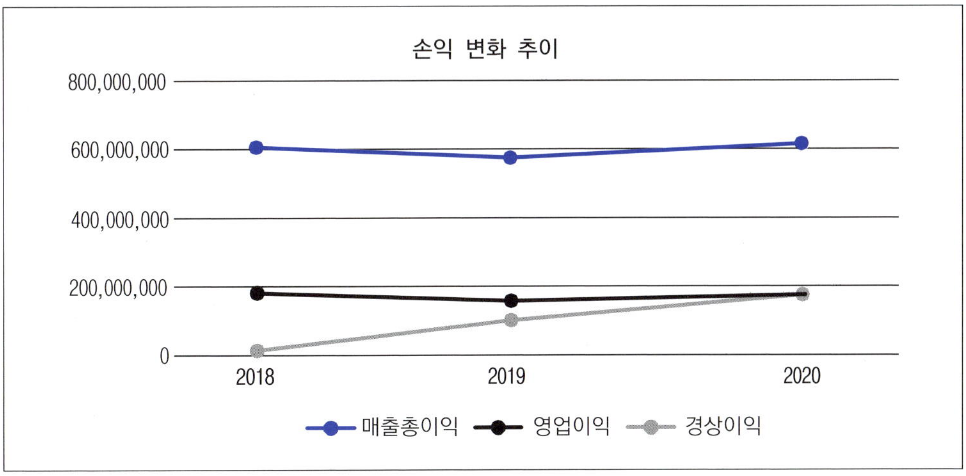

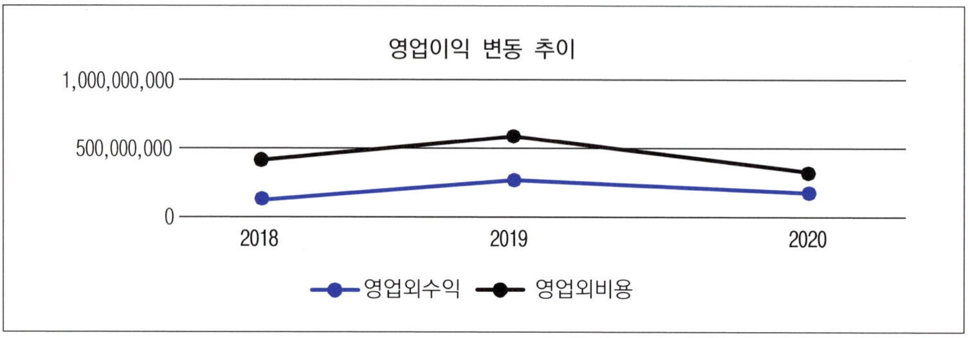

① 위의 그래프에서 보는 바와 같이 매출총이익과 영업이익의 변화는 그리 크지 않았음을 알 수 있다. 그러나 2019년도에 영업외수익이 큰 폭으로 증가하였으며 2020년도에는 영업외비용이 큰 폭으로 감소하였다.

② 따라서 2019년도의 당기순이익 증가는 영업외수익의 증가가 가장 큰 영향을 미쳤으며 2020년도에는 영업외수익이 2018년도 수준으로 돌아갔으나 영업외비용의 감소가 당기순이익의 감소를 막을 수 있었다.

③ C사의 재무상태표에서 볼 수 있듯이 경상이익에 영향을 미치는 항목인 영업외수익과 영업외비용의 규모가 매우 큰 비중을 차지하고 있다. 따라서 C사는 지난 3년간 경상이익의 증가에 의해 당기순이익이 큰 폭으로 상승하였음을 알 수 있다.

3) 재무비율 분석

(1) C사 재무비율 및 산업평균 재무비율

1〉 C사 재무비율

항 목		2018	2019	2020
유동성비율	유동비율	60%	78%	67%
	당좌비율	36%	52%	40%
레버리지비율	부채비율	230%	124%	99%
	자기자본비율	30%	45%	50%
수익성비율	매출총이익률	30%	25%	27%
	영업이익률	9%	7%	8%
	순이익률	0%	5%	5%
활동성비율	재고자산회전율	7.987	12.162	9.582
	비유동자산회전율	1.277	1.312	1.075
	총자산회전율	0.915	0.986	0.842

2〉 산업평균 재무비율

항 목		2018	2019	2020
유동성비율	유동비율	53%	61%	60%
	당좌비율	20%	31%	27%
레버리지비율	부채비율	321%	298%	211%
	자기자본비율	25%	22%	35%
수익성비율	매출총이익률	11%	10%	16%
	영업이익률	2%	3%	4%
	순이익률	1%	3%	3%
활동성비율	재고자산회전율	3.102	7.378	5.118
	비유동자산회전율	1.173	1.532	1.71
	총자산회전율	0.431	0.314	0.523

(2) C사 재무비율 분석

1〉 2020년 시점의 재무비율

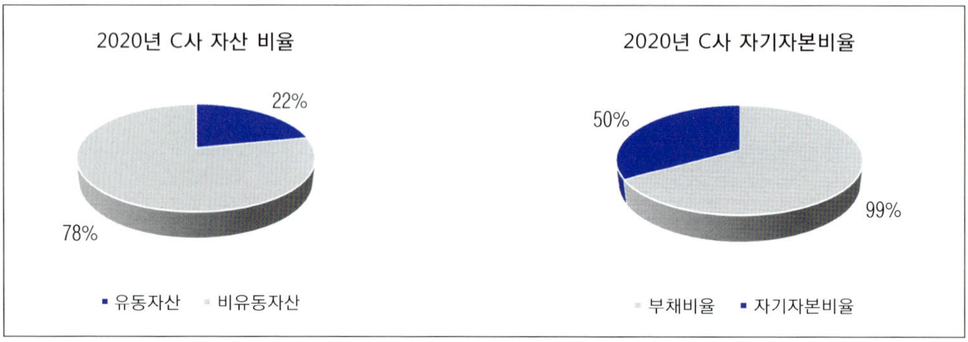

① 2020년 현재 C사의 유동자산과 비유동자산은 그래프에서 보는 바와 같이 비유동자산이 약 3.5배 정도 많다. 물론 비유동부채와의 관계를 생각해 봐야겠지만 자산 입장에서만 본다면 C사는 단기채무에 대한 자금의 여유가 장기채무에 대한 여유보다 없다는 것을 유추할 수 있다. 즉, 단기채무에 대한 지급 여력이 장기채무에 대한 지급 여력보다 떨어진다.

② 재무구조를 평가하는 지표 중에 가장 많이 활용되는 지표가 자기자본비율이다. C사의 부채에 대한 의존도는 50%로 매우 건실한 재무구조를 갖고 있다고 할 수 있다. 하지만 최적화된 재무구조는 산업마다 서로 다르기 때문에 이와 같은 분석으로는 C사의 재무상태를 올바르게 평가할 수 없다.

2〉 재무비율의 변화

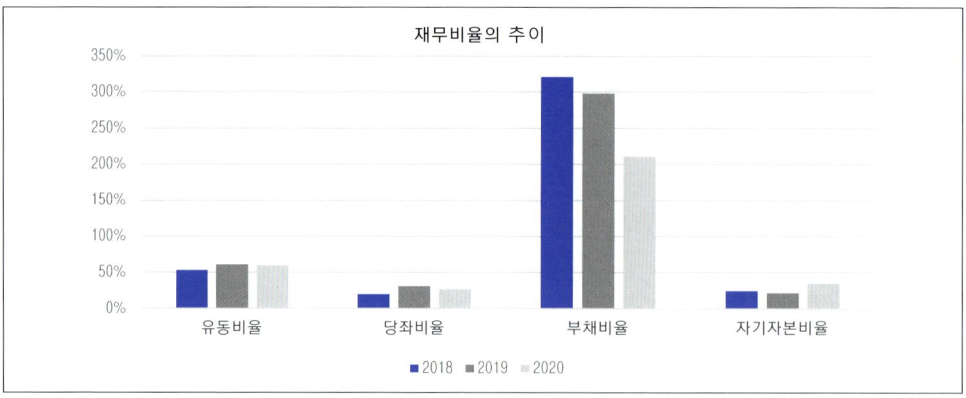

① 지난 3년간 C사는 유동성비율인 유동비율과 당좌비율은 그다지 큰 변화가 없었다. 2020년도에 유동비율이 감소하였지만 부채비율은 낮추고 자기자본비율을 높임으로써 채무에 대한 위험이 전체적으로 감소하였다고 평가할 수 있다.

② C사의 2020년 현재 재무구조는 2018년 높았던 부채비율을 낮춤으로써 이루어졌다고 할 수 있으며 꾸준한 부채비율 감소가 예상된다.

3〉 활동성비율 변화

2019년 재고자산의 회전율이 크게 좋아졌다. 즉, 2018년도에 비해 2019년도의 재고자산회전율은 1.5배 상승하였으며 이것은 재고자산의 효율적인 관리에 따른 재고관리비용 감소가 이루어졌다는 것을 의미한다. 앞에서 전체 매출액은 크게 증가하지 않은 것으로 볼 때 판매량 증가보다는 생산 감소에 따른 것으로 볼 수 있다.

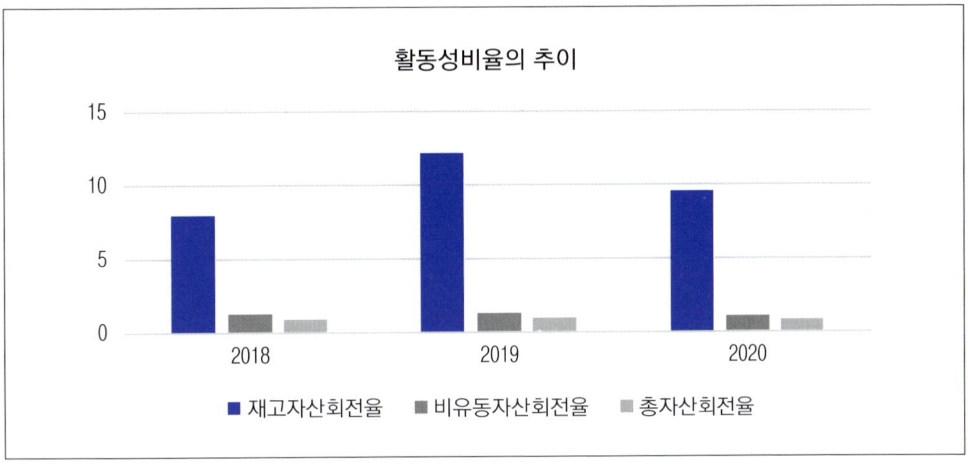

(3) C사와 산업평균과의 비교

적정 재무비율은 산업마다 상이하기 때문에 C사의 재무제표만으로 C사를 평가하는 것은 의미가 없다. 따라서 경쟁업체 간 비교 또는 산업평균과의 비교를 통한 상대적인 평가기준을 많이 사용한다. C사와 C사가 속한 산업의 평균 재무비율을 통한 비율분석을 해보도록 하자.

1〉 유동비율 비교

C사는 지난 3년간 경쟁업체들에 비해 상대적으로 유동비율이 높았음을 알 수 있다. 이것은 C사가 경쟁사들보다 단기채무에 대한 지급능력이 높다는 것을 의미한다.

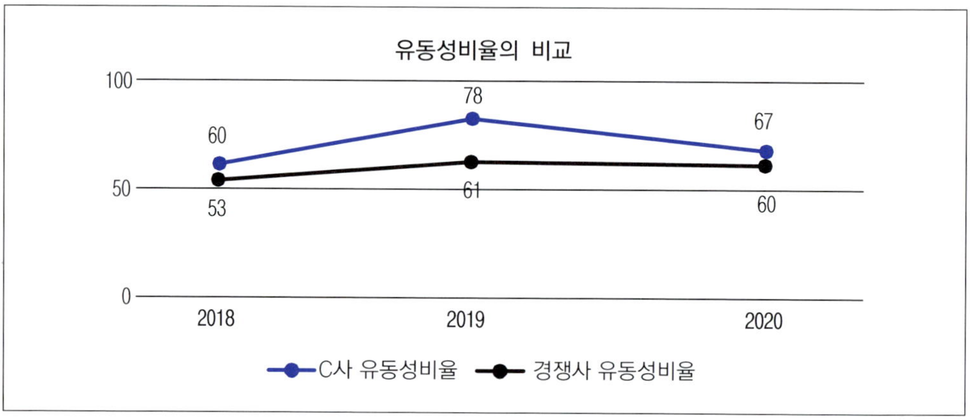

2〉 부채비율 비교

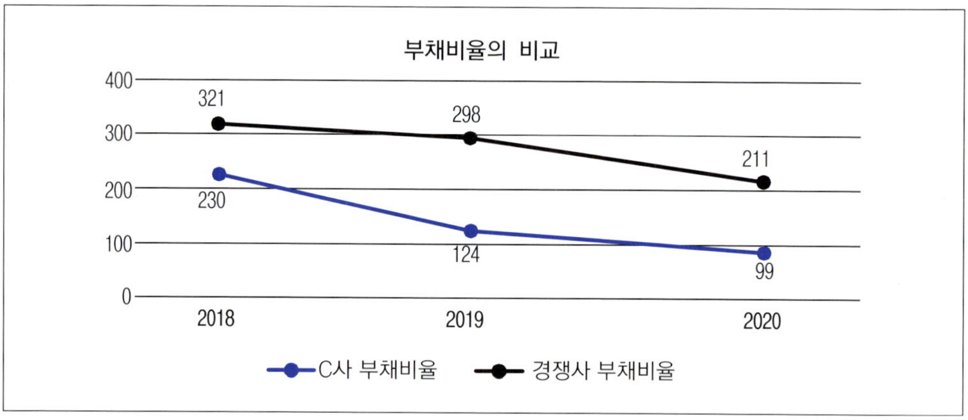

① 전체적으로 C사가 속한 산업의 부채비율은 낮아지는 추세에 있으며, 2018년도에 C사의 부채비율은 230%로 경쟁사에 비해 낮았다. 이에 그치지 않고 2019년도에 124%로 크게 떨어뜨림으로써 재무구조의 건실화를 도모했음을 알 수 있다.

② 또한 현재 C사의 부채비율은 약 99%로 산업평균(211%)에 비하여 매우 건실한 재무구조를 갖고 있다.

3〉 매출총이익률 비교

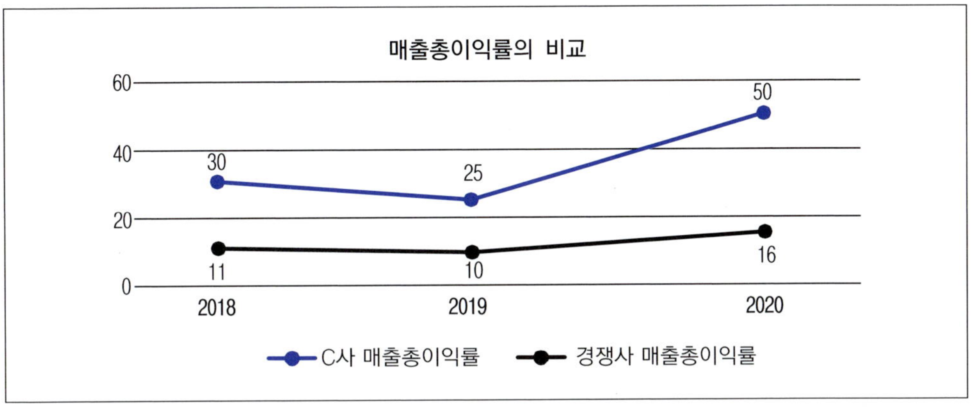

① 매출총이익률이 경쟁사들에 비해 높다는 것은 매출원가율이 낮다는 것을 의미한다. C사는 경쟁사와 비교하여 매우 높은 매출총이익률을 유지하고 있으며 이것은 저렴한 원자재, 높은 생산성, 낮은 불량률 등 생산에 우위를 갖고 있다는 것으로 볼 수 있다.

② 그러나 2018년 이후 격차가 줄어들고 있다는 것은 경쟁사들도 매출원가를 급속히 줄이고 있는 반면에 C사는 오히려 매출원가가 증가하고 있다는 것을 나타내므로 C사 입장에서는 이 점에 각별히 유념해야 할 것임을 시사한다.

보고서 작성팁 2 기획서를 작성한다는 것은 문제를 해결하는 것

기획서를 작성한다는 것은 현재시점의 내부와 외부의 상황을 파악하여 대응책들을 도출하고 각 방안에 대한 효과를 검토하여 대안을 결정하는 것으로 프로세스의 측면에서 보면 문제해결의 프로세스와 유사한 단계를 거치게 된다.

창의적 문제해결 방법론인 Biz-Solver 방법론에서는 문제의 해결을 위한 7단계 방법을 아래의 그림과 같이 제시하고 있는데, 기획서를 작성하는 순서 또한 아래의 단계를 이용하여 구조화하면 보다 효과적인 기획서를 작성할 수 있다.

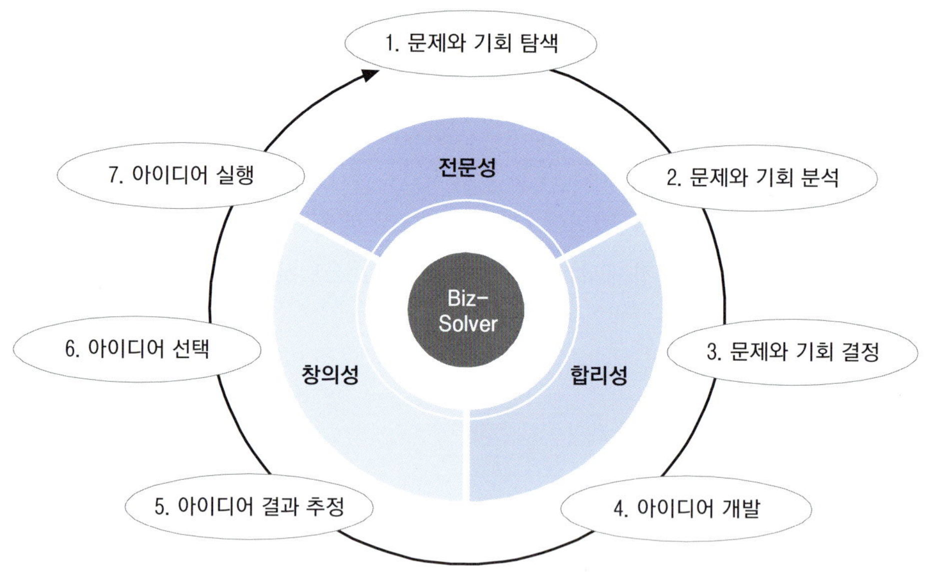

1단계 : 문제의 정의

Biz-Solver 문제해결 방법론의 1, 2, 3단계 과정을 통해 내부와 외부의 환경을 분석하고 이를 통해 문제와 기회를 탐색하여 분석하는 것처럼 기획서에서도 문제를 명확히 정의하는 데에서 출발하여야 한다. 어떤 기업의 신입사원 퇴사율이 높게 집계되었다고 가정할 때 문제는 퇴사율이라는 지표에서 발견이 되었지만 퇴사율이 높은 것이 조직문화의 문제인지, 급여수준의 문제인지에 따라서 그 해결방법은 전혀 다를 수밖에 없기 때문에 현재의 문제나 기회를 정의하는 것으로부터 기획서의 작성을 시작하여야 한다.

2단계 : 대안의 개발

문제를 명확히 정의하였다면 이제 문제의 해결을 위한 아이디어를 개발하여 대안들을 제시하고 각 대안의 장단점을 분석하여 의사결정자가 선택을 할 수 있도록 문서화하여야 하는데 이 과정이 Biz-Solver의 4, 5, 6단계의 과정으로 볼 수 있다. Biz-Solver 방법론에서는 아이디어의 개발을 위해 7가지의 카테고리에 의거한 아이디어 개발방법들을 제시하고 있는데 전체적인 구조는 아래와 같다.

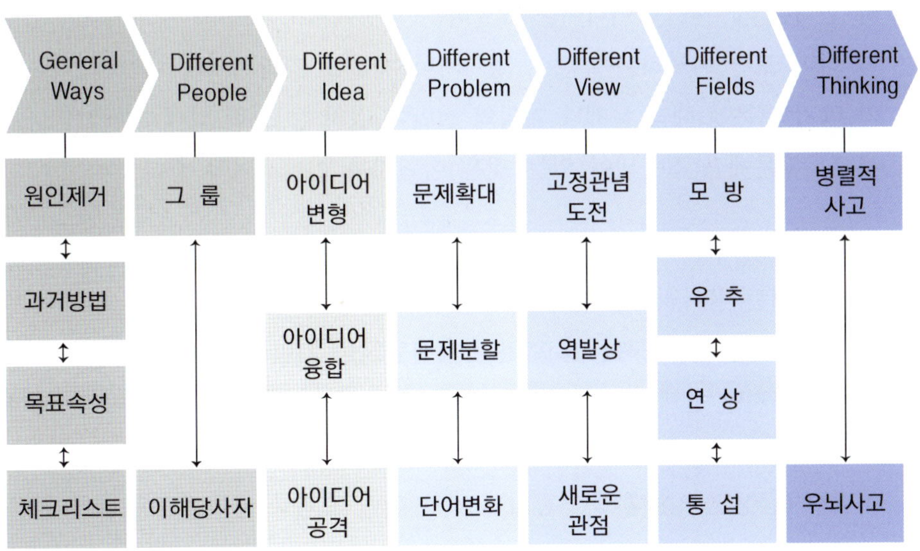

Biz-Solver 방법론 이외에도 대안을 위한 아이디어의 개발 방법에는 수많은 방법론이 있는데 기획서 작성에서 많이 인용되는 몇 가지 방법을 정리해 보면 아래와 같다.

① MECE적 접근

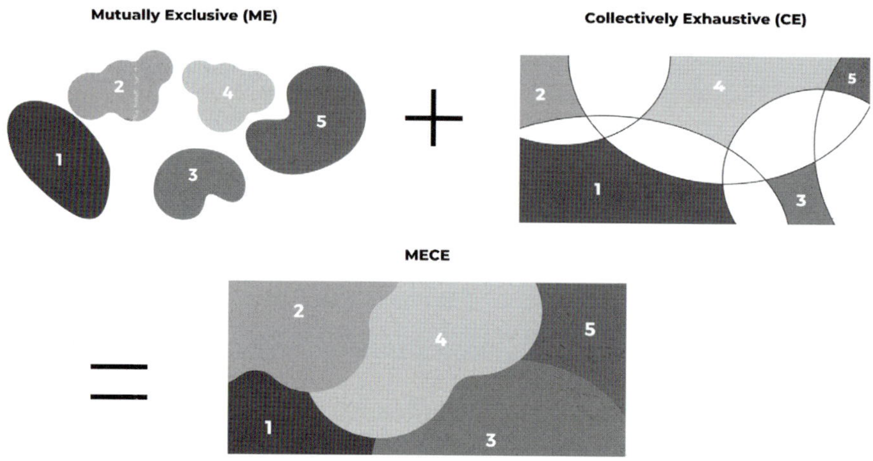

맥킨지에서 개발된 분석기법인 MECE는 Mutually Exclusive and Collectively Exhaustive의 머릿글자로 중복되거나 빠짐없이 문제 전체를 큰 그림으로 분석해 보아야 한다는 것이다. 아이디어를 개발하는 과정에서도 자신의 사고의 틀 안에서만 기획을 하다 보면 빠트리는 부분이 생기거나 제한된 영역에서의 대안만을 도출하는 경우가 많기 때문에 해당 문제나 기획의 전반에 걸친 큰 그림 하에서 빠진 곳은 없는지 너무 한 부문에만 집중되어 있는 것은 아닌지를 검토하여야 한다.

② 5W3H

5W3H는 육하원칙을 확장한 개념으로 관련된 모든 상황을 체크하는 기본적 분석 도구의 하나이다. 누구나 알고 있는 육하원칙을 기반으로 하여 당연한 내용이고 쉬워 보이긴 하지만 실제로 문서를 작성하다 보면 각 요소들을 기획서에 잘 담아내기는 쉽지 않음을 알 수 있다. 따라서 문제의 해결을 위한 대안을 개발하면서 각각의 대안들이 현재의 상황과 어떻게 연관되어 있고 어떤 효과를 가져올지에 대하여 종합적인 검토가 필요하다.

구분	내 용
When	사실–계획과 관련된 시간, 과거–현재–미래의 흐름
Where	사실–계획과 관련된 공간(장소, 위치, 지점 등)
What	제시하는 솔루션, 분석 대상, 제도–사람–프로세스, 전략–전술
Who	분석 및 실행의 주체, 실행자–대상자–이해당사자–책임자
Why	분석–계획–실행의 이유, 원인, 근거, 표면적 원인과 근본적 원인
How	분석–계획–실행의 방법, 방향과 속도
How much	비용, 예산, 정량적–정성적 목표 수치, 금전적–비금전적 수치, 가치–비용
How long	분석–실행의 기간

또한 5W3H의 요소를 분석툴과 연계하여 대안을 도출하는 방법도 문제해결의 아이디어 개발에 도움이 될 수 있다.

구분	고객–직원	경쟁사–산업	자사
When	현재 or 미래		
Where			국내 or 해외
What	고객의 니즈		
Who			타깃 고객
Why			
How		경쟁사의 접근방법	
How much			
How long	단기	장기	

CHAPTER

3

경제성 분석

1 경제성 분석의 개요

1) 프로젝트의 경제성 분석

SUMMARY

- 신규 프로젝트를 수행하기 위해서 반드시 프로젝트의 타당성(feasibility) 분석을 수행해야 함
- 프로젝트 타당성 분석은 프로젝트의 전반적 가능성을 평가하는 단계와 프로젝트의 경제성을 분석하는 단계로 구분
- 프로젝트의 타당성 분석방법
  - 현금의 시간가치 평가
  - 현금흐름에 따른 프로젝트의 수익률 계산
  - 손익분기분석
  - 추정재무분석

경영환경의 변화에 빠르게 대응하고, 경쟁력을 향상시키기 위하여 기업들은 신규 사업의 진출, 기업의 합병과 인수, 새로운 시장의 진출, 신상품의 개발, 주식 공개와 자금조달, 신규 공장의 건설, 생산설비의 도입, 정보시스템의 도입과 대체, 조직구조의 개편과 같은 중요한 프로젝트를 수행해야 한다. 이와 같이 프로젝트들은 기업의 생존과 경쟁력 강화 차원에서 매우 중요한 일임과 동시에 기업 내부의 여러 분야들과 외부 환경적 요인들이 복잡하게 연결되어 있어서 성공에 대한 불확실성이 매우 높다.

따라서 신규 프로젝트를 수행하기 위해서는 반드시 **프로젝트의 타당성**(feasibility)을 사전에 분석하여야 한다. 프로젝트의 타당성은 여러 가지 측면에서 매우 세밀하고 정확하게 평가되어야 하는데, 프로젝트의 타당성을 평가할 때 첫 번째 할 일은 **프로젝트의 전반적 가능성**(possibility)을 평가하는 것이다. 프로젝트의 가능성이란 프로젝트의 성격이 기업의 목표와 일치하는지, 기술적으로 실행이 가능한지, 법적으로나 환경오염과 같은 문제점은 없는지, 원하는 시간 내에 수행할 수 있는지, 프로젝트 수행에 필요

한 자금, 인력, 조직, 기술적인 능력은 보유하고 있는지 등과 같은 기본적인 문제점들을 분석하는 것이다.

프로젝트의 전반적 가능성을 여러 가지 측면에서 평가한 후의 다음 단계는 프로젝트의 경제성(economic feasibility)을 분석하는 것이다. 프로젝트의 경제성을 평가하는 것 역시 많은 요인들이 얽혀 있고, 미래의 불확실성 때문에 매우 복잡하고 어려운 일이다. 본 장에서는 프로젝트의 경제성을 평가하기 위하여 필요한 기초적인 네 가지 방법들에 대하여 설명하도록 한다.

① 첫 번째 방법은 프로젝트 수행 시 발생하는 현금의 시간적 가치를 평가하는 일이다. 프로젝트를 수행하기 위하여서는 초기에 투자를 하게 되고, 일정 시간이 지난 후에 투자된 자금은 판매액이나 이익으로 환원되어 기업으로 유입된다. 따라서 기업에서 유출되는 자금과 유입되는 자금은 서로 다른 가치를 가지게 되므로, 현금의 가치를 시간의 흐름에 따라서 평가할 수 있어야 한다.

② 두 번째 방법은 여러 투자대안들의 경제성을 평가하기 위해서 유입되고 유출된 현금흐름에 따른 프로젝트의 수익률을 계산하는 것이다. 이를 통하여 프로젝트의 경제적 타당성을 분석할 수 있고, 또한 여러 대안들을 비교 · 평가할 수 있다.

③ 세 번째 방법은 생산량과 판매량에 따라서 매출액, 원가, 이익이 어떻게 변화하는지를 알아보는 손익분기분석을 수행하는 것이다. 이를 통하여 새로운 사업이나 신규 공장 건설의 이익 또는 손실이 발생하는 생산량 혹은 판매량을 찾아볼 수 있다.

④ 네 번째 방법은 매출액, 원가 등의 움직임에 따라 미래의 기업의 현금흐름과 재무상태의 변화를 추정하고 예측하는 추정재무분석을 수행하는 것이다.

2) 현금의 시간가치

신규 사업에 투자결정을 할 경우 그에 대한 의사결정은 가치에 대한 평가를 기반으로 하고, 가치에 대한 평가는 현금흐름을 중심으로 이루어진다. 화폐의 시간가치는 이러한 현금흐름의 규모와 시간상의 차이를 비교 · 분석할 수 있는 기본적인 도구가 된다. 그러므로 모든 투자에 대한 의사결정은 화폐의 시간가치에 대한 근본적인 이해를 토대로 이루어진다.

투자의 경제적 타당성을 분석할 때는 투자에 필요한 현금유출액(cash outflow)과 그 투자로부터 기대되는 미래의 현금유입액(cash inflow)을 비교하여 결정하게 되는데 신규 사업에 투자되는 자본과 회수되는 현금의 발생시기가 다르기 때문에 동일한 시점의 화폐가치로 환산해서 평가하여야 한다. 동일한 시점의 화폐가치로 평가하는 방법은 미래의 현금을 현재의 가치로 평가하는 방법과 현재의 현금을 미래가치로 평가하는 방법이 있으나, 일반적으로 현금의 흐름을 현재가치로 평가하는 방법이 널리 이용된다. 본 장에서는 현재 현금의 미래가치, 미래 현금의 현재가치, 연속적인 현금의 가치를 계산하는 방법을 설명한다.

(1) 미래가치

미래가치(future value: FV)란 현재시점의 일정한 금액을 미래 일정 시점의 가치로 환산한 것을 말한다. 즉, 현재시점에서 일정 금액을 은행에 정기예금하여 만기 후에 받게 되는 원금과 이자의 총액을 계산하는 것과 동일하다.

미래가치 단리계산식 (1) : $FV = PV(1+rn)$

미래가치 복리계산식 (2) : $FV = PV(1+r)^n$

FV: 미래가치(future value)　　PV: 현재가치(present value)

r: 이자율(interest rate)　　n: 기간(the number of period)

위의 식 (2)는 1년에 한 번만 계산되는 복리의 경우이고, 만약 1년에 m번씩 계산되는 복리의 경우에는 아래와 같은 식 (3)으로 계산된다.

미래가치 연 m회 복리계산식 (3) : $FV = PV\left(1+\dfrac{r}{m}\right)^{m\times n}$

m: 복리계산 횟수(the number of compound)

사례 1

현재시점에서 1,000,000원의 금액을 매년 10%의 이자를 받기로 하고 은행에 예금한 경우 3년 뒤의 미래가치는 1,331,000원이 되고 이자 총액은 331,000원이 된다.

$$FV:\ 1{,}000{,}000 \times (1+0.10)^3 = 1{,}331{,}000$$

만일 위의 예금을 1년에 두 번씩 복리로 계산한다면, 3년 후의 미래가치는 1,340,095.5원이 되고 이자 총액은 340,095.5원이 된다.

$$FV:\ 1{,}000{,}000 \times (1+0.10/2)^{3\times 2} = 1{,}340{,}095.5$$

(2) 현재가치

현재가치(present value: PV)는 미래금액을 현재의 금액으로 환산한 것이다. 현재가치도 미래가치와 마찬가지로 오늘의 1원은 미래의 1원보다 가치가 있다는 개념에서 출발한다. 물론 현재가치도 이자율과 기간에 의해 그 가치가 좌우된다.

1년에 한 번씩 이자율 r로 계산되는 미래 n년째 현금의 현재가치는 다음과 같은 식 (4), (5)로 계산된다.

현재가치 단리계산식 (4) : $PV = \dfrac{FV}{(1+rn)}$

현재가치 복리계산식 (5) : $PV = \dfrac{FV}{(1+r)^n}$

PV: 현재가치(present value)　　FV: 미래가치(future value)
r: 이자율(interest rate)　　n: 기간(the number of period)

또한 연간 복리계산 횟수를 m번으로 계산할 때의 현재가치는 아래의 식 (6)으로 계산된다.

현재가치 연 m회 복리계산식 (6) : $PV = \frac{FV}{\left(1+\frac{r}{m}\right)^{n\times m}}$

m: 복리계산 횟수(the number of compound)

사례 2

A는 3년 후에 1,000만 원을 모으려고 예금을 하려고 하는데 이자율은 10%라고 한다. A는 지금 얼마를 예금해야 3년 후에 1,000만 원을 받을 수 있을지를 알아보고자 할 때에는 식 (5)에서 3년 후 1,000만 원의 현재가치를 계산하면 된다. 3년 후 투자금액 1,000만 원을 준비하기 위해서는 현재 7,513,148원을 예금하면 된다.

$$PV = 10{,}000{,}000/(1+0.10)^3 = 7{,}513{,}148$$

또한 1년에 두 번씩 복리로 계산된다면 3년 후 투자자금 1,000만 원을 만들기 위해서는 식 (6)을 이용하여 현재 시점에 7,462,686.5원을 예금하면 된다.

$$PV = 10{,}000{,}000/(1+0.10/2)^{3\times 2} = 7{,}462{,}686.5$$

(3) 연속적인 현금흐름의 가치

앞의 두 경우는 일정 시점에 한 번 발생하는 현금에 대한 미래가치와 현재가치를 계산하는 방법이다. 그러나 기업에서 신규 투자를 할 때 자본은 일정 기간 동안 연속적으로 투자될 수도 있고, 신규 투자에서 발생한 현금이 일정 기간 동안 연속적으로 유입될 수도 있다. 따라서 일정 기간 연속적으로 투자되는 자본이나 연속적으로 발생되는 현금 유입의 현재가치나 미래가치를 평가할 필요가 있다.

일정 기간에 걸쳐 발생하는 자금의 현재가치와 미래가치를 계산하는 방법은 식 (7)과 (8)에 정리되었다. 식 (7)은 시간 $t=1, 2, 3, \cdots, n$에 발생하는 현금흐름 C_1, C_2, $\cdots$, C_n의 현재가치를 계산하는 식이고, 식 (8)은 시간 $t=1, 2, 3, \cdots, n$에 발생하는 현금흐름 C_1, C_2, $\cdots$, C_n의 미래가치를 계산하는 것이다.

연속적인 현금유입의 현재가치 (7)

$$PV = C_1/(1+r) + C_2/(1+r)^2 + \cdots + C_{n-1}/(1+r)^{n-1} + C_n/(1+r)^n$$

단, C_1, C_2, …, C_n가 동일하면 $\boldsymbol{PV = C[1-(1+r)^{-n}]/r}$이 된다.

연속적인 현금유입의 미래가치 (8)

$$FV = C_1(1+r)^n + C_2(1+r)^{n-1} + \cdots + C_{n-1}(1+r)^2 + C_n(1+r)$$

단, C_1, C_2, …, C_n가 동일하면 $\boldsymbol{FV = C[(1+r)^n - 1]/r}$이 된다.

C: 투자금액, r: 이자율, n: 투자기간

만약 일정 기간의 현금흐름이 매 기간 동일하다면 이는 은행에 정기적으로 예금을 하여 만기가 되어 찾게 되는 원금과 이자의 총액을 계산하는 경우와 같다. 즉, 식 (7)에서는 원금과 이자의 현재가치를 구하고, 식 (8)에서는 원금과 이자의 미래가치를 구하는 것과 동일하다.

사례 3

A는 2017년 1월 1일부터 매년 1월 1일에 100만 원씩을 연리 8%의 적금에 불입한다고 할 때, 2022년 1월 1일에 A가 받을 수 있는 적금의 총액은 6,335,929.037원이 된다.

$$\begin{aligned} FV &= 1{,}000{,}000\times(1+0.08)^5 + 1{,}000{,}000\times(1+0.08)^4 + 1{,}000{,}000(1+0.08)^3 + \\ &\quad 1{,}000{,}000\times(1+0.08)^2 + 1{,}000{,}000\times(1+0.08)^1 \\ &= [(1+0.08)^5 - 1]/[(1+0.08)-1]]\times 1{,}000{,}000(1+0.08) = 6{,}335{,}929.037 \end{aligned}$$

이와 반대로 5년 동안 8%의 이자로 2018년 1월 1일부터 2022년 1월 1일까지 매년 100만 원씩 지불하는 경우에 이 현금흐름의 2017년 1월 1일의 시점에서 현재가치는 다음과 같이 계산되어 3,992,710.037원이 된다.

$$\begin{aligned} PV &= 1{,}000{,}000/(1+0.08)^5 + 1{,}000{,}000/(1+0.08)^4 + 1{,}000{,}000/(1+0.08)^3 + \\ &\quad 1{,}000{,}000/(1+0.08)^2 + 1{,}000{,}000/(1+0.08)^1 = 3{,}992{,}710.037 \end{aligned}$$

일반적으로 기업의 투자에 있어서 현금의 유입이나 유출이 동일하게 발생하지는 않을 것이다. 즉, 매번 유입되거나 지출되는 금액, C_0, C_1, C_2, …, C_n들은 다를 수 있을 것이다. 위의 사례에서는 계산상의 편의를 위하여 발생하는 금액이 일정한 경우를 살펴보았는데, 이와 같이 일정 기간 동안 현금흐름이 일정한 액수로 지출되거나 유입되는 특수한 경우를 연금(annuity)이라 한다. 그리고 연금 형태로 현금흐름이 무한히 계속되는 경우를 영구연금(perpetuity)이라고 한다. 따라서 연금의 현재가치와 미래가치를 평가하는 방법은 위의 식 (7), (8)과 동일하다. 단지 영구연금의 경우 미래가치는 별 의미가 없기 때문에 영구연금의 현재가치를 계산하게 되는데 연금의 현재가치는 다음과 같은 식으로 계산된다.

영구연금의 현재가치 (9) : $PV(n-\infty)=C[1-(1+r)^{-n}]/r=C/r$

즉, 연 이자율이 12%일 경우 위 식에서 연 100만 원씩 영구히 연금을 받는 보험상품의 현재가치는 1,000,000/0.12 = 8,333,333원이 된다.

3) 투자의 수익성 분석

경영자들은 일반적으로 신규 투자 여부를 결정할 때 두 개 이상의 투자대안을 평가하게 된다. 예를 들어, 신규 설비를 도입할 때 선택할 수 있는 설비의 종류가 하나 이상일 경우가 있다. 이때 각 대안들에서 소요되는 자본의 양과 발생하는 현금흐름은 서로 다를 수 있다. 이처럼 서로 다른 투자대안의 수익성을 평가하는 방법으로 자본의 시간적 가치를 고려하지 않은 평균이익률과 자본회수기간법과 같은 전통적 방법이 있고, 자본의 시간적 가치를 고려한 순현재가치 방법(net present value method)과 내부수익률(internal rate of return) 방법과 같은 할인현금분석 방법 등이 있다.

일반적으로 현금흐름은 발생하는 시간에 따라서 가치를 달리하므로 자본의 시간적 가치를 고려하지 않은 방법은 합리적인 투자안 평가방법으로 볼 수가 없다. 따라서 여러 투자안들의 수익성을 평가할 경우 현금의 시간가치를 고려한 순현재가치법과 내부수익률법이 널리 이용된다.

(1) 순현재가치법

SUMMARY

순현재가치법(net present value: NPV)

- 투자안으로부터 발생하는 현금유입의 현재가치에서 현금유출의 현재가치를 차감한 값을 의미한다.

순현재가치법은 투자를 수행할 때 발생하는 현금유출 총액의 현재가치와 투자로부터 발생하는 현금유입 총액의 현재가치를 비교 · 평가하여 투자안의 경제성을 평가하게 된다. 이 방법에서 투자안의 현재가치가 0보다 클 때는 수익성이 있어서 이 투자를 실행함으로써 기업의 경제적 부는 증가된다고 볼 수 있고, 현재가치가 0보다 작으면 수익성이 없어서 기업의 경제적 부는 감소한다고 볼 수 있다. 또한 투자대안들이 여러 개가 있을 경우에는 순현재가치가 상대적으로 높은 투자대안이 경제성이 높기 때문에 현재가치가 높은 대안을 선택하여야 한다.

식 (10) : NPV(net present value)

$$= CF_0 + CF_1/(1+k) + CF_2/(1+k)^2 + \cdots + CF_n/(1+k)^n$$

(CF는 현금흐름을 의미하는 것으로서 현금유출이면 음의 부호, 현금유입이면 양의 부호를 갖게 된다. k는 기업이 투자를 수행하기 위하여 원하는 최소한의 수익률로서 자본을 조달하는 자본비용을 의미한다)

사례 4

한양기업에서는 노후된 기계설비를 신형의 기계설비로 교체하고자 한다. 이에 대한 투자대안은 두 가지가 있는데, 대안 A는 첫해에 10억 원이 투자된 반면에 향후 5년 동안 처음 2년에는 각각 3억 원이, 남은 3년 동안 각각 4억 원이 유입될 것으로 예상된다. 대안 B는 첫해에 15억 원의 현금이 투자되고, 처음 3년간 각각 4억 원의 현금이, 남은 2년 동안은 매년 6억 원의 현금이 유입될 것으로 예상된다.

구성비	1차년도	2차년도	3차년도	4차년도	5차년도	6차년도
투자안 A	-10	3	3	4	4	4
투자안 B	-15	4	4	4	6	6

이 기업의 자본비용을 10%로 가정할 때 두 가지 투자대안의 순현재가치는 아래의 방법으로 평가된다.

- 투자안 A의 NPV

$$\begin{aligned}NPV(A) &= -10/(1+0.1)+3/(1+0.1)^2+3/(1+0.1)^3+4/(1+0.1)^4+4/(1+0.1)^5\\&\quad+4/(1+0.1)^6\\&=311,600,789\end{aligned}$$

- 투자안 B의 NPV

$$\begin{aligned}NPV(B) &= -15/(1+0.1)+4/(1+0.1)^2+4/(1+0.1)^3+4/(1+0.1)^4+6/(1+0.1)^5\\&\quad+6/(1+0.1)^6\\&=251,910,603\end{aligned}$$

투자안 A의 순현재가치는 311,600,789원이고, 투자안 B의 순현재가치는 251,910,603원이다. 두 대안 모두 순현재가치가 0보다 크기 때문에 경제성이 있다고 볼 수 있다. 그러나 투자안 A의 순현재가치가 투자안 B의 순현재가치보다 크기 때문에 투자안 A가 경제성이 높다고 볼 수 있다.

(2) 내부수익률

SUMMARY

투자안의 내부수익률(internal rate of return: IRR)

- 투자안으로부터 기대되는 현금유입의 현재가치와 현금유출의 현재가치를 같게 하는 할인율, 즉 순현재가치(NPV)를 0으로 만드는 할인율을 말한다.

순현재가치 평가법에서는 각 대안들의 순현재가치를 계산하여 비교·평가하는 반면에 내부수익률에서는 각 투자로부터 얻을 수 있는 현금유입의 현재가치와 투자되는 현금의 현재가치를 갖게 하는 할인율을 계산한다. 할인율을 기업의 자본조달비용

(capital cost, 혹은 이자율)과 비교하여 자본조달비용보다 클 때는 경제성이 있고, 자본조달비용보다 적으면 경제성이 없는 것으로 평가하는 방법이다. 투자대안이 여러 개 있을 때 내부수익률이 자본조달비용보다 큰 경우에는 상대적으로 내부수익률이 높은 투자대안을 선택하게 되는데 투자대안의 내부수익률은 다음과 같은 식을 통하여 계산하게 된다.

식 (11) : 내부수익률법

$$IRR = CF_0 + CF_1/(1+r) + CF_2/(1+r)^2 + \cdots + CF_n/(1+r)^n = 0$$

r: 내부수익률

사례 5

사례 4에서의 한양기업의 투자안 A와 B에 대한 내부수익률을 계산해 보면,

- 투자안 A의 수익률
  $= -10/(1+r) + 3/(1+r)^2 + 3/(1+r)^3 + 4/(1+r)^4 + 4/(1+r)^5 + 4/(1+r)^6 = 0$

- 투자안 B의 수익률
  $= -15/(1+r) + 4/(1+r)^2 + 4/(1+r)^3 + 4/(1+r)^4 + 6/(1+r)^5 + 6/(1+r)^6 = 0$

투자안 A의 내부수익률은 22%이고, 투자안 B의 내부수익률은 16%이다. 만약에 자본조달비용이 16% 미만이면 두 대안 모두 경제성이 있다고 볼 수 있다. 또한 두 대안 중에서 투자안 A가 투자안 B보다 내부수익률이 높기 때문에 투자안 A가 투자안 B보다 경제성이 높다고 볼 수 있다. 이 결과는 앞의 순현재가치법의 결과와 일치한다.

4) 손익분기분석

SUMMARY

손익분기분석

- 매출액과 비용이 일치하는 점, 즉 이익이 '0'이 되는 손익분기점을 찾아서 매출액, 비용, 이익 간의 관계를 분석하는 기법

신규 사업의 착수, 공장의 신설, 생산시설의 도입과 같은 프로젝트의 경제적 타당성을 평가할 때 생산량이나 판매량의 변화에 따른 이익 변화를 분석하는 일은 매우 중요하다. 생산량과 판매량에 따른 사업의 수익성을 분석하는 기법이 손익분기분석(break-even analysis, cost-volume-profit analysis)으로, 손익분기분석은 매출액과 비용이 일치하는 점, 즉 이익이 0이 되는 손익분기점(break-even point)을 찾아서 매출액, 비용, 이익 간의 관계를 분석하는 기법이다. 신제품의 개발, 공장의 신설, 생산설비의 도입과 같은 신규 사업의 경제적 타당성을 분석할 때 매우 유용한 기법이다.

손익분기분석에서는 매출액(total revenue)과 비용(total cost)의 관계를 분석하여 이익(profit)의 움직임을 분석한다. 매출액은 생산량에 제품의 가격을 곱하여 계산하게 된다. 기업의 비용은 크게 토지, 기계 구입가, 임차료와 같이 생산량에 관계없이 발생하는 고정비(total cost)와 시간당 임금, 재료비, 제조원가, 수송비처럼 생산량에 따라 변하는 변동비(variable cost)로 분류된다. 기업의 이익은 매출액에서 비용을 차감하여 계산한다. 매출액, 비용, 이익은 생산량의 함수로써 표현하여 식 (12), (13), (14)에 정리하였다.

식 (12) : 매출액(TR) = 가격(price) × 생산량(quantity) = $P \times Q$

식 (13) : 총비용(TC) = 고정비(fixed cost) + 변동비(variable cost)
= 고정비 + 단위당 변동비(variable cost) × 생산량
= $FC + V \times Q$

이익(profit) = 매출액 − 총비용 = $TR - TC = P \times Q - (FC + V \times Q)$

손익분기점은 이익이 0이 되는 점이므로 매출액과 비용을 갖게 하여 생산량을 좌변

으로 설정하여 정리하면 식 (14)처럼 표현된다.

식 (14) : 이익 = 0 = 매출액 − 비용

$$\pi = TR - TC = P \times Q - (FC + V \times Q) = 0$$

$$P \times Q = FC + V \times Q, \ (P - V) \times Q = FC$$

$$Q = FC / (P - V)$$

손익분기점은 가격에서 변동비를 뺀 값으로 고정비를 나눈 값이 된다. 식 (14)에서 계산된 값은 이익이 0이 되는 손익분기점으로서 생산량이 손익분기점보다 클 때는 이익이 발생하고, 생산량이 손익분기점보다 작을 때는 손실이 발생하게 된다.

또한 가격에서 변동비를 뺀 값을 공헌이익(contribution margin)이라고 하는데, 이 공헌이익은 새로운 사업이나 새로운 시장에 진출할 때 중요한 의사결정 기준이 된다. 기존 시장에서 고정비가 모두 회수되었다면 새로운 시장에서 제품의 가격을 결정하는 데 있어서 변동비만 넘어도 이익이 발생할 수 있다. 따라서 새로운 기계나 설비를 도입하는 신규 경쟁업체들에 비해서 가격경쟁력을 가질 수 있다.

이들의 관계는 아래 <그림 3-1>로 표현될 수 있다. 먼저 고정비와 변동비로 구성된 총비용함수를 표현하고, 생산량과 가격의 곱으로 계산된 매출액 함수를 표시하고, 마지막으로 두 함수가 만나는 점을 계산한 값이 손익분기점이 된다.

그림 3-1 • 손익분기점

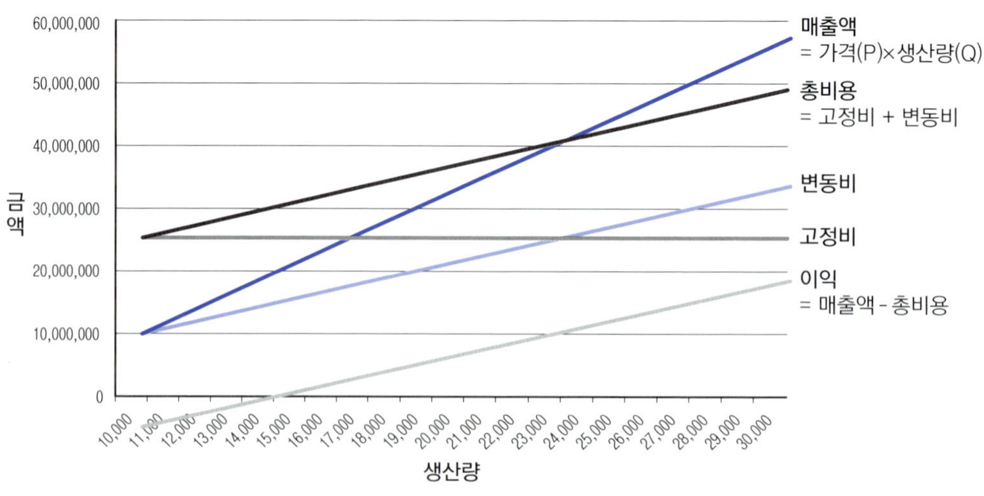

사례 6

핸드폰 핸즈프리를 생산하는 한양기업에서는 새로운 신제품을 구상하고 있다. 시장조사 결과 이 회사에서 생산하려는 제품은 개당 5,000원에 팔 수 있음을 알 수 있다. 이 제품을 생산하기 위해서 공장 임대료와 기계 구입비로 5,000만 원이 소요됨을 알았다. 또한 이 제품을 생산하는 데 발생하는 재료비는 1,000원이고, 개당 인건비는 1,000원, 기타 제조경비가 개당 500원으로 분석되었다. 한양기업에서는 몇 개의 제품을 생산하여야 이익이 발생하는지에 대해서 궁금해 하고 있다. 손익분기분석을 통하여 한양기업이 궁금해 하는 사항에 대한 정보를 제공하고자 한다.

① 손익분기가 되는 판매량은 얼마인가?

- 총매출액 = 5,000 × 판매량(X)
- 총비용 = 고정비 + 변동비 = 50,000,000 + (1,000 + 1,000 + 500) × 판매량(X)
- 손익분기점: 총매출액 = 총비용

  5,000 × X = 50,000,000 + 2,500 × X

  2,500 × X = 50,000,000

  X = 20,000개

즉, 이 사업의 손익분기점은 20,000개로서 만약 생산 및 판매량이 20,000개보다 작으면 손실이 발생하고, 20,000개보다 크면 이익이 발생하게 된다.

② 만약에 이익이 10,000,000원이 되기 위해서는 몇 개를 생산 및 판매하여야 하는가?

- 이익 = 총매출액 − 총비용

  10,000,000 = 5,000 × X − (50,000,000 + 2,500 × X)

  60,000,000 = 2,500 × X

  X = 2,400개

즉, 이익을 10,000,000원을 창출하기 위해서는 2,400개를 생산하여 판매하면 된다.

5) 추정재무분석

(1) 추정손익계산서와 추정재무상태표

SUMMARY

- 추정재무분석(Pro forma analysis): 기업의 미래 재무구조와 현금흐름을 예측하는 방법
- 추정손익계산서: 매출액, 원가, 이익 등의 관계를 분석하여 기업의 수익성과 현금흐름을 예측하는 것
- 추정재무상태표: 자산, 부채, 자본 등의 관계를 분석하여 재무구조를 추정하는 것

프로젝트의 경제성이나 타당성을 분석하는 경영자는 프로젝트가 미래의 재무구조에 어떠한 영향을 주는지를 분석하는 데 많은 관심을 가지고 있다. 이처럼 기업의 미래 재무구조와 현금흐름을 예측하는 방법을 추정재무분석(pro forma analysis)이라고 한다. 추정재무분석은 미래의 일정 기간 동안 기업의 재무상태나 현금흐름을 예측하기 위하여 추정재무제표(projected financial statement)를 작성하고 분석하는 것을 말한다. 추정재무제표는 매출액, 원가, 이익 등의 관계를 분석하여 기업의 수익성과 현금흐름을 예측하는 추정손익계산서(projected income statement)와 자산, 부채, 자본 등의 관계를 분석하여 재무구조를 추정하는 추정재무상태표(projected balance sheet)로 분류된다.

일반적으로 프로젝트의 경제적 타당성은 추정손익계산서를 작성함으로써 분석할 수 있다. 추정손익계산서를 작성하는 것은 손익계산서를 작성하는 것과 유사하다. 먼저 미래의 매출액을 예측하고, 그에 따른 원가를 예측하여 매출총이익을 계산한다. 그 다음에 매출총이익에서 판매 및 일반관리비를 빼서 세금과 이자를 공제하기 전의 이익(EBIT, earnings before interest and tax)을 계산한다. 그 다음 이자와 세금을 공제하면 이익과 손실이 계산되고 이를 전년도 현금흐름에 반영하면 당해 연도의 현금흐름이 계산되어 추정손익계산서를 통한 프로젝트의 타당성을 분석할 수 있다.

(2) What-if 분석

SUMMARY

What-if 분석

- 가정과 제약조건의 변화에 따라서 수익성, 손익분기점, 현금흐름과 같은 모형의 결과가 어떻게 변화하는지를 분석하는 것

현금흐름의 분석, 수익률의 분석, 손익분기분석, 추정손익계산서 작성과 같은 분석을 수행할 때 분석자들은 많은 가정(assumption)과 제약조건(constraints) 하에서 분석을 수행한다. 예를 들어, 이자율 12%의 가정하에서 수익성을 분석하기도 하고, 혹은 가격은 5,000원, 원가는 2,000원 등의 가정하에서 손익분기분석을 하기도 하며, 이자율 15%, 인플레이션은 5%, 생산능력은 1달에 10만 개 등의 여러 가정 아래에서 추정손익계산서를 작성하기도 한다. 그러나 이와 같은 가정과 제약조건은 미래의 불확실성 때문에 변화할 수 있다. 따라서 실제로 새로운 프로젝트의 경제성을 분석할 때 가정과 제약조건은 맞을 수도 있고 틀릴 수도 있기 때문에 가정과 제약조건의 변화에 따라서 수익성, 손익분기점, 현금흐름과 같은 모형의 결과가 어떻게 변화하는지를 분석할 수 있어야 한다. 이와 같은 분석을 What-if 분석이라고 한다. 다양한 상황의 변화나 다양한 대안들의 여러 시나리오를 분석할 수 있는 What-if 분석을 잘 수행할 수 있는 경영자는 문제에 대하여 보다 심도 있는 이해와 통찰력을 가질 수 있고, 불확실한 상황 변화에 탄력적으로 대처할 수 있다.

What-if 분석은 일반적으로 크게 두 종류로 분류된다. 첫 번째는 모형의 입력자료, 가정, 제약조건의 변화에 따라서 관심을 가지고 있는 종속변수의 변화를 분석하는 민감도 분석(sensitivity analysis)이다. 예를 들어, 가격의 변화에 따른 순이익의 움직임, 이자율의 변화에 따른 순현재가치의 움직임, 제조원가의 변화에 따른 손익분기점의 움직임 등의 상황들은 입력자료나 제약조건, 가정의 변화에 따른 종속변수의 움직임을 분석하는 것이다. 즉, 모형의 기초자료, 가정, 제약의 변화가 모형의 결과에 미치는 영향을 분석하는 일종의 전진단계분석(forward chaining approach)이라고 볼 수 있다.

What-if 분석의 다른 형태는 경영자나 의사결정자가 원하는 수준의 목표를 달성하기 위하여 조정가능한 변수들의 변화를 분석하는 목표탐색(goal seeking) 방법이다. 즉,

원하는 현금흐름수준을 달성하기 위하여 기업의 판매량은 얼마가 되어야 하는지, 혹은 달성하고자 하는 순현재가치를 달성하기 위하여 자본비용은 얼마가 되어야 하는지 등과 같이 먼저 기업이나 의사결정자의 목표를 설정하고 이를 달성하기 위한 수단과 대안을 탐색하는 접근방법이 목표탐색법이다. 이 방법은 입력자료의 움직임에 따른 결과를 분석하는 민감도 분석과는 달리 결과의 수준을 설정하고 입력자료의 변화를 분석하는 후진단계분석(backward chaining approach)이라고 볼 수 있다.

기업의 경영활동을 수행할 때 미래의 불확실성과 환경의 변화 때문에 예상하지 못한 일들이 발생할 수 있다. What-if 접근방법에 익숙한 경영자들은 다양한 경우와 시나리오를 분석할 수 있는 시각과 능력을 가질 수 있기 때문에 예상치 못한 환경변화에 신속하게 대처할 수 있고 문제해결에 보다 심도 있는 통찰력과 분석력을 가질 수 있다. 따라서 다양한 환경변화에 능동적으로 체계적으로 대처할 수 있도록 What-if 분석 능력을 가져야 한다.

사례 7

사례 6의 손익분기분석 결과를 이용하여 향후 5년간의 기업의 추정손익계산서를 작성하고자 한다. 제품의 가격은 개당 5,000원, 판매량은 15,000개 정도 팔 수 있을 것으로 예측되며 변동비는 제품가격의 50%를 유지하고, 판매및일반관리비는 제품가격의 약 10% 정도로 예측된다. 법인세는 경상이익의 30%이며 향후 5년간 판매량은 연간 5%씩 증가할 것으로 가정하였을 때 이 프로젝트로 인하여 발생하는 현금흐름과 기업의 추정손익계산서는 어떻게 되는지를 분석하고자 한다.

① 이 상황하에서 기업의 향후 5년간 현금흐름은 얼마인가?
② 만약 가격이 5,000원에서 4,500원으로 10% 내렸을 때는 현금흐름에 어떠한 변화가 있는가?
③ 만약 판매량의 증가가 5%에서 10%로 증가하면 현금흐름에 어떠한 변화가 있는가?
④ 제조원가 비율이 50%에서 45%로 감소하면 현금흐름에 어떠한 변화가 있는가?

위에서 언급한 네 가지 경우에 따른 현금흐름은 다음과 같다.

구분	1차년도	2차년도	3차년도	4차년도	5차년도	6차년도
현 상황	−25,000,000	−1,375,000	23,431,250	49,477,813	76,826,703	105,543,038
가격인하	−25,000,000	−3,737,500	18,588,125	42,030,031	66,644,033	92,488,734
판매량 증가	−25,000,000	−1,375,000	24,612,500	53,198,750	84,643,625	119,232,988
제조원가 감소	−25,000,000	987,500	28,274,375	56,925,594	87,009,373	118,597,342

2 생산성 분석

1) 생산성 분석의 의미

생산성이란 생산의 효율을 나타내는 지표 중의 하나이다. 생산성은 생산의 과정에서 생산요소인 노동이나 자본이 얼마나 효율적으로 사용되었는가를 말하는 것으로 투입된 자원에 비해 산출된 생산량이 어느 정도인가를 대변하는 척도이다. 생산성이 높다는 것은 상대적으로 적은 양의 자원을 투입하여 많은 양의 제품이나 서비스를 생산했다는 것을 뜻하며 단위당 생산에 있어 제품에 투입된 자원의 원가가 그만큼 낮다는 것을 말한다.

투입대비 산출로 계산되는 생산성은 투입되는 생산요소에 따라 하나의 투입요소에 대한 산출량을 파악하는 단일요소 생산성과 두 개 이상의 투입요소에 대한 산출량을 파악하는 총요소 생산성으로 구분할 수 있다. 전통적인 생산 투입요소인 노동과 자본 등을 이용하여 노동생산성, 자본생산성 등을 측정할 수 있는데 토지나 자본의 경우에는 투입과 산출의 측정에 실무적으로나 이론적인 어려움이 존재하여 주로 노동생산성이 생산성을 대표하는 지표로 많이 사용된다.

노동의 생산성은 생산금액을 노동시간으로 나눈 값으로 노동의 질적인 수준을 표시하는 데 유용하게 사용된다. 노동생산성을 다른 기업과 비교하여 자사가 어느 정도의 효율로 노동력을 사용하고 있는지를 파악할 수도 있고 1인당 노동생산성을 계산하여 실질임금과 비교함으로써 임금의 적정성 여부를 파악할 수도 있다.

생산성은 또한 산출되는 형태에 따라서 총산출 측정방법과 부가가치 측정방법으로 구분되는데 생산된 총산출량을 기준으로 하는 물적생산성과 산출된 부가가치를 기준으로 하는 부가가치 생산성으로 구분할 수 있다. 물적생산성은 일정 시간 내에 생산된 산출량과 그 생산에 투입된 생산요소의 비율로 1시간에 몇 개를 생산하였는가의 개념으로 이해할 수 있고, 부가가치 생산성은 생산액을 생산요소의 투입량으로 나눈 결과로 부가가치를 통하여 생산성을 측정하는 방법이다.

현대의 급변하는 경영환경에서는 단순히 생산을 빨리, 많이 하는 것을 넘어서 고객에게 필요한 가치를 생산하는 것이 중요해지고 있기 때문에 부가가치 기준의 생산성이 가장 많이 활용되고 있다.

2) HR원가분석

원가분석은 원가수치를 분석하여 경영활동의 실태를 파악하고 이에 대한 해석을 내리는 것을 말하는데, HR원가분석은 원가요소 중 인적자원을 유지시키고 인적자원에 의한 활동에서 발생하는 항목인 급여, 인센티브, 교육훈련비, 연구개발비 등의 인적자원에 관련된 원가요소들을 별도로 구분하고 합계하여 판매량 또는 생산량으로 나누어 인적자원 활동의 생산성을 분석하는 방법이다.

인적자원 활동에 따른 원가요소는 급여와 인센티브, 교육훈련비, 연구개발비와 기타 인력의 유지 및 운영에 소요되는 비용들이고 이 비용을 판매량으로 나누면 1단위당 HR원가를 산출할 수 있다. 단위당 HR원가를 산출하면 사업부별, 제품별 비교를 통하여 생산성을 분석하고 이에 대한 대응을 할 수 있는 이점이 있다.

식 (15) : 단위당 HR원가 = HR원가요소(급여, 인센티브, 교육훈련비 등) / 판매량

3) 부가가치 분석

(1) 부가가치

SUMMARY

- 부가가치란 기업이 생산활동을 한 결과로 생산에 투입된 가치에 비하여 생산된 산출물에 새로이 부가된 가치를 의미
- 부가가치를 이용한 생산성 분석의 방법에는 부가가치비율, 노동생산성, 자본생산성 등이 있음.

부가가치란 기업이 생산활동을 한 결과로 생산에 투입된 가치에 비하여 생산된 산출물에 새로이 부가된 가치를 말한다. 부가가치는 임금 및 급여, 복리후생비, 감가상각비, 제세공과금, 납부 부가가치세, 영업이익 등을 합산한 금액으로 산출할 수 있다.

그림 3-2 ● 부가가치의 개념

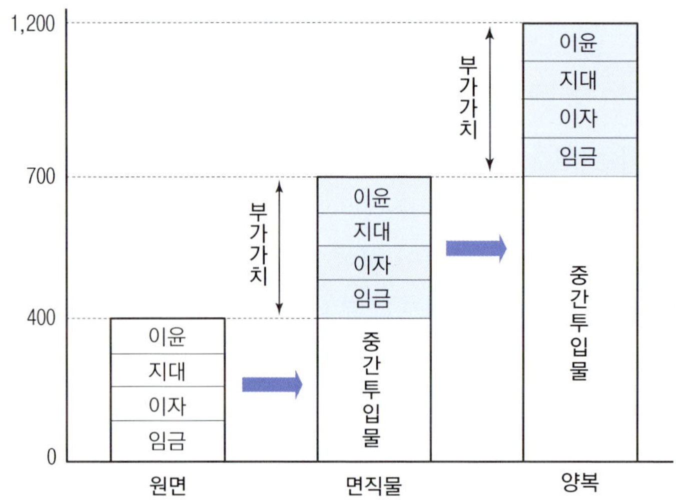

<그림 3-2>에서와 같이 양복을 만들기 위해서는 면직물이 필요하고 면직물을 생산하기 위하여서는 원면이 필요하다고 단순화하면 원면 생산업자는 자신의 자본과 토지, 노동을 투입하여 이윤을 포함한 원면의 가치를 만들어 낸 것이고, 면직물 생산자는 원면을 구매하여 원면에 추가적인 생산요소들을 투입하여 새롭게 부가되는 가치를 만들어 낸 것이다. 마지막으로 양복 생산자는 구매한 면직물에 새로운 생산요소들을 투입하여 이윤을 포함한 새로운 부가가치를 생산해 낸 것으로 볼 수 있다.

이러한 부가가치를 이용한 생산성의 분석방법에는 전체 매출액에서 부가가치의 비율을 파악하는 **부가가치비율**, 노동이 생산해 낸 부가가치를 파악하는 **노동생산성**, 부가가치 중에서 인건비가 차지하는 비중인 **노동분배율**, 자본이 생산해 낸 부가가치를 파악하는 **자본생산성** 등이 있는데 그 개념과 내용은 아래와 같다.

(2) 부가가치비율

부가가치비율이란 일정 기간 동안 창출한 부가가치와 매출액의 비율로 부가가치를 매출액으로 나누어서 산출한다.

식 (16) : 부가가치비율 = 부가가치 / 매출액

매출액 중에 부가가치의 비율이 높다는 것은 생산의 과정에서 부가가치의 산출이 많이 된 고부가가치의 생산이 이루어졌다는 것을 뜻하는 것으로 외부에서 구매하여 생산에 투입된 중간 투입물에 의존하지 않고 자체의 기술과 노동을 통해 부가가치를 생산한 비중이 높다는 것을 의미한다.

(3) 노동생산성

일정 시간 또는 일정 인원이 투입된 노동량과 그 성과인 생산량과의 비율로 계산되며 보통 노동자 1인이 일정 기간 동안 산출하는 생산량 또는 부가가치를 나타낸다.

노동의 생산성은 산출을 생산량으로 파악하는지 또는 부가가치로 파악하는지에 따라서 물적 노동생산성과 부가가치 노동생산성으로 구분되는데 일반적으로 부가가치 노동생산성을 많이 사용하고 있는데 부가가치 노동생산성은 일정 기간 동안 생산된 부가가치를 일정 기간 동안 투입한 노동량으로 나누어 계산한다.

식 (17) : 노동생산성 = 부가가치 / 노동투입량

노동생산성이 높다는 것은 노동력이 효율적으로 이용되어 부가가치를 보다 많이 창출했음을 의미한다.

(4) 노동분배율

기업이 생산을 통해 부가가치를 발생시키면 발생된 부가가치는 노동, 자본 등 각 생산요소를 제공한 경제주체에게 배분되는데 자본을 투입하고 생산활동을 주관한 생산주체에게 배분되는 몫을 영업잉여라고 하고 노동을 제공한 대가로 근로자에게 분배

되는 것을 피용자 보수라고 한다. 노동분배율은 생산된 부가가치 중에서 노동에 대해 분배되는 비율로서 생산액에서 그에 소요된 제비용을 공제하여 부가가치를 구하고 그 중에서 차지하는 인건비의 비율로 산출한다.

식 (18) : 노동분배율 = 인건비 / 부가가치

노동분배율은 노동자에게 지급되는 인건비가 기업의 생산성과 균형을 이루는지를 평가하는 데 주로 사용이 되는데 노동분배율을 일정 수준으로 유지한다면 인건비와 생산성이 균형을 이루게 된다.

(5) 자본생산성

자본생산성은 투하된 자본이 부가가치를 창출한 비율로서 일정 기간 동안 생산된 부가가치를 일정 기간 동안 투입한 총자본으로 나누어 계산한다.

식 (19) : 자본생산성 = 부가가치 / 총자본

자본생산성이 높다는 것은 총자본이 효율적으로 운영되었음을 의미하는 것으로 노동생산성과 함께 기업의 생산성 측정에 주요한 지표로 사용되고 있다.

4) EVA

(1) EVA의 개념

SUMMARY

EVA(economic value added, 경제적 부가가치)

- EVA = 세후영업이익 - 총자본비용. 주주 입장에서 본 실질적인 기업가치
- 회계적 이익이 타인자본에 대한 자본비용만 고려하는 단점을 보완하여 자기자본에 대한 자본비용까지를 계산하여 실제적인 기업의 성과를 측정하기 위해 개발됨.

EVA(economic value added)는 경제적 부가가치를 말하며 세후영업이익에서 총자본비용을 차감한 값으로 주주 입장에서 본 실질적인 기업가치를 나타내는 지표를 말한다. 일반적으로 계산하는 회계적 이익은 이자가 비용으로 계산되어 이익에서 차감되므로 타인자본에 대한 자본비용은 고려하고 있으나 주주의 자본사용의 대가는 고려하지 않고 있기에 손익계산서상의 순이익이 0보다 크다고 해서 꼭 경영자가 기업경영을 잘했다고 평가할 수는 없다. 따라서 기업이 벌어들인 이익에서 기업이 사용한 총자본(타인자본＋자기자본)에 대한 자본비용과 세금을 공제한 후에 남는 이익을 별도로 집계하여 기업의 성과를 측정하는 EVA를 성과의 지표로 도입하게 되었다.

(2) EVA의 계산

일반적으로 EVA는 세후영업이익에서 타인자본비용과 자기자본비용을 합산한 총자본비용을 차감해서 산출한다.

식 (20) : EVA ＝ 세후영업이익 － 총자본비용
세후영업이익(Net Operating Profit After Tax) ＝ 영업이익 － 법인세
총자본비용(Cost of Capital) ＝ 타인자본비용 ＋ 자기자본비용

EVA가 마이너스라는 것은 기업이 투자하여 최소한 벌어들여야 할 요구수익에 미달한다는 의미로 세후영업이익이 총자본비용에 미달한다는 것이며, EVA가 플러스라는 것은 투하된 자본에 대한 비용을 초과하여 이익을 발생시켰음을 의미하므로 EVA 값이 크면 클수록 기업의 투자가치가 높다는 것을 나타낸다.

3 Excel을 활용한 경제성 분석

1) 재무함수에 대한 이해

재무함수는 기업경영에서 발생할 수 있는 각종 재무회계에 관련된 사항들을 쉽게 계산할 수 있는 함수들을 모아 놓은 것으로서 연금이나 대출금에 관련된 함수, 감가상각에 관련된 함수, 이자에 관련된 함수, 현금흐름에 관련된 함수들로 구성되어 있다. 엑셀에서는 현금의 순현재가치나 미래가치의 계산, 이자율 계산 등과 같은 재무분석을 복잡한 수식을 사용하지 않고도 쉽게 수행할 수 있도록 재무함수들을 제공하고 있다. 즉, 대부금 상환, 투자금액의 미래가치와 순현재가치, 채권이나 정기이자표가치 등을 결정하는 재무관련 계산을 할 때 사용한다. 구버전의 엑셀에서는 재무함수를 사용하기 위해서는 엑셀에서 분석도구를 설치하여야 하나 최근 버전에서는 별도의 설치 없이 사용이 가능하다.

(1) 재무함수의 구성

재무함수는 함수의 기능을 나타내는 함수의 이름과 함수를 수행하는 데 필요한 값인 인수로 구성되어 있다. 인수란 함수의 연산이나 계산에 필요한 값으로서 함수에 따라 인수는 다르다. 함수에서 사용되는 일반적인 인수로는 숫자 값, 문자열 값, 셀 참조영역, 셀 범위, 이름, 이름표 등이 있다.

구분	인수	내용	설명
미래가치	FV(future value)	미래가치	미래가치 또는 최종 상환 후의 현금 잔고를 의미한다.
기간 수	Inflow1, Inflow2… Inflow n	각 기간의 현금흐름 (각 기간마다 틀림)	총지불 횟수 또는 총투자기간

구분	인수	내용	설명
투자기간	Nper(number of period)	투자기간	투자금액이나 대부금으로 정기적으로 지불되는 금액
기간 수	Period	납입액을 지불하는 기간 수	
지불금액	Pmt(payment)	각 기간의 현금흐름 전 기간 동안 일정	각 기간의 납입금액
유형	Type	납입액을 지불하는 시점(0일 경우 생략) 0 = 기말, 1 = 기초	월초나 월말처럼 지불기간 동안 지불이 이루어지는 간격
현재가치	PV(present value)	현재가치를 의미하는 것으로 납입할 일련의 납입금의 현재가치를 나타낸다.	투자시점에서의 투자금액이나 대부금의 가치로서 ex) 대부금의 현재가치는 최초로 빌린 금액
비율	Rate	이자율 또는 할인율	대부금이나 투자금액의 이자율이나 할인율

(2) Excel 화면의 구성요소

재무함수의 종류에는 투자분석을 위한 함수, 이자율 계산을 위한 함수, 감가상각 함수, 유가증권 분석을 위한 함수 등이 있다. 여기에 소개한 함수들은 자주 이용되는 함수들로서 다음과 같이 간단히 설명된다.

1〉 투자분석을 위한 함수

함수 이름	형태	설명
PV 워크시트 함수	PV(rate, nper, pmt, fv, type)	매월 또는 매년 일정한 금액을 일정 기간 동안 지불해 주는 연금이나 보험의 지급총액에 대한 현재가치를 구해 주는 함수
NPV 워크시트 함수	NPV(rate, value1, value2,…)	할인율과 앞으로의 지출(음수)과 수입(양수)을 사용하여 투자의 현재가치를 계산
FV 워크시트 함수	FV(rate, nper, pmt, pv, type)	일정 금액을 정기적으로 불입하고 일정한 이율을 적용하는 투자의 미래가치를 계산
PMT 워크시트 함수	PMT(rate, nper, pv, fv, type)	정기적으로 불입하고 일정한 이율이 적용되는 대출에 대한 매회 불입액을 계산
IPMT 워크시트 함수	IPMT(rate, per, nper, pv, fv, type)	일정 금액을 정기적으로 납입하고 일정한 이율이 적용되는 투자에 대한 주어진 기간 동안의 이자를 계산

함수 이름	형태	설명
PPMT 워크시트 함수	PPMT(rate, per, nper, pv, fv, type)	정기적으로 일정 금액을 지불하고 일정한 이율이 적용되는 투자액에 대한 주어진 기간 동안의 원금 상환액을 계산
NPER 워크시트 함수	NPER(rate, pmt, pv, fv, type)	정기적으로 일정 금액을 불입하고 일정한 이율을 적용하는 투자에 대한 투자기간 수를 구함

2〉 이자율 계산을 위한 함수

함수 이름	형태	설명
RATE 워크시트 함수	RATE(nper, pmt, pv, fv, type, guess)	이자 지급기간당 이율을 계산
IRR 워크시트 함수	IRR(values, guess)	숫자로 표시되는 일련의 주기적인 현금흐름에 대한 내부수익률을 구함
MIRR 워크시트 함수	MIRR(values, finance-rate, reinvest-rate)	정기적인 현금흐름에 대한 수정된 내부회수율을 계산(MIRR는 투자비용과 현금을 재투자하여 얻은 이자를 모두 고려)

3〉 감가상각 함수

함수 이름	형태	설명
SLN 워크시트 함수	SLN(cost, salvage, life)	단위기간 동안 자산의 감가상각액을 정액법으로 계산
DB 워크시트 함수	DB(cost, salvage, life, period, month)	지정된 상각기간 중 자산의 감가상각액을 정률법으로 구함
DDB 워크시트 함수	DDB(cost, salvage, life, period, factor)	이중체감법이나 기타 방법들을 사용하여 지정된 기간의 자산 감가상각액을 구함
VDB 워크시트 함수	VDB(cost, salvage, life)	이중체감법이나 지정한 기타 다른 방법으로, 지정한 기간에 대한 자산의 감가상각을 계산. VDB는 변동체감법(variable declining balance)을 의미
SYD 워크시트 함수	SYD(cost, salvage, life, per)	지정된 상각기간 중 자산의 감가상각액을 연수합계법으로 구함

4〉 유가증권 분석을 위한 함수

함수 이름	형태	설명
ACCRINT 워크시트 함수	ACCRINT(issue, first-interest, settlement, rate, par, frequency, basis)	정기적으로 이자를 지급하는 유가증권의 발생된 이자를 계산
ACCRINTM 워크시트 함수	ACCRINTM(issue, maturity, rate, par, basis)	만기 시에 이자를 지급하는 유가증권의 발생된 이자를 계산
INTRATE 워크시트 함수	INTRATE(settlement, maturity, investment, redemption, basis)	완전 투자한 유가증권의 이율을 구함
RECEIVED 워크시트 함수	RECEIVED(settlement, maturity, invest-ment, discount, basis)	완전 투자한 유가증권에 대하여 만기 시 수령하는 금액을 구함
DISC 워크시트 함수	DISC(settlement maturity, pr, redemption, basis)	유가증권의 할인율을 계산
YIELD 워크시트 함수	YIELD(settlement, maturity, rate, pr, redemption, frequenty, basis)	정기적으로 이자를 지급하는 유가증권의 수익률을 구함. YIELD을 사용하여 채권의 수익률을 구함
YIELDDISC 워크시트 함수	YIELDDISC(settlement, maturity, pr, redemption, basis)	할인된 유가증권의 연수익률을 구함
YIELDMAT 워크시트 함수	YIELDMAT(settlement, maturity, issue, rate, pr, basis)	만기 시 이자를 지급하는 유가증권의 연수익률을 구함

2) 자금의 시간가치

(1) 자금의 미래가치

1〉 새로운 파일의 열기

① 새로운 엑셀 파일을 열어 <그림 3-3>과 같이 '투자분석'으로 이름을 바꾸어 저장한다.

② 『Sheet 1』의 이름을 '시간가치'로 바꾼다.

③ 사례 1의 상황을 셀 A3 상황이라 입력하고 <그림 3-4>와 같이 입력한다.

그림 3-3 ● **다른 이름으로 저장 – 투자분석**

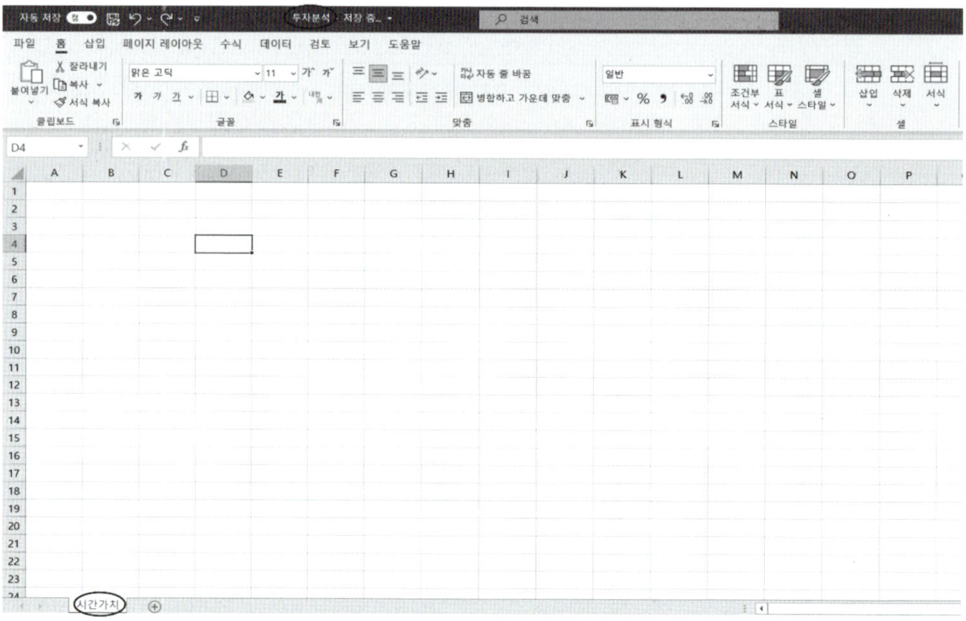

④ 셀 B9와 같은 경우 셀 참조를 이용하여 “=$C$3”을 입력한다.

그림 3-4 ● **자료입력**

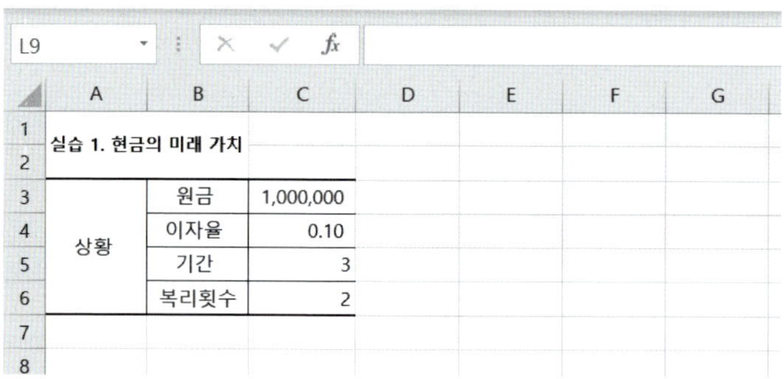

L9

	A	B	C	D	E	F	G
1	실습 1. 현금의 미래 가치						
2							
3	상황	원금	1,000,000				
4		이자율	0.10				
5		기간	3				
6		복리횟수	2				
7							
8							

2⟩ 미래가치의 단리계산

현재시점에서 1,000,000원의 금액을 매년 10%의 이자를 받기로 하고 은행에 예금한 경우 3년 뒤의 미래가치는 얼마인가?

① 셀 C9를 선택하여 "=B9*$C$4"의 수식을 입력한다.

그림 3-5 ● 이자계산

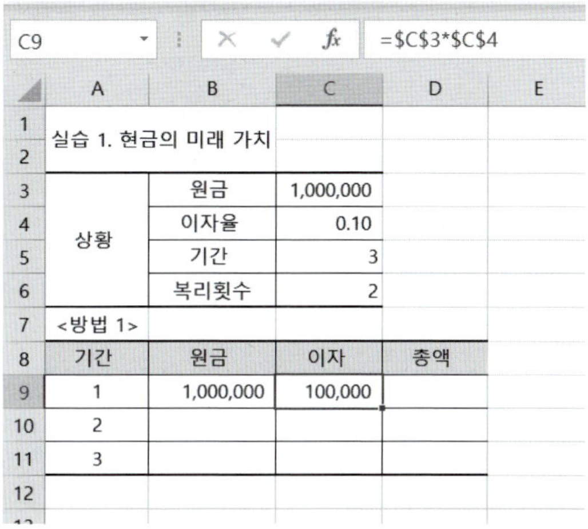

② 셀 D9에는 "=B9+C9"의 수식을 입력하도록 한다.

그림 3-6 ● 총액계산

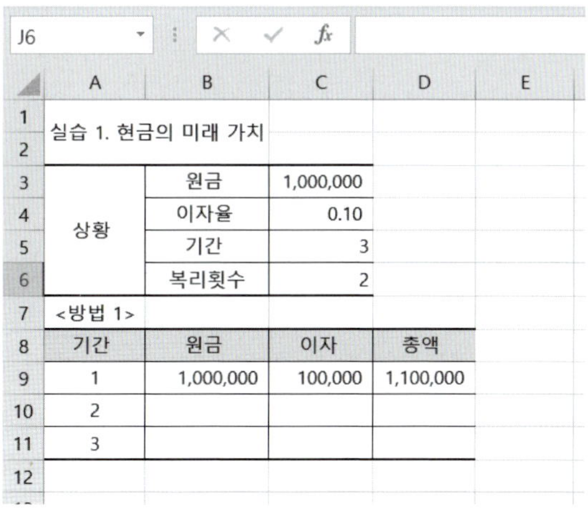

③ 셀 B10에는 상대참조를 이용하여 "=D9"라 입력한다.

④ 셀 C10에는 C9와 마찬가지로 수식 "=B10*$C$4"를 입력한다.

⑤ 이와 같은 방법으로 원금에는 전 기간의 총액을 입력하고 이자에는 원금×이자

율($C$4)을 입력하여 나머지 기간에 대해서 수식을 입력하면 <그림 3-7>과 같은 표가 완성된다.

그림 3-7 • 기간별 이자와 총액

G13 | × ✓ f_x

	A	B	C	D	E
1	실습 1. 현금의 미래 가치				
2					
3	상황	원금	1,000,000		
4		이자율	0.10		
5		기간	3		
6		복리횟수	2		
7	<방법 1>				
8	기간	원금	이자	총액	
9	1	1,000,000	100,000	1,100,000	
10	2	1,000,000	100,000	1,200,000	
11	3	1,000,000	100,000	1,300,000	

3) 미래가치의 복리계산

사례 1에서 3년 후의 미래가치를 복리로 계산하도록 하자. 미래가치는 앞서 설명한 것처럼 1년에 한 번만 단리로 계산한 경우는 $1,000,000 \times (1+0.10)^3$이 되지만 1년에 두 번씩 복리로 계산되는 경우는 $1,000,000 \times (1+0.10/2)^{3\times2}$이 되므로 주의하여 수식을 입력하여야 한다.

① 미래가치를 계산하기 위하여 셀 B14에 미래가치(단리)를, 셀 B15에는 미래가치(복리)를 입력한다.

② 사례 1에서 연 1회 복리로 계산하면 3년 후 미래가치, 즉 이자와 원금의 합계는 $1,000,000 \times (1+0.10)^3$이 된다. 따라서 C14에는 "=$C$3*(1+$C$4)∧$C$5"를 입력한다.

그림 3-8 ● 미래가치 계산

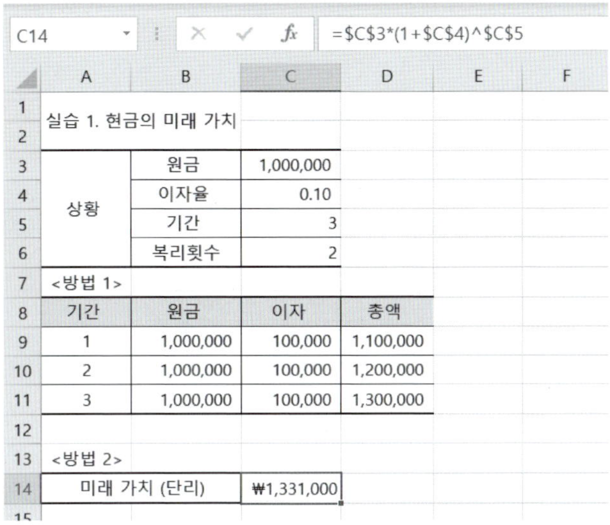

C14 | =$C$3*(1+$C$4)^$C$5

	A	B	C	D
1–2	실습 1. 현금의 미래 가치			
3	상황	원금	1,000,000	
4		이자율	0.10	
5		기간	3	
6		복리횟수	2	
7	<방법 1>			
8	기간	원금	이자	총액
9	1	1,000,000	100,000	1,100,000
10	2	1,000,000	100,000	1,200,000
11	3	1,000,000	100,000	1,300,000
12				
13	<방법 2>			
14	미래 가치 (단리)		₩1,331,000	

③ 사례 1의 상황에서 1년에 두 번씩 복리로 계산하면 3년 후의 미래가치, 이자와 원금의 총액은 $1,000,000 \times (1+0.10/2)^{3\times2}$이 된다. 따라서 C15에는 "=\$C\$3*(1+\$C\$4/\$C\$6)∧(\$C\$5*\$C\$6)"을 입력하면 된다.

그림 3-9 ● 미래가치 계산

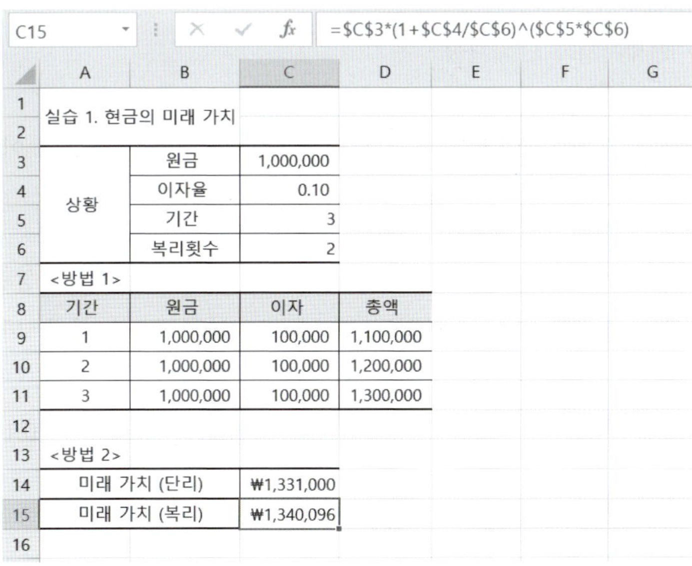

C15 | =$C$3*(1+$C$4/$C$6)^($C$5*$C$6)

	A	B	C	D
1–2	실습 1. 현금의 미래 가치			
3	상황	원금	1,000,000	
4		이자율	0.10	
5		기간	3	
6		복리횟수	2	
7	<방법 1>			
8	기간	원금	이자	총액
9	1	1,000,000	100,000	1,100,000
10	2	1,000,000	100,000	1,200,000
11	3	1,000,000	100,000	1,300,000
12				
13	<방법 2>			
14	미래 가치 (단리)		₩1,331,000	
15	미래 가치 (복리)		₩1,340,096	
16				

④ 위와 같이 미래가치에 대한 수식을 입력하여 구하면 <그림 3-10>과 같이 나타난다.

그림 3-10 • 미래가치(복리)

J13

	A	B	C	D	E
1	실습 1. 현금의 미래 가치				
2					
3	상황	원금	1,000,000		
4		이자율	0.10		
5		기간	3		
6		복리횟수	2		
7	<방법 1>				
8	기간	원금	이자	총액	
9	1	1,000,000	100,000	1,100,000	
10	2	1,000,000	100,000	1,200,000	
11	3	1,000,000	100,000	1,300,000	
12					
13	<방법 2>				
14	미래 가치 (단리)		₩1,331,000		
15	미래 가치 (복리)		₩1,340,096		
16					

(2) 자금의 현재가치

1〉 현재가치의 단리계산

A는 3년 후에 1,000만 원을 모으려고 예금을 하려고 하는데 이자율은 10%라고 한다. A는 지금 얼마를 예금해야 3년 후에 1,000만 원을 받을 수 있는가?

① 사례 2에서 자금의 현재가치를 구하기 위해 셀 A23에 "상황"이라 입력하고 다음의 그림과 같이 각각의 셀에 자료를 입력하도록 한다. 마찬가지로 셀 B29에는 절대참조를 이용하여 "=$C$23"을 입력하도록 한다.

② 사례 2에서 연 1회의 단리로 계산하려면 10,000,000/(1+0.10)이 되므로 셀 C29에는 "=B29/(1+$C$24)"를 입력하면 된다.

그림 3-11 ● **현재가치의 단리계산**

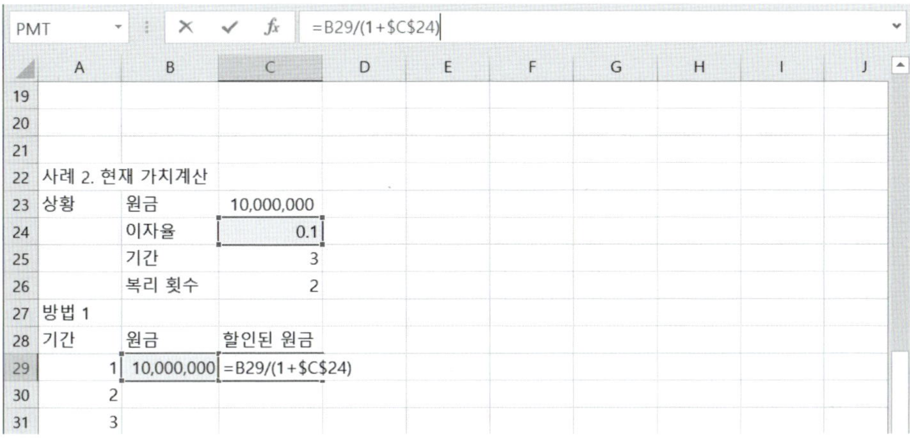

③ 계속해서 셀 B30에 셀참조를 이용하여 "=C29"를 입력한다.

④ 마찬가지로 셀 C30에 연 1회의 단리에 의한 계산이므로 C30에는 "=B30/(1+$C$24)"가 입력된다.

⑤ 위와 같은 방법으로 각각의 연도와 할인된 원금을 구하면 <그림 3-12>와 같이 나타난다.

그림 3-12 ● **기간별 현재가치의 단리계산**

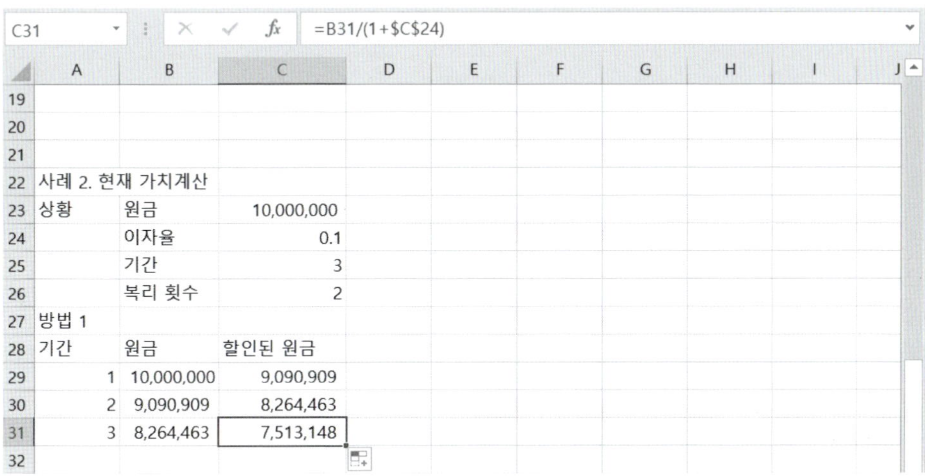

2〉 현재가치의 복리계산

여기에서는 1년에 두 번씩 복리로 계산할 때의 현재가치를 계산하는 방법을 설명한다. 위의 사례 2에서 1년에 두 번씩 복리로 계산된다면 현재 얼마를 예금하여야 하는가?

① 1회의 복리에 의해 3년 후 1,000만 원이 되는 현재시점의 금액을 알기 위한 수식은 $1,000,000/(1+0.10)^3$이 된다. 따라서 셀 C34에 "=$C$23/(1+$C$24)∧$C$25"를 입력하면 된다.

② 연 2회의 복리에 의해 10년 후 1,000만 원이 되는 현재시점의 금액을 알기 위한 수식은 $1,000,000/(1+0.10/2)^{3\times2}$이 된다. 따라서 셀 C35에 "=$C$23/(1+$C$24/$C$26)∧($C$25*$C$26)"을 입력하면 된다. 위와 같은 방식으로 각각의 현재가치를 구하면 <그림 3-13>과 같다.

그림 3-13 ● 현재가치의 복리계산

C38 fx

	A	B	C	D	E	F	G	H	I
20									
21									
22	사례2. 현재가치 계산								
23									
24	상황	원금	10,000,000						
25		이자율	0.1						
26		기간	3						
27		복리 횟수	2						
28									
29	방법 1								
30	기간	원금	할인된 원금						
31	1	10,000,000	9,090,909						
32	2	9,090,909	8,264,463						
33	3	8,264,463	7,513,148						
34									
35	방법2								
36		현재 가치(1회 복리)	7,513,148						
37		현재 가치(2회 복리)	7,462,154						
38									

(3) 연속적인 현금흐름의 시간가치

1〉 연속적인 현금흐름의 시간가치

A는 2017년 1월 1일부터 매년 1월 1일에 100만 원씩을 연리 8%의 적금에 불입한다고 할 때, 2022년 1월 1일에 A가 받을 수 있는 적금의 총액은 얼마인가?

① 사례 3에서 연속적인 현금흐름의 시간가치를 구하기 위해 셀 F3에 "상황"이라 입력하고 다음의 그림과 같이 각각의 셀에 자료를 입력하도록 한다. 마찬가지로 셀 G9에는 참조를 이용하여 "=$H$3"을 입력하도록 한다.

② 셀 H9에 "=G9*$H$4"를 입력한다.

③ 셀 I9에는 "=G9+H9"를 입력한다.

④ 셀 G10에는 "=$H$3+I9"를 입력한다.

⑤ 마찬가지로 셀 H10에는 "=G10*$H$4"를 입력하도록 한다.

위와 같은 방법으로 다음 기간의 수식을 입력하면 <그림 3-14>와 같이 나타난다.

그림 3-14 ● 연속적인 현금흐름의 시간가치

실습 3. 연속적인 현금흐름의 미래가치

F	G	H
상황	원금	1,000,000
	이자율	0.08
	기간	5

<방법 1>

기간	원금	이자	총액
1	1,000,000	80,000	1,080,000
2	2,080,000	166,400	2,246,400
3	3,246,400	259,712	3,506,112
4	4,506,112	360,489	4,866,601
5	5,866,601	469,328	6,335,929

2〉 연속적인 현금흐름의 미래가치(재무함수 이용)

재무함수를 이용하여 연속적인 현금흐름을 구하는 방법에 대해 알아보자.

① 셀 G16을 선택하고 수식 메뉴에서 [함수 라이브러리]-[함수 삽입]을 누른다.

② 함수 마법사 대화상자가 나타나면 범주선택에서는 '재무'를, 함수선택에서는 'FV'를 선택하고 확인을 누른다.

그림 3-15 ● **함수 삽입**

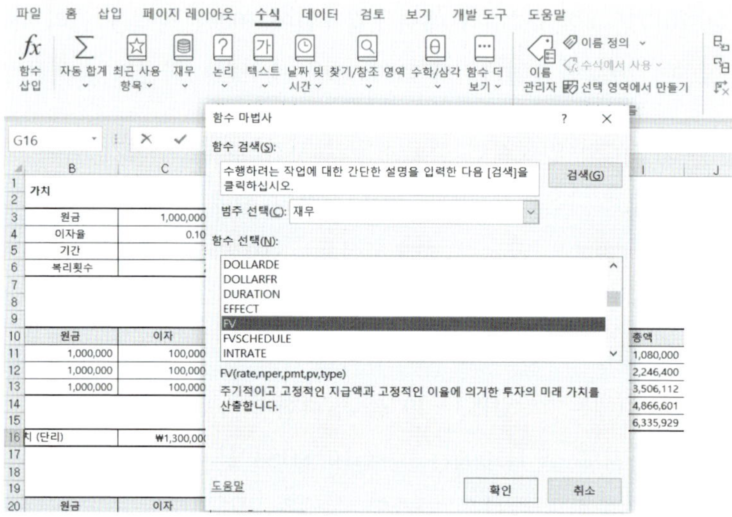

③ 함수 마법사의 다음 단계에서는 다음과 같이 입력한다.

- Rate에는 "H4"
- Nper에는 "H5"
- Pmt에는 " − H3"
- Type에는 "1"을 입력하고 확인을 누른다.

그림 3-16 ● **FV 대화상자**

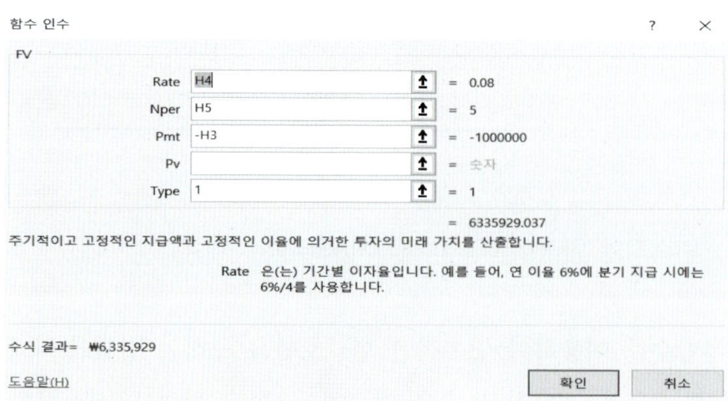

④ <그림 3-17>과 같이 미래가치가 나타난다.

그림 3-17 ● **미래가치**

G17

	F	G	H	I	J	K	L	M	N	O
1										
2	사례 3. 연속 현금		미래가치							
3	상황	원금	1,000,000							
4		이자율	0.08							
5		기간	5							
6										
7	방법 1									
8	기간	원금	이자	총액						
9	1	1,000,000	80,000	1,080,000						
10	2	2,080,000	166,400	2,246,400						
11	3	3,246,400	259,712	3,506,112						
12	4	4,506,112	360,489	4,866,601						
13	5	5,866,601	469,328	6,355,929						
14										
15	방법 2	FV(RATE, NPER, PMT, PV, TYPE)								
16		₩6,335,929								

3) 연속적인 현금흐름의 현재가치

연간 이자율 8%의 이자로 2019년 1월 1일부터 2023년 1월 1일까지 매년 100만 원씩 지불하는 경우, 이 현금흐름의 2018년 1월 1일 시점에서의 현재가치는 얼마인가?

① 연속적인 현금흐름의 시간가치를 구하기 위해 셀 F28에 "상황"이라 입력하고 아래의 표와 같이 각각의 셀에 자료를 입력하도록 한다. 마찬가지로 셀 G34에는 참조를 이용하여 "=$H$28"을 입력하도록 한다.

② 셀 H34에 "=G34/(1+$H$29)∧5"를 입력한다.

그림 3-18 ● **연속적인 현금흐름의 시간가치**

실습 3. 연속적인 현금흐름의 현재가치

상황	원금	1,000,000
	이자율	0.08
	기간	5

<방법 1>

기간	원금	현가	총액
1	1,000,000	680,583	680,583

③ 셀 I34에는 “=H34”를 입력한다.

④ 셀 G35에는 “=$H$28”을 입력한다.

⑤ 마찬가지로 셀 H35에는 “=G35/(1+$H$29)∧4”를 입력한다.

위와 같은 방법으로 다음 기간의 현가를 구하면 <그림 3-19>와 같이 나타난다.

그림 3-19 ● 완성된 현재가치

실습 3. 연속적인 현금흐름의 현재가치

상황	원금	1,000,000
	이자율	0.08
	기간	5

<방법 1>

기간	원금	현가	총액
1	1,000,000	680,583	680,583
2	1,000,000	735,030	1,415,613
3	1,000,000	793,832	2,209,445
4	1,000,000	857,339	3,066,784
5	1,000,000	925,926	3,992,710

4〉 연속적인 현금흐름의 현재가치(재무함수 이용)

① 셀 G41을 선택하고 수식 메뉴에서 [함수 라이브러리]-[함수 삽입]을 누른다.

② 함수 마법사 대화상자가 나타나면 범주선택에서는 ‘재무’를, 함수선택에서는 ‘PV’를 선택하고 확인을 누른다.

그림 3-20 ● 연속적인 현금흐름의 현재가치 함수 마법사

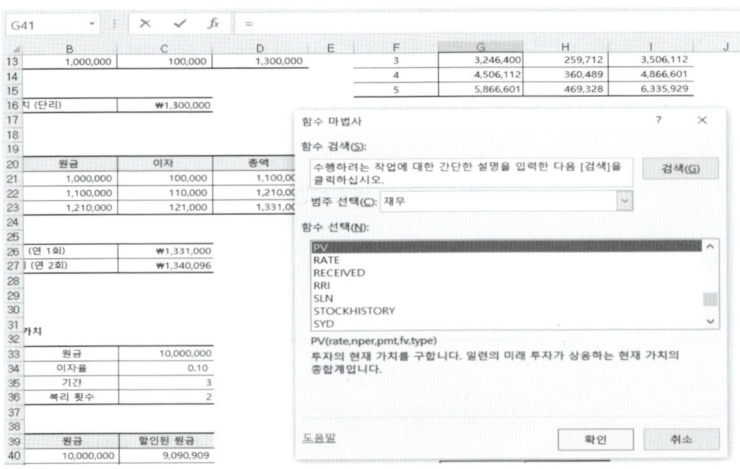

③ 함수 마법사의 다음 단계에서는 아래와 같이 입력한다.
Rate에는 “H29”, Nper에는 “H30”, Pmt에는 “－H28”, Type에는 “0”을 입력하고 확인을 누르면 <그림 3-22>와 같이 나타난다.

그림 3-21 ● PV 대화상자

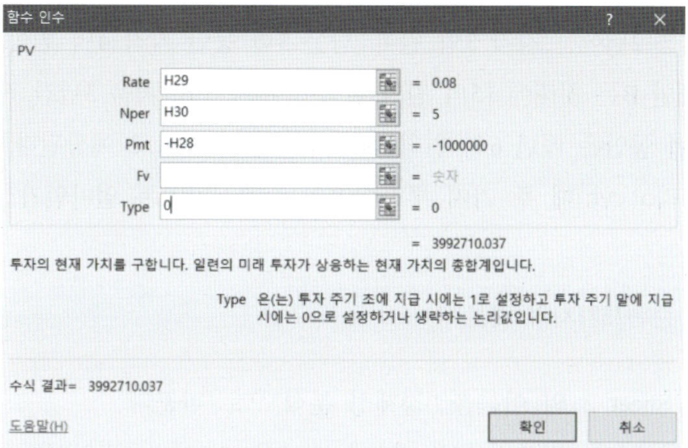

그림 3-22 ● 연속적인 현금흐름의 현재가치

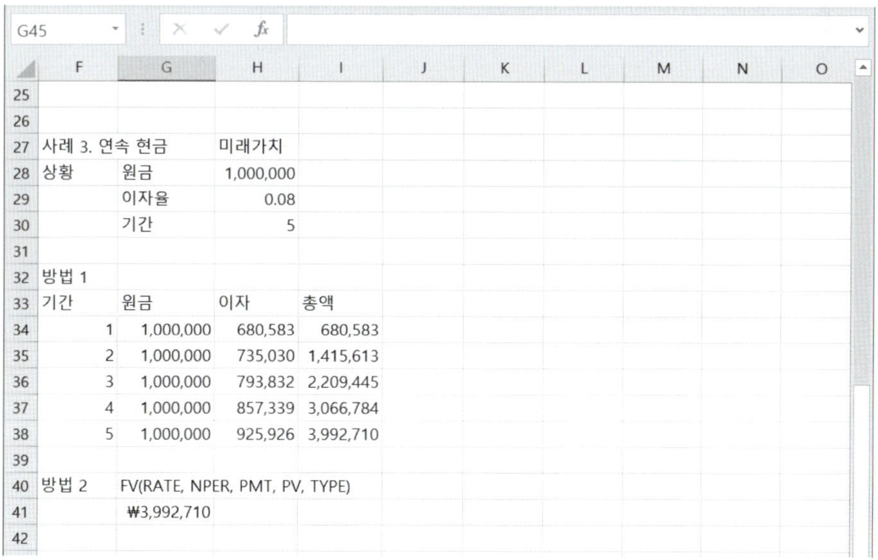

	F	G	H	I
25				
26				
27	사례 3. 연속 현금		미래가치	
28	상황	원금	1,000,000	
29		이자율	0.08	
30		기간	5	
31				
32	방법 1			
33	기간	원금	이자	총액
34	1	1,000,000	680,583	680,583
35	2	1,000,000	735,030	1,415,613
36	3	1,000,000	793,832	2,209,445
37	4	1,000,000	857,339	3,066,784
38	5	1,000,000	925,926	3,992,710
39				
40	방법 2	FV(RATE, NPER, PMT, PV, TYPE)		
41		₩3,992,710		
42				

3) 투자의 경제성 분석

(1) 순현재가치와 내부수익률 계산

한양기업에서는 노후된 기계설비를 신형의 기계설비로 교체하고자 한다. 이에 대한 투자대안은 두 가지가 있다. 대안 A는 첫해에 10억 원이 투자된 반면에 향후 5년 동안 처음 2년에는 각각 3억 원이, 남은 3년 동안 각각 4억 원이 유입될 것으로 예상된다. 대안 B는 첫해에 15억 원의 현금이 투자되고, 처음 3년간 각각 4억 원의 현금이, 남은 2년 동안은 매년 6억 원의 현금이 유입될 것으로 예상된다. 이 기업의 자본비용을 10%라고 할 때 두 가지 투자대안의 순현재가치는 얼마인가?

1) 순현재가치의 계산

① 『Sheet 2』의 이름을 "경제성 분석"으로 바꾼다.

② 셀 A3에 "자본비용"을, B3에 "0.1"을, A5에 "투자안"을, A6에 "1차년도"를 입력하고 아래 그림에 나타난 것과 같이 각각의 셀에 입력한다. 사례에 나타난 것과 같이 각각의 연도에 투자액을 입력한다.

그림 3-23 ● 순현재가치

	A	B	C
1	실습 4-1. 순현재가치 계산		
2			
3	자본 비용	0.1	
4			
5	투자안	투자 안A	투자 안 B
6	1차년도	-1,000,000,000	-1,500,000,000
7	2차년도	300,000,000	400,000,000
8	3차년도	300,000,000	400,000,000
9	4차년도	400,000,000	400,000,000
10	5차년도	400,000,000	600,000,000
11	6차년도	400,000,000	600,000,000

③ 셀 B13을 선택하고 수식 메뉴의 [함수 라이브러리] - [함수 삽입]을 누른다.

그림 3-24 ● **순현재가치 함수 마법사**

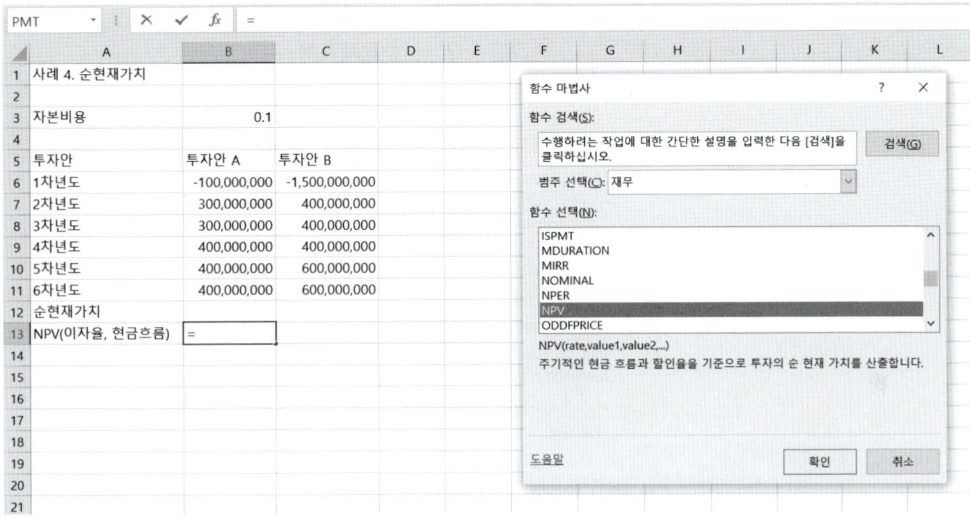

④ 함수 마법사 대화상자가 나타나면 범주선택에서 '재무'를, 함수선택에서 'NPV'를 선택하고 확인을 누른다. 그리고 대화상자에서 Rate에는 "$B$3", Value 1에는 "B6:B11"을 입력하고 확인을 누른다.

그림 3-25 ● **NPV 대화상자**

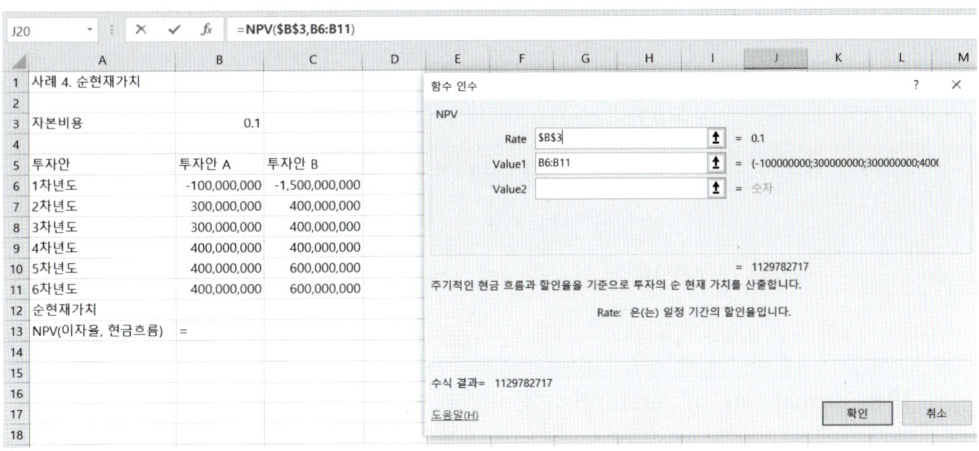

⑤ 투자안 A에 대한 순현재가치가 <그림 3-26>의 셀 B13에 나타난다.

⑥ 마찬가지로 투자안 B에 대해서 함수 마법사를 이용하여 순현재가치를 구하면

<그림 3-26>의 셀 C13과 같이 나타난다.

그림 3-26 ● 순현재가치

	A	B	C	D	E	F	G	H
1	사례 4. 순현재가치							
2								
3	자본비용	0.1						
4								
5	투자안	투자안 A	투자안 B					
6	1차년도	-100,000,000	-1,500,000,000					
7	2차년도	300,000,000	400,000,000					
8	3차년도	300,000,000	400,000,000					
9	4차년도	400,000,000	400,000,000					
10	5차년도	400,000,000	600,000,000					
11	6차년도	400,000,000	600,000,000					
12	순현재가치							
13	NPV(이자율, 현금흐름)	₩311,600,899	₩251,910,603					
14								

2〉 내부수익률 계산

앞에서 설명한 바와 같이 투자안 A, 투자안 B에 대한 각각의 내부수익률을 구하기 위한 수식은 다음과 같다.

투자안 A의 수익률 $= -10/(1+r) + 3/(1+r)^2 + 3/(1+r)^3 + 4/(1+r)^4 + 4/(1+r)^5$
$+ 4/(1+r)^6 = 0$

$r = 22\%$

투자안 B의 수익률 $= -15/(1+r) + 4/(1+r)^2 + 4/(1+r)^3 + 4/(1+r)^4 + 6/(1+r)^5$
$+ 6/(1+r)^6 = 0$

$r = 16\%$

위의 계산식은 매우 복잡한 계산을 수행하여야 하는데, 이러한 수식을 엑셀의 IRR(internal rate of return)함수를 이용하면 매우 간단하게 구할 수 있다.

① 내부수익률을 계산하기 위하여 "A5:C11"까지 복사하여 "E4:G10"의 영역에 붙여넣는다.

② 셀 E11에 "내부수익률"이라 입력한다.

③ 셀 F12를 선택하고 수식 메뉴에서 [함수 라이브러리]-[함수 삽입]을 선택한다.

④ 함수 마법사 대화상자에서 범주선택은 '재무'를, 함수선택은 'IRR'을 선택하고 확인을 누른다.

그림 3-27 ● 내부수익률 함수 마법사

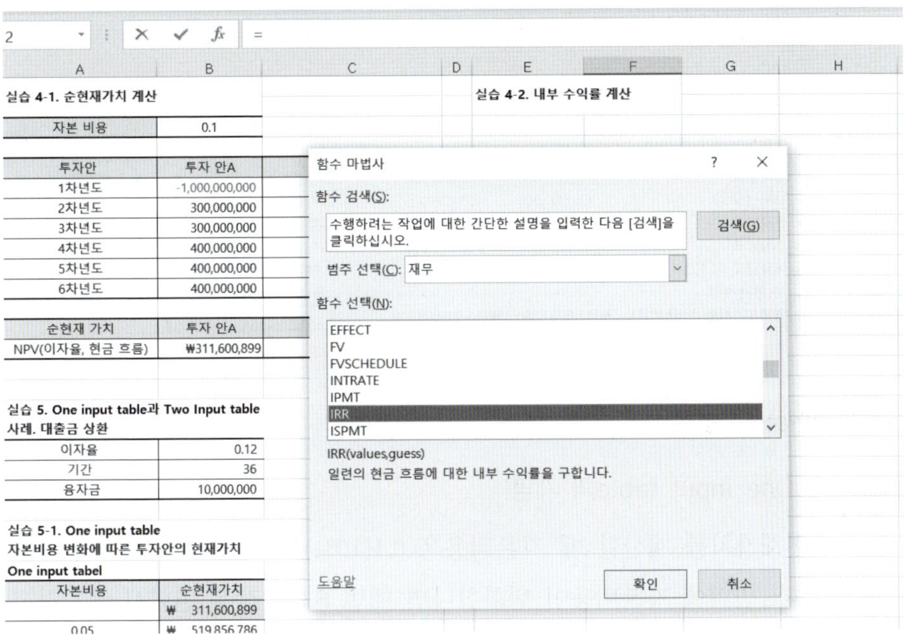

⑤ <그림 3-28>과 같이 함수 마법사 대화상자에서 Values에 "F5:F10"을 입력하고 확인을 누른다.

그림 3-28 ● IRR 대화상자

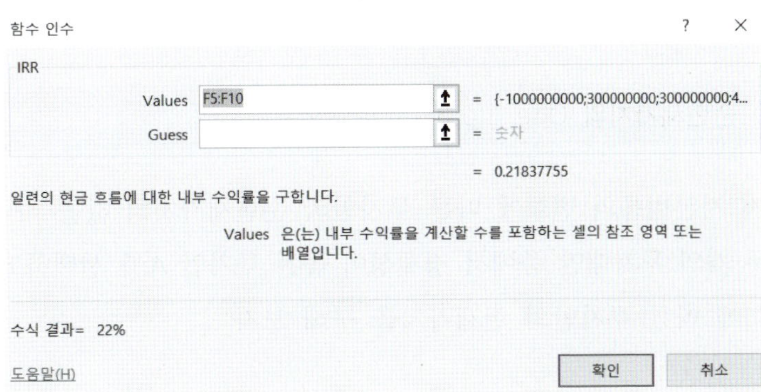

⑥ 투자안 A의 내부수익률은 셀 F12이고, 마찬가지로 투자안 B에 대해서 함수 마법사를 이용하여 내부수익률을 구하면 <그림 3-29>의 셀 G12와 같이 나타난다.

그림 3-29 ● 내부수익률

E13

	A	B	C	D	E	F	G
1	사례 4. 순현재가치				사례 5. 내부수익률		
2							
3	자본비용	0.1					
4					투자안	투자안 A	투자안 B
5	투자안	투자안 A	투자안 B		1차년도	-100,000,000	-1,500,000,000
6	1차년도	-100,000,000	-1,500,000,000		2차년도	300,000,000	400,000,000
7	2차년도	300,000,000	400,000,000		3차년도	300,000,000	400,000,000
8	3차년도	300,000,000	400,000,000		4차년도	400,000,000	400,000,000
9	4차년도	400,000,000	400,000,000		5차년도	400,000,000	600,000,000
10	5차년도	400,000,000	600,000,000		6차년도	400,000,000	600,000,000
11	6차년도	400,000,000	600,000,000		내부수익률		
12	순현재가치				IRR(현금흐름)	22%	16%
13	NPV(이자율, 현금흐름)	₩311,600,899	₩251,910,603				

(2) What-if 분석

1〉 One input table의 개념

순현재가치를 계산할 때 자본비용은 0.1(10%)로 가정하여 투자안의 순현재가치를 구하였다. 만약에 자본비용이 변화한다면 매번 B3의 값을 변화시켜야 하고 그 결과로 B13이나 C13의 순현재가치가 변하게 된다. 매번 자본비용을 변화시킬 때마다 순현재가치의 값이 변하게 되므로 하나의 표로 작성하면 자본비용과 순현재가치의 관계를 보다 쉽게 파악할 수 있다. 이와 같은 상황에서 이용하는 방법이 One input table을 이용하는 것이다. One input table은 입력자료의 값을 변화시켜 가면서 이에 따라서 변하는 함수의 결과를 하나의 표로 표현하는 방법이다.

2〉 순현재가치의 One input table 작성

먼저 자본비용의 변화에 따른 투자안의 순현재가치의 값을 하나의 표로 나타내기 위해 두 개의 투자대안 중에서 경제성이 높은 투자안 A를 선택하고 이에 대한 자본비용 변화에 따른 투자안의 현재가치를 구해 보자.

① 투자안 A에 대한 순현재가치의 One input table을 작성하기 위하여 셀 A18에 자본비용을, B17에 Data table을, B18에 순현재가치를 입력한다.

② 셀 B19에 함수 마법사를 이용하여 투자안 A에 대한 자본비용이 0.1일 경우 순현재가치를 구한다(셀 B19에 =NPV($B$3, $B$6:$B$11)을 입력한다).

그림 3-30 • One input table 대화상자

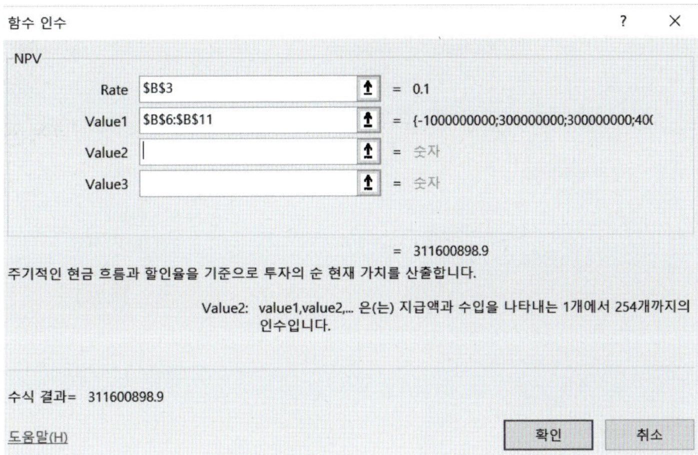

③ 셀 A20에 "0.05"를 입력하고 A30까지 자본비용을 0.01의 단위로 변화를 주어 입력하면 <그림 3-31>과 같이 나타난다.

그림 3-31 • One input table

자본비용 변화에 따른 투자안의 현재가치

One input tabel

자본비용	순현재가치
	₩ 311,600,899
0.05	₩ 519,856,786
0.06	₩ 473,213,441
0.07	₩ 429,230,988
0.08	₩ 387,738,463
0.09	₩ 348,577,419
0.1	₩ 311,600,899
0.11	₩ 276,672,499
0.12	₩ 243,665,517
0.13	₩ 212,462,178
0.14	₩ 182,952,927
0.15	₩ 155,035,783

④ 데이터 표영역인 A19:B30을 선택하고, 데이터 메뉴에서 [데이터 도구]-[가상

분석] – [데이터 표]를 선택한다.

그림 3-32 • One input table 표

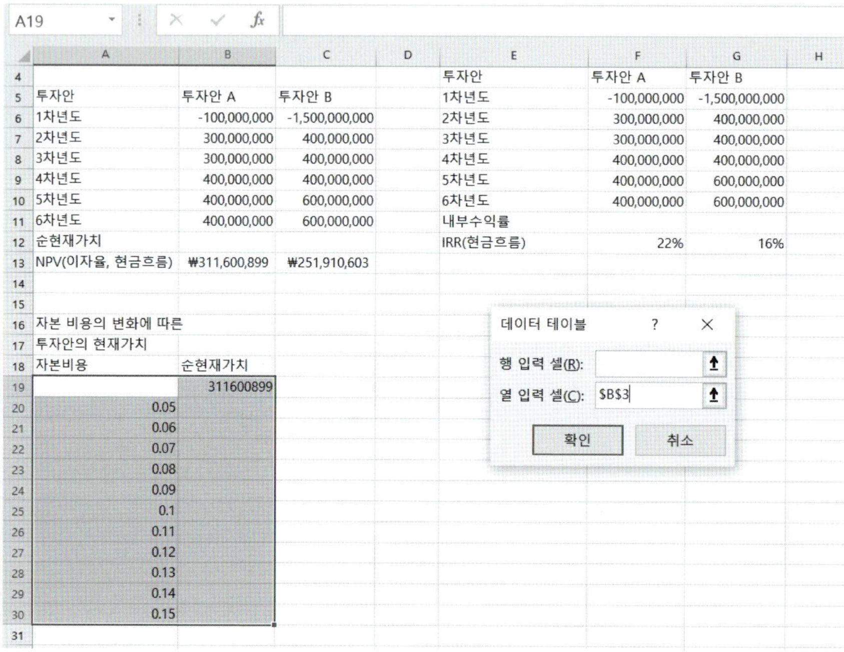

⑤ 다음과 같은 대화상자가 나타나면, 입력셀에는 수식에 들어갈 셀을 지정한다. 즉, 순현재가치를 구한 셀 B19의 "=NPV($B$3, $B$6:$B$11)"의 식은 투자액에 대한 자본비용을 계산한 값을 나타내고 있다. 자본비용의 변화값이 열로 정렬되어 있으므로 열 입력셀에 "$B$3"을 입력한다. 만약 입력값들이 행으로 정렬되어 있으면 행 입력셀 편집상자에 입력되어야 하고 입력값들이 열로 정렬되어 있으면 입력셀은 열 입력셀 편집상자에 입력해야 한다.

그림 3-33 • 표 대화상자

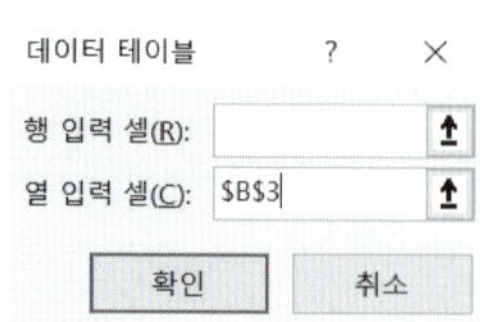

⑥ 확인을 누르면 <그림 3-34>와 같이 나타난다.

그림 3-34 ● **완성된 One input table**

자본비용 변화에 따른 투자안의 현재가치

One input tabel

자본비용	순현재가치
	₩ 311,600,899
0.05	₩ 519,856,786
0.06	₩ 473,213,441
0.07	₩ 429,230,988
0.08	₩ 387,738,463
0.09	₩ 348,577,419
0.1	₩ 311,600,899
0.11	₩ 276,672,499
0.12	₩ 243,665,517
0.13	₩ 212,462,178
0.14	₩ 182,952,927
0.15	₩ 155,035,783

(3) 원금상환의 One input table과 Two input table 작성

1) 원금상환의 One input table의 작성

데이터 표란 변수들을 사용한 수식에서 단일 또는 이중변수들의 효과를 하나의 표로 나타낸 것이다. 이는 메뉴에서 [데이터]－[표]를 선택하여 만들 수 있는데 하나 이상의 수식에서 단일변수만 입력한 형태와 이중변수를 입력한 형태의 데이터 표를 만들 수 있다.

여기서는 1,000만 원을 대출하여 3년 동안 매달 이자를 지급한다고 가정하여 보자. 이자율은 12%, 기간은 36개월(3년), 대출금은 1,000만 원이라고 가정하고 이자율과 이자지급 기간에 대한 데이터 표를 만들도록 하자.

① 셀 I3에 "이자율"을, I4에 "기간"을, I5에 "융자금"이라 입력한다.

② I12에 "0.08"을, I13에 "0.09"를, I14에 "0.1"을, I15에 "0.11"을 I16에 "0.12"를 입력하는 식으로 I21까지 "0.17"을 입력한다.

③ J11에 함수 마법사를 이용하여 월지불액(Payment: PMT함수)을 구한다. 우선, 셀 J11을 선택하고 [함수 마법사]를 누른다.

④ 함수 마법사 대화상자가 나타나면 범주선택에서 [재무]를 함수선택은 [PMT]를 선택하고 확인을 누른다.

그림 3-35 • 원금상환 One input table을 만들기 위한 함수 마법사

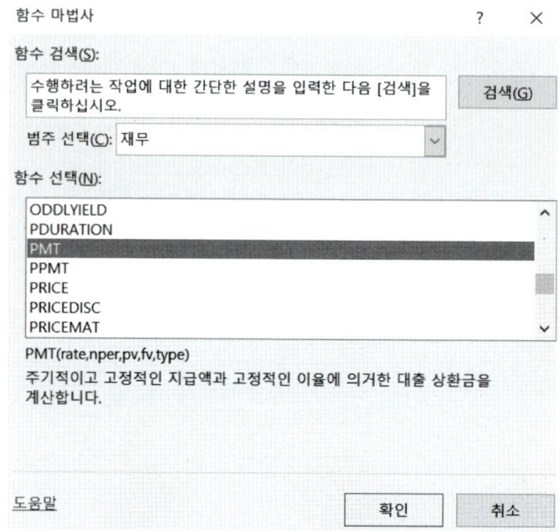

⑤ 다음 대화상자가 나타나면, Rate에는 "$J$3/12"를, Nper에는 "$J$4"를, PV에는 "−$J$5"를 입력하고 확인을 누른다.

그림 3-36 • PMT 대화상자

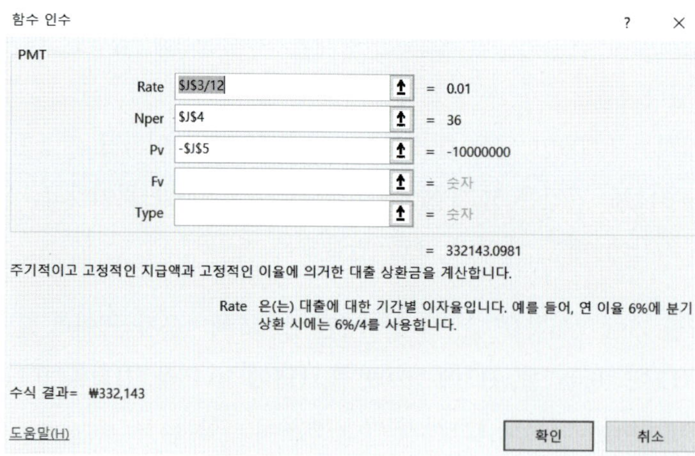

그림 3-37 ● 원금상환 One input table

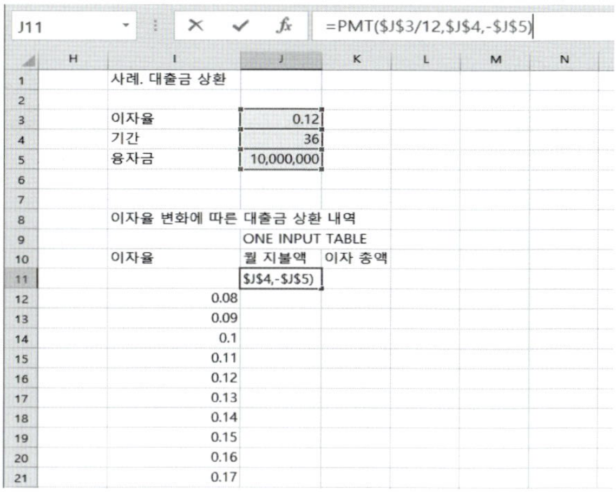

⑥ 다음으로 이자 총액(월지불액 × 기간 − 대출금)을 구해야 하므로 셀 K11에는 "= J11*J4 − J5"를 입력한다.

⑦ 다음으로 이자율의 변화에 따른 월 지불액과 이자 총액을 구하도록 하자. I11:K21을 선택한다.

⑧ 데이터 메뉴에서 [데이터 도구] − [가상분석] − [데이터 표]를 선택한다.

⑨ 표 대화상자에 이자율이 열로 정렬되어 있으므로 열 입력셀의 수식에 들어갈 셀 "$J$3"을 입력한다.

그림 3-38 ● One input table 표 작성

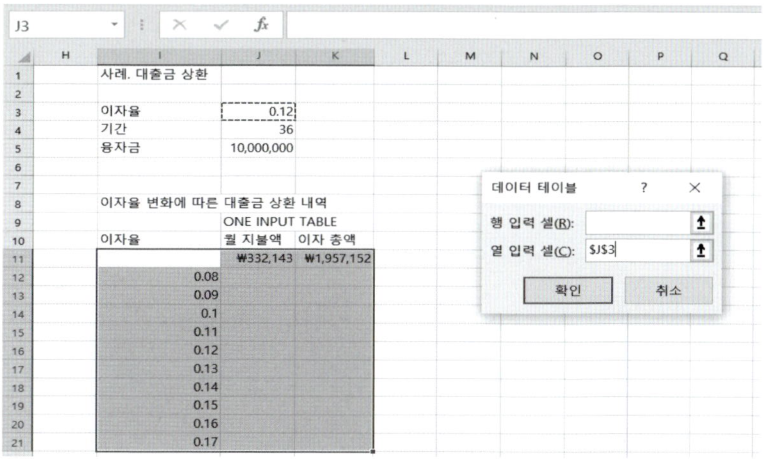

⑩ 확인을 누르면 J11:K21에 각각의 이자율에 대한 월 지불액과 이자 총액이 <그림 3-39>와 같이 나타난다.

그림 3-39 • 원금상환의 One input table

K22

	H	I	J	K
1		사례. 대출금 상환		
2				
3		이자율	0.12	
4		기간	36	
5		융자금	10,000,000	
6				
7				
8		이자율 변화에 따른 대출금 상환 내역		
9			ONE INPUT TABLE	
10		이자율	월 지불액	이자 총액
11			₩332,143	₩1,957,152
12		0.08	₩313,364	₩1,281,092
13		0.09	₩317,997	₩1,447,904
14		0.1	₩322,672	₩1,616,187
15		0.11	₩327,387	₩1,785,938
16		0.12	₩332,143	₩1,957,152
17		0.13	₩336,940	₩2,129,823
18		0.14	₩341,776	₩2,303,947
19		0.15	₩346,653	₩2,479,518
20		0.16	₩351,570	₩2,656,532
21		0.17	₩356,527	₩2,834,982
22				
23				

2〉 원금상환의 Two input table의 작성

One input table은 하나의 입력자료 값의 변화에 따른 모형의 결과의 변화를 분석하는 방법이다. 때에 따라서는 두 개의 입력자료 값의 변화에 따른 모형의 결과를 분석할 필요가 있다. 예를 들어, 이자율과 이자지급 기간의 변화는 순현재가치에 영향을 주게 된다. 이러한 상황을 분석할 때는 Two input table을 이용하면 된다. 즉, 이자율은 0.08, 0.09, 0.1, 0.11, 0.12, 0.13, 0.14, 0.15, 0.16, 0.17로 변할 때 이자지급이 12, 24, 36, 48, 60으로 변한다면 매달 이자지급은 어떻게 되는지를 알아보는 것이다.

① I25에 "이자율"이라 입력하고 I26에 이자율인 "=PMT($J$3/12, $J$4, −$J$5)"를 입력한다.

그림 3-40 ● **원금상환 Two input table**

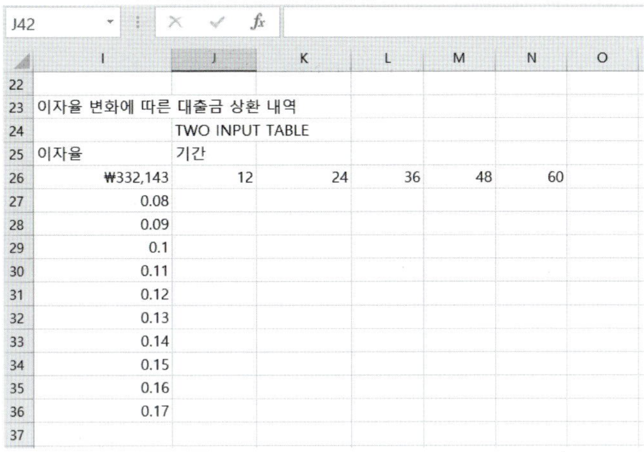

	I	J	K	L	M	N	O
22							
23	이자율 변화에 따른 대출금 상환 내역						
24		TWO INPUT TABLE					
25	이자율	기간					
26	₩332,143	12	24	36	48	60	
27	0.08						
28	0.09						
29	0.1						
30	0.11						
31	0.12						
32	0.13						
33	0.14						
34	0.15						
35	0.16						
36	0.17						
37							

② I26:N36을 선택하고 데이터 메뉴에서 [데이터 도구]-[가상분석]-[데이터 표]를 선택한다.

그림 3-41 ● **Two input table 표 작성**

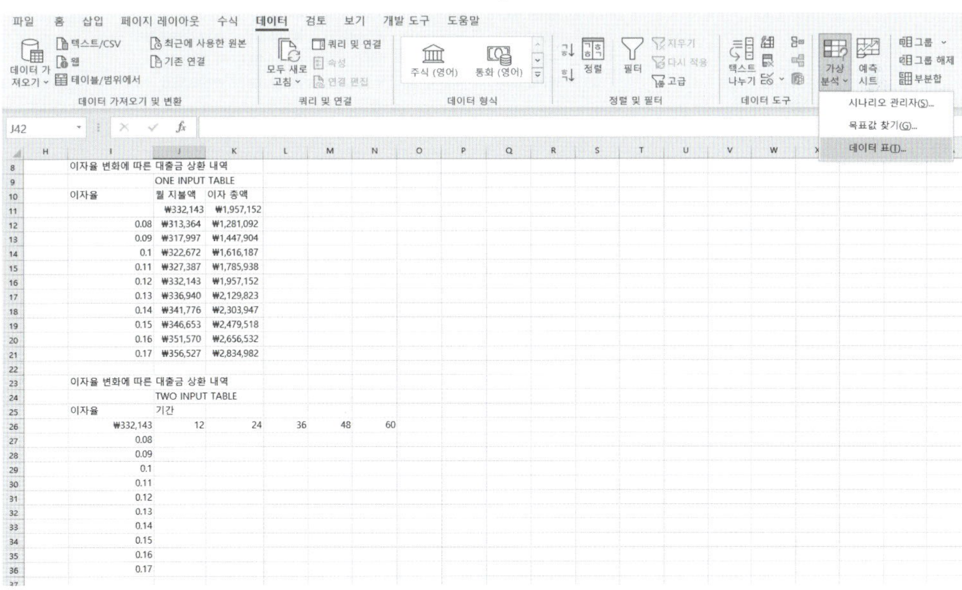

	H	I	J	K	L	M	N
8		이자율 변화에 따른 대출금 상환 내역					
9			ONE INPUT TABLE				
10		이자율	월 지불액	이자 총액			
11			₩332,143	₩1,957,152			
12		0.08	₩313,364	₩1,281,092			
13		0.09	₩317,997	₩1,447,904			
14		0.1	₩322,672	₩1,616,187			
15		0.11	₩327,387	₩1,785,938			
16		0.12	₩332,143	₩1,957,152			
17		0.13	₩336,940	₩2,129,823			
18		0.14	₩341,776	₩2,303,947			
19		0.15	₩346,653	₩2,479,518			
20		0.16	₩351,570	₩2,656,532			
21		0.17	₩356,527	₩2,834,982			
22							
23		이자율 변화에 따른 대출금 상환 내역					
24			TWO INPUT TABLE				
25		이자율	기간				
26		₩332,143	12	24	36	48	60
27		0.08					
28		0.09					
29		0.1					
30		0.11					
31		0.12					
32		0.13					
33		0.14					
34		0.15					
35		0.16					
36		0.17					

③ 표 대화상자에서 행 입력셀에 "$J$4", 열 입력셀에 "$J$3"을 입력하고 확인을 누른다.

그림 3-42 ● 표 대화상자

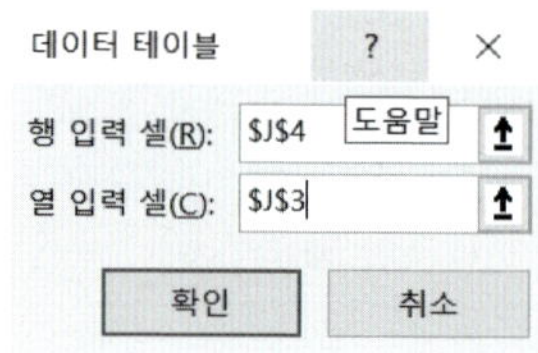

④ <그림 3-43>과 같이 이자율과 이자지급 간의 Two input table이 나타난다.

그림 3-43 ● 완성된 Two input table

L40

	H	I	J	K	L	M	N	O	P
23		이자율 변화에 따른 대출금 상환 내역							
24			TWO INPUT TABLE						
25		이자율	기간						
26		₩332,143	12	24	36	48	60		
27		0.08	₩869,884	₩452,273	₩313,364	₩244,129	₩202,764		
28		0.09	₩874,515	₩456,847	₩317,997	₩248,850	₩207,584		
29		0.1	₩879,159	₩461,449	₩322,672	₩253,626	₩212,470		
30		0.11	₩883,817	₩466,078	₩327,387	₩258,455	₩217,424		
31		0.12	₩888,488	₩470,735	₩332,143	₩263,338	₩222,444		
32		0.13	₩893,173	₩475,418	₩336,940	₩268,275	₩227,531		
33		0.14	₩897,871	₩480,129	₩341,776	₩273,265	₩232,683		
34		0.15	₩902,583	₩484,866	₩346,653	₩278,307	₩237,899		
35		0.16	₩907,309	₩489,631	₩351,570	₩283,403	₩243,181		
36		0.17	₩912,048	₩494,423	₩356,527	₩288,550	₩248,526		
37									

4) 손익분기분석

사례 8

휴대폰 핸즈프리를 생산하는 한양기업에서는 새로운 신제품을 출시하려고 한다. 시장조사 결과 이 회사에서 생산하려는 제품은 개당 5,000원에 팔 수 있음을 알 수 있다. 이 제품을 생산하기 위해서는 공장임대료와 기계구입비로 5,000만 원이 소요됨을 알았다. 또한 이 제품을 생산하는 데 발생하는 재료비는 1,000원이고, 개당 인건비는 1,000원, 기타 제조경비가 개당 500원으로 분석되었다. 한양기업에서는 몇 개의 제품을 생산하여야 이익이 발생하는지에 대해서 궁금해 하고 있다. 손익분기분석을 통하여 한양기업이 궁금해 하는 사항에 대한 정보를 제공하고자 한다.

① 손익분기가 되는 판매량은 얼마인가?
② 만약에 이익이 1,000만 원이 되기 위해서는 몇 개를 생산하여야 하는가?

(1) 손익분기분석

1〉 기본자료 입력

① 『Sheet 3』의 이름을 “손익분기분석”으로 바꾼다.

② 셀 A3에 “가격”, B3에 “고정비”, C3에 “재료비”, D3에 “인건비”, E3에 “제조경비”를 입력한다.

③ 손익분기분석을 위해 A6에 “생산량”, B6에 “매출액”, C6에 “고정비”, D6에 “변동비”, E6에 “총비용”, F6에 “이익”이라 입력한다.

④ 생산량은 A7에 “10,000”을 입력하고 A8에 “11,000”을 입력한 다음 셀 A27까지 자동 채우기를 이용하여 입력한다. <그림 3-44>와 같이 입력되었다.

그림 3-44 ● 손익분기점을 위한 기본자료

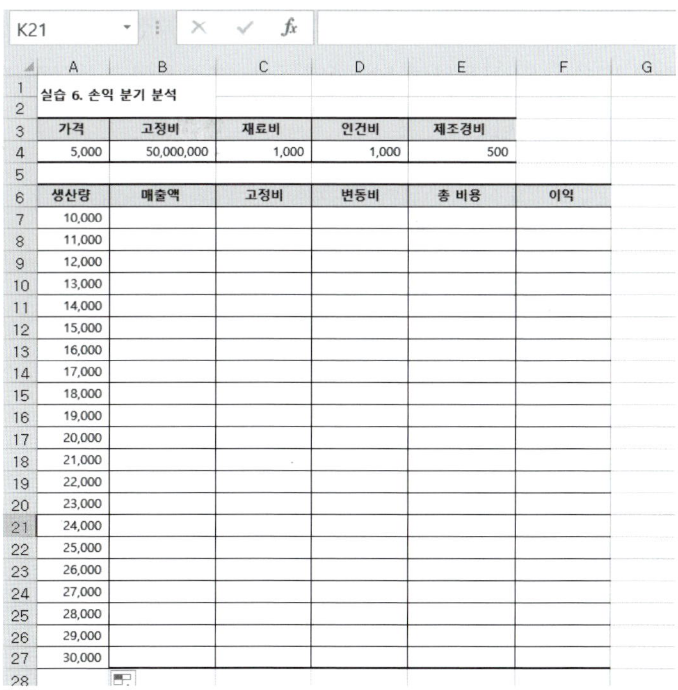

실습 6. 손익 분기 분석

가격	고정비	재료비	인건비	제조경비
5,000	50,000,000	1,000	1,000	500

생산량	매출액	고정비	변동비	총 비용	이익
10,000					
11,000					
12,000					
13,000					
14,000					
15,000					
16,000					
17,000					
18,000					
19,000					
20,000					
21,000					
22,000					
23,000					
24,000					
25,000					
26,000					
27,000					
28,000					
29,000					
30,000					

2〉 매출액, 총비용, 이익의 계산

① 매출액은 가격과 생산량의 곱한 값이므로 셀 B7을 선택하여 "=A7*$A$4"를 입력한다.

② 채우기 핸들을 이용해 B27까지 복사한다.

③ 고정비용은 절대참조를 이용하여 입력하면 되므로 셀 C7을 선택하여 "=$B$4"를 입력한다.

④ 고정비용은 생산량의 변동과 관계없이 일정하므로 채우기 핸들을 이용하여 C27까지 복사하면 된다.

⑤ 변동비는 단위당 변동비(variable cost) × 생산량(quantity)이므로 셀 D7을 선택하여 "=A7*($C$4+$D$4+$E$4)"를 입력하면 된다.

⑥ 마찬가지로 채우기 핸들을 이용 D27까지 수식을 복사한다.

⑦ 총비용은 고정비(fixed cost)+변동비(variable cost)이므로 셀 E7을 선택하여 "=C7+D7"을 입력한다.

⑧ 마찬가지로 채우기 핸들을 이용하여 E27까지 수식을 복사한다.

⑨ 이익은 매출액－총비용의 수식이므로 셀 F7을 선택하여 "=B7－E7"을 입력한다.

⑩ 채우기 핸들을 이용하여 F27까지 수식을 복사하면 <그림 3-45>와 같은 손익분석표가 완성된다.

그림 3-45 • 손익분기점

L20

	A	B	C	D	E	F
1	실습 6. 손익 분기 분석					
2						
3	가격	고정비	재료비	인건비	제조경비	
4	5,000	50,000,000	1,000	1,000	500	
5						
6	생산량	매출액	고정비	변동비	총 비용	이익
7	10,000	50,000,000	50,000,000	25,000,000	75,000,000	-25,000,000
8	11,000	55,000,000	50,000,000	27,500,000	77,500,000	-22,500,000
9	12,000	60,000,000	50,000,000	30,000,000	80,000,000	-20,000,000
10	13,000	65,000,000	50,000,000	32,500,000	82,500,000	-17,500,000
11	14,000	70,000,000	50,000,000	35,000,000	85,000,000	-15,000,000
12	15,000	75,000,000	50,000,000	37,500,000	87,500,000	-12,500,000
13	16,000	80,000,000	50,000,000	40,000,000	90,000,000	-10,000,000
14	17,000	85,000,000	50,000,000	42,500,000	92,500,000	-7,500,000
15	18,000	90,000,000	50,000,000	45,000,000	95,000,000	-5,000,000
16	19,000	95,000,000	50,000,000	47,500,000	97,500,000	-2,500,000
17	20,000	100,000,000	50,000,000	50,000,000	100,000,000	0
18	21,000	105,000,000	50,000,000	52,500,000	102,500,000	2,500,000
19	22,000	110,000,000	50,000,000	55,000,000	105,000,000	5,000,000
20	23,000	115,000,000	50,000,000	57,500,000	107,500,000	7,500,000
21	24,000	120,000,000	50,000,000	60,000,000	110,000,000	10,000,000
22	25,000	125,000,000	50,000,000	62,500,000	112,500,000	12,500,000
23	26,000	130,000,000	50,000,000	65,000,000	115,000,000	15,000,000
24	27,000	135,000,000	50,000,000	67,500,000	117,500,000	17,500,000
25	28,000	140,000,000	50,000,000	70,000,000	120,000,000	20,000,000
26	29,000	145,000,000	50,000,000	72,500,000	122,500,000	22,500,000
27	30,000	150,000,000	50,000,000	75,000,000	125,000,000	25,000,000

(2) 매출액, 총비용, 이익 간의 관계를 차트로 작성

구해진 손익분석표를 차트(chart)로 나타내어 보자.

① B6:F27까지 선택하고 삽입 메뉴에서 [차트] - [꺾은선형]을 선택한다.

그림 3-46 • 2차원 꺾은선형 차트 만들기

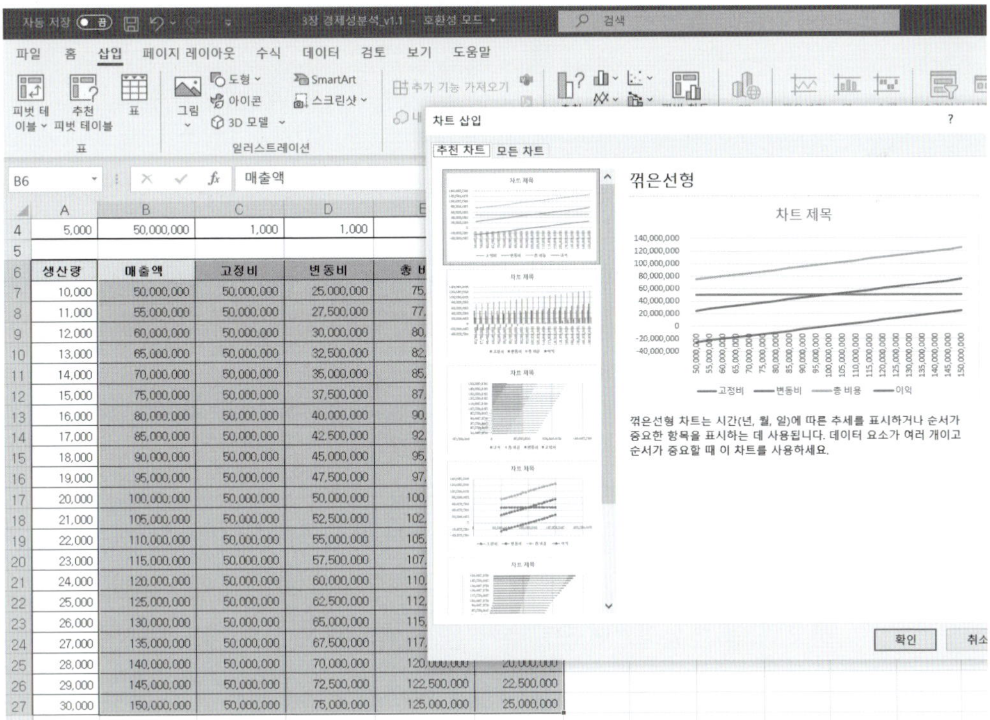

② 2차원 꺾은선형 하위 종류 중 "꺾은선형[시간(날짜, 연도)이나 정렬된 항목에 따른 추세를 보여줍니다]"을 선택한다.

③ 차트가 생성된 후, 차트의 우측 하단 빈 공간에서 마우스 오른쪽 버튼을 누르면 메뉴가 나타나는데, 이때 [데이터 선택]을 클릭한다. 이후 <그림 3-47>과 같이 데이터 원본 선택창이 나타난다.

그림 3-47 ● 데이터 원본 선택

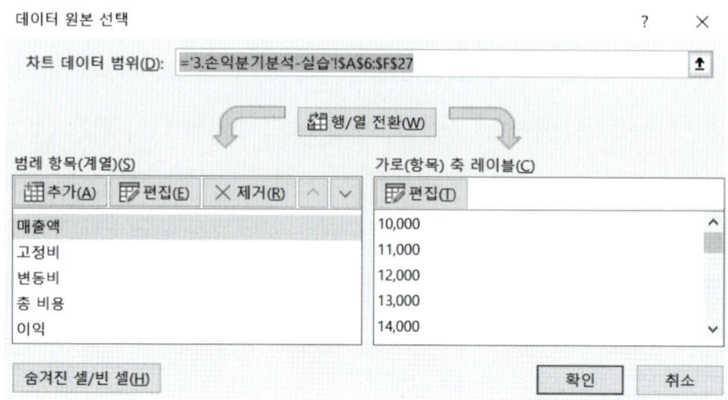

④ [가로(항목) 축 레이블]에서 편집을 선택하여 [축 레이블 범위]에 A:A27을 선택한다.

그림 3-48 ● 축 레이블 범위 지정

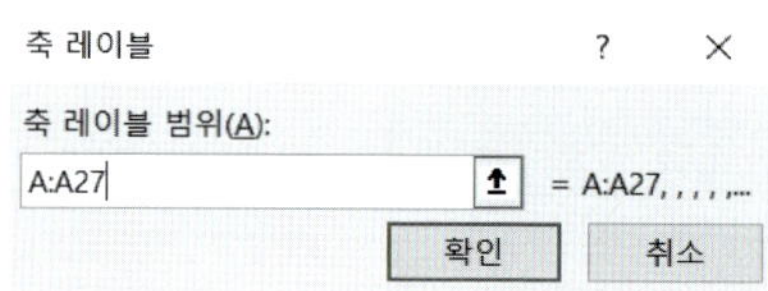

⑤ 차트와 각 축의 제목을 정하기 위해 [차트 도구] – [레이아웃] 메뉴에서 [차트 제목]: "손익분기분석", [축 제목] – [기본 세로축 제목] – [제목 회전]: "금액"을 입력하고 삽입 메뉴의 "텍스트 추가"를 선택하여 X(항목) 축: "생산량"을 입력한다.

그림 3-49 ● 차트 제목 및 축 제목 입력

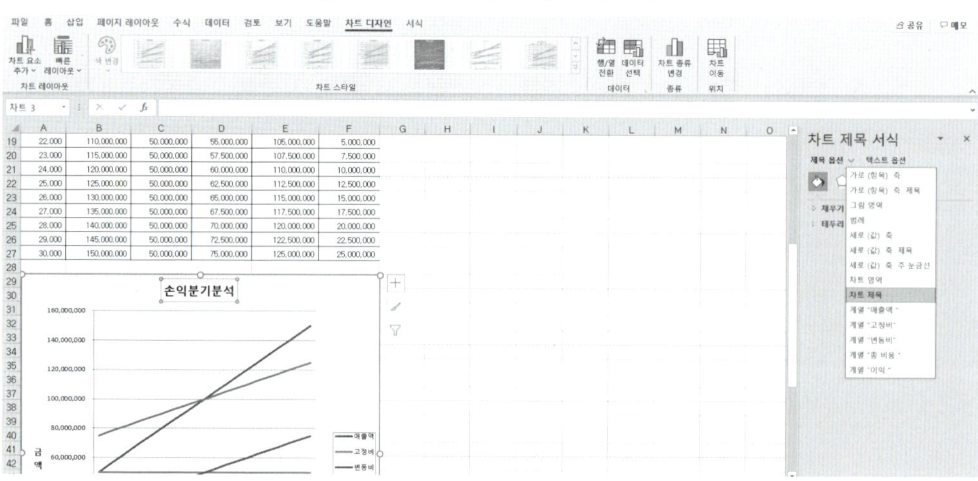

⑥ <그림 3-50>과 같은 차트가 완성되었다.

그림 3-50 ● 완성된 차트

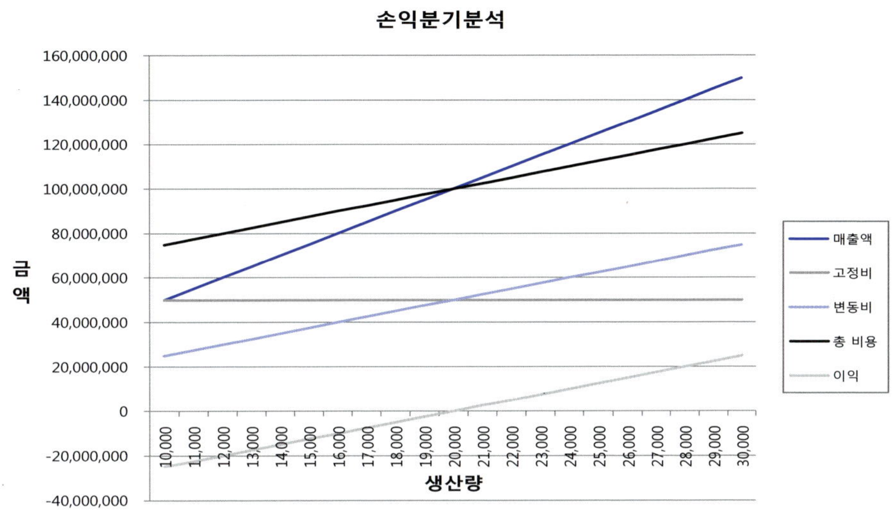

5) 추정손익계산서

사례 9

첫해에 50,000,000원의 투자를 필요로 하는 신규 프로젝트의 향후 5년간의 추정손익계산서를 작성하고자 한다. 제품의 가격은 개당 5,000원, 판매량은 15,000개 정도 팔 수 있을 것으로 예측되며 변동비는 제품가격의 50%를 유지하고, 판매 및 일반관리비는 제품가격의 약 10% 정도로 예측된다. 법인세는 경상이익의 30%이며 향후 5년간 판매량은 연간 5%씩 증가할 것으로 가정하였을 때 이 프로젝트로 인하여 발생하는 향후 5년간의 현금흐름을 예측해 보고자 한다.

① 이 상황하에서 기업의 향후 5년간 현금흐름은 얼마인가?
② 만약 가격이 5,000원에서 4,500원으로 10% 내렸을 때는 현금흐름에 어떠한 변화가 있는가?
③ 만약 판매량의 증가가 5%에서 10%로 증가하면 현금흐름에 어떠한 변화가 있는가?
④ 제조원가 비율이 50%에서 45%로 감소하면 현금흐름에 어떠한 변화가 있는가?

(1) 추정손익계산서 작성

1〉 자료입력

① 새로운 시트의 이름을 "추정손익계산서"로 한다.

② 셀 A3에 "가격", B3에 "판매량", C3에 "제조원가", D3에 "판관비", E3에 "법인세"라고 입력하고 각각의 데이터를 다음과 같이 입력한다.

가격	판매량	제조원가	판매 및 일반관리비	법인세	증가율
5,000	15,000	0.05	0.10	0.30	0.05

그림 3-51 • 추정손익계산서를 위한 자료입력

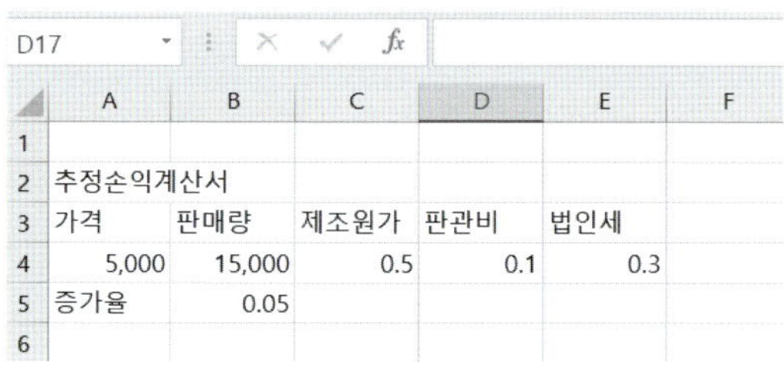

2〉 2020년 손익계산서 작성

① A7에 "향후 5년간 현금흐름"이라 입력한다.

② B8에 "2019"를 입력하고 G8까지 자동입력으로 연도를 입력한다.

③ A9에 "매출액", A10은 "제조원가", A11은 "매출총이익", A12는 "판관비", A13은 "세전이익", A14는 "세금", A15에는 "순이익", A16에는 "현금흐름"을 입력한다.

④ B15에는 "－50,000,000"을 입력하고, B16에는 "B15"를 입력한다(표기형식은 통화로 표기한다).

그림 3-52 ● 2020년 손익계산서

B15 | f_x -50000000

	A	B	C	D	E	F	G	H
1								
2	추정손익계산서							
3	가격	판매량	제조원가	판관비	법인세			
4	5,000	15,000	0.5	0.1	0.3			
5	증가율	0.05						
6								
7	1. 향후 5년간 현금 흐름							
8		2019	2020	2021	2022	2023		
9	매출액							
10	제조원가							
11	매출총이익							
12	판관비							
13	세전이익							
14	세금							
15	순이익	-50,000,000						
16	현금흐름	-50,000,000						
17								

⑤ C9에 매출액은 가격×판매량이므로 "=$A$4*$B$4"를 입력한다.

⑥ C10에는 제조원가는 매출액×제조원가 비율이므로 "=C9*$C$4"를 입력한다.

⑦ C11의 매출총이익은 매출액에서 제조원가를 차감한 금액이므로 "=C9-C10"을 입력한다.

⑧ 판매 및 일반관리비는 매출액의 10%이므로 C12에는 "=C9*$D$4"를 입력한다.

⑨ C13의 세전이익은 매출총이익에서 판매 및 일반관리비를 차감한 금액이므로 "=C11-C12"를 입력한다.

⑩ C14의 세금은 세전이익에 법인세율을 곱한 금액이므로 "=C13*$E$4"를 입력한다.

⑪ C15는 순이익으로서 세전이익인 C13에서 세금인 C14를 차감한 금액으로서 "=C13-C14"로 표현된다.

⑫ C16은 현금흐름으로서 전년도의 현금흐름과 당해 연도의 순이익을 더한 금액이므로 "B16+C15"로 입력한다.

3> 2021년, 2022년, 2023년, 2024년의 손익계산서 작성

① 2021년 매출액은 전년도에 비하여 5% 증가하였으므로 셀 D9에 "=C9*(1+$B$5)"를 입력한다.

② 2021년 제조원가는 매출액×제조원가 비율이므로 셀 D10에는 "=D9*$C$4"를 입력한다.

③ 매출총액을 나타내는 D11에는 "=D9－D10"을 입력한다.

④ 판매 및 일반관리비를 나타내는 D12에는 "=D9*$D$4"를 입력한다.

⑤ 세전이익을 나타내는 D13에는 "=D11－D12"를 입력한다.

⑥ 세금인 D14에는 "=D13*$E$4"를 입력한다.

⑦ 당기순이익인 D15에는 "=D13－D14"를 입력한다.

⑧ 현금흐름은 D16에 "=C16＋D15"를 입력한다.

⑨ 2022년, 2023년 그리고 2024년에도 마찬가지로 각각의 연도에 대하여 전년도에 대비하여 증가율을 고려하여 매출액을 입력하고 각각의 손익계산서를 작성하면 <그림 3-53>과 같은 결과를 얻을 수 있다.

그림 3-53 • 향후 5년간의 현금흐름

D21 fx

	A	B	C	D	E	F	G
1							
2	추정손익계산서						
3	가격	판매량	제조원가	판관비	법인세		
4	5,000	15,000	0.5	0.1	0.3		
5	증가율	0.05					
6							
7	1. 향후 5년간 현금 흐름						
8		2019	2020	2021	2022	2023	2024
9	매출액		75,000,000	78,750,000	82,687,500	86,821,875	91,162,969
10	제조원가		37,500,000	39,375,000	41,343,750	43,410,938	45,581,484
11	매출총이익		37,500,000	39,375,000	41,343,750	43,410,938	45,581,484
12	판관비		7,500,000	7,875,000	8,268,750	8,682,188	9,116,297
13	세전이익		30,000,000	31,500,000	33,075,000	34,728,750	36,465,188
14	세금		9,000,000	9,450,000	9,922,500	10,418,625	10,939,556
15	순이익	-50,000,000	21,000,000	22,050,000	23,152,500	24,310,125	25,525,631
16	현금흐름	-50,000,000	-29,000,000	-6,950,000	16,202,500	40,512,625	66,038,256
17							

(2) What-if 분석

지금까지는 가격이 5,000원, 판매량이 15,000개, 제조원가는 50%, 판매 및 일반관리비는 10%, 법인세는 30%, 증가율은 5%라는 전제하에서 추정손익계산서를 작성하였다. 그러나 이와 같은 가정들은 변할 수 있기 때문에 다양한 경우의 상황을 가정하여 분석할 필요가 있다. 여기서는 (1) 가격을 5,000원에서 4,500원으로 내릴 때, (2) 판매량이 5%에서 10%로 증가할 경우, (3) 제조원가 비율이 50%에서 45%로 감소할 경우와 같은 세 가지 경우의 What-if 분석을 해본다.

1〉 가격이 5,000원에서 4,500원으로 내리는 상황

① 셀 A18에 "Ⅱ. 가격 5,000원에서 4,500원으로 내림"이라고 입력한다.

② 가격이 5,000원에서 4,500원으로 내렸을 경우의 향후 5년간의 현금흐름을 조사하기 위해 A4의 가격을 "4,500"원으로 다시 기입한다.

그림 3-54 ● 가격 변화

E22

	A	B	C	D	E	F	G
1							
2	추정손익계산서						
3	가격	판매량	제조원가	판관비	법인세		
4	4,500	15,000	0.5	0.1	0.3		
5	증가율	0.05					
6							
7	1. 향후 5년간 현금 흐름						
8		2019	2020	2021	2022	2023	2024
9	매출액		67,500,000	70,875,000	74,418,750	78,139,688	82,046,672
10	제조원가		33,750,000	35,437,500	37,209,375	39,069,844	41,023,336
11	매출총이익		33,750,000	35,437,500	37,209,375	39,069,844	41,023,336
12	판관비		6,750,000	7,087,500	7,441,875	7,813,969	8,204,667
13	세전이익		27,000,000	28,350,000	29,767,500	31,255,875	32,818,669
14	세금		8,100,000	8,505,000	8,930,250	9,376,763	9,845,601
15	순이익	-50,000,000	18,900,000	19,845,000	20,837,250	21,879,113	22,973,068
16	현금흐름	-50,000,000	-31,100,000	-11,255,000	9,582,250	31,461,363	54,434,431
17							

③ A4의 가격이 바뀜에 따라 "Ⅰ. 향후 5년간의 현금흐름"이 변경되는 것을 볼 수 있다.

④ 변경된 향후 5년간의 손익계산서를 복사하여 정리하도록 하자. A8:G16을 선택하고 표준도구모음의 복사를 누른다.

⑤ 셀 A19를 선택하고 마우스의 오른쪽 버튼을 클릭하여 단축메뉴를 불러온다.

⑥ 나타난 단축메뉴에서 "선택하여 붙여넣기"를 선택한다.

⑦ 선택하여 붙여넣기 대화상자가 나타나면 이 경우 값만을 복사하여 A19:G27에 붙여넣기를 하고자 하는 것이므로 값에만 체크하고 확인을 누른다.

그림 3-55 • 선택하여 붙여넣기 대화상자

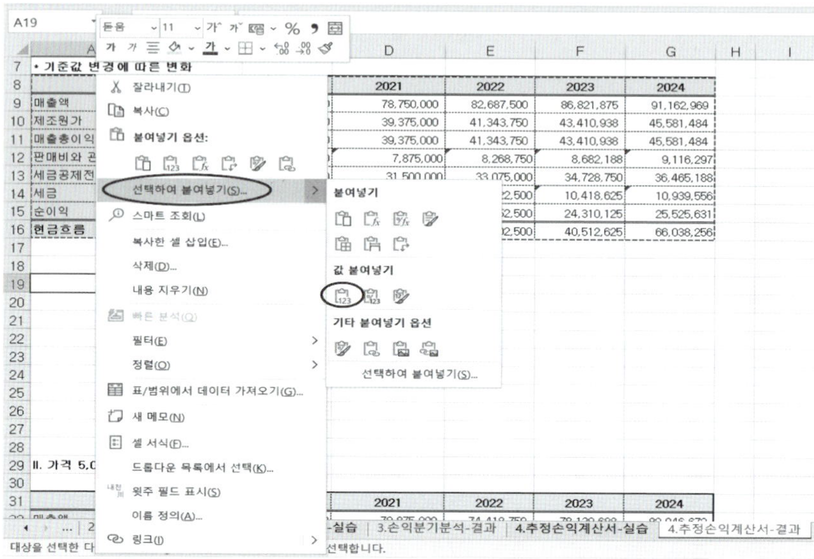

⑧ <그림 3-56>과 같이 가격이 5,000원에서 4,500원으로 내리는 경우의 향후 5년간의 손익계산서가 완성되었다.

그림 3-56 • 가격이 내릴 경우의 손익계산서

	A	B	C	D	E	F	G
7	1. 향후 5년간 현금 흐름						
8		2019	2020	2021	2022	2023	2024
9	매출액		75,000,000	78,750,000	82,687,500	86,821,875	91,162,969
10	제조원가		37,500,000	39,375,000	41,343,750	43,410,938	45,581,484
11	매출총이익		37,500,000	39,375,000	41,343,750	43,410,938	45,581,484
12	판관비		7,500,000	7,875,000	8,268,750	8,682,188	9,116,297
13	세전이익		30,000,000	31,500,000	33,075,000	34,728,750	36,465,188
14	세금		9,000,000	9,450,000	9,922,500	10,418,625	10,939,556
15	순이익	-50,000,000	21,000,000	22,050,000	23,152,500	24,310,125	25,525,631
16	현금흐름	-50,000,000	-29,000,000	-6,950,000	16,202,500	40,512,625	66,038,256
17							
18	2. 가격 5,000에서 4,500 내림						
19		2019	2020	2021	2022	2023	2024
20	매출액		67,500,000	70,875,000	74,418,750	78,139,688	82,046,672
21	제조원가		33,750,000	35,437,500	37,209,375	39,069,844	41,023,336
22	매출총이익		33,750,000	35,437,500	37,209,375	39,069,844	41,023,336
23	판관비		6,750,000	7,087,500	7,441,875	7,813,969	8,204,667
24	세전이익		27,000,000	28,350,000	29,767,500	31,255,875	32,818,669
25	세금		8,100,000	8,505,000	8,930,250	9,376,763	9,845,601
26	순이익	-50,000,000	18,900,000	19,845,000	20,837,250	21,879,113	22,973,068
27	현금흐름	-50,000,000	-31,100,000	-11,255,000	9,582,250	31,461,363	54,434,431
28							

2) 판매량이 5%에서 10%로 증가하는 상황

판매량이 5%에서 10%로 증가된 경우는 증가율(셀 B5)을 0.1로 변경시킴으로써 손익계산서가 변화하게 된다. 이를 앞의 경우에서와 같이 값만 복사하여 정리하면 다음과 같은 결과가 얻어진다.

그림 3-57 • 판매량 변화에 따른 손익계산서

J8

III. 판매량 5%에서 10%로 증가

	2019	2020	2021	2022	2023	2024
매출액		75,000,000	82,500,000	90,750,000	99,825,000	109,807,500
제조원가		37,500,000	41,250,000	45,375,000	49,912,500	54,903,750
매출총이익		37,500,000	41,250,000	45,375,000	49,912,500	54,903,750
판매비와 관리비		7,500,000	8,250,000	9,075,000	9,982,500	10,980,750
세금공제전 이익		30,000,000	33,000,000	36,300,000	39,930,000	43,923,000
세금		9,000,000	9,900,000	10,890,000	11,979,000	13,176,900
순이익	-50,000,000	21,000,000	23,100,000	25,410,000	27,951,000	30,746,100
현금흐름	-50,000,000	-29,000,000	-5,900,000	19,510,000	47,461,000	78,207,100

3) 제조원가 비율이 50%에서 45%로 변하는 상황

제조원가(셀 C4)를 0.45로 변경시켜 What-if 분석을 시행하면 <그림 3-58>과 같은 결과가 나타난다.

그림 3-58 • 제조원가 비율의 변화에 따른 손익계산서

IV. 제조원가 비율 50%에서 45%로 감소

	2019	2020	2021	2022	2023	2024
매출액		75,000,000	78,750,000	82,687,500	86,821,875	91,162,969
제조원가		33,750,000	35,437,500	37,209,375	39,069,844	41,023,336
매출총이익		41,250,000	43,312,500	45,478,125	47,752,031	50,139,633
판매비와 관리비		7,500,000	7,875,000	8,268,750	8,682,188	9,116,297
세금공제전 이익		33,750,000	35,437,500	37,209,375	39,069,844	41,023,336
세금		10,125,000	10,631,250	11,162,813	11,720,953	12,307,001
순이익	-50,000,000	23,625,000	24,806,250	26,046,563	27,348,891	28,716,335
현금흐름	-50,000,000	-26,375,000	-1,568,750	24,477,813	51,826,703	80,543,038

6) 생산성 분석

(1) HR원가분석

사례 10

㈜HY는 한국, 미국, 중국의 3개국에서 세탁기, 냉장고 등의 가전제품을 생산하여 판매하고 있는 업체이다. 아래와 같은 회계자료를 바탕으로 HR원가를 계산해 보자.

	한국	미국	중국
임직원 급여	2,340,428,153	1,744,966,887	1,229,604,959
영업직원 급여	1,100,000,000	786,500,000	375,375,000
임직원 인센티브	770,214,077	377,483,444	352,302,480
광고비	3,200,000,000	2,090,000,000	2,100,000,000
판매촉진비	1,200,000,000	660,000,000	393,750,000
물류비	760,800,000	1,500,000,000	1,200,000,000
재고관리비	725,960,000	155,232,000	–
영업본부 유지비	500,000,000	550,000,000	350,000,000
유통매장 유지비	1,500,000,000	1,155,000,000	656,250,000
교육훈련비	610,000,000	350,900,000	290,500,000
연구개발비	2,567,380,256	1,258,278,146	1,174,341,599
본사임차료	513,476,051	251,655,629	234,868,320
기타비용	822,813,819	420,252,483	369,996,198

※ 기타비용은 HR 관련 비용에 포함

	한국	미국	중국
판매량	66,680	32,680	30,500

① 한국, 미국, 중국의 HR원가 총합을 구하고 ㈜HY 전체의 HR원가를 구하라.

② 한국, 미국, 중국의 단위당 HR원가를 구하고 ㈜HY 전체의 단위당 HR원가를 구하라.

③ 집계된 단위당 HR원가에 대하여 분석을 하라.

1〉 HR원가의 계산

① 새로운 시트의 이름을 "HR원가분석"으로 입력한다.

② 셀 A3에 "구분", B3에 "한국", C3에 "미국", D3에 "중국", E3에 "합계"라고 입력하고 A4에 임직원 급여를 비롯한 HR원가 항목을 입력한다. 사례 10의 자료를 기준으로 HR원가 항목은 임직원 급여, 영업직원 급여, 임직원 인센티브, 영업직원 교육훈련비, 연구개발비, 기타비용의 항목이다.

A10에는 HR원가 총합, A11에는 판매량, A12에는 단위당 HR원가를 각각 입력하면 <그림 3-59>와 같이 양식이 만들어진다.

그림 3-59 • HR원가표

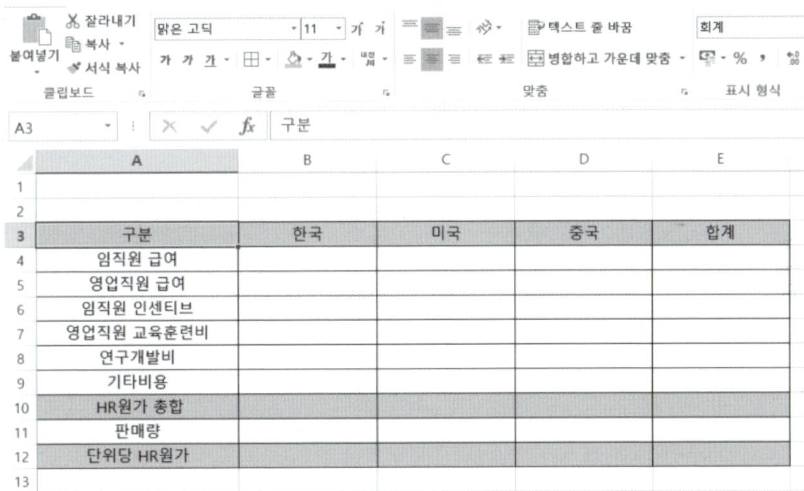

③ HR원가표 B4:D9까지에 해당 항목의 금액을 입력한다.

④ E4:E9까지는 한국, 중국, 미국의 합계 산식, B10:D:10까지는 각 비용항목의 합계 산식을 입력한다.

⑤ B11:D:11까지의 판매량 항목에 사례에서 주어진 데이터를 입력한다.

⑥ 단위당 HR원가 항목에는 HR원가 총합을 판매량으로 나누는 산식을 입력하여 산출하면 <그림 3-60>과 같은 결과가 표시된다.

그림 3-60 ● HR원가표

구분	한국	미국	중국	합계
임직원 급여	2,340,428,153	1,744,966,887	1,229,604,959	5,315,000,000
영업직원 급여	1,100,000,000	786,500,000	375,375,000	2,261,875,000
임직원 인센티브	770,214,077	377,483,444	352,302,480	1,500,000,000
영업직원 교육훈련비	610,000,000	350,900,000	290,500,000	1,251,400,000
연구개발비	2,567,380,256	1,258,278,146	1,174,341,599	5,000,000,000
기타비용	822,813,819	420,252,483	369,996,198	1,613,062,500
HR원가 총합	8,210,836,304	4,938,380,960	3,792,120,235	16,941,337,500
판매량	66,680	32,680	30,500	129,860
단위당 HR원가	123,138	151,113	124,332	130,458

2〉 HR원가의 분석

구분	한국	미국	중국	합계
단위당 HR원가	123,138	151,113	124,332	130,458

㈜HY의 단위당 HR원가는 전사적으로 약 13만 원 정도이고 미국의 원가가 가장 높아 약 15만 원 정도로 집계되었다. 미국의 원가가 높은 이유는 임직원의 급여가 높은 데에서 기인하는 것으로 판단할 수 있는데, 이는 HR원가의 총합에서 임직원 급여가 차지하는 비중이 한국이 29%인데 비하여 미국은 35%를 차지하고 있는 것을 통해 알 수 있다.

구분	한국		미국	
	금액	구성비	금액	구성비
임직원 급여	2,340,428,153	29%	1,744,966,887	35%
영업직원 급여	1,100,000,000	13%	786,500,000	16%
임직원 인센티브	770,214,077	9%	377,483,444	8%
영업직원 교육훈련비	610,000,000	7%	350,900,000	7%
연구개발비	2,567,380,256	31%	1,258,278,146	25%
기타비용	822,813,819	10%	420,252,483	9%
HR원가 총합	8,210,836,304	100%	4,938,380,960	100%

(2) 부가가치 분석

1〉 부가가치와 생산성의 계산

사례 11

㈜HY는 부가가치에 대한 분석을 위해 아래와 같은 자료들을 수집하였다.

항목	금액	항목	금액
경상이익	5,124,854,571	유동자산	64,315,106,254
인건비	9,076,875,000	비유동자산	10,000,000,000
감가상각비	1,000,000,000	매출액	88,631,620,000

① 위 자료를 바탕으로 하여 부가가치를 계산하고
② 부가가치비율
③ 시간당 및 인당 부가가치(단, 노동투입량은 600명, 노동 투입시간은 130만 시간)
④ 노동분배율
⑤ 자본생산성을 계산해 보시오.

① 『sheet 2』의 이름을 "부가가치 분석"으로 바꾼다.

② A3:D3에 구분, 주요 지표, 금액/단위, 생산성을 기입한다.

③ 부가가치의 계산을 위해 A4에 부가가치를 기입하고 B4부터 아래로 부가가치 계산에 필요한 항목들을 기입한다. 사례 11에서 부가가치 계산에 필요한 항목은 경상이익, 인건비, 감가상각비이다.

④ 부가가치 계산 항목을 다 기입하면 생산성 항목에 부가가치의 합계 산식을 넣고 구분항목과 생산성 항목의 빈칸을 셀 병합하면 <그림 3-61>과 같이 부가가치표가 만들어진다.

그림 3-61 • **부가가치표**

C4 5124854571

구분	주요 지표	금액/단위	생산성
부가가치	경상이익	5,124,854,571	15,201,729,571
	인건비	9,076,875,000	
	감가상각비	1,000,000,000	

⑤ 부가가치비율 계산을 위해 A7에 부가가치비율을 기입하고 부가가치비율 산출에 필요한 매출액을 B7에 기입한다.

⑥ D7에 부가가치금액인 D4를 매출액인 C7로 나누는 산식을 입력하면 <그림 3-62>와 같은 표가 만들어진다.

그림 3-62 • **부가가치비율**

구분	주요 지표	금액/단위	생산성
부가가치	경상이익	5,124,854,571	15,201,729,571
	인건비	9,076,875,000	
	감가상각비	1,000,000,000	
부가가치비율	매출액	88,631,620,000	17%

⑦ 노동생산성의 계산을 위해 A9에 노동생산성을 기입하고 주요 지표에 시간당, 인당으로 구분하여 기입한 후 노동 투입량을 금액/단위 항목에 입력한다.

⑧ 생산성 항목 계산을 위하여 D8에는 D4를 C8로 나누고, D9에는 D4를 C9로 나누는 산식을 입력하면 <그림 3-63>과 같이 노동생산성지표가 산출된다.

그림 3-63 • **노동생산성**

구분	주요 지표	금액/단위	생산성
부가가치	경상이익	5,124,854,571	15,201,729,571
	인건비	9,076,875,000	
	감가상각비	1,000,000,000	
부가가치비율	매출액	88,631,620,000	17%
노동생산성	시간당(노동투입시간)	1,300,000	11,694
	인당(투입인원)	600	25,336,216

⑨ 노동분배율 계산을 위하여 주요 지표에 인건비를 기입하고 금액/단위에 9,076,875,000을 기입한 후 D10에는 부가가치 금액인 D4를 인건비인 C10으로 나누는 산식을 입력하면 <그림 3-64>와 같은 노동분배율이 계산된다.

그림 3-64 • 노동분배율

A1

	A	B	C	D
1				
2				
3	구분	주요 지표	금액/단위	생산성
4	부가가치	경상이익	5,124,854,571	15,201,729,571
5		인건비	9,076,875,000	
6		감가상각비	1,000,000,000	
7	부가가치비율	매출액	88,631,620,000	17%
8	노동생산성	시간당(노동투입시간)	1,300,000	11,694
9		인당(투입인원)	600	25,336,216
10	노동 분배율	인건비	9,076,875,000	60%

⑩ 자본생산성의 계산을 위하여 A11에 자본생산성을 기입하고 주요 지표와 금액/단위에 자본의 항목인 유동자산과 비유동자산, 해당 금액을 각각 입력한다.

⑪ D11에는 부가가치의 합인 D4를 유동자산과 비유동자산의 합으로 나누는 산식을 입력하고 빈칸을 셀 병합으로 정리하면 <그림 3-65>와 같은 자본생산성이 계산된다.

그림 3-65 • 자본생산성

A1

	A	B	C	D
1				
2				
3	구분	주요 지표	금액/단위	생산성
4	부가가치	경상이익	5,124,854,571	15,201,729,571
5		인건비	9,076,875,000	
6		감가상각비	1,000,000,000	
7	부가가치비율	매출액	88,631,620,000	17%
8	노동생산성	시간당(노동투입시간)	1,300,000	11,694
9		인당(투입인원)	600	25,336,216
10	노동 분배율	인건비	9,076,875,000	60%
11	자본생산성	유동자산	64,315,106,254	20%
12		비유동자산	10,000,000,000	

(3) EVA

1〉 EVA의 계산

사례 12

EVA 분석을 위해 ㈜HY의 자료가 아래와 같이 수집되었다.

항목	금액	항목	금액
영업이익	5,069,504,571	유동부채	300,000,000
법인세	1,004,970,914	비유동부채	700,000,000
자본금	2,500,000,000	자기자본비용 15%, 타인자본비용 10%	

① 위 자료를 바탕으로 하여 세후영업이익을 산출하고
② 자기자본비용과 타인자본비용을 산출하여
③ EVA를 산출하시오.

① 『sheet 3』의 이름을 "EVA 분석"으로 바꾼다.

② 세후영업이익 산출을 위해 A3:C3에 구분, 주요 지표, 금액을 기입하고 A4에 세후영업이익, B4:B6에 각각 영업이익, 법인세, 세후영업이익 합계를 기입한다.

③ C4:C5에는 각각 영업이익, 법인세 금액을 입력하고, C6에는 영업이익에서 법인세를 차감한 산식을 입력하면 <그림 3-66>과 같이 세후영업이익이 산출된다.

그림 3-66 ● 세후영업이익

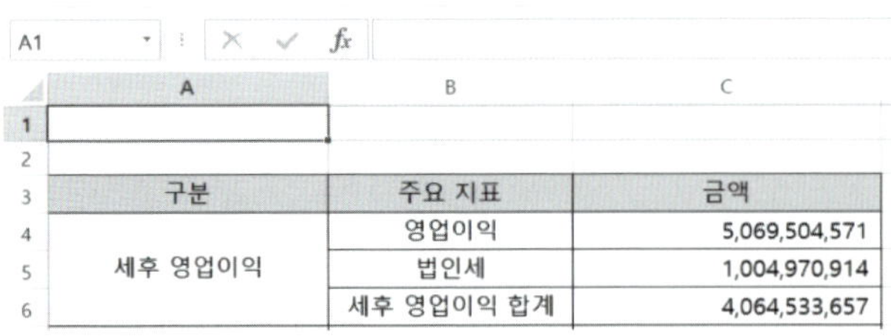

구분	주요 지표	금액
세후 영업이익	영업이익	5,069,504,571
	법인세	1,004,970,914
	세후 영업이익 합계	4,064,533,657

④ A7에는 자본비용을 입력하고 B7:B13에는 각각 자본금, 자기자본비용 비율, 자기자본비용, 부채, 타인자본비용 비율, 타인자본비용, 총자본비용 합계를 기입

하고 각 항목에 적합한 금액과 산식을 입력한다. 부채는 유동부채와 비유동부채의 합을 입력하고 빈 셀들을 셀 병합으로 정리한다.

⑤ A14에는 EVA를 입력하고 C14에는 세후영업이익에서 총 자본비용의 합계를 차감하는 산식을 입력하면 <그림 3-67>과 같은 EVA표가 작성된다.

그림 3-67 • EVA

구분	주요 지표	금액
세후 영업이익	영업이익	5,069,504,571
	법인세	1,004,970,914
	세후 영업이익 합계	4,064,533,657
자본비용	자본금	2,500,000,000
	자기 자본비용 비율	15%
	자기자본비용	375,000,000
	부채	1,000,000,000
	타인 자본비용 비율	10%
	타인자본비용	100,000,000
	총 자본비용 합계	475,000,000
EVA		3,589,533,657

[사/례/연/구]

경제성 분석

A씨는 대학교 앞에서 커피전문점을 경영해 보고자 한다. 그에 대한 투자시점의 추정 현금흐름은 다음과 같다.

1) 투자시점의 추정 현금흐름

용도	금액	관련 사항
전세금	50,000,000	① 학교 정문 앞 20평(1층) 규모 ② 사업기간 말(10년 후)의 현금유입
인테리어	8,400,000	① 실내 인테리어 비용으로서 사업기간 말의 잔존가치 회수 ₩400,000 ② 연간 감가상각비 ₩800,000(정액법 상각)
보증금	2,000,000	① 업체 가맹 보증금 ② 사업기간 말(10년 후)의 현금유입
가맹비	2,000,000	① 업체 가맹비용
전화설치비	250,000	① 전화설치 보증금으로서 사업기간 말의 현금유입
기타 잡비	2,000,000	① 기타 비용(전화기, 선풍기, 에어컨, 고객관리 시스템 등 추정 비용)
광고홍보비	200,000	① 투자시점의 광고홍보비용 팸플릿 대형 200장(@500) / 소형 500장(@200)

① 최초 주요 물품대금: 12,250,000원(개업 전 구입할 물품대금: 탁자, 의자, 커피 원액, 프림, 설탕, 컵 등)

② 최초 투자비용: 64,850,000원

③ 최초 총 현금유출액: 77,100,000원

④ 투자기간 말 회수자금(10년 후): 52,650,000원

⑤ 자금조달: 50,000,000원(신용대출), 27,100,000원(본인투자)

2) 연간 추정 현금흐름

용도	금액	관련 사항
예상매출액	109,750,000	① 학기(3월~6월/9월~12월초) 중 하루 평균 예상: 매출 ₩400,000×220(일) **₩88,000,000** ② 방학기간 중 하루 평균 예상 매출액: ₩150,000×145(일) **₩21,750,000** ※ 방학기간: 계절학기 수강생/영어강좌/기타(거주자) 수요
매출원가	65,850,000	① 매출액 대비 매출원가 비율 **60%**
매출총이익	43,900,000	① 매출총이익률 **40%**
판매비 및 관리비	3,800,000	① 감가상각비(인테리어) **₩800,000** ② 연평균 예상 영업비용(250,000/월) **₩3,000,000** : 전화요금, 수도광열비, 고객 서비스, 기타
영업이익	40,100,000	① 영업이익률 **36.54%**
세전이익	40,100,000	① 영업외비용/수익 미고려
추정세금	8,020,000	① 법인세율 20% 가정
당기순이익	32,080,000	① 영업기간 중의 총 현금유입

① 예상매출액을 학기와 방학 중으로 나누어 본 것은 대학교 앞이라는 특징 때문이다.

② 영업외비용/수익 미고려

③ 추정 법인세율은 20%이다.

④ 연간 총 현금유입(당기순이익)은 32,080,000원이다.

3) 투자원금의 시간가치

(1) 최초 투자비용의 이자율 변화에 따른 미래가치 계산

① 최초 투자비용인 64,850,000원에 대한 미래가치를 계산해 보자.

② 이자율은 8%, 9%, 10%, 11%로 변화를 주어 계산해 보자.

③ 기간은 10년으로 10년 후 가치를 복리 2, 4의 변화를 주어 미래가치를 계산해 보자.

– 이자율 8%

기간	원　　금	할인된 원금
1	52,650,000	48,750,000
2	48,750,000	45,138,889
3	45,138,889	41,795,267
4	41,795,267	38,699,322
5	38,699,322	35,832,705
6	35,832,705	33,178,431
7	33,178,431	30,720,769
8	30,720,769	28,445,157
9	28,445,157	26,338,108
10	26,338,108	24,387,137
	현재가치(단리)	₩24,387,137
	현재가치(복리:2)	₩24,028,773
	현재가치(복리:4)	₩23,844,680

– 이자율 9%

기간	원　　금	할인된 원금
1	52,650,000	48,302,752
2	48,302,752	44,314,452
3	44,314,452	40,655,460
4	40,655,460	37,298,587
5	37,298,587	34,218,887
6	34,218,887	31,393,475
7	31,393,475	28,801,353
8	28,801,353	26,423,260
9	26,423,260	24,241,523
10	24,241,523	22,239,929
	현재가치(단리)	₩22,239,929
	현재가치(복리:2)	₩21,830,947
	현재가치(복리:4)	₩21,620,499

– 이자율 10%

기간	원　　금	할인된 원금
1	52,650,000	47,863,636
2	47,863,636	43,512,397
3	43,512,397	39,556,724
4	39,556,724	35,960,658
5	35,960,658	32,691,508
6	32,691,508	29,719,552
7	29,719,552	27,017,775
8	27,017,775	24,561,614
9	24,561,614	22,328,740
10	22,328,740	20,485,082
	현재가치(단리)	₩20,485,082
	현재가치(복리:2)	₩19,843,231
	현재가치(복리:4)	₩19,608,472

– 이자율 11%

기간	원　　금	할인된 원금
1	52,650,000	47,432,432
2	47,432,432	42,731,921
3	42,731,921	38,497,226
4	38,497,226	34,682,186
5	34,682,186	31,245,212
6	31,245,212	28,148,840
7	28,148,840	25,359,315
8	25,359,315	22,846,230
9	22,846,230	20,582,189
10	20,582,189	18,542,513
	현재가치(단리)	₩18,542,513
	현재가치(복리:2)	₩18,044,680
	현재가치(복리:4)	₩17,787,919

(2) 투자기간 말의 이자율 변화에 따른 현재가치 계산

① 투자기간 말 회수자금인 52,650,000원에 대한 현재가치를 알아보자.

② 이자율 8%, 9%, 10%, 11%일 때의 현재가치를 계산해 보자.

③ 기간은 10년으로 단리와 복리 2, 4일 때의 현재가치를 계산해 보자.

– 이자율 8%

기간	원 금	할인된 원금
1	52,650,000	48,750,000
2	48,750,000	45,138,889
3	45,138,889	41,795,267
4	41,795,267	38,699,322
5	38,699,322	35,832,705
6	35,832,705	33,178,431
7	33,178,431	30,720,769
8	30,720,769	28,445,157
9	28,445,157	26,338,108
10	26,338,108	24,387,137
	현재가치(단리)	₩24,387,137
	현재가치(복리:2)	₩24,028,773
	현재가치(복리:4)	₩23,844,680

– 이자율 9%

기간	원 금	할인된 원금
1	52,650,000	48,302,752
2	48,302,752	44,314,452
3	44,314,452	40,655,460
4	40,655,460	37,298,587
5	37,298,587	34,218,887
6	34,218,887	31,393,475
7	31,393,475	28,801,353
8	28,801,353	26,423,260
9	26,423,260	24,241,523
10	24,241,523	22,239,929
	현재가치(단리)	₩22,239,929
	현재가치(복리:2)	₩21,830,947
	현재가치(복리:4)	₩21,620,499

– 이자율 10%

기간	원 금	할인된 원금
1	52,650,000	47,863,636
2	47,863,636	43,512,397
3	43,512,397	39,556,724
4	39,556,724	35,960,658
5	35,960,658	32,691,508
6	32,691,508	29,719,552
7	29,719,552	27,017,775
8	27,017,775	24,561,614
9	24,561,614	22,328,740
10	22,328,740	20,485,082
	현재가치(단리)	₩20,485,082
	현재가치(복리:2)	₩19,843,231
	현재가치(복리:4)	₩19,608,472

– 이자율 11%

기간	원 금	할인된 원금
1	52,650,000	47,432,432
2	47,432,432	42,731,921
3	42,731,921	38,497,226
4	38,497,226	34,682,186
5	34,682,186	31,245,212
6	31,245,212	28,148,840
7	28,148,840	25,359,315
8	25,359,315	22,846,230
9	22,846,230	20,582,189
10	20,582,189	18,542,513
	현재가치(단리)	₩18,542,513
	현재가치(복리:2)	₩18,044,680
	현재가치(복리:4)	₩17,787,919

(3) 예상되는 연속적인 현금흐름의 가치

① 당기순이익 32,080,000원에 대해 일정 시점이 아닌 일정 기간 동안의 연속적으로 발생하는 자금에 대한 미래가치를 구해 보자.

– 이자율 8%

기간	당기순이익	이 자	총 액
1	3,040,000	243,200	3,283,200
2	6,323,200	505,856	6,829,056
3	9,869,056	789,524	10,658,580
4	13,698,580	1,095,886	14,794,467
5	17,834,467	1,426,757	19,261,224
6	22,301,224	1,784,098	24,085,322
7	27,125,322	2,170,026	29,295,348
8	32,335,348	2,586,828	34,922,176
9	37,962,176	3,036,974	40,999,150
10	44,039,150	3,523,132	47,562,282
	FV(RATE, NPER, PMT, PV, TYPE)		
	당기순이익의 10년 후 가치		₩47,562,282

– 이자율 9%

기간	당기순이익	이 자	총 액
1	3,040,000	273,600	3,313,600
2	6,353,600	571,824	6,925,424
3	9,965,424	896,888	10,862,312
4	13,902,312	1,251,208	15,153,520
5	18,193,520	1,637,417	19,830,937
6	22,870,937	2,058,384	24,929,321
7	27,969,321	2,517,239	30,486,560
8	33,526,560	3,017,390	36,543,951
9	39,583,951	3,562,556	43,146,506
10	46,186,506	4,156,786	50,343,292
	FV(RATE, NPER, PMT, PV, TYPE)		
	당기순이익의 10년 후 가치		₩50,343,292

– 이자율 10%

기간	당기순이익	이 자	총 액
1	3,040,000	304,000	3,344,000
2	6,384,000	638,400	7,022,400
3	10,062,400	1,006,240	11,068,640
4	14,108,640	1,410,864	15,519,504
5	18,559,504	1,855,950	20,415,454
6	23,455,454	2,345,545	25,801,000
7	28,841,000	2,884,100	31,725,100
8	34,765,100	3,476,510	38,241,610
9	41,281,610	4,128,161	45,409,771
10	48,449,771	4,844,977	53,294,748
	FV(RATE, NPER, PMT, PV, TYPE)		
	당기순이익의 10년 후 가치		₩53,294,748

– 이자율 11%

기간	당기순이익	이 자	총 액
1	3,040,000	334,400	3,374,400
2	6,414,400	705,584	7,119,984
3	10,159,984	1,117,598	11,277,582
4	14,317,582	1,574,934	15,892,516
5	18,932,516	2,082,577	21,015,093
6	24,055,093	2,646,060	26,701,153
7	29,741,153	3,271,527	33,012,680
8	36,052,680	3,965,795	40,018,475
9	43,058,475	4,736,432	47,794,907
10	50,834,907	5,591,840	56,426,747
	FV(RATE, NPER, PMT, PV, TYPE)		
	당기순이익의 10년 후 가치		₩56,426,747

② 마찬가지로 연속적인 현금흐름의 현재가치를 이자율을 변화시켜 구해 보자.

– 이자율 8%

기간	당기순이익	현재가치	총 액
1	3,040,000	2,814,815	2,814,815
2	3,040,000	2,606,310	5,421,125
3	3,040,000	2,413,250	7,834,375
4	3,040,000	2,234,491	10,068,866
5	3,040,000	2,068,973	12,137,839
6	3,040,000	1,915,716	14,053,554
7	3,040,000	1,773,811	15,827,365
8	3,040,000	1,642,417	17,469,782
9	3,040,000	1,520,757	18,990,539
10	3,040,000	1,408,108	20,398,647
	PV(RATE, NPER, PMT, FV, TYPE)		
	10년간 순이익의 현재가치		₩20,398,647

– 이자율 9%

당기순이익	현재가치	총 액
3,040,000	2,788,991	2,788,991
3,040,000	2,558,707	5,347,698
3,040,000	2,347,438	7,695,136
3,040,000	2,153,613	9,848,748
3,040,000	1,975,791	11,824,540
3,040,000	1,812,653	13,637,193
3,040,000	1,662,984	15,300,177
3,040,000	1,525,673	16,825,850
3,040,000	1,399,700	18,225,551
3,040,000	1,284,129	19,509,679
PV(RATE, NPER, PMT, FV, TYPE)		
10년간 순이익의 현재가치		₩19,509,679

– 이자율 10%

기간	당기순이익	현재가치	총 액
1	3,040,000	2,763,636	2,763,636
2	3,040,000	2,512,397	5,276,033
3	3,040,000	2,283,997	7,560,030
4	3,040,000	2,076,361	9,636,391
5	3,040,000	1,887,601	11,523,992
6	3,040,000	1,716,001	13,239,993
7	3,040,000	1,560,001	14,799,993
8	3,040,000	1,418,182	16,218,176
9	3,040,000	1,289,257	17,507,432
10	3,040,000	1,172,052	18,679,484
	PV(RATE, NPER, PMT, FV, TYPE)		
	10년간 순이익의 현재가치		₩18,679,484

– 이자율 11%

당기순이익	이 자	총 액
3,040,000	2,738,739	2,738,739
3,040,000	2,467,332	5,206,071
3,040,000	2,222,822	7,428,893
3,040,000	2,002,542	9,431,435
3,040,000	1,804,092	11,235,527
3,040,000	1,625,308	12,860,835
3,040,000	1,464,242	14,325,077
3,040,000	1,319,137	15,644,213
3,040,000	1,188,411	16,832,624
3,040,000	1,070,641	17,903,265
PV(RATE, NPER, PMT, FV, TYPE)		
10년간 순이익의 현재가치		₩17,903,265

4) 투자의 경제성 분석

(1) NPV와 IRR을 통한 경제성 분석

A의 커피전문점에는 최초 투자비용인 64,850,000원이 투자된 반면 10년 동안 32,080,000원이 유입될 것으로 예상된다. 자본비용을 8%로 가정할 때 이 투자대안의 순현재가치는 얼마인지를 자본의 시간적 가치를 고려한 순현재가치방법(NPV)과 내부수익률방법(IRR)을 통해 투자의 경제성을 분석해 본다.

• 자본비용: 0.08

기간	현금흐름
투자시점	(64,850,000)
제 1 기말	32,080,000
제 2 기말	32,080,000
제 3 기말	32,080,000
제 4 기말	32,080,000
제 5 기말	32,080,000
제 6 기말	32,080,000
제 7 기말	32,080,000
제 8 기말	32,080,000
제 9 기말	32,080,000
제10기말	32,080,000

• 투자안의 순현재가치

자본비용	순현재가치(NPV)
0.08	₩139,267,973

• 투자안의 내부수익률

IRR	49%

① 자본비용이 0.08일 때의 순현재가치는 139,267,973원으로 순현금가치가 0보다 크기 때문에 경제성이 있다고 볼 수 있다.

② 내부수익률이 49%로 자본조달비용이 49% 미만이면 이 투자안은 경제성이 있다고 볼 수 있다.

(2) 자본비용의 변화에 따른 순현재가치 계산

만약 자본비용이 변화할 경우 순현재가치는 어떤 변화를 가져올지를 순현재가치의 One input table을 이용하여 파악하여 본다.

자본비용	NPV	자본비용	NPV
0.05	174,155,482	0.13	96,658,310
0.06	161,567,540	0.14	89,897,360
0.07	149,968,688	0.15	83,610,520
0.08	139,267,973	0.16	77,758,567
0.09	129,383,907	0.17	72,305,987
0.10	120,243,375	0.18	67,220,583
0.11	111,780,687	0.19	62,473,135
0.12	103,936,745	0.20	58,037,087

① 이와 같이 자본비용을 변화시킬 때마다 순현재가치가 변하게 되므로 하나의 표로 작성하면 자본비용과 순현재가치의 관계를 보다 쉽게 알 수 있다.

② 자본비용을 변화시켰을 경우 자본비용이 높아짐에 따라 순현재가치는 점점 감소함을 알 수 있다.

(3) 원금상환의 One input table과 Two input table 작성

① A는 은행 융자비용 50,000,000원에 대해 5년 동안 매달(기간 60개월) 상환하려고 한다. 이자율의 변화에 따라 월 상환금액을 계산해 보면 다음과 같다.

- 이자율 변화에 따른 월 융자금 상환내역

이자율	월 지불액	이자총액	이자율	월 지불액	이자총액
0.05	943,562	6,613,701	0.13	1,137,654	18,259,219
0.06	966,640	7,998,405	0.14	1,163,413	19,804,753
0.07	990,060	9,403,596	0.15	1,189,497	21,369,790
0.08	1,013,820	10,829,183	0.16	1,215,903	22,954,171
0.09	1,037,918	12,275,066	0.17	1,242,629	24,557,727
0.10	1,062,352	13,741,134	0.18	1,269,671	26,180,282
0.11	1,087,121	15,227,269	0.19	1,297,028	27,821,653
0.12	1,112,222	16,733,343	0.20	1,324,694	29,481,651

② A는 이자율과 기간을 변화시켰을 때의 월 상환금액을 알고 싶어 한다. Two input table을 이용하여 이자율과 기간을 변화시켰을 경우의 월 상환내역을 계

산해 보면 다음과 같다.

● 이자율 변화와 상환기간 변화에 따른 월 융자금 상환내역

이자율	기간				
	12	24	36	48	60
0.08	4,349,421	2,261,365	1,566,818	1,220,646	1,013,820
0.09	4,372,574	2,284,237	1,589,987	1,244,252	1,037,918
0.10	4,395,794	2,307,246	1,613,359	1,268,129	1,062,352
0.11	4,419,083	2,330,392	1,636,936	1,292,276	1,087,121
0.12	4,442,439	2,353,674	1,660,715	1,316,692	1,112,222
0.13	4,465,864	2,377,091	1,684,698	1,341,375	1,137,654
0.14	4,489,356	2,400,644	1,708,881	1,366,324	1,163,413
0.15	4,512,916	2,424,332	1,733,266	1,391,537	1,189,497
0.16	4,536,543	2,448,156	1,757,852	1,417,014	1,215,903
0.17	4,560,238	2,472,113	1,782,636	1,442,752	1,242,629
0.18	4,584,000	2,496,205	1,807,620	1,468,750	1,269,671
0.19	4,607,829	2,520,431	1,832,801	1,495,006	1,297,028
0.20	4,631,725	2,544,790	1,858,179	1,521,518	1,324,694

5) 손익분기분석

(1) 손익분기분석을 위한 고정비용과 변동비 산출내역

● 고정비 산출내역

구분	금액	사업기간 말의 회수액		예상 고정비
		회수금액	현재가치	
전세금	50,000,000	50,000,000	₩335,504,070	₩285,504,070
인테리어	8,400,000	400,000	₩2,684,033	₩2,284,033
보증금	2,000,000	2,000,000	₩13,240,163	₩11,420,163
가맹비	2,000,000	0		₩2,000,000
전화설치비	250,000	250,000	₩1,677,520	₩1,427,520
기타 잡비	2,000,000	0		₩2,000,000
광고홍보비	200,000	0		₩200,000
합계	₩64,850,000	₩52,650,000	₩353,285,786	₩304,835,786

① 예상 고정비: 초기 투자비용 − 사업기간 말의 회수금액 + 사업기간 말의 회수금액의 현재가치

- 변동비 산출내역(단위당)

구분	금액	산출근거	예상 변동비	
매출원가	1,500.0	60%	(매출원가율)	₩1,500.0
판매비/관리비	86.5			₩86.5
영업이익	913.5	37%	(영업이익률)	
법인세	182.7	20%	(가정 법인세율)	₩182.7
합계				₩1,769.2

② 평균 단가: 고객 1인당 평균 구매액 2,500원

(2) 손익분기분석(단위당)

평균 단가	고정비	매출원가	판매비/관리비	법인세
₩2,500	₩304,835,786	₩1,500	₩86.5	₩182.7

- 평균 단가: 고객 1인당 평균 구매액(커피가격 기준)

고객수	매출액	고정비	변동비	총비용	이익
200,000	500,000,000	304,835,786	353,840,000	658,675,786	−158,675,786
220,000	550,000,000	304,835,786	389,224,000	694,059,786	−144,059,786
240,000	600,000,000	304,835,786	424,608,000	729,443,786	−129,443,786
260,000	650,000,000	304,835,786	459,992,000	764,827,786	−114,827,786
280,000	700,000,000	304,835,786	495,376,000	800,211,786	−100,211,786
300,000	750,000,000	304,835,786	530,760,000	835,595,786	−85,595,786
320,000	800,000,000	304,835,786	566,144,000	870,979,786	−70,979,786
340,000	850,000,000	304,835,786	601,528,000	906,363,786	−56,363,786
360,000	900,000,000	304,835,786	636,912,000	941,747,786	−41,747,786
380,000	950,000,000	304,835,786	672,296,000	977,131,786	−27,131,786
400,000	1,000,000,000	304,835,786	707,680,000	1,012,515,786	−12,515,786
417,126	1,042,815,000	304,835,786	737,979,319	1,042,815,105	−105
417,127	1,042,817,500	304,835,786	737,981,088	1,042,816,874	626

① 손익분기점은 고객 417,127명으로 417,127명 째 손님부터 이익이 발생한다.

② 그래프를 그려보면 다음과 같다.

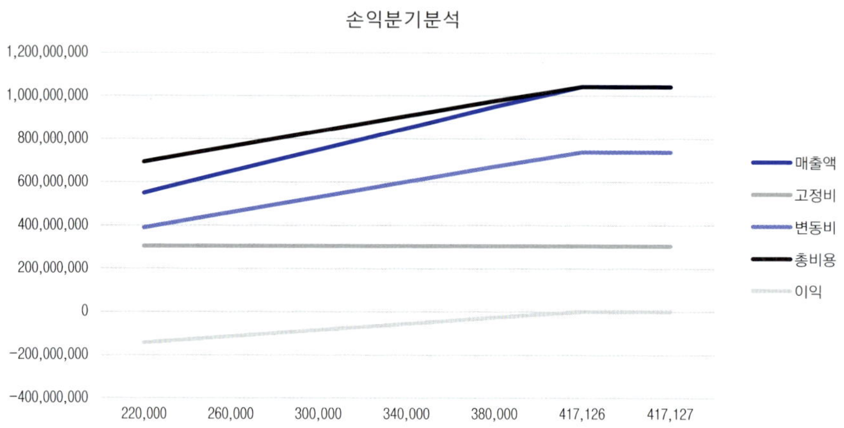

6) 추정손익계산서

(1) 구매액 증가율 20%

평균 구매액	예상 구매고객 수	매출원가율	판매비/관리비	법인세
₩2,500	43,900	60%	10%	20%

① 예상 구매고객 수는 예상매출액(109,750,000원)/평균 구매액(2,500원) = 43,900원으로 산출했다.

② 구매액 증가율이 20% 높아졌을 때 향후 10년간의 손익계산서는 다음과 같다.

항목	투자시점	제1기	제2기	제3기
1. 매출액		109,750,000	131,700,000	158,040,000
매출원가		65,850,000	79,020,000	94,824,000
2. 매출총이익		43,900,000	52,680,000	63,216,000
판매비와 관리비		10,975,000	13,170,000	15,804,000
3. 영업이익		32,925,000	39,510,000	47,412,000
4. 세전이익		32,925,000	39,510,000	47,412,000
5. 세금		6,585,000	7,902,000	9,482,400
6. 당기순이익	–	26,340,000	31,608,000	37,929,600

항목	제4기	제5기	제6기	제7기
1. 매출액	189,648,000	227,577,600	273,093,120	327,711,744
매출원가	113,788,800	136,546,560	163,855,872	196,627,046
2. 매출총이익	75,859,200	91,031,040	109,237,248	131,084,698
판매비와 관리비	18,964,800	22,757,760	27,309,312	32,771,174
3. 영업이익	56,894,400	68,273,280	81,927,936	98,313,523
4. 세전이익	56,894,400	68,273,280	81,927,936	98,313,523
5. 세금	11,378,880	13,654,656	16,385,587	19,662,705
6. 당기순이익	45,515,520	54,618,624	65,542,349	78,650,819

항목	제8기	제9기	제10기	합계
1. 매출액	393,254,093	471,904,911	566,285,894	2,848,965,362
매출원가	235,952,456	283,142,947	339,771,536	1,709,379,217
2. 매출총이익	157,301,637	188,761,964	226,514,358	1,139,586,145
판매비와 관리비	39,325,409	47,190,491	56,628,589	284,896,536
3. 영업이익	117,976,228	141,571,473	169,885,768	854,689,609
4. 세전이익	117,976,228	141,571,473	169,885,768	854,689,609
5. 세금	23,595,246	28,314,295	33,977,154	170,937,922
6. 당기순이익	94,380,982	113,257,179	135,908,615	683,751,687

위와 같은 방법으로 매출원가, 고객증가율, 구매액 증가율을 변화시켜 10년간의 손익계산서를 추정해 볼 수 있다.

보고서 작성팁 3 기획서의 흐름을 잡아가기

기획안에 대한 대강의 구상을 마치고 나서 막상 기획서를 쓰려고 하면 어디서부터 어떻게 시작해야 할지, 어떤 논리적 전개를 하여야 하고 어떤 순서로 목차를 잡아야 할지 막막한 경우가 많은데, 이런 상황에서는 다시 한번 기획서에서 다루어야 할 요소들을 정리해 봄으로써 기획서의 흐름을 잡아갈 수 있다.

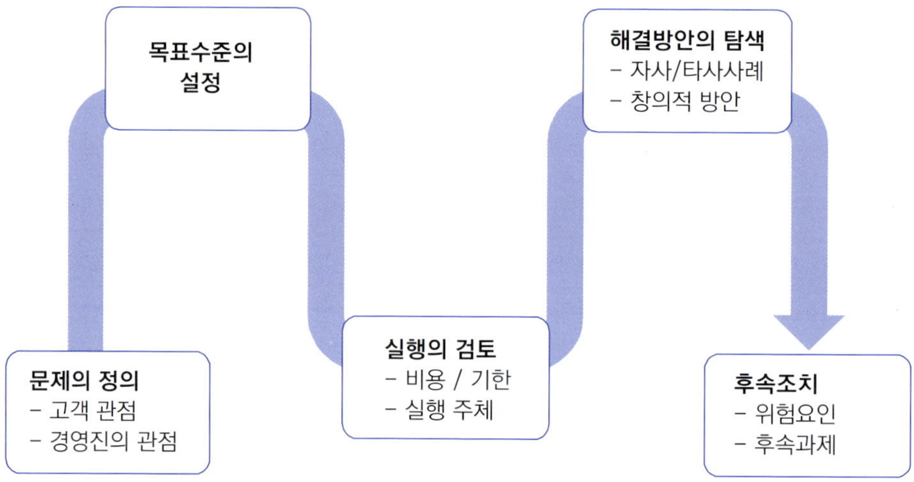

1. 문제상황에 대한 정의

무엇이 문제인가를 명확히 정의함으로써 이후 기획안의 전개 방향이 잡혀질 수 있고 해결방안에 대한 방향성도 잡아 나갈 수 있다. 문제상황의 정의에서 첫 번째 단계는 고객이나 현장에서 해당 문제가 어떤 영향을 미치고 있고 이해당사자들이 어떻게 해당 문제가 해결되기를 바라는가를 서술함으로써 현장에서 바라보는 문제를 명확히 정의하고, 두 번째 단계는 고객이나 현장에서 바라보는 문제가 회사 차원에서 어떤 의미를 가지는가를 정리해 볼 필요가 있다. 회사의 전략 방향에서 해당 문제가 가지는 중요성, 경영진이 판단하는 해당 사안의 해결방향을 검토하여 문제의 해결방향을 잡아 나가야 한다. 첫 단계에서 정의된 문제가 실제로 회사 차원에서 얼마만큼의 중요성과

긴급성이 있는 것인지를 다시 한번 체크해 보는 과정이며 이를 통해 해결방안에 대한 전체적인 밑그림을 그릴 수 있게 된다.

2. 해결방향에 대한 탐색

1) 목표수준의 설정

문제가 정의되었으면 구체적인 해결방안을 도출하여야 하는데 해결방안 도출에 앞서 목표수준을 어디까지로 할 것인가를 설정할 필요가 있다. 단기, 임시적인 해결이 필요한 사항과 중장기적으로 구조적인 문제까지 해결하여야 하는 사항, 10%를 개선하여야 하는 사항과 100% 만족 수준으로 개선을 해야 하는 사항의 해결방안은 완전히 다른 접근이 필요하기 때문에 문제의 중요도, 긴급도에 따라 문제의 해결에 적합한 목표수준을 설정하여 대안을 제시하여야 한다.

2) 해결방안의 탐색과 결정

문제가 정의되고 문제해결의 목표수준이 결정되었으면 해당 문제를 해결할 수 있는 방법이 도출되어 기획서에 서술되어야 한다. 해결방안의 도출을 위해서는 첫째, 과거의 유사한 문제에 대한 자사의 대응방안과 그 대응방안의 결과를 검토하고, 둘째, 유사한 문제에 대한 타사의 대응방안을 벤치마킹하며, 마지막으로 앞선 두 과정에 기반한 창의적인 대안을 모색하여야 한다. 이 과정에서 기존의 대응방안에 있어서의 문제점들을 분석하여 기존의 방법들과의 차별성을 부각한다면 더욱 좋은 기획서가 될 수 있을 것이다.

3. 실행과 관련한 사항들에 대한 검토

해결방안이 도출되면 그 다음에 검토하여야 할 사항은 해당 방안의 실행과 관련하여 어느 정도의 자원이 소요될 것인가를 검토하여야 한다.

첫 번째로 검토하여야 할 사항은 어느 정도의 비용이 소요될 것인가에 대한 사항이며, 두 번째로는 언제까지 해당 문제를 해결할 것인가의 사항이고, 마지막으로는 누가 실행을 할 것인가의 문제이다. 과다한 비용이 소요되거나 과도하게 시간이 걸린다거나 실행의 주체가 모호할 경우에는 새로운 해결방안을 모색하여야 하는 상황에 직면할 수가 있기 때문에 효율적 실행에 대한 검토는 반드시 필요하고 기획서에 꼭 담겨야 하는 내용이다.

4. 위험요인과 후속과제에 대한 검토

기획서에서 마지막 단계에 다루어야 할 사항은 해당 해결방안이 가지고 있는 위험성에 대한 언급이다. 급변하는 경영환경, 내부의 복잡한 업무 프로세스 등으로 인하여 실행에는 반드시 위험이 따르기 때문에 예측되는 위험요인을 검토하여 명시하고 가능하면 해당 위험을 최소화시킬 수 있는 방법까지 기획서에 담아내야 한다. 또한 이후 해당 문제가 반복되지 않도록 근본적인 프로세스의 개선방향까지 제시할 수 있다면 더욱 좋은 기획이 될 수 있을 것이다.

CHAPTER

4

통계분석

1 통계분석의 개요

1) 통계분석

(1) 경영자원으로서 정보

SUMMARY

- 정보는 원자재, 자본, 인력, 기술처럼 가치를 지닌 경영자원으로 경영활동을 수행하는 데 필수적인 요소
- Garbage In Garbage Out(GIGO): 좋은 정보를 만들기 위해서는 좋은 자료가 수집되어야 함
- Gold In Garbage Out(GIGO): 좋은 자료가 있더라도 가공과 분석이 잘못되면 가치가 없음

국제화, 무한경쟁, 소비자의 다변화와 더불어 인터넷, AI 등의 확산으로 기업 및 소비자들은 홍수처럼 밀려오는 많은 양의 정보 속에서 필요한 정보를 찾아내야 한다. 또한 경영활동을 수행하는 데 있어서도 고객의 주문, 판매실적, 원자재 발주, 생산실적, 직원의 신상기록, 근무실적, 회계자료 등과 같은 많은 양의 자료가 발생한다. 기업들은 이와 같은 많은 양의 자료를 효율적으로 처리해야 하고, 이들 자료들을 이용하여 경영활동에 필요한 정보를 추출해야 한다. 경영활동에 필요한 정보들은 이미 수집되어 있을 수도 있고, 혹은 직접 자료를 수집하여 분석해야 할 필요가 있을 수도 있다.

이처럼 정보화 사회에서 정보는 원자재, 자본, 인력, 기술처럼 가치를 지닌 경영자원이며, 경영활동을 수행하는 데 필수적인 요소이다. 따라서 경영활동을 수행하는 데는 이러한 정보를 이용한 다양한 의사결정을 수행하여야 하는데, 예를 들어 생산부서에서는 어떤 사양의 제품을, 얼마나, 어디에서, 언제, 어떠한 원자재로, 어떠한 방법으로 생산해야 하는지 등의 의사결정을 수행해야 하고, 마케팅부서에서는 어떤 고객들이, 어떠한 종류의 제품을, 얼마의 가격에 원하고 있는지, 광고를 어떻게 만들어야 하는지 등의 의사결정을 해야 한다. 이처럼 중요한 의사결정을 수행하기 위해서는 다양

한 정보가 필요하다. 이같이 정보가 없이는 기업 활동을 효과적으로 수행할 수 없기 때문에 정보는 경영활동의 중요한 자원으로 판단된다. 또한 경영활동에 필요한 정보를 만들어내기 위해서는 정보의 수집과 분석능력, 즉 정보를 효율적으로 수집하고 가공할 수 있는 정보기술 활용능력이 필수적이다. 정보기술은 자료의 수집, 처리, 분석, 보고 과정을 보다 빠르고 싸게 처리할 수 있다는 점에서 큰 역할을 하고 있다. 그러나 정보기술은 아직까지 자료를 수집하고 처리하는 단순한 도구일 뿐이고 중요한 것은 어떤 자료를 어디에서 어떠한 방법으로 수집하여 어떠한 분석방법을 이용하여 어떻게 보고할 것인가를 결정하는 것인데, 이 과정에 인간의 지적능력과 분석능력이 큰 역할을 하고 있다.

정보시스템의 용어 중 "Garbage In Garbage Out(GIGO)"이라는 용어가 있다. 이는 쓰레기가 들어오면 쓰레기가 나간다는 의미로 가치가 없는 자료는 아무리 잘 가공을 하여도 유용한 정보가 될 수 없다는 뜻으로서 좋은 정보를 만들기 위하여서는 좋은 자료가 수집되어야 함을 의미한다. 또한 "Gold In Garbage Out(GIGO)"이라는 용어도 있는데 이는 아무리 좋은 자료가 있다 하더라도 가공과 분석이 잘못되면 쓰레기가 된다는 뜻으로 자료분석방법의 중요성을 말하고 있다. 위의 두 용어는 훌륭한 정보를 만들기 위하여 선행되어야 할 일은 좋은 자료가 수집되어야 하고, 그 다음에 좋은 자료를 필요한 정보로 가공하기 위해서는 적절한 가공이나 분석방법이 필요하다는 점을 강조하고 있다.

(2) 정보의 특성

SUMMARY

- 자료(data)
  - 실제적인 사실을 나타내는 특정한 기호, 가공이 되지 않은 원재료의 상태
  - 문제해결이나 의사결정에 직접적인 영향을 미치지 않음
- 정보(information)
  - 의사결정과 경영활동에 필요한 경영자원, 원재료인 자료를 가공한 완제품
  - 의사결정이나 문제해결에 직접적인 영향을 미침
- 정보의 가치
  - 의사결정과의 관련성 / 필요한 시점에 제공 / 적은 오차 / 객관적 입증가능성

정보는 자료라는 용어와 혼용되어 사용되어 왔으나 정보와 자료는 서로 다른 의미를 가지고 있다. 자료(data)는 "종업원의 이름, 재고번호, 주문량, 근무시간 등과 같이 실제적인 사실을 나타내는 특정한 기호"로 사실을 표현한 것이다. 자료는 숫자, 기호, 문자, 그래픽, 음성, 화상 등과 같은 형태로 존재한다. 반면에 정보(information)는 "의사결정자의 의사결정과 경영활동에 필요한 경영자원"이라고 정의할 수 있다. 예를 들어, 특정 소비자가 좋아하는 자동차의 종류는 자료인 반면에 소비자들의 자동차 선호도를 나이별, 성별, 소득별로 수집하여 정리 분석하였다면 이는 자동차회사에 유용한 정보가 될 수 있다.

따라서 자료와 정보의 차이는 의사결정자의 문제해결이나 의사결정에 직접적으로 영향을 주느냐에 따라서, 의사결정이나 문제해결에 직접적으로 영향을 주면 '정보'이고, 영향을 주지 못하면 '자료'라고 볼 수 있다.

일반적으로 자료는 가공이 되지 않은 원재료의 상태로 존재하고, 정보는 의사결정에 영향을 줄 수 있도록 원재료인 자료를 가공하여 가치를 가지게 된 완제품으로 볼 수 있다. 정보가 가치를 가지고 있는 자원이라면 정보의 가치를 정확하게 평가할 필요가 있다. 그러나 정보는 절대적인 가치를 가지고 있다기보다는 누가, 언제, 어느 상황하에서 이용하느냐에 따라서 다른 가치를 가지는 특성이 있기 때문에 정보의 가치는 보다 상대적인 개념으로 의사결정이나 문제해결 의사결정자의 입장에서 평가되어야 한다.

정보가 경영활동이나 문제해결을 위한 자원으로 활용되기 위해서는 최소한 다음 네 가지의 특성을 가져야 한다.

① 첫째, 정보는 의사결정과 관련성이 있어야 한다(Relevancy).
의사결정을 하는 데 관련이 없는 정보는 가치가 없는 정보이다. 예를 들어, 항공회사가 탑승객의 예약을 처리할 때 고객이 언제, 어느 노선에, 어떤 좌석을 필요로 하는지와 같은 정보는 예약 처리 시에 필요한 정보이다. 그러나 탑승객

의 결혼 여부와 탑승자의 형제의 수와 같은 정보는 예약과는 관련성이 없기 때문에 가치가 없는 정보이다. 이와 같이 정보는 정보를 필요로 하는 목적에 부합하게 활용될 수 있을 때 가치가 있다.

② 둘째, 정보는 의사결정에 필요한 시점에 제공되어야 한다(Timeliness).
의사결정을 필요로 하는 시점에 정보가 제공되지 못하면 그 정보는 가치가 없다. 예를 들어, 경마장에서 마권을 구입할 때 어느 말이 우승할 가능성이 높다는 정보는 마권을 구입하기 전에 필요한 정보이지 경마가 끝난 후에는 필요한 정보가 아니다. 따라서 적시성 여부에 따라 정보의 가치는 달라진다.

③ 셋째, 정보는 오차가 적어야 한다(Accuracy).
의사결정에 가치가 있는 정보는 오차가 적어야 한다. 예를 들어, 내일 비가 내릴 것이라는 정보가 맞을 확률이 10% 내외라면 정보로 이용하기 힘들다. 정확하지 않은 정보는 의사결정을 하는 데 상당한 위험을 수반하고 있으며, 때에 따라서는 정보 없이 내리는 의사결정보다도 위험할 경우가 있다. 물론 시간과 비용을 투자하면 정보의 오차를 줄일 수가 있지만 의사결정을 신속히 수행하여야 할 경우에는 정보가 갖는 오차에 따른 위험도를 부분적으로 감수하여야 한다.

④ 넷째, 정보는 입증할 수 있어야 한다(Verifiability).
객관적으로 입증할 수 없는 정보는 가치가 없다. 예를 들어, 아무런 객관적인 증거 없이 내년의 수요는 올해에 비교하여 세 배가 될 것이라는 정보는 입증할 수가 없기 때문에 의사결정자가 이용할 수는 없게 되는 것이다.

(3) 정보와 통계분석

1〉 자료의 종류

① **정성적 자료와 정량적 자료**: 기업 경영활동에 필요한 자료의 종류는 특성과 수집방법에 따라서 분석방법을 크게 달리한다. 우선 자료는 특성에 따라서 정성적 자료(qualitative data)와 정량적 자료(quantitative data)로 분류된다. 정성적 자료는 고객의 성별과 최종 학력, 기업의 업종, 국가의 지역적 특성과 같이 숫자로 계량화할 수 없는(non-numerical) 자료를 말하며, 정량적 자료는 고객의 나이, 신장, 매출액, 주식가격, 국가의 GDP 등과 같이 숫자의 형태로 계량화할 수 있는 자료를 말한다.

정성적 자료는 심리학, 사회학, 논리학, 철학, 경영학 등과 같은 사회과학 기법들을 이용하여 정보로 가공할 수 있는 반면에 정량적 자료는 주로 수학, 통계학, 경영과학과 같은 계량적 기법들을 이용하여 정보로 가공된다. 특히 정량적 자료를 처리하여 경영활동에 필요한 정보를 가공하는 데 있어서 통계분석(statistic analysis)은 매우 중요한 역할을 하고 있다. 또한 자료의 수집방법에 따라서 시계열 자료와 횡적 자료에 이용되는 통계적 분석 기법에도 차이가 존재한다.

② **시계열 자료와 횡적 자료**: 자료는 시간의 흐름에 따라서 수집된 자료인 시계열 자료(time series data)와 특정 시간대에 수집된 자료인 횡적 자료(cross-sectional data)로 분류된다. 시계열 자료의 대표적인 예는 연도별로 수집된 국가의 GDP 성장률과 같은 거시경제 지표, 월별로 수집된 매출액, 일별로 수집되는 주식가격과 같은 자료들이 있다. 반면에 2020년의 OECD국가들의 GDP와 성장률, 2020년 12월의 상장기업들의 매출액, 2020년 12월 21일의 전자업종의 기업들의 주식가격 등은 특정 시점에 수집된 자료로 이런 자료들을 횡적 자료라고 한다.

2〉 기술통계학과 추론통계학

자료를 수집, 분석, 가공하는 중요한 도구 중 하나인 통계학은 크게 두 부분으로 나누어진다. 첫 번째 부분은 기술통계학(descriptive statistics)으로서 수집된 자료의 특성을 요약하고 정리하는 기법이다. 예를 들어, 수집된 자료의 중심위치나 흩어진 상태를 숫자로 표현하거나 또는 테이블, 도표 등을 이용하여 정리 요약하는 기법들이 기술적 통계기법이다.

통계학의 두 번째 부분은 추론통계학(inferential statistics)으로서 수집된 표본자료

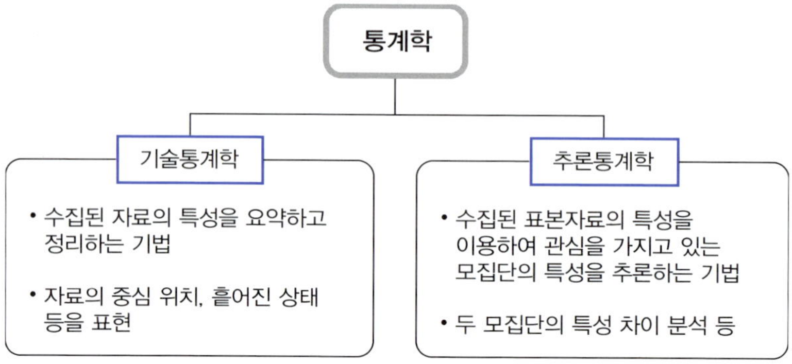

의 특성을 이용하여 관심을 가지고 있는 모집단의 특성을 추론하는 기법을 의미한다. 주로 모집단의 평균, 비율, 산포도, 혹은 둘 또는 그 이상의 모집단의 특성 차이, 변수들 간의 관련성 등을 추론하게 된다. 기술통계학과 추론통계학의 가장 큰 차이는 모집단에 대한 추론 여부이다. 기술통계학에서는 수집된 자료의 특성을 정리 요약하는 반면에 추론통계학에서는 표본에서 수집된 자료의 특성을 이용하여 모집단의 특성을 추론하는 것이다.

3〉 모집단과 표본

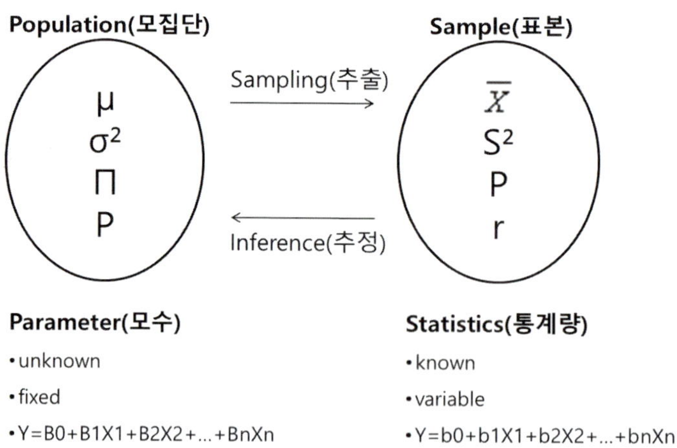

모집단(population)이란 의사결정자가 관심을 가지고 있는 대상을 의미한다. 모집단의 개체 전부를 조사하는 것을 전수조사(census)라고 하는데, 일반적으로 우리가 관심을 가지고 있는 모집단의 수는 매우 크기 때문에 이들을 모두 조사하는 것은 현실적으

로 불가능하다. 따라서 모집단에서 일정한 수의 표본(sample)을 추출하여 수집된 표본의 특성을 이용하여 모집단의 특성을 유추하거나 예측하는 표본조사(sampling) 기법이 일반적으로 많이 이용된다.

이때 관심을 가지고 있는 모집단의 특성을 모수(parameter)라 하고, 수집된 표본의 특성을 통계량(statistics)이라 한다. 우리가 관심을 가지고 있는 모집단이 있다면 우리는 해당 모집단의 특성은 모르고(unknown), 변하지 않는(fixed) 반면에, 추출된 표본의 특성은 알면서(known), 매번 변한다(variable)는 특징을 가지고 있다.

예를 들어, 어떤 제품을 이용하는 고객들의 만족도를 조사할 때 고객들의 수가 1,000,000명이라고 하자. 이 회사에서 관심을 가지고 있는 전체 고객들이 모집단이 되고, 고객들의 만족도가 이 기업이 관심을 가지고 있는 특성인 모수이다. 그러나 실제로 1,000,000명의 고객들을 모두 다 조사할 수는 없기 때문에 일정한 수의 고객들을 추출하고 추출한 표본 고객들의 만족도를 이용하여 전체 고객들의 만족도를 추정하게 된다. 이때 추출된 고객들이 표본이고, 이들의 만족도는 표본의 특성인 통계량이라고 한다. 이때 먼저 수집된 자료들의 특성을 평균이나 표준편차, 도표 등을 작성하여 자료의 특성을 정리 요약하는 기법은 기술통계기법에 속하고, 수집된 자료의 특성과 분포의 정보를 이용하여 전체 고객들의 만족도를 추정하는 것은 추론통계기법이라 한다. 그러므로 추론통계학은 보다 복잡한 통계적 지식을 필요로 한다. 일반적으로 기술적 통계기법들은 추론통계학의 앞 단계로 먼저 이용되며 추가적인 정보가 필요할 때 추론통계기법을 이용하게 된다.

본 장에서는 자료의 특성을 정리 요약하는 기술통계기법과 기본적인 추론통계기법을 설명하도록 한다. 기술통계기법은 크게 네 부분으로 나누어지는데, 자료의 중심위치를 측정하는 방법, 자료의 흩어진 상태를 측정하는 방법, 자료의 모양과 형태를 측정하는 방법, 자료를 그림과 도표로 표현하는 방법 등이 있다. 추론통계기법에서는 점추정, 구간추정, 가설검정, 두 모집단의 차이검정, 상관분석, 회귀분석기법에 대하여 간략하게 설명하도록 한다.

2) 기술통계기법

(1) 중심위치

SUMMARY

- 산술평균(Mean): 수집된 관찰치의 합을 관찰치의 개수로 나눈 것
- 가중평균(Weighted average): 각각의 자료들에 서로 다른 가중치를 주어 관찰치의 비중을 다르게 함으로써 얻어진 평균치
- 중앙값(Median): 자료들을 큰 수에서 작은 수로 나열하였을 때 가장 중앙에 위치하는 값
- 최빈값(Mode): 자료들 가운데서 빈도수가 가장 높은 값

중심위치란 자료가 어디를 중심으로 모여 있는지를 측정하는 것으로서 산술평균(arithmetic mean), 가중평균(weighted average), 중앙값(median), 최빈값(mode) 등이 있다.

1〉 산술평균(Mean)

자료의 중심위치(central tendency)를 측정하는 수치로서 산술평균이 가장 널리 이용되며 평균이라고도 한다. 평균은 모집단의 평균과 표본평균으로 나누어지며 수집된 관찰치의 합을 관찰치의 개수로 나눈 것이다. 즉, N개로 구성된 모집단의 각 관측치가 X_1, X_2, X_3, $\cdots$, X_n일 때 모집단의 평균 μ는 모집단의 수 N으로 나눈 값이다. 그러나 일반적으로 모집단을 모두 관찰하기에는 많은 비용이 소요되므로 표본을 추출하여 모집단을 대신하게 되는데 이러한 경우를 표본평균이라고 한다. 모집단으로부터 표본크기 n인 표본을 추출하였을 때의 표본평균은 이 수치들의 총합을 n으로 나누어 구하며 $\overline{X}$로 나타낸다.

$$\text{모집단의 평균}:\ \mu = \frac{X_1 + X_2 + X_3 + \cdots X_N}{N} = \sum_{i=1}^{N} \frac{X_i}{N}$$

$$\text{표본평균}:\ \overline{X} = \frac{X_1 + X_2 + X_3 + \cdots X_n}{n} = \sum_{i=1}^{n} \frac{X_i}{n}$$

2〉 가중평균(Weighted average)

가중평균은 각각의 자료들에 서로 다른 가중치(weight)를 주어 관찰치의 비중을 다르게 함으로써 얻어진 평균치이다.

$$\text{가중평균}: \ \overline{X} = \frac{X_1\omega_1 + X_2\omega_2 + X_3\omega_3 + \cdots X_n\omega_n}{n} = \sum_{i=1}^{n} \frac{X_i\omega_i}{\omega_i}$$

3〉 중앙값(Median)

중앙값은 자료들을 큰 수에서 작은 수로 나열하였을 때 가장 중앙에 위치하는 값이다. 평균값은 극대값이나 극소값에 의하여 크게 영향을 받는 반면에 중앙값은 극대값이나 극소값에 크게 영향을 받지 않는다. 따라서 극대값이나 극소값에서 영향을 받는 경우에는 산술평균 대신에 중앙값이 중심위치를 측정하는 도구로서 이용된다. 관찰치의 개수(N)가 홀수일 경우에는 가장 가운데 있는 값이 되고, 관찰치가 짝수일 경우에는 $\frac{N}{2}$번째 값과 $\frac{N}{2}+1$번째 값의 평균이 된다.

중앙값(M_d): $M_d - X_{(n+1)/2}$

관찰치의 개수가 홀수일 경우: $M_d = X_{(n+1)/2}$

관찰치의 개수가 짝수일 경우: $M_d = (X_{n/2} + X_{(n/2)+1})/2$

4〉 최빈값(Mode)

최빈값은 자료들 가운데서 빈도수가 가장 높은 값을 의미한다. 최빈값은 평균이나 중앙값이 큰 의미를 갖지 않는 범주형 자료의 중심위치를 파악할 때 자주 이용된다.

(2) 흩어진 상태(산포도, Dispersion)

SUMMARY

- 분산(Variance) : 각 관찰치의 평균과 각 관찰치 간의 차이를 제곱하여서 더한 수치를 관찰치의 수로 나눈 것
- 표준편차(Standard deviation) : 분산을 제곱근한 값

- 절대편차(Average deviation): 관찰치의 평균과 관찰치 간의 편차의 절대값을 합한 수치를 관찰치의 개수로 나눈 값
- 범위(Range): 최대값(MAX)과 최소값(MIN)의 차이
- 순위(RANK): 계량 또는 계수가 가능한 양을 크기 순서로 나열한 것

수집된 자료가 얼마나 흩어져 있는가를 측정하는 방법으로서 분산, 표준편차, 절대편차, 범위, 순위 등이 있다.

1) 분산(Variance)

분산은 각 관찰치의 평균과 각 관찰치 간의 차이(편차, deviation)를 제곱하여서 더한 수치를 관찰치의 수로 나눈 것이다. 모집단과 표본의 분산을 계산할 때 가장 큰 차이는 관찰치와 평균의 차이의 제곱의 합을 나눌 때 모집단의 분산과 표준편차는 관찰치를 모두 이용하여 나누게 되고, 표본의 분산은 관찰치에서 1개를 빼게 된다. 표본의 분산을 계산할 때 1개를 빼는 이유는 표본의 분산이 모집단의 분산을 추정하는 불편추정치(unbiased estimator)로 만들기 위해서이다. 그러나 이는 매우 어려운 개념이므로 모집단의 분산을 계산할 때 고정되어 있고, 알고 있는 평균을 기준으로 계산하는 반면에 표본의 분산은 기준을 삼을 수 있는 평균이 없기 때문에 하나의 관찰치를 기준으로 설정하기 위하여 1개를 빼게 된다고 이해하면 된다.

모집단의 분산: $\sigma^2 = \sum_{i=1}^{N} \frac{(X_i - \mu)^2}{N}$

표본의 분산: $S^2 = \sum_{i=1}^{n} \frac{\left(X_i - \overline{X}\right)^2}{n-1}$

그러나 분산은 관찰치의 평균과 관찰치 간의 차이를 제곱한 것으로서 단위가 두 번 곱해지기 때문에 분산의 값은 단위를 해석하는 데 문제가 있다. 따라서 분산을 제곱근한 표준편차가 평균과 동일한 수준의 단위이기 때문에 보다 널리 이용된다.

2) 표준편차(Standard deviation)

표준편차는 분산을 제곱근한 값으로서 평균과 동일한 단위를 갖기 때문에 평균과 동일한 수준에서 자료의 흩어진 상태를 비교, 평가할 수 있기에 분산보다 널리 이용된다.

모집단의 표준편차: $\sigma = \sqrt{\sigma^2} = \sum_{i=1}^{N} \frac{(X_i - \mu)^2}{N}$

표본의 표준편차: $S = \sqrt{S^2} = \sum_{i=1}^{n} \frac{\left(X_i - \overline{X}\right)^2}{n-1}$

3〉 절대편차(Average deviation)

절대편차는 관찰치의 평균과 관찰치 간의 편차의 절대값을 합한 수치를 관찰치의 개수로 나누면 된다. 절대편차는 극대값이나 극소값과 같은 값들에 의하여 크게 영향을 받지 않고, 표준편차보다 해석하기 쉽다는 장점을 가지고 있기 때문에 예측치의 예측능력을 비교, 평가할 때 널리 이용된다. 그러나 모집단의 추론과 같은 통계적 분석을 할 때는 표본분포를 추정하기가 어렵기 때문에 적합하지 않다.

절대편차: $AD = \frac{\sum_{i=1}^{n} \left| X_i - \overline{X} \right|}{n}$

4〉 범위(Range)

자료의 전체적인 범위를 파악하고자 할 때 최대값(MAX)과 최소값(MIN)의 차이로서 전체적인 자료의 흩어진 범위를 알 수 있다.

범위: 범위 = Max − Min

5〉 순위

자료의 흩어진 상태를 분석할 때 또 다른 관심사 중 하나는 순위에 관한 것이다. 수학점수나 소득수준에서 본인의 점수나 소득수준이 어디에 위치하는지는 백분율(percentile)로 알 수 있다. 백분율은 자료를 큰 수부터 작은 수로(descending), 혹은 작은 수부터 큰 수로(ascending) 나열하여 순위를 파악할 수 있게 한다. 예를 들어, 상위 5%에 해당되는 수를 찾기 위하여 자료를 큰 수부터 작은 수로 나열하여 상위 5%에 해당하는 수를 찾을 수 있다.

백분율 자료를 네 등급으로 나누어서 보는 사등위수(quartile)는 백분율의 특별한 경우로서 자료를 사등분(quarter)하여, 처음부터 25%까지의 백분율에 해당하는 수는

1사분위수, 다음 50% 백분율까지 해당하는 수는 2사분위수, 다음 75%까지의 백분율에 해당하는 수는 3사분위수, 마지막으로 100%까지 해당하는 수는 4사분위수에 해당되는 값을 의미한다.

(3) 형태와 모양

SUMMARY

- 비대칭도(skewness): 분포가 대칭을 벗어나 한쪽으로 치우친 정도를 말하며, 왜도라고도 함
- 첨도(kurtosis): 분포의 뾰족한 정도

자료의 특성을 정리, 요약할 때 자료의 중심위치와 산포도 이외에도 자료 분포의 모양(shape)을 측정하게 된다. 자료 분포의 모양은 평균을 중심으로 자료가 어느 쪽으로 몰려 있는지를 알 수 있는 비대칭도(왜도, skewness)와 자료들이 정규분포에 비하여 빈도수가 높은지를 알 수 있는 첨도(kurtosis)로 주로 측정된다. 비대칭도와 첨도를 계산하는 데는 수학적 모멘트(moment) 개념을 이용하여 계산한다.

1〉 비대칭도

자료의 비대칭도는 관찰치와 평균의 차이를 세제곱하여 더한 숫자를 관찰치의 수로 나누면 된다. 비대칭도의 계수가 0보다 크면 평균에서 오른쪽으로 치우쳐 있고, 비대칭도의 계수가 0보다 작으면 평균보다 왼쪽으로 치우쳐 있음을 의미한다.

$$\text{비대칭도: } \mu_3 = \sum_{i=1}^{N} \frac{(X_i - \mu)^3}{N}$$

2〉 첨도

자료의 첨도는 관찰치와 평균의 차이를 네제곱하여 더한 숫자를 관찰치의 수로 나누면 된다. 첨도란 분포의 뾰족한 정도를 정규분포와 비교하여 나타내는 것으로 양의 첨도는 정규분포보다 상대적으로 더 뾰족하고 음의 첨도는 정규분포보다 덜 뾰족하다.

$$\text{첨도: } \mu_4 = \sum_{i=1}^{N} \frac{(X_i - \mu)^4}{N}$$

(4) 도표와 그래프

SUMMARY

- 도수분포표와 누적도수분포표
  - 도수분포표: 각 계급별 빈도수의 표현
  - 누적도수분포표: 도수분포표의 빈도수 누적
- 히스토그램과 막대그래프: 도수분포표를 그래프로 표현
- 원형그래프: 질적 변수와 양적 변수를 효과적으로 표현
- 추세선: 시간의 흐름에 따른 변수의 움직임 파악에 유용

많은 자료보다 하나의 그림이나 도표가 보다 많은 정보를 빠르게 효율적으로 전달할 수 있는데, 자료의 특성을 도표와 그림으로 정리, 요약할 때 중요한 점은 어떠한 정보를 어떠한 방법으로 표현하는가를 결정하는 일이다. 일반적으로 자료의 특성을 정리, 요약할 수 있는 도표나 그래프로서는 도수분포표(frequency distribution), 누적도수분포표(cumulative frequency distribution), 히스토그램(histogram), 막대그래프(bar chart), 원형그래프(pie chart), 추세선(trend line) 등이 있다.

1〉 도수분포표와 누적도수분포표

자료를 그래프나 그림으로 정리, 요약하는 방법 중 하나는 도수분포표(frequency distribution table)를 이용하는 것이다. 도수분포표를 작성하기 위하여 첫 번째 할 일은 자료를 계급(class)이나 범주(group)로 분류하여 각 계급이나 범주에 속하는 빈도수(frequency)를 계산하여 하나의 표로 작성하는 것이다. 도수분포표 작성 시 가장 어려운 일 중 하나는 무엇을 계급이나 범주로 설정할 것이냐의 문제이다. 만약에 자료가 성별, 출신지역, 최종학력과 같은 질적 자료(qualitative data)일 때는 쉽게 범주로 분류할 수 있다. 그러나 자료가 매출액, 주식가격, 고객의 나이 등과 같은 양적 자료(quantitative data)일 경우에는 자료들을 여러 계급으로 분류하는 것이 쉽지 않다. 그러나 일반적으로 계급의 크기와 수는 자료의 성격과 이용자의 목적에 따라서 적정하게 분류하면 된다.

누적도수분포표(cumulative frequency distribution)는 도수분포표의 빈도수를 누적하여 나타낸 표이다. 어떤 특정 값보다 크거나 작은 구간 내에 있는 누적된 빈도수를 계산할 때 유용하다.

2〉 히스토그램과 막대그래프

도수분포표를 그래프로 표현하는 방법 중 하나는 히스토그램(histogram)이나 막대그래프(bar chart)로 표현하는 것이다. 가로줄에는 범주나 계급을 나타내는 변수를, 세로줄에는 빈도수의 값을 표현하게 된다. 일반적으로 히스토그램은 양적인 자료가 계급으로 표현되었을 때 이들을 수평선으로, 각 계급의 빈도수를 수직선으로 표현한 그림을 의미한다. 막대그래프는 양적인 자료뿐만 아니라 질적 자료를 수평선으로 표현하고 이들의 빈도수를 수직선으로 표현한 그래프이다.

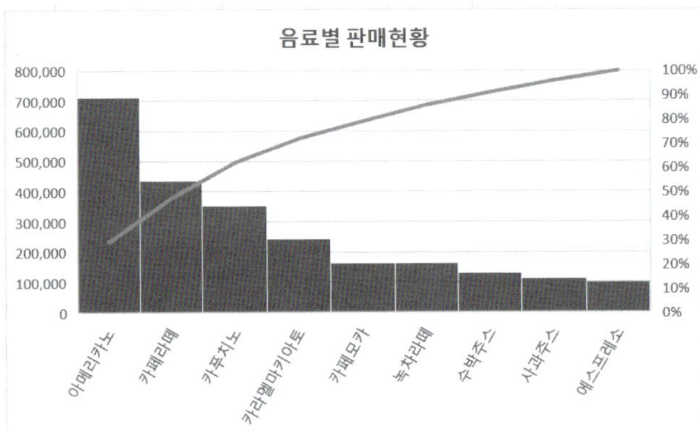

3〉 원형그래프

파이그래프(pie chart)는 질적 변수와 여러 계급을 가지는 관측자료를 효과적으로 나타낼 수 있으며 양적 변수인 경우에는 각 범주에 해당되는 빈도수의 상대적 비율을 파악하는 데 매우 유용한 그래프이다.

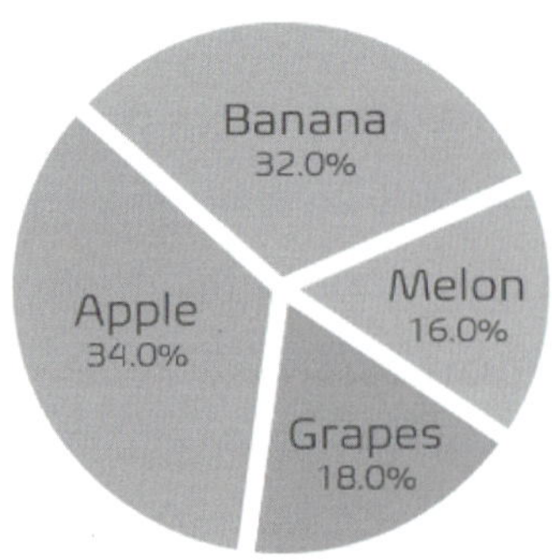

4〉 추세선

시간의 흐름에 따라서 변수가 어떻게 움직이는지를 알고자 할 때 유용한 그래프는 추세선이다. 추세선(trend line)은 시간의 흐름을 수평축으로 하여 각 시간(time period)에 해당되는 빈도수를 나타낸 그래프이다.

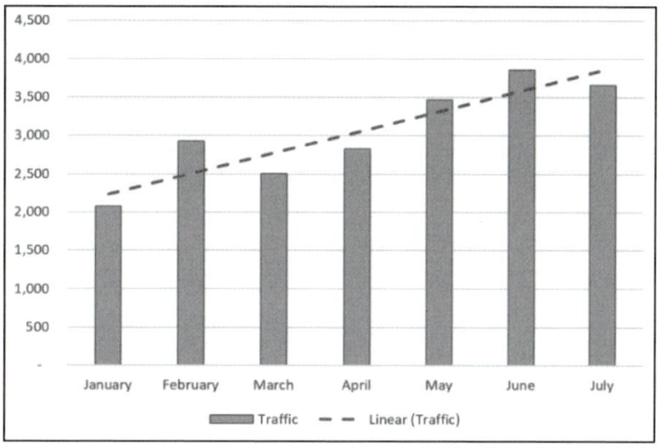

3) 추론통계분석

SUMMARY

- 추론: 모르는 모집단의 특성을 표본의 특성으로 유추하는 것으로 추정과 가설검정으로 나뉨
- 추정: 모집단의 특성에 대한 사전정보가 하나도 없는 상황에서 표본자료를 이용하여 모집단의 특성을 유추하는 것
  - 점추정: 모집단의 특성을 수집된 표본의 특성으로 바로 추정
  - 구간추정: 표본을 추출할 때마다 변하는 표본의 오차를 고려하여 추정
- 가설검정: 모집단에 대한 사전정보를 가지고 모집단의 특성을 추론

(1) 추론

우리가 관심을 가지고 있는 대상(모집단)들의 특성을 알고자 할 때 전체 대상들의 자료를 모두 수집하는 것은 불가능하다. 따라서 일정한 수의 대상(표본)들을 추출하여 수집된 자료의 특성을 이용하여 관심을 가지고 있는 전체 대상의 특성을 유추하게 되는데, 이처럼 모르는 **모집단의 특성을 표본의 특성으로 유추하는 것**을 추론이라고 한다.

추론 시 일반적으로 우리가 관심을 가지고 있는 모집단의 특성들은 평균, 비율, 분산 등이다. 이때 모집단의 특성을 모수(parameter)라고 하며 평균은 μ로, 비율은 π로, 분산은 σ^2로 표현한다. 모집단의 특성은 일반적으로 우리는 모르지만 **특정 시점에 고정되어** 있다.

이러한 모집단의 특성을 추론하기 위하여 수집된 자료의 특성을 통계량(statistics)이라고 하며 평균은 $\overline{X}$로, 비율은 P로, 표준편차는 S로 표현한다. 통계량으로 모수를 측정하는 것을 추론이라고 하는데 표본의 특성, 즉 통계량은 매번 추출할 때마다 변한다. 따라서 표본의 특성의 변화를 확률적으로 알고 있어야 모집단의 특성을 추론할 수 있기 때문에 확률의 개념이 추론 과정에서 도입된다.

추론 방법은 크게 추정(estimation)과 가설검정(hypothesis test)으로 나누어진다. 추정과 가설검정의 가장 큰 차이는 모집단에 대한 **사전정보의 유무**이다. 즉, 추정에서는 모집단의 특성에 대한 사전정보가 하나도 없는 상황에서 표본자료를 이용하여 모집단의 특성을 유추하는 것이다. 예를 들어, 어느 지역구에서 새로운 정당에 대한 지지율이 얼마나 되는지를 알고자 할 때, 이 정당은 새로 만들어졌기 때문에 유권자들이 얼마나 지지하는지를 알 수가 없다. 따라서 일정 수의 유권자를 대상으로 지지율을 조사하여 해당 지역에서 그 정당에 대한 지지율로 추정하는 것이다.

그 반면에 가설검정은 모집단에 대한 사전정보를 하나의 가설로 설정하여 이 가설을 받아들이느냐 기각하느냐에 따라서 모집단의 특성을 유추하는 것이다. 예를 들어, 어느 지역구에서 "꿈나라" 정당의 지지율이 작년에 30%인데 올해도 지지율이 30%인지를 추정한다고 할 때 작년에 "꿈나라" 정당에 대한 지지율이 30%라는 것은 사전정보이다. 따라서 "꿈나라" 정당 지지율이 30%라는 것을 가설로 설정하고, 일정 수의 표본을 추출하여 추출된 유권자들의 지지율로서 전체 유권자의 "꿈나라" 정당에 대한 지지율이 30%인지를 추론하는 것이다.

(2) 추정(Estimation)

추정은 크게 점추정(point estimation)과 구간추정(interval estimation)으로 구분된다.

1〉 점추정

점추정은 모집단의 특성(모수)을 수집된 표본의 특성(통계량)으로 바로 추정하는 것을 말한다. 따라서 점추정에서는 표본의 평균을 모집단의 평균으로 바로 추정할 수 있다. 그 밖에 표본의 비율은 모집단의 비율로, 표본의 분산은 모집단의 분산으로 추정한다. 예를 들어, 우리나라 인터넷 쇼핑몰의 이용자의 평균 연령을 모수인 μ라고 하면 μ를 추정하기 위하여 표본을 추출하여 측정한 평균 $\overline{X}$를 이용할 수 있는데, 이때 $\overline{X}$로 모집단의 평균을 추정하는 방법을 말한다.

평균: $\mu = E(\overline{X})$

비율: $\pi = E(P)$

분산: $\sigma^2 = E(S^2)$

2〉 구간추정

표본의 통계량은 표본추출 방법과 표본의 수에 따라서 변한다. 또한 표본추출 방법과 표본의 수가 동일하다 할지라도 매번 표본을 추출할 때마다 표본의 통계량은 달라진다. 매번 표본을 추출할 때마다 달라지는 표본의 값과 모집단의 값과의 차이를 표본오차(sampling error)라고 하는데, 예를 들어 모집단의 평균이 100이라 할 때 첫 번째 표본의 평균은 102가 나오고, 두 번째 표본의 평균은 99가 계산되었다고 할 때, 이들 표본의 평균은 모집단의 평균과 근사한 값이나 오차가 있다. 그러나 표본의 평균값이 모집단 평균과의 오차가 있다고 하여 이들의 추정방법이 잘못되었다고 할 수 없다. 그 이유는 표본을 추출할 때마다 확률에 의하여 매번 측정된 표본의 값은 변하기 때문이다. 이처럼 매번 표본을 추출할 때마다 달라지는 표본의 값과 모집단의 값 사이의 오차를 허용할 수 있는 범위를 허용오차라고 한다.

표본을 추출할 때마다 변하는 **표본의 오차를 고려하여 추정하는** 방법이 구간추정이다. 즉, 구간추정은 평균을 중심으로 허용할 수 있는 오차 범위를 포함하여 모집단의 특성이 존재하는 상한과 하한을 제시하여 모집단의 특성을 추정하는 방법이다. 모집단의 평균, 비율, 분산은 다음과 같이 하한치와 상한치의 구간으로 추정한다.

평균: $\overline{X} - \left(Z_{\frac{\alpha}{2}} \times \frac{\sigma}{\sqrt{n}}\right) \le \mu \le \overline{X} + \left(Z_{\frac{\alpha}{2}} \times \frac{\sigma}{\sqrt{n}}\right)$

비율: $P - \left(Z_{\frac{\alpha}{2}} \times \sqrt{\frac{P(1-P)}{n}}\right) \le \pi \le P + \left(Z_{\frac{\alpha}{2}} \times \sqrt{\frac{P(1-P)}{n}}\right)$

$$분산:\ \frac{(n-1)S^2}{x^2_{\left(\frac{\alpha}{2},\,n-1\right)}} \le \sigma^2 \le \frac{(n-1)S^2}{x^2_{\left(1-\frac{\alpha}{2},\,n-1\right)}}$$

모집단의 평균을 추정할 때 이용되는 구간추정의 상한치와 하한치는 평균을 중심으로 허용오차($Z_{\frac{\alpha}{2}} \times \frac{\sigma}{\sqrt{n}}$)를 더하고 뺌으로써 계산된다. 같은 조건하에서는 모집단의 평균을 추정할 때 구간추정의 값이 적을수록 좋다. 구간추정의 허용오차는 신뢰수준($Z_{\frac{\alpha}{2}}$), 모집단의 표준편차(σ), 표본의 수(n) 등 세 가지 요인에 의하여 영향을 받는다.

첫 번째 요인인 신뢰수준은 **유의수준(α)**과 **확률분포(Z)**의 **종류**에 의하여 영향을 받는다. 유의수준(α)은 0.01, 0.05, 0.1 등 세 종류로 선택하게 되는데, 1에서 유의수준을 뺀 값을 신뢰수준이라고 하여 99%, 95%, 90%의 값을 갖게 된다. 신뢰수준이 높을수록(즉, 99%일 때) 구간추정의 범위는 작게 된다. 모집단의 분포가 정규분포이거나 혹은 표본의 수가 25개 이상일 때 표본의 통계량은 정규분포를 따르게 되며 여기에 유의수준의 값을 포함한 신뢰수준의 계수는 아래의 표처럼 계산된다. 일반적으로 유의수준은 조정하기가 힘들기 때문에 정해져 있다고 보아도 무리가 없다.

표 4-1 ● 신뢰수준과 Z값

신뢰수준	$Z_{\frac{\alpha}{2}}$
0.90	1.65
0.95	1.96
0.99	2.57

두 번째 요인인 모집단의 표준편차는 고정되어 있는 값으로서 일반적으로 알 수 없는 경우가 많다. 따라서 모집단의 표준편차 대신 수집된 표본의 표준편차를 이용한다. 모집단의 표준편차 역시 고정되어 있으므로 구간추정을 할 때 의사결정자가 조정할 수 없다.

세 번째 요인인 표본의 수는 크게 할수록 구간추정의 값은 작아지게 된다. 일반적으로 표본의 수를 크게 할수록 모집단의 특성을 추론하는 데 있어서 허용오차가 작아서 좋지만 표본의 수를 크게 하면 비용이 증가하게 되므로 연구와 조사의 특성에 맞추어서 결정하여야 한다.

(3) 가설검정

가설검정은 추정과는 달리 모집단의 특성에 대한 사전정보를 가지고 모집단의 특성을 추론하는 것을 말한다. 즉, 모집단의 특성에 대한 사전정보를 가설(hypothesis)로 설정하고 모집단의 일부를 조사하여 얻은 정보를 기초로 가설을 기각하거나 채택함으로써 모집단의 특성을 추론하게 된다. 일반적으로 가설을 검정하는 절차는 크게 다섯 단계를 통하여 이루어진다.

1〉 1단계: 가설설정

가설검정의 첫 번째 단계는 추론하고자 하는 모집단의 특성을 가설로 설정하는 것이다. 일반적으로 모집단에 대한 사전정보를 귀무가설(H_0)과 대립가설(H_1)의 두 개의 가설로 설정한다. 귀무가설과 대립가설은 서로 대립되는 것으로 둘 중 하나만 선택하여 모집단의 특성을 추론하는 출발점이 된다. 귀무가설은 모집단의 현재 상태를 표현하게 되고, 대립가설은 모집단의 특성 변화를 기술하게 된다.

2〉 2단계: 유의수준(α) 설정

가설검정의 두 번째 단계는 유의수준을 설정하는 것이다. 유의수준은 모집단의 특성을 추론하는 데 있어서 허용할 수 있는 최대 실패율을 의미한다. 유의수준은 0.01, 0.05, 0.1 등 세 가지 중 하나를 선정하게 되는데 일반적으로 해당 분야에서 통용되는 유의수준을 설정한다. 유의수준의 값이 적을수록 매우 까다로운 실험이 될 것이다. 사회과학 분야에서는 일반적으로 0.05의 유의수준을 많이 이용하게 되는데, 유의수준 0.05라 함은 동일한 검정을 100번 시행하였을 때 최대 5번까지 틀릴 수 있는 것을 허용한다는 뜻이다.

3〉 3단계: 임계치 결정(H_0의 채택영역과 기각영역의 결정)

가설검정의 세 번째 단계는 귀무가설(H_0)의 채택영역과 기각영역을 결정하는 것이다. 만약에 모집단의 귀무가설이 맞는다면 추출된 표본은 H_0가 맞는 모집단에서 추출되기 때문에 표본의 통계량은 확률적으로 모수를 중심으로 일정 범위 안에 들어오게 된다. 수집된 자료의 통계량이 이 범위 내에 들어오면 귀무가설이 맞는 채택영역으로서 모집단에 대한 추론이 맞는다고 보는 것이다. 이 영역을 벗어나면 추출된 표본은 다른 모집단에서 왔다고 볼 수 있다. 이를 결정하는 영역을 채택영역과 기각영역이라고 한다.

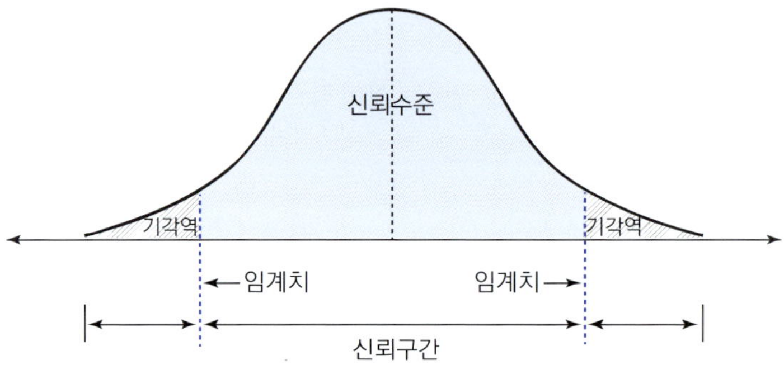

4) 4단계: 통계량의 계산

이 단계에서는 수집된 표본의 자료를 이용하여 **통계량을 계산**하게 된다. 즉, 표본을 추출하고 표본의 값을 측정하여 그 값을 이용하여 평균, 비율, 표준편차와 같은 통계량을 계산한다.

5) 5단계: 통계량과 임계치의 비교

이 단계에서는 단계 3에서 설정한 채택영역과 기각영역의 기준과 단계 4에서 **계산한 통계량을 비교하여 귀무가설과 대립가설 중에서 하나를 선택**하게 된다. 귀무가설이나 대립가설 중 선택된 가설의 내용이 모집단의 특성이 된다.

사례 1

한 인터넷 쇼핑몰 고객들의 평균 월급이 3,500,000원인지를 추론하기 위하여 100명의 표본을 추출하여 가설검정을 수행하였다.

① 가설설정: 고객들의 평균 월급이 3,500,000원인지를 추론하기 위하여 귀무가설과 대립가설을 다음과 같이 설정한다.

- 귀무가설 H_0: $\mu = 3{,}500{,}000$
- 대립가설 H_1: $\mu \neq 3{,}500{,}000$

② 유의수준 결정: 일반적으로 사용되는 유의수준인 0.05로 설정하였다.

- $\alpha = 0.05$

③ 임계치 결정: 표본에서 계산된 Z값이 $-1.96 \le Z \le 1.96$에 존재하면 H_0를 채택하여 고객의 평균 월급은 3,500,000원으로 추정하게 된다. 반면에 표본에서 계산된 값이 -1.96보다 작거나, 혹은 1.96보다 크면 H_1을 채택하여 고객의 평균 월급은 3,500,000원이 아닌 것으로 추정한다.

④ 통계량 계산: 만약 100개의 표본을 추출하여 나온 값의 평균($\overline{X}$)이 3,480,000이고, 표준편차(S)가 200,000이라고 가정할 때 통계량 값은 다음과 같다.

- $Z = \dfrac{(\overline{X} - \mu)}{\dfrac{\sigma}{\sqrt{n}}} = \dfrac{3,480,000 - 3,500,000}{\dfrac{200,000}{\sqrt{100}}} = \dfrac{-20,000}{20,000} = -1$

⑤ 통계량과 임계치 비교: 통계량이 -1.0이고, H_0가 채택되는 영역이 $-1.96 \le Z \le 1.96$이므로 H_0를 채택한다(보다 정확하게는 H_0를 기각하는 데 실패하였음). 따라서 고객의 평균 월급은 3,500,000원이라고 결론을 내릴 수 있다.

(4) 두 개 이상의 모집단 추론

SUMMARY

- 차이분석: 점추정, 구간추정, 가설검정 등의 방법을 거쳐서 두 모집단의 평균에 차이가 있는지를 분석
- 분산분석: 평균값을 기초로 하여 3개 이상의 집단을 비교하고 이들 집단 간의 차이점을 가설검증을 통해서 상관관계를 파악하는 통계분석 기법

때에 따라서는 두 개 이상의 모집단의 특성을 추론할 필요가 있다. 예를 들어, 성별에 따른 대학생들의 동아리 활동, 업종에 따른 광고비 및 수익률, 지역 간의 특정 정당의 지지율 등 두 개 이상의 모집단의 특성에 관심을 가질 때가 많다. 일반적으로 두 개 이상의 모집단의 특성에 관심을 가지고 있을 때는 모집단 간의 차이에 주로 관심을 갖게 된다. 예를 들어, 성별에 따른 성적 차이, 전자 업종, 식품 업종, 화장품 업종 간

의 광고비 차이, 주요 지역별 특정 정당에 대한 지지율의 차이와 같은 모집단들의 차이분석에 관심을 갖게 된다. 또한 이들 모집단의 특성들은 단일 모집단의 경우처럼 평균, 비율, 분산 등의 모수들로 표현된다.

평균의 차이: $\mu_1 - \mu_2 \; = \; E(X_1) - E(X_2)$

비율의 차이: $\pi_1 - \pi_2 \; = \; E(P_1) - E(P_2)$

분산의 차이: $\dfrac{\sigma_1^2}{\sigma_2^2} = \dfrac{E(S_1^2)}{E(S_2^2)}$

두 개 이상의 모집단의 차이를 추론하는 방법은 단일 모집단의 추론처럼 추정(점추정, 구간추정)과 가설검정으로 나누어지는데 두 개 이상의 모집단에 대한 추론방법은 매우 다양하고 복잡하다. 모든 추론방법을 본서에 담기에는 한계가 있으므로 가장 널리 이용되는 두 모집단의 평균의 차이와 세 개 이상의 모집단의 평균의 차이를 분석하는 방법의 개념을 간단히 설명하도록 한다.

1〉 두 집단의 차이분석(Independent two samples test)

두 모집단의 평균에 대한 차이는 차이분석 기법을 이용하여 분석한다. **차이분석**은 두 모집단의 평균에 차이가 있는지를 분석하는 기법으로서 크게 점추정, 구간추정, 가설검정 등의 방법을 거쳐서 분석하게 된다. 예를 들어, 성별에 따른 월급의 차이, 카드 소유 여부에 따른 구매액의 차이, 자동차 소유 여부에 따른 사망률의 차이 등 두 집단의 평균의 차이에 관심을 가질 때 널리 이용된다.

일반적으로 두 집단에서 수집된 자료의 평균은 정규분포를 따르게 된다.

$$\left(\overline{X_1} - \overline{X_2}\right) \sim N\left(\mu_1 - \mu_2, \frac{\sigma_1^2}{n_1} + \frac{\sigma_2^2}{n_2}\right)$$

이를 기초로 하여 두 집단의 평균의 차이를 추론하게 된다.

점추정: $\mu_1 - \mu_2 \; = \; \overline{X_1} - \overline{X_2}$

구간추정: $\overline{X_1} - \overline{X_2} \mp Z_{\frac{\alpha}{2}} \sqrt{\dfrac{\sigma_1^2}{n_1} + \dfrac{\sigma_2^2}{n_1}}$

2〉 분산분석(ANOVA, analysis of variance)

세 개 이상의 모집단의 평균의 차이에 대한 추론은 분산분석 방법을 이용하게 된다. 예를 들어, 대학의 1, 2, 3, 4학년의 네 집단의 대학생활의 만족도, 매출액을 기준으로 제품을 세 집단으로 분류하여 세 집단의 수익률에 차이가 있는지, 세 가지의 광고에 대한 시청자들의 인지도 차이, 네 가지의 다이어트 방법에 따른 체중 감량 차이 등의 여러 집단의 평균의 차이를 분석할 때 널리 이용되는 기법이다.

분산분석은 일원분산분석과 이원분산분석으로 구분할 수 있는데 일원분산분석은 하나의 독립변수에 대한 종속변수의 평균치의 차이를 검정함으로써 집단 간의 차이를 비교하는 방법이고, 이원분산분석은 독립변수가 2개일 때, 각 독립변수의 영향이 있는가와 두 독립변수의 상호작용이 존재하는지를 밝히는 통계적 분석방법이다.

분산분석은 일반적으로 가설의 설정 → 분산분석표 작성 → 기준치의 결정 → 가설의 채택과 기각의 절차로 진행한다.

(5) 상관분석과 회귀분석

SUMMARY

- 상관분석: 두 변수들 간의 관련성의 정도를 분석하는 방법
- 회귀분석: 하나 이상의 독립변수가 종속변수에 미치는 영향력의 크기를 파악하여, 독립변수의 값을 이용하여 종속변수의 값을 예측하는 방법
  - 단순회귀분석: 독립변수가 한 개인 경우
  - 다중회귀분석: 독립변수가 두 개 이상인 경우

변수들 간의 관련성을 분석하는 기법으로서 상관분석과 회귀분석 기법이 널리 이용된다.

1〉 상관분석(Correlation analysis)

상관분석은 두 변수들 간의 관련성의 정도를 분석하는 방법이다. 예를 들어, 환율과 주가, 광고비와 매출액, 구름의 양과 강우량, 인터넷 쇼핑몰의 방문자 수와 매출액 등 두 개의 변수들 간의 일차적인 관련성을 추론하는 기법이 상관분석이다. 두 변수들 간의 관련성은 상관계수의 값을 이용하여 관련성의 정도(degree)를 측정하게 된다. 모

집단의 상관계수는 두 변수의 공분산(covariance)을 각 변수의 표준편차로 나누어서 계산된다. 상관계수는 -1에서 $+1$까지의 값을 갖게 된다.

$$상관계수:\ \rho = \frac{\sigma_{xy}}{(\sigma_x \cdot \sigma_y)}$$

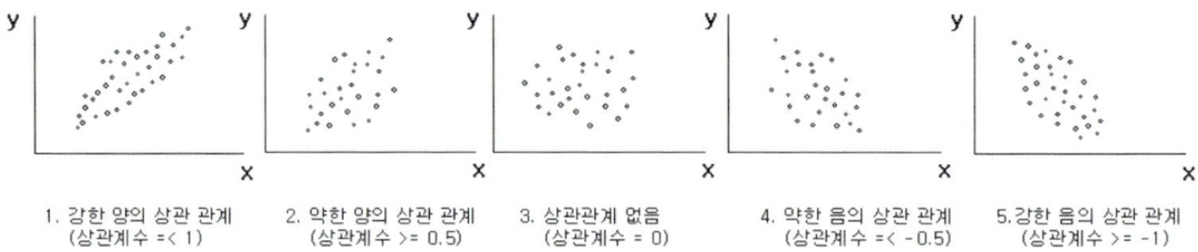

상관계수를 해석할 때는 다음과 같은 세 가지 측면에서 유의하여야 한다.

① 첫째, 상관계수의 부호는 변수들 간의 관련성의 방향을 의미한다는 것이다.
상관계수가 양의 값을 가지면 두 변수는 동일한 방향으로 움직인다는 것으로서, 한 변수가 증가하면 다른 변수 역시 증가한다는 것을 의미한다. 반대로 상관계수가 음의 값을 가지면 두 변수의 움직임은 반대 방향으로서 하나의 변수가 증가하면 다른 변수는 감소하는 관계를 의미한다.

② 둘째, 상관계수의 절대값은 관련성의 정도를 나타낸다.
상관계수가 1이나 -1에 가까울수록 매우 관련성이 높고 0에 가까울수록 관련성이 없다는 것이다. 일반적으로 상관계수의 절대값이 1.0～0.7 사이일 때 매우 강한 관련성이 있고, 0.7～0.4일 때 상당한 관련성이 있고, 0.4～0.2일 때 약간의 관련성이 있고, 0.2～0.0일 때는 두 변수 간의 관련성이 없다고 볼 수 있다.

③ 셋째, 상관계수는 두 변수 간의 인과관계(causal relationship)를 의미하지는 않는다는 것이다.
즉, 상관계수의 값이 크다고 하여도 두 변수가 원인(cause)과 효과(effect)의 인과관계가 있다고 할 수 없다는 것이다. 예를 들어, 미국의 주가와 한국의 강우량이 상관관계를 가지고 있다고 하여도 두 변수 간에 어떠한 원인과 효과의 인과관계가 있다고 하기는 어렵다. 즉, 상관계수는 인과관계를 의미하지는 않는

다. 그러나 두 변수 간의 인과관계가 있으려면 두 변수의 상관관계는 필수적이다. 즉, 두 변수가 인과관계가 존재하면 반드시 두 변수들 사이에는 상관계수가 존재하게 된다.

2〉 회귀분석(Regression analysis)

상관분석은 두 변수들 간의 일차적인 선형 관련성의 정도를 분석하는 반면에 회귀분석은 변수들의 영향력의 정도를 분석할 수 있다. 즉, 환율과 주가, 광고비와 매출액 등의 관계를 분석할 때 상관분석은 두 변수들 간의 관련성만을 보여주는 반면에 회귀분석은 환율이 한 단위 움직일 때 주가에 어느 정도 영향을 주는지, 광고비를 한 단위를 늘렸을 때 매출액에 어떠한 영향을 주는지를 분석할 수 있다. 회귀분석 기법은 상관분석 기법에 비하여 변수들 간의 관계에 대해 보다 풍부한 정보를 제공하여 준다.

회귀분석 기법은 상관분석과는 달리 관심 있는 변수들을 독립변수(independent variable)와 종속변수(dependent variable)로 분류하여야 한다. 독립변수는 독립적으로 변하는 변수들이고, 종속변수는 독립변수에 의해 영향을 받는 변수를 말한다. 독립변수가 한 개인 경우는 단순회귀분석(simple regression analysis)이라고 하고, 독립변수가 두 개 이상인 경우는 다중회귀분석(multiple regression analysis)이라고 한다.

단순회귀분석: $Y_i \;=\; a + b_1 \cdot X_1 + \epsilon_i$

다중회귀분석: $Y_i \;=\; a + b_1 \cdot X_1 + b_2 \cdot X_2 + b_3 \cdot X_3 + \;\cdots\; + b_n \cdot X_n + \epsilon_i$

이 식에서 X_i는 독립변수로 독립적으로 변하는 환율이나 광고비 등이 여기에 해당된다. Y_i는 종속변수로 독립변수에 의하여 영향을 받는 변수이며 주가, 매출액 등이 여기에 해당된다. a는 회귀식의 절편(intercept)이고, b_i는 회귀식의 기울기(slope)를 말한다. ϵ_i는 종속변수의 움직임 중 독립변수에 의하여 설명되지 못한 확률오차(random error)이다. 회귀분석을 수행할 때 회귀방정식을 구하는 것은 대부분 컴퓨터에서 쉽게 계산이 가능하므로, 중요한 일은 독립변수와 종속변수들 간의 관계를 정확하게 설정하고, 그 결과를 해석하는 능력을 갖는 것인데, 다음과 같은 몇 가지 점에 주의를 하여야 한다.

① 첫째, 독립변수와 종속변수들 간의 관계가 통계적으로 유의한지를 분석하여야 한다.

통계적 유의성이란 독립변수들이 종속변수들을 설명할 수 있는 변수들인가 하는 기본적인 문제로서 회귀분석 결과의 F값을 이용하여 F검정을 하여야 한다. 그러나 검정은 통계적으로 복잡하므로 일반적으로 F값 옆에 있는 P값이 일반적인 유의수준(0.05, 혹은 0.01)보다 적으면 통계적인 관련성을 가지고 있다고 보면 된다.

② 둘째, 독립변수와 종속변수의 관련성의 정도를 평가하는 것이다.

독립변수와 종속변수 간의 관련성의 정도는 독립변수들이 종속변수의 움직임(variance)을 얼마나 설명할 수 있느냐 하는 것이다. 이는 결정계수(coefficient of determination)로 분석되는데 결정계수는 0에서 1까지의 값을 갖게 되며 일반적으로 R^2의 값이라고 한다. R^2의 값이 1이면 종속변수의 움직임을 독립변수들이 100% 설명한다는 것이고, R^2의 값이 0이면 독립변수들이 종속변수의 값을 전혀 설명하지 못한다는 것이다. 따라서 R^2의 값이 1에 가까울수록 독립변수의 설명력이 높다는 것을 의미한다.

③ 셋째, 각 변수들의 통계적 유의성을 분석하는 것이다.

각 변수들의 통계적 유의성은 분포의 개념을 이해하여야 하는데 이는 복잡한 통계적인 지식을 필요로 한다. 그 대신에 각 변수들의 t값 옆에 있는 P값이 일반적인 유의수준 값(0.05, 혹은 0.01)보다 작으면 각 변수들은 통계적으로 유의하다고 보면 된다.

④ 넷째, 각 독립변수들의 영향력을 분석하는 것이다.

회귀분석의 기본적 목적은 독립변수들의 영향을 분석하는 것인데, 독립변수들의 영향은 독립변수의 계수로서 측정된다. 독립변수의 값이 양의 값을 가지면 독립변수와 종속변수가 동일한 방향으로 움직이고, 독립변수의 값이 음의 값을 가지면 두 변수가 반대 방향으로 움직인다는 것을 의미한다. 즉, 독립변수의 값이 2.5라고 할 때 독립변수의 값이 한 단위 증가하면 종속변수의 값이 2.5만큼 증가하고, 독립변수가 한 단위 감소하면 종속변수의 값이 2.5만큼 감소한다는 것을 의미한다. 만약에 독립변수의 값이 −10이면 독립변수의 값이 한 단위 증가할 때마다 종속변수의 값이 10씩 감소하고, 독립변수의 값이 한 단위 감소하면 반대로 종속변수의 값이 10씩 증가한다는 것을 의미한다.

2 Excel을 활용한 통계분석

1) 워크시트 함수

(1) 함수의 개념

1〉 함수

엑셀에서는 복잡한 계산을 편하게 계산할 수 있는 기능을 제공하는데 이를 워크시트 함수라 한다. 워크시트 함수는 지정된 순서에 따라 인수라는 특정 값을 사용하여 계산하는 미리 정의된 수식을 말한다. 예를 들어, SUM 함수는 값이나 셀 범위를 더하고, PMT 함수는 이율, 대출기간, 대출원금 등에 따라 상환금을 계산한다. 엑셀에서는 재무, 날짜/시간, 수학/삼각, 찾기/참조영역, 데이터베이스, 텍스트, 논리값, 정보, 공학, 사용자 정의 함수 등을 제공하고 있는데, 워크시트 함수는 매우 다양하기 때문에 구체적인 사용에 관하여서는 엑셀의 도움말을 이용하는 것이 다양한 함수구문을 잘 이해하고 사용할 수 있는 방법일 것이다. 엑셀의 도움말은 메뉴의 도움말에서 목차와 색인을 선택하고 색인에서 함수를 입력하면 찾아볼 수 있다.

워크시트 내의 함수는 반드시 등호로 시작하여 함수이름과 함수이름 뒤에 따라 오는 하나 또는 그 이상의 인수로 구성되어 있다. 예를 들어, 셀 C3, C4, C5의 합을 구하는 함수 SUM은 다음과 같이 표현된다.

▲ = SUM(C3:C5)

SUM은 함수이름으로 그 함수의 기능을 정의하는 것이고, 인수는 함수에 의해서 연산이 수행될 값 또는 셀로 C3:C5는 함수의 개별 인수인 것이다. 인수는 숫자, 문자열, 참이나 거짓과 같은 논리값, 배열, #N/A와 같은 오류 값, 셀 참조 등으로 지정할 수 있다. 지정한 인수는 인수에 해당하는 값을 가져야 하는데, 상수 수식이나 다른 함수를 인수로 지정할 수도 있다.

함수의 구문은 함수이름, 왼쪽 괄호, 콤마로 구분된 함수의 인수, 오른쪽 괄호의 순서로 표시된다. 수식이 함수로 시작되면 함수이름 앞에 등호(=)를 입력하는데 함수를 포함하는 수식을 만들 때에는 수식입력줄과 수식입력상자를 사용하면 편리하다. 함수를 워크시트에 입력하기 위해서는 키보드를 이용하여 직접 입력하는 방법, 함수 마법사를 이용하는 방법, [수식] 메뉴에서 [함수 삽입]을 이용하는 방법 등이 있다. 어느 방법을 이용하든지 결국은 함수 마법사를 이용하는 것이므로 함수 마법사의 기능에 대하여 상세히 파악하고 있어야 한다.

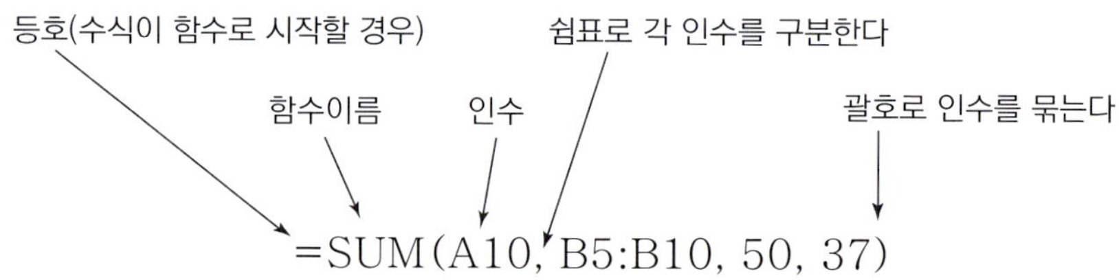

2〉 함수 마법사의 사용법

표준도구모음에 있는 함수 마법사는 함수 목록과 서식이 나타나 인수값을 설정할 수 있다. <그림 4-1>의 함수 마법사 대화상자는 함수종류와 함수이름으로 함수를 선택할 수 있는데 범주와 함수를 선택하면 수식편집상자가 나타난다.

그림 4-1 ● 함수 마법사

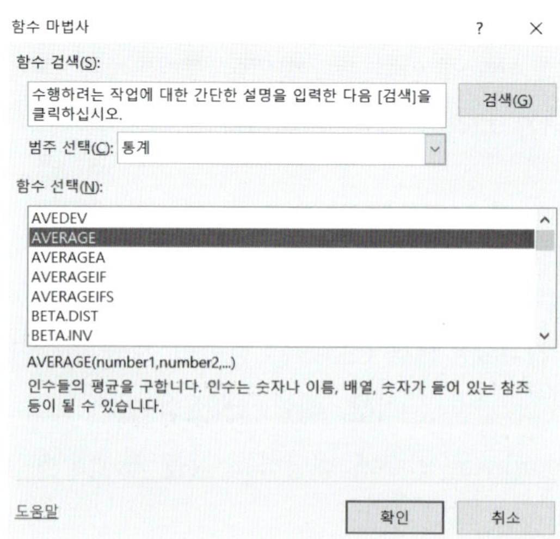

3〉 함수의 편집

수식입력줄은 셀 또는 차트에 값이나 수식을 입력하거나 편집할 때 사용하는 창의 위에 있는 가로막대로 현재 셀에 사용된 상수값이나 수식이 나타난다. 수식입력줄을 나타내거나 숨기려면 [보기] 메뉴에서 [수식입력줄]을 선택한다.

그림 4-2 • 함수의 편집

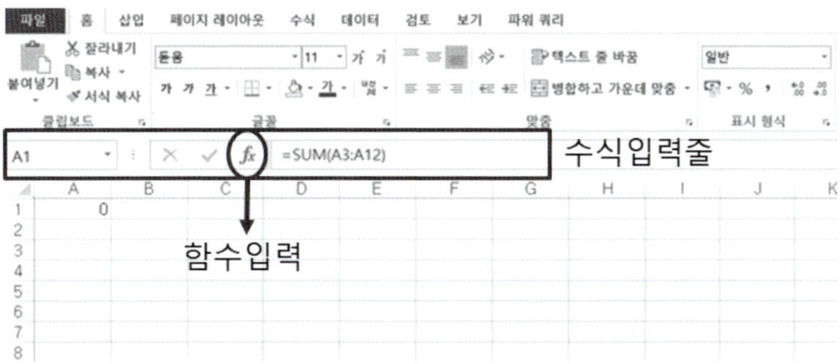

함수가 있는 수식을 만들 때 수식편집상자를 사용하면 워크시트 함수를 입력하기 쉽다. 함수 마법사에서 원하는 함수를 선택하면 나타나는 수식편집상자에는 함수이름, 인수, 함수와 각 인수의 설명, 함수의 현재 결과, 전체 수식의 현재 결과 등이 표시된다. 수식편집상자를 나타내려면 수식입력줄에서 <그림 4-2>의 [함수 삽입]을 클릭하면 된다.

또한 수식편집상자를 사용하면 수식에서 함수를 편집할 수도 있다. 수식이 있는 셀을 선택하고 [수식] 메뉴에서 [함수 삽입]을 누르거나 수입입력줄에서 [함수 삽입] 버튼을 클릭하면 수식편집상자가 나타나고 수식에 있는 첫 번째 함수와 각 인수가 수식편집상자에 표시되어 함수를 편집하거나 같은 수식에 있는 다른 함수를 편집할 수가 있다.

그림 4-3 • 수식편집상자

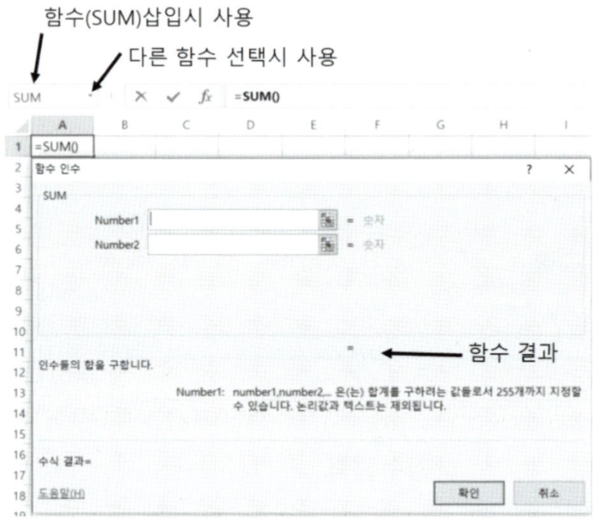

(2) 통계함수

1) 통계함수의 종류

통계함수는 자료의 특성을 정리, 요약하는 기능과 수집된 자료를 이용하여 모집단의 특성을 추론하는 통계적 분석 기능을 가지고 있다. 통계함수는 매우 다양한 종류로 구성되어 있으며 이 중에서 자주 쓰이는 통계함수들의 기능들을 알아 두어야 할 필요가 있다.

2) 분석도구 설치방법

엑셀은 함수 이외에 보다 복잡한 분석을 할 수 있는 다양한 기능들을 가진 분석도구를 제공하고 있다. 이들 분석도구들을 이용하기 위해서는 먼저 분석도구들을 설치하여야 하는데, 분석도구에는 분산분석, 상관분석, 히스토그램, 순위와 백분율, 표본추출, 회귀분석 등의 다양한 기능을 가진 도구들이 포함되어 있다. 분석도구의 설치방법은 엑셀의 버전에 따라 차이가 있는데 2015 이후의 버전에서는 메뉴 [파일] – [옵션] – [추가 기능]의 선택을 통해 설치를 하고, 2007 버전 등의 구형 버전에서는 좌측 상단의 [오피스단추] – [엑셀 옵션] – [추가 기능] 선택을 통해 설치를 하면 된다. 본서에서는 최근 버전을 중심으로 설치방법을 알아보도록 한다.

① 메뉴의 [파일] 항목에서 [옵션]을 선택하면 <그림 4-4>와 같은 엑셀 옵션 창이 뜨게 되는데 엑셀 옵션 창의 좌측하단에 있는 [추가 기능]을 선택한다.

그림 4-4 • 엑셀 옵션 창

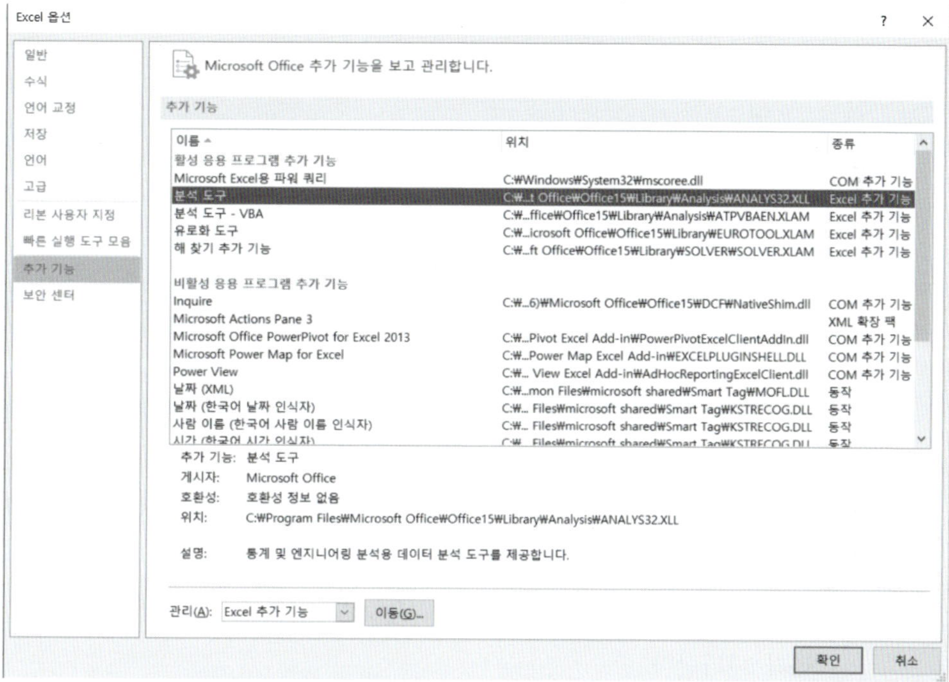

② [추가 기능]을 누르고, 오른쪽 창에서 [분석도구]나 [분석도구-VBA]를 선택하여 하단에 있는 [이동]을 선택하면 추가 기능 창이 다시 뜨고 추가 기능 창에서 분석도구, 분석도구-VBA, 해 찾기 추가 기능 등 필요한 기능을 선택하고 확인을 누르면 해당 기능이 설치된다.

그림 4-5 • 분석도구 설치

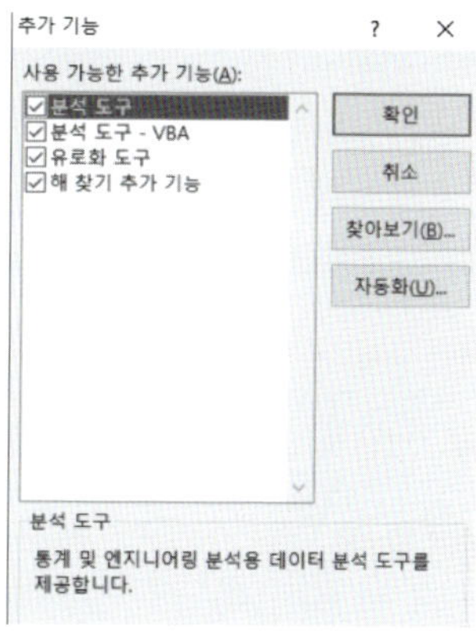

③ <그림 4-6>과 같이 [도구] 메뉴에 [데이터 분석]이란 메뉴가 생성된다.

그림 4-6 ● 데이터 분석

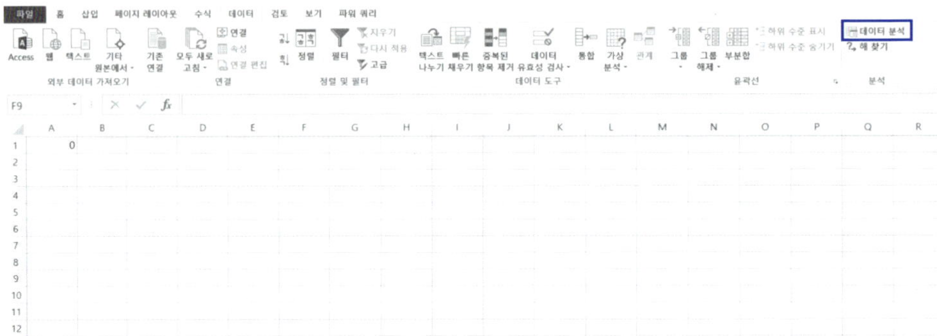

3〉 분석도구 사용방법

① [도구] 메뉴에서 [데이터 분석]을 선택하면 <그림 4-7>과 같은 대화상자가 나타난다.

② [통계 데이터 분석] 대화상자에서 원하는 분석기법을 선택한 뒤에 확인을 누른다.

③ 선택한 분석기법에 대한 입력범위, 출력범위, 옵션 등을 입력할 수 있는 대화상자가 나타난다.

④ 추가기능 대화상자에서 선택한 추가기능은 MS Office 프로그램을 삭제할 때까지 사용할 수 있다.

그림 4-7 ● 통계 데이터 분석

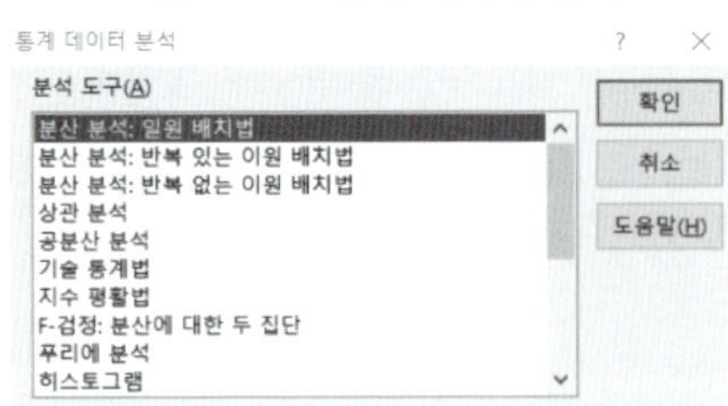

2) 기술통계분석

본 절에서는 신제품 개발, 광고효과, 고객의 선호도 조사와 같은 업무들을 수행할 때 자주 이용하는 시장조사 자료를 분석하여 자료의 특성을 정리, 요약하는 기술통계 방법들을 설명한다. 한 대형 인터넷 쇼핑몰에서는 쇼핑몰을 방문하는 고객들의 이용에 관한 실태조사를 하였다. 따라서 어느 특정 시간대에 매장을 방문한 고객들 중 40명을 표본으로 추출하여 아래와 같은 자료를 추출하였다.

표 4-2 ● **고객의 만족도 조사**

번호	성별	최종학력	나이	월수입(만 원)	방문횟수	구입액	만족도	신용카드
1	남	대졸	34	350	2	4	3	Y
2	여	고졸	40	365	3	6	5	Y
3	여	대졸	25	320	4	3	5	Y
4	여	대졸	38	380	2	6	5	N
5	남	고졸	26	400	1	3	3	N
6	여	고졸	55	420	6	5	6	Y
7	남	대졸	32	350	1	4	4	N
8	여	대졸	29	320	2	10	6	Y
9	남	고졸	29	360	2	7	4	N
10	여	대졸	45	440	4	10	6	Y
11	남	고졸	30	320	1	5	2	N
12	여	고졸	47	430	5	5	5	Y
13	여	대졸	42	420	4	4	4	Y
14	여	대졸	40	360	4	4	5	Y
15	남	대졸	26	310	2	5	6	Y
16	여	고졸	24	300	2	3	3	N
17	남	고졸	29	330	1	3	2	N
18	여	대졸	34	360	3	5	6	Y
19	남	대졸	50	460	2	10	7	Y
20	여	대졸	25	300	2	3	3	N
21	남	고졸	35	340	2	5	1	N
22	남	대졸	28	320	2	4	4	Y
23	여	대졸	35	400	4	8	6	Y
24	여	고졸	37	380	5	7	5	Y
25	여	대졸	30	330	2	5	2	N
26	여	대졸	48	430	4	12	7	Y

번호	성별	최종학력	나이	월수입(만 원)	방문횟수	구입액	만족도	신용카드
27	남	고졸	27	330	2	10	2	N
28	여	대졸	25	290	1	5	6	Y
29	여	고졸	39	360	4	8	4	N
30	여	대졸	40	390	5	10	6	Y
31	남	고졸	38	360	2	5	3	N
32	남	대졸	32	330	1	3	4	Y
33	여	고졸	42	400	3	12	6	Y
34	여	대졸	28	320	2	4	4	Y
35	남	대졸	32	330	3	5	6	Y
36	여	고졸	27	310	2	6	5	Y
37	여	고졸	45	440	4	12	7	Y
38	여	대졸	38	410	4	5	3	N
39	남	대졸	34	370	2	10	5	Y
40	남	대졸	50	460	4	10	6	Y

(1) 중심위치

1) 새로운 파일 열기

① 새로운 파일을 열어 "통계분석.xls"라고 저장한다.

② 『Sheet 1』의 이름을 "기본데이터"로 바꾼다.

③ <그림 4-8>과 같이 셀 A1에 "고객만족도 분석 자료(40명)"라 제목을 입력하고 다음과 같이 문자, 숫자자료를 입력한다.

그림 4-8 • 기초자료 입력

A2 번호

고객의 만족도 분석 자료 (40명)

번호	성별	나이	최종학력	월수입(만 원)	방문횟수	구입 액	만족도	신용카드
1	남	34	대졸	350	2	4	3	Y
2	여	40	고졸	365	3	6	5	Y
3	여	25	대졸	320	4	3	5	Y
4	여	38	대졸	380	2	6	5	N
5	남	26	고졸	400	1	3	3	N
6	여	55	고졸	420	6	5	6	Y
7	남	32	대졸	350	1	4	4	N
8	여	29	대졸	320	2	10	6	Y
9	남	29	고졸	360	2	7	4	N
10	여	45	대졸	440	4	10	6	Y
11	남	30	고졸	320	1	5	2	N
12	여	47	고졸	430	5	5	5	Y
13	여	42	대졸	420	4	4	4	Y
14	여	40	대졸	360	4	4	5	Y
15	남	26	대졸	310	2	5	6	Y
16	여	24	고졸	300	2	3	3	N

2〉 평균값, 중앙값, 최빈값

함수 마법사를 이용하여 월수입의 평균값, 중앙값, 최빈값을 구하도록 하자.

① 기술통계분석을 위해 입력한 기본데이터를 새로운 시트에 복사한 후 『기술통계분석』이라고 저장한다.

② 기술통계분석을 표로 나타내기 위해 셀 K2 또는 원하는 셀에 "중심위치"라고 입력하고 셀 K3에는 "산술평균"을, K4에는 "월수입 평균"을 입력한다.

③ 셀 L4를 선택하고 수식 메뉴에서 [함수 삽입]을 클릭한다.

④ <그림 4-9>와 같이 함수 마법사의 창이 나타나면 다음과 같이 선택하고 확인을 클릭하면 수식편집상자가 나타난다. 범주선택은 통계, 함수선택은 AVERAGE를 선택하고 확인을 클릭한다.

그림 4-9 • 함수 마법사

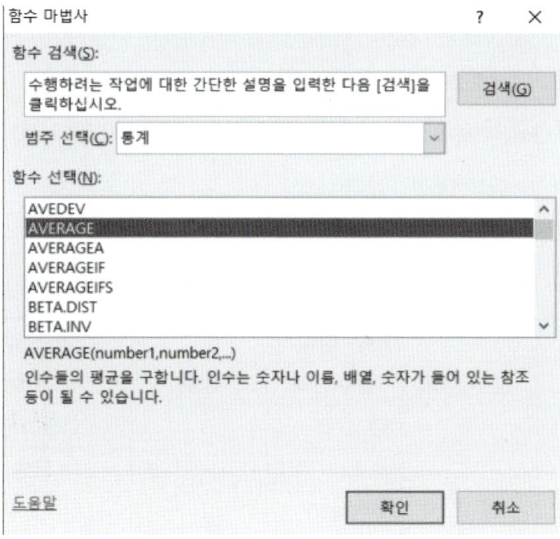

⑤ <그림 4-10>과 같은 수식편집상자가 나타나며 Number1의 옆에 있는 표시된 버튼을 선택하여 데이터의 입력범위를 설정한다. 또는 범위를 알고 있다면 직접 입력할 수도 있다.

⑥ 입력범위는 평균을 구하고자 하는 데이터범위(E3:E42)를 드래그한다.

⑦ 그림에 표시된 버튼을 다시 클릭하여 수식편집상자를 불러와 결과 값을 확인한

후 확인을 클릭한다.

그림 4-10 ● 수식편집상자

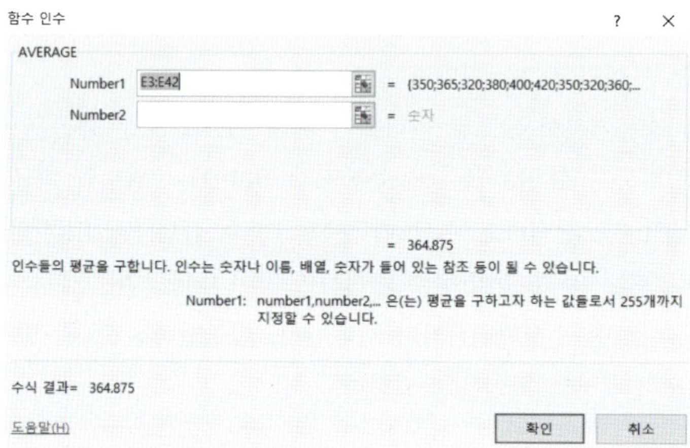

⑧ 함수 마법사를 이용하여 위와 같은 방법으로 개수, 합계, 가중평균, 중앙값, 최빈값을 구하도록 한다.

⑨ <표 4-3>은 중심위치를 계산하기 위하여 이용된 함수의 종류, 함수이름, 데이터범위를 나타내고 있다.

표 4-3 ● 중심위치에 관한 함수의 종류 및 수식

구분	함수 마법사			수식표시줄에 나타나는 식	값
	범주선택	함수선택	범위		
개수(관찰개수)	통계	COUNT	E3:E42	=COUNT(E3:E42)	40
합계		SUM		=SUM(E3:E42)	14,595
중앙값		MEDIAN		=MEDIAN(E3:E42)	360
최빈값		MODE		=MODE(E3:E42)	320

함수 마법사를 사용하여 <표 4-3>과 같이 입력하여 값을 구하게 되면 <그림 4-11>과 같다.

그림 4-11 ● 기술통계분석-중심위치

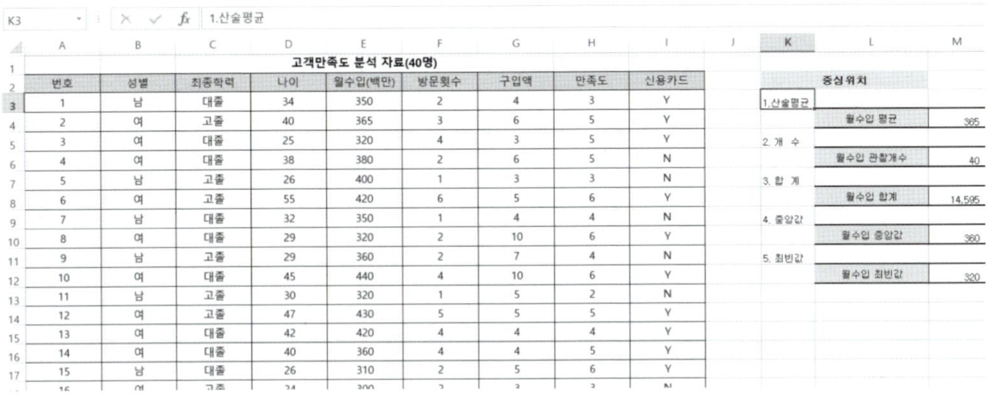
K3 1.산술평균

고객만족도 분석 자료(40명)

번호	성별	최종학력	나이	월수입(백만)	방문횟수	구입액	만족도	신용카드
1	남	대졸	34	350	2	4	3	Y
2	여	고졸	40	365	3	6	5	Y
3	여	대졸	25	320	4	3	5	Y
4	여	대졸	38	380	2	6	5	N
5	남	고졸	26	400	1	3	3	N
6	여	고졸	55	420	6	5	6	Y
7	남	대졸	32	350	1	4	4	N
8	여	대졸	29	320	2	10	6	Y
9	남	고졸	29	360	2	7	4	N
10	여	대졸	45	440	4	10	6	Y
11	남	고졸	30	320	1	5	2	N
12	여	고졸	47	430	5	5	5	Y
13	여	대졸	42	420	4	4	4	Y
14	여	대졸	40	360	4	4	5	Y
15	남	대졸	26	310	2	5	6	Y

중심위치		
1.산술평균		
	월수입 평균	365
2. 개 수		
	월수입 관찰개수	40
3. 합 계		
	월수입 합계	14,595
4. 중앙값		
	월수입 중앙값	360
5. 최빈값		
	월수입 최빈값	320

(2) 흩어진 상태(산포도, Dispersion)

1〉 분산과 표준편차

① 셀 K14에 "산포도"라 입력하고 셀 K15에 "모집단의 분산", 셀 K16에는 "월수입의 분산"이라 입력한다.

② 모집단의 분산을 구하기 위하여 셀 L16을 선택하고 [함수 삽입]을 클릭한다.

③ 함수 마법사 창에서 범주선택은 '통계', 함수선택은 'VARP'으로 하고 확인을 클릭한다.

④ 분산을 구하고자 하는 데이터 범위를 드래그하여 범위지정이 끝나면 확인을 클릭한다. 결과 값을 확인한 후 확인을 누른다.

⑤ 위와 같은 방법으로 표본의 분산, 모집단의 표준편차, 최대값, 최소값을 구하도록 한다.

표 4-4 ● 산포도에 관한 함수의 종류 및 수식 1

구분	함수 마법사			수식표시줄에 나타나는 식	값
	범주선택	함수선택	범위		
모집단의 분산	통계	VARP	E3:E42	=VARP(E3:E42)	2204.359
표본의 분산		VAR		=VAR(E3:E42)	2260.881
모집단의 표준편차		STDEVP		=STDEVP(E3:E42)	46.951
표본의 표준편차		STDEV		=STDEV(E3:E42)	47.549
최대값		MAX		=MAX(E3:E42)	460
최소값		MIN		=MIN(E3:E42)	290

함수 마법사를 사용하여 <표 4-4>와 같이 입력하여 구하게 되면 <그림 4-12>와 같은 결과를 얻을 수 있다.

그림 4-12 ● 기술통계분석-산포도 1

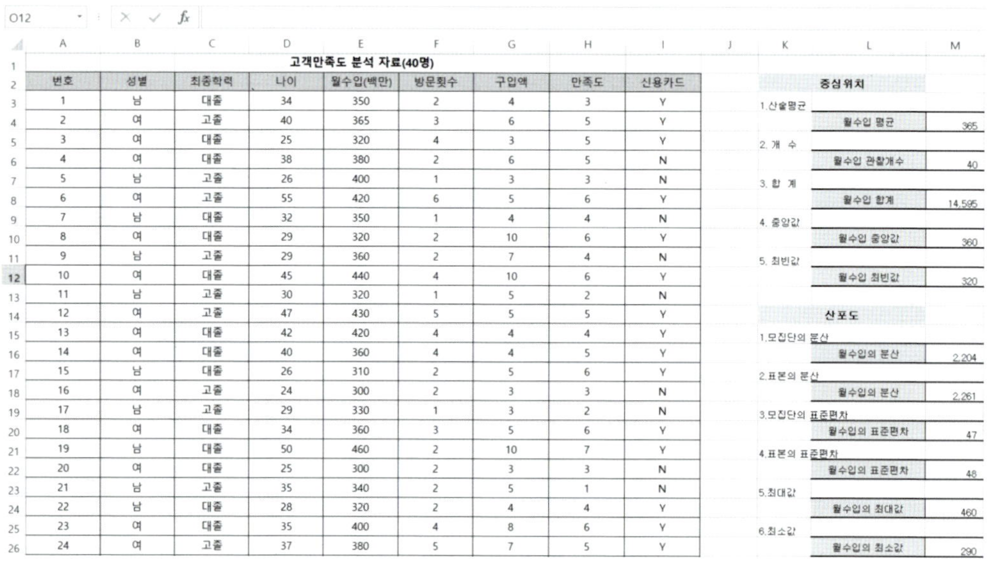

고객만족도 분석 자료(40명)

번호	성별	최종학력	나이	월수입(백만)	방문횟수	구입액	만족도	신용카드
1	남	대졸	34	350	2	4	3	Y
2	여	고졸	40	365	3	6	5	Y
3	여	대졸	25	320	4	3	5	Y
4	여	대졸	38	380	2	6	5	N
5	남	고졸	26	400	1	3	3	N
6	여	고졸	55	420	6	5	6	Y
7	남	대졸	32	350	1	4	4	N
8	여	대졸	29	320	2	10	6	Y
9	남	고졸	29	360	2	7	4	N
10	여	대졸	45	440	4	10	6	Y
11	남	고졸	30	320	1	5	2	N
12	여	고졸	47	430	5	5	5	Y
13	여	대졸	42	420	4	4	4	Y
14	여	대졸	40	360	4	4	5	Y
15	남	대졸	26	310	2	5	6	Y
16	여	고졸	24	300	2	3	3	N
17	남	고졸	29	330	1	3	2	N
18	여	대졸	34	360	3	5	6	Y
19	남	대졸	50	460	2	10	7	Y
20	여	대졸	25	300	2	3	3	N
21	남	고졸	35	340	2	5	1	N
22	남	대졸	28	320	2	4	4	Y
23	여	대졸	35	400	4	8	6	Y
24	여	고졸	37	380	5	7	5	Y

중심위치		
1.산술평균	월수입 평균	365
2. 개 수	월수입 관찰개수	40
3. 합 계	월수입 합계	14,595
4. 중앙값	월수입 중앙값	360
5. 최빈값	월수입 최빈값	320
산포도		
1.모집단의 분산	월수입의 분산	2,204
2.표본의 분산	월수입의 분산	2,261
3.모집단의 표준편차	월수입의 표준편차	47
4.표본의 표준편차	월수입의 표준편차	48
5.최대값	월수입의 최대값	460
6.최소값	월수입의 최소값	290

2〉 범위

범위(Range)는 최대값(MAX)과 최소값(MIN)의 차이이므로 데이터의 범위(E3:E42)에서 최대값에서 최소값을 뺀 값이다.

① 셀 K27에 "범위"라 입력하고 셀 K28에 "월수입의 범위"라고 입력한다.

② 셀 L28을 선택하여 "=MAX(E3:E42)−MIN(E3:E42)"라 입력하면 월수입의 범위를 구할 수 있다.

이 밖에 순위(RANK)함수, 백분율함수(PERCENTILE), 사등위함수(QUARTILE), 작은 값(SMALL), 큰 값(LARGE) 등의 함수는 인수 지정방법이 일반적인 함수들과 다르기 때문에 주의해야 한다.

3〉 백분율

범위에서 K번째 백분위수 값을 구한다. 이 함수를 사용하여 수용한계 값을 정할 수 있다.

예를 들어, 90번째 백분위수(90%) 점수 이상의 후보들을 검색하도록 할 수 있다.

- 함수식: PERCENTILE(array, K)
- Array: 상대순위를 정의하는 데이터 배열 또는 범위
- K: 0에서 1까지 백분위수 값의 범위

① 셀 K29에 "백분율", 셀 K30에는 "원하는 백분위수(예를 들면, 50번째 백분위수)"를 입력한다.

② 백분위수가 입력될 셀 L30을 선택하고 [함수 삽입]을 클릭하면 함수 마법사 창이 나타나고 범주선택에는 통계, 함수선택은 PERCENTILE을 선택한다.

③ 각 인수에서 요구하는 값의 종류에 유의하여 다음과 같이 입력한다.

=PERCENTILE(E3:E42, 0.5)

④ 값을 확인하고 확인을 누르면 원하는 백분위수(50번째 백분위수)를 구할 수 있다.

4) 사등위수

데이터 집합의 사등위수를 구한다. 사등위수는 판매자료나 조사자료의 모집단을 몇 개의 그룹으로 나눌 때 사용한다. 예를 들어, QUARTILE 함수를 사용하여 모집단에서 수익이 상위 25%인 자료들을 구할 수 있다.

- 함수식: QUARTILE(array, quart)
- Array: 사등위수를 구하려는 숫자 값의 배열 또는 셀 범위
- Quart: 0은 최소값, 1은 제1사등위수(25번째 백분위수), 2는 제2사등위수(50번째 백분위수), 3은 제3사등위수(75번째 백분위수), 4는 최대값이다.

① 셀 K31에 "사등위수", 셀 K32에는 원하는 사등위수(예를 들면, 25번째 백분위수)를 입력한다.

② 사등위수가 입력될 셀 L32를 선택하고 [함수 삽입]을 클릭하면 함수 마법사 창이 나타나고 범주선택은 통계, 함수선택은 QUARTILE을 선택하고 확인을 클릭한다.

③ 각 인수에서 요구하는 값의 종류에 유의하여 "=QUARTILE(E3:E42, 1)"을 입력한다.

④ 값을 확인하고 확인을 누른다.

5〉 작은 값

데이터 집합에서 K번째로 작은 값을 구한다. 이 함수를 사용하여 데이터 집합에서 특정 상대순위를 갖는 값을 찾을 수 있다.

- 함수식: SMALL(array, K)
- Array: K번째로 작은 값을 구하기 위한 숫자 데이터의 배열 또는 셀 범위
- K: 데이터 범위나 배열에서 구하려는 가장 작은 값으로부터의 위치

① 셀 K33에는 "작은 값", 셀 K34에는 원하는 작은 값(예를 들면, 15번째)을 입력한다.
② 작은 값이 입력될 셀 L34에서 [함수 삽입]을 클릭하면 함수 마법사 창이 나타나고 범주선택은 통계, 함수선택은 SMALL로 하여 확인을 클릭한다.
③ 각 인수에서 요구하는 값의 종류에 유의하여 "=SMALL(E3:E42, 15)"를 입력한다.
④ 값을 확인하고 확인을 누른다.

6〉 큰 값

데이터 집합에서 K번째로 큰 값을 구한다. 이 함수를 사용하여 상대순위값을 선택할 수 있다. 예를 들어, LARGE 함수를 사용하면 1등, 2등, 3등의 점수를 구할 수 있다.

- 함수식: LARGE(array, K)
- Array: K번째로 큰 값을 구하기 위한 숫자 데이터의 배열 또는 셀 범위
- K: 데이터 범위나 배열에서 구하려는 가장 큰 값과의 상대순위

① 셀 K35에는 "큰 값", 셀 K36에는 원하는 큰 값(예를 들면, 15번째)을 입력한다.
② 큰 값이 입력될 셀 L36에서 [함수 삽입]을 클릭하면 함수 마법사 창이 나타나고 범주선택은 통계, 함수선택은 LARGE로 하여 확인을 클릭한다.
③ 각 인수에서 요구하는 값의 종류에 유의하여 "=LARGE(E3:E42, 15)"를 입력한다.
④ 값을 확인하고 확인을 누른다.

7〉 순위

지정한 범위 내에서 특정한 값의 순위를 구한다. 특정한 값의 순위는 지정한 범위 내에 있는 다른 값과의 상대 크기를 말한다. 범위(목록)를 정렬하면 값의 위치와 순위가 같아질 수 있다.

- 함수식: RANK(number, ref, order)
  - Number: 순위를 구하려는 특정 값
  - Ref: 특정 값이 포함된 지정한 셀 범위를 숫자가 아닌 값은 무시한다.
  - Order: 순위 결정방법을 정의하는 수이다. Order가 0이거나 생략되면 ref가 내림차순으로 정렬된 목록처럼 number의 순위를 부여한다. Order가 0이 아니면 ref가 올림차순으로 정렬된 목록처럼 number의 순위를 부여한다.

① 셀 K37에는 “순위”, 셀 K38에는 순위를 찾고 싶은 특정 값(430)을 입력한다.

② 특정 값의 순위가 입력될 셀 L38에서 [함수 삽입]을 클릭하면 함수 마법사 창이 나타나고 범주선택은 통계, 함수선택은 RANK로 하고 확인을 클릭한다.

③ 각 인수의 요구하는 값의 종류에 유의하여 “=RANK(430, E3:E42, 0)”을 입력한다. 참고로 order에 “0”을 입력하거나 또는 생략하면 내림차순이며, “1”을 입력하면 오름차순이다.

④ 값을 확인하고 확인을 누른다.

<표 4-5>는 지금까지 구한 함수들을 정리한 것이다.

표 4-5 ● 산포도에 관한 함수의 종류 및 수식 2

구분	함수 마법사				수식표시줄에 나타나는 식	값
	범주선택	함수선택	범위			
범위	통계	–	E3:E42	–	=MAX(E3:E42) – MAX(E3:E42)	170
백분율		PERCENTIE		0.5	=PERCENTIE(E3:E42, 0.5)	360
사등위수		QUARTITLE		1	=QUARTITLE(E3:E42, 1)	327.5
작은값		SMALL		15	=SMALL(E3:E42, 15)	330
큰값		LARGE		15	=LARGE(E3:E42, 15)	380
순위		RANK		430	=RANK(430, E3:E42, 0)	5

산포도에 대한 각각의 수식입력이 끝나면 <그림 4-13>과 같이 나타난다.

그림 4-13 ● 기술통계분석-산포도 2

M39

	A	B	C	D	E	F	G	H	I
13	11	남	고졸	30	320	1	5	2	N
14	12	여	고졸	47	430	5	5	5	Y
15	13	여	대졸	42	420	4	4	4	Y
16	14	여	대졸	40	360	4	4	5	Y
17	15	남	대졸	26	310	2	5	6	Y
18	16	여	고졸	24	300	2	3	3	N
19	17	남	고졸	29	330	1	3	2	N
20	18	여	대졸	34	360	3	5	6	Y
21	19	남	대졸	50	460	2	10	7	Y
22	20	여	대졸	25	300	2	3	3	N
23	21	남	고졸	35	340	2	5	1	N
24	22	남	대졸	28	320	2	4	4	Y
25	23	여	대졸	35	400	4	8	6	Y
26	24	여	고졸	37	380	5	7	5	Y
27	25	여	대졸	30	330	2	5	2	N
28	26	여	대졸	48	430	4	12	7	Y
29	27	남	고졸	27	330	2	10	2	N
30	28	여	대졸	25	290	1	5	6	Y
31	29	여	고졸	39	360	4	8	4	N
32	30	여	대졸	40	390	5	10	6	Y
33	31	남	고졸	38	360	2	5	3	N
34	32	남	대졸	32	330	1	3	4	Y
35	33	여	고졸	42	400	3	12	6	Y
36	34	여	대졸	28	320	2	4	4	Y
37	35	남	대졸	32	330	3	5	6	Y
38	36	여	고졸	27	310	2	6	5	Y

K	L	M
산포도		
1.모집단의 분산		
	월수입의 분산	2,204
2.표본의 분산		
	월수입의 분산	2,261
3.모집단의 표준편차		
	월수입의 표준편차	47
4.표본의 표준편차		
	월수입의 표준편차	48
5.최대값		
	월수입의 최대값	460
6.최소값		
	월수입의 최소값	290
7.범위		
	월수입의 범위	170
8.백분율(월수입의 백분위수)		
	50번째 백분위수	360
9.사분위수		
	25번째 백분위수	327.50
10.작은 값		
	15번째 작은 값	330
11.큰 값		
	15번째 큰 값	380
12.순위		
	230의 순위를 찾음	5

(3) 형태와 모양

1〉 비대칭도

산포도와 중심위치 이외에 관측치의 특성을 나타내는 데 사용되는 또 다른 측정치로서 비대칭도가 있다. 이 비대칭도는 관측치의 도수분포가 어떠한 모양을 갖는지를 나타내는 데 유용하다.

비대칭도(왜도: skewness)란 평균에 대한 분포의 비대칭 정도를 나타낸다. 왜도가 양수이면 분포의 비대칭 꼬리가 양의 값 쪽으로 치우쳐 있으며, 왜도가 음수이면 이와 반대이다.

- 함수식: SKEW(number1, number2)
  - Number: 왜도를 구하려는 1에서 30까지의 인수로서 인수를 구분할 때, 콤마 대신 단일배열이나 참조영역을 사용할 수 있다.

2〉 첨도(Kurtosis)

첨도란 분포의 뾰족한 정도를 정규분포와 비교하여 나타내는 것으로 양의 첨도는 상대적으로 더 뾰족하고 음의 첨도는 덜 뾰족하다.

- 함수식: KURT(number1, number2)
  - Number: 첨도를 계산할 인수로서 30개까지 지정할 수 있으며 콤마를 사용하여 각각의 인수를 구별하는 대신 하나의 배열이나 배열 참조를 사용할 수 있다.

① 셀 K40을 선택하고 "모양"이라고 입력한다.

② 셀 K41에는 "비대칭도", 셀 K42에는 "월수입의 비대칭도", 셀 K43에 "첨도", 셀 K44에 "월수입의 첨도"를 입력한다.

③ 비대칭도와 첨도 역시 함수 마법사를 이용하여 구할 수 있다.

표 4-6 ● 형태와 모양에 관한 함수의 종류 및 수식

구분	함수 마법사			수식표시줄에 나타나는 식	값
	범주선택	함수선택	범위		
비대칭도	통계	SKEW	E3:E42	=SKEW(E3:E42)	0.431575
첨도		KURT		=KURT(E3:E42)	-0.879916

위의 <표 4-6>을 보며 함수 마법사를 이용하여 비대칭도와 첨도를 구하면 <그림 4-14>와 같다.

그림 4-14 ● 기술통계분석-형태와 모양

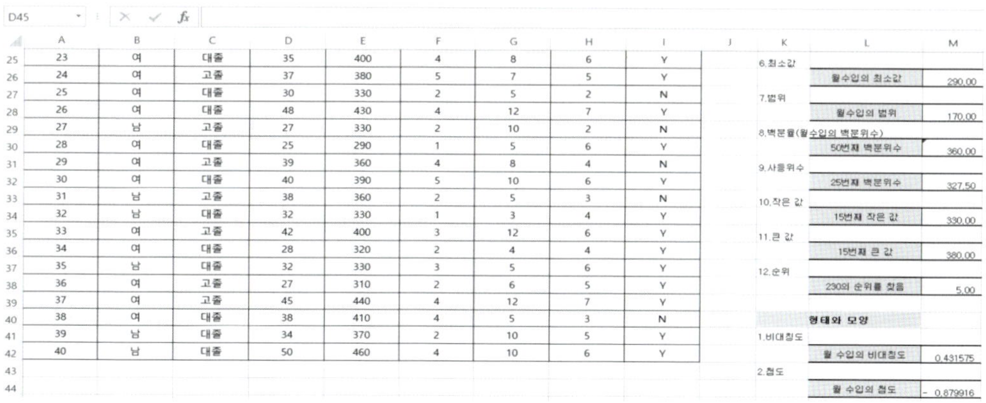

3〉 기술통계법

지금까지 알아본 기본적인 기술적 통계함수는 [기술통계법] 도구를 이용하여 한 번에 계산할 수 있다.

① 셀 O2에 "기술통계분석"이라고 입력한다.

② [데이터] 메뉴에서 [데이터 분석]을 선택하면 <그림 4-15>와 같이 통계 데이터 분석 대화상자가 나타난다.

그림 4-15 ● **통계 데이터 분석 창**

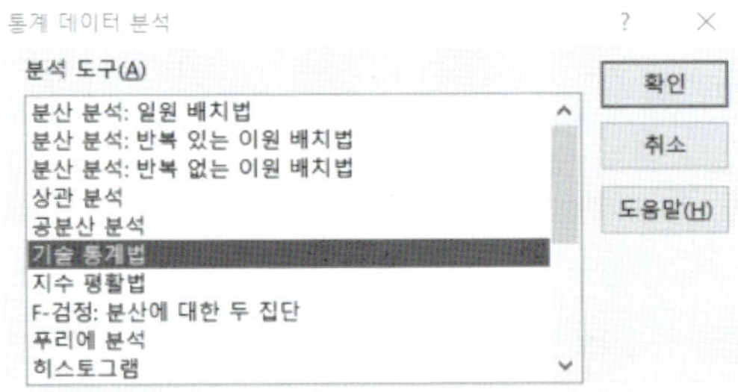

③ 통계 데이터 분석 대화상자에서 [기술통계법]을 선택하고, 확인을 클릭하면 <그림 4-16>과 같이 기술통계법 대화상자가 나타난다.

그림 4-16 ● **기술통계법 대화상자**

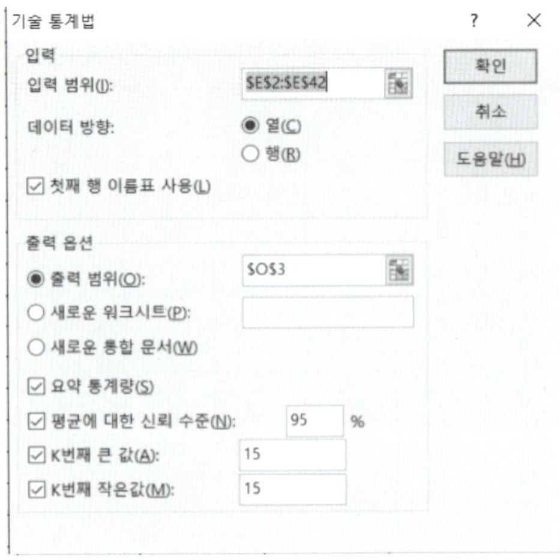

④ 기술통계법 대화상자에서는 다음과 같이 입력하고 확인을 클릭한다.

- 입력범위: $E$2:$E$42(셀 E2의 값은 숫자가 아니므로 분석 시에는 무시되며 이름표를 나타내는 데 사용된다)
- 데이터 방향: 열
- 첫째 행 이름표 사용: 표시
- 출력범위: $O$3
- 요약 통계량: 표시
- 평균에 대한 신뢰수준: 95%
- K번째 큰 값: 15
- K번째 작은 값: 15

⑤ 셀의 너비를 조정하고 나면 <그림 4-17>과 같이 나타난다.

그림 4-17 ● 기술통계분석

O2 | fx 기술통계분석

고객만족도 분석 자료(40명)

나이	월수입(백만)	방문횟수	구입액	만족도	신용카드
34	350	2	4	3	Y
40	365	3	6	5	Y
25	320	4	3	5	Y
38	380	2	6	5	N
26	400	1	3	3	N
55	420	6	5	6	Y
32	350	1	4	4	N
29	320	2	10	6	Y
29	360	2	7	4	N
45	440	4	10	6	Y
30	320	1	5	2	N
47	430	5	5	5	Y
42	420	4	4	4	Y
40	360	4	4	5	Y
26	310	2	5	6	Y
24	300	2	3	3	N
29	330	1	3	2	N
34	360	3	5	6	Y
50	460	2	10	7	Y
25	300	2	3	3	N

중심위치		
1.산술평균		
	월수입 평균	364.88
2. 개 수		
	월수입 관찰개수	40.00
3. 합 계		
	월수입 합계	14,595.00
4. 중앙값		
	월수입 중앙값	360.00
5. 최빈값		
	월수입 최빈값	320.00
산포도		
1.모집단의 분산		
	월수입의 분산	2,204.36
2.표본의 분산		
	월수입의 분산	2,260.88
3.모집단의 표준편차		
	월수입의 표준편차	46.95
4.표본의 표준편차		
	월수입의 표준편차	47.55

기술통계분석	
월수입(백만)	
평균	364.875
표준 오차	7.51811381
중앙값	360
최빈값	320
표준 편차	47.5487267
분산	2260.88141
첨도	-0.8799156
왜도	0.43157467
범위	170
최소값	290
최대값	460
합	14595
관측수	40
가장 큰 값(15)	380
가장 작은 값(15)	330
신뢰 수준(95.0%)	15.2068205

(4) 도표와 그래프(table and graph)

1〉 도수분포표, 누적도수분포표, 히스토그램

① 최대값과 최소값을 바탕으로 계급구간의 넓이를 구한다.

② 먼저 계급구간을 설정해야 한다. 계급구간은 자료 크기에 따라 적당한 계급수를 정한다. 셀 R2에 “계급구간”이라고 입력하고, 셀 R4에는 “300”, 셀 R5에는 “320”을 입력한 뒤에 채우기 핸들을 이용하여 “460”까지 입력한다.

③ [데이터] 메뉴에서 [데이터 분석]을 선택하여 통계 데이터 분석 대화상자를 불러온다. 통계 데이터 분석 대화상자에서 히스토그램을 선택한다.

④ 히스토그램 대화상자에서 다음과 같이 입력하고 확인을 클릭한다.

- 입력범위: $E$3:$E$42
- 계급구간: $R$4:$R$12
- 출력범위: $S$2
- 누적백분율: 표시
- 차트출력: 표시

⑤ 누적백분율은 누적도수분포의 백분율을 나타내기 위하여 사용되며, 차트를 선택하면 히스토그램의 차트가 나타난다. 아무것도 선택하지 않으면 각 계급구간의 빈도수(도수분포표)만 나타나게 된다.

위와 같이 히스토그램 대화상자를 입력하면 <그림 4-18>과 같이 나타난다.

그림 4-18 • 도수분포와 히스토그램

R2 fx 계급구간

기술통계분석	
월수입(백만)	
평균	364.875
표준 오차	7.51811381
중앙값	360
최빈값	320
표준 편차	47.5487267
분산	2260.88141
첨도	-0.8799156
왜도	0.43157467
범위	170
최소값	290
최대값	460
합	14595
관측수	40
가장 큰 값(15)	380
가장 작은 값(15)	330
신뢰 수준(95.0%)	15.2068205

계급구간	계급	빈도수	누적 %
	300	3	7.50%
300	320	7	25.00%
320	340	6	40.00%
340	360	7	57.50%
360	380	4	67.50%
380	400	4	77.50%
400	420	3	85.00%
420	440	4	95.00%
440	460	2	100.00%
460	기타	0	100.00%

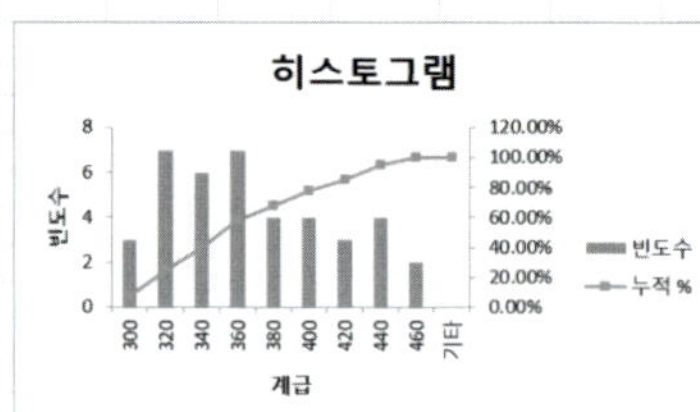

2〉 세로막대그래프

월수입의 빈도수를 막대그래프로 그려보자.

① T3:T12의 범위를 설정하고 [삽입] 메뉴의 [차트]－[세로 막대형]을 클릭한다.

② [묶은 세로 막대형]을 선택한다.

③ 차트영역에서 마우스 오른쪽 버튼을 누른 후 [데이터 선택]을 클릭한다.

④ 가로(항목)축 테이블 밑에 있는 편집을 눌러 축테이블 범위를 S3:S12로 지정한다.

⑤ 계열 1을 편집하여 계열 이름에 T2를 클릭한다.

⑥ 차트제목을 '월수입 빈도수'로 수정하면 <그림 4-19>와 같이 나타난다.

그림 4-19 ● **세로막대그래프**

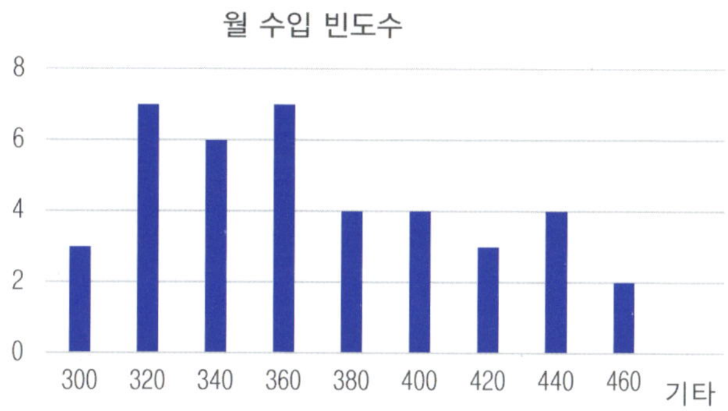

3〉 범주형 자료의 막대그래프

① 셀 X20 또는 원하는 셀을 선택하고 "고객 성(性)비"라고 입력하고, 셀 X22에는 "남", 셀 X23에는 "여"를 입력한다.

② 남녀의 수는 함수 마법사의 COUNTIF 함수를 이용한다.

그림 4-20 ● 함수 마법사

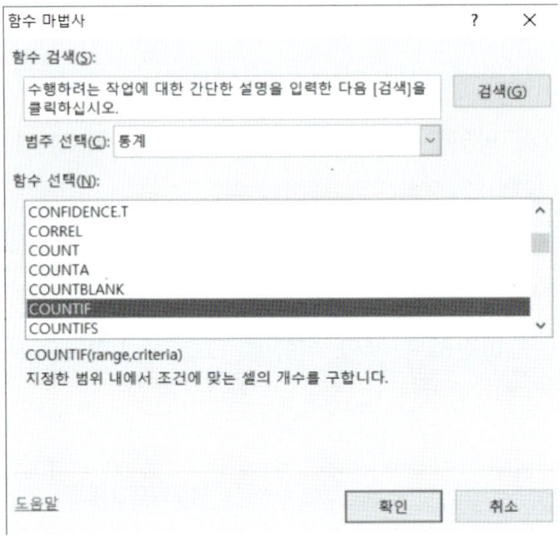

③ 남자의 수가 들어갈 셀에서 함수 마법사의 CONTIF 함수를 선택하여 <그림 4-21>과 같이 입력한다.

- 함수식: COUNTIF(range, criteria)

− Range: 셀 범위

− Criteria: 숫자, 수식, 문자열 형태의 찾을 조건으로 criteria는 32, "32", ">32", "남" 등으로 표시할 수 있다.

그림 4-21 ● 수식편집상자

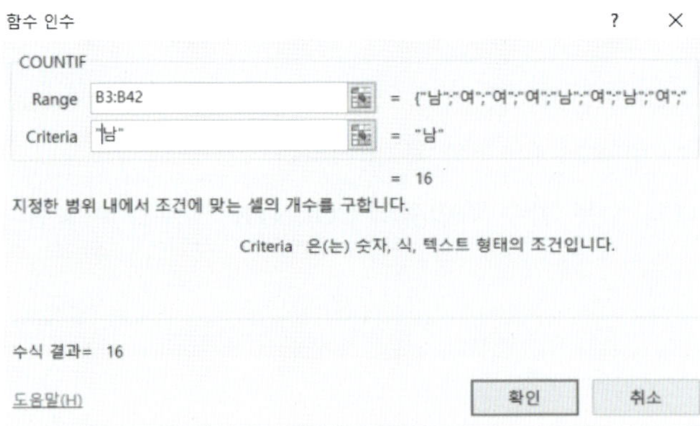

④ 여자의 수도 남자의 수를 구할 때와 마찬가지로 구할 수 있다.

⑤ 남, 여의 인원수가 구해지면 합계, 비율 등 추가적으로 필요한 데이터들을 구한다.

표 4-7 • COUNTIF 함수의 활용

구분	함수 마법사				수식표시줄에 나타나는 식	값
	범주선택	함수선택	범위	기준		
COUNTIF	통계	COUNTIF	E3:E42	남	=COUNTIF(E3:E42, “남”)	16
				여	=COUNTIF(E3:E42, “여”)	24

4〉 원그래프 그리기

① 범위(X22:Y23)를 지정한 후, [삽입]-[차트]-[원형]을 선택한 후, 2차원 원형의 원형을 클릭한다.

그림 4-22 • 원그래프 그리기

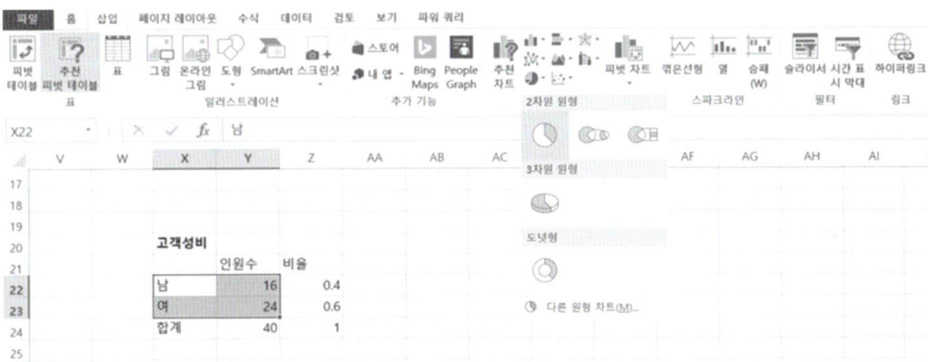

② 원그래프가 만들어진 후, <그림 4-23>과 같이 [차트 도구]-[차트요소 추가]-[차트 제목]을 눌러 ‘고객 성(性)비’를 입력한 후, [차트 도구]-[차트요소 추가]-[데이터 레이블]-[기타 데이터 레이블 옵션]을 클릭하면 엑셀창의 오른쪽 끝에 레이블 옵션 선택창이 나타난다.

그림 4-23 ● 차트요소 추가

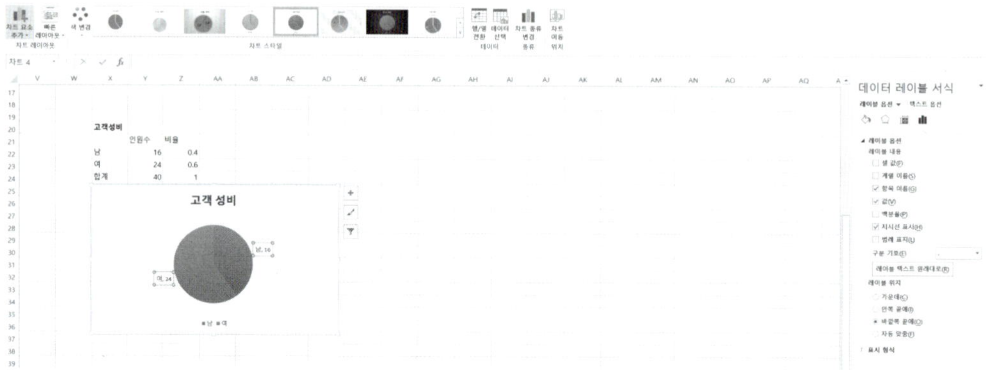

③ <그림 4-24>와 같이 레이블 옵션에서 '항목 이름', '값', '지시선 표시', '바깥쪽 끝에'를 체크한다.

그림 4-24 ● 데이터 레이블 서식 옵션

④ <그림 4-25>는 위의 과정을 거쳐 완성된 차트이다.

그림 4-25 ● 완성된 원그래프

차트에 대한 편집을 마치고 나면 워크시트에는 <그림 4-26>과 같이 나타난다.

그림 4-26 • 고객성비의 원그래프

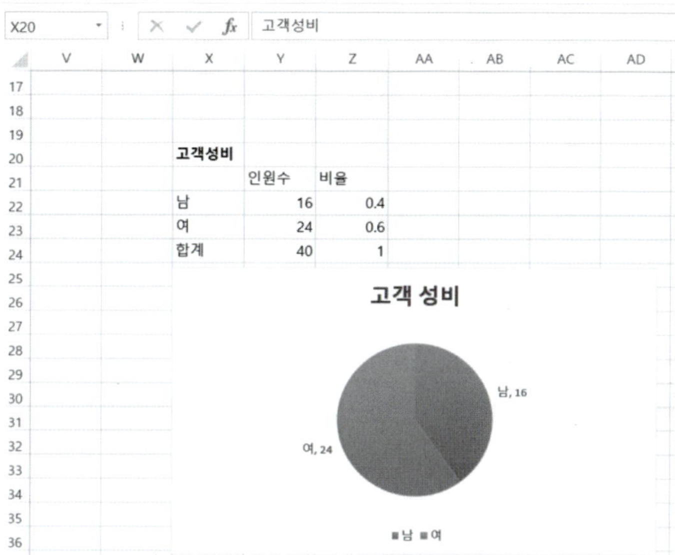

3) 추론통계분석

(1) 하나의 모집단 추론

1〉 점 추정

① 추론통계분석을 실행하기 위하여 새로운 시트의 이름을 “추론통계분석”이라 입력하고 기본데이터를 복사하여 붙여넣는다.

② <표 4-8>과 같이 월수입 추정을 위하여 각각의 셀에 입력한다.

③ 셀 L4를 선택하고 함수 삽입을 이용하여 E3:E42까지의 범위를 선택하여 월수입의 평균값을 계산한다.

표 4-8 • **통계함수의 활용**

구분	함수 마법사			수식표시줄에 나타나는 식	값
	범주선택	함수선택	범위		
평균	통계	AVERAGE	E3:E42	=AVERAGE(E3:E42)	164.875
표준편차		STDEV		=STDEV(E3:E42)	47.5487
표본수의 제곱근	수학/삼각	SQRT		=SQRT(E3:E42)	6.32456

2) 구간추정

① 구간추정을 위하여 셀 L5에도 월수입(E3:E42)의 평균을 계산한다.

② Z분포값은 신뢰수준 0.95일 때 1.96이므로 셀 N5에 1.96을 입력한다.

③ 함수 마법사를 이용하여 셀 O5에 월수입(E3:E42)의 표준편차를 구한다.

④ 표본수의 제곱근은 양의 제곱근을 구할 수 있는 SQRT 함수를 이용한다.

- 함수식: SQRT(number)

  - 이때 numbers는 반드시 양수이어야 한다.

⑤ 셀 P5에 함수 SQRT를 이용하여 표본수의 제곱근을 구한다.

⑥ 위와 같은 계산 결과를 가지고 허용오차를 계산한다. 허용오차의 식은 다음과 같다. 따라서 셀 M5에 입력할 수식은 "=N5*O5/P5"이다.

- 허용오차=(분포값 × 표준편차) / 표본수의 제곱근

⑦ 허용오차를 평균에 가감하여 상한구간과 하한구간을 구할 수 있다. 상한구간과 하한구간은 다음과 같이 계산한다.

- 상한구간: 평균 허용오차
- 하한구간: 평균 허용오차

⑧ 따라서 상한구간이 입력될 셀 M6에는 "=L5+M5", 하한구간이 입력될 셀 L7에는 "=L5−M5"라고 입력한다.

위의 과정을 마치고 나면 워크시트는 <그림 4-27>과 같이 나타난다.

그림 4-27 ● 추론통계분석-모집단 추정

K2 | I.월수입의 추정

고객만족도 분석 자료(40명)

번호	성별	최종학력	나이	월수입(백만)	방문횟수	구입액	만족도	신용카드
1	남	대졸	34	350	2	4	3	Y
2	여	고졸	40	365	3	6	5	Y
3	여	대졸	25	320	4	3	5	Y
4	여	대졸	38	380	2	6	5	N
5	남	고졸	26	400	1	3	3	N
6	여	고졸	55	420	6	5	6	Y
7	남	대졸	32	350	1	4	4	N
8	여	대졸	29	320	2	10	6	Y
9	남	고졸	29	360	2	7	4	N
10	여	대졸	45	440	4	10	6	Y
11	남	고졸	30	320	1	5	2	N
12	여	고졸	47	430	5	5	5	Y
13	여	대졸	42	420	4	4	4	Y
14	여	대졸	40	360	4	4	5	Y
15	남	대졸	26	310	2	5	6	Y
16	여	고졸	24	300	2	3	3	N
17	남	고졸	29	330	1	3	2	N
18	여	대졸	34	360	3	5	6	Y
19	남	대졸	50	460	2	10	7	Y
20	여	대졸	25	300	2	3	3	N
21	남	고졸	35	340	2	5	1	N
22	남	대졸	28	320	2	4	4	Y
23	여	대졸	35	400	4	8	6	Y
24	여	고졸	37	380	5	7	5	Y
25	여	대졸	30	330	2	5	2	N
26	여	대졸	48	430	4	12	7	Y
27	남	고졸	27	330	2	10	2	N

I.월수입의 추정

	평균값	표본오차	z분포값	표준편차	표본수의 제곱근
1-1.점추정	364.875				
1-2.구간추정	364.875	14.73550307	1.96	47.5487267	6.32455532
▲95%의 신뢰구간	상한구간	379.6105031			
	하한구간	350.1394969			

3〉 가설검정

① 가설의 검정을 위하여 가설을 다음과 같이 설정한다.

- 귀무가설(H_0): 고객 월수입의 모평균(μ)이 360만 원일 것이다(H_0: μ =360만 원).
- 대립가설(H_1) : 고객 월수입의 모평균(μ)은 360만 원이 아니다(H_1: $\mu \neq$360만 원).

② 원하는 유의수준 α를 결정한다. 유의수준은 일반적으로 0.05(5%)를 많이 사용하기 때문에 여기에서는 0.05로 결정하였다.

③ 이 경우 유의수준이 0.05이므로 95%의 신뢰구간을 가져야 하므로 임계치는 −1.96과 1.96을 갖게 된다. 여기서 임계치란 채택영역의 경계값들을 가리키는 것으로서 표본에서 Z값이 $-1.96 \leq Z \leq 1.96$이면 H_0를 채택하고 −1.96보다 작거나 1.96보다 크면 H_0를 기각한다.

④ 미지의 평균 μ에 대한 $100(1-\alpha)\%$ 신뢰구간은 다음과 같으며, 이 구간은 귀무가설의 채택영역이다.

- 신뢰구간: $\left[\left(\mu - Z_{1-\frac{\alpha}{2}} \cdot \frac{\sigma}{\sqrt{n}}, \mu + Z_{1+\frac{\alpha}{2}} \cdot \frac{\sigma}{\sqrt{n}}\right)\right]$
- 통계량: $Z = \dfrac{\overline{\overline{X}} - \mu}{\dfrac{\sigma}{\sqrt{n}}}$

⑤ 이와 같은 공식에 의해서 셀 L20에 "=(L5-360)/(O5/P5)"를 입력하여 통계량 값을 계산한다.

⑥ 위에서 구한 통계량과 임계치를 비교한다. 값(=0.0162108)이 −1.96과 1.96 사이에 있기 때문에 H_0를 채택한다. 즉, 95%의 신뢰수준에서 모든 고객들의 월 평균 수입은 360만 원이라고 볼 수 있다.

위의 과정을 마치고 나면 워크시트는 <그림 4-28>과 같이 나타난다.

그림 4-28 ● 추론통계분석-모집단 추정

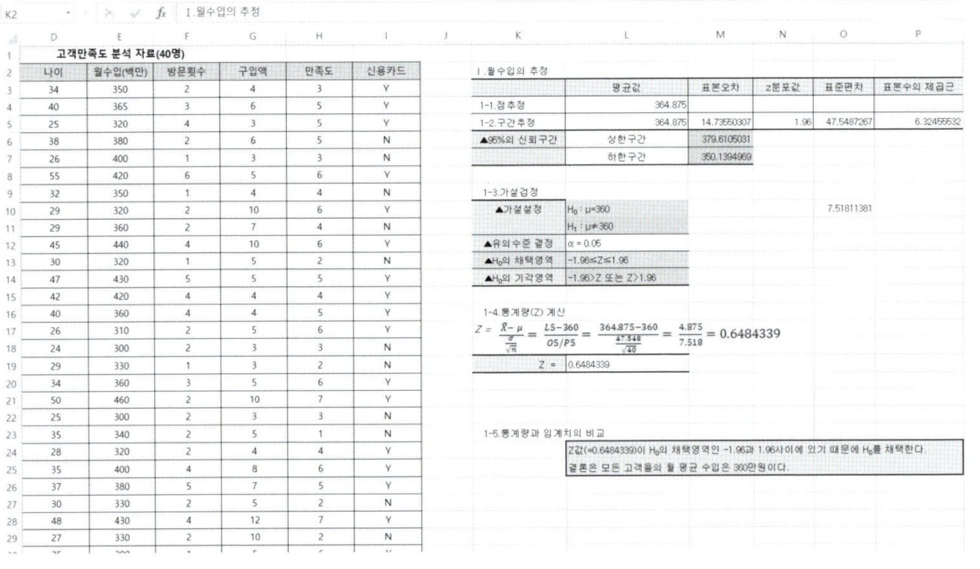

(2) 두 개의 모집단 차이검정

1) 두 모집단의 차이검정

남, 여 성별에 따른 월급의 차이를 알아보도록 하자.

① 모집단을 성별을 기준으로 하여 남녀 두 집단으로 하여 나누도록 한다. A3:I42의 영역을 설정하고 [데이터] 메뉴의 [정렬]을 선택하면 <그림 4-29>와 같이 정렬 대화상자가 나타난다.

② 정렬 대화상자에서 첫째 기준으로 "성별"을 선택하고 오름차순으로 체크하면

남녀 두 집단으로 정렬된다.

그림 4-29 ● **데이터 정렬**

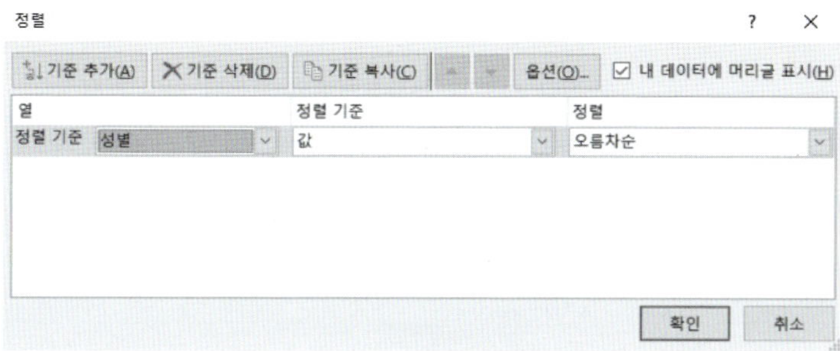

③ [데이터] 메뉴에서 [분석] - [데이터 분석]을 선택하면 통계 데이터 분석 대화상자가 나타나며 여기서 "t-검정: 등분산가정 두집단"을 선택하면 <그림 4-30>과 같은 대화상자가 나타난다.

④ <그림 4-30>의 "t-검정: 등분산가정 두집단" 대화상자에서 다음과 같이 입력한다.

- 변수 1의 입력범위: $E$3:$E$18(남자의 월수입 영역)
- 변수 2의 입력범위: $E19:$E$42(여자의 월수입 영역)
- 유의수준: 0.05
- 출력범위: $R$7

그림 4-30 ● **"t-검정: 등분산가정 두집단" 대화상자**

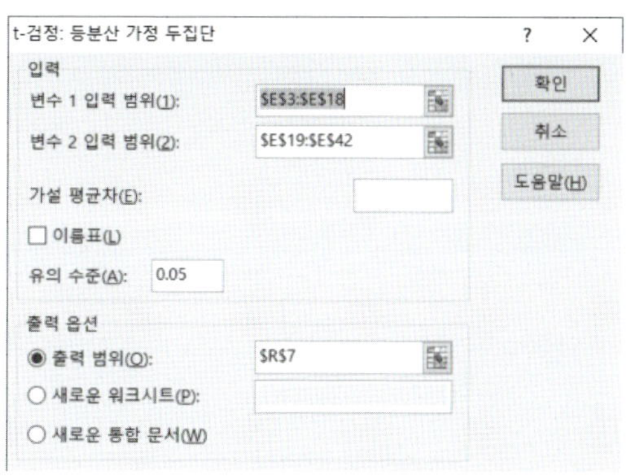

⑤ 검정 결과 워크시트는 <그림 4-31>과 같이 나타난다. 따라서 결론은 남녀 월급의 t값은 -0.797로서 양측검정의 임계치 2.024보다 작고, 또한 P값($=0.430$)이 0.05보다 크므로 남녀간의 월수입의 차이는 없다는 판정을 할 수 있다.

그림 4-31 ● 추론통계분석-모집단 차이 검정

R3 fx 1.남/녀 성별에 따른 월급의 차이

Ⅱ.월수입의 차이 분석

1.남/녀 성별에 따른 월급의 차이

▲가설 : $H_0 : U_1=U_2$

$H_1 : U_1 \neq U_2$

t-검정: 등분산 가정 두 집단

	변수 1	변수 2
평균	357.5	369.7916667
분산	2100	2401.041667
관측수	16	24
공동(Pooled) 분산	2282.20943	
가설 평균차	0	
자유도	38	
t 통계량	-0.797202484	
P(T<=t) 단측 검정	0.215143356	
t 기각치 단측 검정	1.68595446	
P(T<=t) 양측 검정	0.430286712	
t 기각치 양측 검정	2.024394164	

▲결론 : 남녀의 월급의 t값은 -0.797로서 양측 검정의 임계치 2.024보다 작고,
또한 P값(=0.430)이 0.05보다 크므로 남녀간의 월 수입 차이는 없다.

2〉 분산분석

① 월급 수준에 따라서 <그림 4-32>와 같이 세 집단으로 자료를 재정리한다.

그림 4-32 ● 추론통계분석-분산분석

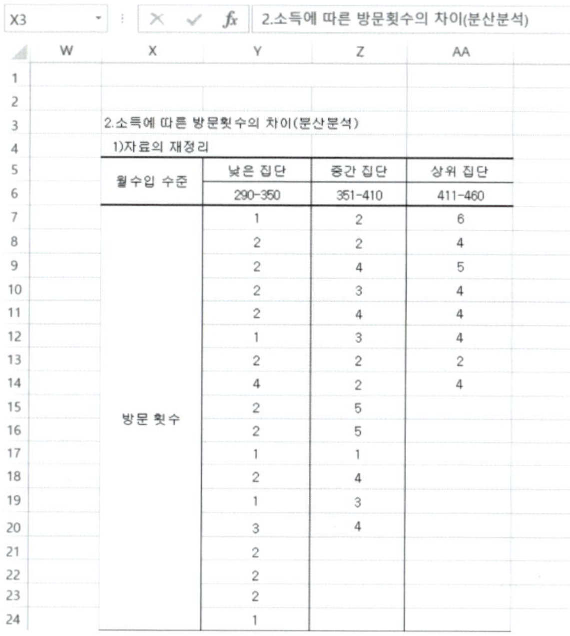

2.소득에 따른 방문횟수의 차이(분산분석)

1)자료의 재정리

월수입 수준	낮은 집단	중간 집단	상위 집단
	290-350	351-410	411-460
방문 횟수	1	2	6
	2	2	4
	2	4	5
	2	3	4
	2	4	4
	1	3	4
	2	2	2
	4	2	4
	2	5	
	2	5	
	1	1	
	2	4	
	1	3	
	3	4	
	2		
	2		
	2		
	1		

② 자료가 정리되면 다음과 같이 가설을 설정한다.

- 귀무가설(H_0): 소득수준에 따라 방문횟수는 차이가 없다(H_0: $U_1 = U_2 = U_3$).
- 대립가설(H_1): 소득수준에 따라 방문횟수는 차이가 있다(H_0: $U_1 \neq U_2 \neq U_3$).

③ 가설을 설정하였으면 [데이터]-[데이터 분석]을 클릭하여 "분산분석: 일원배치법"을 선택한다.

④ <그림 4-33>의 "분산분석: 일원배치법" 대화상자에서 다음과 같이 입력한다.

- 입력범위: $Y$7:$AA$24(월수입별 방문횟수 영역)
- 데이터 방향: 열
- 유의수준: 0.05
- 출력범위: $X$31

그림 4-33 ● 분산분석 수식편집상자

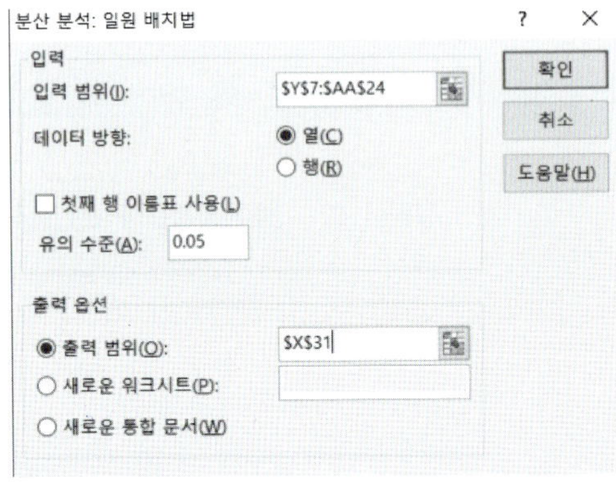

⑤ 결과는 유의수준(=0.0000193)이 0.05보다 작기 때문에 소득 수준에 따른 세 집단의 방문횟수는 차이가 있다고 결론을 내릴 수 있다.

그림 4-34 ● 추론통계분석-분산분석 결과

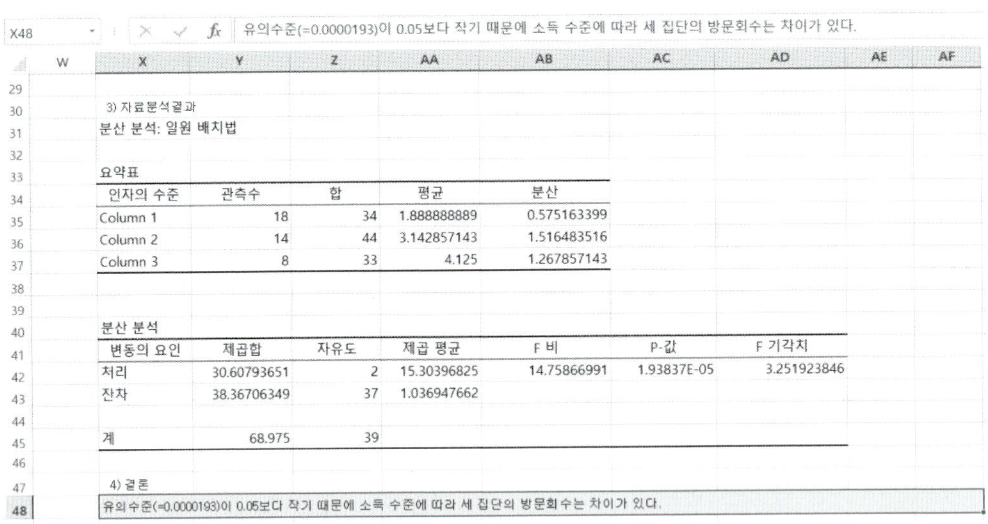

X48 유의수준(=0.0000193)이 0.05보다 작기 때문에 소득 수준에 따라 세 집단의 방문회수는 차이가 있다.

3) 자료분석결과

분산 분석: 일원 배치법

요약표

인자의 수준	관측수	합	평균	분산
Column 1	18	34	1.888888889	0.575163399
Column 2	14	44	3.142857143	1.516483516
Column 3	8	33	4.125	1.267857143

분산 분석

변동의 요인	제곱합	자유도	제곱 평균	F 비	P-값	F 기각치
처리	30.60793651	2	15.30396825	14.75866991	1.93837E-05	3.251923846
잔차	38.36706349	37	1.036947662			
계	68.975	39				

4) 결론

유의수준(=0.0000193)이 0.05보다 작기 때문에 소득 수준에 따라 세 집단의 방문회수는 차이가 있다.

⑥ 분산분석의 결과 값은 0.05보다 매우 작다. 이는 소득수준에 따른 고객들의 방문횟수가 통계적으로 다르다는 것을 뜻하며, 소득수준이 높을수록 방문횟수가 많음을 알 수 있다.

(3) 상관분석과 회귀분석

1〉 상관분석

① 나이, 월수입, 방문횟수, 구입액, 만족도 간의 상관분석을 하기 위해서 데이터 메뉴에서 [데이터 분석]을 클릭하여 "상관분석"을 선택한다.

② 상관분석 대화상자에서 다음과 같이 입력한 뒤에 확인을 누른다.

- 입력범위: $D$2:$H$42
- 데이터 방향: 열
- 첫째 행 이름표 사용: 표시
- 출력범위: $AC$4

그림 4-35 ● 상관분석 수식편집상자

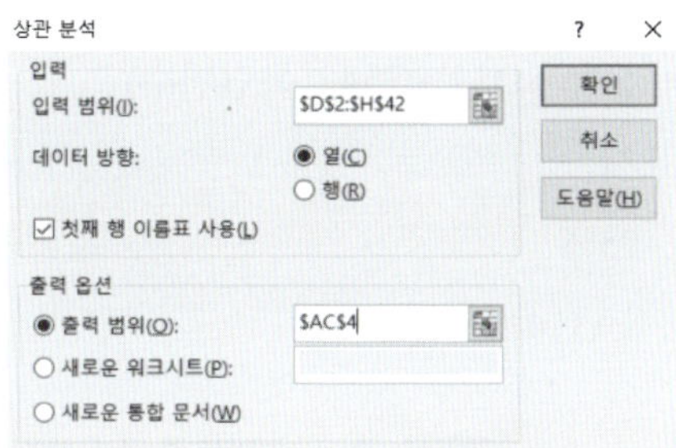

③ 워크시트에는 <그림 4-36>과 같은 상관관계 분석표가 나타난다.

④ 상관분석 결과 각 변수의 상관관계를 파악할 수 있다. 월수입과 나이는 상관계수가 0.879로 매우 높으며, 모든 변수들 간 서로 양의 상관관계를 가지고 있다. 이것은 변수들의 관련성이 매우 높다는 것을 보여준다.

그림 4-36 ● 추론통계분석-상관분석

	나이	월수입(백만)	방문횟수	구입액	만족도
나이	1				
월수입(백만)	0.879326484	1			
방문횟수	0.681263068	0.60170036	1		
구입액	0.50445712	0.54304454	0.328356488	1	
만족도	0.488720789	0.46212267	0.473991181	0.551227	1

2〉 회귀분석

① 회귀분석을 하기 위해서는 독립변수와 종속변수를 구분하여야 한다. 변수를 구분하여 지정함으로써 독립변수의 변화에 따라 종속변수가 어떠한 변화를 갖는지를 알아볼 수 있다.

② 여기서는 나이, 월수입, 방문횟수, 구입액을 독립변수로 설정하고 만족도를 종속변수로 설정하여 각 변수들의 변화가 만족도에 어떠한 영향을 미치는지에 대하여 알아보자.

③ [데이터] 메뉴에서 [데이터 분석]을 선택하면 "통계 데이터 분석" 대화상자가 나타나며, 이 대화상자에서 "회귀분석"을 선택한다.

④ "회귀분석" 대화상자에서 다음과 같이 입력한 후 확인을 누른다.

- Y축 입력범위: $H$2:$H$42(종속변수)
- X축 입력범위: $D$2:$G$42(독립변수)
- 이름표: 표시
- 신뢰수준: 95%
- 출력범위: $AJ$4

그림 4-37 • 회귀분석 수식편집상자

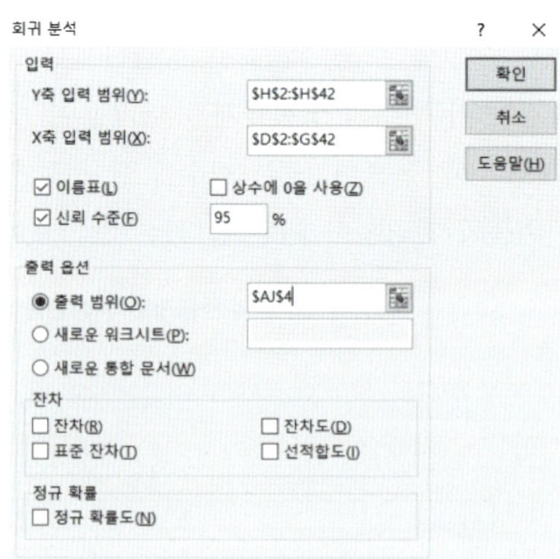

⑤ 워크시트에는 회귀분석 결과가 <그림 4-38>과 같이 나타난다.

그림 4-38 • **추론통계분석-회귀분석 1차결과**

AJ6 | 회귀분석 통계량

요약 출력

회귀분석 통계량	
다중 상관계수	0.635856
결정계수	0.404313
조정된 결정계수	0.336234
표준 오차	1.290822
관측수	40

분산 분석

	자유도	제곱합	제곱 평균	F 비	유의한 F
회귀	4	39.58222	9.895555	5.938916	0.000933
잔차	35	58.31778	1.666222		
계	39	97.9			

	계수	표준 오차	t 통계량	P-값	하위 95%	상위 95%	하위 95.0%	상위 95.0%
Y 절편	1.833554	1.973938	0.928881	0.359313	-2.17375	5.840861	-2.17375	5.840861
나이	0.02503	0.058409	0.428532	0.67089	-0.09355	0.143606	-0.09355	0.143606
월수입(백만)	-0.00149	0.009409	-0.15863	0.874872	-0.02059	0.017608	-0.02059	0.017608
방문횟수	0.328139	0.212401	1.544907	0.131364	-0.10306	0.759336	-0.10306	0.759336
구입액	0.233963	0.086708	2.698291	0.010654	0.057937	0.40999	0.057937	0.40999

⑥ <그림 4-38>에서와 같이 나이, 월수입, 방문횟수의 값이 유의수준 0.05보다 크기 때문에 통계적으로 유의하지 못하다. 따라서 이들 변수들을 제외하여 다시 회귀분석을 한 결과는 <그림 4-39>와 같다.

그림 4-39 • **추론통계분석-회귀분석 2차결과**

AJ29 | 회귀분석 통계량

요약 출력

회귀분석 통계량	
다중 상관계수	0.5512265
결정계수	0.3038507
조정된 결정계수	0.285531
표준 오차	1.3392164
관측수	40

분산 분석

	자유도	제곱합	제곱 평균	F 비	유의한 F
회귀	1	29.746982	29.746982	16.58599	0.0002275
잔차	38	68.153018	1.7935005		
계	39	97.9			

	계수	표준 오차	t 통계량	P-값	하위 95%	상위 95%	하위 95.0%	상위 95.0%
Y 절편	2.6246538	0.5180124	5.066778	1.077E-05	1.5759926	3.6733151	1.5759926	3.6733151
구입액	0.3068281	0.0753398	4.0725901	0.0002275	0.1543106	0.4593455	0.1543106	0.4593455

⑦ 세 변수들을 제외한 만족도와 구입액 간의 관계를 분석한 회귀분석모형은 다음과 같다.

- 만족도 = 2.6247 + 0.3068 × 구입액

즉, 구입액이 한 단위 증가할 때마다 고객의 만족도는 0.3068씩 증가한다고 볼 수 있으며 이것은 구입액이 만족도의 움직임을 30.38%만큼 설명한다고 해석할 수 있다.

회귀분석 절차와 사례

1. 회귀분석의 절차

- **1단계:** F값의 P-value를 확인(P값이 0.05보다 낮은지의 여부 확인)
  - P값이 0.05보다 클 경우 분석 종료(독립변수들이 종속변수를 설명하고 있지 못함)
  - P값이 0.05보다 같거나 작을 경우 추가 분석 진행(독립변수들 중 최소 한 개 이상이 종속변수와 관련성이 있음을 의미)
- **2단계:** R스퀘어 값(결정계수)을 확인
  - R스퀘어 값은 0~1 사이
  - R스퀘어 값이 높을수록 변수 간 관계의 설명도가 높다는 의미
- **3단계:** 개별 변수들을 검정
  - 각 변수의 P값을 확인해서 0.05보다 낮은 변수들만 사용하고, 나머지 변수들은 제외
- **4단계:** 유의한 변수를 대상으로 하여 다시 회귀분석을 시행
- **5단계:** 결론 도출 ($y = a + b1 \cdot X1$)

2. 회귀분석의 사례

① 산포도를 통하여 두 변수 사이의 함수관계가 어떠한 형태인지 검토

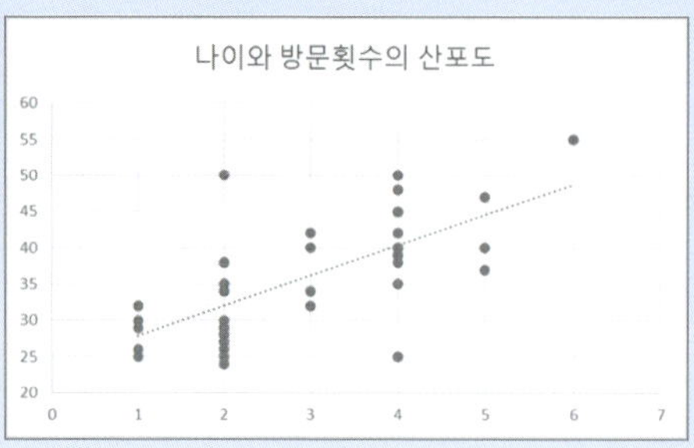

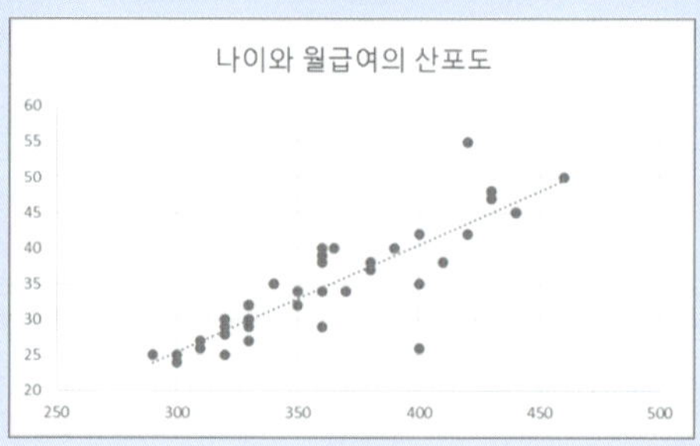

② 회귀계수를 통하여 회귀직선을 추정하고 검정

회귀직선(나이~월급여) = 183.58196 + 5.143065 × 나이

회귀직선(나이~방문횟수) = − 1.15344 + 0.111445 × 나이

유의한 F(나이~월급여) = 8.2904836E-14 < 0.05

(E-14: 소수점 이하 14번째 자리)

유의한 F(나이~방문횟수) = 1.3073543E-06 < 0.05

③ 결정계수를 통하여 회귀직선의 설명력 검토

결정계수(나이~월급여) = 0.7732150(77% 이상 설명)

결정계수(나이~방문횟수) = 0.4641193(46% 이상 설명)

④ 분산분석표를 통하여 회귀모형의 유의성 검정

P값(나이~월급여) = 8.2904836E-14 (월급여) < 0.05

P값(나이~방문횟수) = 1.3073543E-06 (방문횟수) < 0.05

⑤ 유의한 변수들을 대상으로 다시 회귀분석을 시행

⑥ 결론 도출

연령이 한 살씩 많아질수록 월급여가 51,431원씩 증가한다.

연령이 한 살씩 많아질수록 방문횟수가 0.11회씩 증가한다.

[사/례/연/구]

인천국제공항 이용자 만족도 분석

1. 공항 이용 만족도 조사 웹 사이트를 통한 자료의 추출

공항 만족도 조사 공식 사이트를 통해서 최근 7년간의 100개의 레코드를 DB로 구축하고, 총 8개의 필드로 구성

활동	이용유형	공항시설	식음료 · 쇼핑	Wi-Fi	직원	총점	추천의사
출국	Business	10	2	4	2	2	N
환승	Business	16	9	4	4	8	Y
입국	Business	13	3	4	1	3	N
출국	Business	15	9	3	5	8	Y
입국	Business	16	9	2	4	5	N
출 · 입국	Business	15	7	5	5	6	N
출 · 입국	Business	13	6	5	3	5	N
입국	Business	7	6	1	1	1	N
입국	Business	11	5	1	3	1	N
입국	Business	11	5	1	1	2	N
입국	Business	8	6	1	1	1	N
출 · 입국	Business	20	10	5	5	10	Y
입국	Business	9	2	2	1	2	N
출국	Business	17	10	5	5	9	Y
출국	Business	20	10	5	5	10	Y
입국	Business	12	6	5	2	8	Y
환승	Business	12	8	3	3	4	N
출 · 입국	Business	12	10	4	2	4	N
환승	Business	20	10	5	5	10	Y
입국	Business	18	10	3	3	10	Y
출 · 입국	Business	20	10	5	5	10	Y
출국	Business	18	10	5	5	8	Y
출국	Business	18	10	5	5	8	Y
출국	Business	17	8	4	3	6	Y
출 · 입국	Business	18	10	5	4	9	Y
출 · 입국	Business	7	4	4	2	3	N

활동	이용유형	공항시설	식음료 · 쇼핑	Wi-Fi	직원	총점	추천의사
입국	Business	18	10	5	4	10	Y
출 · 입국	Business	20	10	5	5	10	Y
입국	Business	20	10	5	5	10	Y
환승	Business	7	4	2	1	4	N
입국	Business	20	10	5	5	10	Y
출국	Business	20	10	5	5	10	Y
출국	Business	20	10	5	5	10	Y
출 · 입국	Business	20	10	5	5	10	Y
입국	Business	14	10	3	2	8	Y
출 · 입국	Business	20	3	5	4	10	Y
입국	Business	16	10	5	3	7	Y
출 · 입국	Business	14	8	2	1	7	N
출국	Leisure	16	3	5	2	5	N
출 · 입국	Leisure	11	6	4	3	5	N
출국	Leisure	12	3	3	1	1	N
출 · 입국	Leisure	20	10	5	5	10	Y
출국	Leisure	17	3	2	1	3	N
출국	Leisure	18	6	4	3	6	N
출 · 입국	Leisure	17	6	5	5	5	Y
출국	Leisure	15	9	4	4	7	Y
출 · 입국	Leisure	20	10	5	5	10	Y
출 · 입국	Leisure	14	6	5	2	3	N
환승	Leisure	18	4	5	5	5	Y
출 · 입국	Leisure	20	6	5	5	9	Y
출 · 입국	Leisure	11	2	4	1	5	N
환승	Leisure	17	7	3	3	8	Y
입국	Leisure	17	10	4	3	8	Y
출 · 입국	Leisure	17	7	3	3	9	Y
출 · 입국	Leisure	20	10	5	5	10	Y
출 · 입국	Leisure	8	4	5	1	1	N
출 · 입국	Leisure	13	3	5	3	9	Y
출 · 입국	Leisure	17	10	5	5	9	Y
출 · 입국	Leisure	13	7	3	1	1	N
환승	Leisure	19	9	4	5	8	Y
출국	Leisure	11	2	3	3	3	N
환승	Leisure	18	6	5	5	9	Y
입국	Leisure	4	6	1	1	2	N

활동	이용유형	공항시설	식음료 · 쇼핑	Wi-Fi	직원	총점	추천의사
출 · 입국	Leisure	20	10	5	5	10	Y
입국	Leisure	15	9	5	1	7	Y
출 · 입국	Leisure	9	6	2	2	2	N
출 · 입국	Leisure	12	6	3	4	3	N
출 · 입국	Leisure	14	7	5	2	3	N
입국	Leisure	9	6	2	1	3	N
환승	Leisure	17	9	3	4	8	Y
환승	Leisure	20	9	5	5	10	Y
입국	Leisure	11	4	3	2	3	N
출 · 입국	Leisure	16	8	5	5	9	Y
출 · 입국	Leisure	19	8	3	3	9	Y
환승	Leisure	20	10	5	5	10	Y
출 · 입국	Leisure	10	8	5	1	6	N
입국	Leisure	20	10	5	5	10	Y
출 · 입국	Leisure	16	10	5	5	8	Y
출 · 입국	Leisure	12	10	5	3	7	Y
입국	Leisure	14	6	3	3	7	Y
출국	Leisure	10	8	1	1	3	N
출국	Leisure	14	8	5	5	5	N
출 · 입국	Leisure	16	8	5	5	8	Y
환승	Leisure	16	8	4	4	8	Y
출 · 입국	Leisure	20	10	5	5	10	Y
출국	Leisure	20	10	5	5	10	Y
출국	Leisure	11	2	1	1	1	N
환승	Leisure	18	12	4	4	6	Y
입국	Leisure	12	8	2	2	2	N
입국	Leisure	8	4	4	1	4	N
출 · 입국	Leisure	20	2	3	1	3	N
출 · 입국	Leisure	6	3	4	1	3	Y
출 · 입국	Leisure	20	10	5	5	10	Y
출 · 입국	Leisure	20	7	1	5	2	N
입국	Leisure	20	10	5	5	10	Y
출국	Leisure	18	8	5	5	9	Y
환승	Leisure	20	10	5	5	10	Y
환승	Leisure	18	10	3	4	9	Y
입국	Leisure	20	10	2	2	10	Y
출국	Leisure	16	3	4	5	7	Y

2. 분석대상

1) 이용 유형에 따른 인천공항 이용 만족도 총점의 평균값 차이가 통계적으로 유의한가?
2) 공항시설, 식음료 · 쇼핑, Wi-Fi, 직원 만족도 간의 상관관계는 어떠한가?
3) 방문 년도에 따른 공항시설 만족도 간의 관계는 어떠한 형태인가?
4) 공항시설, 식음료 · 쇼핑, Wi-Fi, 직원의 친절도와 총만족도는 어떤 관계에 있는가?

3. 분석 내용

1) [T검정] 이용 유형에 따른 인천공항 이용 만족도 총점의 평균값 차이가 통계적으로 유의한가?

(1) 분석과정

① 정렬 대화상자에서 "이용 유형"을 선택하고 오름차순으로 체크하여 "비즈니스/여가" 두 집단으로 정렬

② "T검정: 등분산가정 두 집단"을 선택

③ "T검정: 등분산가정 두 집단" 대화상자에서 다음과 같이 입력

- 변수 1의 입력 범위=Business의 총점 영역
- 변수 2의 입력 범위=Leisure의 총점 영역
- 유의수준: 0.05
- 출력범위 설정=$M$20

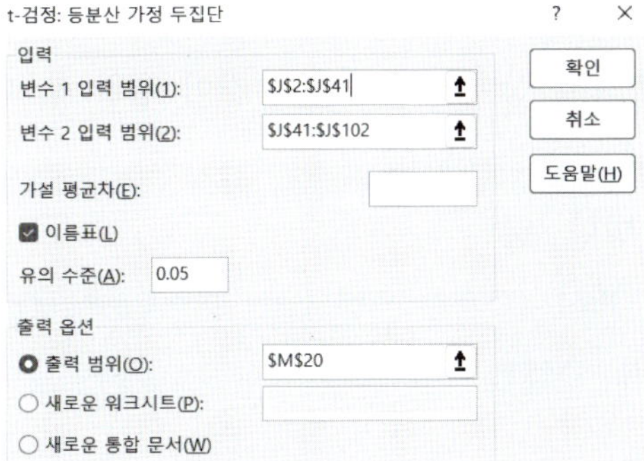

(2) 분석결과

t-검정: 등분산 가정 두 집단		
	Business	Leisure
평균	6.820512821	6.4
분산	10.36116734	9.579234973
관측수	39	60
공동(Pooled) 분산	9.85715041	
가설 평균차	0	
자유도	97	
t 통계량	0.651169245	
P(T<=t) 단측 검정	0.205585124	
t 기각치 단측 검정	1.66071461	
P(T<=t) 양측 검정	0.516476928	
t 기각치 양측 검정	1.984723186	

① 이용 유형에 따라 Business 유형과 Leisure 유형의 총점 t값은 0.6511로서 양측 검정의 임계치 1.984보다 작다.

② 이용 유형에 따른 차이 분석에서 P값은 0.5164가 도출되었다.

③ ②번에서 도출된 P값은 0.05보다 크다.

④ ①~③번 내용을 바탕으로 H0 가설을 선택

결과적으로 이용 유형에 따른 인천공항 이용 만족도 총점의 평균값 차이가 없는 것으로 분석되었다.

2) [상관분석] 공항시설, 식음료 · 쇼핑, Wi-Fi, 직원 만족도 간의 상관관계는 어떠한가?

(1) 분석과정

① [도구] - [데이터 분석]을 선택하면 "통계데이터 분석" 대화상자가 나타나며, "상관분석"을 선택

② "상관분석" 대화상자에서 다음과 같이 입력 후 확인

- 입력범위: $D$2:$E$102
- 데이터 방향: 열
- 이름표: 표시
- 출력범위: $M$15

(2) 분석결과

① 공항시설 만족도와 타 변수 간의 상관관계는 다음과 같다.

㉠ 공항시설 만족도 – 공항 식음료·쇼핑 만족도: 59.2%

㉡ 공항시설 만족도 – Wi-Fi 만족도: 52.2%

㉢ 공항시설 만족도 – 직원 서비스 만족도: 76.8%

② 공항 식음료·쇼핑 만족도와 타 변수 간의 상관관계는 다음과 같다.

㉠ 공항 식음료·쇼핑 만족도 – 공항시설 만족도: 59.2%

㉡ 공항 식음료·쇼핑 만족도 – Wi-Fi 만족도: 36.3%

㉢ 공항 식음료·쇼핑 만족도 – 직원 서비스 만족도: 60%

③ Wi-Fi 만족도와 타 변수 간의 상관관계는 다음과 같다.

㉠ Wi-Fi 만족도 – 공항시설 만족도: 52.2%

㉡ Wi-Fi 만족도 – 공항 식음료·쇼핑 만족도: 36.3%

㉢ Wi-Fi 만족도 – 직원 서비스 만족도: 59.6%

④ 직원 서비스 만족도와 타 변수 간의 상관관계는 다음과 같다.

㉠ 직원 서비스 만족도 – 공항시설 만족도: 76.8%

㉡ 직원 서비스 만족도 – 공항 식음료·쇼핑 만족도: 60%

㉢ 직원 서비스 만족도 – Wi-Fi 만족도: 59.6%

3) [상관분석] 방문 년도와 공항시설 만족도 간의 관계는 어떠한 형태인가?

(1) 분석과정

① DB 내 데이터 정렬 후, [데이터 분석]–[상관계수] 선택 → 입력범위="$5$2:$E$102", 데이터 방향='열', 첫 번째 행 이름표 선택 후, 출력범위="$M$15" 선택

② [삽입] - [모든 차트] - [분산형] 선택

③ 차트 데이터 범위 = "$D$2:$E$102", 범례항목 = 공항시설 만족도 설정, 가로축 레이블 = 방문 년도 데이터 선택

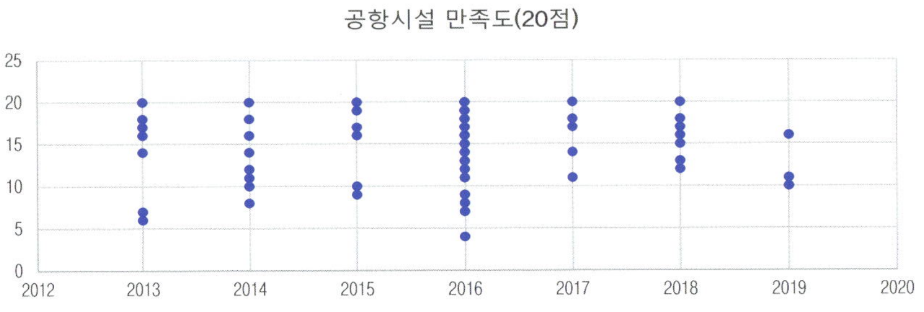

	방문년도(Date Visit)	공항 시설 만족도(20점)
방문일(Date Visit)	1	
공항시설 만족도(20점)	-0.202419965	1

(2) 분석결과

① 방문 년도와 공항시설 만족도 간의 상관계수는 -0.20241이다.

② 상관계수를 통해 방문 년도와 공항시설 만족도 두 변수 사이의 상관관계는 "약한 음의 상관관계"가 있음을 확인할 수 있다.

③ 이는 방문 년도와 공항시설 만족도 간의 "상관관계는 -20% 수준으로 연관성이 적다"고 볼 수 있다.

4) [회귀분석] 공항시설, 식음료 · 쇼핑, Wi-Fi, 직원의 친절도와 총만족도는 어떤 관계에 있는가?

(1) 분석과정

① [도구] - [데이터 분석]을 선택하면 "통계데이터 분석" 대화상자가 나타나며, "회귀분석"을 선택

② "회귀분석" 대화상자에서 다음과 같이 입력한 후 확인

- Y축 입력범위: $J$1:$J$102 (종속변수)
- X축 입력범위: $F$1:$I$102 (독립변수)
- 이름표: 표시
- 신뢰수준: 95%

– 출력범위: $M$2

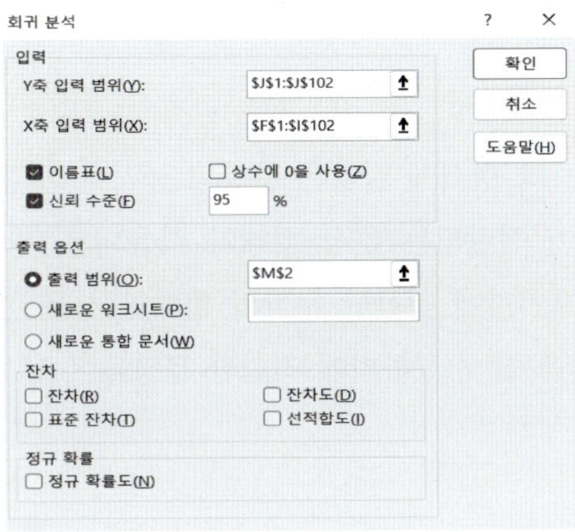

요약 출력

회귀분석 통계량	
다중 상관계수	0.875440708
결정계수	0.766396433
조정된 결정계수	0.756560493
표준 오차	1.538631772
관측수	100

분산 분석

	자유도	제곱합	제곱 평균	F 비	유의한 F
회귀	4	737.8481657	184.4620414	77.91796804	3.76436E-29
잔차	95	224.9018343	2.367387729		
계	99	962.75			

	계수	표준 오차	t 통계량	P-값	하위 95%	상위 95%	하위 95.0%	상위 95.0%
Y 절편	-3.730435323	0.68917801	-5.412876306	4.64381E-07	-5.09862666	-2.362243986	-5.09862666	-2.362243986
공항시설 만족도(20점)	0.315532465	0.059888147	5.268696416	8.55828E-07	0.196639461	0.434425468	0.196639461	0.434425468
공항 식음료, 쇼핑 만족도 (10점)	0.332470998	0.07368152	4.512271193	1.83588E-05	0.186194688	0.478747309	0.186194688	0.478747309
Wifi만족도(5점)	0.610327579	0.14677877	4.158146167	7.03027E-05	0.318934879	0.901720279	0.318934879	0.901720279
직원 만족도(5점)	0.164838517	0.168190806	0.980068534	0.329541601	-0.16906245	0.498739484	-0.16906245	0.498739484

(2) 분석결과

① 유의한 F값(3.7643E-29)이 0.05보다 작은 것을 확인할 수 있다.

② 결정계수(R스퀘어 = 0.766 값)가 0 < 0.766 < 1 사이에 존재한다.

③ P값이 0.05보다 작은 것을 확인할 수 있다.

④ $Y = -3.73 + 0.31A + 0.33B + 0.61C + 0.16D$

(Y = 인천공항 이용만족도 총점, A = 공항시설, B = 식음료 · 쇼핑, C = Wi-Fi, D = 직원)

공항 이용객 만족도는 통계분석상의 4가지 변수로 76.6%가 설명되며 이는 통계적으로 유의하다는 것을 알 수 있다.

보고서 작성팁 4 기획서의 문장 규칙

모든 문서에는 그 형식에 알맞은 문장의 규칙이 존재한다. 친구에게 쓰는 편지에는 친근함과 편안함이 전달되는 문장 형태가 사용되고, 광고에는 소비자의 주목을 끌고 호기심을 불러일으키기에 적합한 문장의 형태가 사용된다. 마찬가지로 기획서도 기획서의 근본적 역할을 잘 수행하기에 적합한 문장들이 있고 이 문장들에는 몇 가지의 규칙들이 존재한다.

1. 기획서는 읽는 사람의 입장에서 쓰여져야 한다.

기획서는 다른 사람을 이해시키고 설득하기 위한 문서이기 때문에 읽는 사람의 입장에서 쓰여져야 한다. 읽는 사람의 입장에서 문장을 구성하기 위한 기본적 사항은 아래와 같다.

- 가급적 간결하게 쓰고 문장은 가능한 한 짧게 끊어야 한다.
  '그러나', '그리고', '반면에' 등으로 여러 문장이 겹쳐진 복문의 형태로 쓰여진 문장은 문장의 논리구조를 생각하며 읽어야 하기 때문에 많은 에너지가 소모될 뿐더러 문장의 내용을 잘못 이해할 가능성도 존재하기 때문에 가급적 간결하고 짧은 문장으로 작성을 하여야 한다.
- 어려운 단어, 일반화되지 않은 약어, 일부 계층에서만 사용하는 은어 등을 사용하지 않는다.
  읽는 사람의 입장에서 익숙하지 않은 단어가 많이 사용된 문장을 읽으면 해당 단어에 대한 이해와 문장에 대한 이해를 동시에 처리하기 위해 보다 많은 집중력이 요구되므로 가급적 쉽고 일반적인 단어를 사용한 문장의 작성이 필요하다.

2. 문장의 기본 규칙을 지켜야 한다.

어떤 형태의 문서를 막론하고 문장에는 지켜야 할 기본 원칙이 존재한다. 예를 들면, 주어와 술어를 확실히 한다거나 문장이 끝나면 구두점을 찍는다거나 하는 부분들이다. 많은 문서에서 이러한 문장의 기본이 어긋난 경우를 보게 되는데, 읽는 사람의 입장에서 기본이 지켜지지 않은 문서는 해당 문서에 대한 기본적인 신뢰를 감소시킬 뿐더러 기획서의 내용에 대한 전달도 제대로 이루어지지 않게 된다. 자주 틀리는 문장의 기본 규칙 몇 가지를 살펴보면 아래와 같다.

- '이다', '입니다'의 혼용 등 존대 어미의 불일치
- 인용부호의 생략, 구두점의 생략, 쉼표의 생략
- 특수용어의 설명 생략, 출처의 미기재, 단위의 미기재 등

3. 비즈니스에 적합한 문장과 표현을 사용하여야 한다.

기획서는 업무에 사용하는 문서이기에 비즈니스의 기본 매너를 지켜야 한다. 제출 일시와 제출자의 이름을 명기한다든지, 안부인사나 의례적인 수사를 길게 하지 않는다든지 하는 것들이 비즈니스 문서의 기본룰이라고 할 수 있는데 비즈니스 문장에 필요한 몇 가지 규칙은 아래와 같다.

- 두괄식으로 문제의식이나 주제를 맨 앞에 명확히 서술한다.
- 감정적 표현이나 불확실한 표현이나 출처를 사용하지 않는다.
- 주요한 사항들은 번호를 매겨 정리한다.

4. 자료에 기반하여 논리적 일관성을 지켜야 한다.

기획서를 읽다 보면 문제의식과 근거자료가 불일치한다든지 데이터에 기반하지 않고 자신의 의견을 중심으로 서술한다든지 하는 문제점을 자주 보게 된다. 기획서는 객관적 사실에 기반하여 자신의 생각을 정리하여 문서화하는 것인데 객관적 데이터에 근거하지 않는다면 이는 기획서라고 볼 수 없다. 기획서에서 볼 수 있는 논리적 오류들을 피하기 위해서는 아래와 같은 사항들을 유의하여야 한다.

- 논리적 전개에 일관성을 유지한다.
- 제목, 목차에 맞는 내용을 본문으로 작성한다.
- 프로세스를 설명하여 전체 흐름에 대한 이해를 할 수 있도록 한다.
- 문장만으로 설명하기 어려운 것은 도표나 그림을 이용한다.

CHAPTER

5

수요예측

1 기업경영과 수요예측

1) 기업경영과 수요예측의 중요성

SUMMARY

- **수요예측의 중요성**
  기업 경영활동의 출발점으로서 정확한 수요예측이 선행되어야만 생산부서, 재무부서, 인력부서, 기술개발부서 등의 활동이 적절하게 이루어질 수 있음
- **수요예측의 어려움**
  불확실한 요인들의 존재, 세계경제 환경의 변화, 사회의 변화, 산업의 라이프사이클, 경쟁자의 움직임, 기술의 변화, 고객의 선호도 변화 등

세계화, 정보화, 다변화의 물결 속에서 기업의 경영자들은 경영환경의 변화를 신속하고 정확하게 예측하여 경영전략과 운영계획을 수립하고 조정하여야 하는데, 그 중에서도 가장 중요한 일 중의 하나는 제품과 서비스에 대한 수요를 정확하게 예측하는 일이다.

미래의 수요를 정확하게 예측하는 일은 경영활동의 출발점이며 가장 중요한 일이다. 먼저 마케팅부서에서 향후 고객들이 원하는 제품은 무엇이며, 그 수요가 얼마인지를 정확하게 예측하면, 생산부서에서는 미래수요에 맞는 적정한 생산규모를 결정하고, 효율적인 생산계획을 수립하여 그에 필요한 원자재를 구매할 수 있다. 또한 재무부서에서는 수요에 기반하여 미래의 현금흐름, 주가, 재무상태 등을 예측하고 경영활동에 필요한 자본의 수요를 예측하여 적정한 기간에 필요한 자본을 조달할 수 있는 방안을 수립할 수 있다. 인력부서에서는 이에 맞는 경영활동을 수행할 수 있는 조직을 구성하고, 해당 조직의 구성에 필요한 인력계획을 수립할 수 있다. 또한 기술개발부서에서는 고객의 니즈(needs)에 맞는 제품과 생산기술을 개발하는 등 미래의 수요를 예측하는 일은 기업 경영활동의 출발점이 되는 중요한 사항이다.

그러나 미래의 수요를 예측하는 일은 여러 가지 불확실한 요인들 때문에 매우 어

렵고 복잡한 일이다. 미래의 수요는 세계경제 환경의 변화, 사회의 변화, 산업의 라이프사이클, 경쟁자의 움직임, 기술의 변화, 고객의 선호도 변화 등 다양한 요인들에 의하여 영향을 받기 때문에 예측하기가 매우 어렵다. 또한 미래의 수요를 예측할 때 예측하고자 하는 기간을 어디까지 하느냐에 따라 그 복잡성은 또 달라지게 된다. 향후 수년간의 미래수요를 예측하는 것은 몇 주의 수요를 예측하는 일에 비하여 환경의 변화 요소가 더 많고 크기 때문에 더욱 어렵고 복잡할 수밖에 없다. 이처럼 미래의 수요를 예측하는 일은 어렵고 복잡한 일이지만 수요예측의 중요성이 매우 크기 때문에 기업의 경영자들은 다양한 방법들을 이용하여 수요예측을 통해 미래의 불확실성을 가급적 줄이려고 노력하여 왔다.

점성술, 역학, 철학, 정치학, 행정학, 사회학, 심리학, 행동과학 등의 분야에서는 인간의 경험, 판단, 통찰력을 이용하여 미래를 예측하여 왔고, 수학, 통계학, 경영과학 같은 분야에서는 수학적인 계량적 모형에 기초를 둔 예측기법들을 이용하여 미래의 수요를 예측하고 있다. 최근에는 신경망 이론과 같은 인공지능 분야에서 개발된 새로운 접근방법들이 기존의 기법들과 병행되어 미래의 불확실성을 줄이는 데 많은 노력을 하고 있다.

2) 수요예측 방법

SUMMARY

- **정성적 방법**
  과거/미래에 대한 자료가 부족할 때 관리자들이나 해당 분야 전문가들이 그들의 경험과 주관적 판단을 이용하여 미래의 변화와 수요를 예측하는 기법
- **정량적 방법**
  과거의 자료를 이용한 계량적 모형을 통해 미래의 수요를 예측하는 기법

(1) 정성적 기법

정성적 기법은 과거와 미래에 대한 자료가 부족할 때 관리자들이나 해당 분야의 전문가들이 그들의 경험과 주관적인 판단을 이용하여 미래의 변화와 수요를 예측하는

기법으로 다음과 같은 기법들이 있다.

① Sales force composites: 다음 연도 수요를 예측할 때 마케팅부서의 영업사원들이 과거의 실적과 시장 상황을 고려하여 예측한 자료들을 지역별, 제품별로 통합하여 다음 연도의 수요로 예측하는 기법

② Jury of executive opinion: 향후 기업 환경변화와 기술변화에 따른 장기적 수요예측을 할 때 경험이 많은 최고경영자들이 모여서 그들의 의견을 제시하고 조정하면서 수요를 예측하는 기법

③ Market survey: 신제품이나 새로운 서비스 같은 경우에 한정된 고객들을 대상으로 시장조사를 하여 얻어진 정보를 이용하여 미래의 수요를 예측하는 기법

④ Delphi method: 미래의 불확실한 사회변화나 새로운 기술의 흐름은 매우 복잡하고 어려운 일이기 때문에 해당 분야의 여러 전문가들이 독립적으로 그들의 의견을 제시하고, 제시된 의견들을 여러 차례 수정하고 조정하면서 미래의 변화나 수요를 예측하는 기법

(2) 정량적 기법

정량적 기법은 과거의 자료를 이용하여 계량적 모형을 통해 미래의 수요를 예측하는 기법이다. 정량적 기법은 크게 시계열 기법(time-series model)과 인과관계 모형(explanatory or casual model)으로 분류된다.

① **시계열 기법**: 과거 일련의 시계열 자료를 이용하여 미래수요를 예측하는 기법으로서 이동평균법(moving average), 지수평활법(exponential smoothing method), 분할법(decomposition method), ARIMA기법 등이 자주 이용된다. 예를 들어, 미래의 판매실적, 주식가격, 인구 수, GDP(gross domestic product)를 예측하려 한다면 과거의 판매실적, 주식가격, 인구 수, GDP와 같은 자료들을 이용하여 예측 모델을 만드는 것을 말한다.

② **인과관계 모형**: 하나 이상의 설명변수(independent or indicator variables)들을 이용하여 다른 종속변수(dependent or criterior variable)의 움직임을 예측하는 기법이다. 광고비에 따라서 변하는 매출액을 예측한다거나, 물가상승률, 수출액, 수입액과 같은 선행 지표들을 이용하여 국가의 GDP를 예측하는 등의 원인 요

인의 변동에 따른 결과 값의 변화를 예측하는 모형이 인과관계 모형이다. 인과관계 모형으로는 회귀분석법(regression analysis)이 가장 널리 이용된다.

수요예측의 정성적, 정량적 예측방법 중에서 본서에서는 엑셀을 많이 활용하는 정량적인 예측방법을 중심으로 설명을 하고자 한다.

(3) 정량적 수요예측 절차

미래의 수요를 정량적으로 예측하기 위해서는 기본적으로 다음과 같은 일들이 선행되어야 한다.

① 첫째, 미래를 예측하기 위하여 필요한 **과거와 미래자료를 수집**하여야 한다. 예측에 필요한 자료는 시간별, 일별, 주별, 월별, 분기별, 연별로 수집될 수 있다. 자료의 수집기간, 범위 등을 결정하는 것은 예측하고자 하는 제품이나 서비스의 특성과 예측 의사결정 기간에 달려 있다. 예를 들어, 단기적인 주식시장의 주가를 예측하고자 할 때는 일별, 혹은 주별로 주가를 예측하여야 하고 기업의 1년간 생산계획을 수립하기 위한 미래의 수요의 예측은 최소한 월별로 예측되어야 할 것이다. 또한 국가의 장기적인 인구 변화를 예측하고자 할 때는 연도별로 자료를 수집하여야 한다. 그런데 예측에 필요한 자료를 짧은 시간대별로 수집하다 보면 보다 풍부한 정보를 얻을 수 있다는 것을 알 수 있다. 월별 판매실적보다는 일별 판매실적이 보다 많은 정보를 가지는 장점이 있지만 짧은 시간대별로 자료를 수집하기 위해서는 많은 비용이 발생하며 때에 따라서는 정보의 수집 자체가 어려운 단점도 존재한다. 따라서 정보의 수집은 예측의 목적과 요구되는 정확성에 따라서 예측기간과 범위를 결정하여야 한다.

② 둘째, 예측에 필요한 자료를 수집한 후 다음 단계의 일은 **수집된 자료의 오차(error)를 검사**하는 것이다. 수집된 자료에 어떤 구조적인 오차나 측정오차가 존재하면 예측모형을 개발하는 일이 의미가 없게 된다. 따라서 자료의 수집과정에서 발생할 수 있는 자료의 오차와 신뢰성을 먼저 확인하여야 한다. 이는 예측자의 경험과 세밀한 분석을 통하여 이루어질 수 있다.

③ 셋째, 자료의 오차 여부를 검사한 후 다음에는 **자료의 극단 값**(extreme value)

여부를 조사하는 것이다. 극단 값이란 다른 자료들에 비하여 아주 큰 값이나 아주 작은 값으로서 예측모형에 많은 영향을 준다. 수집된 자료에 극단 값이 있으면 극단 값의 원인을 분석하여 그 원인이 일시적인 현상이면 극단 값을 다른 자료에 맞게 조정하여야 한다. 이 역시 예측자의 경험과 분석을 요구하는 것이다.

④ 넷째, 수집된 자료의 오차와 극단 값을 확인한 다음 단계는 **자료의 기본적 특성을 분석**하는 일이다. 평균, 최대, 최소, 산포도와 같은 자료의 기술적 특성을 분석하면 전체적인 자료의 특성을 파악하는 데 큰 도움이 된다. 또한 변수들 간의 상호 인과관계를 이용하여 미래를 예측하고자 하면 상관관계분석(correlation analysis)을 통해 변수들 간의 기본적인 상관관계를 파악할 필요가 있다.

⑤ 다섯째, 자료의 기본적 특성을 파악한 후에는 자료를 시간대별로 정리하여 **시간에 따른 변화의 추세를 분석**하여 장기적 추세, 계절적 특성, 장기적 사이클 등을 파악한다.

위와 같은 여러 단계를 통하여 자료의 전체적인 특성을 파악한 후 다음 단계인 다양한 예측기법을 통하여 미래의 수요나 변화를 예측하게 된다.

그림 5-1 ● **미래의 수요나 수요의 변화 예측 과정**

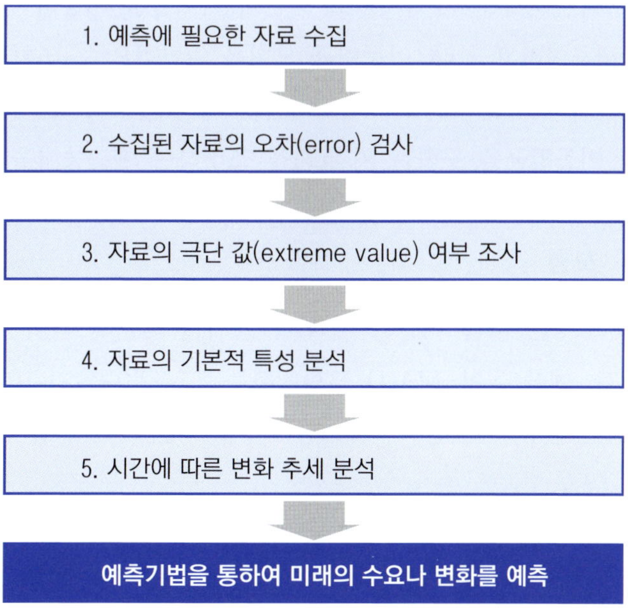

2 정량적 예측기법

1) 이동평균법

SUMMARY

- **이동평균법**: 과거 일정기간 동안의 자료 평균을 구하여 다음 기간의 예측치로 이용하는 방법

MA(1) 모형 : $F_{T+1}=X_T$

MA(2) 모형 : $F_{T+1}=(X_T+X_{T-1})/2$

MA(4) 모형 : $F_{T+1}=(X_T+X_{T-1}+X_{T-2}+X_{T-3})/4$

MA(12) 모형 : $F_{T+1}=(X_T+X_{T-1}+\cdots+X_{T-11})/12$

이동평균법(moving average)은 가장 간단한 예측기법으로서 과거 일정 기간 동안의 자료의 평균을 구하여 다음 기간의 예측치로 이용하는 기법이다. 이 기법은 단순평균과 달리 오래된 자료는 누락시키고 최근의 자료들을 이동하면서 예측치를 구하기 때문에 이동평균이라고 한다. 이동평균 모형은 일반적으로 $MA(T)$로 정의된다. 이때 T는 이동평균을 계산할 때 이용되는 기간을 의미하는 것으로서 1 이상의 정수를 가질 수 있으며 이동평균을 구하는 기간(T)을 조정하여 예측능력을 향상시킬 수 있다.

(1) MA(1) 모형

MA(1) 모형은 다음 기간의 예측치(F_{T+1})는 최근의 과거 자료(X_T)로 예측한다는 것을 뜻한다. 예를 들어, MA(1) 모형에서는 오늘 판매액이 100개이면 내일의 판매액은 오늘의 판매액 100개를 그대로 가져와서 오늘의 판매액으로 예측하는 것이다.

$$\text{MA(1)}:\ F_{T+1}=X_T$$

(2) MA(2) 모형

이 모형에서는 최근 두 기간의 과거 자료(X_T와 X_{T-1})의 평균이 다음 기간의 예측치가 된다. 예를 들어, 내일의 주식가격은 어제와 오늘의 주식가격의 평균으로 예측하는 것이다.

$$\text{MA(2)}: \ F_{T+1} = (X_T + X_{T-1})/2$$

(3) MA(4) 모형

이 모형은 최근 네 기간의 자료(X_T, X_{T-1}, X_{T-2}, X_{T-3})를 기반으로 다음 기간의 예측치(F_{T+1})를 계산하는 방법으로 주로 분기별 자료를 이용하여 예측할 때 자주 이용된다. 예를 들어, 2022년 제1사분기의 판매액을 예측할 때 2021년 1, 2, 3, 4분기의 판매액의 평균으로 예측하는 방법이다.

$$\text{MA(4)}: \ F_{T+1} = (X_T + X_{T-1} + X_{T-2} + X_{T-3})/4$$

(4) MA(12) 모형

이 모형은 최근의 12개의 과거자료(X_T, X_{T-1}, $\cdots$, X_{T-10}, X_{T-11})로 다음 기간의 예측치(F_{T+1})를 계산할 때 이용된다. 이 모형은 주로 월별로 수집된 자료에 많이 이용되는데 다음 달의 수요의 예측을 지난 12개월의 판매액의 평균으로 예측하는 방법 등으로 사용된다.

$$\text{MA(12)}: \ F_{T+1} = (X_T + X_{T-1} + \cdots + X_{T-10} + X_{T-11})/12$$

이동평균법은 예측기간 동안 평균을 구하는 기간은 고정시키고 최근의 자료들을 이동평균하면서 예측치를 간단하게 계산할 수 있는 장점이 있는 반면에, 추세나 계절적 요인의 영향이 충분히 고려되지 못하고, 관찰치들의 비중을 갖게 한다는 단점을 가지고 있다.

2) 지수평활법

SUMMARY

- **지수평활법**: 최근의 자료에 더 큰 가중값을 주고 과거로 갈수록 가중값을 지수적으로 줄여나가는 방법

$$F_{T+1} = \alpha \times X_T + (1-\alpha) \times F_T$$

$$F_T = \alpha \times X_{T-1} + (1-\alpha) \times F_{T-1}$$

지수평활법(exponential smoothing method)은 최근의 자료에 더 큰 가중값을 주고 과거로 갈수록 가중값을 지수적으로(exponentially) 줄여나가는 방법이다. 이 기법은 단기간의 예측을 하는 데 유용한 기법이다. 최근의 자료를 주로 이용하여 미래를 예측해주므로 시계열이 생성되는 시스템에 변화가 있을 경우 이 변화에 쉽게 대처할 수 있으며 그 계산법이 쉽고 많은 자료의 저장이 필요 없다는 장점이 있다.

지수평활법의 모형은 다음 기간의 예측치(F_{T+1})는 현 기간의 실제 자료(X_T)에 α를 곱한 값과 현 기간의 예측치(F_T)에 $(1-\alpha)$를 곱한 값을 더함으로써 계산된다.

$$F_{T+1} = \alpha \times X_T + (1-\alpha) \times F_T$$

α는 smoothing 계수로서 0과 1 사이의 값을 갖게 되는데 α가 1에 가까우면 최근의 관찰치에 높은 비중을 두며, 0에 가까우면 오래된 자료에 비중을 두게 된다.

지수평활법에 있어서 가장 중요한 것은 α의 값을 설정하는 것인데 α의 값을 결정하는 특별한 기준이 있는 것은 아니고, 임의로 α의 값을 변화시켜가면서 예측의 정확도가 높은 α의 값을 결정하는 방식으로 설정하면 된다.

3) 분할법

SUMMARY

- **분할법**: 시계열 자료들이 추세요인, 계절적 요인, 사이클 요인, 무작위 요인으로 구성되어 있다고 보고, 이들을 분할하여 미래의 수요를 예측하는 방법
  - 추세요인(T): 시간의 흐름에 따라 장기적으로 증가하거나 감소하는 추세
  - 계절적 요인(S): 월별, 계절별 등에 따라 특정 기간에 수요가 증감하는 상황
  - 사이클 요인(C): 경제적 동향과 같은 장기적인 변화나 움직임
  - 무작위 요인(R): 위의 세 가지 요인으로 설명될 수 없는 부분

분할법(decomposition method)의 기본적 논리는 시계열 자료에는 추세요인(T: trend), 계절적 요인(S: seasonal variation), 사이클 요인(C: cyclical variation), 무작위 요인(R: random variation)의 네 개의 요인이 영향을 미치고 있으므로 시계열 자료에 반영되어 있는 각각의 요인들을 분리하여 그 영향의 정도를 분석함으로써 미래의 수요를 예측하는 방법이다.

① **추세요인**은 시간의 흐름에 따라서 장기적으로 증가하거나 감소하는 추세를 반영하는 것이다. 자동차 판매량, 전기의 수요, 외식의 횟수 등은 시간이 흐르고 국민들의 소득수준이 늘어남에 따라 증가하는 추세를 보이고 있다.

② **계절적 요인**은 요일별, 월별, 계절별에 따라서 특정 기간에 수요가 늘거나 줄어드는 상황을 반영한다. 여름에 잘 팔리는 청량음료와 에어컨, 겨울에 판매액이 증가하는 난방제품과 스키용품 등의 수요는 계절적 요인에 크게 영향을 받는다고 볼 수 있다.

③ **사이클 요인**은 추세나 계절적 특성이 아닌 경제적인 동향과 같은 장기적인 변화나 움직임을 의미한다. 즉, 세계경제 동향에 따른 주식시장의 변화, 장기적인 주택시장의 변화와 같은 움직임은 장기적으로 성장하거나 감소하는 사이클을 반복한다.

④ **무작위 요인**은 위에서 설명한 세 개의 요인으로 설명될 수 없는 부분으로서 특별하게 발생하는 단기적인 수요의 증가나 감소와 같은 단기적 변화를 의미한다. 예를 들어, 단기적으로 추운 날씨에 의해 갑자기 늘어난 핫팩의 수요, 선거 때

갑자기 늘어나는 인쇄수요와 같은 특별한 상황을 반영한다.

시계열 자료는 위의 네 개의 요인들의 영향이 크게 두 가지 형태로 구성되어 있다고 본다. 첫 번째 형태는 네 개의 요인들이 덧셈의 형태(가법모형)로 구성되어 있는 경우이고, 두 번째 형태는 네 개의 요인들이 곱셈의 형태(승법모형)로 구성되는 경우이다. 일반적으로 시계열 자료는 네 개의 요인들이 곱셈의 형태로 구성되어 있는 두 번째 경우가 많다.

(가법모형) $Y = T + C + S + R$

(승법모형) $Y = T \times C \times S \times R$

본 장에서는 네 개의 요인들이 곱셈의 형태로 구성되어 있는 시계열 자료를 이용하여 예측모형을 개발하는 과정을 설명한다. 분할법에서는 먼저 시계열 자료를 네 개의 요인들로 분할하고, 이 요인들을 이용하여 다음 기간의 수요를 예측하게 되는데 일반적으로 분할법을 이용한 수요예측은 아래의 단계를 통하여 행하여진다.

(1) 구성 요소들의 분할

① 추세요인과 사이클 요인을 측정한다.

$$T \times C = \frac{T \times C \times S \times R}{N}$$

첫 번째 단계는 원자료에서 계절적 요인(S)과 무작위 요인(R), 추세(T)와 사이클(C) 요인을 분류하는 일이다. 과거의 자료들의 일정 기간(N) 동안의 이동평균을 구하면 계절적 요인(S)과 무작위 요인(R)은 서로 상쇄되어 제거되기 때문에 시계열 자료를 일정 기간 동안의 이동평균으로 계산한 값은 추세(T)와 사이클(C) 요인만 포함하게 된다.

② 계절적 요인과 무작위 요인을 측정한다.

$$S \times R = \frac{T \times C \times S \times R}{T \times C}$$

두 번째 단계는 계절적 요인(S)과 무작위 요인(R)의 영향을 측정하는 것이다. 이는 원자료를 첫 번째 단계에서 계산된 추세(T)와 사이클(C) 요인으로 나누어서 구할 수 있는데, 이는 원자료를 추세와 사이클 요인으로 나누면 계절적 요인과 무작위 요인의 값이 몫으로 남게 되기 때문이다.

③ 추세요인을 측정한다.

$$T \times C = a + b \times X + \epsilon, \ T = a + b \times X$$

세 번째 단계는 추세(T)와 사이클(C) 요인에서 추세요인(T)을 추출하는 것이다. 추세요인은 시간의 흐름에 따른 장기적인 증가와 감소를 의미한다. 따라서 추세는 시간의 함수로 표현될 수 있다.

첫 번째 단계에서 계산된 추세(T)와 사이클(C) 요인을 종속변수로, 시간을 독립변수로 설정하여 다음과 같은 일차 회귀방정식($T \times C = a + b \times X + \epsilon$)을 유도할 수 있다. 이때 X는 1부터 하나씩 증가된 기간을, a는 절편, b는 기울기를 의미한다.

이 모형은 시간의 움직임에 따른 장기적인 추세를 찾게 되며, 이 모형의 식에 다시 시간의 값을 대입하면 각 기간의 추세요인을 계산할 수 있다. 여기서 계산된 추세는 시간의 흐름에 따른 장기적인 추세를 반영한다.

④ 사이클 요인을 측정한다.

$$C = \frac{T \times C}{N}$$

첫 번째 단계의 추세와 사이클 요인이 통합된 자료를 세 번째 단계에서 계산된 추세요인의 값으로 나누면 사이클 요인이 남게 된다. 사이클 요인은 시간의 흐름에 따라 장기적으로 상승하거나 하강하는 변화를 보이는 요인을 의미한다. 일반적으로 경제지표, 부동산시장, 주식시장의 장기적인 변화에서 쉽게 이와 같은 사이클을 찾을 수 있다.

⑤ 계절적 요인을 측정한다.

$$S$$

두 번째 단계에서 계산된 계절적 요인과 무작위 요인이 통합된 자료를 요일별, 월별, 분기별로 재편성해서 계절적(S) 요인을 분류한다. 각 요일별, 월별, 분기별로 모여진 자료들을 이용하여 가장 큰 값과 작은 값을 제거한 후 남은 자료들의 평균을 구하고 이들 평균들의 합을 이용하여 계절적 요인 계수를 구한다.

⑥ 무작위 요인을 측정한다.

$$R = \frac{S \times R}{S}$$

두 번째 단계에서 계산된 계절적 요인(S)과 무작위 요인(R)이 합쳐진 값을 다섯 번째 단계에서 계산된 계절적 요인으로 나누면 무작위 요인이 계산된다. 무작위 요인은 특정 기간 동안 특별한 요인들에 의하여 영향을 받는 값이다. 첫 번째에서 여섯 번째 단계까지의 과정을 거쳐서 네 개의 구성요소들이 모두 분할되고 그 영향이 측정되었으므로 다음 단계에서는 이들 요인들을 이용하여 미래의 수요를 예측하는 과정을 거치면 된다.

(2) 분할된 요인들을 이용한 예측

① 추세요인을 예측한다.

$$T = a + b \times X$$

예측치를 구하기 위해서는 먼저 추세요인을 계산하여야 한다. 추세에 대한 식은 세 번째 단계에서 계산된 회귀방정식을 이용하여 예측하고자 하는 기간을 값으로 환산하여 계산하면 된다.

② 계절적 요인을 곱한다.

$$T \times S$$

예측하고자 하는 기간에 해당되는 계절적 요인의 값(다섯 번째 단계에서 계산)을 ①에서 계산된 추세 값에 곱한다.

③ 사이클 요인을 곱한다.

$$T \times S \times C$$

예측하고자 하는 기간에 해당되는 사이클 요인의 값(네 번째 단계에서 계산)을 ②에서 계산된 추세와 계절적 요인의 곱에 곱한다. 다만, 미래의 장기적 사이클은 우리가 알 수가 없기 때문에 자료의 사이클 추세를 분석하여 예측자가 임의로 결정하여야 한다.

④ 무작위 요인을 곱한다.

$$T \times S \times C \times R$$

무작위 요인은 일시적이거나 특수한 상황을 의미하므로, 여섯 번째에서 고려된 무작위 요인의 값을 그대로 이용할 수 없다. 따라서 무작위 요인의 값을 누락시켜도 되고, 혹은 예측자가 임의로 예측기간의 특수한 상황을 고려하여 무작위 요인의 값을 조정할 수 있다. ①, ②, ③, ④의 네 단계를 수행함으로써 $T \times S \times C \times R$이 계산되었다.

4) 회귀분석법

SUMMARY

- **회귀분석법**
  - 변수들 간의 인과관계 설명을 위해 이용하며 변수들 간의 관계를 이용하여 종속변수의 움직임을 예측하는 방법
  - 다른 예측법이 한 개의 시계열 자료를 분석하는 데 반하여 두 개 이상의 시계열 자료 간 인과관계를 분석하여 미래를 예측

회귀분석법(regression analysis)은 제4장의 통계분석에서 부분적으로 설명하였다. 회귀분석은 크게 두 가지 목적으로 이용된다. 첫째는 변수들 간의 인과관계(casual relationship)를 설명하기 위하여 이용되고, 둘째는 변수들 간의 관계를 이용하여 종속변수의 움직임을 예측하는 것이다(prediction). 제4장에서는 주로 변수들 간의 인과관계를 분석하는 방법을 설명하였고, 이 장에서는 시계열 자료를 이용하여 종속변수의 움직임을 예측하는 방법을 설명한다.

미래의 수요를 예측하기 위하여 위에서 언급한 이동평균법, 지수평활법, 분할법의 세 가지 방법 이외에 다른 요인들을 이용하여 수요를 예측하는 방법으로는 회귀분석법이 있는데 예측을 하기 위한 회귀분석법은 위에서 설명된 세 가지 예측방법과 그 성격을 달리한다.

이동평균법, 지수평활법, 분할법은 하나의 시계열 자료를 분석하여 예측을 하는 반면에 회귀분석법은 두 개 이상의 시계열 자료 간의 인과관계를 분석하여 독립적으로

변하는 변수를 이용하여 종속변수의 미래를 예측하는 기법이다.

우리 주위에는 어떠한 요인들의 움직임에 다른 요인들이 영향을 받는 경우가 많다. 예를 들어, 광고비가 증가하면 매출액이 증가한다든지, 혹은 금리가 인상되면 주식가격이 떨어진다든지, 자동차의 대수가 늘어나면 대기오염도가 증가하는 경우와 같은 일들이 많다. 따라서 매출액의 변화를 광고비로, 주식가격의 예측을 금리로, 대기오염도를 자동차 대수로 예측하고자 할 때 이용되는 기법이 회귀분석법이다. 이때 광고비, 금리, 자동차 대수와 같이 독립적으로 변하는 변수들을 **독립변수**(independent variables)라고 하고, 이들 변수들에 의하여 영향을 받는 매출액, 주식가격, 대기오염도와 같은 변수들을 **종속변수**(dependent variable)라고 한다.

$$Y_t = a + b_1 X_{1t} + b_2 X_{2t} + \cdots + b_n X_{nt} + \epsilon_I$$

독립변수는 하나 이상인 경우가 많다. 예를 들어, 자동차의 수요는 가격, 소득수준, 광고비, 유가, 세금 등과 같은 여러 독립변수들에 의하여 영향을 받을 수가 있다. 따라서 자동차와 같은 수요를 예측하기 위해서는 여러 개의 독립변수들을 이용함으로써 보다 예측능력이 향상될 수 있다.

또한 시간의 흐름에 따라서 수요가 증가하거나 감소할 때는 시간이 독립변수가 될 수 있다. 즉, 독립변수의 첫 번째 기간을 1, 두 번째 기간을 2, 세 번째 기간을 3 등의 값으로 표현하여 시간의 영향을 포함할 수 있다. 뿐만 아니라 일정 기간 동안에 특정한 사건(event)이나 요인들에 의하여 영향을 받을 때는 더미(dummy)변수로 이들 요인들의 영향을 측정하여 미래의 수요를 보다 정확하게 예측할 수도 있다. 예를 들어, 자동차의 주행 속도를 예측할 때 10부제가 시행될 때는 1로, 10부제가 시행되지 않을 때는 0으로 설정하여 10부제의 영향을 포함함으로써 보다 정확한 예측이 가능하다.

회귀분석법에 의하여 개발된 회귀방정식이 통계적으로 유의하다면 다음 단계의 일은 회귀모형을 이용하여 미래의 수요를 예측하는 것이다. 회귀모형을 이용하여 예측하는 것은 매우 간단한데, 앞에서 개발된 회귀모형의 독립변수 X의 값에 새로운 값을 대입하여 종속변수 Y의 값을 예측할 수 있다. 이때 어려운 일 중 하나는 종속변수를 예측하기 위해 독립변수의 값을 사전에 알고 있거나, 독립변수의 값을 사전에 알고 있지 못하다면 이 값을 예측하여야 한다는 점인데 종속변수를 예측하는 것이 어려운 일인 것처럼 독립변수의 값을 예측하는 것도 매우 어려운 일인 점을 유의하여야 한다.

5) 예측기법의 정확성 평가

SUMMARY

- **절대오차**: 실제 관찰치와 예측치의 절대적인 오차를 계산하여 오차가 적은 예측방법을 선택하는 것

$$절대평균오차 = \frac{\Sigma|X_1 - F_1|}{n}$$

- **상대오차**: 실제 관찰치와 예측치 간의 상대적 오차를 이용하는 방법

$$백분율\ 절대평균오차 = \frac{\Sigma\frac{|X_1 - F_1|}{X_1} \times 100}{n}$$

수요예측은 미래의 불확실성을 줄이려고 하는 인간의 과학적인 시도이다. 그러나 미래의 수요를 예측하는 것은 많은 요인들에 의하여 복합적으로 영향을 받기 때문에 실제치와 예측치 간에 오차가 발생할 수 있다. 따라서 실제치와 예측치 간의 오차가 너무 클 때는 예측을 하지 않는 것보다도 더 위험할 수 있다. 만일 수요예측을 잘못하여 생산시설을 크게 확장하였는데 실제 수요가 매우 적다면 생산시설의 과잉과 금융비용의 증가와 같은 많은 문제가 발생할 수 있고, 이와 반대로 실제 수요는 높은데 수요예측을 낮게 하여서 많은 고객들의 잠재적 수요를 잃을 수도 있다. 따라서 미래의 수요나 변화를 예측할 때에는 예측의 정확성을 높이도록 노력하여야 하고, 예측 결과의 정확성을 평가하여 보다 정확한 예측방법을 선택하여 예측의 오차를 줄일 필요가 있다.

예측의 정확성은 절대적 오차를 평가하는 방법과 상대적 오차를 평가하는 방법으로 크게 분류될 수 있다.

(1) 절대오차(absolute error)

절대오차 방법은 실제 관찰치와 예측치의 절대적인 오차를 계산하여 오차가 적은 예측방법을 선택하는 것이다. 관찰치와 예측치 간의 절대적 오차를 계산하는 방법은 아래와 같이 평균오차(ME: mean error), 절대평균오차(MAE: mean absolute error), 평균제곱오차(MSE: mean squared error) 등 여러 가지가 있다. 이 중에서 평균오차는 실

제치보다 많이 예측하는 오차(overestimation)와 적게 예측하는 오차(underestimation)가 서로 상쇄되어 실제오차가 적게 발생되는 것처럼 나타나기 때문에 절대평균오차 방법이 예측치의 절대적 오차를 평가하기 위하여 가장 자주 이용된다.

$$\text{평균오차} = \frac{\Sigma(X_1 - F_1)}{n}$$

$$\text{절대평균오차} = \frac{\Sigma|X_1 - F_1|}{n}$$

$$\text{평균제곱오차} = \frac{\Sigma(X_1 - F_1)^2}{n}$$

(2) 상대오차(relative error)

두 번째 방법은 실제 관찰치와 예측치 간의 상대적 오차를 이용하는 방법이다. 이는 실제치와 관찰치 간의 오차를 실제치로 나누어서 백분율로 계산하기 때문에 서로 다른 단위의 관찰치를 이용할 때 예측방법의 정확성을 평가할 수 있다. 이 방법은 여러 예측방법들에 의한 예측치의 상대적 오차를 측정하는 방법으로 주로 백분율 평균오차(MPE: mean percentage error)와 백분율 절대평균오차(MAPE: mean absolute percentage error)가 이용된다. 이 중에서 백분율 평균오차 방법에서는 예측오차들이 서로 상쇄되기 때문에 백분율 절대평균오차 방법이 주로 이용된다.

$$\text{백분율 평균오차} = \frac{\Sigma\frac{(X_1 - F_1)}{X_1}\times 100}{n}$$

$$\text{백분율 절대평균오차} = \frac{\Sigma\frac{|X_1 - F_1|}{X_1}\times 100}{n}$$

결론적으로 예측 결과의 정확성을 평가하기 위하여 절대적인 평가방법으로서는 절대평균오차(MAE)가 자주 이용되고, 상대적인 평가방법으로서는 백분율 절대평균오차(MAPE) 방법이 널리 이용된다고 볼 수 있다.

3 Excel을 활용한 수요예측

H백화점의 과거 5년 동안의 분기별 판매고 자료를 바탕으로 향후의 판매고를 이동평균법, 지수평활법, 분할법, 회귀분석법을 이용하여 예측하는 방법을 살펴보기로 한다.

표 5-1 ● H백화점의 분기별 판매고(2016~2020)

연도	분기별 판매고(단위: 천 원)			
	1/4분기	2/4분기	3/4분기	4/4분기
2016	448,600	544,200	599,800	799,800
2017	499,500	566,000	635,000	855,500
2018	544,700	599,000	656,500	897,000
2019	684,500	723,000	788,300	1,112,000
2020	823,000	921,000	1,127,500	1,134,900

1) 기초자료분석

(1) 자료의 입력

1〉 새로운 파일 열기와 자료 입력

① 새로운 파일을 열어 "수요예측.xls"라는 새 이름으로 저장한다.

② 『Sheet 1』의 이름을 『기초자료분석』으로 바꾼다.

③ 셀 A1에 "판매실적"이라 제목을 입력하고 <표 5-1>의 자료를 <그림 5-2>와 같이 입력한다.

그림 5-2 ● **판매고 입력**

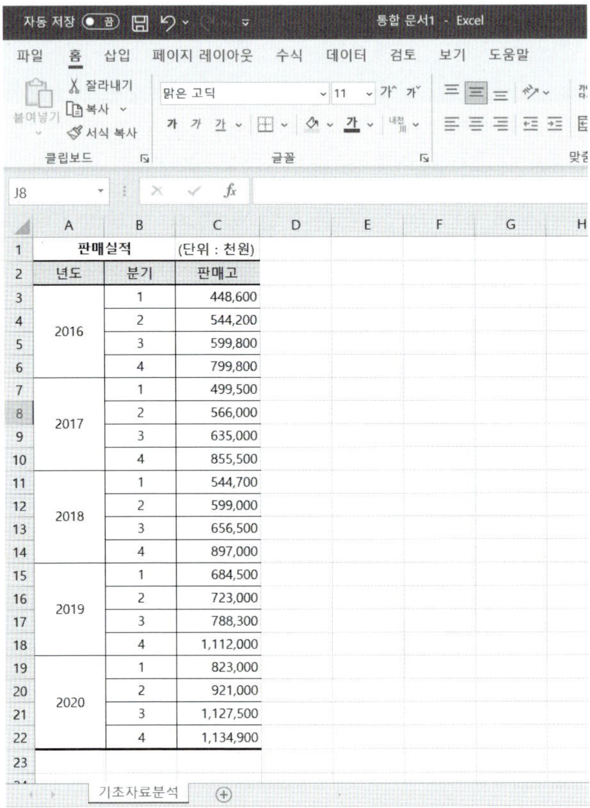

판매실적 (단위 : 천원)

년도	분기	판매고
2016	1	448,600
	2	544,200
	3	599,800
	4	799,800
2017	1	499,500
	2	566,000
	3	635,000
	4	855,500
2018	1	544,700
	2	599,000
	3	656,500
	4	897,000
2019	1	684,500
	2	723,000
	3	788,300
	4	1,112,000
2020	1	823,000
	2	921,000
	3	1,127,500
	4	1,134,900

2) 분기별로 자료의 재정리

위의 자료는 시간대별로 수집된 자료이므로 분기별 특성을 파악하기 위하여 분기별로 다시 작성해야 한다. 셀 A2:C22의 내용을 "행/열 바꿈"의 기능을 이용하여 분기별로 재구성한다.

① B3:C6의 영역을 선택하여 복사를 누른다.

② 붙여넣을 영역의 첫째 셀을 선택한 후 붙여넣을 곳인 셀 F3을 선택한다.

③ 셀 F3에서 마우스의 오른쪽 버튼을 이용하여 단축메뉴를 불러 단축메뉴 중에서 [선택하여 붙여넣기]를 선택한다.

④ [선택하여 붙여넣기]의 대화상자에서 "행/열 바꿈"을 체크하고 확인을 누르면

<그림 5-4>와 같이 복사한 셀들의 행과 열이 바뀌어 나타난다.

⑤ 셀 F1에 "분기별 정리"를, E2에 "연도"를, E4:E8에 자료에 해당하는 연도를 입력한다.

그림 5-3 ● 선택하여 붙여넣기

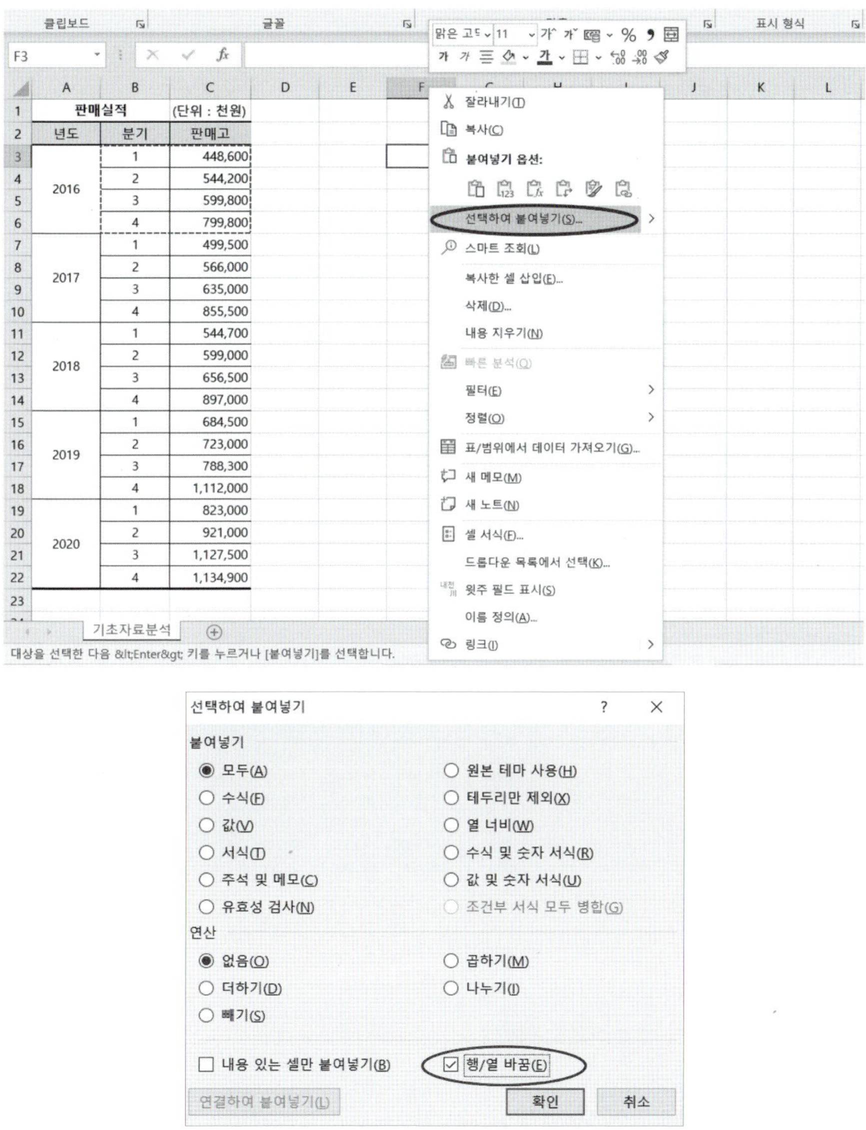

그림 5-4 ● 행/열 바꿈

판매실적 (단위 : 천원)

년도	분기	판매고
2016	1	448,600
	2	544,200
	3	599,800
	4	799,800
2017	1	499,500
	2	566,000
	3	635,000
	4	855,500
2018	1	544,700
	2	599,000
	3	656,500
	4	897,000
2019	1	684,500
	2	723,000
	3	788,300
	4	1,112,000
2020	1	823,000
	2	921,000
	3	1,127,500
	4	1,134,900

1	2	3	4
448,600	544,200	599,800	799,800

기초자료분석

행과 B7:C22의 영역을 열을 바꾸어 연도별로 반복하면 <그림 5-5>와 같이 나타난다.

그림 5-5 ● 행/열 바꿈 완료

년도	분기별 판매고 (단위: 천원)			
	1	2	3	4
2016	448,600	544,200	599,800	799,800
2017	499,500	566,000	635,000	855,500
2018	544,700	599,000	656,500	897,000
2019	684,500	723,000	788,300	1,112,000
2020	823,000	921,000	1,127,500	1,134,900

3) 입력자료의 신뢰성 확인

자료의 수집과정에서 발생할 수 있는 자료의 오차와 신뢰성을 확인하는 것으로 자료의 합계, 평균, 표준편차, 최대값, 최소값을 계산하여 확인해 본다.

① 함수 마법사를 이용하여 합계를 구해 본다. 셀 E9에 “합계”라 입력하고 분기별 합계를 구해 본다.

그림 5-6 • 분기별 합계

년도	분기별 판매고 (단위: 천원)			
	1	2	3	4
2016	448,600	544,200	599,800	799,800
2017	499,500	566,000	635,000	855,500
2018	544,700	599,000	656,500	897,000
2019	684,500	723,000	788,300	1,112,000
2020	823,000	921,000	1,127,500	1,134,900
합계	3,000,300	3,353,200	3,807,100	4,799,200

② 함수 마법사를 이용하여 평균(AVERAGE), 표준편차(STDEV), 최대값(MAX), 최소값(MIN)을 구한다.

그림 5-7 • 평균, 표준편차, 최대값, 최소값

년도	분기별 판매고 (단위: 천원)			
	1	2	3	4
2016	448,600	544,200	599,800	799,800
2017	499,500	566,000	635,000	855,500
2018	544,700	599,000	656,500	897,000
2019	684,500	723,000	788,300	1,112,000
2020	823,000	921,000	1,127,500	1,134,900
합계	3,000,300	3,353,200	3,807,100	4,799,200
평균	600,060	670,640	761,420	959,840
표준편차	152,438	156,117	216,707	153,499
최대값	823,000	921,000	1,127,500	1,134,900
최소값	448,600	544,200	599,800	799,800

(2) 기술적 통계법을 이용한 자료의 특성 분석

1〉 기술통계법

자료의 전체적 특성을 파악하기 위해 평균, 최대값, 최소값, 산포도 같은 자료의 기술적 특성을 하나하나씩 파악하는 것보다 [데이터 분석도구]의 [기술통계법]을 이용하는 것이 더 효과적이다.

① 셀 L1을 선택하여 “기술적 통계”라 입력한다.

② 기술통계법 도구를 사용하기 위해 [데이터] 메뉴에서 [분석] − [데이터 분석]을 선택하여 기술통계법을 선택한다.

그림 5-8 • **분석도구**

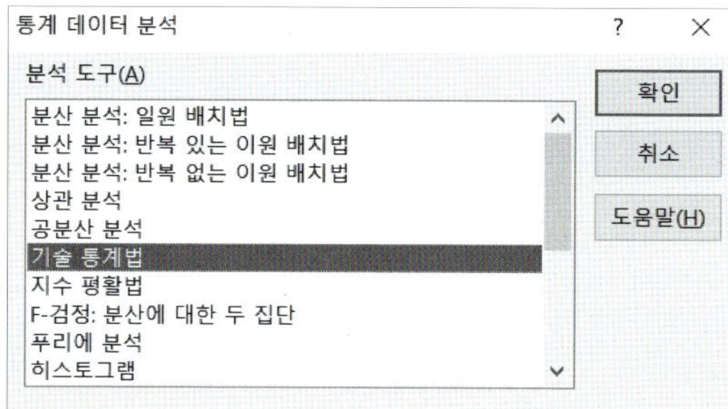

③ 기술통계법 대화상자가 나타나면, 입력범위에는 “$C$3:$C$22”, 데이터 방향은 열, 출력범위는 “$L$2”, 요약통계량, 평균에 대한 신뢰수준에 체크를 하고 확인을 누른다.

그림 5-9 • **기술통계법 대화상자**

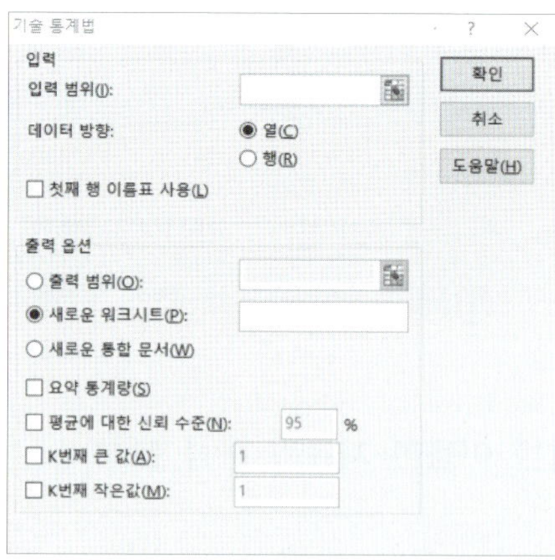

④ <그림 5-10>과 같은 기술통계 요약표가 나타난다.

그림 5-10 • 기술통계 요약표

연도	분기별 판매고 (단위: 천원)			
	1	2	3	4
2016	448,600	544,200	599,800	799,800
2017	499,500	566,000	635,000	855,500
2018	544,700	599,000	656,500	897,000
2019	684,500	723,000	788,300	1,112,000
2020	823,000	921,000	1,127,500	1,134,900
합계	3,000,300	3,353,200	3,807,100	4,799,200
평균	600,060	670,640	761,420	959,840
표준편차	152,438	156,117	216,707	153,499
최대값	823,000	921,000	1,127,500	1,134,900
최소값	448,600	544,200	599,800	799,800

기술적 통계	
판매고	
평균	747990
표준 오차	46936.99915
중앙값	703750
최빈값	#N/A
표준 편차	209908.6415
분산	44061637789
첨도	-0.567057475
왜도	0.613671633
범위	686300
최소값	448600
최대값	1134900
합	14959800
관측수	20
신뢰 수준(95.0%)	98240.26805

TIP 오류값

오류값은 함수나 수식에 사용할 수 없는 값을 지정했을 때 발생한다. 최빈값(함수이름 MODE)은 데이터 집합 내에서 가장 자주 발생하는 값을 말한다. 이 경우 데이터의 범위 C3:C22 내에서 최빈값이 발생하지 않은 것으로 #N/A는 사용할 수 없는 값임을 나타내고 있는 것이다.

2〉 자료의 추세 파악

자료를 시간의 흐름에 맞게 차트로 그리면 전체적으로 장기적 추세, 계절적 특성, 장기적 사이클 등을 파악하는 데 큰 도움을 준다. 자료의 시간대를 X축으로, 판매액을 Y축으로 하여 차트를 그려보도록 하자. 이 경우에는 분할된 영역의 차트 그리기 방법을 이용하여야 한다.

① C3:C22의 영역을 설정하고 <그림 5-11>과 같이 [삽입] - [꺾은선형]을 클릭한 후, '표식이 있는 꺾은선형'을 선택하여 차트를 만든다.

그림 5-11 • 2차원 꺾은선형 차트 그리기

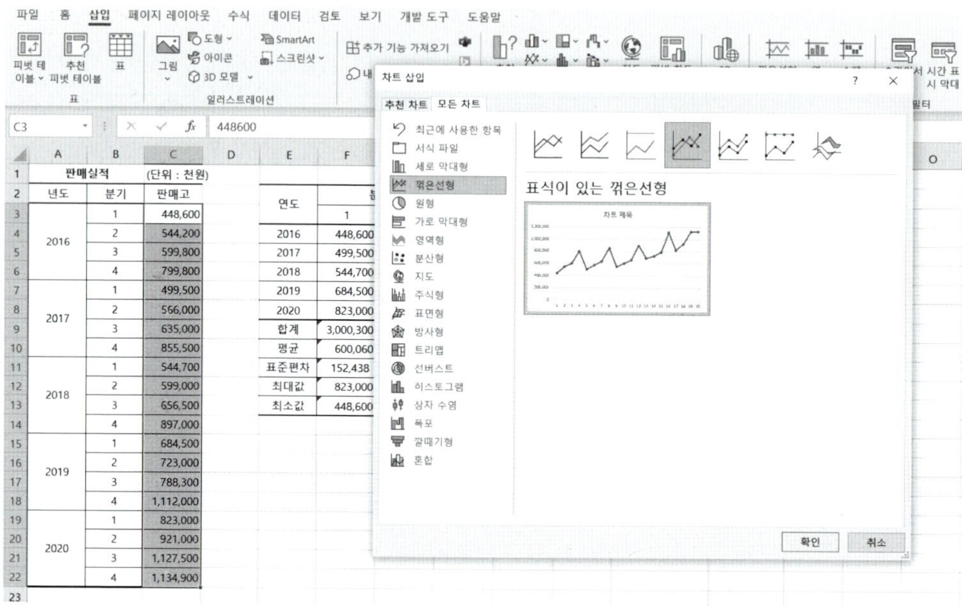

② <그림 5-12>와 같이 만들어진 차트에서 마우스 오른쪽 버튼을 눌러 [데이터 선택]을 한 후, 가로(항목) 축 레이블을 편집하여 A3:A22를 선택한다.

그림 5-12 • 데이터 선택

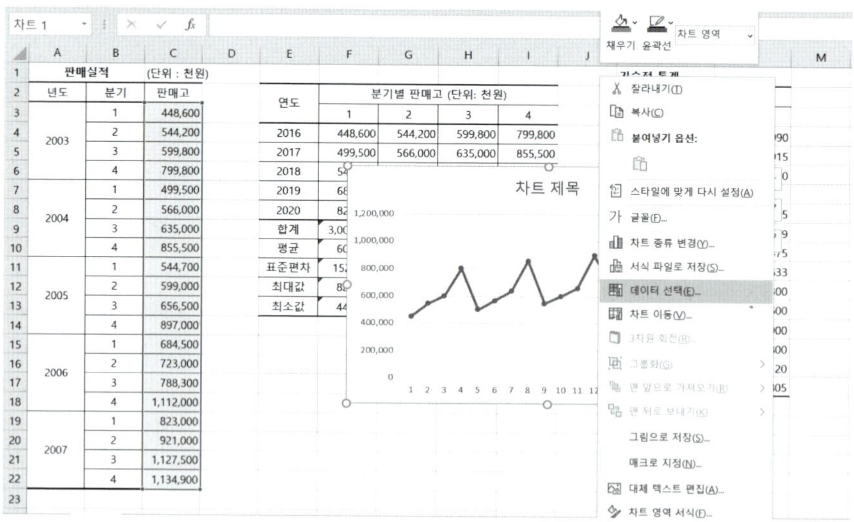

그림 5-13 ● 데이터(축) 레이블 입력

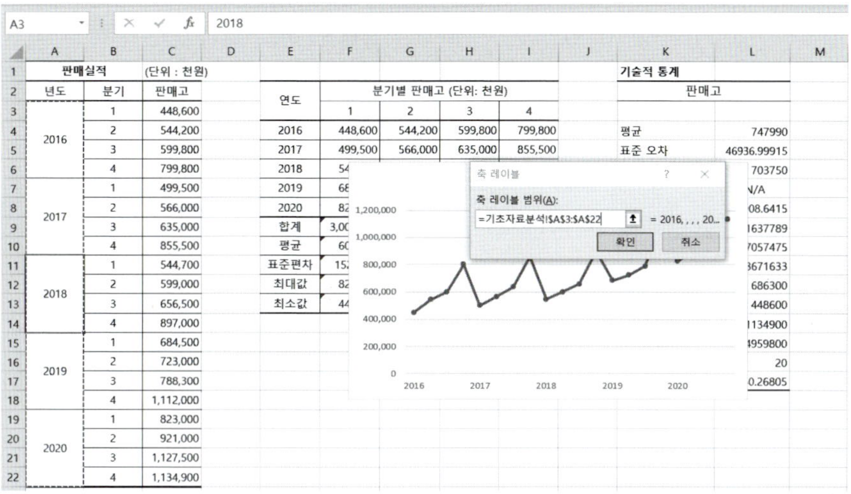

③ 차트를 선택한 후, [차트 도구] – [레이아웃] – [축 제목]에서 <그림 5-14>와 같이 가로 축 제목은 "연도", 세로 축 제목은 "금액"을 각각 입력한다.

그림 5-14 ● 가로 및 세로 축 제목 입력

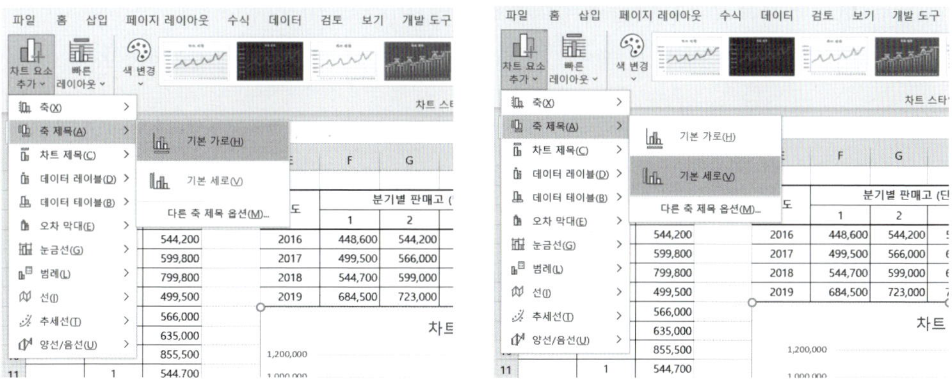

④ 3단계와 마찬가지로, 차트 제목은 '판매고', 범례는 '없음'으로 선택하면 <그림 5-15>와 같은 차트가 그려진다.

그림 5-15 ● **판매고 차트**

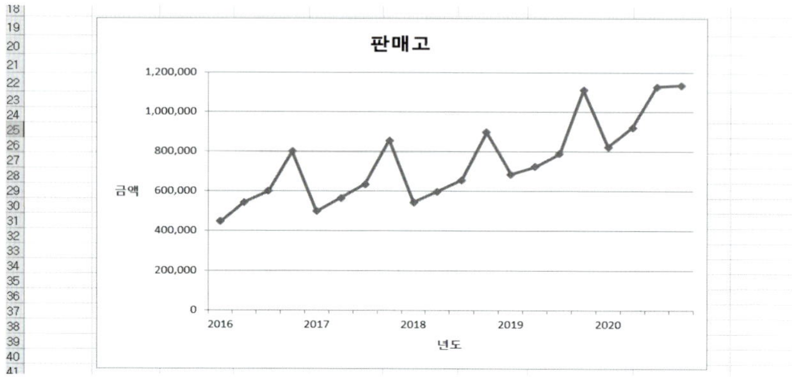

2) 이동평균법

(1) MA(1) 모형

1〉 이동평균법 시트 작성

① 『Sheet 2』의 이름을 『이동평균법』이라고 바꾼다.

② 기초자료분석 시트에서 A2:C22영역을 복사해 『이동평균법』 시트의 A3에 붙여넣기를 한다.

그림 5-16 ● **기초자료 붙여넣기**

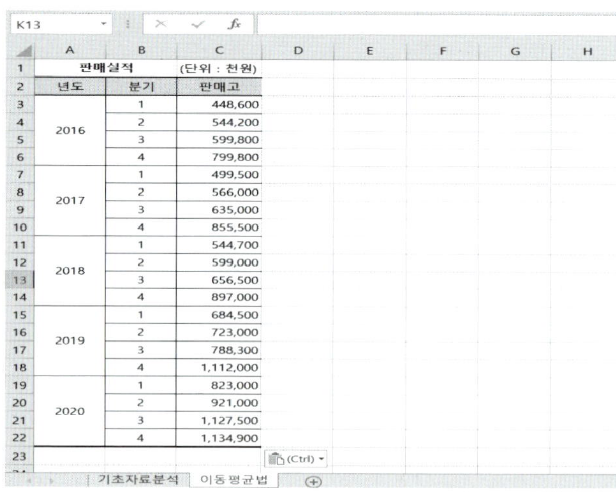

	A	B	C
1	판매실적		(단위 : 천원)
2	년도	분기	판매고
3	2016	1	448,600
4		2	544,200
5		3	599,800
6		4	799,800
7	2017	1	499,500
8		2	566,000
9		3	635,000
10		4	855,500
11	2018	1	544,700
12		2	599,000
13		3	656,500
14		4	897,000
15	2019	1	684,500
16		2	723,000
17		3	788,300
18		4	1,112,000
19	2020	1	823,000
20		2	921,000
21		3	1,127,500
22		4	1,134,900

2〉 MA(1) 모형의 예측치 계산

① 셀 D1에 "이동평균법", D2에 "T = 1"이라 입력한다. 앞서 설명한 것과 같이 T는 이동평균을 계산할 때 이용되는 기간을 의미하는 것으로서 1보다 큰 정수를 가질 수 있다.

② MA(1) 모형에서 다음 기간의 예측치는 최근 과거자료로 예측하므로 D5에는 C4의 값이 들어가게 된다. 셀 D5를 선택하고 "="를 입력하고 마우스로 C4를 클릭한다.

③ D5의 내용을 D23까지 복사하면 D5:D23 내의 자료는 MA(1) 모형을 이용한 예측값이 된다.

④ D24에 "예측오차"라 입력하고 D5:D23의 자릿수를 소수점 아래 두 자리로 조정하면 <그림 5-17>과 같은 결과가 나타난다.

그림 5-17 ● MA(1) 모형의 예측치

K8

	A	B	C	D	E
1				이동평균법	
2	판매실적		(단위 : 천원)	T=1	
3	년도	분기	판매고	예측값	
4	2016	1	448,600		
5		2	544,200	448,600.00	
6		3	599,800	544,200.00	
7		4	799,800	599,800.00	
8	2017	1	499,500	799,800.00	
9		2	566,000	499,500.00	
10		3	635,000	566,000.00	
11		4	855,500	635,000.00	
12	2018	1	544,700	855,500.00	
13		2	599,000	544,700.00	
14		3	656,500	599,000.00	
15		4	897,000	656,500.00	
16	2019	1	684,500	897,000.00	
17		2	723,000	684,500.00	
18		3	788,300	723,000.00	
19		4	1,112,000	788,300.00	
20	2020	1	823,000	1,112,000.00	
21		2	921,000	823,000.00	
22		3	1,127,500	921,000.00	
23		4	1,134,900	1,127,500.00	
24				예측오차	
25					

기초자료분석 | 이동평균법

3〉 MA(1)의 예측오차 계산

앞에서 설명했듯이 예측오차에는 절대오차(MAE: mean absolute error)와 상대오차(MAPE: mean absolute percentage error)가 있으며, 절대오차는 함수 ABS를 이용하여 구한다.

> **ABS(number)**
>
> Number 절대값을 구한다. (절대값은 부호가 없는 수)

① 셀 E3를 선택하고 "절대오차"라고 입력한다.

② 셀 E5를 선택하고 [함수 삽입]를 누른다. 함수 마법사 대화상자에서 범주선택에는 '수학/삼각', 함수선택은 'ABS'를 선택하고 확인을 누른다.

그림 5-18 ● 함수 마법사 - ABS

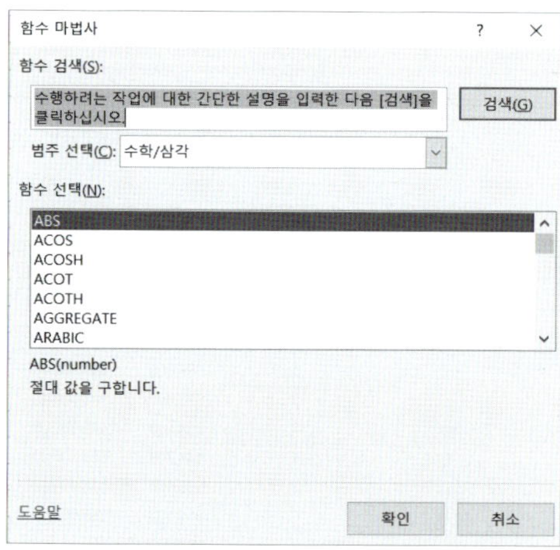

③ 다음 대화상자에서 Number에 "$C5 - D5"를 입력하고 확인을 누른다.

그림 5-19 ● ABS - Number 대화상자

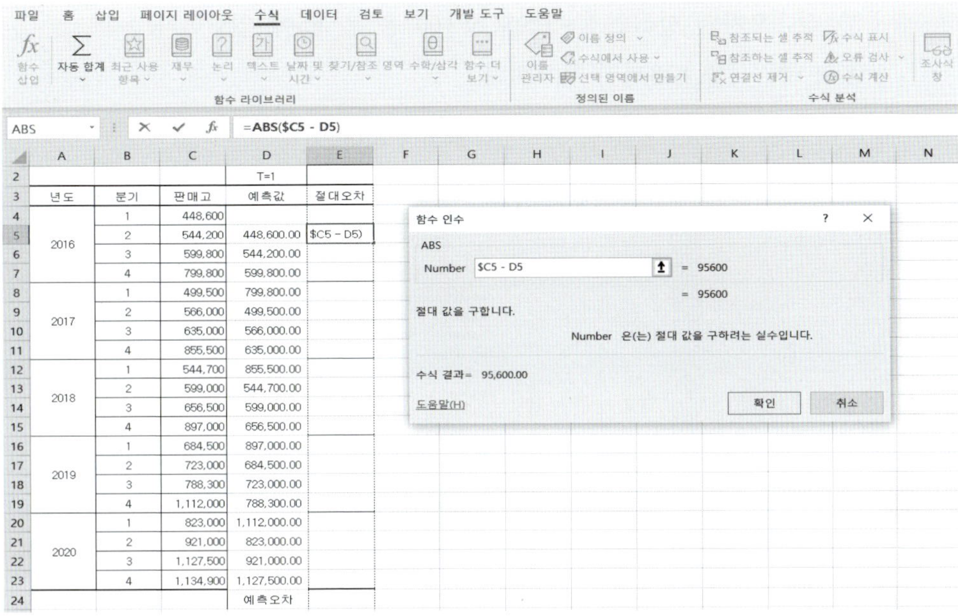

④ E5에 계산된 절대오차를 E23까지 복사하면 각 기간의 절대오차가 계산된다.

⑤ E5:E23까지의 셀을 선택하고 이 영역 내의 자료에 대해서 자릿수를 소수점 아래 두 자리까지 서식도구모음의 자릿수 늘림 아이콘을 이용하여 늘리도록 한다.

그림 5-20 ● 절대오차 완료

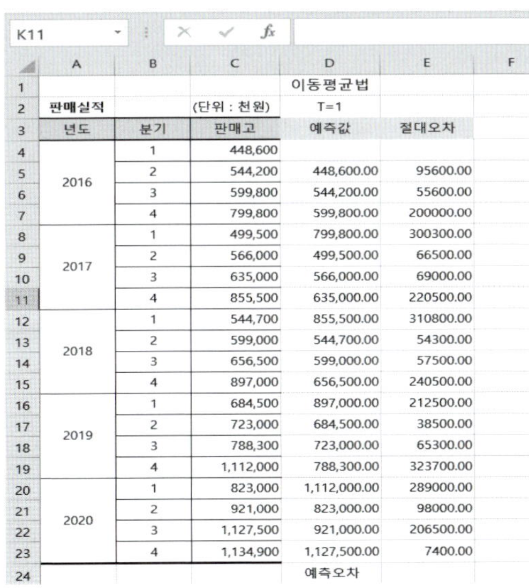

	A	B	C	D	E
1				이동평균법	
2	판매실적		(단위 : 천원)	T=1	
3	년도	분기	판매고	예측값	절대오차
4	2016	1	448,600		
5		2	544,200	448,600.00	95600.00
6		3	599,800	544,200.00	55600.00
7		4	799,800	599,800.00	200000.00
8	2017	1	499,500	799,800.00	300300.00
9		2	566,000	499,500.00	66500.00
10		3	635,000	566,000.00	69000.00
11		4	855,500	635,000.00	220500.00
12	2018	1	544,700	855,500.00	310800.00
13		2	599,000	544,700.00	54300.00
14		3	656,500	599,000.00	57500.00
15		4	897,000	656,500.00	240500.00
16	2019	1	684,500	897,000.00	212500.00
17		2	723,000	684,500.00	38500.00
18		3	788,300	723,000.00	65300.00
19		4	1,112,000	788,300.00	323700.00
20	2020	1	823,000	1,112,000.00	289000.00
21		2	921,000	823,000.00	98000.00
22		3	1,127,500	921,000.00	206500.00
23		4	1,134,900	1,127,500.00	7400.00
24				예측오차	

⑥ 셀 F3에 “상대오차”를 입력하고 F5를 선택한다.

⑦ 상대오차의 산식인 “=E5/$C5*100”을 셀 F5에 입력한다.

⑧ F5의 식을 F23까지 복사한다.

그림 5-21 • 상대오차

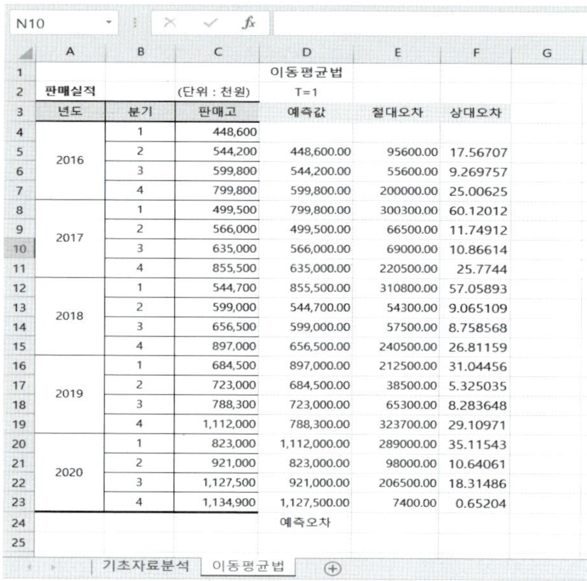

	A	B	C	D	E	F
1				이동평균법		
2	판매실적		(단위 : 천원)	T=1		
3	년도	분기	판매고	예측값	절대오차	상대오차
4	2016	1	448,600			
5		2	544,200	448,600.00	95600.00	17.56707
6		3	599,800	544,200.00	55600.00	9.269757
7		4	799,800	599,800.00	200000.00	25.00625
8	2017	1	499,500	799,800.00	300300.00	60.12012
9		2	566,000	499,500.00	66500.00	11.74912
10		3	635,000	566,000.00	69000.00	10.86614
11		4	855,500	635,000.00	220500.00	25.7744
12	2018	1	544,700	855,500.00	310800.00	57.05893
13		2	599,000	544,700.00	54300.00	9.065109
14		3	656,500	599,000.00	57500.00	8.758568
15		4	897,000	656,500.00	240500.00	26.81159
16	2019	1	684,500	897,000.00	212500.00	31.04456
17		2	723,000	684,500.00	38500.00	5.325035
18		3	788,300	723,000.00	65300.00	8.283648
19		4	1,112,000	788,300.00	323700.00	29.10971
20	2020	1	823,000	1,112,000.00	289000.00	35.11543
21		2	921,000	823,000.00	98000.00	10.64061
22		3	1,127,500	921,000.00	206500.00	18.31486
23		4	1,134,900	1,127,500.00	7400.00	0.65204
24				예측오차		
25						

⑨ E24를 선택하고 [함수 삽입]을 누른다.

⑩ 함수 마법사의 대화상자가 나타나면 범주선택에는 ‘통계’를, 함수선택에는 ‘AVERAGE’를 선택하고 확인을 누른다.

그림 5-22 • 함수 마법사 - Average

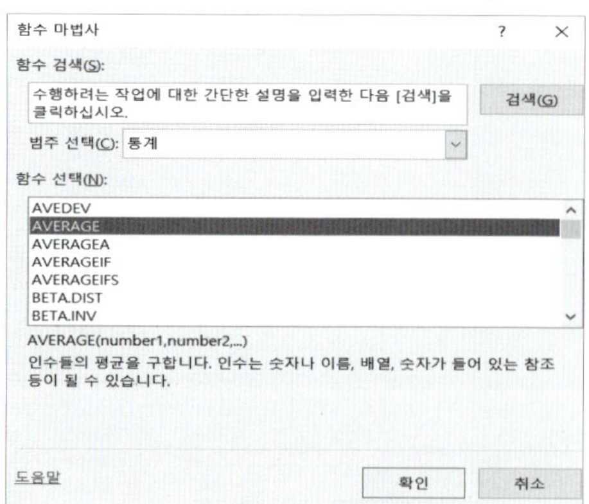

⑪ Number1에 “E5:E23”을 지정하고 확인을 누르면 <그림 5-24>와 같은 결과가 나타난다.

⑫ 이와 같은 방법으로 상대오차의 예측오차를 구한다.

그림 5-23 ● Average Number 대화상자

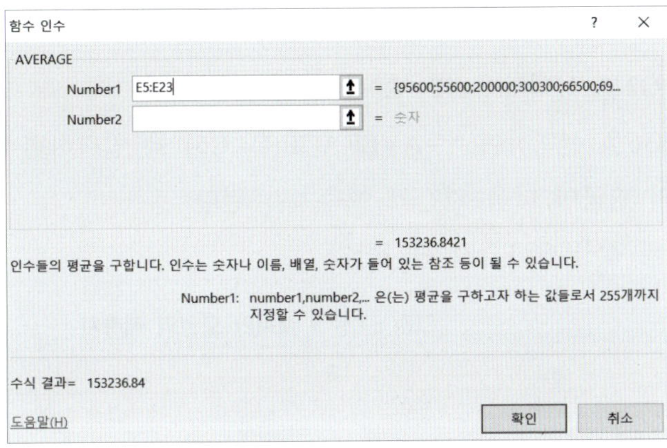

그림 5-24 ● 예측오차

M14

	A	B	C	D	E	F	G
1				이동평균법			
2	판매실적		(단위 : 천원)	T=1			
3	년도	분기	판매고	예측값	절대오차	상대오차	
4	2016	1	448,600				
5		2	544,200	448,600.00	95600.00	17.56707	
6		3	599,800	544,200.00	55600.00	9.269757	
7		4	799,800	599,800.00	200000.00	25.00625	
8	2017	1	499,500	799,800.00	300300.00	60.12012	
9		2	566,000	499,500.00	66500.00	11.74912	
10		3	635,000	566,000.00	69000.00	10.86614	
11		4	855,500	635,000.00	220500.00	25.7744	
12	2018	1	544,700	855,500.00	310800.00	57.05893	
13		2	599,000	544,700.00	54300.00	9.065109	
14		3	656,500	599,000.00	57500.00	8.758568	
15		4	897,000	656,500.00	240500.00	26.81159	
16	2019	1	684,500	897,000.00	212500.00	31.04456	
17		2	723,000	684,500.00	38500.00	5.325035	
18		3	788,300	723,000.00	65300.00	8.283648	
19		4	1,112,000	788,300.00	323700.00	29.10971	
20	2020	1	823,000	1,112,000.00	289000.00	35.11543	
21		2	921,000	823,000.00	98000.00	10.64061	
22		3	1,127,500	921,000.00	206500.00	18.31486	
23		4	1,134,900	1,127,500.00	7400.00	0.65204	
24				예측오차	153236.84		
25							

기초자료분석 | 이동평균법

(2) MA(2) 모형

1〉 예측치 계산

MA(2) 모형에서는 최근의 두 기간의 과거 자료(X_T와 X_{T-1})의 평균이 다음 기간의 예측치($F_{T+1} = (X_T + X_{T-1})/2$)가 되는 것이다.

① 셀 G2를 선택하여 "T = 2"를 입력한다.

② 셀 G6을 선택하여 "= AVERAGE(C4:C5)"를 입력하면 최근 두 기간의 과거자료의 평균이 다음 기간의 예측치가 된다.

③ G6의 값을 G23까지 복사한다.

그림 5-25 ● MA(2) 모형의 예측치

M16

	A	B	C	D	E	F	G	H
1				이동평균법				
2	판매실적		(단위 : 천원)	T=1			T=2	
3	년도	분기	판매고	예측값	절대오차	상대오차	예측값	
4	2016	1	448,600					
5		2	544,200	448,600.00	95600.00	17.56707		
6		3	599,800	544,200.00	55600.00	9.269757	496,400	
7		4	799,800	599,800.00	200000.00	25.00625	572,000	
8	2017	1	499,500	799,800.00	300300.00	60.12012	699,800	
9		2	566,000	499,500.00	66500.00	11.74912	649,650	
10		3	635,000	566,000.00	69000.00	10.86614	532,750	
11		4	855,500	635,000.00	220500.00	25.7744	600,500	
12	2018	1	544,700	855,500.00	310800.00	57.05893	745,250	
13		2	599,000	544,700.00	54300.00	9.065109	700,100	
14		3	656,500	599,000.00	57500.00	8.758568	571,850	
15		4	897,000	656,500.00	240500.00	26.81159	627,750	
16	2019	1	684,500	897,000.00	212500.00	31.04456	776,750	
17		2	723,000	684,500.00	38500.00	5.325035	790,750	
18		3	788,300	723,000.00	65300.00	8.283648	703,750	
19		4	1,112,000	788,300.00	323700.00	29.10971	755,650	
20	2020	1	823,000	1,112,000.00	289000.00	35.11543	950,150	
21		2	921,000	823,000.00	98000.00	10.64061	967,500	
22		3	1,127,500	921,000.00	206500.00	18.31486	872,000	
23		4	1,134,900	1,127,500.00	7400.00	0.65204	1,024,250	
24				예측오차	153236.84			
25								

기초자료분석 | 이동평균법

2〉 MA(2)의 예측오차 계산

방법은 MA(1)의 방법과 동일하다.

① 셀 H3에 "절대오차"라 입력한다.

② 셀 H6을 선택하고 [함수 삽입]을 누른다. 함수 마법사 대화상자에서 범주선택은 '수학/삼각', 함수선택은 'ABS'를 선택하고 확인을 누른다.

③ 다음 대화상자에서 Number에 "$C6 - G6"을 입력하고 확인을 누른다.

④ H6의 값을 H23까지 복사한다.

⑤ H6:H23까지의 셀을 선택하고 선택한 영역 내의 자료들에 대해 소수점 아래 두 자리까지 홈 메뉴의 표시형식 도구모음 서식도구모음의 자릿수 늘림 아이콘을 이용하여 늘리도록 한다.

⑥ 셀 I3에 "상대오차"를 입력하고 I6을 선택한다.

⑦ 상대오차의 산식인 "=H6/$C6*100"을 셀 I6에 입력한다.

⑧ 위와 같은 방법으로 I23까지 수식을 입력한다.

⑨ H24를 선택하고 [함수 삽입]을 누른다.

⑩ 함수 마법사 대화상자가 나타나면 범주선택에는 '통계'를, 함수선택에는 'AVERAGE'를 선택한다.

⑪ 데이터범위를 H6:H23까지로 지정하고 확인을 누른다.

⑫ 이와 같은 방법으로 상대오차의 예측오차를 구한다.

그림 5-26 ● MA(2) 모형의 예측오차 계산

L14

	A	B	C	D	E	F	G	H	I	J
1				이동평균법						
2	판매실적		(단위 : 천원)	T=1			T=2			
3	년도	분기	판매고	예측값	절대오차	상대오차	예측값	절대오차	상대오차	
4	2016	1	448,600							
5		2	544,200	448,600.00	95600.00	17.56707				
6		3	599,800	544,200.00	55600.00	9.269757	496,400	103400.00	17.23908	
7		4	799,800	599,800.00	200000.00	25.00625	572,000	227800.00	28.482121	
8	2017	1	499,500	799,800.00	300300.00	60.12012	699,800	200300.00	40.1001	
9		2	566,000	499,500.00	66500.00	11.74912	649,650	83650.00	14.779152	
10		3	635,000	566,000.00	69000.00	10.86614	532,750	102250.00	16.102362	
11		4	855,500	635,000.00	220500.00	25.7744	600,500	255000.00	29.80713	
12	2018	1	544,700	855,500.00	310800.00	57.05893	745,250	200550.00	36.818432	
13		2	599,000	544,700.00	54300.00	9.065109	700,100	101100.00	16.87813	
14		3	656,500	599,000.00	57500.00	8.758568	571,850	84650.00	12.894136	
15		4	897,000	656,500.00	240500.00	26.81159	627,750	269250.00	30.016722	
16	2019	1	684,500	897,000.00	212500.00	31.04456	776,750	92250.00	13.476991	
17		2	723,000	684,500.00	38500.00	5.325035	790,750	67750.00	9.3706777	
18		3	788,300	723,000.00	65300.00	8.283648	703,750	84550.00	10.725612	
19		4	1,112,000	788,300.00	323700.00	29.10971	755,650	356350.00	32.045863	
20	2020	1	823,000	1,112,000.00	289000.00	35.11543	950,150	127150.00	15.449575	
21		2	921,000	823,000.00	98000.00	10.64061	967,500	46500.00	5.0488599	
22		3	1,127,500	921,000.00	206500.00	18.31486	872,000	255500.00	22.660754	
23		4	1,134,900	1,127,500.00	7400.00	0.65204	1,024,250	110650.00	9.7497577	
24				예측오차	153236.84		예측오차	153813.89	8.810136	
25										

기초자료분석 | 이동평균법

3〉 MA(3)과 MA(4) 모형

위와 같은 방법으로 MA(3), MA(4) 모형을 예측하면 다음과 같이 나타난다.

MA(3)모형에서는 최근 세 기간의 자료(X_T, X_{T-1}, X_{T-2})가 다음 기간의 예측치 ($F_{T+1} = (X_T + X_{T-1} + X_{T-2})/3$)를 계산하는 데 이용된다.

MA(4) 모형에서는 최근 네 기간의 자료(X_T, X_{T-1}, X_{T-2}, X_{T-3})가 다음 기간의 예측치($F_{T+1} = (X_T + X_{T-1} + X_{T-2} + X_{T-3})/4$)를 계산하는 데 이용된다는 것에 주의하여 예측치를 구하도록 한다.

그림 5-27 • MA(3) 모형과 MA(4) 모형의 예측

R17

	A	B	C	D	E	F	G	H	I	J	K	L	M	N	O
1				이동평균법											
2	판매실적		(단위 : 천원)	T=1			T=2			T=3			T=4		
3	년도	분기	판매고	예측값	절대오차	상대오차	예측값	절대오차	상대오차	예측치	절대오차	상대오차	예측치	절대오차	상대오차
4	2016	1	448,600												
5		2	544,200	448,600.00	95600.00	17.56707									
6		3	599,800	544,200.00	55600.00	9.269757	496,400	103400.00	17.23908						
7		4	799,800	599,800.00	200000.00	25.00625	572,000	227800.00	28.482121	530,866.67	268,933.33	33.63			
8	2017	1	499,500	799,800.00	300300.00	60.12012	699,800	200300.00	40.1001	647,933.33	148,433.33	29.72	598,100.00	98,600.00	19.74
9		2	566,000	499,500.00	66500.00	11.74912	649,650	83650.00	14.779152	633,033.33	67,033.33	11.84	610,825.00	44,825.00	7.92
10		3	635,000	566,000.00	69000.00	10.86614	532,750	102250.00	16.102362	621,766.67	13,233.33	2.08	616,275.00	18,725.00	2.95
11		4	855,500	635,000.00	220500.00	25.7744	600,500	255000.00	29.80713	566,833.33	288,666.67	33.74	625,075.00	230,425.00	26.93
12	2018	1	544,700	855,500.00	310800.00	57.05893	745,250	200550.00	36.818432	685,500.00	140,800.00	25.85	639,000.00	94,300.00	17.31
13		2	599,000	544,700.00	54300.00	9.065109	700,100	101100.00	16.87813	678,400.00	79,400.00	13.26	650,300.00	51,300.00	8.56
14		3	656,500	599,000.00	57500.00	8.758568	571,850	84650.00	12.894136	666,400.00	9,900.00	1.51	658,550.00	2,050.00	0.31
15		4	897,000	656,500.00	240500.00	26.81159	627,750	269250.00	30.016722	600,066.67	296,933.33	33.10	663,925.00	233,075.00	25.98
16	2019	1	684,500	897,000.00	212500.00	31.04456	776,750	92250.00	13.476991	717,500.00	33,000.00	4.82	674,300.00	10,200.00	1.49
17		2	723,000	684,500.00	38500.00	5.325035	790,750	67750.00	9.3706777	746,000.00	23,000.00	3.18	709,250.00	13,750.00	1.90
18		3	788,300	723,000.00	65300.00	8.283648	703,750	84550.00	10.725612	768,166.67	20,133.33	2.55	740,250.00	48,050.00	6.10
19		4	1,112,000	788,300.00	323700.00	29.10971	755,650	356350.00	32.045863	731,933.33	380,066.67	34.18	773,200.00	338,800.00	30.47
20	2020	1	823,000	1,112,000.00	289000.00	35.11543	950,150	127150.00	15.449575	874,433.33	51,433.33	6.25	826,950.00	3,950.00	0.48
21		2	921,000	823,000.00	98000.00	10.64061	967,500	46500.00	5.0488599	907,766.67	13,233.33	1.44	861,575.00	59,425.00	6.45
22		3	1,127,500	921,000.00	206500.00	18.31486	872,000	255500.00	22.660754	952,000.00	175,500.00	15.57	911,075.00	216,425.00	19.20
23		4	1,134,900	1,127,500.00	7400.00	0.65204	1,024,250	110650.00	9.7497577	957,166.67	177,733.33	15.66	995,875.00	139,025.00	12.25
24				예측오차	153236.84		예측오차	153813.89	8.810136	예측오차	128,672.55	15.79	예측오차	100,182.81	11.75
25															

기초자료분석 | 이동평균법

(3) 이동평균법으로 구한 예측치의 평가

지금까지 예측된 MA(1), MA(2), MA(3), MA(4) 모형의 결과를 비교, 평가해 보도록 한다.

1〉 예측결과표 작성

① 셀 R9에 "예측결과"라 입력하고 예측결과표를 <그림 5-28>과 같이 작성한다.

그림 5-28 ● MA(3) 예측결과표 작성

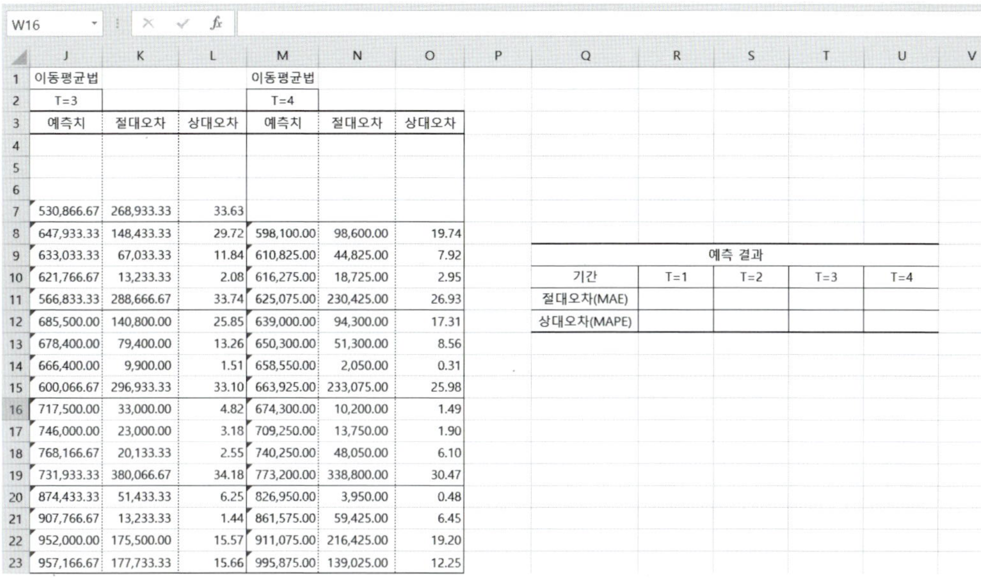

W16

	J	K	L	M	N	O
1	이동평균법			이동평균법		
2	T=3			T=4		
3	예측치	절대오차	상대오차	예측치	절대오차	상대오차
4						
5						
6						
7	530,866.67	268,933.33	33.63			
8	647,933.33	148,433.33	29.72	598,100.00	98,600.00	19.74
9	633,033.33	67,033.33	11.84	610,825.00	44,825.00	7.92
10	621,766.67	13,233.33	2.08	616,275.00	18,725.00	2.95
11	566,833.33	288,666.67	33.74	625,075.00	230,425.00	26.93
12	685,500.00	140,800.00	25.85	639,000.00	94,300.00	17.31
13	678,400.00	79,400.00	13.26	650,300.00	51,300.00	8.56
14	666,400.00	9,900.00	1.51	658,550.00	2,050.00	0.31
15	600,066.67	296,933.33	33.10	663,925.00	233,075.00	25.98
16	717,500.00	33,000.00	4.82	674,300.00	10,200.00	1.49
17	746,000.00	23,000.00	3.18	709,250.00	13,750.00	1.90
18	768,166.67	20,133.33	2.55	740,250.00	48,050.00	6.10
19	731,933.33	380,066.67	34.18	773,200.00	338,800.00	30.47
20	874,433.33	51,433.33	6.25	826,950.00	3,950.00	0.48
21	907,766.67	13,233.33	1.44	861,575.00	59,425.00	6.45
22	952,000.00	175,500.00	15.57	911,075.00	216,425.00	19.20
23	957,166.67	177,733.33	15.66	995,875.00	139,025.00	12.25

예측 결과				
기간	T=1	T=2	T=3	T=4
절대오차(MAE)				
상대오차(MAPE)				

② 각 모형의 예측오차는 셀 참조를 이용하여 입력하도록 한다. 셀 R11을 선택하여 "=E24"를 입력한다. MA(1) 모형의 절대오차 값이 입력되었다.

③ MA(1) 모형의 상대오차 역시 이와 같은 방법으로 입력한다.

④ 이와 같은 방법으로 각 모형의 절대오차와 상대오차의 값을 입력하면 된다.

다음과 같은 예측결과표가 완성되었다.

	MA(1)	MA(2)	MA(3)	MA(4)
절대오차(MAE)	153,236.84	153,813.89	128,813.89	100,1823.81
상대오차(MAPE)	21.08	20.09	15.79	11.75

표에서도 알 수 있듯이 MA(4) 모형의 예측 정확도가 가장 높다.

2> 정확도가 가장 높은 MA(4) 모형 결과의 차트 작성

MA(4) 모형의 결과를 실제치와 비교하는 차트를 나타내려면 분할된 영역의 차트 그리기를 이용해야 한다.

① C8:C23과 M8:M23의 분할된 영역을 설정하고 [삽입] – [꺾은선형] – [2차원 꺾은선형] – [표식이 있는 꺾은선형]을 선택한다.

그림 5-29 • MA(4) 모형의 차트 작성

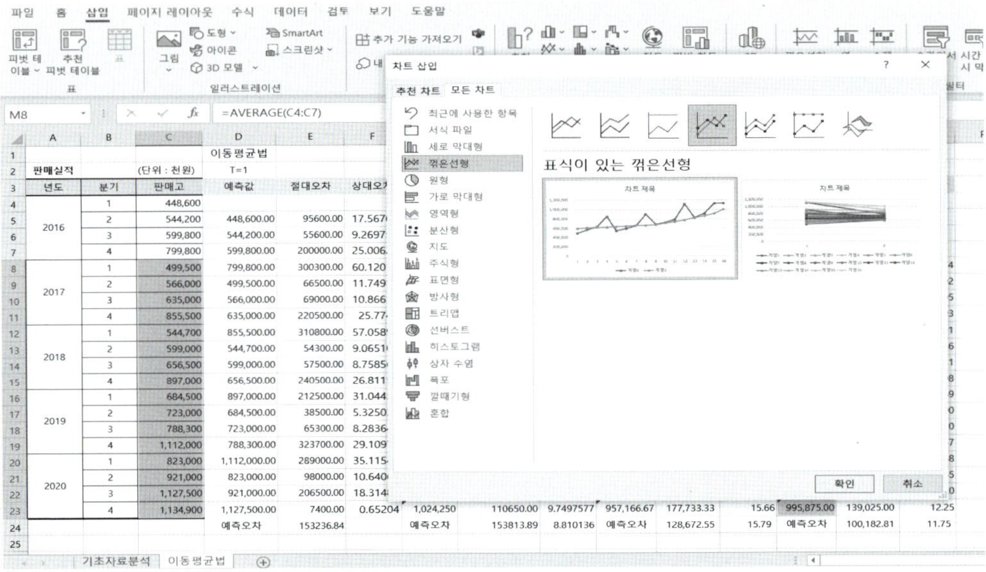

② <그림 5-30>과 같이 만들어진 차트에서 마우스 오른쪽 버튼을 눌러 [데이터 선택]을 한 후, 가로(항목) 축 레이블을 편집하여 A8:A23을 선택한다.

그림 5-30 • 데이터(축) 레이블 입력

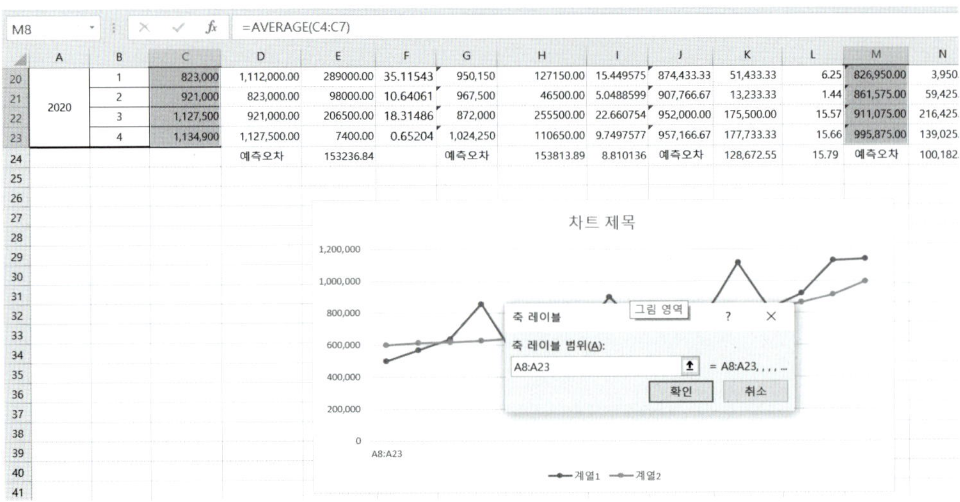

③ 차트를 선택한 후, [차트 도구] - [레이아웃] - [축 제목]에서 <그림 5-31>과 같이 가로 축 제목은 “기간”, 세로 축 제목은 “금액”을 각각 입력한다.

그림 5-31 ● 가로 및 세로 축 제목 입력

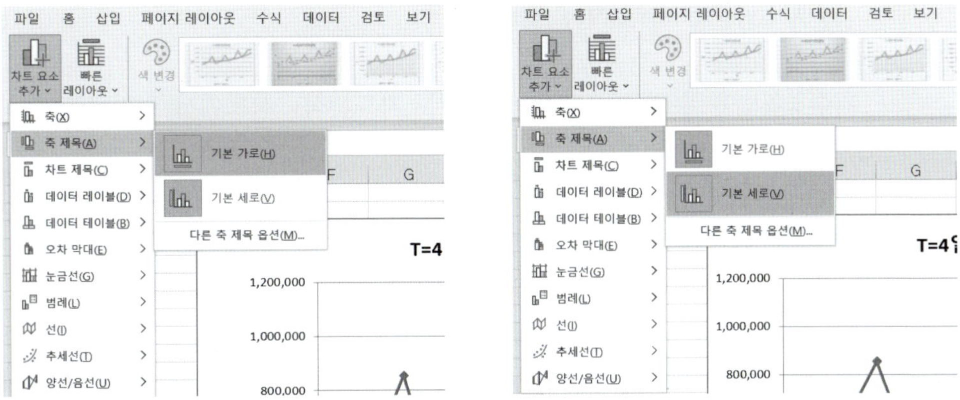

④ 3단계와 마찬가지로, 차트 제목은 ‘T=4일 때 이동평균법’, 범례는 ‘없음’으로 선택하면 <그림 5-32>와 같은 차트가 그려진다.

그림 5-32 ● MA(4) 모형의 차트

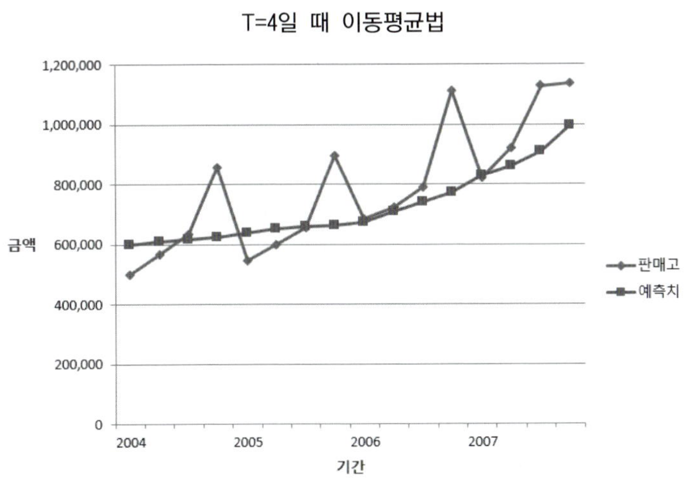

3) 지수평활법

(1) α = 0.95 모형

1〉 지수평활법 시트 작성

지수평활법을 수행하기 위해서는 『기초자료분석』 시트에서 원자료를 복사하여 새로운 시트를 작성하여야 한다.

① 『기초자료분석』 시트에서 복사하고자 하는 셀들인 A2:C22의 영역을 지정하고 복사를 한다.

② 지수평활법 시트의 셀 A3을 선택하고 단축메뉴에서 [붙여넣기]를 선택한다.

③ 각 예측모형 간의 구분을 위해 셀 D1에 "지수평활법"을, D2에는 "="를, E2에는 "0.95"를 입력하면 <그림 5-33>과 같은 화면이 만들어진다.

그림 5-33 ● 지수평활법 = 0.95

J9 fx

	A	B	C	D	E
1				지수평활법	
2	판매실적		(단위 : 천원)	0.95	
3	년도	분기	판매고		
4	2016	1	448,600		
5		2	544,200		
6		3	599,800		
7		4	799,800		
8	2017	1	499,500		
9		2	566,000		
10		3	635,000		
11		4	855,500		
12	2018	1	544,700		
13		2	599,000		
14		3	656,500		
15		4	897,000		
16	2019	1	684,500		
17		2	723,000		
18		3	788,300		
19		4	1,112,000		
20	2020	1	823,000		
21		2	921,000		
22		3	1,127,500		
23		4	1,134,900		

2〉 예측치의 계산

지수평활법에서 다음 기간의 예측치(F_{t+1})는 현 기간의 실제 자료(X_t)에 α를 곱한 값과 현 기간의 예측치(F_t)에 $(1-\alpha)$를 곱한 값을 더함으로써 계산된다. α는 0과 1 사이의 값을 갖게 되는데 α가 1에 가까우면 최근의 관찰치에 높은 비중을 두고 있으며, α가 0에 가까우면 오래된 자료에 비중을 두게 된다.

일반적으로 Forecasting 분야에서는 실제치(X_t)에 대한 가중치(α)를 지수평활계수(exponential smoothing parameter), 예측치(F_t)에 대한 가중치를 $(1-\alpha)$로 사용하지만 Excel에서는 예측치(F_t)에 대한 가중치$(1-\alpha)$를 감쇠인수로 정의하고 있기 때문에 혼동이 없도록 주의해야 한다.

$$F_{t+1} = \alpha \times X_t + (1-\alpha) \times F_t$$

엑셀에서는 데이터 분석도구를 이용하여 지수평활법을 계산할 수 있다.

① [데이터] 메뉴에서 [분석] - [데이터 분석]을 선택하면 통계 데이터분석 대화상자가 나타난다. 이 중 [지수평활법]을 선택하고 확인을 누른다.

그림 5-34 ● 통계 데이터 분석 대화상자

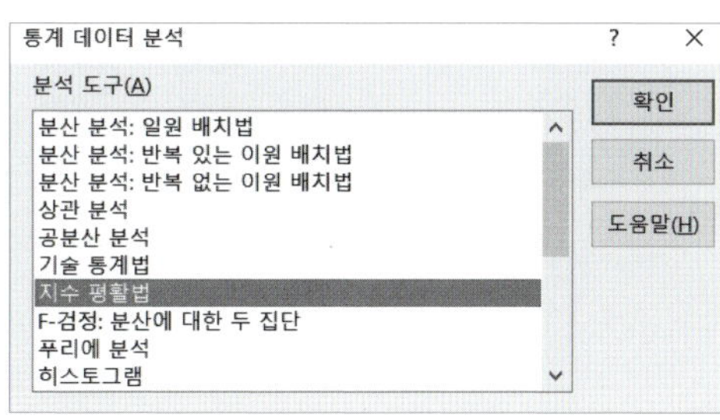

② 지수평활법 대화상자에서 입력범위는 \$C\$4:\$C\$23의 범위를 지정하고 감쇠인수(1 - 지수평활계수)는 0.05를, 출력범위는 \$D\$4를 지정하고 확인을 누른다.

그림 5-35 • **지수평활법 대화상자**

③ 분석도구의 지수평활법에 의해서 예측된 수치가 <그림 5-36>과 같이 나타난다.

그림 5-36 • **지수평활법 예측치**

M9

	A	B	C	D	E
1				지수평활법	
2	판매실적		(단위 : 천원)	0.95	
3	년도	분기	판매고	예측치	
4	2016	1	448,600	#N/A	
5		2	544,200	448,600	
6		3	599,800	539,420	
7		4	799,800	596,781	
8	2017	1	499,500	789,649	
9		2	566,000	514,007	
10		3	635,000	563,400	
11		4	855,500	631,420	
12	2018	1	544,700	844,296	
13		2	599,000	559,680	
14		3	656,500	597,034	
15		4	897,000	653,527	
16	2019	1	684,500	884,826	
17		2	723,000	694,516	
18		3	788,300	721,576	
19		4	1,112,000	784,964	
20	2020	1	823,000	1,095,648	
21		2	921,000	836,632	
22		3	1,127,500	916,782	
23		4	1,134,900	1,116,964	
24					

3) 예측오차의 계산

지수평활법의 예측치의 절대오차와 상대오차의 계산은 이동평균법의 오차계산과 같은 방법으로 계산한다.

① 셀 E3에 “절대오차”를, F3에 “상대오차”를 입력한다.

② 셀 E5를 선택하고 [함수 삽입]을 누른다. 함수 마법사 대화상자에서 범주선택은 “수학/삼각”을, 함수선택은 “ABS”를 선택하고 확인을 누른다.

③ 다음 대화상자에서 Number에 “$C5 − D5”를 입력하고 확인을 누른다.

④ E5의 내용을 E23까지 복사한다.

⑤ E5:E23까지의 영역을 지정하고 영역 내의 자료에 대해서 자릿수를 소수점 아래 두 자리까지 자릿수 늘림 아이콘을 이용하여 늘리도록 한다.

⑥ 셀 F5를 선택하고 상대오차식인 “=E5/$C5*100”을 입력한다.

⑦ 같은 방법으로 F23까지 수식을 입력하도록 한다.

⑧ F5:F23까지의 영역을 지정하고 영역 내의 자료에 대해서 자릿수를 소수점 아래 두 자리까지 자릿수 늘림 아이콘을 이용하여 늘리면 다음과 같은 결과가 나타난다.

그림 5-37 • 지수평활법 예측오차

Q12

	A	B	C	D	E	F
1				지수평활법		
2	판매실적		(단위 : 천원)	0.95		
3	년도	분기	판매고	예측치	절대오차	상대오차
4	2016	1	448,600	#N/A		
5		2	544,200	448,600	95,600.00	17.57
6		3	599,800	539,420	60,380.00	10.07
7		4	799,800	596,781	203,019.00	25.38
8	2017	1	499,500	789,649	290,149.05	58.09
9		2	566,000	514,007	51,992.55	9.19
10		3	635,000	563,400	71,599.63	11.28
11		4	855,500	631,420	224,079.98	26.19
12	2018	1	544,700	844,296	299,596.00	55.00
13		2	599,000	559,680	39,320.20	6.56
14		3	656,500	597,034	59,466.01	9.06
15		4	897,000	653,527	243,473.30	27.14
16	2019	1	684,500	884,826	200,326.33	29.27
17		2	723,000	694,516	28,483.68	3.94
18		3	788,300	721,576	66,724.18	8.46
19		4	1,112,000	784,964	327,036.21	29.41
20	2020	1	823,000	1,095,648	272,648.19	33.13
21		2	921,000	836,632	84,367.59	9.16
22		3	1,127,500	916,782	210,718.38	18.69
23		4	1,134,900	1,116,964	17,935.92	1.58

4〉 예측오차의 평가(MAE, MAPE)

① 셀 E24를 선택하고 [함수 삽입]을 누른다.

② 함수 마법사 대화상자가 나타나면 범주선택은 “통계”를, 함수선택은 “AVERAGE”를 선택한다.

③ 데이터 범위 E5:E23를 지정하고 확인을 누른다.

④ 동일한 방법으로 상대오차의 값도 구할 수 있다.

⑤ MAE, MAPE의 값은 다음과 같다.

그림 5-38 • 예측오차평가 MAE, MAPE

L17

	A	B	C	D	E	F
1				지수평활법		
2	판매실적		(단위 : 천원)	0.95		
3	년도	분기	판매고	예측치	절대오차	상대오차
4	2016	1	448,600	#N/A		
5		2	544,200	448,600	95,600.00	17.57
6		3	599,800	539,420	60,380.00	10.07
7		4	799,800	596,781	203,019.00	25.38
8	2017	1	499,500	789,649	290,149.05	58.09
9		2	566,000	514,007	51,992.55	9.19
10		3	635,000	563,400	71,599.63	11.28
11		4	855,500	631,420	224,079.98	26.19
12	2018	1	544,700	844,296	299,596.00	55.00
13		2	599,000	559,680	39,320.20	6.56
14		3	656,500	597,034	59,466.01	9.06
15		4	897,000	653,527	243,473.30	27.14
16	2019	1	684,500	884,826	200,326.33	29.27
17		2	723,000	694,516	28,483.68	3.94
18		3	788,300	721,576	66,724.18	8.46
19		4	1,112,000	784,964	327,036.21	29.41
20	2020	1	823,000	1,095,648	272,648.19	33.13
21		2	921,000	836,632	84,367.59	9.16
22		3	1,127,500	916,782	210,718.38	18.69
23		4	1,134,900	1,116,964	17,935.92	1.58
24				예측오차	149,837.70	20.48
25					MAE	MAPE
26						

(2) α값의 변화

최근 자료에 보다 가중치를 주고 오래된 자료에 대한 가중치를 지수적으로, 상대적으로 적게 주는 예측방법인 지수평활법은 값에 대해 변화를 주며 정확한 예측모형을 찾아내야 하므로 $\alpha=0.90$, 0.70, 0.50, 0.20, 0.10, 0.05로 α값을 변화시켜가며 예측치를 계산해 본다.

1〉 $\alpha=0.90$일 때의 예측치

$\alpha=0.95$일 때와 동일한 방법으로 예측치를 계산한다.

① 셀 H1에 “지수평활법”이라 입력한다.

② 셀 G2에 “α”를 입력하고, 셀 H2에 모형의 구분을 위하여 “0.90”을 입력한다. G3에 “예측치”를, H3에 “절대오차”, I3에 “상대오차”라고 입력한다.

③ [데이터] 메뉴에서 [분석]−[데이터 분석]을 선택하면 통계 데이터 분석 대화상자가 나타나고 이 중 [지수평활법]을 선택한다.

그림 5-39 ● 지수평활법 대화상자 $\alpha=0.90$

④ 지수평활법 대화상자에서 입력범위는 “$C$4:$C$23”, 감쇠인수(1 − 지수평활계수)는 “0.1”, 출력범위는 “$G$4”를 지정하고 확인을 누른다.

⑤ G5:G23까지의 영역을 지정하고 영역 내의 자료에 대해서 자릿수를 소수점 아래 두 자리까지 자릿수 늘림 아이콘을 이용하여 늘리면 <그림 5-40>과 같은 결과가 나타난다.

그림 5-40 • $\alpha = 0.90$일 때의 예측치

	A	B	C	D	E	F	G	H	I
1				지수평활법			지수평활법		
2	판매실적		(단위 : 천원)	a=0.95			a=0.90		
3	년도	분기	판매고	예측치	절대오차	상대오차	예측치	절대오차	상대오차
4	2016	1	448,600	#N/A			#N/A		
5		2	544,200	448,600	95,600.00	17.57	448,600.00		
6		3	599,800	539,420	60,380.00	10.07	534,640.00		
7		4	799,800	596,781	203,019.00	25.38	593,284.00		
8	2017	1	499,500	789,649	290,149.05	58.09	779,148.40		
9		2	566,000	514,007	51,992.55	9.19	527,464.84		
10		3	635,000	563,400	71,599.63	11.28	562,146.48		
11		4	855,500	631,420	224,079.98	26.19	627,714.65		
12	2018	1	544,700	844,296	299,596.00	55.00	832,721.46		
13		2	599,000	559,680	39,320.20	6.56	573,502.15		
14		3	656,500	597,034	59,466.01	9.06	596,450.21		
15		4	897,000	653,527	243,473.30	27.14	650,495.02		
16	2019	1	684,500	884,826	200,326.33	29.27	872,349.50		
17		2	723,000	694,516	28,483.68	3.94	703,284.95		
18		3	788,300	721,576	66,724.18	8.46	721,028.50		
19		4	1,112,000	784,964	327,036.21	29.41	781,572.85		
20	2020	1	823,000	1,095,648	272,648.19	33.13	1,078,957.28		
21		2	921,000	836,632	84,367.59	9.16	848,595.73		
22		3	1,127,500	916,782	210,718.38	18.69	913,759.57		
23		4	1,134,900	1,116,964	17,935.92	1.58	1,106,125.96		
24				예측오차	149,837.70	20.48			
25					MAE	MAPE			

2) 예측오차의 계산

절대오차와 상대오차의 계산은 $\alpha = 0.95$에서와 같은 방법으로 계산한다.

① 셀 H5를 선택하고 [함수 삽입]을 누른다.

② 함수 마법사 대화상자에서 범주선택에서는 "수학/삼각"을, 함수선택은 "ABS"를 선택하고 확인을 누른다.

③ 다음 대화상자에서 Number에 "$C5 − G5"를 입력하고 확인을 누른다.

④ 위와 같은 방법으로 G23까지 수식을 입력한다.

⑤ G5:G23까지의 영역을 지정하고 영역 내의 자료에 대해서 자릿수를 소수점 아래 두 자리까지 자릿수 늘림 아이콘을 이용하여 늘리도록 한다.

⑥ 셀 I5를 선택하고 상대오차식인 "=H5/$C5*100"을 입력한다.

⑦ 마찬가지로 I5의 식을 I23까지 수식을 복사하도록 한다.

⑧ H24를 선택하고 함수 마법사를 누른다. 함수 마법사 대화상자가 나타나면 함수

범주는 “통계”를, 함수이름은 “AVERAGE”를 선택한다. 데이터 범위 “H5:H23”을 지정하고 확인을 누른다.

⑨ 이와 같은 방법으로 I24의 상대오차의 예측오차를 구한다. 여기서 구한 예측오차에 대해 자릿수를 소수점 아래 두 자리까지 자릿수 늘림 아이콘을 이용하여 늘리도록 한다.

⑩ 마지막으로 MAE와 MAPE를 구하면 <그림 5-41>과 같은 결과가 나타난다.

그림 5-41 • α = 0.90일 때의 예측오차

P19

	A	B	C	D	E	F	G	H	I	J
1				지수평활법			지수평활법			
2	판매실적		(단위 : 천원)	a=0.95			a=0.90			
3	년도	분기	판매고	예측치	절대오차	상대오차	예측치	절대오차	상대오차	
4	2016	1	448,600	#N/A			#N/A			
5		2	544,200	448,600	95,600.00	17.57	448,600.00	95,600.00	17.57	
6		3	599,800	539,420	60,380.00	10.07	534,640.00	65,160.00	10.86	
7		4	799,800	596,781	203,019.00	25.38	593,284.00	206,516.00	25.82	
8	2017	1	499,500	789,649	290,149.05	58.09	779,148.40	279,648.40	55.99	
9		2	566,000	514,007	51,992.55	9.19	527,464.84	38,535.16	6.81	
10		3	635,000	563,400	71,599.63	11.28	562,146.48	72,853.52	11.47	
11		4	855,500	631,420	224,079.98	26.19	627,714.65	227,785.35	26.63	
12	2018	1	544,700	844,296	299,596.00	55.00	832,721.46	288,021.46	52.88	
13		2	599,000	559,680	39,320.20	6.56	573,502.15	25,497.85	4.26	
14		3	656,500	597,034	59,466.01	9.06	596,450.21	60,049.79	9.15	
15		4	897,000	653,527	243,473.30	27.14	650,495.02	246,504.98	27.48	
16	2019	1	684,500	884,826	200,326.33	29.27	872,349.50	187,849.50	27.44	
17		2	723,000	694,516	28,483.68	3.94	703,284.95	19,715.05	2.73	
18		3	788,300	721,576	66,724.18	8.46	721,028.50	67,271.50	8.53	
19		4	1,112,000	784,964	327,036.21	29.41	781,572.85	330,427.15	29.71	
20	2020	1	823,000	1,095,648	272,648.19	33.13	1,078,957.28	255,957.28	31.10	
21		2	921,000	836,632	84,367.59	9.16	848,595.73	72,404.27	7.86	
22		3	1,127,500	916,782	210,718.38	18.69	913,759.57	213,740.43	18.96	
23		4	1,134,900	1,116,964	17,935.92	1.58	1,106,125.96	28,774.04	2.54	
24				예측오차	149,837.70	20.48		146,437.46	19.88	
25					MAE	MAPE		MAE	MAPE	

3) α = 0.70, 0.50, 0.30, 0.10, 0.05의 모형

감쇠인수(1 − 지수평활계수)를 α = 0.70, 0.50, 0.30, 0.10, 0.05로 변화를 주어 예측치를 구하고 각각의 절대오차와 상대오차를 구하면 <그림 5-42>와 같이 나타난다.

그림 5-42 ● α = 0.70, 0.50, 0.30, 0.10, 0.05의 모형

J	K	L	M	N	O	P	Q	R	S	T	U	V	W	X
지수평활법			지수평활법			지수평활법			지수평활법			지수평활법		
a=0.7			a=0.5			a=0.3			a=0.1			a=0.05		
예측치	절대오차	상대오차	예측치	절대오차	상대오차	예측치	절대오차	상대오차	예측치	절대오차	상대오차	예측치	절대오차	상대오차
#N/A			#N/A			#N/A			#N/A			#N/A		
448,600	95,600.00	17.57	448,600	95,600.00	17.57	448,600.00	95,600.00	17.57	448,600.00	95,600.00	17.57	448,600.00	95,600.00	17.57
515,520	84,280.00	14.05	496,400	103,400.00	17.24	477,280	122,520.00	20.43	458,160.00	141,640.00	23.61	453,380.00	146,420.00	24.41
574,516	225,284.00	28.17	548,100	251,700.00	31.47	514,036	285,764.00	35.73	472,324.00	327,476.00	40.94	460,701.00	339,099.00	42.40
732,215	232,714.80	46.59	673,950	174,450.00	34.92	599,765	100,265.20	20.07	505,071.60	5,571.60	1.12	477,655.95	21,844.05	4.37
569,314	3,314.44	0.59	586,725	20,725.00	3.66	569,686	3,685.64	0.65	504,514.44	61,485.56	10.86	478,748.15	87,251.85	15.42
566,994	68,005.67	10.71	576,363	58,637.50	9.23	568,580	66,420.05	10.46	510,663.00	124,337.00	19.58	483,110.74	151,889.26	23.92
614,598	240,901.70	28.16	605,681	249,818.75	29.20	588,506	266,994.04	31.21	523,096.70	332,403.30	38.85	490,705.21	364,794.79	42.64
783,229	238,529.49	43.79	730,591	185,890.63	34.13	668,604	123,904.17	22.75	556,337.03	11,637.03	2.14	508,944.95	35,755.05	6.56
616,259	17,258.85	2.88	637,645	38,645.31	6.45	631,433	32,432.92	5.41	555,173.32	43,826.68	7.32	510,732.70	88,267.30	14.74
604,178	52,322.35	7.97	618,323	38,177.34	5.82	621,703	34,796.95	5.30	559,555.99	96,944.01	14.77	515,146.06	141,353.94	21.53
640,803	256,196.70	28.56	637,411	259,588.67	28.94	632,142	264,857.87	29.53	569,250.39	327,749.61	36.54	522,213.76	374,786.24	41.78
820,141	135,640.99	19.82	767,206	82,705.66	12.08	711,599	27,099.49	3.96	602,025.35	82,474.65	12.05	540,953.07	143,546.93	20.97
725,192	2,192.30	0.30	725,853	2,852.83	0.39	703,470	19,530.36	2.70	610,272.82	112,727.18	15.59	548,130.42	174,869.58	24.19
723,658	64,642.31	8.20	724,426	63,873.58	8.10	709,329	78,971.25	10.02	621,545.54	166,754.46	21.15	556,873.90	231,426.10	29.36
768,907	343,092.69	30.85	756,363	355,636.79	31.98	733,020	378,979.87	34.08	638,220.98	473,779.02	42.61	568,445.20	543,554.80	48.88
1,009,072	186,072.19	22.61	934,182	111,181.60	13.51	846,714	23,714.09	2.88	685,598.88	137,401.12	16.70	595,622.94	227,377.06	27.63
878,822	42,178.34	4.58	878,591	42,409.20	4.60	839,600	81,400.14	8.84	699,339.00	221,661.00	24.07	606,991.80	314,008.20	34.09
908,346	219,153.50	19.44	899,795	227,704.60	20.20	864,020	263,480.10	23.37	721,505.10	405,994.90	36.01	622,692.21	504,807.79	44.77
1,061,754	73,146.05	6.45	1,013,648	121,252.30	10.68	943,064	191,836.07	16.90	762,104.59	372,795.41	32.85	647,932.60	486,967.40	42.91
	135,817.18	17.96		130,749.99	16.85		129,592.22	15.89		186,434.66	21.81		235,453.65	27.80
	MAE	MAPE		MAE	MAPE		MAE	MAPE		MAE	MAPE		MAE	MAPE

(3) 예측결과의 평가

예측모형의 결과를 평가하기 위해 셀 참조를 이용하여 예측결과표를 작성하고 이 중 정확도가 가장 높은 예측모형을 바탕으로 차트를 그린다.

1〉 예측결과표 작성

① 셀 H30에 "예측결과"라 입력하고 예측결과표를 다음처럼 작성한다.

② 각 모형의 예측오차는 셀 참조를 이용하여 입력하도록 한다.

③ 각 모형의 상대오차 역시 이와 같은 방법으로 입력한다.

④ 위와 같은 방법으로 각 모형의 절대오차와 상대오차의 값을 입력하면 된다. 다음과 같이 예측결과표가 완성되었다. 예측결과표에 나타나듯이 $\alpha = 0.30$ 모형의 절대오차가 129,592.22, 상대오차가 15.89%이므로 이 모형의 예측 정확도가 가장 높다.

그림 5-43 ● 예측결과표

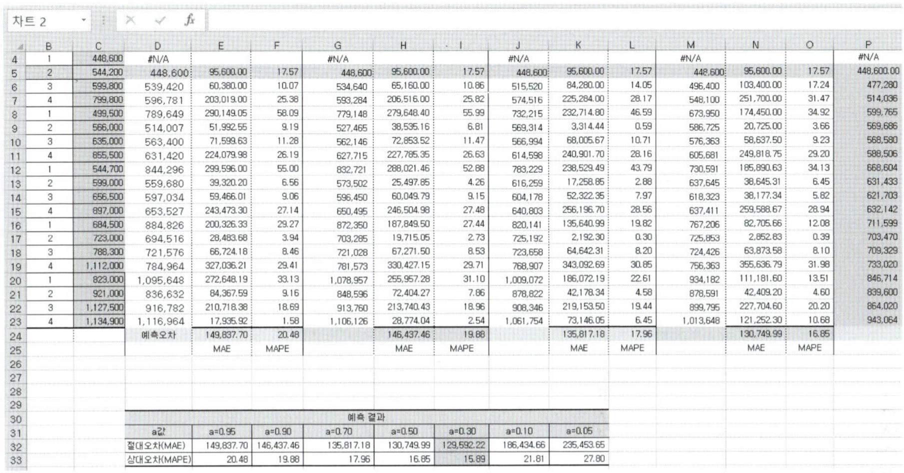

2〉 정확도가 가장 높은 $\alpha = 0.30$ 모형 결과의 차트 작성

정확도가 가장 높은 $\alpha = 0.30$ 모형 결과를 차트로 나타내려면 분할된 영역의 차트 그리기를 이용해야 한다.

① C5:C23 영역과 J5:J23 영역을 설정하고 <그림 5-44>와 같이 [삽입]-[꺾은선형]을 클릭한 후, '표식이 있는 꺾은선형'을 선택하여 차트를 만든다.

그림 5-44 ● $\alpha = 0.30$일 때의 차트 작성

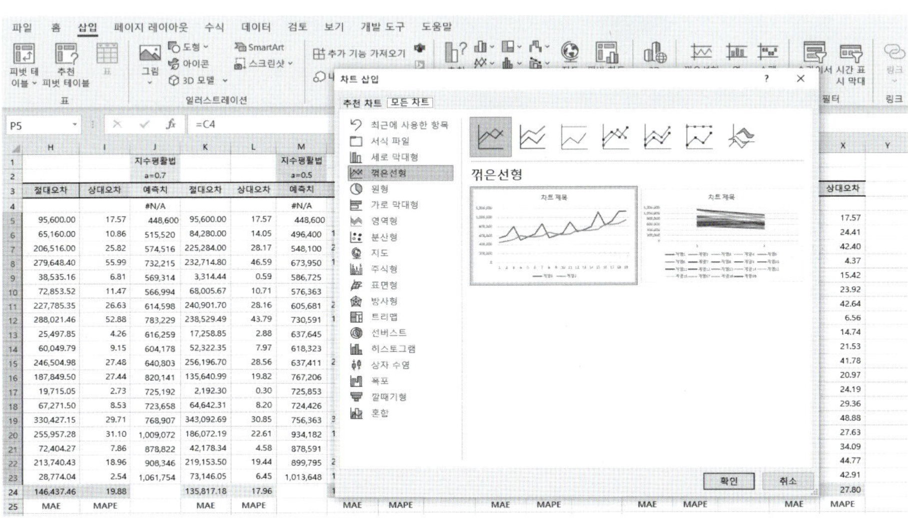

② <그림 5-45>와 같이 만들어진 차트에서 마우스 오른쪽 버튼을 눌러 [데이터 선택]을 한 후, 가로(항목) 축 레이블을 편집하여 A4:A23을 선택한다.

그림 5-45 • 데이터(축) 레이블 입력

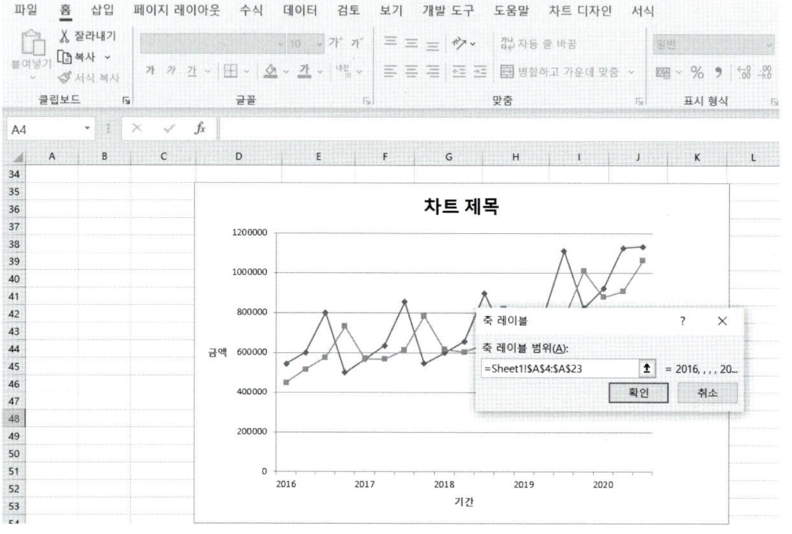

③ 차트를 선택한 후, [차트 도구] - [레이아웃] - [축 제목]에서 <그림 5-46>과 같이 가로 축 제목은 "기간", 세로 축 제목은 "금액"을 각각 입력한다.

그림 5-46 • 가로 및 세로 축 제목 입력

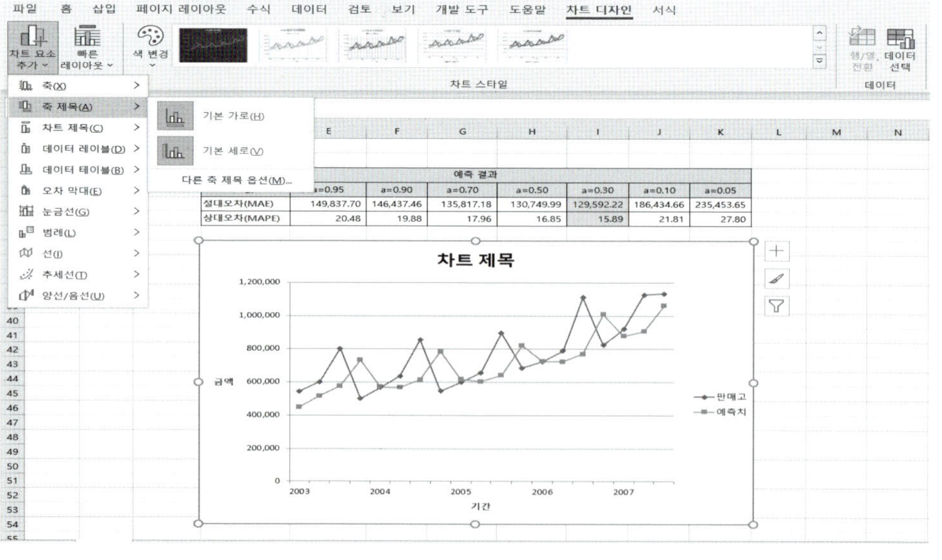

④ 3단계와 마찬가지로, 차트 제목은 'α = 0.30일 때 지수평활법', 범례는 '없음'으로 선택하면 <그림 5-47>과 같은 차트가 그려진다.

⑤ 4단계에서는 차트 위치를 워크시트에 삽입으로 선택하고 마침을 누른다.

그림 5-47 ● α = 0.30일 때의 차트

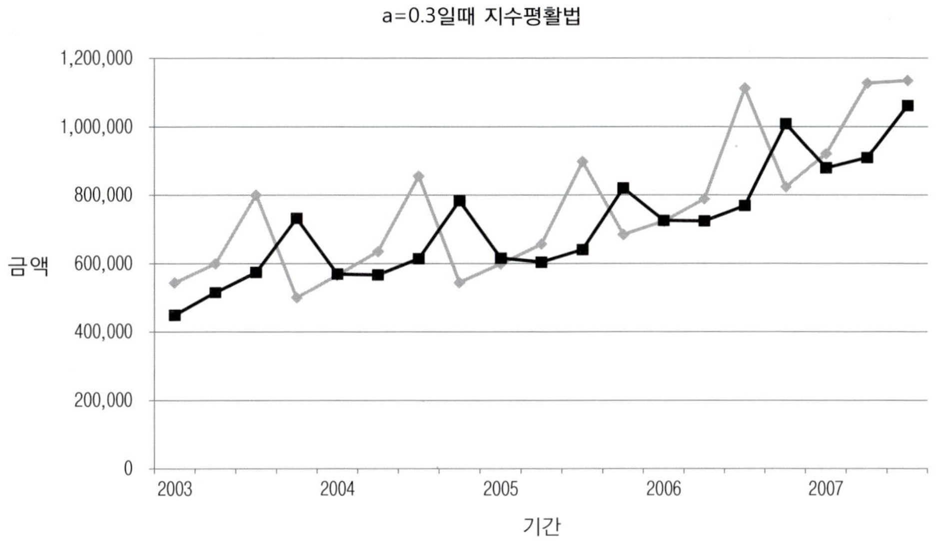

4) 분할법

(1) 시계열 요소의 분할

시계열 요소를 분리하기 위하여 먼저 워크시트를 작성하여야 한다. 『Sheet 4』의 이름을 『분할법』으로 바꾸어 기초자료분석 시트에서 복사하고자 하는 셀들인 A2:C22의 영역을 복사해 분할법 시트에 붙여넣기를 한다.

1〉 추세요인과 사이클 요인 계산(단계 1: T×C를 분리)

분할법의 첫 단계인 추세요인과 사이클 요인을 분류하기 위해 H백화점의 실제 판매고 자료를 이동평균법의 MA(T) 모형을 이용하여 이동평균법을 구하면, 계절적 요인

과 무작위 요인은 상쇄되어 추세요인과 사이클 요인만 포함하게 된다.

① 셀 D3을 선택하여 "이동평균법"이라 입력하고 셀 D4에 "T=4"를 입력한다.

② T=4일 때의 이동평균법을 구하기 위해 셀 D7을 선택하여 표준도구모음의 [함수 마법사]를 이용하여 "=AVERAGE(C5:C8)"을 입력하도록 한다. 이와 같은 방법으로 D23까지 이동평균법을 구한다.

그림 5-48 • T=4일 때의 이동평균법

G16

	A	B	C	D	E
1					
2	판매실적		(단위 : 천원)		
3	년도	분기	판매고	이동평균법	
4				T=4	
5	2016	1	448,600		
6		2	544,200		
7		3	599,800	598,100	
8		4	799,800	610,825	
9	2017	1	499,500	616,275	
10		2	566,000	625,075	
11		3	635,000	639,000	
12		4	855,500	650,300	
13	2018	1	544,700	658,550	
14		2	599,000	663,925	
15		3	656,500	674,300	
16		4	897,000	709,250	
17	2019	1	684,500	740,250	
18		2	723,000	773,200	
19		3	788,300	826,950	
20		4	1,112,000	861,575	
21	2020	1	823,000	911,075	
22		2	921,000	995,875	
23		3	1,127,500	1,001,600	
24		4	1,134,900		

③ 이동평균을 4로 설정하였기 때문에 이들의 평균값은 2번째 기간과 3번째 기간의 중간에 위치하여야 한다. 그러나 각 이동평균값은 세 번째에 위치하게 된다. 따라서 이를 조정하기 위하여 중앙화를 시켜야 한다. 이를 중앙화 이동평균값(centered moving average)이라고 한다.

④ 셀 E3을 선택하여 "중앙화 이동평균"이라 입력하며, E4에 "CMA"라 입력한다.

⑤ 셀 E7을 선택하고 함수 마법사를 이용하여 "=AVERAGE(D7:D8)"을 입력한다.

⑥ 이와 같은 방법으로 E8부터 E22까지 각각의 중앙화 이동평균을 구한다.

그림 5-49 ● 중앙화 이동평균

K16

	A	B	C	D	E	F
1				단계1. T*C 분리		
2	판매실적		(단위 : 천원)			
3	년도	분기	판매고	이동평균법	중앙화 이동평균	
4				T=4	CMA	
5	2016	1	448,600			
6		2	544,200			
7		3	599,800	598,100	604,463	
8		4	799,800	610,825	613,550	
9	2017	1	499,500	616,275	620,675	
10		2	566,000	625,075	632,038	
11		3	635,000	639,000	644,650	
12		4	855,500	650,300	654,425	
13	2018	1	544,700	658,550	661,238	
14		2	599,000	663,925	669,113	
15		3	656,500	674,300	691,775	
16		4	897,000	709,250	724,750	
17	2019	1	684,500	740,250	756,725	
18		2	723,000	773,200	800,075	
19		3	788,300	826,950	844,263	
20		4	1,112,000	861,575	886,325	
21	2020	1	823,000	911,075	953,475	
22		2	921,000	995,875	998,738	
23		3	1,127,500	1,001,600		
24		4	1,134,900			
25						

2〉 계절적 요인과 무작위 요인의 측정(단계 2: S×R을 분리)

1단계에서 추세요인과 사이클 요인을 분리하였고, 2단계에서는 계절적 요인과 무작위 요인을 분리한다. 이는 백화점의 실제판매고를 단계 1에서 구한 중앙화 이동평균인 추세와 사이클 요인으로 나누면 계산된다.

① S×R을 분리하기 위하여 원자료(판매실적)를 중앙화 이동평균으로 나누도록 한다. 즉, 셀 F7을 선택하여 “=$C7/E7”을 입력하도록 한다.

② 위와 같은 방법으로 F8부터 F22까지 수식을 복사한다.

③ 마지막으로 F7:F22의 영역을 지정하고 자릿수를 소수점 아래 두 자리까지 자릿수 늘림 아이콘을 이용하여 늘리면 <그림 5-50>과 같이 나타난다.

그림 5-50 ● **계절적 요인과 무작위 요인 측정**

K23

	A	B	C	D	E	F
1				단계1. T*C 분리		단계2. S*R 분리
2	판매실적		(단위 : 천원)			
3	년도	분기	판매고	이동평균법	중앙화 이동평균	
4				T=4	CMA	
5	2016	1	448,600			
6		2	544,200			
7		3	599,800	598,100	604,463	0.99
8		4	799,800	610,825	613,550	1.30
9	2017	1	499,500	616,275	620,675	0.80
10		2	566,000	625,075	632,038	0.90
11		3	635,000	639,000	644,650	0.99
12		4	855,500	650,300	654,425	1.31
13	2018	1	544,700	658,550	661,238	0.82
14		2	599,000	663,925	669,113	0.90
15		3	656,500	674,300	691,775	0.95
16		4	897,000	709,250	724,750	1.24
17	2019	1	684,500	740,250	756,725	0.90
18		2	723,000	773,200	800,075	0.90
19		3	788,300	826,950	844,263	0.93
20		4	1,112,000	861,575	886,325	1.25
21	2020	1	823,000	911,075	953,475	0.86
22		2	921,000	995,875	998,738	0.92
23		3	1,127,500	1,001,600		
24		4	1,134,900			

3〉 추세요인의 측정(단계 3: T를 T×C에서 분리)

$(T \times C)$의 요인이 함께 포함되어 있는 자료에서 T를 분리하여야 한다. T는 시간의 흐름에 따른 장기적인 증가와 감소 영향이므로 시간에 따른 일차 방정식으로 표현할 수 있다. 즉, $T \times C = a + b \times X$로 설정하여 X는 기간인 독립변수로, $(T \times C)$는 종속변수로 설정하여 회귀분석을 이용하여 회귀방정식을 추출한다. 회귀방정식을 개발하는 데 있어서 실제 기간을 입력하기는 불편하다. 따라서 첫 번째 기간을 1로, 두 번째 기간을 2로 정하는 순차적으로 기간의 값을 입력하면 된다. 즉, 아래 표와 같이 기간(X)을 적용하는 것이다.

2016				2017				…
1분기	2분기	3분기	4분기	1분기	2분기	3분기	4분기	…
1	2	3	4	5	6	7	8	…

① 셀 G3을 선택하여 “분기”를, G4에는 “X”를 입력한다.

② 셀 G7에 "1"을, G8에 "2"를 입력하고 연속 데이터 채우기를 이용하여 G22까지 입력한다.

③ 회귀방정식을 이용하기 위하여 [데이터] 메뉴에서 [분석]-[데이터 분석]을 선택하면 통계 데이터 분석 대화상자가 나타난다. 이 중 회귀분석을 선택하고 확인을 누른다.

그림 5-51 ● **통계 데이터 분석-회귀분석**

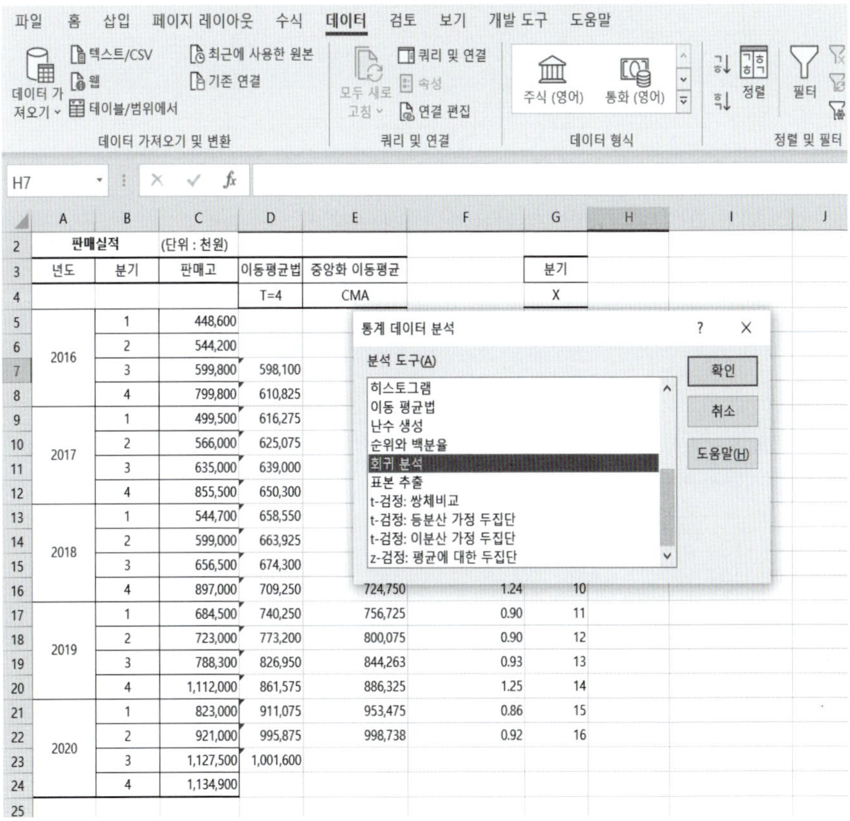

④ 회귀분석 대화상자에서 Y축의 입력범위는 "$E$7:$E$22"를, X축의 입력범위는 "$G$7:$G$22"를, 출력범위는 "$F$38"을 지정하고 확인을 누른다.

그림 5-52 ● **회귀분석 대화상자**

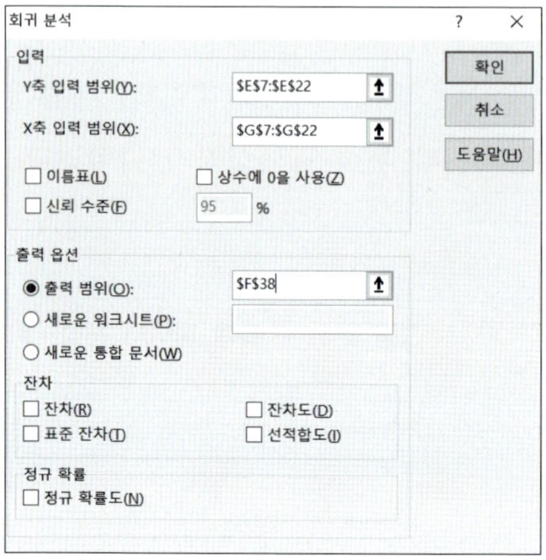

⑤ 다음과 같은 요약 출력표가 나타난다.

그림 5-53 ● **요약 출력표**

요약 출력

회귀분석 통계량	
다중 상관계수	0.942294
결정계수	0.887918
조정된 결정계수	0.879912
표준 오차	43715.36
관측수	16

분산 분석

	자유도	제곱합	제곱 평균	F 비	유의한 F
회귀	1	2.12E+11	2.12E+11	110.9088	4.9E-08
잔차	14	2.68E+10	1.91E+09		
계	15	2.39E+11			

	계수	표준 오차	t 통계량	P-값	하위 95%	상위 95%	하위 95.0%	상위 95.0%
Y 절편	522542.2	22924.53	22.79402	1.81E-12	473374	571710.4	473374	571710.4
X 1	24967.65	2370.798	10.53132	4.9E-08	19882.79	30052.5	19882.79	30052.5

⑥ 위 요약 출력표에서 알 수 있듯이 Y절편의 계수가 522542.19이고 기울기가 24967.647이므로 회귀방정식은 522542.19 + 24967.647X이다. 구해진 회귀방정식을 이용하여 추세요인(C)을 측정한다.

⑦ 셀 H7을 선택하여 "=522542.19+24967.647×G7"을 입력한다.

⑧ 위와 같은 방법으로 H8에서 H22까지 H7의 수식을 복사한다. 그 다음에 자릿수를 소수점 아래 두 자리까지 조정하면 <그림 5-54>와 같이 나타난다.

그림 5-54 ● 추세요인 측정

K23

	A	B	C	D	E	F	G	H
1				단계1. T*C 분리		단계2. S*R 분리	단계3. T 요인측정	
2	판매실적		(단위 : 천원)					
3	년도	분기	판매고	이동평균법	중앙화 이동평균		분기	
4				T=4	CMA		X	
5	2016	1	448,600					
6		2	544,200					
7		3	599,800	598,100	604,463	0.99	1	547,509.83
8		4	799,800	610,825	613,550	1.30	2	572,477.48
9	2017	1	499,500	616,275	620,675	0.80	3	597,445.13
10		2	566,000	625,075	632,038	0.90	4	622,412.78
11		3	635,000	639,000	644,650	0.99	5	647,380.42
12		4	855,500	650,300	654,425	1.31	6	672,348.07
13	2018	1	544,700	658,550	661,238	0.82	7	697,315.72
14		2	599,000	663,925	669,113	0.90	8	722,283.36
15		3	656,500	674,300	691,775	0.95	9	747,251.01
16		4	897,000	709,250	724,750	1.24	10	772,218.66
17	2019	1	684,500	740,250	756,725	0.90	11	797,186.31
18		2	723,000	773,200	800,075	0.90	12	822,153.95
19		3	788,300	826,950	844,263	0.93	13	847,121.60
20		4	1,112,000	861,575	886,325	1.25	14	872,089.25
21	2020	1	823,000	911,075	953,475	0.86	15	897,056.89
22		2	921,000	995,875	998,738	0.92	16	922,024.54
23		3	1,127,500	1,001,600				
24		4	1,134,900					

4) 사이클 요인의 측정(단계 4: C=T×C/T)

단계 1의 추세와 사이클 요인이 통합된 자료를 단계 3에서 계산된 추세요인의 값으로 나누면 사이클 요인이 남게 된다.

① 셀 I7을 선택하고 "=E7/H7"을 입력한다.

② I7의 값을 복사해 I22까지 수식을 복사한다. 자릿수를 소수점 두 자리로 조정하면 다음과 같이 나타난다.

그림 5-55 • **사이클 요인 측정**

K23

	A	B	C	D	E	F	G	H	I
1				단계1. T*C 분리		단계2. S*R 분리	단계3. T 요인측정		단계4. C 요인측정
2	판매실적		(단위 : 천원)						
3	년도	분기	판매고	이동평균법	중앙화 이동평균		분기		
4				T=4	CMA		X		
5	2016	1	448,600						
6		2	544,200						
7		3	599,800	598,100	604,463	0.99	1	547,509.83	1.10
8		4	799,800	610,825	613,550	1.30	2	572,477.48	1.07
9	2017	1	499,500	616,275	620,675	0.80	3	597,445.13	1.04
10		2	566,000	625,075	632,038	0.90	4	622,412.78	1.02
11		3	635,000	639,000	644,650	0.99	5	647,380.42	1.00
12		4	855,500	650,300	654,425	1.31	6	672,348.07	0.97
13	2018	1	544,700	658,550	661,238	0.82	7	697,315.72	0.95
14		2	599,000	663,925	669,113	0.90	8	722,283.36	0.93
15		3	656,500	674,300	691,775	0.95	9	747,251.01	0.93
16		4	897,000	709,250	724,750	1.24	10	772,218.66	0.94
17	2019	1	684,500	740,250	756,725	0.90	11	797,186.31	0.95
18		2	723,000	773,200	800,075	0.90	12	822,153.95	0.97
19		3	788,300	826,950	844,263	0.93	13	847,121.60	1.00
20		4	1,112,000	861,575	886,325	1.25	14	872,089.25	1.02
21	2020	1	823,000	911,075	953,475	0.86	15	897,056.89	1.06
22		2	921,000	995,875	998,738	0.92	16	922,024.54	1.08
23		3	1,127,500	1,001,600					
24		4	1,134,900						

5〉 계절적 요인의 측정(단계 5: S×R에서 S를 분리)

① 계절적 요인을 구하기 위하여 S×R을 분기별로 먼저 재배열하여야 한다. 분기별로 자료 정리를 하기 위하여 K4를 선택하여 "1분기"라 입력하고 N4까지 연속 데이터 채우기를 입력한다.

② J5에 "2016년"을 입력하고 연속 데이터 채우기로 셀 J9(2020년)까지 입력한다.

③ 셀 M5에 "="를 입력하고 마우스로 F7를 클릭한다. 동일한 방법으로 F8:F22를 재조정한다. 그 결과는 <그림 5-56>과 같다.

그림 5-56 • **계절적 요인 측정**

	A	B	C	D	E	F	G	H	I	J	K	L	M	N
1				단계1. T*C 분리		단계2. S*R 분리	단계3. T 요인측정		단계4. C 요인측정	단계5. S 요인측정				
2	판매실적		(단위 : 천원)											
3	년도	분기	판매고	이동평균법	중앙화 이동평균		분기							
4				T=4	CMA		X				1분기	2분기	3분기	4분기
5	2016	1	448,600							2016년			0.9923	1.3036
6		2	544,200							2017년	0.8048	0.8955	0.9850	1.3073
7		3	599,800	598,100	604,463	0.99	1	547,509.83	1.10	2018년	0.8238	0.8952	0.9490	1.2377
8		4	799,800	610,825	613,550	1.30	2	572,477.48	1.07	2019년	0.9046	0.9037	0.9337	1.2546
9	2017	1	499,500	616,275	620,675	0.80	3	597,445.13	1.04	2020년	0.8632	0.9222		
10		2	566,000	625,075	632,038	0.90	4	622,412.78	1.02					
11		3	635,000	639,000	644,650	0.99	5	647,380.42	1.00					
12		4	855,500	650,300	654,425	1.31	6	672,348.07	0.97					
13	2018	1	544,700	658,550	661,238	0.82	7	697,315.72	0.95					
14		2	599,000	663,925	669,113	0.90	8	722,283.36	0.93					
15		3	656,500	674,300	691,775	0.95	9	747,251.01	0.93					
16		4	897,000	709,250	724,750	1.24	10	772,218.66	0.94					
17	2019	1	684,500	740,250	756,725	0.90	11	797,186.31	0.95					
18		2	723,000	773,200	800,075	0.90	12	822,153.95	0.97					
19		3	788,300	826,950	844,263	0.93	13	847,121.60	1.00					
20		4	1,112,000	861,575	886,325	1.25	14	872,089.25	1.02					
21	2020	1	823,000	911,075	953,475	0.86	15	897,056.89	1.06					
22		2	921,000	995,875	998,738	0.92	16	922,024.54	1.08					
23		3	1,127,500	1,001,600										
24		4	1,134,900											

④ 최대값과 최소값을 제외한 다른 수차들을 이용하여 조정평균(adjusted mean)을 이용하여 계절지수를 구한다. 셀 J10에 "최대값"을, J11에 "최소값"을, J12에 "평균", J13에 "조정평균"이라 입력한다.

⑤ 셀 K10을 선택하고 함수 마법사를 이용하여 "=MAX(K6:K9)"을 입력한다.

⑥ 이와 같은 방법으로 함수 마법사를 이용하여 최대값과 최소값을 구한다.

그림 5-57 • **분기별 최대값과 최소값**

	G	H	I	J	K	L	M	N
1	단계3. T 요인측정		단계4. C 요인측정	단계5. S 요인측정				
2								
3	분기							
4	X				1분기	2분기	3분기	4분기
5				2016년			0.9923	1.3036
6				2017년	0.8048	0.8955	0.9850	1.3073
7	1	547,509.83	1.10	2018년	0.8238	0.8952	0.9490	1.2377
8	2	572,477.48	1.07	2019년	0.9046	0.9037	0.9337	1.2546
9	3	597,445.13	1.04	2020년	0.8632	0.9222		
10	4	622,412.78	1.02	최대값	0.9046	0.9222	0.9923	1.3073
11	5	647,380.42	1.00	최소값	0.8048	0.8952	0.9337	1.2377
12	6	672,348.07	0.97					
13	7	697,315.72	0.95					
14	8	722,283.36	0.93					
15	9	747,251.01	0.93					
16	10	772,218.66	0.94					
17	11	797,186.31	0.95					
18	12	822,153.95	0.97					
19	13	847,121.60	1.00					
20	14	872,089.25	1.02					
21	15	897,056.89	1.06					
22	16	922,024.54	1.08					

⑦ 각 분기별로 최대값과 최소값을 제외한 평균을 구하기 위해서는 분할된 영역의 함수식을 이용해야 한다.

⑧ 1분기의 최대값은 0.9046, 최소값은 0.8048로 2019년(셀 K8)과 2017년(셀 K6)이므로 이를 제외한 평균을 구하도록 한다. 셀 K12를 선택하고 함수 마법사를 이용하여 분할된 영역의 평균을 구하기 위해 "=AVERAGE(K7, K9)"를 입력한다.

⑨ 2분기의 최대값은 0.9222, 최소값은 0.8952으로 2020년(L9)과 2018년(L7)이므로 이를 제외한 평균을 구하도록 한다. 셀 L12를 선택하고 함수 마법사를 이용하여 분할된 영역의 평균을 구하기 위해 "=AVERAGE(L6, L8)"을 입력한다.

⑩ 3분기의 최대값은 0.9923, 최소값은 0.9337으로 2016년(M5)과 2019년(M8)이므로 이를 제외한 평균을 구하도록 한다. 셀 M12를 선택하고 함수 마법사를 이용하여 분할된 영역의 평균을 구하기 위해 "=AVERAGE(M6, M7)"을 입력한다.

⑪ 4분기의 최대값은 1.3073, 최소값은 1.2377으로 2017년(N6)과 2018년(N7)이므로 이를 제외한 평균을 구하도록 한다. 셀 N12를 선택하고 함수 마법사를 이용하여 분할된 영역의 평균을 구하기 위해 "=AVERAGE(N5, N8)"을 입력한다.

⑫ 셀 O12에 평균의 합계(계절지수의 합계)를 구한다.

그림 5-58 • 평균의 합계

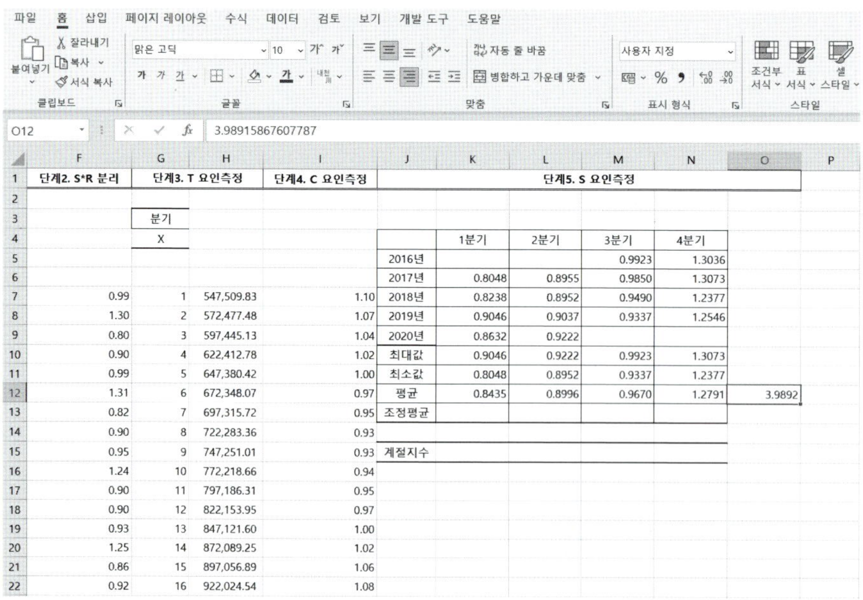

O12 | 3.98915867607787

	F	G	H	I	J	K	L	M	N	O	P
1	단계2. S*R 분리	단계3. T 요인측정		단계4. C 요인측정	단계5. S 요인측정						
2											
3		분기									
4		X				1분기	2분기	3분기	4분기		
5					2016년			0.9923	1.3036		
6					2017년	0.8048	0.8955	0.9850	1.3073		
7	0.99	1	547,509.83	1.10	2018년	0.8238	0.8952	0.9490	1.2377		
8	1.30	2	572,477.48	1.07	2019년	0.9046	0.9037	0.9337	1.2546		
9	0.80	3	597,445.13	1.04	2020년	0.8632	0.9222				
10	0.90	4	622,412.78	1.02	최대값	0.9046	0.9222	0.9923	1.3073		
11	0.99	5	647,380.42	1.00	최소값	0.8048	0.8952	0.9337	1.2377		
12	1.31	6	672,348.07	0.97	평균	0.8435	0.8996	0.9670	1.2791	3.9892	
13	0.82	7	697,315.72	0.95	조정평균						
14	0.90	8	722,283.36	0.93							
15	0.95	9	747,251.01	0.93	계절지수						
16	1.24	10	772,218.66	0.94							
17	0.90	11	797,186.31	0.95							
18	0.90	12	822,153.95	0.97							
19	0.93	13	847,121.60	1.00							
20	1.25	14	872,089.25	1.02							
21	0.86	15	897,056.89	1.06							
22	0.92	16	922,024.54	1.08							

⑬ J15에 “계절지수”라 입력한다.

⑭ 계절지수의 합계는 4가 되어야 하므로 구한 평균을 조정해야 한다. 셀 K13에 “=K12*4/$O$12”를 입력한다.

⑮ 입력된 수식을 각 분기별로 복사하면 아래와 같이 조정평균이 구해진다. 구한 조정평균을 계절지수로 표시하기 위해 셀 J15을 선택하여 “계절지수”라 입력하고 K15부터 다시 조정평균을 계절지수로 표시하였다.

그림 5-59 • 조정평균과 계절지수

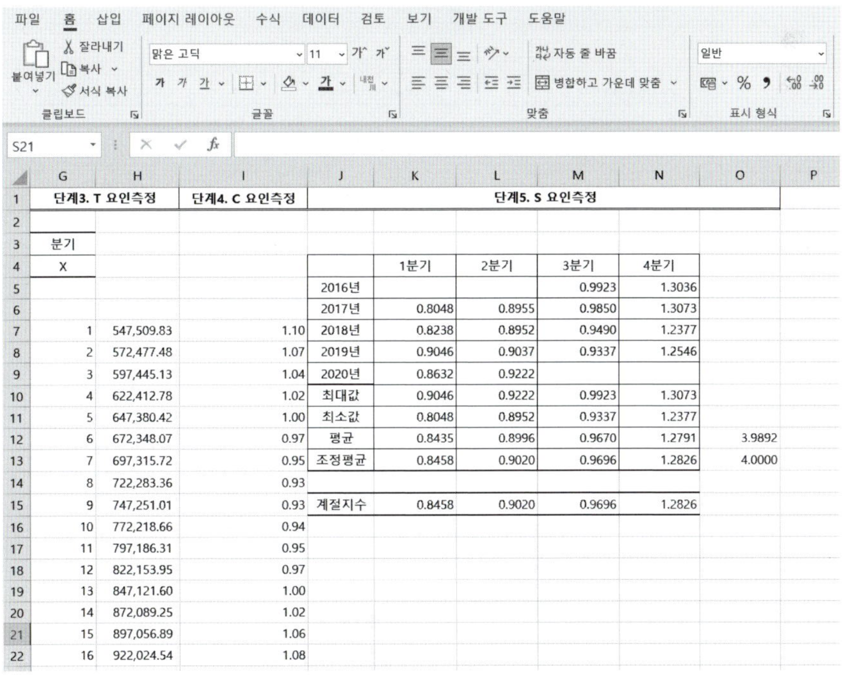

	G	H	I	J	K	L	M	N	O	P
1	단계3. T 요인측정		단계4. C 요인측정	단계5. S 요인측정						
2										
3	분기									
4	X				1분기	2분기	3분기	4분기		
5				2016년			0.9923	1.3036		
6				2017년	0.8048	0.8955	0.9850	1.3073		
7	1	547,509.83	1.10	2018년	0.8238	0.8952	0.9490	1.2377		
8	2	572,477.48	1.07	2019년	0.9046	0.9037	0.9337	1.2546		
9	3	597,445.13	1.04	2020년	0.8632	0.9222				
10	4	622,412.78	1.02	최대값	0.9046	0.9222	0.9923	1.3073		
11	5	647,380.42	1.00	최소값	0.8048	0.8952	0.9337	1.2377		
12	6	672,348.07	0.97	평균	0.8435	0.8996	0.9670	1.2791	3.9892	
13	7	697,315.72	0.95	조정평균	0.8458	0.9020	0.9696	1.2826	4.0000	
14	8	722,283.36	0.93							
15	9	747,251.01	0.93	계절지수	0.8458	0.9020	0.9696	1.2826		
16	10	772,218.66	0.94							
17	11	797,186.31	0.95							
18	12	822,153.95	0.97							
19	13	847,121.60	1.00							
20	14	872,089.25	1.02							
21	15	897,056.89	1.06							
22	16	922,024.54	1.08							

6) 무작위 요인의 측정(단계 6: S×R에서 R을 분리)

무작위 요인을 측정하기 위해 기간을 표시하고 단계 2에서 구한 S×R을 각 분기의 계절지수로 나누어 주면 무작위 요인(R)을 추출할 수 있다.

① 셀 P4를 선택하여 “X”를, Q4에 “R”을 입력한다.

② 셀 P7에서 P22에 1에서 16까지를 입력한다.

③ 셀 Q7을 선택하여 단계 2에서 구한 S×R(셀 F7)을 해당 분기의 계절지수(셀 M15)로 나눠주기 위해 "=F7/$M$15"를 입력한다.

④ 위의 방법으로 각각의 분기에 해당하는 계절지수로 나누어 주면 다음과 같이 나타난다.

그림 5-60 • **무작위 요인 측정**

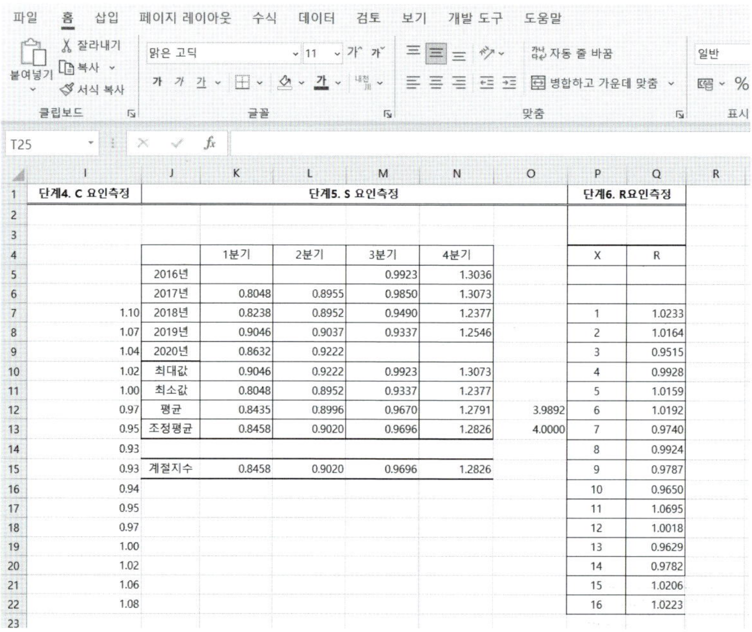

	I	J	K	L	M	N	O	P	Q
1	단계4. C 요인측정	단계5. S 요인측정						단계6. R요인측정	
2									
3									
4			1분기	2분기	3분기	4분기		X	R
5		2016년			0.9923	1.3036			
6		2017년	0.8048	0.8955	0.9850	1.3073			
7	1.10	2018년	0.8238	0.8952	0.9490	1.2377		1	1.0233
8	1.07	2019년	0.9046	0.9037	0.9337	1.2546		2	1.0164
9	1.04	2020년	0.8632	0.9222				3	0.9515
10	1.02	최대값	0.9046	0.9222	0.9923	1.3073		4	0.9928
11	1.00	최소값	0.8048	0.8952	0.9337	1.2377		5	1.0159
12	0.97	평균	0.8435	0.8996	0.9670	1.2791	3.9892	6	1.0192
13	0.95	조정평균	0.8458	0.9020	0.9696	1.2826	4.0000	7	0.9740
14	0.93							8	0.9924
15	0.93	계절지수	0.8458	0.9020	0.9696	1.2826		9	0.9787
16	0.94							10	0.9650
17	0.95							11	1.0695
18	0.97							12	1.0018
19	1.00							13	0.9629
20	1.02							14	0.9782
21	1.06							15	1.0206
22	1.08							16	1.0223
23									

(2) 시계열 요소를 이용한 예측

앞서 구한 4개의 요인을 이용하여 다음 기간의 예측치를 구한다. 예측치를 구하기 위해 입력된 자료인 연도에 대한 분기별 자료를 재구성한다. 셀 A5:C24의 영역을 설정하여 복사하고 셀 R5를 선택하여 붙여넣는다. 셀 U7에서 U32까지 1~26을 순차적으로 입력하면 <그림 5-61>과 같이 나타난다.

그림 5-61 ● 분기별 자료 재구성

	J	K	L	M	N	O	P	Q	R	S	T	U
1	단계5. S 요인측정						단계6. R요인측정		(2)시계열 요소를 이용한 예측			단계7. 예측
2									판매실적		(단위 : 천원)	
3									년도	분기	판매고	
4		1분기	2분기	3분기	4분기		X	R				
5	2016년			0.9923	1.3036				2016	1	448,600	
6	2017년	0.8048	0.8955	0.9850	1.3073					2	544,200	
7	2018년	0.8238	0.8952	0.9490	1.2377		1	1.0233		3	599,800	1
8	2019년	0.9046	0.9037	0.9337	1.2546		2	1.0164		4	799,800	2
9	2020년	0.8632	0.9222				3	0.9515	2017	1	499,500	3
10	최대값	0.9046	0.9222	0.9923	1.3073		4	0.9928		2	566,000	4
11	최소값	0.8048	0.8952	0.9337	1.2377		5	1.0159		3	635,000	5
12	평균	0.8435	0.8996	0.9670	1.2791	3.9892	6	1.0192		4	855,500	6
13	조정평균	0.8458	0.9020	0.9696	1.2826	4.0000	7	0.9740	2018	1	544,700	7
14							8	0.9924		2	599,000	8
15	계절지수	0.8458	0.9020	0.9696	1.2826		9	0.9787		3	656,500	9
16							10	0.9650		4	897,000	10
17							11	1.0695	2019	1	684,500	11
18							12	1.0018		2	723,000	12
19							13	0.9629		3	788,300	13
20							14	0.9782		4	1,112,000	14
21							15	1.0206	2020	1	823,000	15
22							16	1.0223		2	921,000	16
23										3	1,127,500	17
24										4	1,134,900	18

1〉 추세값을 계산(단계 7: T를 계산)

① 셀 V4에 "T"를 입력한다.

② 단계 3에서 구한 회귀방정식(=522542.19+24967.647×X)을 이용하여 T를 구하기 위해 셀 V7에 "=522542.19+24967.647×U7"을 입력한다. 이와 같은 방법으로 2020년 4분기, 즉 X값 18의 T값까지 구한다.

그림 5-62 ● 추세값의 계산

	P	Q	R	S	T	U	V
1	단계6. R요인측정		(2)시계열 요소를 이용한 예측			단계7. 예측	
2			판매실적		(단위 : 천원)		추세
3			년도	분기	판매고		
4	X	R					T
5			2016	1	448,600		
6				2	544,200		
7	1	1.0233		3	599,800	1	547,509.835
8	2	1.0164		4	799,800	2	572,477.482
9	3	0.9515	2017	1	499,500	3	597,445.129
10	4	0.9928		2	566,000	4	622,412.776
11	5	1.0159		3	635,000	5	647,380.423
12	6	1.0192		4	855,500	6	672,348.070
13	7	0.9740	2018	1	544,700	7	697,315.717
14	8	0.9924		2	599,000	8	722,283.364
15	9	0.9787		3	656,500	9	747,251.011
16	10	0.9650		4	897,000	10	772,218.658
17	11	1.0695	2019	1	684,500	11	797,186.305
18	12	1.0018		2	723,000	12	822,153.952
19	13	0.9629		3	788,300	13	847,121.599
20	14	0.9782		4	1,112,000	14	872,089.246
21	15	1.0206	2020	1	823,000	15	897,056.893
22	16	1.0223		2	921,000	16	922,024.540
23				3	1,127,500	17	946,992.188
24				4	1,134,900	18	971,959.835

2〉 추세요인에 계절적 요인의 값을 추가(단계 8: T×S)

① 셀 W4에 "T×S"를 입력한다.

② 구한 추세의 값에 계절적 요인을 곱한다. 계절적 요인의 값은 단계 5에서 계산되었다. 셀 W7을 선택하고 "=V7*$M$15"를 입력한다.

③ 이와 같은 방법으로 2020년 4분기까지의 T×S의 값을 구한다.

그림 5-63 ● 추세요인에 계절적 요인 추가

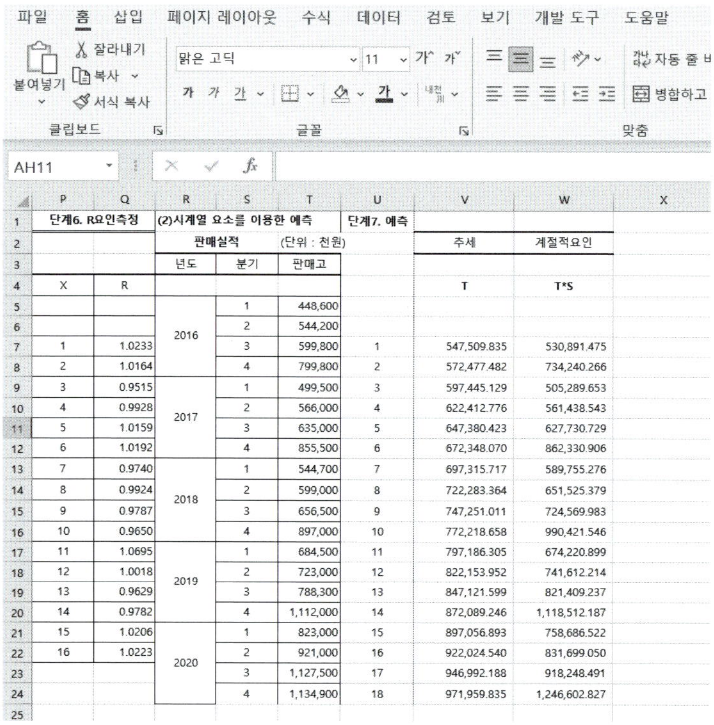

	P	Q	R	S	T	U	V	W	X
1	단계6. R요인측정		(2)시계열 요소를 이용한 예측			단계7. 예측			
2			판매실적		(단위 : 천원)		추세	계절적요인	
3			년도	분기	판매고				
4	X	R					T	T*S	
5			2016	1	448,600				
6				2	544,200				
7	1	1.0233		3	599,800	1	547,509.835	530,891.475	
8	2	1.0164		4	799,800	2	572,477.482	734,240.266	
9	3	0.9515	2017	1	499,500	3	597,445.129	505,289.653	
10	4	0.9928		2	566,000	4	622,412.776	561,438.543	
11	5	1.0159		3	635,000	5	647,380.423	627,730.729	
12	6	1.0192		4	855,500	6	672,348.070	862,330.906	
13	7	0.9740	2018	1	544,700	7	697,315.717	589,755.276	
14	8	0.9924		2	599,000	8	722,283.364	651,525.379	
15	9	0.9787		3	656,500	9	747,251.011	724,569.983	
16	10	0.9650		4	897,000	10	772,218.658	990,421.546	
17	11	1.0695	2019	1	684,500	11	797,186.305	674,220.899	
18	12	1.0018		2	723,000	12	822,153.952	741,612.214	
19	13	0.9629		3	788,300	13	847,121.599	821,409.237	
20	14	0.9782		4	1,112,000	14	872,089.246	1,118,512.187	
21	15	1.0206	2020	1	823,000	15	897,056.893	758,686.522	
22	16	1.0223		2	921,000	16	922,024.540	831,699.050	
23				3	1,127,500	17	946,992.188	918,248.491	
24				4	1,134,900	18	971,959.835	1,246,602.827	
25									

3〉 장기적 사이클을 계산(단계 9: T×S×C)

① 셀 X4에 "T×S×C"를 입력한다.

② 앞에서 구한 T×S에 C를 곱하기 위해 셀 X7을 선택하고 "=W7*I7"을 입력한다.

이와 같은 방법으로 셀 X24까지 최종 예측치를 구하면 <그림 5-64>와 같다

그림 5-64 • **최종 예측치 계산**

	P	Q	R	S	T	U	V	W	X	Y
1	단계6. R요인측정		(2)시계열 요소를 이용한 예측			단계7. 예측				
2			판매실적		(단위 : 천원)		추세	계절적요인	최종예측치	
3			년도	분기	판매고					
4	X	R					T	T*S	T*S*C	
5			2016	1	448,600					
6				2	544,200					
7	1	1.0233		3	599,800	1	547,509.835	530,891.475	586,115.478	
8	2	1.0164		4	799,800	2	572,477.482	734,240.266	786,918.489	
9	3	0.9515	2017	1	499,500	3	597,445.129	505,289.653	524,936.334	
10	4	0.9928		2	566,000	4	622,412.776	561,438.543	570,120.388	
11	5	1.0159		3	635,000	5	647,380.423	627,730.729	625,083.182	
12	6	1.0192		4	855,500	6	672,348.070	862,330.906	839,343.382	
13	7	0.9740	2018	1	544,700	7	697,315.717	589,755.276	559,242.098	
14	8	0.9924		2	599,000	8	722,283.364	651,525.379	603,563.361	
15	9	0.9787		3	656,500	9	747,251.011	724,569.983	670,777.814	
16	10	0.9650		4	897,000	10	772,218.658	990,421.546	929,539.850	
17	11	1.0695	2019	1	684,500	11	797,186.305	674,220.899	640,000.721	
18	12	1.0018		2	723,000	12	822,153.952	741,612.214	721,696.211	
19	13	0.9629		3	788,300	13	847,121.599	821,409.237	818,636.919	
20	14	0.9782		4	1,112,000	14	872,089.246	1,118,512.187	1,136,770.483	
21	15	1.0206	2020	1	823,000	15	897,056.893	758,686.522	806,402.177	
22	16	1.0223		2	921,000	16	922,024.540	831,699.050	900,896.878	
23				3	1,127,500	17	946,992.188	918,248.491	1,000,890.855	
24				4	1,134,900	18	971,959.835	1,246,602.827	1,371,263.110	
25										

임의의 C값 입력

셀 X23과 X24를 계산하기 위해 I23과 I24에 임의의 C값을 입력해 주어야 한다.
셀 I23과 I24에 1.04와 1.03의 임의의 값을 입력하였다.

4〉 예측오차

예측치에 대한 오차평가는 함수 ABS를 이용한 절대오차와 비율로 나타내는 상대오차를 이용하여 구한다.

① 셀 Y7에 함수 마법사를 이용하여 "=ABS(T7−X7)"을 입력한다.

② 같은 방법으로 셀 Y22까지 절대오차를 구한다.

③ 셀 Y23에 "=AVERAGE(Y7:Y22)"를 입력하여 절대오차의 예측오차를 평가한다.

그림 5-65 ● **절대오차 계산**

AH11

	P	Q	R	S	T	U	V	W	X	Y	Z
1	단계6. R요인측정		(2)시계열 요소를 이용한 예측			단계7. 예측					
2			판매실적		(단위 : 천원)		추세	계절적요인	최종예측치	절대오차	
3			년도	분기	판매고						
4	X	R					T	T*S	T*S*C		
5			2016	1	448,600						
6				2	544,200						
7	1	1.0233		3	599,800	1	547,509.835	530,891.475	586,115.478	13,684.522	
8	2	1.0164		4	799,800	2	572,477.482	734,240.266	786,918.489	12,881.511	
9	3	0.9515	2017	1	499,500	3	597,445.129	505,289.653	524,936.334	25,436.334	
10	4	0.9928		2	566,000	4	622,412.776	561,438.543	570,120.388	4,120.388	
11	5	1.0159		3	635,000	5	647,380.423	627,730.729	625,083.182	9,916.818	
12	6	1.0192		4	855,500	6	672,348.070	862,330.906	839,343.382	16,156.618	
13	7	0.9740	2018	1	544,700	7	697,315.717	589,755.276	559,242.098	14,542.098	
14	8	0.9924		2	599,000	8	722,283.364	651,525.379	603,563.361	4,563.361	
15	9	0.9787		3	656,500	9	747,251.011	724,569.983	670,777.814	14,277.814	
16	10	0.9650		4	897,000	10	772,218.658	990,421.546	929,539.850	32,539.850	
17	11	1.0695	2019	1	684,500	11	797,186.305	674,220.899	640,000.721	44,499.279	
18	12	1.0018		2	723,000	12	822,153.952	741,612.214	721,696.211	1,303.789	
19	13	0.9629		3	788,300	13	847,121.599	821,409.237	818,636.919	30,336.919	
20	14	0.9782		4	1,112,000	14	872,089.246	1,118,512.187	1,136,770.483	24,770.483	
21	15	1.0206	2020	1	823,000	15	897,056.893	758,686.522	806,402.177	16,597.823	
22	16	1.0223		2	921,000	16	922,024.540	831,699.050	900,896.878	20,103.122	
23				3	1,127,500	17	946,992.188	918,248.491	1,000,890.855	17,858.171	
24				4	1,134,900	18	971,959.835	1,246,602.827	1,371,263.110	MAE	

④ 상대오차를 구하기 위해 셀 Z7에 "=Y7/T7*100"을 입력하고 같은 방법으로 Z22까지 수식을 입력한다.

⑤ 셀 Z23에 "=AVERAGE(Z7:Z22)"를 입력하여 상대오차의 예측오차를 평가하면 다음과 같이 나타난다.

그림 5-66 ● **상대오차 계산**

AD26

	P	Q	R	S	T	U	V	W	X	Y	Z	AA
1	단계6. R요인측정		(2)시계열 요소를 이용한 예측			단계7. 예측						
2			판매실적		(단위 : 천원)		추세	계절적요인	최종예측치	절대오차	상대오차	
3			년도	분기	판매고							
4	X	R					T	T*S	T*S*C			
5			2016	1	448,600							
6				2	544,200							
7	1	1.0233		3	599,800	1	547,509.835	530,891.475	586,115.478	13,684.522	2.282	
8	2	1.0164		4	799,800	2	572,477.482	734,240.266	786,918.489	12,881.511	1.611	
9	3	0.9515	2017	1	499,500	3	597,445.129	505,289.653	524,936.334	25,436.334	5.092	
10	4	0.9928		2	566,000	4	622,412.776	561,438.543	570,120.388	4,120.388	0.728	
11	5	1.0159		3	635,000	5	647,380.423	627,730.729	625,083.182	9,916.818	1.562	
12	6	1.0192		4	855,500	6	672,348.070	862,330.906	839,343.382	16,156.618	1.889	
13	7	0.9740	2018	1	544,700	7	697,315.717	589,755.276	559,242.098	14,542.098	2.670	
14	8	0.9924		2	599,000	8	722,283.364	651,525.379	603,563.361	4,563.361	0.762	
15	9	0.9787		3	656,500	9	747,251.011	724,569.983	670,777.814	14,277.814	2.175	
16	10	0.9650		4	897,000	10	772,218.658	990,421.546	929,539.850	32,539.850	3.628	
17	11	1.0695	2019	1	684,500	11	797,186.305	674,220.899	640,000.721	44,499.279	6.501	
18	12	1.0018		2	723,000	12	822,153.952	741,612.214	721,696.211	1,303.789	0.180	
19	13	0.9629		3	788,300	13	847,121.599	821,409.237	818,636.919	30,336.919	3.848	
20	14	0.9782		4	1,112,000	14	872,089.246	1,118,512.187	1,136,770.483	24,770.483	2.228	
21	15	1.0206	2020	1	823,000	15	897,056.893	758,686.522	806,402.177	16,597.823	2.017	
22	16	1.0223		2	921,000	16	922,024.540	831,699.050	900,896.878	20,103.122	2.183	
23				3	1,127,500	17	946,992.188	918,248.491	1,000,890.855	17,858.171	2.460	
24				4	1,134,900	18	971,959.835	1,246,602.827	1,371,263.110	MAE	MAPE	

(3) 2021년과 2022년의 백화점 판매고 예측

1〉 2021년과 2022년을 X에 추가

셀 R25에 “2021”, 셀 R29에 “2022”를 입력하고 S열에 각각의 분기를 입력한다.

그림 5-67 ● 2021년과 2022년 추가

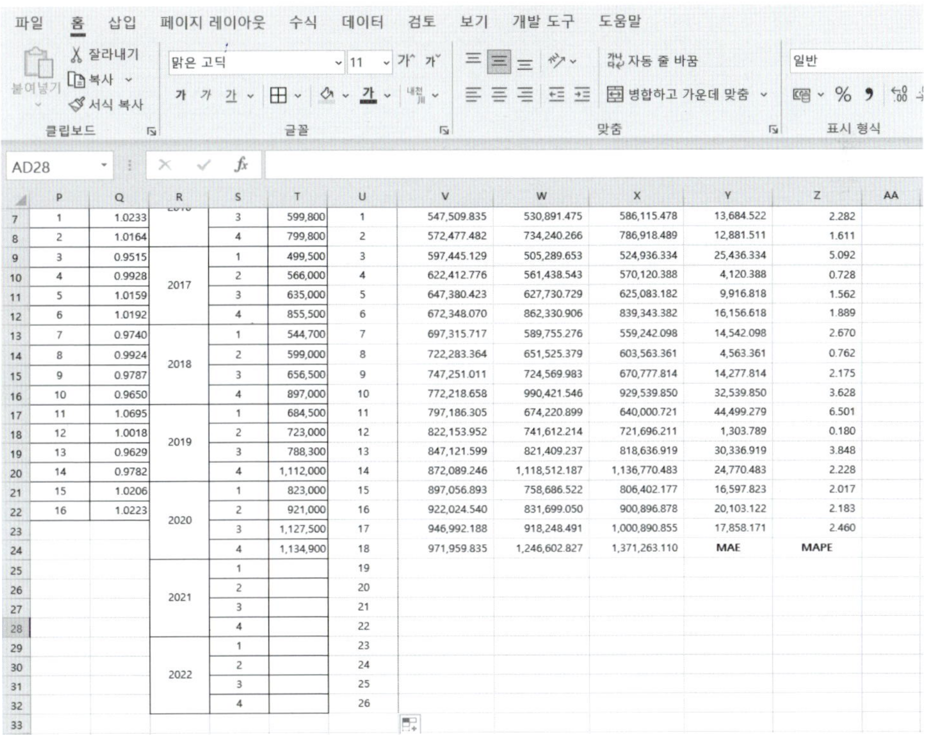

	P	Q	R	S	T	U	V	W	X	Y	Z	AA
7	1	1.0233		3	599,800	1	547,509.835	530,891.475	586,115.478	13,684.522	2.282	
8	2	1.0164		4	799,800	2	572,477.482	734,240.266	786,918.489	12,881.511	1.611	
9	3	0.9515	2017	1	499,500	3	597,445.129	505,289.653	524,936.334	25,436.334	5.092	
10	4	0.9928		2	566,000	4	622,412.776	561,438.543	570,120.388	4,120.388	0.728	
11	5	1.0159		3	635,000	5	647,380.423	627,730.729	625,083.182	9,916.818	1.562	
12	6	1.0192		4	855,500	6	672,348.070	862,330.906	839,343.382	16,156.618	1.889	
13	7	0.9740	2018	1	544,700	7	697,315.717	589,755.276	559,242.098	14,542.098	2.670	
14	8	0.9924		2	599,000	8	722,283.364	651,525.379	603,563.361	4,563.361	0.762	
15	9	0.9787		3	656,500	9	747,251.011	724,569.983	670,777.814	14,277.814	2.175	
16	10	0.9650		4	897,000	10	772,218.658	990,421.546	929,539.850	32,539.850	3.628	
17	11	1.0695	2019	1	684,500	11	797,186.305	674,220.899	640,000.721	44,499.279	6.501	
18	12	1.0018		2	723,000	12	822,153.952	741,612.214	721,696.211	1,303.789	0.180	
19	13	0.9629		3	788,300	13	847,121.599	821,409.237	818,636.919	30,336.919	3.848	
20	14	0.9782		4	1,112,000	14	872,089.246	1,118,512.187	1,136,770.483	24,770.483	2.228	
21	15	1.0206	2020	1	823,000	15	897,056.893	758,686.522	806,402.177	16,597.823	2.017	
22	16	1.0223		2	921,000	16	922,024.540	831,699.050	900,896.878	20,103.122	2.183	
23				3	1,127,500	17	946,992.188	918,248.491	1,000,890.855	17,858.171	2.460	
24				4	1,134,900	18	971,959.835	1,246,602.827	1,371,263.110	MAE	MAPE	
25			2021	1		19						
26				2		20						
27				3		21						
28				4		22						
29			2022	1		23						
30				2		24						
31				3		25						
32				4		26						
33												

2〉 T의 계산

① 셀 V25에 회귀방정식(=522542.19+24967.647×X)을 이용하여 T를 구하기 위해 “=522542.19+24967.647*U25”를 입력한다.

② 같은 방법으로 2022년 4분기까지의 T를 구한다.

그림 5-68 • 2021년과 2022년의 추세값

X32

	P	Q	R	S	T	U	V	W	X	Y	Z	AA
7	1	1.0233		3	599,800	1	547,509.835	530,891.475	586,115.478	13,684.522	2.282	
8	2	1.0164		4	799,800	2	572,477.482	734,240.266	786,918.489	12,881.511	1.611	
9	3	0.9515		1	499,500	3	597,445.129	505,289.653	524,936.334	25,436.334	5.092	
10	4	0.9928	2017	2	566,000	4	622,412.776	561,438.543	570,120.388	4,120.388	0.728	
11	5	1.0159		3	635,000	5	647,380.423	627,730.729	625,083.182	9,916.818	1.562	
12	6	1.0192		4	855,500	6	672,348.070	862,330.906	839,343.382	16,156.618	1.889	
13	7	0.9740		1	544,700	7	697,315.717	589,755.276	559,242.098	14,542.098	2.670	
14	8	0.9924	2018	2	599,000	8	722,283.364	651,525.379	603,563.361	4,563.361	0.762	
15	9	0.9787		3	656,500	9	747,251.011	724,569.983	670,777.814	14,277.814	2.175	
16	10	0.9650		4	897,000	10	772,218.658	990,421.546	929,539.850	32,539.850	3.628	
17	11	1.0695		1	684,500	11	797,186.305	674,220.899	640,000.721	44,499.279	6.501	
18	12	1.0018	2019	2	723,000	12	822,153.952	741,612.214	721,696.211	1,303.789	0.180	
19	13	0.9629		3	788,300	13	847,121.599	821,409.237	818,636.919	30,336.919	3.848	
20	14	0.9782		4	1,112,000	14	872,089.246	1,118,512.187	1,136,770.483	24,770.483	2.228	
21	15	1.0206		1	823,000	15	897,056.893	758,686.522	806,402.177	16,597.823	2.017	
22	16	1.0223	2020	2	921,000	16	922,024.540	831,699.050	900,896.878	20,103.122	2.183	
23				3	1,127,500	17	946,992.188	918,248.491	1,000,890.855	17,858.171	2.460	
24				4	1,134,900	18	971,959.835	1,246,602.827	1,371,263.110	MAE	MAPE	
25				1		19	996,927.482					
26			2021	2		20	1,021,895.129					
27				3		21	1,046,862.776					
28				4		22	1,071,830.423					
29				1		23	1,096,798.070					
30			2022	2		24	1,121,765.717					
31				3		25	1,146,733.364					
32				4		26	1,171,701.011					

3) S의 계산

① 셀 W25에 S를 구하기 위해 "=V25*$K$15"를 입력한다.

② 위와 같은 방법으로 2022년 4분기까지의 T×S를 구하면 <그림 5-69>와 같다.

그림 5-69 • 2021년과 2022년의 추세요인 × 계절적 요인 측정

Y30

	P	Q	R	S	T	U	V	W	X	Y	Z	AA
7	1	1.0233		3	599,800	1	547,509.835	530,891.475	586,115.478	13,684.522	2.282	
8	2	1.0164		4	799,800	2	572,477.482	734,240.266	786,918.489	12,881.511	1.611	
9	3	0.9515		1	499,500	3	597,445.129	505,289.653	524,936.334	25,436.334	5.092	
10	4	0.9928	2017	2	566,000	4	622,412.776	561,438.543	570,120.388	4,120.388	0.728	
11	5	1.0159		3	635,000	5	647,380.423	627,730.729	625,083.182	9,916.818	1.562	
12	6	1.0192		4	855,500	6	672,348.070	862,330.906	839,343.382	16,156.618	1.889	
13	7	0.9740		1	544,700	7	697,315.717	589,755.276	559,242.098	14,542.098	2.670	
14	8	0.9924	2018	2	599,000	8	722,283.364	651,525.379	603,563.361	4,563.361	0.762	
15	9	0.9787		3	656,500	9	747,251.011	724,569.983	670,777.814	14,277.814	2.175	
16	10	0.9650		4	897,000	10	772,218.658	990,421.546	929,539.850	32,539.850	3.628	
17	11	1.0695		1	684,500	11	797,186.305	674,220.899	640,000.721	44,499.279	6.501	
18	12	1.0018	2019	2	723,000	12	822,153.952	741,612.214	721,696.211	1,303.789	0.180	
19	13	0.9629		3	788,300	13	847,121.599	821,409.237	818,636.919	30,336.919	3.848	
20	14	0.9782		4	1,112,000	14	872,089.246	1,118,512.187	1,136,770.483	24,770.483	2.228	
21	15	1.0206		1	823,000	15	897,056.893	758,686.522	806,402.177	16,597.823	2.017	
22	16	1.0223	2020	2	921,000	16	922,024.540	831,699.050	900,896.878	20,103.122	2.183	
23				3	1,127,500	17	946,992.188	918,248.491	1,000,890.855	17,858.171	2.460	
24				4	1,134,900	18	971,959.835	1,246,602.827	1,371,263.110	MAE	MAPE	
25				1		19	996,927.482	1,326,383.812				
26			2021	2		20	1,021,895.129	1,481,413.647				
27				3		21	1,046,862.776	1,636,443.483				
28				4		22	1,071,830.423	1,791,473.318				
29				1		23	1,096,798.070	1,946,503.154				
30			2022	2		24	1,121,765.717	2,101,532.990				
31				3		25	1,146,733.364	2,256,562.825				
32				4		26	1,171,701.011	2,411,592.661				

4) C의 계산

① T×S×C를 계산하기 위하여 C의 값을 임의로 설정해야 한다. 아래와 같이 임의로 C값을 설정하고 이를 해당 셀에 입력한다.

셀 번호	I25	I26	I27	I28	I29	I30	I31	I32
C값	1.01	1.09	1.08	1.07	1.04	1.02	1.00	0.99

② 임의 C값을 이용하여 셀 X25에 "=W25*I25"를 입력한다. 이와 같은 방법으로 2022년 4분기까지 최종 예측치를 구하면 <그림 5-70>과 같다.

그림 5-70 ● 2021년과 2022년의 최종 예측치

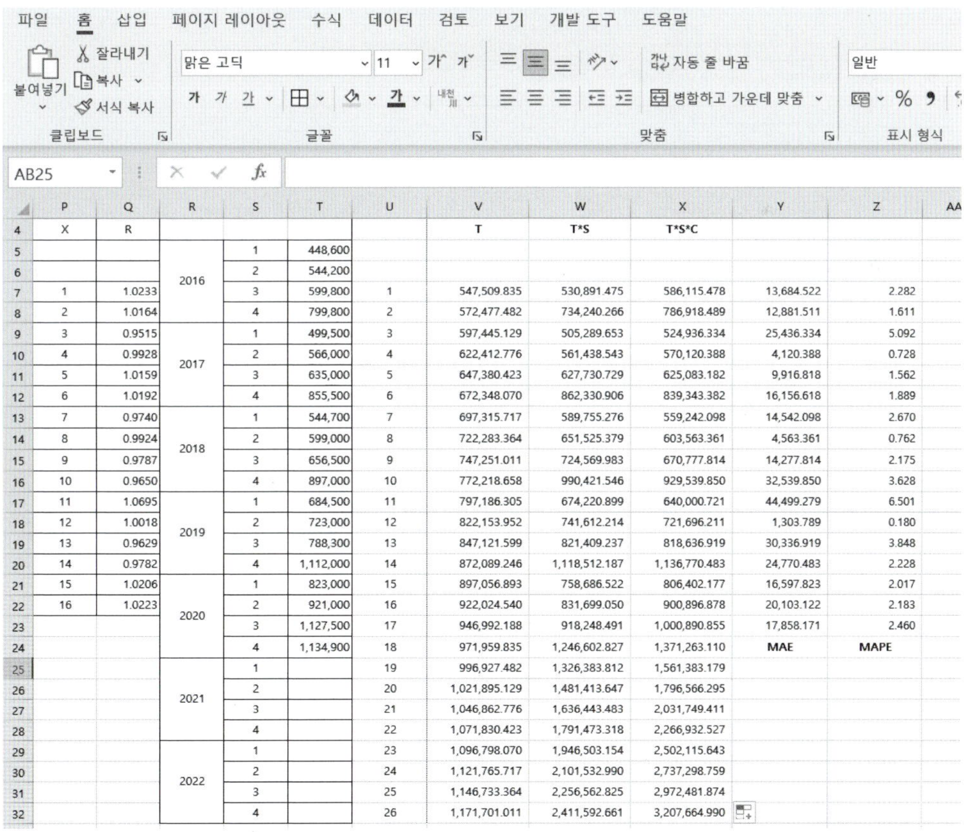

	P	Q	R	S	T	U	V	W	X	Y	Z
4	X	R					T	T*S	T*S*C		
5			2016	1	448,600						
6				2	544,200						
7	1	1.0233		3	599,800	1	547,509.835	530,891.475	586,115.478	13,684.522	2.282
8	2	1.0164		4	799,800	2	572,477.482	734,240.266	786,918.489	12,881.511	1.611
9	3	0.9515	2017	1	499,500	3	597,445.129	505,289.653	524,936.334	25,436.334	5.092
10	4	0.9928		2	566,000	4	622,412.776	561,438.543	570,120.388	4,120.388	0.728
11	5	1.0159		3	635,000	5	647,380.423	627,730.729	625,083.182	9,916.818	1.562
12	6	1.0192		4	855,500	6	672,348.070	862,330.906	839,343.382	16,156.618	1.889
13	7	0.9740	2018	1	544,700	7	697,315.717	589,755.276	559,242.098	14,542.098	2.670
14	8	0.9924		2	599,000	8	722,283.364	651,525.379	603,563.361	4,563.361	0.762
15	9	0.9787		3	656,500	9	747,251.011	724,569.983	670,777.814	14,277.814	2.175
16	10	0.9650		4	897,000	10	772,218.658	990,421.546	929,539.850	32,539.850	3.628
17	11	1.0695	2019	1	684,500	11	797,186.305	674,220.899	640,000.721	44,499.279	6.501
18	12	1.0018		2	723,000	12	822,153.952	741,612.214	721,696.211	1,303.789	0.180
19	13	0.9629		3	788,300	13	847,121.599	821,409.237	818,636.919	30,336.919	3.848
20	14	0.9782		4	1,112,000	14	872,089.246	1,118,512.187	1,136,770.483	24,770.483	2.228
21	15	1.0206	2020	1	823,000	15	897,056.893	758,686.522	806,402.177	16,597.823	2.017
22	16	1.0223		2	921,000	16	922,024.540	831,699.050	900,896.878	20,103.122	2.183
23				3	1,127,500	17	946,992.188	918,248.491	1,000,890.855	17,858.171	2.460
24				4	1,134,900	18	971,959.835	1,246,602.827	1,371,263.110	MAE	MAPE
25			2021	1		19	996,927.482	1,326,383.812	1,561,383.179		
26				2		20	1,021,895.129	1,481,413.647	1,796,566.295		
27				3		21	1,046,862.776	1,636,443.483	2,031,749.411		
28				4		22	1,071,830.423	1,791,473.318	2,266,932.527		
29			2022	1		23	1,096,798.070	1,946,503.154	2,502,115.643		
30				2		24	1,121,765.717	2,101,532.990	2,737,298.759		
31				3		25	1,146,733.364	2,256,562.825	2,972,481.874		
32				4		26	1,171,701.011	2,411,592.661	3,207,664.990		

5〉 예측치의 차트 작성

분할법을 통하여 구한 최종 예측치와 실제치(판매실적) 간의 관계를 파악하기 위하여 차트로 나타내 보자. 분할된 영역의 차트 그리기를 이용해야 한다.

① C7:C24와 X7:X24의 분할된 영역을 설정하고 <그림 5-71>과 같이 [삽입]-[꺾은선형]을 클릭한 후, '표식이 있는 꺾은선형'을 선택하여 차트를 만든다.

그림 5-71 ● 예측치 차트 작성

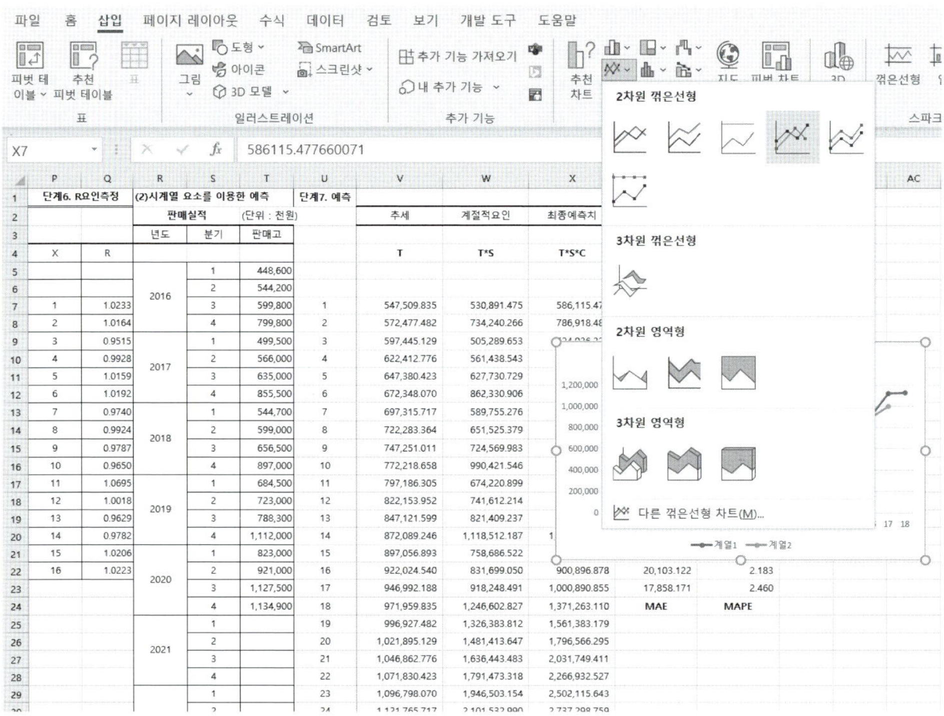

② 차트를 선택한 후, [차트 도구]-[레이아웃]-[축 제목]에서 <그림 5-72>와 같이 가로 축 제목은 "기간", 세로 축 제목은 "판매고"를 각각 입력한다.

그림 5-72 ● 가로 및 세로 축 제목 입력

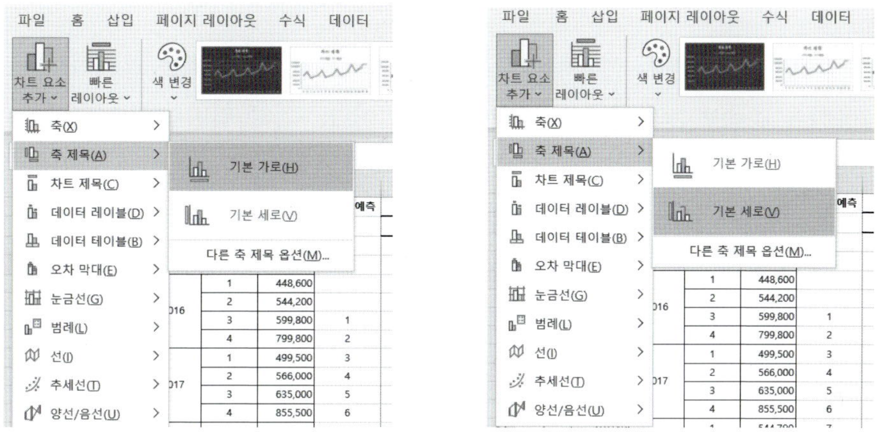

③ 2단계와 마찬가지로, 차트 제목은 '분할법의 예측결과', 범례는 '없음'으로 선택하면 <그림 5-73>과 같은 차트가 그려진다.

그림 5-73 ● 분할법의 차트

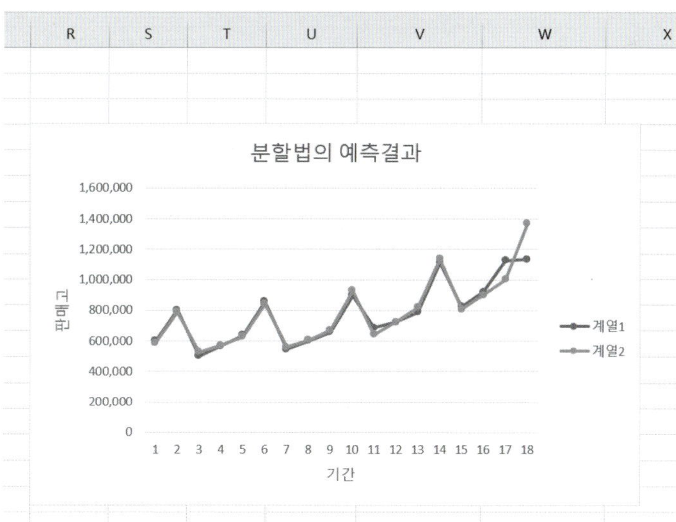

5) 회귀분석법

회귀분석법은 두 개 이상의 시계열 자료 간의 인과관계를 분석하여 독립변수를 이용하여 종속변수의 미래를 예측하는 기법이다. 즉, 독립변수가 예측하고자 하는 종속변수에 미치는 영향을 분석하고 이를 바탕으로 미래를 예측하는 방법이다. 따라서 회귀분석법을 이용하여 수요를 예측하기 위하여서는 종속변수에 영향을 주는 독립변수들을 찾아낸 다음 독립변수의 값을 수집하여야 한다. 아래 상황에서는 독립변수들을 광고비와 고객의 수로 설정하여서 그에 대한 자료를 <표 5-2>와 같이 수집하였다.

표 5-2 ● 분기별 판매, 광고, 고객자료

연도	분기	판매고(천 원)	광고비(천 원)	고객의 수(명)
2016	1	448,600	100,000	61,100
	2	544,200	100,000	88,700
	3	599,800	100,000	61,600
	4	799,800	100,000	86,110
2017	1	499,500	100,000	86,480
	2	566,000	100,000	80,000
	3	635,000	100,000	100,900
	4	855,500	100,000	117,970
2018	1	547,000	110,000	86,440
	2	599,000	110,000	79,330
	3	656,500	110,000	65,330
	4	897,000	110,000	94,770
2019	1	684,500	120,000	88,800
	2	723,000	120,000	72,720
	3	788,300	120,000	105,880
	4	1,112,000	120,000	124,740
2020	1	823,000	120,000	98,350
	2	921,000	120,000	110,940
	3	127,500	130,000	132,700
	4	1,134,900	130,000	142,300

(1) 회귀방정식 개발

1〉 독립변수의 자료 입력

① 새로운 시트를 삽입시키고 시트의 이름을 『회귀분석법』으로 바꾼다.

② 기초자료분석 시트에서 복사하고자 하는 셀들인 A2:C22의 영역을 지정한다.

③ 선택한 영역 위에서 마우스 오른쪽 버튼을 이용하여 단축메뉴를 불러 단축메뉴 중 복사를 선택한다.

④ 다시 회귀분석법 시트의 셀 A1을 선택하고 단축메뉴에서 붙여넣기를 선택한다.

⑤ 셀 D1에 "광고비"를, E1에 "고객의 수"를 입력하고 <표 5-2>와 같이 광고비와 고객의 수를 입력하면 <그림 5-74>와 같이 나타난다.

그림 5-74 ● 독립변수 자료 입력

L9

	A	B	C	D	E
1	년도	분기	판매고	광고비	고객의 수
2	2016	1	448,600	100,000	61,000
3		2	544,200	100,000	88,700
4		3	599,800	100,000	61,600
5		4	799,800	100,000	86,110
6	2017	1	499,500	100,000	86,480
7		2	566,000	100,000	80,000
8		3	635,000	100,000	100,900
9		4	855,500	100,000	117,970
10	2018	1	544,700	110,000	86,440
11		2	599,000	110,000	79,330
12		3	656,500	110,000	65,330
13		4	897,000	110,000	94,770
14	2019	1	684,500	120,000	88,800
15		2	723,000	120,000	72,720
16		3	788,300	120,000	105,880
17		4	1,112,000	120,000	124,740
18	2020	1	823,000	120,000	98,350
19		2	921,000	120,000	110,940
20		3	1,127,500	130,000	132,700
21		4	1,134,900	130,000	142,300

2〉 회귀모형 개발

① 회귀분석을 이용하기 위하여 [데이터] 메뉴에서 [분석]-[데이터 분석]을 선택하면 통계 데이터 분석 대화상자가 나타난다. 이 중 회귀분석을 선택하고 확인을 누른다.

그림 5-75 • **통계 데이터 분석 대화상자**

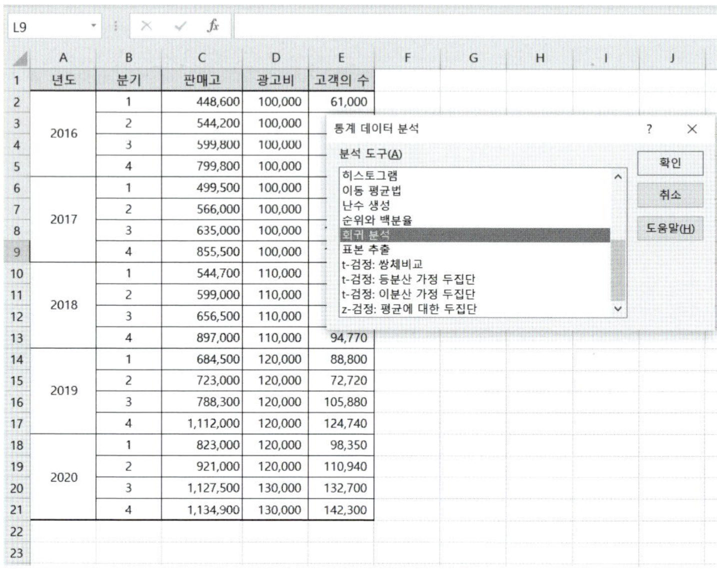

	년도	분기	판매고	광고비	고객의 수
2	2016	1	448,600	100,000	61,000
3		2	544,200	100,000	
4		3	599,800	100,000	
5		4	799,800	100,000	
6	2017	1	499,500	100,000	
7		2	566,000	100,000	
8		3	635,000	100,000	
9		4	855,500	100,000	
10	2018	1	544,700	110,000	
11		2	599,000	110,000	
12		3	656,500	110,000	
13		4	897,000	110,000	94,770
14	2019	1	684,500	120,000	88,800
15		2	723,000	120,000	72,720
16		3	788,300	120,000	105,880
17		4	1,112,000	120,000	124,740
18	2020	1	823,000	120,000	98,350
19		2	921,000	120,000	110,940
20		3	1,127,500	130,000	132,700
21		4	1,134,900	130,000	142,300

② 회귀분석 대화상자에서 Y축의 입력범위는 "$C$2:$C$21"을, X축의 입력범위는 "$D$2:$E$21"을, 신뢰수준은 "95%"로, 출력범위는 "$J$3"을 지정하고 확인을 누른다.

그림 5-76 • **회귀분석 대화상자**

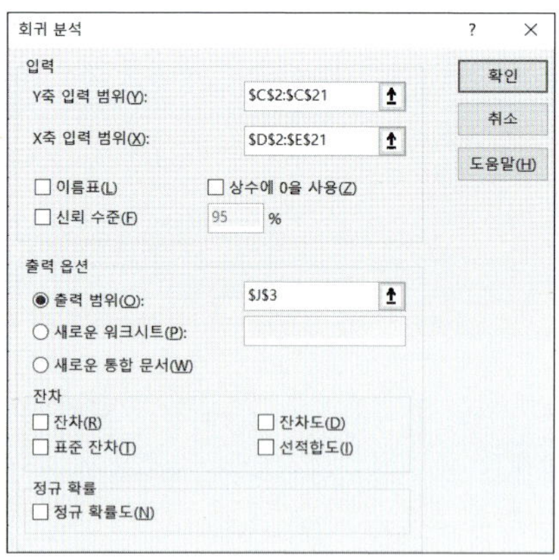

③ 다음과 같은 요약 출력표가 출력된다.

Y절편이 −563074.7289이고, X_1의 계수가 6.8327이고 X_2의 계수가 5.8633이

다. 또한 결정계수가 0.7963이고 P값은 0.0357이다.

그림 5-77 • 요약 출력표

요약 출력

회귀분석 통계량	
다중 상관계수	0.892330092
결정계수	0.796252994
조정된 결정계수	0.772282758
표준 오차	100167.8324
관측수	20

분산 분석

	자유도	제곱합	제곱 평균	F 비	유의한 F
회귀	2	6.666E+11	3.33E+11	33.2184	1.34053E-06
잔차	17	1.70571E+11	1E+10		
계	19	8.37171E+11			

	계수	표준 오차	t 통계량	P-값	하위 95%	상위 95%	하위 95.0%	상위 95.0%
Y 절편	-563074.7289	246862.3498	-2.2809	0.0357	-1083908.7601	-42240.6977	-1083908.7601	-42240.6977
X 1	6.8327	2.6895	2.5405	0.0211	1.1584	12.5070	1.1584	12.5070
X 2	5.8633	1.2621	4.6458	0.0002	3.2006	8.5260	3.2006	8.5260

3) 회귀방정식 모형 검정

회귀분석 요약 출력표에서 나타난 회귀방정식의 모형은 다음과 같다.

$$Y_t = a + b_1 X_{t1} + b_2 X_{t2}$$

$$= -563074.7289 + 6.8327 X_1 + 5.8633 X_2$$

$$= \$K\$19 + \$K\$20 \times X_1 + \$K\$21 \times X_2$$

X_1은 광고비인데 X_1의 계수는 6.8327로서 광고비가 1단위가 늘어나면 매출액이 6.8327만큼 늘어나고, 1단위가 줄어들면 매출액이 6.8327만큼 줄어든다는 것을 의미한다. 고객의 수를 나타낸 X_2의 계수의 값 5.8633은 고객이 1명 늘어날 때마다 매출액이 5.8633만큼 증가한다는 의미이다.

이 모형의 p값은 셀 N19에 나타나 있는 0.0357로 앞서 설명한 바와 같이 0.05보다 작으므로 유의수준 5% 내에서 독립변수와 종속변수가 선형적 관계를 갖고 있음을 알 수 있다.

또한 결정계수(R^2)의 값은 셀 K7의 0.7963으로서 매출액의 움직임은 두 개의 독립변수, 즉 광고비와 고객의 수에 의하여 약 79.63%가 설명될 수 있다는 의미이다. 따라서 광고비와 고객의 수는 매출액을 설명하는 데 중요한 변수임을 알 수 있다.

(2) 예측모형 개발

1) 예측치 개발

① 셀 F1에 "예측치"라고 입력한다.

② 셀 F2에 회귀방정식을 이용하여 "= $K$19 + $K$20*D2 + $K$21*E2"를 입력한다. 이와 같이 회귀방정식을 이용하여 셀 F21까지 수식을 입력한다.

그림 5-78 ● 회귀방정식에 의한 예측치

	A	B	C	D	E	F
1	년도	분기	판매고	광고비	고객의 수	예측치
2	2016	1	448,600	100,000	61,000	477,857.08
3		2	544,200	100,000	88,700	640,271.38
4		3	599,800	100,000	61,600	481,375.08
5		4	799,800	100,000	86,110	625,085.35
6	2017	1	499,500	100,000	86,480	627,254.78
7		2	566,000	100,000	80,000	589,260.39
8		3	635,000	100,000	100,900	711,804.03
9		4	855,500	100,000	117,970	811,891.10
10	2018	1	544,700	110,000	86,440	695,347.10
11		2	599,000	110,000	79,330	653,658.81
12		3	656,500	110,000	65,330	571,572.16
13		4	897,000	110,000	94,770	744,188.66
14	2019	1	684,500	120,000	88,800	777,511.42
15		2	723,000	120,000	72,720	683,229.04
16		3	788,300	120,000	105,880	877,657.13
17		4	1,112,000	120,000	124,740	988,239.57
18	2020	1	823,000	120,000	98,350	833,506.24
19		2	921,000	120,000	110,940	907,325.59
20		3	1,127,500	130,000	132,700	1,103,238.55
21		4	1,134,900	130,000	142,300	1,159,526.54
22						예측오차

요약 출력

회귀분석 통계량	
다중 상관계수	0.892330092
결정계수	0.796252994
조정된 결정계수	0.772282758
표준 오차	100167.8324
관측수	20

분산 분석

	자유도
회귀	2
잔차	17
계	19

	계수
Y 절편	-563074.7289
X 1	6.8327
X 2	5.8633

2) 절대오차와 상대오차의 계산

예측치에 대한 절대오차와 상대오차를 구한다.

① 셀 G1에 “절대오차”를, H1에 “상대오차”를 입력한다.

② 셀 G2에 함수 마법사를 이용하여 “=ABS(C2 − F2)”를 입력한다. 같은 방법으로 나머지 절대오차를 구한다.

③ 셀 H2에 “=G2/C2*100”을 입력하여 상대오차를 구하고 나머지 상대오차도 이와 같은 방법으로 구한다.

그림 5-79 ● 절대오차와 상대오차 계산

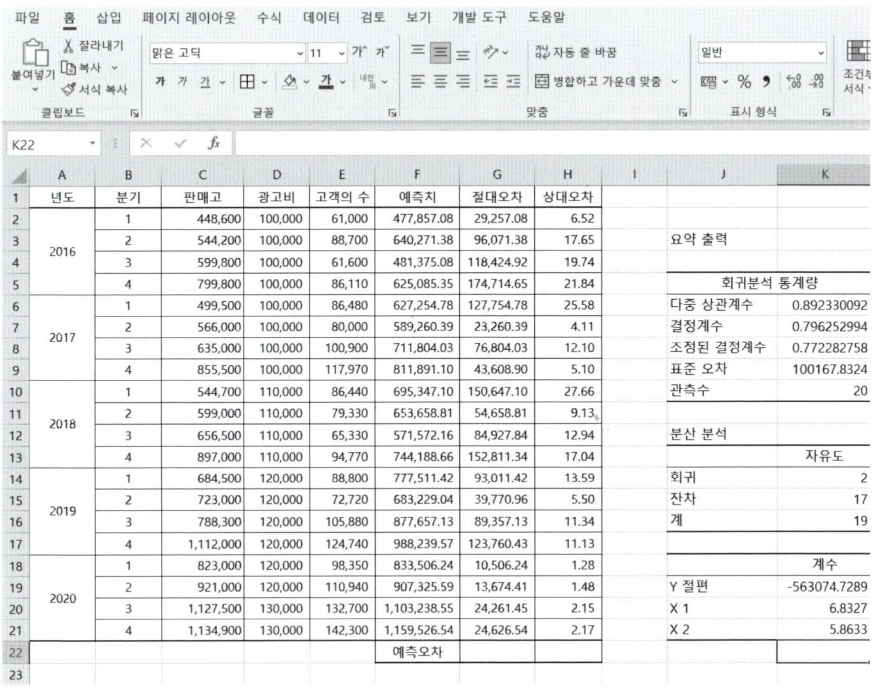

	A	B	C	D	E	F	G	H
1	년도	분기	판매고	광고비	고객의 수	예측치	절대오차	상대오차
2	2016	1	448,600	100,000	61,000	477,857.08	29,257.08	6.52
3		2	544,200	100,000	88,700	640,271.38	96,071.38	17.65
4		3	599,800	100,000	61,600	481,375.08	118,424.92	19.74
5		4	799,800	100,000	86,110	625,085.35	174,714.65	21.84
6	2017	1	499,500	100,000	86,480	627,254.78	127,754.78	25.58
7		2	566,000	100,000	80,000	589,260.39	23,260.39	4.11
8		3	635,000	100,000	100,900	711,804.03	76,804.03	12.10
9		4	855,500	100,000	117,970	811,891.10	43,608.90	5.10
10	2018	1	544,700	110,000	86,440	695,347.10	150,647.10	27.66
11		2	599,000	110,000	79,330	653,658.81	54,658.81	9.13
12		3	656,500	110,000	65,330	571,572.16	84,927.84	12.94
13		4	897,000	110,000	94,770	744,188.66	152,811.34	17.04
14	2019	1	684,500	120,000	88,800	777,511.42	93,011.42	13.59
15		2	723,000	120,000	72,720	683,229.04	39,770.96	5.50
16		3	788,300	120,000	105,880	877,657.13	89,357.13	11.34
17		4	1,112,000	120,000	124,740	988,239.57	123,760.43	11.13
18	2020	1	823,000	120,000	98,350	833,506.24	10,506.24	1.28
19		2	921,000	120,000	110,940	907,325.59	13,674.41	1.48
20		3	1,127,500	130,000	132,700	1,103,238.55	24,261.45	2.15
21		4	1,134,900	130,000	142,300	1,159,526.54	24,626.54	2.17
22						예측오차		

J	K
요약 출력	
회귀분석 통계량	
다중 상관계수	0.892330092
결정계수	0.796252994
조정된 결정계수	0.772282758
표준 오차	100167.8324
관측수	20
분산 분석	
	자유도
회귀	2
잔차	17
계	19
	계수
Y 절편	-563074.7289
X 1	6.8327
X 2	5.8633

④ 셀 F22에 “예측오차”를 입력한다.

⑤ 셀 G22에 함수 마법사를 이용하여 “=AVERAGE(G2:G21)”을 입력하여 절대오차의 예측오차를 평가한다. 마찬가지로 셀 H22에 상대오차의 예측오차를 평가한다.

그림 5-80 ● **예측오차 계산**

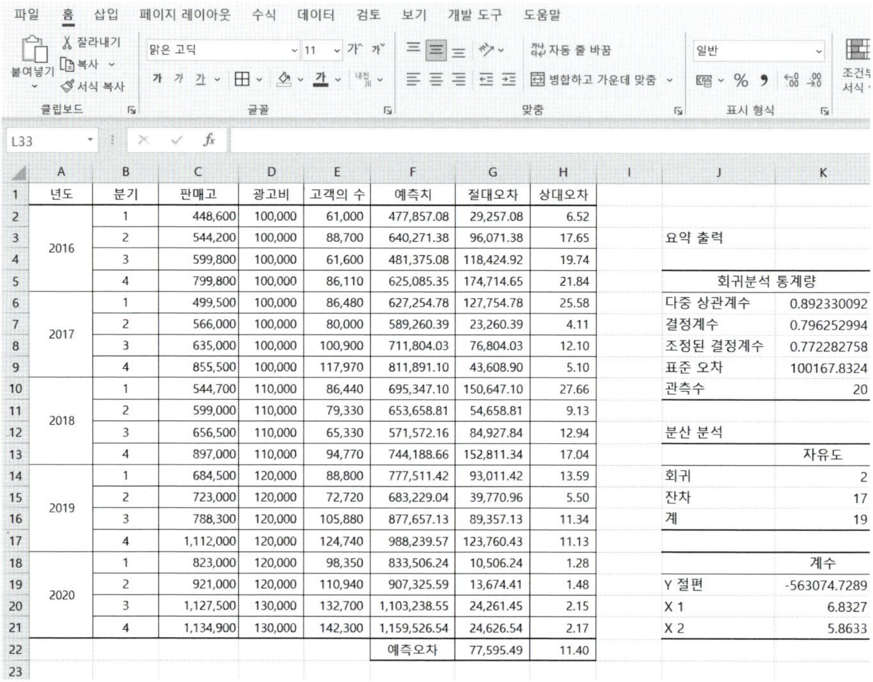

	A	B	C	D	E	F	G	H	I	J	K
1	년도	분기	판매고	광고비	고객의 수	예측치	절대오차	상대오차			
2	2016	1	448,600	100,000	61,000	477,857.08	29,257.08	6.52			
3		2	544,200	100,000	88,700	640,271.38	96,071.38	17.65		요약 출력	
4		3	599,800	100,000	61,600	481,375.08	118,424.92	19.74			
5		4	799,800	100,000	86,110	625,085.35	174,714.65	21.84		회귀분석 통계량	
6	2017	1	499,500	100,000	86,480	627,254.78	127,754.78	25.58		다중 상관계수	0.892330092
7		2	566,000	100,000	80,000	589,260.39	23,260.39	4.11		결정계수	0.796252994
8		3	635,000	100,000	100,900	711,804.03	76,804.03	12.10		조정된 결정계수	0.772282758
9		4	855,500	100,000	117,970	811,891.10	43,608.90	5.10		표준 오차	100167.8324
10	2018	1	544,700	110,000	86,440	695,347.10	150,647.10	27.66		관측수	20
11		2	599,000	110,000	79,330	653,658.81	54,658.81	9.13			
12		3	656,500	110,000	65,330	571,572.16	84,927.84	12.94		분산 분석	
13		4	897,000	110,000	94,770	744,188.66	152,811.34	17.04			자유도
14	2019	1	684,500	120,000	88,800	777,511.42	93,011.42	13.59		회귀	2
15		2	723,000	120,000	72,720	683,229.04	39,770.96	5.50		잔차	17
16		3	788,300	120,000	105,880	877,657.13	89,357.13	11.34		계	19
17		4	1,112,000	120,000	124,740	988,239.57	123,760.43	11.13			
18	2020	1	823,000	120,000	98,350	833,506.24	10,506.24	1.28			계수
19		2	921,000	120,000	110,940	907,325.59	13,674.41	1.48		Y 절편	-563074.7289
20		3	1,127,500	130,000	132,700	1,103,238.55	24,261.45	2.15		X 1	6.8327
21		4	1,134,900	130,000	142,300	1,159,526.54	24,626.54	2.17		X 2	5.8633
22						예측오차	77,595.49	11.40			
23											

6) 여러 예측방법의 정확성 평가

지금까지 이동평균법, 지수평활법, 분할법, 회귀분석법을 통하여 수요예측을 하는 방법을 설명하였다. 각 기법들은 서로 다른 예측치를 제시하고 있는데 수요를 예측하는 경영자는 어느 기법이 예측 능력이 뛰어난지를 비교, 평가할 필요가 있다. 특히 이처럼 서로 다른 예측 결과를 제시하고 있는 여러 기법들을 비교, 평가할 때는 하나의 표를 작성하여 최고경영층이나 고객에게 보다 효과적으로 정보를 전달할 수 있어야 한다.

(1) 예측결과표의 작성

① 새로운 시트를 삽입하고 시트의 이름을 『예측모형의 비교』로 바꾼다.

그림 5-81 ● 예측결과표 작성

여러 예측모형의 비교

구분	식	절대오차	상대오차	정확도순위
이동평균법	기간 T=4			
지수평활법	a = 0.70			
분할법	T*S*C*R			
회귀분석법	광고비, 고객의 수			

② 각각의 예측모형의 비교를 위해 다음과 같은 <표 5-3>을 작성한다.

표 5-3 ● 예측모형별 오차와 정확도

모형	식	절대오차	상대오차	정확도 순위
이동평균법	기간=4	100,182.81	11.75	3
지수평활법	α=0.70	129,592.22	15.89	4
분할법	T x S x C x R	17,858.17	2.46	1
회귀분석법	광고비, 고객의 수	77,595.49	11.40	2

(2) 예측결과의 평가와 예측방법의 이용방법

예측오차에 따르면 분할법, 회귀분석법, 이동평균법, 지수평활법의 순으로서 분할법이 가장 예측 능력이 뛰어난 기법이다. 그러나 모든 경우에 분할법이 우수한 것은 아니므로 각 제품의 특성에 따라서 적합한 수요예측 기법은 달라진다는 점을 기억해야 한다.

분할법은 예측오차가 17,858.17이며, 상대오차 비율이 2.46%로서 매우 낮기 때문에 가장 예측 능력이 뛰어난 기법임을 알 수가 있다. 따라서 향후 수요를 예측하기 위하여 분할법을 이용하려면 다음 여러 단계를 거쳐야 한다. 먼저 관심을 가지고 있는 미래 기간의 값을 계산한 후, 그 기간에 해당하는 계절적 요인을 곱하고, 그 다음에 그 기간에 해당하는 사이클 요인을 곱하면 된다. 또한 마지막으로 미래 기간에 특정한 요인이 있으면 무작위 요인의 값을 임의로 설정하여 곱함으로써 미래의 수요를 예측할 수 있다.

그 다음으로는 회귀분석법에 의한 예측방법이다. 회귀분석법에서는 독립변수인 광고비와 고객의 수를 이용하여 판매실적을 79.63% 정도 예측할 수 있음을 알 수 있다.

회귀분석법의 오차는 평균 11.40%이다. 회귀분석법을 이용하여 미래의 수요를 예측하기 위하여서는 독립변수의 값을 알고 있어야 한다. 위 경우에는 광고비와 고객의 수를 사전에 알고 있어야만 미래의 수요를 예측할 수 있다. 따라서 광고비와 고객의 수에 대한 미래의 값을 알고 있지 못하면 미래의 수요를 예측할 수 없다.

그 다음이 이동평균법으로서 기간 T=4일 때 오차는 평균 11.75%로서 우수한 편이다.

마지막으로 지수평활법은 분할법과 회귀분석법에 비해 상대적으로 예측 능력이 떨어지고 있다. 그러나 측정기간이 분기별이 아닌 일별이나 주별일 때는 지수평활법이 우수할 수 있다. 지수평활법을 이용하여 미래의 수요를 예측할 때에는 매 기간마다 새로운 실제 수요를 입력하여 조정을 하여야 한다. 그 이유는 지수평활법은 지난 기간들의 실제 수요를 이동하면서 평균을 구하여 예측을 하기 때문에 매 기간마다 새로운 실제치를 이용하여 예측을 하여야 한다.

[사/례/연/구]

수요예측

다음은 우리나라의 전력소비량을 기초로 앞에서 배운 수요예측을 분석한 사례이다.

1. 기초자료분석

(1) 국내 전력소비량(2011~2020년)

연도	분기	전력소비(GWh)	연도	분기	전력소비(GWh)
2011	1	24,625	2016	1	43,682
	2	25,387		2	44,149
	3	27,295		3	47,546
	4	27,069		4	47,310
2012	1	27,641	2017	1	47,683
	2	28,078		2	48,760
	3	29,710		3	53,097
	4	29,814		4	51,244
2013	1	30,290	2018	1	46,837
	2	31,263		2	47,122
	3	32,718		3	50,042
	4	33,524		4	49,471
2014	1	34,206	2019	1	49,719
	2	35,315		2	51,884
	3	39,208		3	56,522
	4	37,812		4	56,089
2015	1	36,441	2020	1	57,120
	2	39,661		2	58,224
	3	42,839		3	60,128
	4	42,330		4	60,227

(2) 분기별 자료의 재정리

위의 자료를 분기별로 정리해 보면 다음과 같다.

연도	1분기	2분기	3분기	4분기
2011	24,625	25,387	27,295	27,069
2012	27,641	28,078	29,710	29,814
2013	30,290	31,263	32,718	33,524
2014	34,206	35,315	39,208	37,812
2015	36,441	39,661	42,839	42,330
2016	43,682	44,149	47,546	47,310
2017	47,683	48,760	53,097	51,244
2018	46,837	47,122	50,042	49,471
2019	49,719	51,884	56,522	56,089
2020	57,120	58,224	60,128	60,227

(3) 자료의 특성분석

기술통계량	
평균	42052.05
표준오차	1705.441945
중앙값	43260.5
최빈값	#N/A
표준편차	10786.16193
분산	116341289.2
첨도	−1.22741592
왜도	−0.010380814
범위	35602
최소값	24625
최대값	60227
합	1682082
관측수	40
신뢰수준(95.0%)	3442.522035

① 위의 기술통계표에 의하면 국내 전력소비의 평균은 42,052GWh이고, 최소전력사용량은 24,625GWh, 최대전력사용량은 60,227GWh이다.

② 신뢰수준(95.0%)의 값이 3442.522라는 것은 평균의 최대가 42,052 + 3442.522이고, 최소는 42,052 − 3442.522임을 나타낸다.

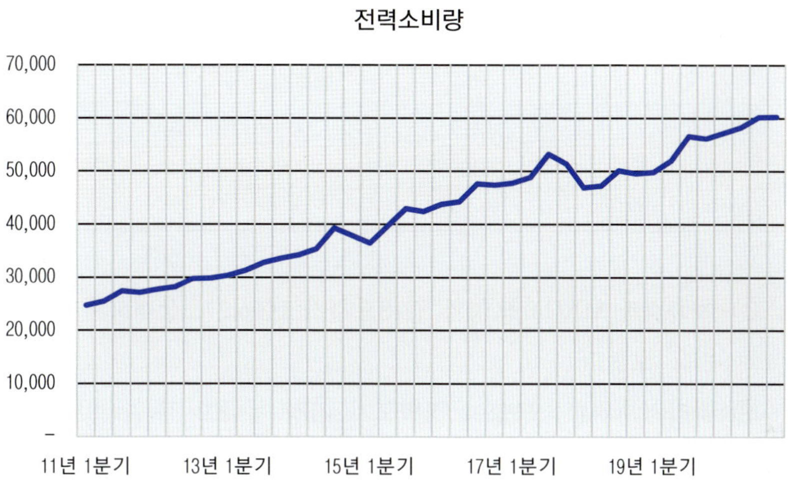

③ 그래프를 보면 전력소비량은 꾸준히 증가 추세를 보여왔음을 알 수 있다.

④ 2020년도 이후로 증가 추세가 어떻게 나타날지를 여러 분석기법을 통해 예측해 보도록 하자.

2. 이동평균법

(1) MA(1), MA(2), MA(3), MA(4) 모형

			T=1			T=2			T=3			T=4		
년도	분기	전력소비(GWh)	예측치	절대오차	상대오차	예측치	절대오차	상대오차	예측치	절대오차	상대오차	예측치	절대오차	상대오차
2011	1	24,625												
	2	25,387	24,625	762	3.00									
	3	27,295	25,387	1908	6.99	25,006	2289	8.39						
	4	27,069	27,295	226	0.83	26,341	728	2.69	25,769	1300	4.80			
2012	1	27,641	27,069	572	2.07	27,182	459	1.66	26,584	1057.333	3.83	26,094	1547	5.60
	2	28,078	27,641	437	1.56	27,355	723	2.57	27,335	743	2.65	26,848	1230	4.38
	3	29,710	28,078	1632	5.49	27,860	1850.5	6.23	27,596	2114	7.12	27,521	2189.25	7.37
	4	29,814	29,710	104	0.35	28,894	920	3.09	28,476	1337.667	4.49	28,125	1689.5	5.67
2013	1	30,290	29,814	476	1.57	29,762	528	1.74	29,201	1089.333	3.60	28,811	1479.25	4.88
	2	31,263	30,290	973	3.11	30,052	1211	3.87	29,938	1325	4.24	29,473	1790	5.73
	3	32,718	31,263	1455	4.45	30,777	1941.5	5.93	30,456	2262.333	6.91	30,269	2448.75	7.48
	4	33,524	32,718	806	2.40	31,991	1533.5	4.57	31,424	2100.333	6.27	31,021	2502.75	7.47
2014	1	34,206	33,524	682	1.99	33,121	1085	3.17	32,502	1704.333	4.98	31,949	2257.25	6.60
	2	35,315	34,206	1109	3.14	33,865	1450	4.11	33,483	1832.333	5.19	32,928	2387.25	6.76
	3	39,208	35,315	3893	9.93	34,761	4447.5	11.34	34,348	4859.667	12.39	33,941	5267.25	13.43
	4	37,812	39,208	1396	3.69	37,262	550.5	1.46	36,243	1569	4.15	35,563	2248.75	5.95
2015	1	38,441	37,812	629	1.64	38,510	69	0.18	37,445	996	2.59	36,635	1805.75	4.70
	2	39,661	38,441	1220	3.08	38,127	1534.5	3.87	38,487	1174	2.96	37,694	1967	4.96
	3	42,839	39,661	3178	7.42	39,051	3788	8.84	38,638	4201	9.81	38,781	4058.5	9.47
	4	42,330	42,839	509	1.20	41,250	1080	2.55	40,314	2016.333	4.76	39,688	2641.75	6.24
2016	1	43,682	42,330	1352	3.10	42,585	1097.5	2.51	41,610	2072	4.74	40,818	2864.25	6.56
	2	44,149	43,682	467	1.06	43,006	1143	2.59	42,950	1198.667	2.72	42,128	2021	4.58
	3	47,546	44,149	3397	7.14	43,916	3630.5	7.64	43,387	4159	8.75	43,250	4296	9.04
	4	47,310	47,546	236	0.50	45,848	1462.5	3.09	45,126	2184.333	4.62	44,427	2883.25	6.09

(2) 예측결과표

예측결과				
	T=1	T=2	T=3	T=4
절대오차(MAE)	1,406.77	1,771.28	2,222.35	2,632.44
상대오차(MAPE)	3.29	4.12	5.11	6.05

① 예측결과 MA(1) 모형의 절대오차가 1406.77, 상대오차가 3.29로 가장 낮은 수치를 보인다.

② 따라서 MA(1) 모형이 정확도가 가장 높다고 볼 수 있다.

(3) 정확도가 가장 높은 MA(1) 모형의 차트 작성

예측결과표를 봐도 알 수 있듯이 다음과 같이 MA(1) 모형이 정확도가 가장 높게 나왔다. 차트를 그려 실제 전력소비량과 비교해 보면 다음과 같다.

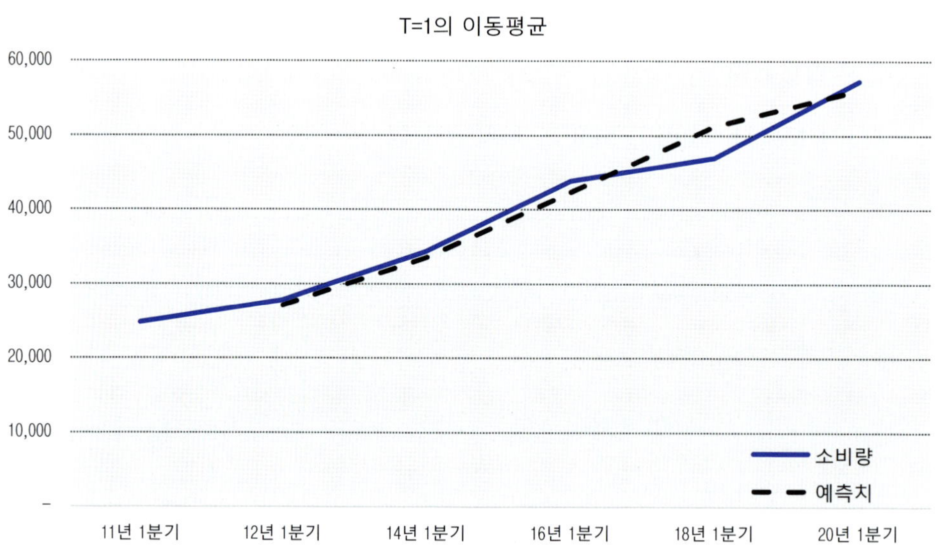

3. 지수평활법

(1) α=0.95, 0.90, 0.70, 0.50, 0.30, 0.10, 0.05 모형

			지수평활법			지수평활법			지수평활법			지수평활법		
			a = 0.95			a = 0.90			a = 0.70			a = 0.50		
년도	분기	전력소비(GWh)	예측치	절대오차	상대오차	예측치	절대오차	상대오차	예측치	절대오차	상대오차	예측치	절대오차	상대오차
2011	1	24,625	#N/A			#N/A			#N/A			#N/A		
	2	25,387	24,625.00	762.00	3.00	24,625.00	762.00	3.00	24,625.00	762.00	3.00	24,625.00	762.00	3.00
	3	27,295	24,663.10	2,631.90	9.64	24,701.20	2,593.80	9.50	24,853.60	2,441.40	8.94	25,006.00	2,289.00	8.39
	4	27,069	24,794.70	2,274.31	8.40	24,960.58	2,108.42	7.79	25,586.02	1,482.98	5.48	26,150.50	918.50	3.39
2012	1	27,641	24,908.41	2,732.59	9.89	25,171.42	2,469.58	8.93	26,030.91	1,610.09	5.82	26,609.75	1,031.25	3.73
	2	28,078	25,045.04	3,032.96	10.80	25,418.38	2,659.62	9.47	26,513.94	1,564.06	5.57	27,125.38	952.63	3.39
	3	29,710	25,196.69	4,513.31	15.19	25,684.34	4,025.66	13.55	26,983.16	2,726.84	9.18	27,601.69	2,108.31	7.10
	4	29,814	25,422.35	4,391.65	14.73	26,086.91	3,727.09	12.50	27,801.21	2,012.79	6.75	28,655.84	1,158.16	3.88
2013	1	30,290	25,641.94	4,648.06	15.35	26,459.62	3,830.38	12.65	28,405.05	1,884.95	6.22	29,234.92	1,055.08	3.48
	2	31,263	25,874.34	5,388.66	17.24	26,842.66	4,420.34	14.14	28,970.53	2,292.47	7.33	29,762.46	1,500.54	4.80
	3	32,718	26,143.77	6,574.23	20.09	27,284.69	5,433.31	16.61	29,658.27	3,059.73	9.35	30,512.73	2,205.27	6.74
	4	33,524	26,472.48	7,051.52	21.03	27,828.02	5,695.98	16.99	30,576.19	2,947.81	8.79	31,615.37	1,908.63	5.69
2014	1	34,206	26,825.06	7,380.94	21.58	28,397.62	5,808.38	16.98	31,460.53	2,745.47	8.03	32,569.68	1,636.32	4.78
	2	35,315	27,194.11	8,120.89	23.00	28,978.46	6,336.54	17.94	32,284.17	3,030.83	8.58	33,387.84	1,927.16	5.46
	3	39,208	27,600.15	11,607.85	29.61	29,612.11	9,595.89	24.47	33,193.42	6,014.58	15.34	34,351.42	4,856.58	12.39
	4	37,812	28,180.54	9,631.46	25.47	30,571.70	7,240.30	19.15	34,997.80	2,814.20	7.44	36,779.71	1,032.29	2.73
2015	1	38,441	28,662.12	9,778.88	25.44	31,295.73	7,145.27	18.59	35,842.06	2,598.94	6.76	37,295.86	1,145.14	2.98
	2	39,661	29,151.06	10,509.94	26.50	32,010.26	7,650.74	19.29	36,621.74	3,039.26	7.66	37,868.43	1,792.57	4.52
	3	42,839	29,676.56	13,162.44	30.73	32,775.33	10,063.67	23.49	37,533.52	5,305.48	12.38	38,764.71	4,074.29	9.51
	4	42,330	30,334.68	11,995.32	28.34	33,781.70	8,548.30	20.19	39,125.16	3,204.84	7.57	40,801.86	1,528.14	3.61
2016	1	43,682	30,934.45	12,747.55	29.18	34,636.53	9,045.47	20.71	40,086.61	3,595.39	8.23	41,565.93	2,116.07	4.84
	2	44,149	31,571.82	12,577.18	28.49	35,541.08	8,607.92	19.50	41,165.23	2,983.77	6.76	42,623.96	1,525.04	3.45
	3	47,546	32,200.68	15,345.32	32.27	36,401.87	11,144.13	23.44	42,060.36	5,485.64	11.54	43,386.48	4,159.52	8.75
	4	47,310	32,967.95	14,342.05	30.32	37,516.28	9,793.72	20.70	43,706.05	3,603.95	7.62	45,466.24	1,843.76	3.90
	1	47,683	33,685.05	13,997.95	29.36	38,495.65	9,187.35	19.27	44,787.24	2,895.76	6.07	46,388.12	1,294.88	2.72

(2) 예측결과표

예측결과							
α값	$\alpha=0.95$	$\alpha=0.90$	$\alpha=0.70$	$\alpha=0.50$	$\alpha=0.30$	$\alpha=0.10$	$\alpha=0.05$
절대오차	10,389.60	6,936.14	3,048.83	2,080.10	1,610.71	1,403.56	1,395.60
상대오차	23.05	15.82	7.19	4.90	3.78	3.29	3.27

① 지수평활법의 예측결과표를 보면 $\alpha=0.05$모형의 정확도가 가장 높게 나왔다.

② $\alpha=0.05$일 때의 절대오차는 1,395.60, 상대오차는 3.27이다.

(3) $\alpha=0.05$ 모형 차트

각 모형 중 예측결과표에 나와 있듯이 $\alpha=0.05$일 때의 모형이 가장 정확도가 높게 나왔다. 차트를 그려 실제 전력소비와 비교해 보면 다음과 같다.

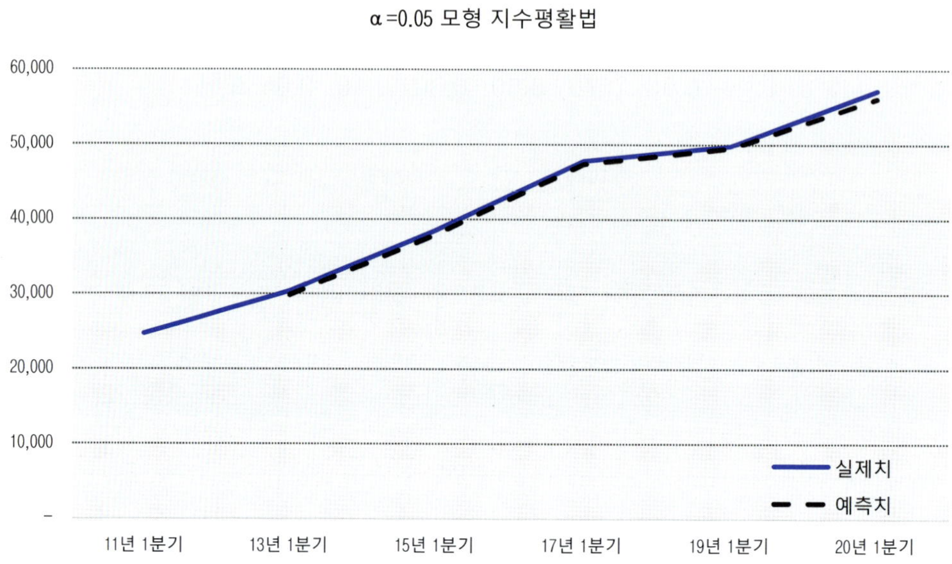

4. 분할법

① 분할법은 각 단계를 거쳐 최종 예측치를 이끌어내야 한다.

				1단계	2단계	3단계	
년도	분기	전력소비(GWh)	이동평균(T=1)	중앙화 이동평균 (CMA)	S+R	분기(X)	T
2011	1	24,625					
	2	25,387	24,625	25,006	1.02	1	24,949.24
	3	27,295	25,387	26,341	1.04	2	25,848.91
	4	27,069	27,295	27,182	1.00	3	26,748.58
2012	1	27,641	27,069	27,355	1.01	4	27,648.25
	2	28,078	27,641	27,860	1.01	5	28,547.92
	3	29,710	28,078	28,894	1.03	6	29,447.59
	4	29,814	29,710	29,762	1.00	7	30,347.26
2013	1	30,290	29,814	30,052	1.01	8	31,246.93
	2	31,263	30,290	30,777	1.02	9	32,146.60
	3	32,718	31,263	31,991	1.02	10	33,046.28
	4	33,524	32,718	33,121	1.01	11	33,945.95
2014	1	34,206	33,524	33,865	1.01	12	34,845.62
	2	35,315	34,206	34,761	1.02	13	35,745.29
	3	39,208	35,315	37,262	1.05	14	36,644.96
	4	37,812	39,208	38,510	0.98	15	37,544.63

② 이동평균법에서 MA(1) 모형이 가장 좋은 정확도를 나타냈기 때문에 그 값을 대입했다.

③ 1단계는 이동평균의 중앙화 이동평균을 구하는 것이다.

④ 3단계의 추세요인을 구하기 위한 회귀방정식은 다음과 같은 요약 출력에서

얻을 수 있다.

요약 출력								
회귀분석 통계량								
다중 상관계수	0.9856172							
결정계수	0.9714412							
조정된 결정계수	0.9706252							
표준 오차	1693.4187							
관측수	37							
분산 분석								
	자유도	제곱합	제곱 평균	F 비	유의한 F			
회귀	1	3414078458	3414078458	1190.542192	1.28291E-28			
잔차	35	100368342.1	2867666.92					
계	36	3514446800						
	계수	표준 오차	t 통계량	P-값	하위 95%	상위 95%	하위 95.0%	상위 95.0%
Y 절편	24049.572	568.2741096	42.3203726	1.19027E-31	22895.9143	25203.23	22895.914	25203.23
X 1	899.67046	26.07420438	34.5042344	1.28291E-28	846.7370109	952.60391	846.73701	952.60391

⑤ Y절편의 계수가 24049.57이고 기울기가 899.6705이므로 회귀방정식은 24049.57 + 899.6705 × X이다.

⑥ 구해진 회귀방정식을 이용하여 추세요인(T)을 구하고, 사이클 요인(C), 계절적 요인(S)을 차례로 구한다.

E	F	G	H	I	J	K	L	M	N	O
1단계	2단계	3단계		4단계	5단계					
중앙화 이동평균 (CMA)	S+R	분기(X)	T	C	S					
					년도	1분기	2분기	3분기	4분기	
25,006	1.02	1	24,949.24	1.00	2011		1.0152	1.0362	0.9958	
26,341	1.04	2	25,848.91	1.02	2012	1.0105	1.0078	1.0282	1.0017	
27,182	1.00	3	26,748.58	1.02	2013	1.0079	1.0158	1.0227	1.0122	
27,355	1.01	4	27,648.25	0.99	2014	1.0101	1.0160	1.0522	0.9819	
27,860	1.01	5	28,547.92	0.98	2015	1.0082	1.0156	1.0385	0.9940	
28,894	1.03	6	29,447.59	0.98	2016	1.0157	1.0053	1.0370	0.9975	
29,762	1.00	7	30,347.26	0.98	2017	1.0039	1.0112	1.0426	0.9822	
30,052	1.01	8	31,246.93	0.96	2018	0.9551	1.0030	1.0301	0.9943	
30,777	1.02	9	32,146.60	0.96	2019	1.0025	1.0213	1.0428	0.9962	
31,991	1.02	10	33,046.28	0.97	2020	1.0091	1.0096			
33,121	1.01	11	33,945.95	0.98	최대값	1.0157	1.0213	1.0522	1.0122	
33,865	1.01	12	34,845.62	0.97	최소값	0.9551	1.0030	1.0227	0.9819	
34,761	1.02	13	35,745.29	0.97	평균	1.0075	1.0121	1.0365	0.9945	4.051
37,262	1.05	14	36,644.96	1.02	조정평균	0.9949	0.9994	1.0236	0.9821	4
38,510	0.98	15	37,544.63	1.03	계절지수	0.9949	0.9994	1.0236	0.9821	

⑦ 6단계에서는 무작위 요인을 측정하기 위해 기간을 표시하고 단계 2에서 구한 S×R을 각 분기의 계절지수로 나누어 주면 무작위 요인(R)을 구할 수 있다.

G	H	I	J	K	L	M	N	O	P
3단계		4단계	5단계						6단계
분기(X)	T	C	S						R
			년도	1분기	2분기	3분기	4분기		
1	24,949.24	1.00	2011		1.0152	1.0362	0.9958		1.0158
2	25,848.91	1.02	2012	1.0105	1.0078	1.0282	1.0017		1.0124
3	26,748.58	1.02	2013	1.0079	1.0158	1.0227	1.0122		1.0140
4	27,648.25	0.99	2014	1.0101	1.0160	1.0522	0.9819		1.0156
5	28,547.92	0.98	2015	1.0082	1.0156	1.0385	0.9940		1.0084
6	29,447.59	0.98	2016	1.0157	1.0053	1.0370	0.9975		1.0046
7	30,347.26	0.98	2017	1.0039	1.0112	1.0426	0.9822		1.0200
8	31,246.93	0.96	2018	0.9551	1.0030	1.0301	0.9943		1.0131
9	32,146.60	0.96	2019	1.0025	1.0213	1.0428	0.9962		1.0164
10	33,046.28	0.97	2020	1.0091	1.0096				0.9992
11	33,945.95	0.98	최대값	1.0157	1.0213	1.0522	1.0122		1.0306
12	34,845.62	0.97	최소값	0.9551	1.0030	1.0227	0.9819		1.0153
13	35,745.29	0.97	평균	1.0075	1.0121	1.0365	0.9945	4.051	1.0165
14	36,644.96	1.02	조정평균	0.9949	0.9994	1.0236	0.9821	4	1.0280
15	37,544.63	1.03	계절지수	0.9949	0.9994	1.0236	0.9821		0.9997

⑧ 앞의 네 개 요인을 이용하여 다음과 같이 예측치를 구할 수 있다.

E	F	G	H	I	J	K	L	M	N	O	P	Q	R	S	T	U
1단계	2단계	3단계		4단계	5단계						6단계	7단계	8단계	9단계	절대오차	상대오차
중앙화 이동평균 (CMA)	S+R	분기(X)	T	C	S						R	T	T x S	T x S x C		
					년도	1분기	2분기	3분기	4분기							
25,006	1.0152	1	24,949	1.00	2011		1.0152	1.0362	0.9958		1.0158	24,949	24,935	24,992	395.20	1.56
26,341	1.0362	2	25,849	1.02	2012	1.0105	1.0078	1.0282	1.0017		1.0124	25,849	26,458	26,961	333.55	1.22
27,182	0.9958	3	26,749	1.02	2013	1.0079	1.0158	1.0227	1.0122		1.0140	26,749	26,271	26,696	372.82	1.38
27,355	1.0105	4	27,648	0.99	2014	1.0101	1.0160	1.0522	0.9819		1.0156	27,648	27,507	27,215	425.89	1.54
27,860	1.0078	5	28,548	0.98	2015	1.0082	1.0156	1.0385	0.9940		1.0084	28,548	28,532	27,844	234.32	0.83
28,894	1.0282	6	29,448	0.98	2016	1.0157	1.0053	1.0370	0.9975		1.0046	29,448	30,141	29,575	135.41	0.46
29,762	1.0017	7	30,347	0.98	2017	1.0039	1.0112	1.0426	0.9822		1.0200	30,347	29,805	29,230	583.94	1.96
30,052	1.0079	8	31,247	0.96	2018	0.9551	1.0030	1.0301	0.9943		1.0131	31,247	31,087	29,898	391.68	1.29
30,777	1.0158	9	32,147	0.96	2019	1.0025	1.0213	1.0428	0.9962		1.0164	32,147	32,128	30,759	503.98	1.61
31,991	1.0227	10	33,046	0.97	2020	1.0091	1.0096				0.9992	33,046	33,825	32,744	26.02	0.08
33,121	1.0122	11	33,946	0.98	최대값	1.0157	1.0213	1.0522	1.0122		1.0306	33,946	33,339	32,529	994.97	2.97
33,865	1.0101	12	34,846	0.97	최소값	0.9551	1.0030	1.0227	0.9819		1.0153	34,846	34,667	33,692	514.18	1.50
34,761	1.0160	13	35,745	0.97	평균	1.0075	1.0121	1.0365	0.9945	4.051	1.0165	35,745	35,725	34,741	574.24	1.63
37,262	1.0522	14	36,645	1.02	조정평균	0.9949	0.9994	1.0236	0.9821	4	1.0280	36,645	37,508	38,139	1,068.82	2.73
38,510	0.9819	15	37,545	1.03	계절지수	0.9949	0.9994	1.0236	0.9821		0.9997	37,545	36,874	37,822	9.71	0.03
38,127	1.0082	16	38,444	0.99							1.0134	38,444	38,248	37,932	509.47	1.33
39,051	1.0156	17	39,344	0.99							1.0162	39,344	39,322	39,029	632.17	1.59
41,250	1.0385	18	40,244	1.03							1.0146	40,244	41,192	42,222	617.37	1.44
42,585	0.9940	19	41,143	1.04							1.0121	41,143	40,408	41,823	506.61	1.20
43,006	1.0157	20	42,043	1.02							1.0209	42,043	41,828	42,786	895.92	2.05

⑨ 분할법의 예측결과에 대한 절대오차(MAE)는 569.06, 상대오차(MAPE)는 1.37로 나타났다.

⑩ 예측치의 차트를 작성해 보면 다음과 같다.

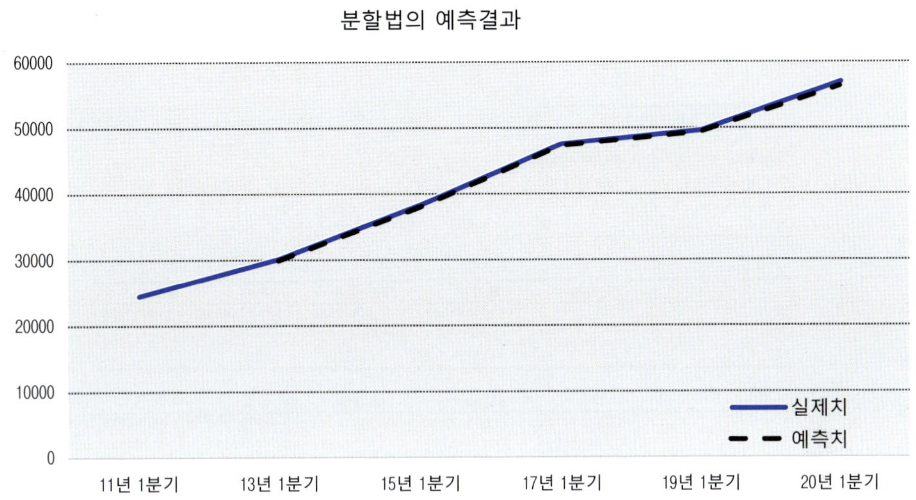

5. 회귀분석법

회귀분석법에서는 독립변수인 GDP와 최대전력을 이용하여 종속변수인 전력소비량을 예측하고자 한다. 독립변수인 GDP와 최대전력은 다음과 같다.

(1) 기초자료

연도	분기	전력소비 (GWh)	GDP (십억 원)	최대전력 (MW)	연도	분기	전력소비 (GWh)	GDP (십억 원)	최대전력 (MW)
2011	1	24,625	42,141	16,255	2016	1	43,682	60,745	27,593
	2	25,387	46,701	17,328		2	44,149	65,541	28,431
	3	27,295	69,317	19,124		3	47,546	68,682	32,282
	4	27,069	56,299	18,036		4	47,310	77,233	30,063
2012	1	27,641	45,533	17,676	2017	1	47,683	96,033	30,428
	2	28,078	49,568	18,118		2	48,760	105,103	33,303
	3	29,710	51,006	20,438		3	53,097	106,019	35,851
	4	29,814	58,124	19,389		4	51,244	115,852	32,105
2013	1	30,290	47,383	19,538	2018	1	46,837	92,614	29,815
	2	31,263	52,074	20,403		2	47,122	97,493	30,899
	3	32,718	54,606	21,703		3	50,042	98,521	32,996
	4	33,524	62,100	22,112		4	49,471	109,686	31,139
2014	1	34,206	51,574	22,102	2019	1	49,719	96,749	31,241
	2	35,315	56,204	23,621		2	51,884	107,180	34,006
	3	39,208	58,720	26,696		3	56,522	110,600	37,293
	4	37,812	67,835	24,669		4	56,089	124,978	35,562
2015	1	38,441	56,657	24,731	2020	1	57,120	104,522	36,685
	2	39,661	61,389	25,970		2	58,224	112,450	37,425
	3	42,839	64,395	29,898		3	60,128	125,230	39,021
	4	42,330	72,294	27,398		4	60,227	124,029	40,564

(2) 회귀모형 개발

요약 출력

회귀분석 통계량	
다중 상관계수	0.994020096
결정계수	0.988075951
조정된 결정계수	0.987431408
표준 오차	1206.760085
관측수	40

분산 분석

	자유도	제곱합	제곱 평균	F 비	유의한 F
회귀	2	4464884092	2232442046	1532.986462	2.59322E-36
잔차	37	53881986.4	1456269.903		
계	39	4518766078			

	계수	표준 오차	t 통계량	P-값	하위 95%	상위 95%	하위 95.0%	상위 95.0%
Y 절편	82.14994709	852.9543451	0.096312244	0.923792376	-1646.099718	1810.3996	-1646.1	1810.3996
X 1	0.034144394	0.017485502	1.95272597	0.058448157	-0.001284599	0.0695734	-0.001285	0.0695734
X 2	1.42857511	0.067016844	21.31665738	2.24484E-22	1.292786085	1.5643641	1.2927861	1.5643641

① Y절편이 82.14994709이고, X_1의 계수가 0.034144394, X_2의 계수가 1.42857511이다. 또 결정계수가 0.988075951로 설명력이 매우 높았다.

② X_1은 GDP로 X_1의 계수는 GDP가 1단위 높아지면 전력소비가 0.034144394가 늘어나고 반대로 1단위 낮아지면 0.034144394가 줄어든다는 것을 뜻한다.

③ X_2는 최대전력으로 X_2의 계수는 최대전력이 1단위 높아지면 전력소비가 1.42857511이 늘어나고 반대로 1단위 낮아지면 1.42857511이 줄어든다는 것을 뜻한다.

④ 그러므로 도출된 회귀식은 $82.1499470 + 0.034144394X_1 + 1.42857511X_2$이다.

(3) 회귀분석에 의한 예측

년도	분기	전력소비(GWh)	GDP(십억원)	최대전력(MW)	예측치	절대오차	상대오차
2011	1	24,625	42,141	16,255	24,743	117.52	0.48
	2	25,387	46,701	17,328	26,431	1,044.08	4.11
	3	27,295	69,317	19,124	29,769	2,474.01	9.06
	4	27,069	56,299	18,036	27,770	701.23	2.59
2012	1	27,641	45,533	17,676	26,888	752.66	2.72
	2	28,078	49,568	18,118	27,658	420.46	1.50
	3	29,710	51,006	20,438	31,021	1,310.94	4.41
	4	29,814	58,124	19,389	29,765	48.60	0.16
2013	1	30,290	47,383	19,538	29,612	678.49	2.24
	2	31,263	52,074	20,403	31,007	255.60	0.82
	3	32,718	54,606	21,703	32,951	233.00	0.71
	4	33,524	62,100	22,112	33,791	267.17	0.80
2020	1	57,120	104,522	36,685	56,058	1,061.73	1.86
	2	58,224	112,450	37,425	57,386	837.89	1.44
	3	60,128	125,230	39,021	60,102	25.52	0.04
	4	60,227	124,029	40,564	62,266	2,038.77	3.39
					예측오차	955.77	2.32

(4) 회귀분석 차트

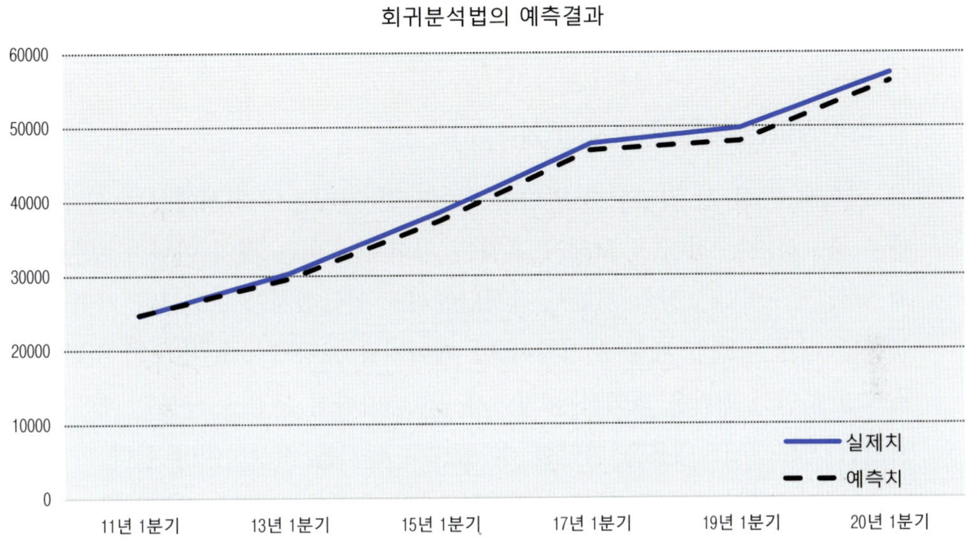

6. 여러 예측방법의 정확성 평가

(1) 각각의 예측방법의 예측모형 비교

구분	식	절대오차	상대오차	정확도 순위
이동평균법	기간 T=1	1,406.77	3.29	4
지수평활법	$\alpha=0.05$	1,395.60	3.27	3
분할법	T*S*C*R	569.06	1.37	1
회귀분석법	GDP, 최대전력	955.77	2.32	2

(2) 각각의 예측모형 평가

① 예측오차에 의하여 분할법이 가장 정확성이 높은 예측치로 나타났다. 그 다음으로 회귀분석법, 지수평활법, 이동평균법의 순으로 정확성이 나타났다.

② 회귀분석법은 독립변수인 GDP와 최대전력을 이용하여 전력소비를 약 99% 정도 예측할 수 있음을 알 수 있다.

보고서 작성팁 5 기획서의 시각적 요소의 중요성 인식하기

1. 스키밍이 가능한 페이지 구성

기획서 작성 시 간과하지 말아야 할 또 한 가지는 기획서에서는 시각적인 요소가 매우 중요하다는 점이다. 그래서 혹자는 기회서는 읽는 것이 아니라 보는 것이라고까지 말할 정도이다. 1장의 기획서 작성팁에서도 언급했지만 보고서나 기획서를 읽는 사람들은 대개 바쁘기 때문에 기획서 한 페이지당 보통 3~5초 정도의 시간을 사용하여 스키밍 하면서 맥락을 파악하는 경우가 많다. 따라서 문장을 작성할 때에는 대강 훑어보기만 해도 주요 내용을 파악할 수 있도록 문서를 작성하여야 한다.

스키밍이 가능하도록 하기 위해서는 먼저 글자와 그림을 적절하게 사용하여야 한다. 문장으로는 길게 설명하여야 하는 것을 도표나 그림을 사용하면 아주 간단히 표현할 수 있는 경우가 많기 때문에 적절한 그림의 사용은 스키밍에 큰 도움을 주게 된다. 이때 중요한 내용일수록 크고 시원하게 작성하여 가시성이 높도록 구성하여야 한다. 또한 일반적으로 문서를 읽는 시선의 방향은 좌측 상단에서 우측 하단으로 이동하기 때문에 이 시선의 흐름을 따라서 주요한 내용이나 강조하고 싶은 내용을 배치하여 자연스럽게 스키밍이 가능하도록 페이지를 구성하여야 한다.

반대로 이미지나 표가 없이 글자로만 구성된 기획서, 중요하지 않은 것과 중요한 것이 같은 위계의 목차로 구성된 것, 강조점이나 핵심 문구가 없는 문서들은 스키밍을 어렵게 하는 요소들이다.

2. 좌뇌와 우뇌를 동시에 활용하게 만드는 페이지 구성

시각적 중요성을 인식하여야 한다는 것은 결국 시각적인 요소를 인식하는 뇌의 작동방식을 이해하여야 한다는 것이다. 신경생물학에서 좌뇌는 언어, 분석, 글자, 숫자 등에 대한 정보를 주로 처리하고 우뇌는 공간구성, 감성, 이미지, 리듬 등에 관한 정보를 처리한다고 판단하고 있다. 그런데 우리가 직장생활에서 하는 많은 일들은 좌뇌의 프로세싱에 의존하고 있기 때문에 좌뇌는 늘 피곤한 상태에 있게 되는 반면 우뇌는 스트레스도 덜하고 여유 공간도 상대적으로 많은 상태에 있게 된다. 따라서 기획서는 여유 있는 우뇌를 적절히 사용하게 하는 전략이 필요한데 좌뇌와 우뇌를 동시에 공략하는 문서의 특징은 아래와 같다.

- 글자와 숫자만이 아닌 이미지를 중심으로 중요 메시지를 표현
- 단순한 정보의 나열이 아니라 맥락을 가지고 내용을 배열
- 배열과 색상의 사용을 통해 시선을 자연스럽게 유도하여 메시지를 연결

3. 인식의 흐름에 순응하는 페이지 구성

사람의 인식에는 일반적인 흐름과 배열이 존재한다. 예를 들어, 회전의 방향이라면 시계 방향이 일반적인 사람들이 예상하는 회전의 방향으로, 반시계 방향의 회전은 어딘가 모르게 불편하게 느껴지고 가시성이나 해독성이 떨어지게 된다.

기획서의 작성은 이러한 일반적인 사람의 예측에 맞게 작성되어야 스키밍이 가능하고 내용에 대한 이해도가 높아지게 되는데 인식의 일반적인 흐름에는 아래의 것들이 있다.

- 시간의 흐름은 좌에서 우로 갈수록 과거에서 미래의 순서로 정리
- 회전의 방향은 시계 방향으로 구성
- 높고, 많고, 좋은 긍정적 개념은 위로, 낮고, 적고, 나쁜 부정적 개념은 아래로 구성

4. 데이터의 종착역은 그래프

기획서는 데이터에 기반하여 자신의 주장을 담아내는 문서이다. 따라서 기획서에서 데이터는 첫 번째로 중요한 요소이지만 지면의 한계로 인하여 데이터를 모두 기획서 안에 담아 놓을 수는 없다. 또한 주요한 항목을 중심으로 데이터를 정리한다 하여도 숫자로만 구성된 표는 눈에 잘 들어오기 않기 때문에 이를 시각화한 그래프의 사용은 필수적이라고 할 수 있다.

그래프는 숫자가 이야기 하고 있는 메시지를 시각화하는 것으로, 크거나 작음, 증가와 감소, 시간의 변화에 따른 변동 등을 숫자로만 보는 것과 이를 도표로 시각화하는 것과는 전달력에서 큰 차이를 가져온다. 그렇기에 그래프는 숫자가 말하고 있는 메시지를 명확히 할 수 있는 그래프 컨셉을 사용하여야 하는데, 비중에 관한 데이터라면

원형의 그래프, 시계열 자료라면 꺾은선 그래프, 차이나 순위에 관한 자료는 막대그래프 등 데이터에 따라서 적절한 그래프를 사용하여야 한다.

CHAPTER

6

선형계획법

1 선형계획법

1) 기업경영과 의사결정

SUMMARY

의사결정환경에 따른 의사결정의 분류

- 확실한 상황하에서의 의사결정
- 위험한 상황하에서의 의사결정
- 불확실한 상황하에서의 의사결정
- 상충하는 상황하에서의 의사결정

기업의 목표가 제한된 자원을 활용하여 최대의 이익을 추구하는 활동 또는 목표하는 특정한 성과를 최소한의 비용으로 달성하기 위한 자원의 효율적 배분이라고 볼 때, 기업의 경영은 최대의 이익을 달성하거나 최소의 비용을 지불하기 위한 의사결정의 연속이라고 할 수 있다. 생산능력이 제한되어 있을 때 최대의 이익을 얻기 위하여 어떤 제품을 얼마나 생산할 것인지, 연구개발비용이 한정되어 있을 경우 어떤 기술을 개발할 것인지, 제한된 마케팅 비용을 감안할 때 어떤 시장에 진출하는 것이 유리할지, 생산성의 향상을 위해 종업원의 동기를 어떻게 부여할지 등 모든 경영활동의 성과는 어떤 의사결정을 하느냐에 따라 결과에 큰 차이를 보이기 때문에 의사결정의 문제는 경영에서 매우 큰 비중을 차지하고 있다. 이러한 의사결정의 문제는 경영자가 의사결정을 할 때 직면하게 되는 상황인 의사결정환경의 불확실성의 정도에 따라 아래와 같이 몇 가지로 구분할 수 있다.

첫 번째는 확실한 상황하에서의 의사결정으로 확실한 상황이란 미래에 어떠한 상황이 발생할 수 있는지에 대한 정보를 사전에 확실하게 알고 이용이 가능한 경우의 의사결정을 말한다. 기업의 생산 현장에 투입한 특정한 기계가 1시간 동안 가동하여 100개의 제품을 생산할 수 있다면, 동일한 조건에서 2시간을 가동한다면 200개를 생산할 수 있다는 것을 미리 알 수 있듯이 의사결정을 내리는 데 필요한 정보가 모두 알려져 있을 뿐만 아니라 그 정보의 이용이 가능한 상황을 말한다. 경영과학에서 배우는 대부분의 모형들이 이러한 확실한 상황하에서의 의사결정에 관한 것으로 선형계획법, 정수계획법, 수송문제, 할당문제 등이 이에 속하는 모형이다.

두 번째는 위험한 상황하에서의 의사결정으로 위험한 상황이란 미래에 어떠한 상황이 발생할 수 있는지에 대한 정보를 확실하게 알 수는 없지만 어느 정도는 알 수 있는 상황으로, 완전한 정보는 아니지만 특정한 결과가 일어날 확률은 추정이 가능한 경우를 말한다. 예를 들어, 기업의 생산현장에 투입된 특정한 기계가 1,000개를 생산하면 평균적으로 10개 정도의 불량이 발생한다면, 다음달 이 기계가 생산한 1,000개의 제품에 대한 불량률을 1% 정도로 추정할 수 있는 경우와 같은 것을 말한다. 위험한 상황하의 의사결정 방법으로는 기대이익기준법(EPC), 기대기회손실기준법(EOLC), 의사결정나무분석 등이 있다.

세 번째는 불확실한 상황하에서의 의사결정으로 불확실한 상황이란 미래에 어떠한 상황이 발생할 수 있는지에 대한 정보를 전혀 알 수 없는 상황을 말한다. 예를 들면, 어떤 기업이 최초로 개발한 신제품의 첫 달 판매량과 같이 기존의 데이터를 이용하여 결과나 확률을 전혀 추정할 수 없는 상황을 의미한다. 의사결정과 관련한 정보들이 전혀 없기 때문에 매우 어려운 의사결정이지만 실제의 경영 환경에서는 확실한 상황이나 위험한 상황보다 더 일반적인 상황으로 볼 수 있다. 불확실한 상황하의 의사결정 방법으로는 라플라스 기준, 맥시민 기준, 맥시맥스 기준, 후르비츠 기준 등이 있다.

마지막은 상충하는 상황하에서의 의사결정으로 선택가능한 대안이 두 가지 이상 존재하는 상황에서 의사결정자들의 의사가 서로 충돌하는 경우에 각자에게 최선의 결과가 되는 전략을 선택하는 의사결정이며, 게임이론이 그 대표적인 의사결정방법론이다.

본서에서는 경영과학에서 다루어지는 많은 의사결정의 문제들을 모두 다루기는 어렵기 때문에 매우 복잡한 계산이 필요한 의사결정 문제이지만 엑셀을 이용하여 간단하게 계산을 할 수 있는 장점이 있는 확실한 상황하에서의 의사결정방법의 하나인 선형계획법에 대하여서만 다루기로 한다.

2) 선형계획법

SUMMARY

선형계획법

- 변수: 목적의 달성을 위해 의사결정자가 조절할 수 있거나 통제할 수 있는 것
- 목적함수: 최대화 또는 최소화하고자 하는 대상을 수식으로 표현한 것
- 제한조건: 목적함수에 영향을 주는 변수들의 허용가능 범위

(1) 선형계획법의 개념

선형계획법은 최적화이론의 한 분야인데 최적화이론은 특정한 상황에서 여러 가지의 대안이 존재할 경우에 각 대안 중 최적의 대안을 찾아내는 방법을 말한다. 그 중 선형계획법은 의사결정의 제약조건이 연립일차부등식 또는 연립일차방정식으로 나타나서 직선으로 표시될 수 있고 최적해를 도출하는 목적함수도 일차식으로 표현되는 형태로 목표 값을 최대화 또는 최소화하는 의사결정문제를 다루는 기법이다.

선형계획법은 오늘날 기업은 물론 정부나 기관 등에서 의사결정문제에 광범위하게 사용되는 대표적 계량적 분석도구로 구체적인 활용사례는 아래의 표와 같다.

표 6-1 ● **조직에서의 선형계획법 응용분야**

의사결정형태		조직에서의 응용분야
자원분배	제조부문	제품생산 조합결정, 생산일정계획, 원료 배합, 재고관리 등
	마케팅부문	판매조직관리, 광고예산 할당 및 일정계획 등
	재무관리부문	자본예산계획, 운전자금관리, 투자의 포트폴리오 결정 등
	인력관리부문	인력할당 및 배치, 임금 및 급여관리 등
	대학/행정관리부문	연구실 및 강의실의 공간분배, 운영자금의 분배 및 재분배
사업/일정계획		공사진행계획, 배달 및 판매일정계획, 농작물 재배계획 등
영양관리 문제		환자영양관리, 단체급식관리 등
수송 문제		상품수송 일정계획, 원유수송 일정계획, 군수물자 수송계획
할당 문제		경찰수사력 할당, 인력 할당, 컴퓨터 터미널 할당 등

(2) 선형계획법의 필수요건

선형계획법은 다양한 분야에서 활용이 가능한 유용한 도구이지만 모든 의사결정 문제에 활용가능한 것은 아니고 해결하여야 하는 의사결정의 문제가 몇 가지 필수적인 요건을 충족하였을 때에만 사용이 가능하다.

① **목표의 계량성과 단일성**: 여러 가지 목표를 동시에 달성하여야 하는 문제는 선형계획법에서는 해결이 불가능하므로 단일한 목표를 가져야 하며, 그 목표는 계량적으로 명확하게 표현할 수 있어야 한다.

② **한정된 자원**: 선형계획법은 자원에 제한이 있어 한정된 자원을 배분하는 최적 배분 문제에 사용된다.

③ **선형성**: 선형성이란 직선으로 표현되는 것으로 바꾸어 말하면 일차함수로 표시되는 문제들을 말한다. 선형계획법은 선형성을 가지는 1차함수의 문제를 해결하는 것으로 문제가 2차함수 이상으로 표시되는 것들은 해결할 수 없다.

④ **분할성**: 의사결정 변수가 정수는 물론 소수의 값도 가질 수 있다. 다만, 의사결정의 모형이 정수만을 해로 국한하는 선형계획법의 문제도 존재한다.

⑤ **확정적 매개변수**: 선형계획법의 모든 매개변수의 값은 확정되어 일정한 값을 가져야 한다.

⑥ **비음조건**: 원칙적으로 선형계획법에서는 모든 의사결정변수의 값이 음수가 될 수 없다.

(3) 선형계획법의 구조

선형계획법은 변수, 목적함수, 제한조건 등의 기본적 요소를 가지고 있는데 그 내용은 다음과 같다.

① **변수(variable)**: 변수는 의사결정자가 조절할 수 있거나 통제할 수 있는 것들로 의사결정에 있어서 최적의 변수의 값을 찾는 것이 선형계획법에서의 목표가 된다.

② **목적함수(objective function)**: 최대화 또는 최소화하고자 하는 대상이 되는 이익이나 비용 등을 수식으로 표현한 것으로, 목적함수는 변수들을 포함하고 있으며 선형계획법에서 최적화 문제는 목적함수의 값을 최대화 또는 최소화하는

것이다.

③ 제한조건(constraint): 시간, 인력, 비용 등 목적함수에 영향을 주는 변수들의 허용가능 범위로 제한조건은 변수들을 포함하고 있으며 가능한 해를 제한하는 수학식이다.

구체적인 사례를 통해 선형계획법의 구조를 파악하면 다음과 같다.

사례 1

한 가구공장에서는 재단공정과 조립공정을 통해 책상과 책장을 생산하고 있는데 각 공정에 소요되는 시간과 개당 판매이익은 아래의 표와 같다.

	책상	책장
재단공정(시간)	5	10
조립공정(시간)	2	1
이익(만 원)	3	2

또한 이 가구공장의 재단공정은 최대 월간 250시간을 운영할 수 있고, 조립공정은 최대 70시간을 운영할 수 있을 때 가구공장의 이익을 최대로 하는 제품별 생산수량은 몇 개일까?

먼저 위의 사례에서 변수는 최대의 이익을 발생시키는 책상과 책장의 제작수량이고 이를 각각 X와 Y로 표시하면 아래와 같다

X = 책상의 제작수량
Y = 책장의 제작수량

다음으로 목적함수는 구하고자 하는 변수를 미지수로 두고 이익을 표현하는 방정식으로 위의 사례에서는 책상과 책장을 각각 몇 개씩 제작하여 최대의 이익을 발생시키는가가 관건이므로 책상과 책장에 관한 이익을 수학적으로 정리하여야 한다. 사례의 설명에서 책상은 개당 3만 원, 책장은 개당 2만 원의 이익이 발생한다고 하였으므로 이를 수학적으로 정리하면 아래와 같다

Max: $3X + 2Y$

마지막으로는 제한조건을 정리하여야 하는데 위 사례에서는 재단공정과 조립공정의

한계점이 설정되어 있으므로 책상과 책장의 공정별 소요시간과 가구공장의 공정별 최대운영시간을 수식화하여야 한다.

- 재단공정: 월 최대 사용가능 시간은 250시간, 책상 1개의 공정소요시간은 5시간, 책장은 10시간

$$5X + 10Y \leq 250$$

- 조립공정: 월 최대 사용가능 시간은 70시간, 책상 1개의 공정소요시간은 2시간, 책장은 1시간

$$2X + 1Y \leq 70$$

위의 2가지의 제약조건으로 필요한 제약조건을 다 담아내었지만 연립일차방정식은 수학적인 해를 구하는 방식이기 때문에 수학적으로는 마이너스의 해도 발생할 수 있지만 책상이나 책장을 음수로 제작할 수는 없기 때문에 음수를 제외하는 비음조건을 제약식에 추가하여야 한다.

- 비음조건

$$X, Y \geq 0$$

이를 다시 정리하면 아래와 같다

〈변수의 정의〉 X = 책상의 제작수량, Y = 책장의 제작수량

〈목적식의 도출〉 Max: $3X + 2Y$

〈제약식의 도출〉 s.t : $5X + 10Y \leq 250$

$2X + 1Y \leq 70$

$X \geq 0$

$Y \geq 0$

주) s.t: Subject to의 약자. 수리모형에서 제약식이 시작되는 곳을 표시

3) 선형계획법의 기본해법

선형계획법의 기본적 해법은 도표해법(Graphical solution)과 심플렉스법(Simplex method), 투영축적해법(Projective scaling algorithm) 등이 있다. 도표해법은 2차원선상에서 작성된 도표를 통하여 최적해를 구하는 방법으로 의사결정 변수가 둘일 때 사용하기에 적합한 해법이고, 심플렉스법은 변수와 제약조건이 많아 도표해법으로 풀이가

어려운 문제를 컴퓨터를 이용하여 최적해를 찾는 방법이다.

(1) 도표해법

먼저 도표해법으로 최적해를 구하기 위해 먼저 수리 모형을 다시 정리해 보면 아래와 같다.

Max	$3X+2Y$	①
s.t	$5X+10Y \leq 250$	②
	$2X+1Y \leq 70$	③
	$X \geq 0$	④
	$Y \geq 0$	⑤

먼저 ②번의 제약식에서 5X를 이항하면 $10Y \leq 250-5X$가 되고 이를 다시 정리하면 $Y \leq 25-0.5X$가 된다. 이를 그래프로 표시하면 <그림 6-1>과 같은 기울기가 -0.5이고 Y절편이 25인 직선을 그릴 수 있다.

그림 6-1 • 제약식 ②의 그래프

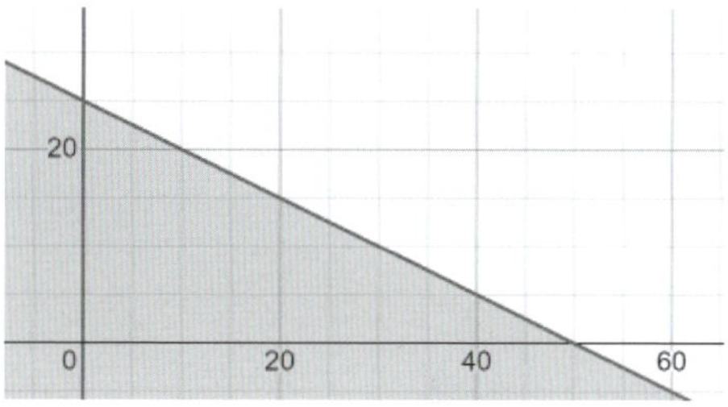

이제 ③번의 제약식을 같은 방법으로 정리하면 $Y \leq 70-2X$가 되어 기울기가 -2이고 Y절편이 70인 직선을 그릴 수 있다. 이를 제약식 ②의 그래프와 겹쳐서 표시하면 <그림 6-2>와 같이 표시된다.

그림 6-2 ● **제약식 ②, ③의 그래프**

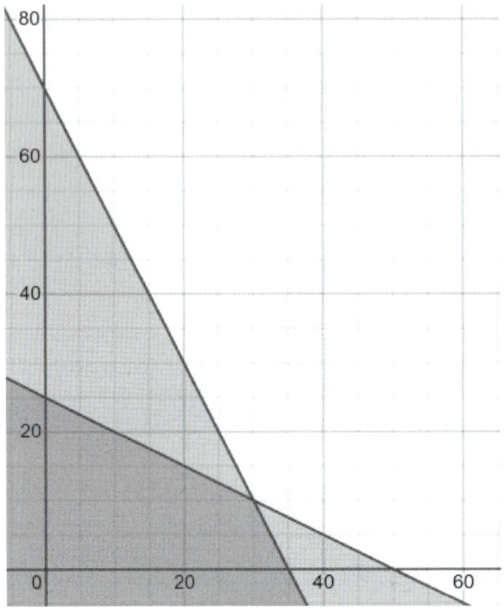

두 가지의 제약식에 의해 최적해가 존재할 수 있는 영역이 1차 설정되었고 ④번과 ⑤번의 비음조건에 의해 양수만을 해로 취하기 때문에 최적해는 <그림 6-3>에서 표시된 ABCD로 구성된 사각형 안에 존재함을 알 수가 있다.

그림 6-3 ● **최적해의 범위**

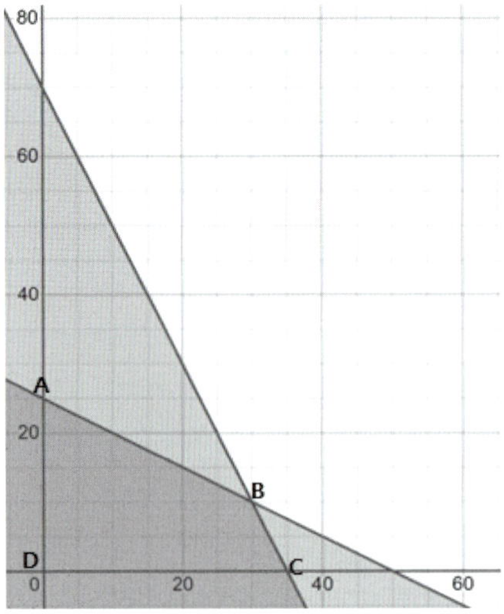

이제 사각형 ABCD 중에 존재하는 최적해를 찾기 위해서 ①번의 목적식(3X + 2Y)을 살펴보면 변수 X와 Y의 관계는 기울기가 −2/3이고 절편이 정해져 있지 않은 직선으로 볼 수 있으며, 이 기울기는 일정하고 절편이 움직이는 목적식의 직선이 사각형 ABCD와 만나는 지점 중 가장 큰 해를 가지는 점이 <그림 6-4>에서와 같이 최적해임을 알 수 있다. 최적해의 값은 X(책상) 30개, Y(책장) 10개이고 최적해를 목적식에 대입하면 30개의 책상과 10개의 책장을 만들어 110만 원의 이익을 올릴 수 있음을 알 수 있다.

그림 6-4 ● 최적해의 도출

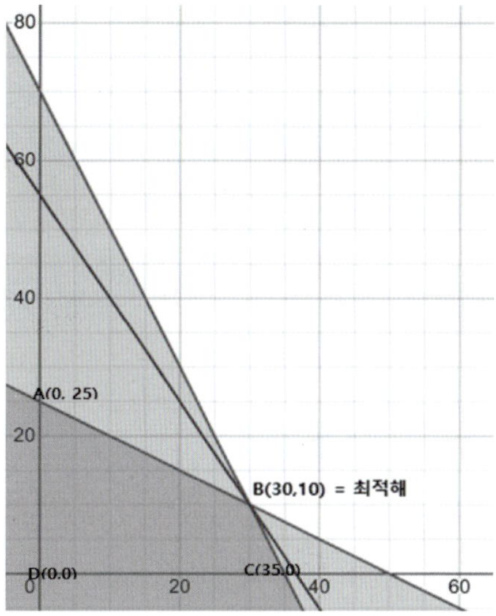

또한 일반적으로 최적해는 제약식으로 설정된 영역의 꼭지점을 지날 때 최적의 값을 가지기 때문에 사각형 ABCD의 꼭지점의 X, Y값을 목적식에 대입해 보면 <표 6-2>와 같이 최적해를 찾아 낼 수 있게 된다.

표 6-2 ● 사각형 ABCD의 꼭지점 값

꼭지점	X	Y	이익액
A	0	25	30
B	**30**	**10**	**110**
C	35	0	105
D	0	0	0

그러나 도표해법은 변수가 많아지거나 제약조건이 많아지면 제한된 평면좌표에 제약조건과 풀이결과를 표시하기가 힘들기 때문에 컴퓨터를 사용한 심플렉스법이 일반적으로 사용된다.

(2) 심플렉스법

심플렉스법은 미국의 수리경제학자 조지 버나드 단치히(George Bernard Dantzig)가 선형계획법에서 최적해를 구하기 위해 1947년에 개발한 알고리즘이다. 계수와 상수의 행렬로 구성된 하나의 표를 작성하고 이것을 이용하여 반복적으로 계산을 하여 최적해를 도출하는 방법으로, 반복적인 연산과정을 통해 도표해법에서 구한 영역 내의 좌표점들을 목적식에 대입하면서 최적해를 찾는 방법이기 때문에 수많은 반복적 연산이 필요하고 그렇기 때문에 컴퓨터의 도움이 필수적이다.

선형계획법의 계산을 위한 컴퓨터 프로그램은 다양하지만 엑셀에서도 상당한 수준의 계산이 가능하기에 본서에서는 엑셀을 활용한 선형계획법의 최적해 도출을 알아보도록 한다.

(3) 선형계획법의 일반적 해결 절차

선형계획법 문제를 해결하기 위해서는 일반적으로 ①문제의 정의 → ②자료의 수집 → ③수리모형의 수립 → ④수리모형의 해 도출 → ⑤해의 결과 해석 및 분석의 5단계를 거치게 되는데 그 구체적인 내용은 아래와 같다.

① 1단계: 문제의 정의

문제의 정의란 해결하여야 하는 문제가 무엇인지를 명확히 하는 것으로 의사결정의 목적을 정하고 설정된 목표를 달성하기 위하여 지켜져야 할 제반 조건들은 무엇이 있는지를 확인하는 과정을 말한다.

② 2단계: 자료의 수집

자료의 수집은 문제의 해결을 위하여 필요한 계량적 정보들을 찾아서 수집하고 정리하는 과정을 말한다.

③ 3단계: 수리모형의 수립

문제가 정의되고 문제 해결을 위한 자료의 수집이 완료되면 이를 수학적인 모형으로 만들어 해를 도출하여야 하는데 수학적 모형을 만드는 단계가 3단계의 수리모형의 수립 단계이다.

④ 4단계: 수리모형의 해 도출

3단계에서 만들어진 수학적 모델을 계산하여 해를 도출하는 과정을 말한다. 도표해법에서는 제한조건을 그래프로 만들어가며 해를 도출하였고 엑셀을 활용한 심플렉스법에서는 엑셀의 해 찾기 기능을 이용하여 최적해를 도출한다.

⑤ 5단계: 해의 결과 해석 및 분석

4단계에 의하여 수학적으로 도출된 최적해를 1단계에서 정의된 문제에 대입하여 해석하고 도출된 최적해가 각 변수들과 어떤 관계를 가지는지를 해석하고 분석하는 과정이다. 엑셀을 이용하여 최적해를 도출한 경우에는 엑셀의 민감도 분석 기능을 통해서도 많은 정보들을 분석하고 해석할 수 있다.

4) 민감도 분석

도표해법이나 심플렉스법에 의하여 최적해를 구했다면 일단 문제는 해결된 것으로 판단할 수 있지만 경영자의 입장에서는 실제 생산활동, 투자활동 등에 여러 가지 복합적인 상황이 있기 때문에 도출된 최적해에 대한 추가적인 분석을 필요로 하게 된다. 예를 들어, <사례 1>에서 책상이나 책장의 개당 이익액이 변한다면 최적의 생산량은 어떻게 변화할 것인가? 최적해가 유효한 이익 변동폭의 한계는 얼마인가? 만일 재단공정이나 조립공정의 최대 가용시간이 늘어난다면 최적해는 어떻게 변할 것인가? 등의 질문인데 이런 질문에 대한 해답을 제공하는 것이 민감도 분석이다.

민감도 분석은 계수의 변화나 제약조건의 변화에 따라 최적해가 얼마나 민감하게 변화하는가를 분석하는 것으로 일반적으로 다음의 몇 가지 형태로 요약할 수 있다.

① 목적함수의 계수 변동

<사례 1>에서 목적함수는 이익액을 나타낸 식이므로 책상과 책장의 개당 이익의 변동에 따른 생산량의 변화를 분석하게 된다.

② 제약조건식의 계수나 상수의 변동

<사례 1>에서 제약식은 각각의 공정시간과 가구공장 전체의 최대 공정운영시간을 표시하고 있는데 책상이나 책장의 제작에 필요한 공정시간이 변화한다거나 공장 전체의 최대 공정시간이 변한다면 공정시간의 변화에 따라 최적해는 어떻게 변화하는지, 어느 정도까지 변화하여도 구해진 최적해가 유효한지 등을 분석하게 된다.

③ 의사결정에 필요한 새로운 변수의 추가 또는 제거

<사례 1>에서는 2개의 제약식이 있는데 여기에 노동시간과 관련한 새로운 변수가 추가되는 등의 변화가 있을 때 최적해는 어떻게 변화할 것인가 등을 분석하는 것이다.

2 Excel을 활용한 선형계획법

1) 엑셀을 활용한 선형문제의 최적해 찾기

(1) 해 찾기 기능의 설치

엑셀을 활용하여 선형계획법의 문제를 해결하기 위해서는 먼저 엑셀에 '해 찾기' 기능을 설치하여야 한다. 만일 해 찾기 기능이 이미 설치되어 있다면 <그림 6-5>와 같이 [데이터] 메뉴에서 해 찾기 기능이 활성화되어 있을 것이다.

그림 6-5 ● 해 찾기 기능의 확인

만일 [데이터] 메뉴 탭에서 해 찾기 기능을 찾을 수 없다면 추가로 해 찾기 기능을 설치하여야 하는데, 먼저 엑셀의 메인메뉴에서 <그림 6-6>과 같이 [Excel 옵션]을 선택한다.

[옵션]을 선택하면 생성되는 엑셀 옵션 창에서 <그림 6-7>과 같이 [추가 기능]을 선택하고 하단부의 [이동]을 선택한다.

그림 6-6 ● 엑셀 메인메뉴

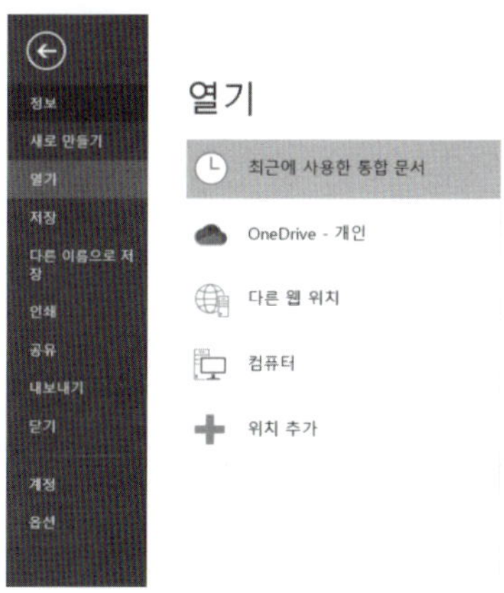

그림 6-7 ● 엑셀 옵션창

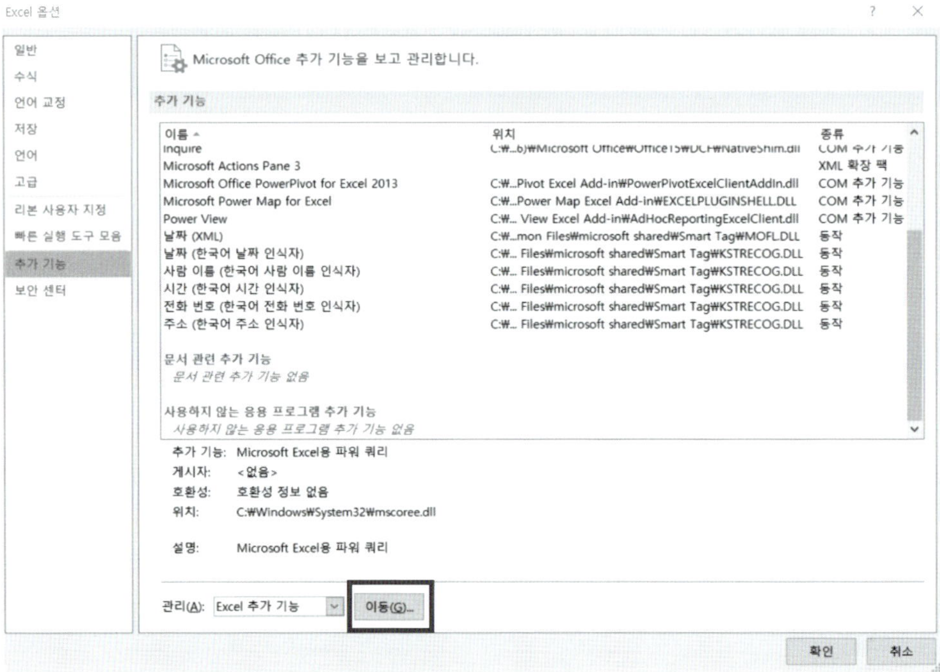

[이동]을 선택하면 다시 추가 기능창이 생기는데 <그림 6-8>과 같이 [해 찾기 추가 기능]을 선택하면 해 찾기 기능이 활성화된다.

그림 6-8 ● 해 찾기 추가 기능

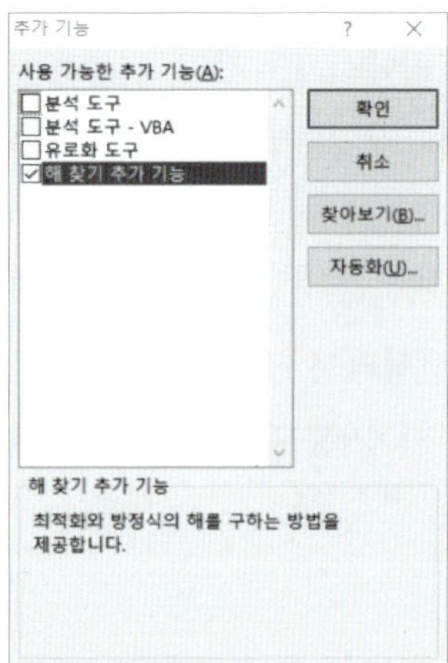

(2) 자료의 입력

선형계획법의 문제를 엑셀을 통해 모형화하기 위해 먼저 <사례 1>의 목적식을 엑셀에 정리하여 입력한다.

① 셀 B2에서부터 변수명을 입력한다. <사례 1>에서 변수의 정의를 통해 X(책상의 제작수량)와 Y(책장의 제작수량)의 두 개의 변수를 정의하였으므로 B2에 X, C2에 Y를 입력한다.

② A3에 "목적식"이라고 입력하고 목적식의 계수 값을 위의 변수명에 맞추어 <그림 6-9>와 같이 입력한다.

그림 6-9 ● 목적식의 입력

C3 | fx 2

	A	B	C	D	E	F	G	H
1								
2		X	Y					
3	목적식	3	2					
4								
5								
6								
7								

③ 목적식 아래로는 제약식을 입력하여야 하는데 <사례 1>에서는 비음조건까지 총 네 개의 제약식이 존재한다. 첫 번째가 $5X+10Y \leq 250$으로 표시된 재단공정에 대한 제약식인데 먼저 A4에 "재단공정"이라고 입력하고 B4에 5, C4에 10을 각각 입력한다. 이로써 X를 1개 제작하는 데 5시간의 재단공정이 필요하고, Y를 1개 제작하는 데 10시간의 재단공정이 필요하다는 것을 표시하였다. 이제 가구공장의 재단공정이 월간 250시간의 한계가 있음을 표시하여야 하는데 이는 두 칸을 띄어 E5에 ≤의 부등호를 입력하고 F5에는 250을 표시한다. 해 찾기 과정에서 실제 계산을 위해서는 별도의 부등호 입력이 필요한 것이고, E5에 부등호를 입력하는 것은 해 찾기 과정이나 결과를 검토할 때 참조하기 위한 것으로 실제 계산에 사용되는 것은 아니다.

④ 두 번째 제약식인 $2X+1Y \leq 70$도 같은 방법으로 입력하면 <그림 6-10>과 같이 표시된다.

그림 6-10 ● **제약식의 입력**

F5 | fx 70

	A	B	C	D	E	F	G	H
1								
2		X	Y					
3	목적식	3	2					
4	재단공정	5	10		<=	250		
5	조립공정	2	1		<=	70		
6								
7								

⑤ <사례 1>에서는 위 2가지의 제약조건 이외에도 X와 Y는 음수가 아니라는 비음조건의 제약식이 있는데, 이는 추후 엑셀의 해 찾기 기능의 실행 시에 선택할 수 있는 옵션이 있으므로 제약식으로 별도로 입력하지는 않는다.

⑥ 제약식의 입력이 끝났으므로 A6에 "최적해"라고 입력하고 다른 항목과의 구분을 위해 별도의 색을 지정해 둔다. 이는 해 찾기의 수식입력이나 해 찾기 계산의 결과를 보기 편하게 표시한 것으로 별도의 기능이 있는 것은 아니다.

⑦ 해 찾기 계산을 위해 D3부터 D5까지에 SUMPRODUCT 함수를 입력한다. SUMPRODUCT 함수는 두 개의 열을 순서대로 곱한 후 더한 값을 결과값으로 제공하는 함수이다. 먼저 D3에는 제약식인 B2:C2와 최적해인 B6:C6의 SUMPRODUCT 함수를 <그림 6-11>과 같이 입력한다.

그림 6-11 ● **함수의 인수의 입력**

AVERAGE | fx =SUMPRODUCT(B3:C3,$B$6:$C$6)

	A	B	C	D	E	F	G	H
1								
2		X	Y					
3	목적식	3	2	=SUMPRC				
4	재단공정	5	10		<=	250		
5	조립공정	2	1		<=	70		
6	최적해							
7								

⑧ B6:C6을 절대참조로 한 이유는 D4, D5의 SUMPRODUCT 함수 입력 시 마우스를 드래그하여 입력하기 위한 것이다. 이제 D3을 끌어당겨서 D4, D5에 SUMPRODUCT 함수를 입력하고, 함수가 제대로 입력되었는지 확인해보기 위해 최적해의 자리인 B6, C6에 임의의 숫자인 1, 2를 입력해 본다. <그림 6-12>에서와 같이 함수가 입력되어 계산이 됨을 알 수가 있다.

그림 6-12 ● 함수의 입력

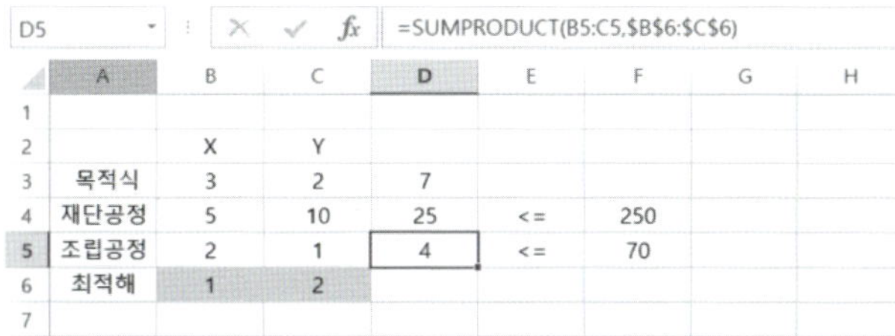

	A	B	C	D	E	F	G	H
1								
2		X	Y					
3	목적식	3	2	7				
4	재단공정	5	10	25	<=	250		
5	조립공정	2	1	4	<=	70		
6	최적해	1	2					
7								

(3) 해 찾기 실행

엑셀에 데이터를 입력한 후 메뉴 탭에서 [데이터]-[해 찾기]를 선택하면 <그림 6-13>과 같은 해 찾기 입력창이 열린다.

그림 6-13 ● 해 찾기 입력창

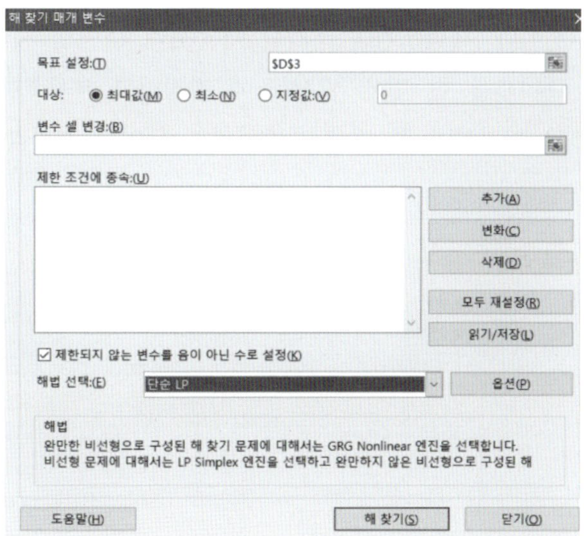

① 해 찾기 입력창이 뜨면 [목표설정]에는 D3을 지정한다. 이는 책상과 책장의 최적 산출량에 따른 이익액을 의미한다.

② [대상]은 최대값, 최소값, 지정값이 있는데 <사례 1>에서는 최대 이익액을 올릴 수 있는 책상과 책장의 최적 생산량을 구하는 것이므로 최대값을 선택한다.

③ [변수 셀 변경]은 최대 이익을 발생시키는 책상과 책장의 생산량으로 최적해를

표시하는 변수인 B6:C6을 지정한다.

④ [제한조건에 종속] 항목은 제약식을 입력하는 것으로 우측의 [추가]를 선택하면 <그림 6-14>와 같은 제한조건 추가창이 새로 표시된다.

그림 6-14 ● 제한조건 추가창

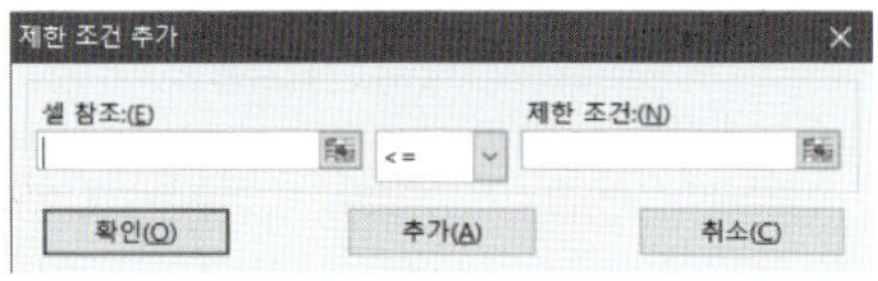

⑤ 셀 참조 영역에 D4를 입력하고 제약식과 같은 부등호를 선택한 후 제한조건에는 F4를 입력하고 제약식이 한 개 더 있으므로 [추가]를 선택한다.

⑥ 마찬가지의 방법으로 D5, 부등호, F5를 선택하여 [추가]하고 더 이상의 제한조건이 없으므로 [취소]를 선택하면 <그림 6-15>와 같이 해 찾기 입력창으로 돌아오게 된다. 제한조건을 추가할 때 <사례 1>처럼 제약식의 부등호 방향이 같다면 D4:D5를 한 번에 셀 참조에 지정하고 부등호를 선택한 후 제한조건을 F4:F5로 지정하여 한 번에 추가하여도 동일한 결과값이 생성된다.

그림 6-15 ● 해 찾기 입력창

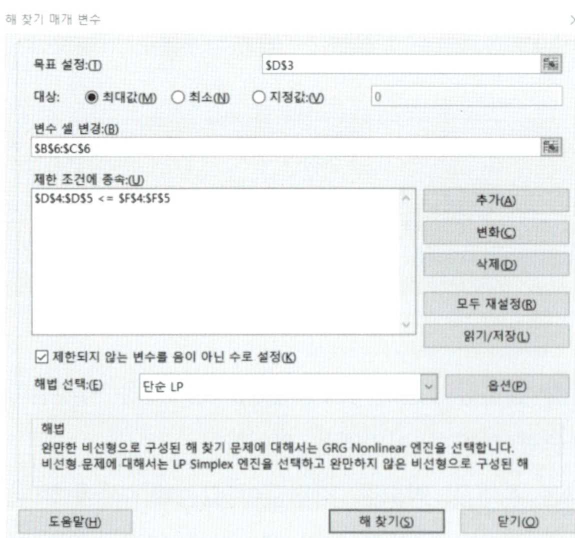

⑦ <사례 1>의 해답은 음수로 나올 수 없으므로 [제한되지 않는 변수를 음이 아닌 수로 설정] 항목을 선택하여 비음조건에 대한 제약을 한다.

⑧ [해법 선택]은 '단순 LP'를 선택하고(단순 LP는 Simplex Linear Programming의 번역 오류) 해 찾기를 실행하면 <그림 6-16>과 같은 해 찾기 결과창이 표시된다.

그림 6-16 • 해 찾기 결과창

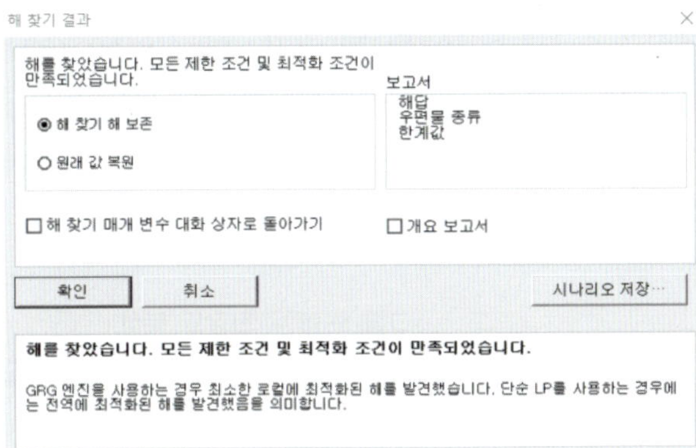

⑨ <그림 6-16>에서 해 찾기 결과창에 해를 찾았다고 표시되었으므로 [확인]을 선택하면 <그림 6-17>과 같이 B6:C6에 최적해가 표시되고 D3에 최적 생산시의 이익액이 표시된다.

그림 6-17 • 최적해의 도출

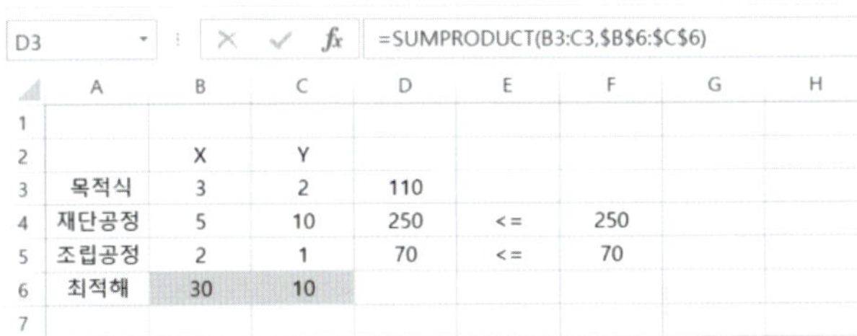

	A	B	C	D	E	F	G	H
1								
2		X	Y					
3	목적식	3	2	110				
4	재단공정	5	10	250	<=	250		
5	조립공정	2	1	70	<=	70		
6	최적해	30	10					
7								

엑셀의 해 찾기 기능에 의해 표시된 값은 X(책상) 30개와 Y(책장) 10개를 생산할 때 최대의 이익이 발생하고 이때의 이익액은 110만 원으로 계산되었는데, 이는 도표해법을 통해 그래프와 꼭지점의 값으로 구한 최적해의 값과 일치함을 알 수가 있다.

(4) 민감도 분석

엑셀의 해 찾기 기능에 의하여 <사례 1>에서는 책상 30개와 책장 10개를 생산하여 110만 원의 이익을 얻을 수 있음을 확인하였지만, 책상과 책장의 개당 이익의 변동에 따른 최적해의 변화나 책상이나 책장의 제작에 필요한 공정시간의 변화, 공장 전체의 최대 공정시간의 변화에 따라 최적해는 어떻게 변화하는지를 알아보기 위하여 민감도 분석을 실시해 보도록 하자.

민감도 분석은 <그림 6-16>의 해 찾기 결과창에서 우측의 보고서 항목을 선택하여서 확인할 수 있다. 보고서의 항목은 [해답], [우편물 종류], [한계값]이 있는데 민감도 보고서를 확인하기 위해서는 <그림 6-18>과 같이 [우편물 종류]를 선택한다(우편물 종류는 엑셀의 번역 오류).

그림 6-18 • 민감도 분석

마지막으로 [확인]을 선택하면 <그림 6-19>와 같이 새로운 시트에 민감도 보고서가 만들어진다.

그림 6-19 • **민감도 보고서**

Microsoft Excel 15.0 민감도 보고서
워크시트 이름: [통합 문서1]Sheet1
보고서 작성일: 2021-11-08 오전 11:39:31

변수 셀

셀	이름	계산 값	한계 비용	목표 셀 계수	허용 가능 증가치	허용 가능 감소치
$B$6	최적해 X	30	0	3	1	2
$C$6	최적해 Y	10	0	2	4	0.5

제한 조건

셀	이름	계산 값	잠재 가격	제한 조건 우변	허용 가능 증가치	허용 가능 감소치
$D$4	재단공정	250	0.066666667	250	450	75
$D$5	조립공정	70	1.333333333	70	30	45

1〉 변수의 변동에 따른 최적해의 변화

민감도 보고서의 변수 셀 부분의 표를 확인하면 <그림 6-20>과 같은데 [목표 셀 계수]라는 것은 책상 1개의 판매이익을 표시하고 있는 것이고 [허용가능 증가치]와 [허용가능 감소치]는 책상 1개의 판매이익인 3만 원의 변동 가능 범위로 책상 1개의 판매이익이 (3만 원+1만 원)에서 (3만 원−2만 원)인 1만 원~4만 원까지는 책상 30개의 생산이 최적해임을 표시하는 것이다.

그림 6-20 • **변수와 관련한 민감도 보고서**

변수 셀

셀	이름	계산 값	한계 비용	목표 셀 계수	허용 가능 증가치	허용 가능 감소치
$B$6	최적해 X	30	0	3	1	2
$C$6	최적해 Y	10	0	2	4	0.5

마찬가지로 Y, 즉 책장은 1.5만 원에서 6만 원까지 이익액이 변동하여도 현재의 10개의 생산량이 최적해라는 것을 표시하고 있다. 이는 반대로 생각하면 만일 책장의 이익액이 1.5만 원 이하로 떨어진다면 현재 10개로 계산된 책장의 생산량에 변화가 필요함을 말하고 있는 것이다.

마지막으로 한계비용은 X나 Y가 0이 되었을 경우에 발생하게 되는데 X나 Y를

1단위 증가시켰을 때 발생되는 목적함수 값의 변화량을 의미하는 것으로 감소비용, 기회비용이라고도 한다. <사례 1>에서는 X와 Y가 모두 0이 아니므로 한계비용의 해석은 의미가 없다. 만일 위의 가구공장에서 책상과 책장 외에 의자(Z)를 생산할 수 있고 의자 1개당 이익액은 1만 원이며 재단공정에 15시간, 조립공정에 3시간이 소요될 경우 이익을 최대화하는 최적해를 구한다면 목적식은 Max: $3X+2Y+Z$로 바뀌고, 제약식은 $5X+10Y+15Z \leq 250$, $2X+Y+3Z \leq 70$으로 바뀌게 된다.

이를 엑셀에 입력하여 계산하면 <그림 6-21>과 같은 최적해가 구해지는데 의자(Z)는 개당 이익이 낮은데 반하여 재단공정과 조립공정에 많은 시간이 소요되어 이익의 최대화를 위하여서는 생산을 하지 않는 것이 유리한 것으로 계산되었다.

그림 6-21 ● 의자 생산 시의 최적해

D6 | fx | 0

	A	B	C	D	E	F	G	H	I
1									
2		X	Y	Z					
3	목적식	3	2	1	110				
4	재단공정	5	10	15	250	<=	250		
5	조립공정	2	1	3	70	<=	70		
6	최적해	30	10	0					
7									

그리고 이 경우의 민감도 보고서를 확인하면 <그림 6-22>와 같이 의자(Z)의 한계비용이 −4로 표시되는 것을 확인할 수 있다.

그림 6-22 ● 민감도 보고서

A1 | fx | Microsoft Excel 15.0 민감도 보고서

변수 셀

셀	이름	계산 값	한계 비용	목표 셀 계수	허용 가능 증가치	허용 가능 감소치
$B$6	최적해 X	30	0	3	1	2
$C$6	최적해 Y	10	0	2	4	0.5
$D$6	최적해 Z	0	-4	1	4	1E+30

제한 조건

셀	이름	계산 값	잠재 가격	제한 조건 우변	허용 가능 증가치	허용 가능 감소치
$E$4	재단공정	250	0.066666667	250	450	75
$E$5	조립공정	70	1.333333333	70	30	45

의자(Z)의 한계비용이 뜻하는 바는 위 가구공장에서 이익의 최대화를 위해서는 의

자(Z)를 생산하지 않는 것이 맞지만 어떤 경영적 이유에서든 의자를 생산하게 된다면 의자 1개를 생산할 때 이익이 4만 원이 감소한다는 것을 표시하고 있는 것이다.

2〉 제한조건의 변동에 따른 최적해의 변화

변수와 관련한 민감도 분석에 이어 제한조건의 변동에 따른 최적해의 변화를 살펴보면 다음과 같다.

<그림 6-23>에 나타난 것과 같이 재단공정의 최대공정운영시간은 250시간인데 [허용가능 증가치]가 450, [허용가능 감소치]가 75이므로 재단공정의 공정운영시간이 175시간에서 700시간까지는 책상 30개, 책장 10개의 생산이 최적해임을 표시하고 있다. 마찬가지로 조립공정의 경우에는 35시간에서 100시간까지는 현재의 최적해가 유지됨을 알 수 있다.

그림 6-23 • 제한조건과 관련한 민감도 보고서

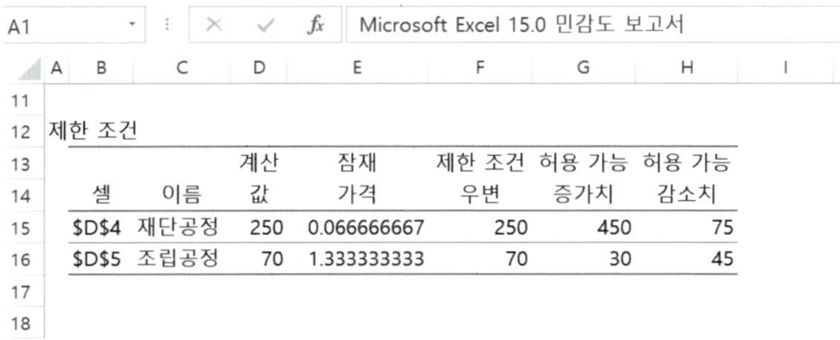

A1 | Microsoft Excel 15.0 민감도 보고서

제한 조건

셀	이름	계산 값	잠재 가격	제한 조건 우변	허용 가능 증가치	허용 가능 감소치
$D$4	재단공정	250	0.066666667	250	450	75
$D$5	조립공정	70	1.333333333	70	30	45

2) 이익의 최대화의 문제

엑셀을 활용한 선형계획법의 해 찾기에 대한 기본적 이해를 기반으로 하여 다음의 <사례 2>를 통하여 생산관리와 관련한 이익 최대화의 문제를 알아보도록 한다.

사례 2

한 가구공장에서는 책상과 책장을 생산하고 있는데 책상의 생산에는 못 2박스, 노동력은 5시간, 원목은 11m가 필요하고 1개 판매할 때마다 35만 원의 수익이 발생한다. 책장의 생산에는 못 1박스, 노동력은 9시간, 원목은 18m가 필요하고 1개당

28만 원의 수익을 얻을 수 있다. 현재 공장에는 150박스의 못이 있고, 1,200시간의 노동력을 사용할 수 있으며 원목은 2,300m가 있을 때 책상과 책장을 각각 몇 개씩 만들어야 이익을 최대화할 수 있는가?

먼저 사례의 내용을 정리하면 아래와 같다.

	책상	책장
못(박스)	2	1
노동력(시간)	5	9
원목(m)	11	18

- 재고: 못 150박스, 원목 2,300m / - 노동력: 1,200시간

(1) 모델링

① 변수의 정의

변수는 의사결정에 있어서 찾고자 하는 해인데 위의 사례에서 찾고자 하는 것은 최대의 이익을 발생시키는 책상과 책장의 제작 개수이므로 책상과 책장의 제작 개수가 변수가 된다. 이를 수학적으로 표시하면 아래와 같다

X_1 = 책상의 제작수량

X_2 = 책장의 제작수량

② 목적함수의 도출

목적함수는 변수들을 포함하고 있으며 최대 또는 최소값을 나타내는 수학식을 말하는데 위의 사례에서는 책상과 책장을 각각 몇 개씩 제작하여 최대의 이익을 발생시키는가가 관건이므로 책상과 책장에 관한 이익을 수학적으로 정리하여야 한다. 사례의 설명에서 책상은 개당 35만 원, 책장은 개당 28만 원의 이익이 발생한다고 하였으므로 이를 수학적으로 정리하면 아래와 같다

$$\text{Max: } 35X_1 + 28X_2$$

③ 제한조건의 도출

마지막으로는 제한조건을 정리하여야 하는데 위 사례에서는 못, 노동력, 원목이 각각 책상과 책장을 만들 때 소요되는 양이 알려져 있고, 못과 노동력, 원목의 보유량이 제시되어 있다. 이를 수학식으로 정리하면 아래와 같다.

- 못 : 책상 제작 시 2박스, 책장 제작 시 1박스의 못이 필요, 150박스 보유

$$2X_1 + 1X_2 \leq 150$$

- 노동력 : 책상 제작 시 5시간, 책장 제작 시 9시간 소요, 노동력은 1,200시간 투입 가능

$$5X_1 + 9X_2 \leq 1,200$$

- 원목 : 책상 제작 시 11m, 책장 제작 시 18m 필요, 2,300m 보유

$$11X_1 + 18X_2 \leq 2,300$$

위의 3가지의 제한조건으로 필요한 조건을 다 담아내었지만 연립일차방정식은 수학적인 해를 구하는 방식이기 때문에 수학적으로는 마이너스의 해도 발생할 수 있는데 책상이나 책장을 음수로 제작할 수는 없기 때문에 음수를 제외하는 비음조건을 제약식에 추가하여야 한다.

- 비음조건: $X_1, X_2 \geq 0$

이를 수학적으로 정리하면 아래와 같다.

〈변수의 정의〉 X_1 = 책상의 제작수량, X_2 = 책장의 제작수량

〈목적식의 도출〉 Max: $35X_1 + 28X_2$

〈제약식의 도출〉 s.t: $2X_1 + 1X_2 \leq 150$

$5X_1 + 9X_2 \leq 1,200$

$11X_1 + 18X_2 \leq 2,300$

$X_1, X_2 \geq 0$

(2) 엑셀을 활용한 최적해의 도출

① 먼저 정의된 변수인 X_1과 X_2를 B2와 C2에 입력한다.

② 목적식 $35X_1 + 28X_2$를 B3과 C3에 <그림 6-24>와 같이 입력한다.

그림 6-24 • 목적식의 입력

C3 | fx 28

	A	B	C	D	E	F	G	H
1								
2		X1	X2					
3	목적식	35	28					
4								
5								
6								
7								
8								
9								

③ <그림 6-25>와 같이 제약식을 입력하고 표를 완성한다.

그림 6-25 • 제약식의 입력

F6 | fx 2300

	A	B	C	D	E	F	G	H
1								
2		X1	X2					
3	목적식	35	28					
4	못	2	1		<=	150		
5	노동력	6	9		<=	1200		
6	원목	11	18		<=	2300		
7								
8								
9								

④ <그림 6-26>과 같이 D3:D6에 함수를 입력하고 최적해의 위치를 지정한다.

그림 6-26 ● 함수의 입력

D6 =SUMPRODUCT(B6:C6,$B$7:$C$7)

	A	B	C	D	E	F	G	H
1								
2		X1	X2					
3	목적식	35	28	0				
4	못	2	1	0	<=	150		
5	노동력	6	9	0	<=	1200		
6	원목	11	18	0	<=	2300		
7	최적해							
8								
9								

⑤ [데이터]-[해 찾기]를 실행하고 <그림 6-27>과 같이 [목표설정]은 $D$3, [대상]은 최대값, [변수 셀 변경]은 $B$7:$C$7을 입력하고 부등호의 방향이 같으므로 제약식은 한 번에 입력한 후, 비음조건을 설정하고 '단순 LP'를 선택하여 해 찾기를 실행한다.

그림 6-27 ● 해 찾기 입력창

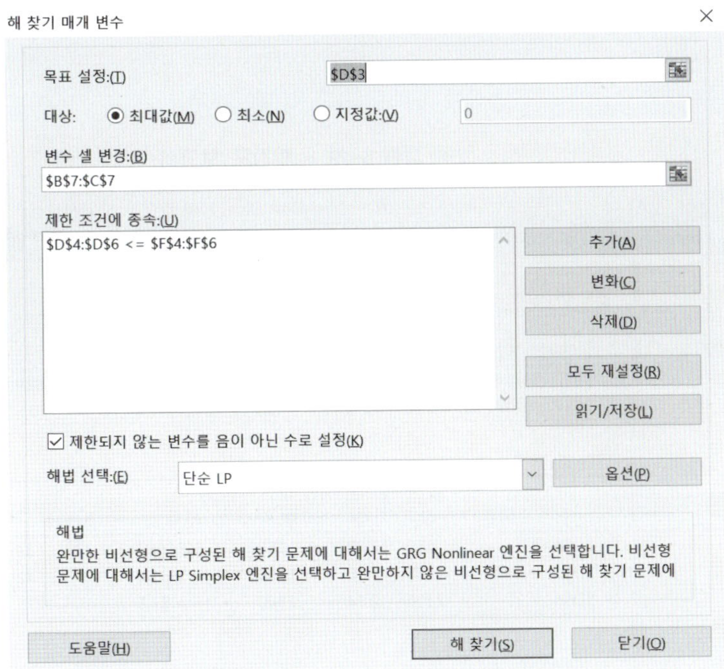

⑥ 해 찾기 결과는 <그림 6-28>과 같이 계산되어 책상 16개, 책장 118개를 생산하는 것이 최적이며 이때 3,864만 원의 수익이 발생하는 것을 알 수 있다.

그림 6-28 • 최적해의 도출

D3 =SUMPRODUCT(B3:C3,$B$7:$C$7)

	A	B	C	D	E	F
2		X1	X2			
3	목적식	35	28	3864		
4	못	2	1	150	<=	150
5	노동력	6	9	1158	<=	1200
6	원목	11	18	2300	<=	2300
7	최적해	16	118			

(3) 민감도 분석

① 민감도 분석을 위해 다시 [해 찾기]를 실행하여 해 찾기 결과창에서 [우편물 종류]를 선택하면 <그림 6-29>와 같은 민감도 보고서가 별도의 시트에 추가로 생성된다.

그림 6-29 • 민감도 보고서

A1 Microsoft Excel 15.0 민감도 보고서

변수 셀

셀	이름	계산 값	한계 비용	목표 셀 계수	허용 가능 증가치	허용 가능 감소치
$B$7	최적해 X1	16	0	35	21	17.88888889
$C$7	최적해 X2	118	0	28	29.27272727	10.5

제한 조건

셀	이름	계산 값	잠재 가격	제한 조건 우변	허용 가능 증가치	허용 가능 감소치
$D$4	못	150	12.88	150	116.6666667	22.22222222
$D$5	노동력	1158	0	1200	1E+30	42
$D$6	원목	2300	0.84	2300	87.5	1475

② 민감도 보고서의 해석

변수 셀부터 살펴보면 X_1 인 책상은 개당 35만 원의 수익이 발생하는데 최소 17.11만 원에서 56만 원까지는 16개를 생산하는 것이 최적임을 나타내고 있고, X_2 인 책장은 17.5만 원에서 57.27만 원까지는 118개를 생산하는 것이 최대의 수익을 올릴 수 있는 것임을 표시하고 있다.

다음으로 제한조건과 관련하여서는 현재 못은 150박스의 재고가 있는데 못 1박스가 더 있었다면 [잠재가격]인 12.88만 원을 더 벌 수 있음을 표시하고 있는 것이고 못 1박스의 증가에 따른 12.88만 원의 수익증가는 언제나 적용되는 것이 아니라 [허용가능 증가치]와 [허용가능 감소치]에 따라 못의 재고가 128개에서 266개까지로 한정된다는 것을 나타내고 있다. 노동력의 경우 [잠재가격]은 0, [허용가능 증가치]는 1E+30으로 표시되는데 1E+30은 엑셀이 무한대를 표현한 것으로 보면 된다. 잠재가격이 0이고 허용가능 증가치가 무한대라는 것은 <사례 2>에서는 노동력을 추가로 무한히 투입하여도 수익이 더 이상 증대되지 않음을 표시하고 있는 것이다. 원목과 관련하여서는 원목 1m당 0.84만 원의 수익이 증가함을 나타내고 있으며 원목 1m당 0.84만 원의 수익증가는 원목이 825m에서 2,387m의 구간에서 유효함을 표시하고 있다.

3) 비용의 최소화 문제

최대화의 문제와 함께 선형계획법의 핵심 이슈인 최소화의 문제를 구매관리 사례를 통해 살펴보도록 한다.

사례 3

한 양돈 영농조합에서는 돼지의 사료를 구매하여야 하는데, 사료의 종류는 A와 B의 두 종류이고 돼지의 사료에 포함된 탄수화물, 단백질, 지방의 함량은 아래의 표와 같다.

	A사료의 함량(kg당)	B사료의 함량(kg당)
탄수화물	0.2	0.4
단 백 질	0.3	0.1
지 방	-	0.3

사료의 가격은 A사료는 kg당 5천 원이고, B사료는 kg당 7천 원이다. 또한 해당 영농조합에서는 1일 기준으로 탄수화물은 30kg, 단백질은 50kg, 지방은 20kg이 필요한 상황이다. 이때 사료 구입비용을 최소화하는 1일 기준의 A, B사료의 구입량은 각각 몇 kg인가?(단, 사료는 kg단위로만 구매 가능)

(1) 모델링

① 변수의 정의

찾고자 하는 최적해는 구입비용을 최소화하는 A, B사료의 구입량이므로,

X_a = A사료의 구매량(kg),

X_b = B사료의 구매량(kg)으로 정의한다.

② 목적함수의 도출

목적함수는 kg당 각각 5,000원과 7,000원인 A사료와 B사료의 구매금액을 최소화하는 것이므로,

$$\text{Min: } 0.5X_a + 0.7X_b$$

다만, 계산의 편의를 위해 원 단위에서 만 원 단위로 단위를 조정하였다.

③ 제한조건의 도출

사료의 구매와 관련한 제한조건은 각 사료의 영양분의 구성비와 영농조합의 필요 영양분이므로 탄수화물과 단백질, 지방에 관한 사료별 구성비와 영농조합의 필요 영양분을 제약식으로 만들어야 한다.

탄수화물 : $0.2X_a + 0.4X_b \geq 30$

단 백 질 : $0.3X_a + 0.1X_b \geq 50$

지 방 : $0.3X_b \geq 20$

그리고 사료의 구입은 음수가 발생할 수 없으므로 X_a, $X_b \geq 0$인 비음조건이 있다. 변수와, 목적함수, 제한조건을 수학적으로 정리하면 아래와 같다.

〈변수의 정의〉 X_a = A의 구매량, X_b = B의 구매량

〈목적식의 도출〉 Min: $0.5X_a + 0.7X_b$

〈제약식의 도출〉 s.t: $0.2X_a + 0.4X_b \geq 30$

$$0.3X_a + 0.1X_b \geq 50$$

$$0.3X_b \geq 20$$

$$X_a,\ X_b \geq 0$$

(2) 엑셀을 활용한 최적해의 도출

① 모델링된 내용을 엑셀에 <그림 6-30>과 같이 정리한다.

그림 6-30 ● 목적식과 제약식 입력

A2 | fx

	A	B	C	D	E	F	G	H
1								
2		Xa	Xb					
3	목적식	0.5	0.7					
4	탄수화물	0.2	0.4		>=	30		
5	단백질	0.3	0.1		>=	50		
6	지방		0.3		>=	20		
7	최적해							
8								
9								

② D3에 <그림 6-31>과 같이 목적식과 최적해를 인수로 하는 SUMPRODUCT 함수를 입력한다.

그림 6-31 ● 함수의 입력

RANK | fx =SUMPRODUCT(B3:C3,$B$7:$C$7)

	A	B	C	D	E	F	G	H
1								
2		Xa	Xb					
3	목적식	0.5	0.7	=SUMPRO				
4	탄수화물	0.2	0.4		>=	30		
5	단백질	0.3	0.1		>=	50		
6	지방		0.3		>=	20		
7	최적해							
8								
9								

D3을 끌어당겨서 D4:D6에도 SUMPRODUCT 함수를 입력한다.

③ [데이터] – [해 찾기]를 실행하여 해 찾기 입력창이 생성되면 <그림 6-32>와 같이 목표설정은 $D$3, 대상은 최소값, 변수 셀 변경은 $B$7:$C$7을 입력한다.

그림 6-32 • **해 찾기 입력창**

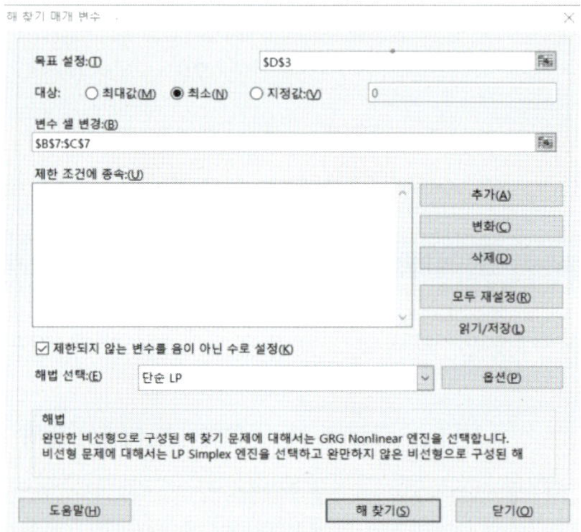

④ 제한조건은 부등호가 같은 방향이므로 <그림 6-33>과 같이 셀 참조 영역은 $D$4:$D$6, 제한조건은 $F$4:$F$6으로 한 번에 영역을 지정하여 입력하고 [추가]를 선택한 후 더 이상의 제한조건이 없으므로 [취소]를 선택하여 해 찾기 입력창으로 돌아온다.

그림 6-33 • **제한조건 입력창**

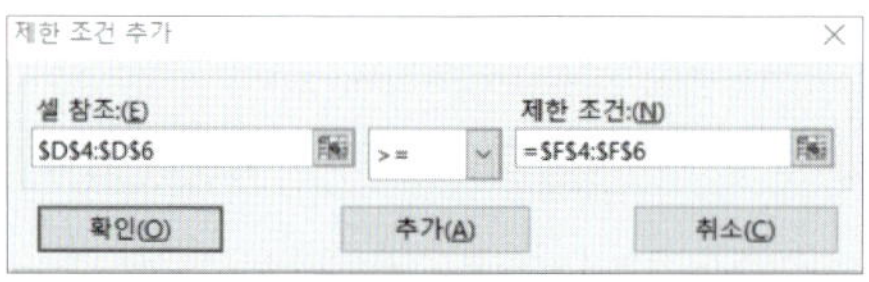

⑤ 해 찾기 입력창에서 추가로 비음조건을 선택하고 [해법 선택]을 '단순 LP'로 하여 [해 찾기]를 선택한다.

그림 6-34 ● **해 찾기 입력창**

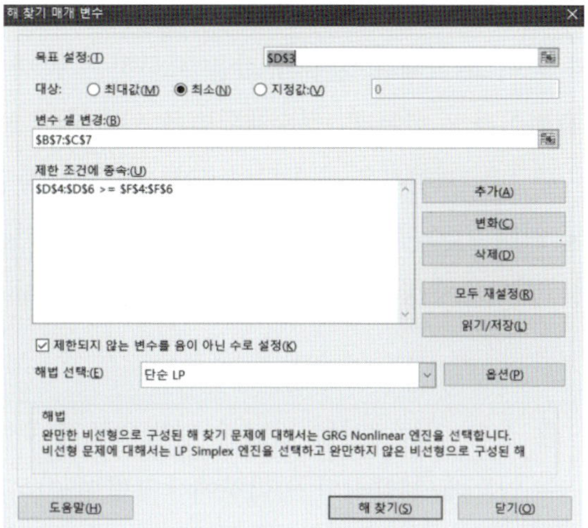

⑥ 해 찾기를 실행하면 <그림 6-35>와 같이 최적해가 도출된다.

그림 6-35 ● **최적해의 도출**

	A	B	C	D	E	F	G	H
1								
2		Xa	Xb					
3	목적식	0.5	0.7	118.8889				
4	탄수화물	0.2	0.4	55.55556	>=	30		
5	단백질	0.3	0.1	50	>=	50		
6	지방		0.3	20	>=	20		
7	최적해	144.4444	66.66667					
8								
9								

최적해는 A사료를 144.44kg, B사료를 66.66kg을 구매하는 것이고 이때의 비용은 118만 8,889원으로 최소화된다. 그런데 사료는 kg단위로만 구매가 되기 때문에 계산된 최적해를 적용할 수 없는 문제가 발생한다. 이를 해결하기 위하여 현실적인 방법으로는 간편하게 A사료를 145kg, B사료를 67kg 구매할 수도 있겠지만 변수가 많은 문제의 해결에서는 이런 현실적 방법의 적용은 적합하지 않기 때문에 <사례 3>과 같이 최적해를 정수로 도출하여야 하는 문제는 정수계획법을 통해 최적해를 도출하여야 한다.

(3) 정수계획법

<사례 3>과 같이 최적해가 정수의 값을 요구하는 문제를 해결하기 위한 의사결정 기법을 정수계획법이라고 하는데, 정수계획법은 일반적인 선형계획모델에 최적해를 정수로 제한하는 새로운 제약식을 추가하여 모든 변수가 정수가 되도록 하는 방법이다. 정수계획법에도 여러 가지 종류와 해법이 있지만 본서에서는 <사례 3>에서 정수의 최적해를 구하기 위한 순수정수계획법(all-integer programming)의 엑셀 활용법을 알아보도록 한다.

① 엑셀의 해 찾기 기능에서는 간단한 방법으로 변수를 정수로 하는 제한조건을 추가할 수 있는데 제약식의 입력창에 <그림 6-36>과 같이 정수로 표시되어야 할 최적해의 영역인 $B$7:$C$7을 [셀 참조]로 지정하고 부등호를 선택하는 탭을 눌러 [int]를 선택하면 제한조건에 [정수]가 자동으로 표시되며 최적해를 정수로 제한하는 제한조건이 완성된다.

그림 6-36 • 정수 제한조건의 추가

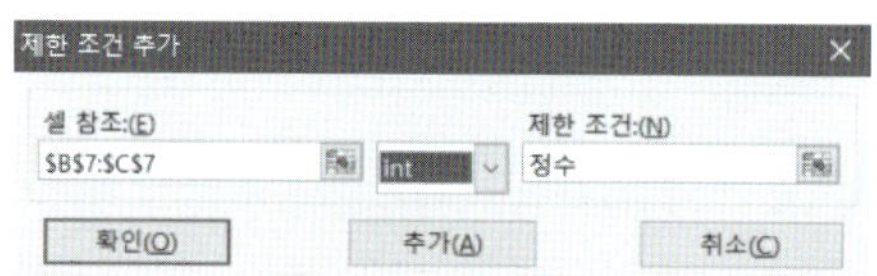

② [추가]를 선택하여 제약식을 추가하고 [취소]를 선택하여 [해 찾기 입력창]으로 돌아온다.

③ 모든 제약식이 <그림 6-37>과 같이 입력되었으므로 [해 찾기]를 실행한다.

그림 6-37 ● **해 찾기 입력창**

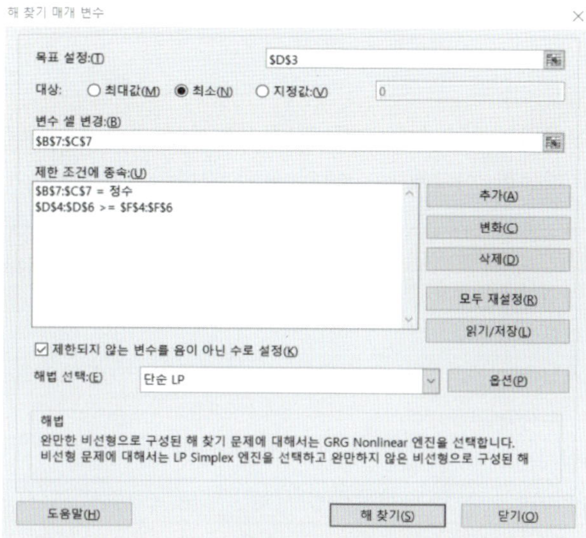

④ [해 찾기]를 실행하면 <그림 6-38>과 같은 정수계획법에 의한 최적해가 도출된다.

그림 6-38 ● **정수계획법에 의한 최적해**

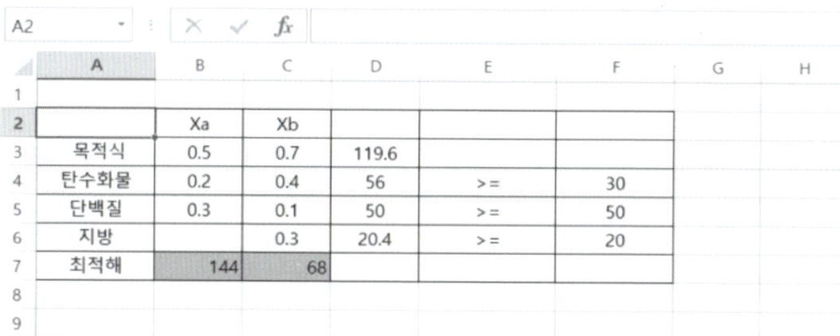

	A	B	C	D	E	F
1						
2		Xa	Xb			
3	목적식	0.5	0.7	119.6		
4	탄수화물	0.2	0.4	56	>=	30
5	단백질	0.3	0.1	50	>=	50
6	지방		0.3	20.4	>=	20
7	최적해	144	68			

최적해는 A사료를 144kg, B사료를 68kg 구매하면 탄수화물 56kg, 단백질 50kg, 지방 20.4kg이 되어 영농조합에서 필요로 하는 탄수화물 30kg, 단백질 50kg, 지방 20kg을 충족하게 되며 이때의 총비용은 119만 6천 원으로 최소의 비용이 되는 것을 표시하고 있다.

4) 투자수익의 최대화 문제

사례 4

한 펀드 매니저는 8억 원의 자금을 회사채에 투자하려는 고객의 의뢰를 받았다. 현재 투자가 가능한 회사채는 아래의 표와 같다.

	수익률(%)	만기	등급
가나건설	8.5	11년	1등급
나래통신	8.0	10년	3등급
다산물산	9.0	6년	4등급
라이프생명	7.5	10년	1등급
마일드유업	9.5	7년	3등급
바른증권	10.0	13년	2등급

그리고 회사의 정책상 전체 투자금의 25%를 초과하여 한 회사에 투자할 수 없으며, 10년 이상의 장기채권에 60% 이상을 투자하여야 한다. 또한 3등급 이하의 채권에는 30% 이하로만 투자하여야 할 때 최고의 수익을 올릴 수 있는 투자 포트폴리오는 무엇인가?

(1) 모델링

① 변수의 정의

최고 수익을 올리기 위해 각각의 회사채에 얼마를 투자하는가의 문제이므로 각 회사에 투자하는 금액을 변수로 지정하여야 한다.

X_1 = 가나건설에의 투자금액

X_2 = 나래통신에의 투자금액

X_3 = 다산물산에의 투자금액

X_4 = 라이프생명에의 투자금액

X_5 = 마일드유업에의 투자금액

X_6 = 바른증권에의 투자금액

② 목적함수의 도출

각각의 회사채에 투자함으로써 최고의 수익을 올리는 것이 목표이므로 (각 채권의 이익률 × 각 채권의 투자금액)의 합을 최대화하는 것으로 목적함수를 만들어야 한다.

$$\text{Max: } 8.5X_1 + 8.0X_2 + 9.0X_3 + 7.5X_4 + 9.5X_5 + 10.0X_6$$

③ 제한조건의 도출

먼저 회사의 정책으로 한 회사채에 25%를 초과하여 투자할 수 없으므로 각 회사채에는 8억×25% = 2억 원 이하의 투자만 가능하다.

$$X_1,\ X_2,\ X_3,\ X_4,\ X_5,\ X_6 \ \leq\ 200{,}000(\text{천 원})$$

두 번째로 10년 이상의 장기채권에 60% 이상을 투자하여야 하므로 X_1, X_2, X_4, X_6에 8억×60%인 4억8천만 원 이상을 투자하여야 한다.

$$X_1 + X_2 + X_4 + X_6 \ \geq\ 480{,}000(\text{천 원})$$

세 번째로는 3등급 이하의 채권에는 30% 이하로만 투자하여야 하므로 X_2, X_3, X_5에 8억×30%인 2억4천만 원 이하로만 투자하여야 한다.

$$X_2 + X_3 + X_5 \ \leq\ 240{,}000(\text{천 원})$$

그리고 전체 투자금액은 8억 원 이하로 제한하여야 한다.

$$X_1 + X_2 + X_3 + X_4 + X_5 + X_6 \ \leq\ 800{,}000(\text{천 원})$$

마지막으로 마이너스로는 투자는 할 수 없으므로 비음조건을 추가하여야 한다.

$$X_1,\ X_2,\ X_3,\ X_4,\ X_5,\ X_6 \ \geq\ 0$$

위의 목적함수와 제한조건을 다시 정리하면 아래와 같다.

〈변수〉 $X_1,\ X_2,\ X_3,\ X_4,\ X_5,\ X_6$

〈목적함수〉 Max: $8.5X_1 + 8.0X_2 + 9.0X_3 + 7.5X_4 + 9.5X_5 + 10.0X_6$

〈제한조건〉 s.t: $X_1 \ \leq\ 200{,}000$

$$X_2 \leq 200{,}000$$
$$X_3 \leq 200{,}000$$
$$X_4 \leq 200{,}000$$
$$X_5 \leq 200{,}000$$
$$X_6 \leq 200{,}000$$
$$X_1 + X_2 + X_4 + X_6 \geq 480{,}000$$
$$X_2 + X_3 + X_5 \leq 240{,}000$$
$$X_1 + X_2 + X_3 + X_4 + X_5 + X_6 \leq 800{,}000$$
$$X_1,\ X_2,\ X_3,\ X_4,\ X_5,\ X_6 \geq 0$$

(2) 엑셀을 활용한 최적해의 도출

① 모델링한 변수와 목적함수, 제한조건을 <그림 6-39>와 같이 엑셀 시트에 정리한다.

그림 6-39 • 자료의 입력

B10 fx -1

	A	B	C	D	E	F	G	H	I	J	K
1											
2		X1	X2	X3	X4	X5	X6				
3		8.5	8.0	9.0	7.5	9.5	10.0				
4		1							<=	200000	
5			1						<=	200000	
6				1					<=	200000	
7					1				<=	200000	
8						1			<=	200000	
9							1		<=	200000	
10		-1	-1		-1		-1		<=	-480000	
11			1	1		1			<=	240000	
12		1	1	1	1	1	1		<=	800000	
13											
14											
15											

다만, B10:J10은 해 찾기 과정에서 제약식을 한 번에 입력하기 위하여 양변에 −1을 곱하여 부등호의 방향을 바꾸어 다른 제약식들의 부등호 방향과 같게 하였다.

② <그림 6-40>과 같이 H3에 목적식과 최적해를 인수로 SUMPRODUCT 함수를 입력하고 H4:H12까지 끌어당겨서 입력한다.

그림 6-40 ● **함수의 입력**

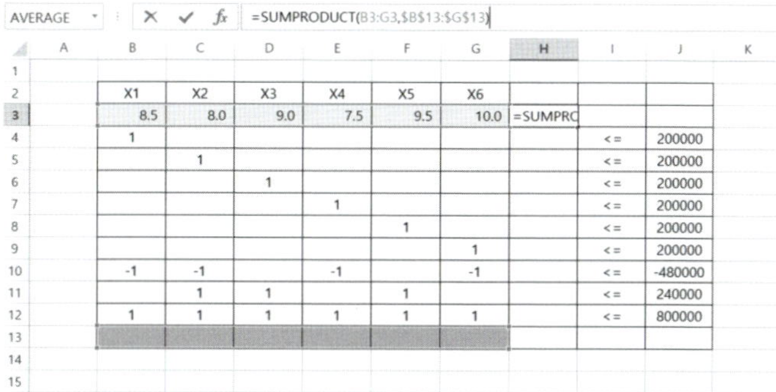

③ [데이터] – [해 찾기]를 실행하여 해 찾기 입력창에 <그림 6-41>과 같이 입력하고 [해 찾기]를 실행한다.

그림 6-41 ● **해 찾기 입력창**

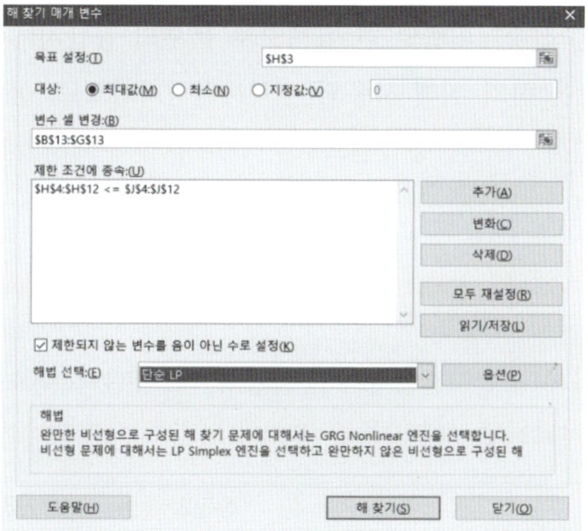

④ <그림 6-42>와 같이 최적해가 도출된다. 제한조건하에서 최대의 수익을 올리기 위한 포트폴리오는 가나건설의 회사채에 2억 원, 다산물산의 회사채에 4천만 원, 라이프생명의 회사채에 1억6천만 원, 마일드유업과 바른증권의 회사채에 각각 2억 원씩을 투자하는 것이며 이때의 수익은 7천160만 원이며 8.95%의 수익률을 올리게 된다.

그림 6-42 ● 포트폴리오의 최적해

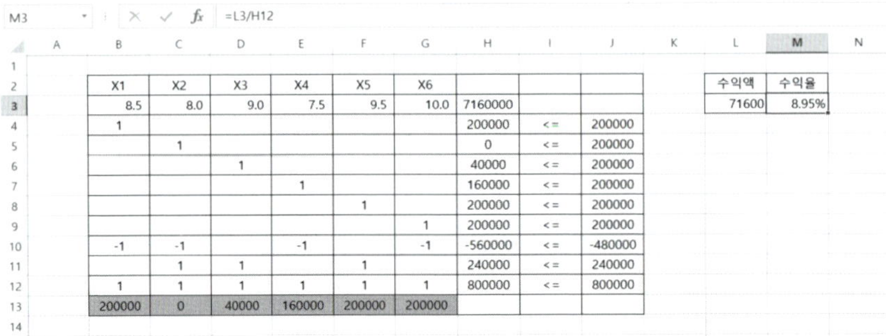

M3 =L3/H12

	A	B	C	D	E	F	G	H	I	J	K	L	M
1													
2		X1	X2	X3	X4	X5	X6					수익액	수익율
3		8.5	8.0	9.0	7.5	9.5	10.0	7160000				71600	8.95%
4		1						200000	<=	200000			
5			1					0	<=	200000			
6				1				40000	<=	200000			
7					1			160000	<=	200000			
8						1		200000	<=	200000			
9							1	200000	<=	200000			
10		-1	-1		-1		-1	-560000	<=	-480000			
11			1	1		1		240000	<=	240000			
12		1	1	1	1	1	1	800000	<=	800000			
13		200000	0	40000	160000	200000	200000						
14													

5) 수송비용의 최적화 문제

(1) 수송기법(transportation method)

수송기법은 선형계획법의 한 유형으로 복수의 공급지에서 복수의 수요지로 최소의 비용으로 수송을 하기 위해 사용되는 의사결정기법으로, 상품운송에 따른 총 수송비용을 최소화하면서 다수의 공급원으로부터 다수의 수요지까지 상품을 운송하는 문제를 해결하는 방법이다.

사례 5

한 전자회사의 생산공장에서의 공급량과 각 총판의 수요량, 그리고 생산공장에서 총판으로의 1단위당 배송비용은 아래의 표와 같다(단위: 만 원).

	총판1	총판2	총판3	공급량
1공장	12	17	20	300
2공장	14	15	18	150
3공장	13	12	14	150
수요량	200	220	180	

수송비용을 최소로 하는 수송방안은 무엇인가?

(2) 모델링

① 변수의 정의

변수를 정의하기 전에 <사례 5>의 표를 네트워크 형태로 정리하면 <그림 6-43>과 같다.

그림 6-43 • 네트워크 모델링

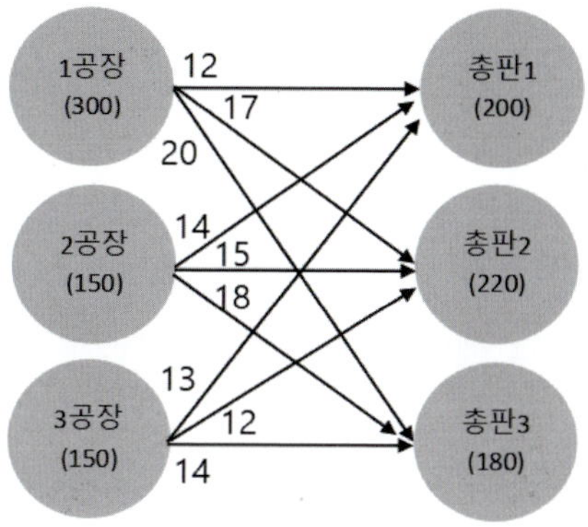

정리된 <그림 6-43>과 같이 공장에서 총판으로 배송을 하는 경우의 수는 1공장에서 총판1, 총판2, 총판3으로의 배송, 2공장에서 총판1, 총판2, 총판3으로의 배송, 3공장에서 총판1, 총판2, 총판3으로의 배송의 9가지 배송루트가 있고 이 루트가 각각 변수로 지정되어야 함을 알 수 있다.

변수에 배송루트를 표시하기 위해 두 개의 아래첨자를 사용하여 첫 번째 아래첨자를 공급지(i), 두 번째 아래첨자를 수요지(j)로 표시하면 X_{ij}의 형태로 9개 배송루트를 변수로 지정할 수 있다.

X_{11} = 1공장에서 총판1로의 배송량

X_{12} = 1공장에서 총판2로의 배송량

X_{13} = 1공장에서 총판3으로의 배송량

X_{21} = 2공장에서 총판1로의 배송량

X_{22} = 2공장에서 총판2로의 배송량

X_{23} = 2공장에서 총판3으로의 배송량

X_{31} = 3공장에서 총판1로의 배송량

X_{32} = 3공장에서 총판2로의 배송량

X_{33} = 3공장에서 총판3으로의 배송량

② 목적함수의 도출

<사례 5>의 전자회사는 운송비용을 최소화하는 것이므로 각각 배송루트와 그에 따른 비용을 최소화하는 형태의 함수를 만들어야 한다.

$$\text{Min: } 12X_{11} + 17X_{12} + 20X_{13} + 14X_{21} + 15X_{22} + 18X_{23} + 13X_{31} + 12X_{32} + 14X_{33}$$

③ 제한조건의 도출

<사례 5>에서의 제한조건은 공급량에 관한 것과 수요량에 관한 것으로 구분할 수 있다. 1공장에서 생산된 제품이 300개이기 때문에 1공장에서 출발하는 $X_{11} + X_{12} + X_{13}$은 300개 이상이 될 수 없다. 또한 현재 공급과 수요가 600개로 일치하고 있는 상태이기 때문에 부등호가 아니라 등호로 표시되어야 한다. 마찬가지로 총판1로 배송되는 $X_{11} + X_{21} + X_{31}$은 정확히 200개가 되어야 한다. 이와 같은 방법으로 제한조건을 정리하면 아래와 같다.

$$X_{11} + X_{12} + X_{13} = 300$$
$$X_{21} + X_{22} + X_{23} = 150$$
$$X_{31} + X_{32} + X_{33} = 150$$
$$X_{11} + X_{21} + X_{31} = 200$$
$$X_{12} + X_{22} + X_{32} = 220$$
$$X_{13} + X_{23} + X_{33} = 180$$

수송량은 음수로 나타날 수 없으므로 추가로 비음조건을 설정한다.

$$X_{ij}(\text{i}=1,\ 2,\ 3,\ \text{j}=1,\ 2,\ 3) \geq 0$$

도출된 변수와 목적함수, 제한조건을 정리하면 다음과 같다.

〈변수〉 X_{11}, X_{12}, X_{13}, X_{21}, X_{22}, X_{23}, X_{31}, X_{32}, X_{33}

〈목적함수〉 Min: $12X_{11} + 17X_{12} + 20X_{13} + 14X_{21} + 15X_{22} + 18X_{23} + 13X_{31} + 12X_{32} + 14X_{33}$

〈제한조건〉 s.t: $X_{11} + X_{12} + X_{13} = 300$

$$X_{21} + X_{22} + X_{23} = 150$$

$$X_{31} + X_{32} + X_{33} = 150$$

$$X_{11} + X_{21} + X_{31} = 200$$

$$X_{12} + X_{22} + X_{32} = 220$$

$$X_{13} + X_{23} + X_{33} = 180$$

$$X_{ij}(i=1,\ 2,\ 3,\ j=1,\ 2,\ 3)\ \geq\ 0$$

(3) 엑셀을 활용한 최적해의 도출

① 모델링한 변수와 목적함수, 제한조건을 <그림 6-44>와 같이 엑셀 시트에 정리한다.

그림 6-44 • 자료의 입력

	A	B	C	D	E	F	G	H	I	J	K	L	M
1													
2		X11	X12	X13	X21	X22	X23	X31	X32	X33			
3	목적함수	12	17	20	14	15	18	13	12	14			
4	제한조건	1	1	1								=	300
5					1	1	1					=	150
6								1	1	1		=	150
7		1			1			1				=	200
8			1			1			1			=	220
9				1			1			1		=	180
10	최적해												
11													
12													

② K3에 목적함수와 최적해를 인수로 하는 SUMPRODUCT 함수를 입력하고 K4:K9도 각 제한조건과 최적해를 인수로 하는 SUMPRODUCT 함수를 입력한다.

그림 6-45 • **함수의 입력**

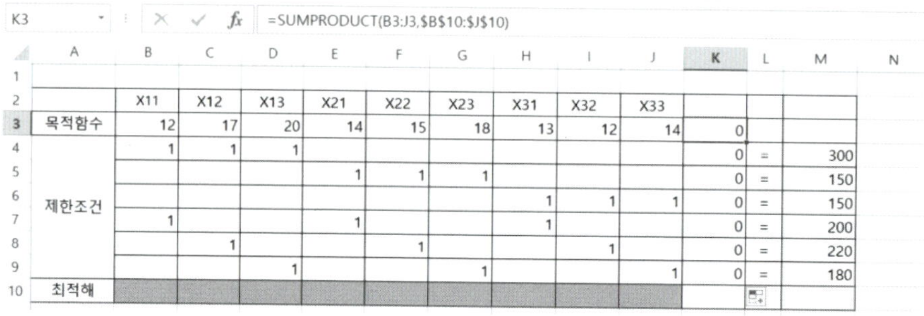
K3 =SUMPRODUCT(B3:J3,$B$10:$J$10)

	A	B	C	D	E	F	G	H	I	J	K	L	M	N
1														
2		X11	X12	X13	X21	X22	X23	X31	X32	X33				
3	목적함수	12	17	20	14	15	18	13	12	14	0			
4	제한조건	1	1	1							0	=	300	
5					1	1	1				0	=	150	
6								1	1	1	0	=	150	
7		1			1			1			0	=	200	
8			1			1			1		0	=	220	
9				1			1			1	0	=	180	
10	최적해													

③ [데이터]−[해 찾기]를 실행하고 해 찾기 입력창에서 [목표설정]은 목적함수의 값인 $K$3, 대상은 최소의 운송비를 찾아내는 것이므로 [최소], [변수 셀 변경]은 변수의 최적해의 값인 $B$10:$J$10을 입력한다.

그림 6-46 • **해 찾기 입력창**

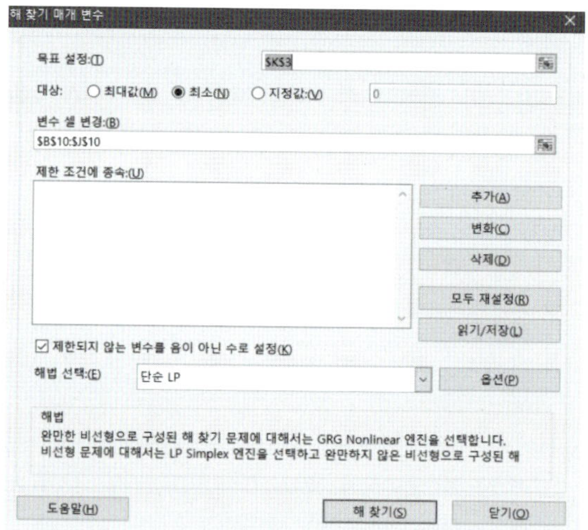

④ 제한조건의 입력을 위해 [제한조건에 종속] 항목에서 [추가]를 선택하여 제한조건 입력창에 <그림 6-47>과 같이 제한조건을 입력하고 [추가]를 선택한다.

그림 6-47 • **제한조건 입력창**

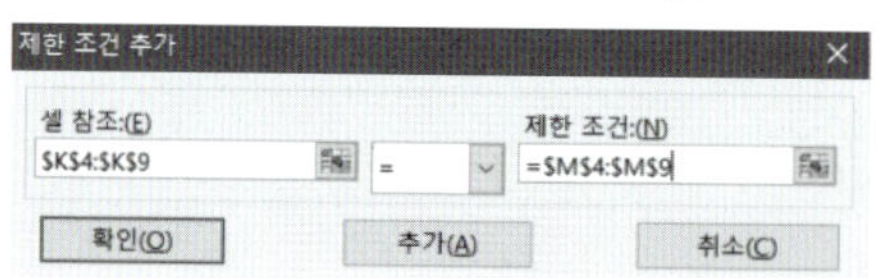

⑤ 해 찾기 입력창으로 돌아와 비음조건을 선택하고 [해법 선택]은 '단순 LP'를 선택하여 해 찾기를 실행하면 <그림 6-48>과 같이 최적해가 도출된다.

그림 6-48 • 최적해의 도출

K3 =SUMPRODUCT(B3:J3,$B$10:$J$10)

	A	B	C	D	E	F	G	H	I	J	K	L	M
1													
2		X11	X12	X13	X21	X22	X23	X31	X32	X33			
3	목적함수	12	17	20	14	15	18	13	12	14	8540		
4	제한조건	1	1	1							300	=	300
5					1	1	1				150	=	150
6								1	1	1	150	=	150
7		1			1			1			200	=	200
8			1			1			1		220	=	220
9				1			1			1	180	=	180
10	최적해	200	70	30	0	150	0	0	0	150			
11													
12													

도출된 최적해는 1공장에서 총판1로 200단위, 1공장에서 총판2로 70단위, 1공장에서 총판3으로 30단위를 운송하고 2공장에서는 총판2로 150단위, 3공장에서는 총판3으로 150단위를 운송하는 것이 최적의 운송계획이며, 이때 총운송비용은 8,540만 원이 소요되는 것으로 계산되었다.

⑥ 민감도 보고서를 확인하기 위하여 [데이터]-[해 찾기]를 실행한 후 해 찾기 결과 창에서 [우편물 종류]를 선택하고 [확인]을 한다.

그림 6-49 • 해 찾기 결과 창

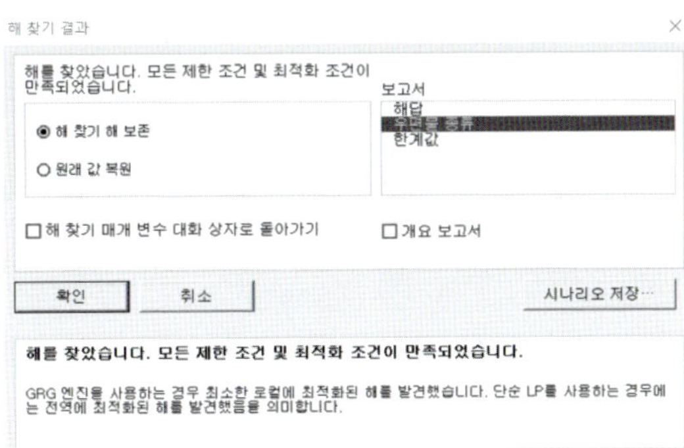

⑦ <그림 6-50>과 같은 민감도 보고서가 산출되었다.

그림 6-50 ● 민감도 보고서

변수 셀

셀	이름	계산 값	한계 비용	목표 셀 계수	허용 가능 증가치	허용 가능 감소치
$B$10	최적해 X11	200	0	12	4	1E+30
$C$10	최적해 X12	70	0	17	1	0
$D$10	최적해 X13	30	0	20	0	1
$E$10	최적해 X21	0	4	14	1E+30	4
$F$10	최적해 X22	150	0	15	0	1E+30
$G$10	최적해 X23	0	0	18	1E+30	0
$H$10	최적해 X31	0	7	13	1E+30	7
$I$10	최적해 X32	0	1	12	1E+30	1
$J$10	최적해 X33	150	0	14	1	1E+30

제한 조건

셀	이름	계산 값	잠재 가격	제한 조건 우변	허용 가능 증가치	허용 가능 감소치
$K$4	제한조건	300	20	300	0	30
$K$5		150	18	150	0	30
$K$6		150	14	150	0	150
$K$7		200	-8	200	30	0
$K$8		220	-3	220	30	0
$K$9		180	0	180	0	1E+30

산출된 민감도 보고서에 의하면 현재 12만 원인 1공장에서 총판1로 가는 운송비가 16만 원이 될 때까지는 현재의 최적해가 유지된다는 등의 여러 가지 정보가 담겨 있으므로 민감도 보고서를 통하여 의사결정에 필요한 여러 가지 사항들을 분석을 할 수 있다.

[사/례/연/구]

선형계획법

㈜한양증권은 새로운 펀드 상품을 개발하여 런칭하였는데 인터넷상에서의 반응이 부진하여 인터넷매체를 대상으로 광고 마케팅을 진행하려고 계획하고 있다. 기존의 마케팅 경험에 의하여 ㈜한양은 아래와 같은 인터넷 광고매체에 대한 정보를 가지고 있다.

	배너광고	검색광고	SNS 광고	파워 블로거 기사
노출횟수(천 회)	200	150	160	130
회당 비용(천 원)	20,000	15,000	14,000	12,000
인지도 증가(%)	0.6	0.5	0.3	0.35

본사의 지침으로 광고 노출횟수는 총 250만 회 이상을 노출하여야 하며, 배너광고는 5회 이하로 집행하고 파워 블로거의 기사 노출은 3회 이상 집행하여야 한다. 또한 검색광고비와 SNS 광고비의 비중이 전체의 50% 이하로 집행하여야 한다.

인터넷 광고 마케팅 예산이 총 3억 원이라고 할 때 인지도를 최대로 증가시킬 수 있는 광고 믹스는 어떻게 구성하여야 하는가?

1. 변수의 정의

인지도를 증가시키기 위해 인터넷 광고매체의 광고량을 어떻게 구성하는가를 찾아야 하므로 각 광고매체에 대한 광고집행량을 변수로 정의하여야 한다.

X_1 = 배너광고의 집행량

X_2 = 검색광고의 집행량

X_3 = SNS 광고의 집행량

X_4 = 파워 블로거의 기사 집행량

2. 목적함수의 도출

목적은 변수인 인터넷 광고 믹스를 통하여 인지도를 최대로 높여야 하는 것이므로 광고 집행량과 인지도 증가율을 이용하여 목적함수를 구성한다.

$$\text{Max: } 0.6X_1 + 0.5X_2 + 0.3X_3 + 0.35X_4$$

3. 제한조건의 도출

회사의 정책에 의한 제한조건들을 정리한다. 먼저 총 고객 노출횟수가 250만 회 이상이므로

$$200X_1 + 150X_2 + 160X_3 + 130X_4 \ \geq \ 2500$$

또한 배너광고는 5회 이하로 집행하고, 블로그 노출은 3회 이상 진행하여야 하므로

$$X_1 \ \leq \ 5$$
$$X_4 \ \geq \ 3$$

검색광고비와 SNS 광고비용의 비중이 50% 이하여야 하므로

$$15000X_2 + 14000X_3 \ \leq \ 150000$$

또한 전체 인터넷 광고비용의 예산이 3억 원이므로

$$20000X_1 + 15000X_2 + 14000X_3 + 12000X_4 \ \leq \ 300000$$

그리고 광고비는 음수가 될 수 없고 정수 단위로 집행이 가능하므로 비음조건과 정수조건이 추가되어야 한다.

4. 엑셀시트에 데이터 입력

아래 그림과 같이 엑셀 시트에 데이터를 입력한다. 다만 첫 번째와 세 번째 제약식은 다른 제한조건과 부등호의 방향을 맞추기 위해 양변에 -1을 곱하였다.

H5 | 5

	A	B	C	D	E	F	G	H
1								
2		X1	X2	X3	X4			
3	목적식	0.6	0.5	0.3	0.35			
4	제한조건	-200	-150	-160	-130		<=	-2500
5		1					<=	5
6					-1		<=	-3
7		20000	15000	14000	12000		<=	300000
8			15000	14000			<=	150000
9	최적해							

5. 함수의 입력

F3:F8에 SUMPRODUCT 함수를 입력한다.

AVERAGE | =SUMPRODUCT(B3:E3,$B$9:$E$9)

	A	B	C	D	E	F	G	H
1								
2		X1	X2	X3	X4			
3	목적식	0.6	0.5	0.3	0.35	=SUMPRC		
4	제한조건	-200	-150	-160	-130	0	<=	-2500
5		1				0	<=	5
6					-1	0	<=	-3
7		20000	15000	14000	12000	0	<=	300000
8			15000	14000		0	<=	150000
9	최적해							

6. 해 찾기의 실행

도출된 제한조건과 최적해의 정수제한, 비음조건을 아래 그림과 같이 해 찾기 입력창에 입력하고 해 찾기를 실행한다.

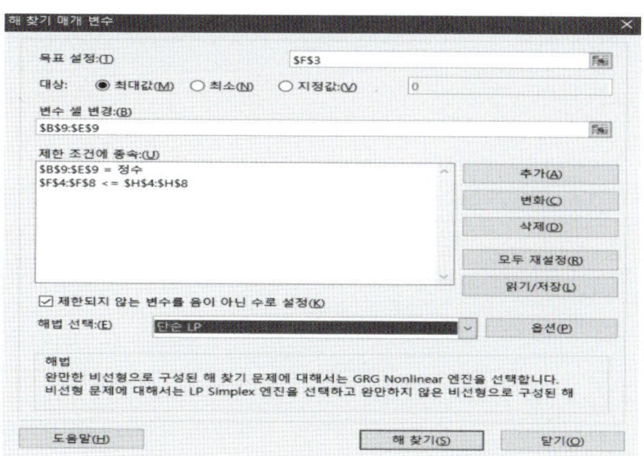

7. 해 찾기 결과의 확인

F3 =SUMPRODUCT(B3:E3,$B$9:$E$9)

	A	B	C	D	E	F	G	H	I
1									
2		X1	X2	X3	X4				
3	목적식	0.6	0.5	0.3	0.35	9.4			
4	제한조건	-200	-150	-160	-130	-3020	<=	-2500	
5		1				5	<=	5	
6					-1	-4	<=	-3	
7		20000	15000	14000	12000	298000	<=	300000	
8			15000	14000		150000	<=	150000	
9	최적해	5	10	0	4				
10									
11									

해 찾기 결과에 따라 배너광고 5회, 검색광고 10회, 블로그 노출 4회의 인터넷 광고 믹스가 최적해로 도출되었고 광고비는 2억9천8백만 원을 집행하여 9.4%의 인지도를 상승시킬 것으로 예측되었다.

보고서 작성팁 6 Re-writing과 제출

기획서가 최종 검토까지 진행이 되어 완성이 되면 바로 제출하면 될 것 같지만 아직도 기획서에는 많은 허점이 존재할 수 있기 때문에 최종 완성 후에 다시 기획서를 전체적으로 검토하는 과정이 반드시 필요하다. 한 번 검토한 기획서와 두 번 검토한 기획서의 질은 큰 차이를 보이고, 당연히 세 번 검토한 기획서는 두 번 검토한 기획서보다 더 좋은 퀄리티를 보인다. 따라서 검토와 수정은 하면 할수록 더 좋은 완성도를 보이기 때문에 시간이 허락하는 수준까지는 기획서를 수정 보완하여야 하는데, 이때의 주안점은 경영진의 시점으로 다시 기획서를 검토하고 수정하여야 한다는 것이다.

1. 경영진의 시점으로 검토하고 수정하고 보완한다

기획서는 결재받기 위하여 만들어지는 문서이고 결재는 경영진이 하는 것이다. 그렇기 때문에 자신의 주장과 생각이 담긴 기획서를 경영진에게 승인받기 위해서는 자신이 경영진의 입장에서 생각해보는 과정이 필요하다. 경영진의 입장에서 생각해본다는 것은 자신의 기획이 정말 회사에 유의미한 것이고 효과적인 것인지, 자신의 아이디어가 현실적인지, 같이 일하는 연관 부서나 이해관계자들도 수긍할 수 있는 내용인지를 살펴보는 것이다. 그리고 부족한 점이 있다면 과감하게 Re-writing을 하여야 한다.

2. 최종 검토는 출력본으로 한다

기획서의 작성과정에서는 모니터를 이용하여 검토를 진행하지만 최종 검토를 하기 위해서는 출력본을 이용한 검토가 반드시 필요하다. 모니터로 오탈자나 레이아웃, 색상 구성을 보는 것과 실제 경영진이 볼 출력본을 통해 최종 문서를 검토하는 것에는 큰 차이가 있다. 모니터에서는 보기 좋아 보였던 페이지 구성이 실제 출력 문서로 볼 때는 너무 작거나 크게 보이기도 하고, 색상의 느낌도 전혀 다르게 느껴지기 때문에 반드시 출력본을 이용하여 최종 검토를 진행하도록 한다.

또 한 가지 주요한 사항은 출력본을 이용한 최종 검토는 입으로 읽어가면서 검토를 해야 한다는 것이다. 모니터를 통한 검토가 눈을 이용한 검토라면 출력본의 검토는 눈, 손, 입, 머리를 총체적으로 사용하면서 검토를 하는 것이다. 소리를 내어 기획서를 읽어가면서 논리적 흐름을 다시 점검하고 오탈자나 문구의 수정은 바로바로 펜으로 수정하다 보면 메시지의 전후 구조가 쉽게 머릿속에 들어오고 정리되어 문서의 약점을 쉽게 파악할 수 있게 된다.

3. 완성된 기획서를 객관적으로 바라보기

일반적으로 기획서를 바로 경영진에게 제출하지는 않기 때문에 일단은 자신의 직속상관에게 1차 결재를 받게 되는데 기획서가 일단 제출이 되면 그때부터는 자신의 기획서를 객관적으로 바라볼 필요가 있다. 1차 결재자인 직속상관은 자신이 제출한 기획 분야에 대해 전문적 지식을 가지고 있고 많은 실전 경험을 한 사람이라는 것을 잊어서는 안 된다. 많은 사람들이 자신이 기획서에 들인 노력 때문에 자신과 기획서를 동일시하게 되고 기획서에 대한 자부심과 애착 때문에 직속상관의 질문이나 문제점 지적에 지나치게 방어적이거나 보수적인 자세로 자신의 주장만을 되풀이하는 경우를 볼 수 있다. 이때 필요한 것이 기획서와 자신을 분리하여 객관적으로 기획서를 바라보는 것이다. 상관의 질문이나 주변의 문제점 지적은 자신의 기획서의 완성도를 높이기 위한 조언으로 받아들여 자신의 기획서의 질을 높일 수 있는 기회로 생각하여야 한다.

4. 보고와 발표를 준비하기

직속상관의 결재를 받고 나면 전자문서를 통한 결재 프로세스를 거칠 수도 있고, 경영진을 대면하여 보고할 수도 있으며 임원진을 대상으로 프레젠테이션을 할 수도 있다. 전자문서를 통한 결재 시에도 경영진이 결재 중 궁금한 사항이 있으면 대면보고를 요청하기 때문에 기획안이 결재 프로세스에 있으면 언제나 대면보고나 PT를 준비하고 있어야 한다. 대면보고나 PT시에는 큰 맥락과 요점을 중심으로 간략한 보고를 준비하여야 한다. 간략한 보고를 준비하는 이유는 지나치게 지엽적이고 세부적인 사항에 시간을 할애할 수 있을 만큼 경영진의 시간이 충분하지도 않을 뿐더러 중요하지 않은 세부적인 사항에 발목이 잡혀 큰 흐름에 대한 승인을 받지 못하는 경우가 생길 수도 있기 때문이다. 또한 질문이 나올 만한 사항이나 반론이 있을 만한 사항은 미리 답

변을 준비하여야 한다. 더 나아가 자신의 PT 과정에서 질문이나 반론이 있을 만한 사항을 미리 언급하고 대안까지를 설명하는 것도 좋은 방법이 될 수 있다. 또한 기획서에 이미 담아내지 못한 추가적인 자료나 반론에 대한 대안 등을 발표나 보고 전에 미리 작성하여 현장에서 대안으로 제시하는 방법도 사전에 충분히 검토된 기획서임을 표현하는 좋은 방법이라고 할 수 있다.

EXCEL
TIP

부록

알아두면 편리한
11가지 엑셀 꿀팁

TIP 01 찾기와 바꾸기

엑셀을 이용하여 DB를 관리하다 보면 DB의 개수가 점차 늘어나게 되는데 100~200개일 경우에는 데이터 필드를 직접 확인하고 찾아서 원하는 정보를 보거나 수정할 수 있지만 DB의 수가 1,000개 또는 10,000개에 다다르면 원하는 DB를 일일이 찾기가 어렵게 된다. 이때 교재에서 배운 자료의 추출로도 원하는 데이터를 찾을 수 있지만 엑셀의 찾기와 바꾸기 기능을 이용하면 빠르게 원하는 DB를 찾을 수도 있고 수정도 용이하게 된다.

엑셀의 찾기 기능은 [홈] 메뉴의 우측 끝의 망원경 표시를 클릭하거나 Ctrl+F의 단축키로 불러낼 수가 있다.

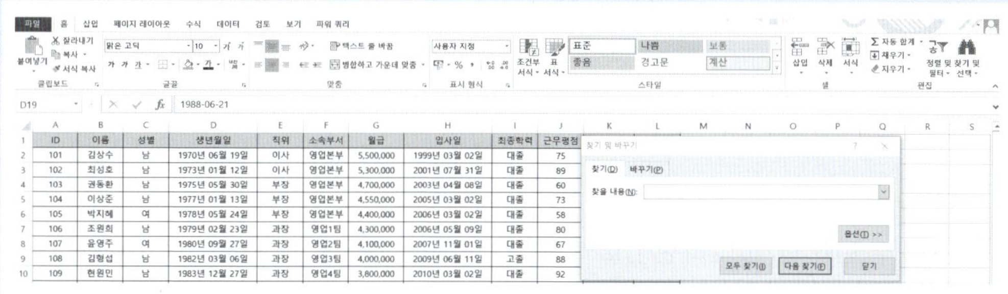

교재의 사례에 있는 한양기업이 조직개편에 따라 영업1팀이 영업기획팀으로 바뀌었다면 찾기 및 바꾸기 옵션을 이용하여 한 번에 소속부서를 변경하도록 해보자.

먼저 [찾기 및 바꾸기 옵션]을 열고 영업1팀을 입력하여 [모두 찾기]를 클릭하면 아래와 같이 8개의 필드가 찾아진다.

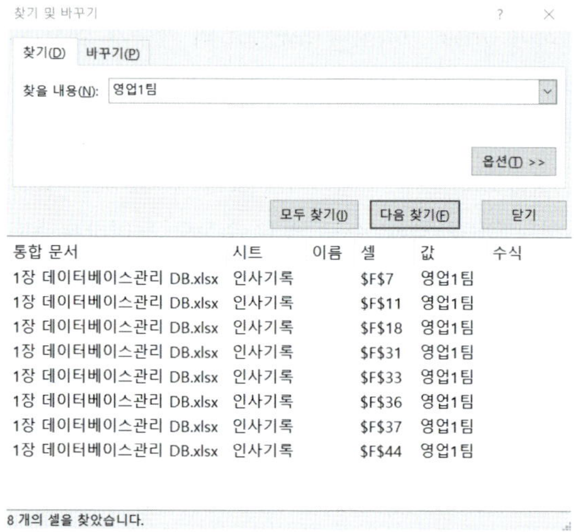

두 번째 단계로 [바꾸기]로 탭을 넘기고 바꿀 내용에 영업기획팀을 입력한다.

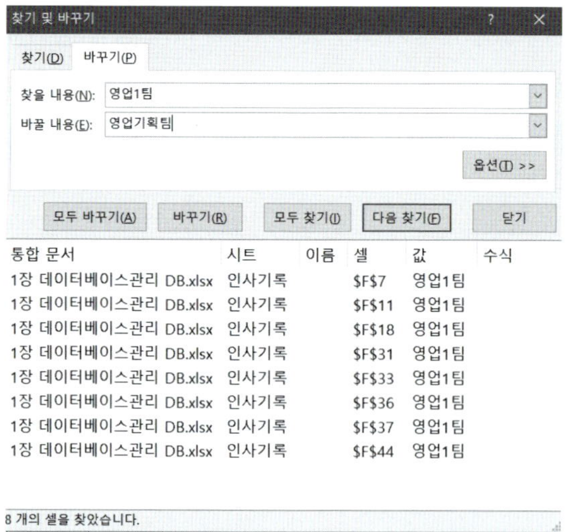

마지막으로 [모두 바꾸기]를 선택하면 아래 그림과 같이 일괄적으로 영업1팀이 영업기획팀으로 수정되어 표시된다.

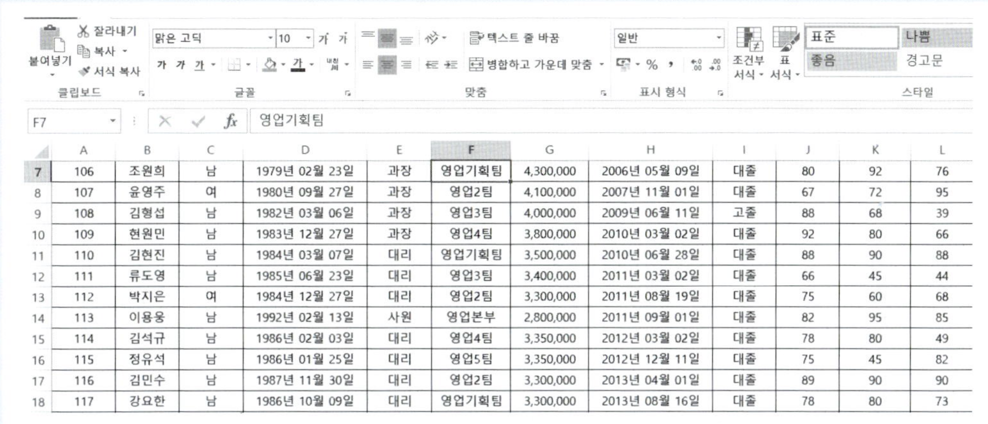

TIP 02 틀 고정

DB 작업을 하다 보면 페이지가 넘어가 각 데이터 필드가 무엇인지 혼동이 되는 경우가 많은데, 이때는 엑셀의 틀 고정 기능을 이용하면 고정된 행과 열을 계속 볼 수 있어 단위나 기준점을 확인하면서 작업을 할 수 있다.

틀 고정 기능은 [보기] 메뉴의 중간쯤에 위치해 있는데 [틀 고정] 메뉴를 클릭하면 아래의 그림과 같이 [틀 고정], [첫 행 고정], [첫 열 고정]의 메뉴가 있다.

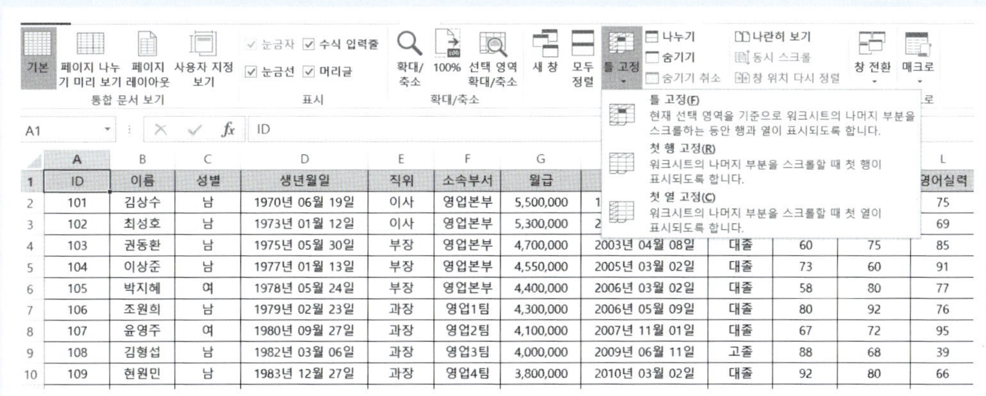

[첫 행 고정]을 선택하면 아래 그림과 같이 첫 행이 고정되어 DB의 하단부로 내려가도 데이터 필드의 구분을 확인하면서 작업을 진행할 수 있게 된다.

	ID	이름	성별	생년월일	직위	소속부서	월급	입사일	최종학력	근무평점	컴퓨터실력	영어실력
29	128	박소연	여	1996년 02월 14일	사원	영업2팀	2,780,000	2016년 06월 23일	고졸	69	45	60
30	129	남궁란	여	1993년 02월 02일	사원	영업3팀	2,850,000	2016년 09월 01일	고졸	83	88	88
31	130	한재승	남	1991년 09월 15일	사원	영업1팀	2,860,000	2017년 03월 02일	대졸	85	65	90
32	131	차보근	남	1992년 09월 23일	사원	영업5팀	2,860,000	2017년 03월 02일	대졸	65	80	58
33	132	신승철	남	1988년 07월 10일	사원	영업1팀	2,950,000	2017년 06월 11일	대졸	80	85	88
34	133	김정은	여	1995년 12월 01일	사원	영업3팀	2,860,000	2017년 09월 01일	대졸	49	50	49
35	134	변종국	남	1992년 01월 08일	사원	영업4팀	2,860,000	2017년 11월 11일	대졸	58	85	77
36	135	류성희	남	1992년 05월 27일	사원	영업1팀	2,860,000	2017년 11월 12일	대졸	70	78	80
37	136	강호진	남	1987년 12월 20일	사원	영업1팀	2,950,000	2018년 05월 01일	대졸	57	60	80
38	137	이원호	남	1994년 02월 15일	사원	영업2팀	2,860,000	2018년 07월 03일	대졸	68	80	88
39	138	조성우	남	1991년 07월 07일	사원	영업3팀	2,900,000	2018년 09월 01일	대졸	85	90	62
40	139	김세희	여	1992년 02월 03일	사원	영업3팀	2,860,000	2018년 12월 01일	대졸	85	86	70

TIP 03 조건부 서식

엑셀을 이용하여 재무적 자료를 정리하다 보면 많은 숫자들 속에서 유용한 정보를 찾아내기가 어렵고, 찾아낸다고 하여도 해당 숫자의 유용성을 표시하기도 쉽지 않은데 이럴 때 유용한 기능이 조건부 서식을 이용하는 방법이다.

조건부 서식은 [홈] 메뉴의 중간에 위치하고 있는데 [조건부 서식]을 클릭하면 아래와 같이 조건부 서식을 지정할 수 있다.

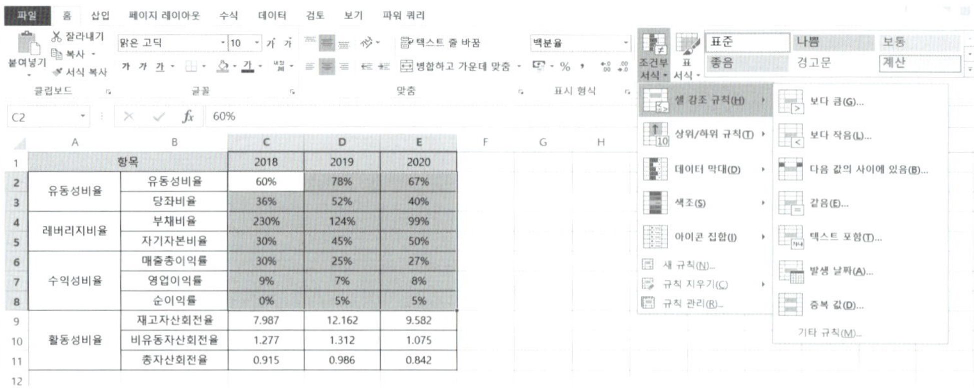

항목		2018	2019	2020
유동성비율	유동성비율	60%	78%	67%
	당좌비율	36%	52%	40%
레버리지비율	부채비율	230%	124%	99%
	자기자본비율	30%	45%	50%
수익성비율	매출총이익률	30%	25%	27%
	영업이익률	9%	7%	8%
	순이익률	0%	5%	5%
활동성비율	재고자산회전율	7.987	12.162	9.582
	비유동자산회전율	1.277	1.312	1.075
	총자산회전율	0.915	0.986	0.842

먼저 조건부 서식을 적용할 영역을 지정하고 [셀 강조 규칙]-[보다 큼]을 선택하면 추가적인 입력창이 나타난다. 115% 이상의 데이터를 강조하고 싶다면 아래 그림과 같이 입력창에 115%를 입력하고 [적용할 서식] 항목에 원하는 강조 방법을 선택한 후 [확인]을 누르면 아래 그림과 같이 해당 부분이 새로운 서식으로 표시된다.

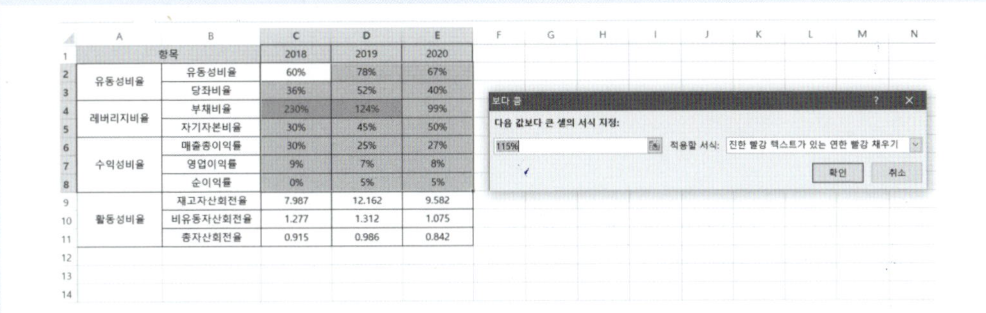

항목		2018	2019	2020
유동성비율	유동성비율	60%	78%	67%
	당좌비율	36%	52%	40%
레버리지비율	부채비율	230%	124%	99%
	자기자본비율	30%	45%	50%
수익성비율	매출총이익률	30%	25%	27%
	영업이익률	9%	7%	8%
	순이익률	0%	5%	5%
활동성비율	재고자산회전율	7.987	12.162	9.582
	비유동자산회전율	1.277	1.312	1.075
	총자산회전율	0.915	0.986	0.842

또 다른 조건부 서식 항목인 [상위 하위 규칙]으로 가서 [상위 10개 항목]을 선택하면 아래 그림과 같이 상위 10개 항목이 변경된 서식으로 나타나게 된다.

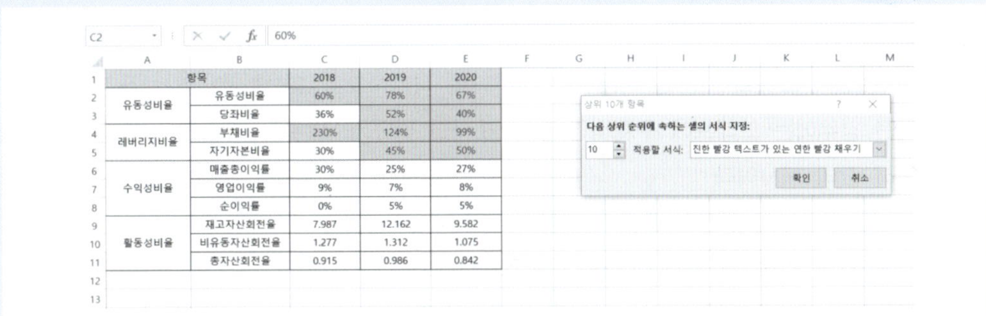

항목		2018	2019	2020
유동성비율	유동성비율	60%	78%	67%
	당좌비율	36%	52%	40%
레버리지비율	부채비율	230%	124%	99%
	자기자본비율	30%	45%	50%
수익성비율	매출총이익률	30%	25%	27%
	영업이익률	9%	7%	8%
	순이익률	0%	5%	5%
활동성비율	재고자산회전율	7.987	12.162	9.582
	비유동자산회전율	1.277	1.312	1.075
	총자산회전율	0.915	0.986	0.842

또 [데이터 막대] 조건부 서식을 이용하면 엑셀의 한 셀에 막대그래프로 숫자가 표시되어 직관성이 높아지게 된다.

C2 | 60%

항목		2018	2019	2020
유동성비율	유동성비율	60%	78%	67%
	당좌비율	36%	52%	40%
레버리지비율	부채비율	230%	124%	99%
	자기자본비율	30%	45%	50%
수익성비율	매출총이익률	30%	25%	27%
	영업이익률	9%	7%	8%
	순이익률	0%	5%	5%
활동성비율	재고자산회전율	7.987	12.162	9.582
	비유동자산회전율	1.277	1.312	1.075
	총자산회전율	0.915	0.986	0.842

이외에도 [조건부 서식]에는 데이터의 직관성을 높여 줄 수 있는 많은 기능들이 있으니 자신에게 필요한 데이터의 강조 방법을 찾아보도록 하자.

TIP 04 그래프에 데이터 값 표시

엑셀의 그래프 기능을 이용하면 데이터를 직관적으로 표현할 수 있는 장점이 있다. 그러나 어떤 경우에는 그래프에 구체적인 값을 표시할 필요가 있는데, 이때 필요한 엑셀의 기능이 데이터 값의 표시이다.

각 투자안의 시간의 흐름에 따른 현금흐름이 다음 표와 같을 때 엑셀의 [삽입] – [차트]에서 꺾은선 그래프를 사용하면 기본적인 그래프가 우측 그림과 같이 표시된다.

투자안	투자 안A	투자 안 B
1차년도	-1,000,000,000	-1,500,000,000
2차년도	300,000,000	400,000,000
3차년도	300,000,000	400,000,000
4차년도	400,000,000	400,000,000
5차년도	400,000,000	600,000,000
6차년도	400,000,000	600,000,000

내부 수익률	투자 안A	투자 안 B
IRR(현금흐름)	22%	16%

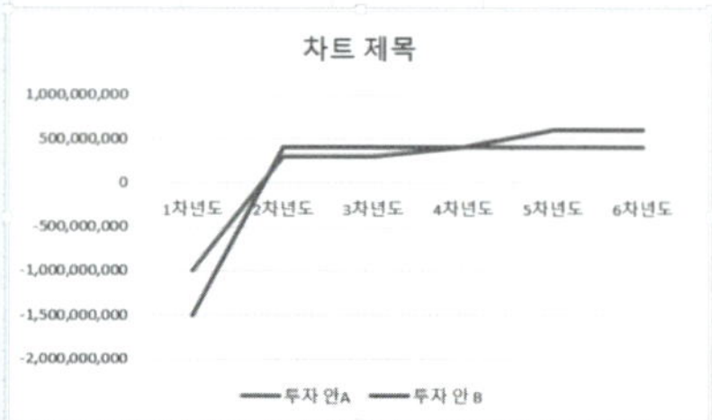

꺾은선 그래프를 통해 대강의 금액은 알 수 있지만 보다 명확한 표시를 위해 데이터의 값을 표시하고자 한다면 그래프의 꺾은선을 선택하고 우측 마우스를 클릭하여 메뉴창이 나타나게 하여 [데이터 레이블 추가]를 선택한다.

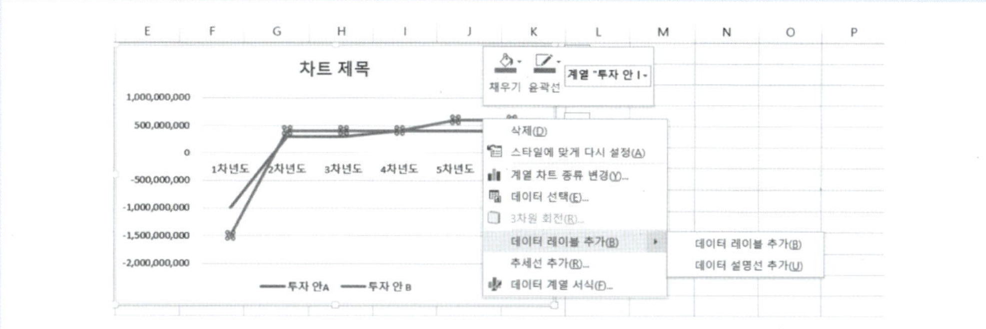

데이터 레이블을 추가하면 데이터 값이 표시되고 마찬가지로 다른 꺾은선도 데이터 레이블을 표시하면 아래의 그림과 같이 표시된다.

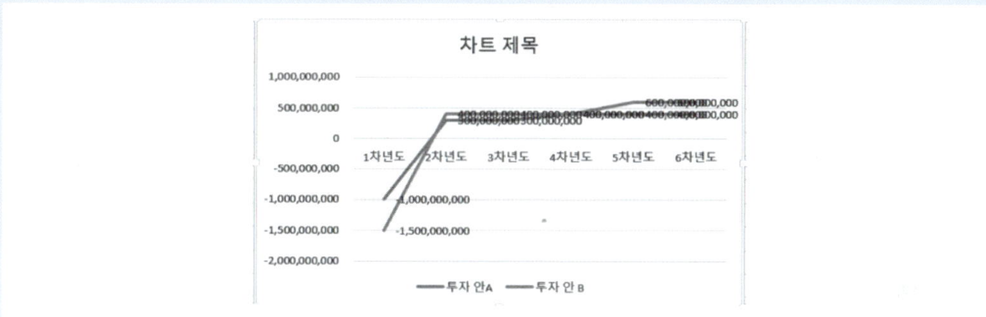

그러나 데이터 값이 겹쳐져 보기가 불편하므로 꺾은선 그래프를 선택할 때와 같이 데이터 값을 하나씩 선택하면 그래프 영역에서 이동이 가능하고 폰트의 크기나 색상도 변경이 가능하다. 또한 데이터 값을 삭제할 수도 있으므로 직선으로 되어 있는 구간은 하나의 데이터 값만 표시하도록 조정할 수도 있다.

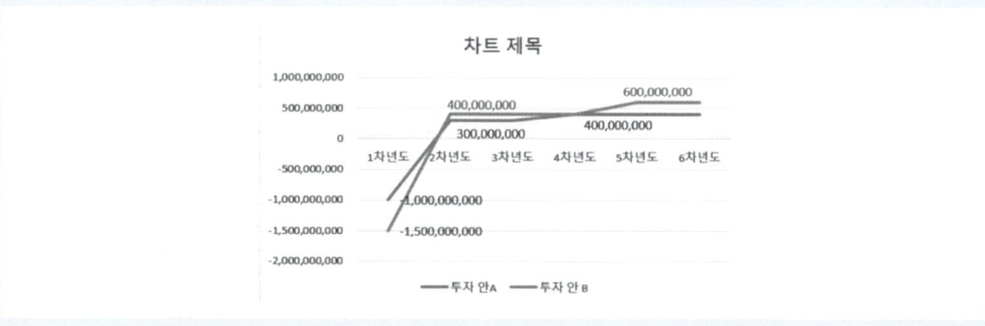

TIP 05 차트 축 서식의 변경

TIP 4의 그림에서 그래프에 데이터 값을 표시는 했지만 Y축의 범위가 넓어 그래프의 가시성이 떨어지는 것을 확인할 수 있다. 이럴 때는 축 서식을 변경하여 그래프를 변형할 수가 있다.

먼저 Y축에 있는 숫자를 마우스로 선택하면 아래 그림과 같이 메뉴가 나타나게 되는데 여기서 [축 서식]을 선택한다.

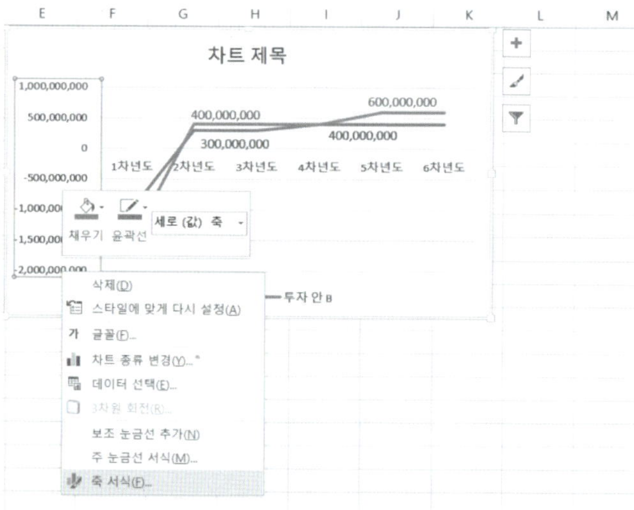

[축 서식]을 선택하면 엑셀 화면 우측에 축 서식 옵션창이 나타나고 [축 옵션]에서 최대값과 최소값을 설정하여 Y축의 표시 범위를 설정할 수 있으며 [단위]를 수정하는 것도 가능하다.

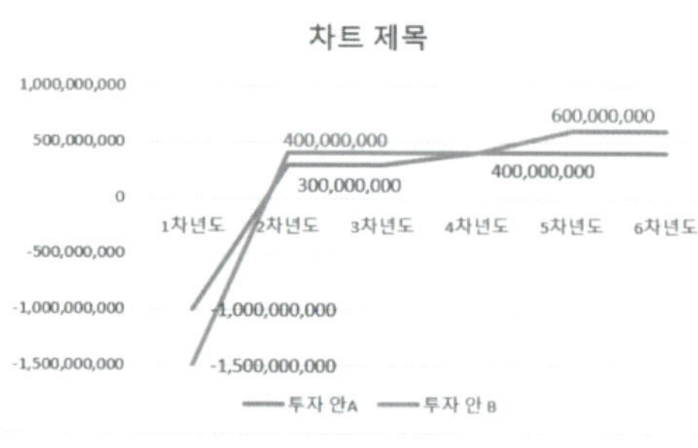

TIP 06 차트 제목의 변경

축 서식의 변경까지 마쳤지만 차트의 제목이 별도로 지정되어 있지 않은 상태이므로 그래프의 '차트 제목'을 클릭하여 차트의 제목을 입력한다. 이때 글꼴을 선택하여 폰트의 크기나 색상 등의 변경도 가능하다. 마찬가지로 범례나 Y축의 서식도 변경 가능하다. 모든 것을 정리하면 아래의 그림과 같이 나타난다.

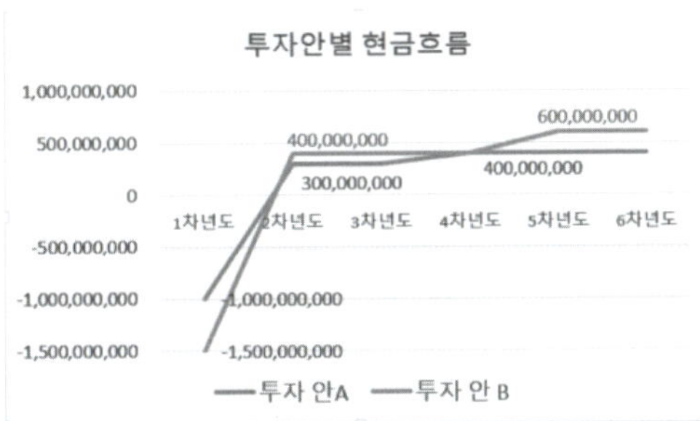

TIP 07 F1~F12의 단축키

엑셀을 사용하다 보면 단순한 작업을 반복하거나 상단의 메인 메뉴를 통해 원하는 기능을 찾으면서 작업의 시간이 길어질 수 있는데, 이럴 때 단축키를 기억하고 있다면 작업시간을 대폭 줄일 수 있는 장점이 있다.

단축키는 F 계열의 단축키, Ctrl 계열의 단축키, Shift 계열의 단축키, Ctrl+Shift 계열의 단축키가 있는데, 먼저 F 계열의 단축키부터 확인해 보도록 하자.

항목	기능	항목	기능
F1	도움말	F7	맞춤법 검사
F2	편집(텍스트 입력)	F8	셀 확장 선택
F3	셀 이름 붙여넣기	F9	모두 계산
F4	마지막 작업 반복	F10	메뉴 활성화
F5	이동	F11	차트 만들기
F6	다음 창틀로 이동	F12	다른 이름으로 저장

위의 단축키 중에 몇 가지 주요한 기능을 살펴보면 아래와 같다.

F1 : 도움말

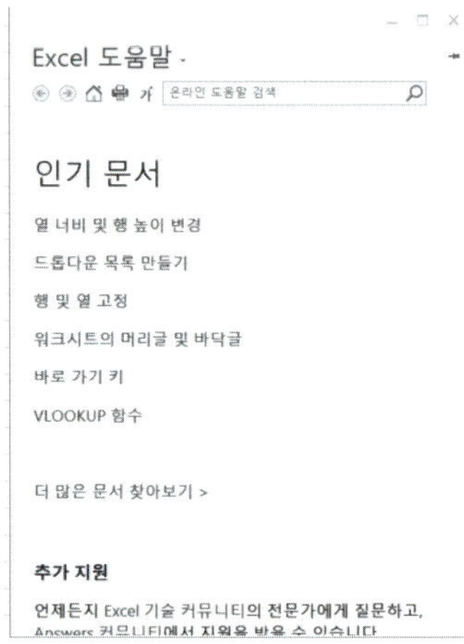

F1키를 누르면 위와 같은 도움말 창이 표시되어 궁금한 내용을 검색하여 확인할 수 있다.

F4 : 마지막 작업 반복

수식의 입력이나 함수의 입력 등에서 일일이 셀을 지정하지 않아도 반복하여 작업을 수행할 수 있는 기능이다. 아래의 그림처럼 1)번의 표를 2)번에 붙여넣고 같은 표를 다시 붙여넣을려고 할 때와 같이 반복된 작업의 수행이 필요할 경우에는 원하는 셀을 지정하고 F4 키보드를 누르면 바로 복사가 되어 표시된다. 이 기능은 절대참조를 사용할 경우에도 유용하게 사용된다.

E12 투자안

1)

투자안	투자 안A	투자 안 B
1차년도	-1,000,000,000	-1,500,000,000
2차년도	300,000,000	400,000,000
3차년도	300,000,000	400,000,000
4차년도	400,000,000	400,000,000
5차년도	400,000,000	600,000,000
6차년도	400,000,000	600,000,000
총계	800,000,000	900,000,000

2)

투자안	투자 안A	투자 안 B
1차년도	-1,000,000,000	-1,500,000,000
2차년도	300,000,000	400,000,000
3차년도	300,000,000	400,000,000
4차년도	400,000,000	400,000,000
5차년도	400,000,000	600,000,000
6차년도	400,000,000	600,000,000
총계	800,000,000	900,000,000

3)

투자안	투자 안A	투자 안 B
1차년도	-1,000,000,000	-1,500,000,000
2차년도	300,000,000	400,000,000
3차년도	300,000,000	400,000,000
4차년도	400,000,000	400,000,000
5차년도	400,000,000	600,000,000
6차년도	400,000,000	600,000,000
총계	800,000,000	900,000,000

F7 : 맞춤법 검사

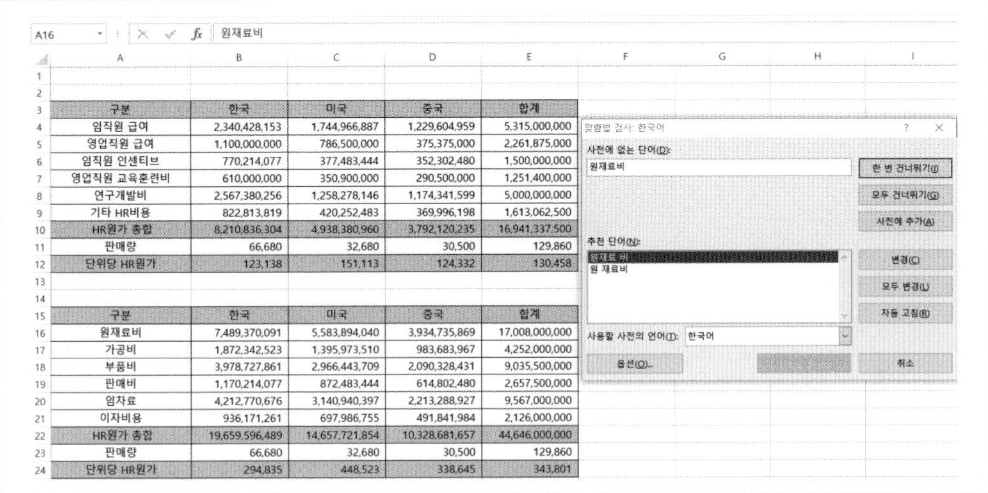

구분	한국	미국	중국	합계
임직원 급여	2,340,428,153	1,744,966,887	1,229,604,959	5,315,000,000
영업직원 급여	1,100,000,000	786,500,000	375,375,000	2,261,875,000
임직원 인센티브	770,214,077	377,483,444	352,302,480	1,500,000,000
영업직원 교육훈련비	610,000,000	350,900,000	290,500,000	1,251,400,000
연구개발비	2,567,380,256	1,258,278,146	1,174,341,599	5,000,000,000
기타 HR비용	822,813,819	420,252,483	369,996,198	1,613,062,500
HR원가 총합	8,210,836,304	4,938,380,960	3,792,120,235	16,941,337,500
판매량	66,680	32,680	30,500	129,860
단위당 HR원가	123,138	151,113	124,332	130,458

구분	한국	미국	중국	합계
원재료비	7,489,370,091	5,583,894,040	3,934,735,869	17,008,000,000
가공비	1,872,342,523	1,395,973,510	983,683,967	4,252,000,000
부품비	3,978,727,861	2,966,443,709	2,090,328,431	9,035,500,000
판매비	1,170,214,077	872,483,444	614,802,480	2,657,500,000
임차료	4,212,770,676	3,140,940,397	2,213,288,927	9,567,000,000
이자비용	936,171,261	697,986,755	491,841,984	2,126,000,000
HR원가 총합	19,659,596,489	14,657,721,854	10,328,681,657	44,646,000,000
판매량	66,680	32,680	30,500	129,860
단위당 HR원가	294,835	448,523	338,645	343,801

MS Word의 경우에는 기본설정에서 맞춤법에 대한 표시가 활성화되어 있어 맞춤법이 틀린 경우에는 붉은색 밑줄이 자동으로 표시되기 때문에 맞춤법을 직관적으로 확인할 수 있지만, 엑셀의 경우에는 맞춤법 표시가 기본으로 표시되지 않기 때문에 오탈자 확인이 어려운데 F7 단축키를 통하여 위의 그림과 같이 Sheet 내의 맞춤법을 간단히 확인할 수 있다.

F10 : 메뉴 활성화

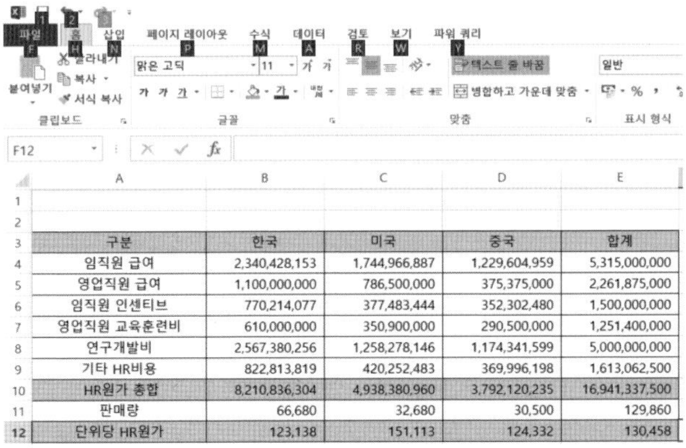

구분	한국	미국	중국	합계
임직원 급여	2,340,428,153	1,744,966,887	1,229,604,959	5,315,000,000
영업직원 급여	1,100,000,000	786,500,000	375,375,000	2,261,875,000
임직원 인센티브	770,214,077	377,483,444	352,302,480	1,500,000,000
영업직원 교육훈련비	610,000,000	350,900,000	290,500,000	1,251,400,000
연구개발비	2,567,380,256	1,258,278,146	1,174,341,599	5,000,000,000
기타 HR비용	822,813,819	420,252,483	369,996,198	1,613,062,500
HR원가 총합	8,210,836,304	4,938,380,960	3,792,120,235	16,941,337,500
판매량	66,680	32,680	30,500	129,860
단위당 HR원가	123,138	151,113	124,332	130,458

F10 단축키를 누르면 위의 그림과 같이 메뉴 항목에 단축키가 작은 영문으로 표시되어 해당하는 영문 키보드를 누르면 해당하는 엑셀 기능이 수행된다. 입력시간을 줄이는 효과와 함께 단축키 암기에도 유용한 기능이다.

F12 : 다른 이름으로 저장

버전 관리 등을 위해 다른 이름으로 파일을 저장할 필요가 있을 때에는 F12 단축키를 이용하면 아래 그림과 같이 새로운 창이 팝업되어 다른 이름으로 파일을 저장할 수 있다.

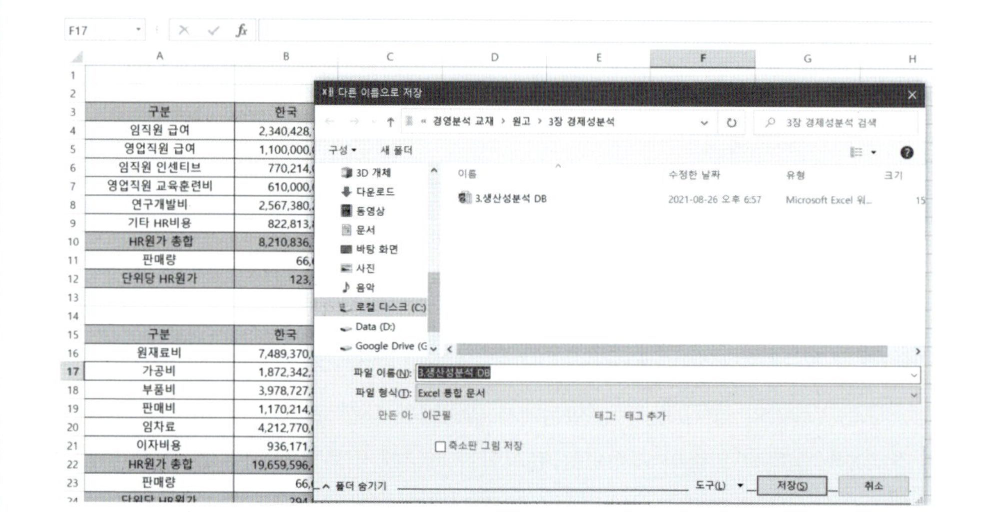

TIP 08 Ctrl 계열의 단축키

항목	기능	항목	기능
Ctrl+Page down	다음 워크시트로 이동	Ctrl+A	모두 선택
Ctrl+Page up	이전 워크시트로 이동	Ctrl+C, Ctrl+V	복사, 붙여넣기
Ctrl+Back space	활성화 셀로 이동	Ctrl+F	찾기
Ctrl+;	날짜 입력	Ctrl+B	굵은 글씨
Ctrl+9	행 숨기기	Ctrl+I	기울임체

Ctrl+Page down과 Ctrl+Page up은 여러 장의 워크시트를 이용하여 작업할 때 유용한 기능으로 마우스로 각 Sheet를 선택하지 않고 키보드에서 바로 시트를 이동하면서 작업을 수행할 수 있어 작업시간을 단축시킬 수 있다.

Ctrl+C, Ctrl+V는 MS Word에서 많이 사용하는 기능으로 익히 알고 있는 단축키일 수 있는데 엑셀에서는 단순히 텍스트만을 복사하여 붙여넣는 것이 아니라 수식도 같이 복사해서 붙여넣는다는 점을 기억하여야 한다.

TIP 09 Shift 계열의 단축키

항목	기능	항목	기능
Shift+F1	설명 보기	Shift+F8	셀 추가 선택
Shift+F2	셀에 메모기능 넣기	Shift+F9	수식 재계산(시트)
Shift+F3	함수 마법사	Shift+F11	새 시트 삽입
Shift+F4	다음 찾기	Shift+Space bar	행 전체 선택

Shift와 F 버튼을 조합한 단축키 기능도 있는데 Shift+F2를 같이 누르면 아래의 그림과 같이 메모기능을 사용할 수 있다. 문서의 인쇄 시에는 표시되지 않지만 모니터를 통해 참고사항이나 주석 내용을 표시하고 확인할 수 있는 기능이다.

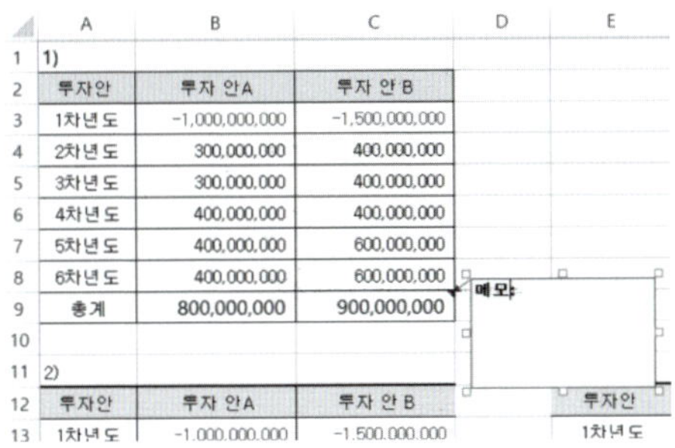

또한 Shift+Space bar를 사용하면 아래의 그림과 같이 행 전체를 한 번에 지정할 수도 있다.

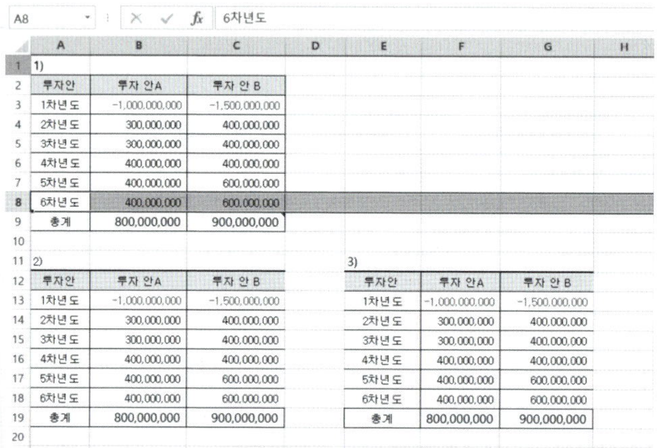

TIP 10 Ctrl+Shift 계열의 단축키

항목	기능	항목	기능
Ctrl+Shift+&	셀 테두리 설정	Ctrl+Shift+〈	텍스트 크기 늘림
Ctrl+Shift+_	셀 테두리 제거	Ctrl+Shift+〉	텍스트 크기 줄임
Ctrl+Shift+(	행 숨기기 취소	Ctrl+Shift+화살표	데이터 전체 선택
Ctrl+Shift+)	열 숨기기 취소	Ctrl+Shift++	셀 삽입
Ctrl+Shift+:	현재 시간 입력	Ctrl+Shift+F	글꼴 변경

이외에도 Ctrl+Shift를 이용한 단축키도 많이 사용되는데 Ctrl+Shift+〈, Ctrl+Shift+〉는 글자의 크기를 키우고 줄일 때 유용하게 사용되고, Ctrl+Shift+F는 글꼴의 변경 시에 이용하면 편리하다.

TIP 11 엑셀 파일의 인쇄

어렵게 엑셀 작업을 마치고 인쇄를 하다 보면 페이지에서 넘어가거나 표가 잘려 여러 페이지로 인쇄되는 경우가 많은데, 이럴 경우에는 인쇄와 관련된 옵션을 변경하여 문제를 해결할 수 있다.

	A	B	C	D	E
1					
2					
3	구분	한국	미국	중국	합계
4	임직원 급여	2,340,428,153	1,744,966,887	1,229,604,959	5,315,000,000
5	영업직원 급여	1,100,000,000	786,500,000	375,375,000	2,261,875,000
6	임직원 인센티브	770,214,077	377,483,444	352,302,480	1,500,000,000
7	영업직원 교육훈련비	610,000,000	350,900,000	290,500,000	1,251,400,000
8	연구개발비	2,567,380,256	1,258,278,146	1,174,341,599	5,000,000,000
9	기타 HR비용	822,813,819	420,252,483	369,996,198	1,613,062,500
10	HR원가 총합	8,210,836,304	4,938,380,960	3,792,120,235	16,941,337,500
11	판매량	66,680	32,680	30,500	129,860
12	단위당 HR원가	123,138	151,113	124,332	130,458
13					
14					
15	구분	한국	미국	중국	합계
16	원재료비	7,489,370,091	5,583,894,040	3,934,735,869	17,008,000,000
17	가공비	1,872,342,523	1,395,973,510	983,683,967	4,252,000,000
18	부품비	3,978,727,861	2,966,443,709	2,090,328,431	9,035,500,000
19	판매비	1,170,214,077	872,483,444	614,802,480	2,657,500,000
20	임차료	4,212,770,676	3,140,940,397	2,213,288,927	9,567,000,000
21	이자비용	936,171,261	697,986,755	491,841,984	2,126,000,000
22	HR원가 총합	19,659,596,489	14,657,721,854	10,328,681,657	44,646,000,000

위의 그림과 같은 작업물을 인쇄를 하게 되면 아래의 그림과 같이 두 페이지로 잘려 인쇄가 된다.

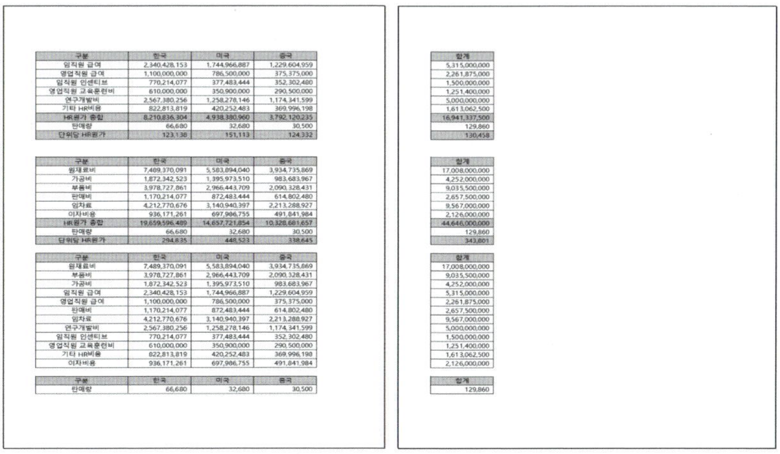

이때에는 엑셀의 [인쇄]-[설정]에서 [한 페이지에 모든 열 맞추기]를 선택하고 출력을 하면 한 페이지에 모든 내용이 표시되어 인쇄가 진행된다.

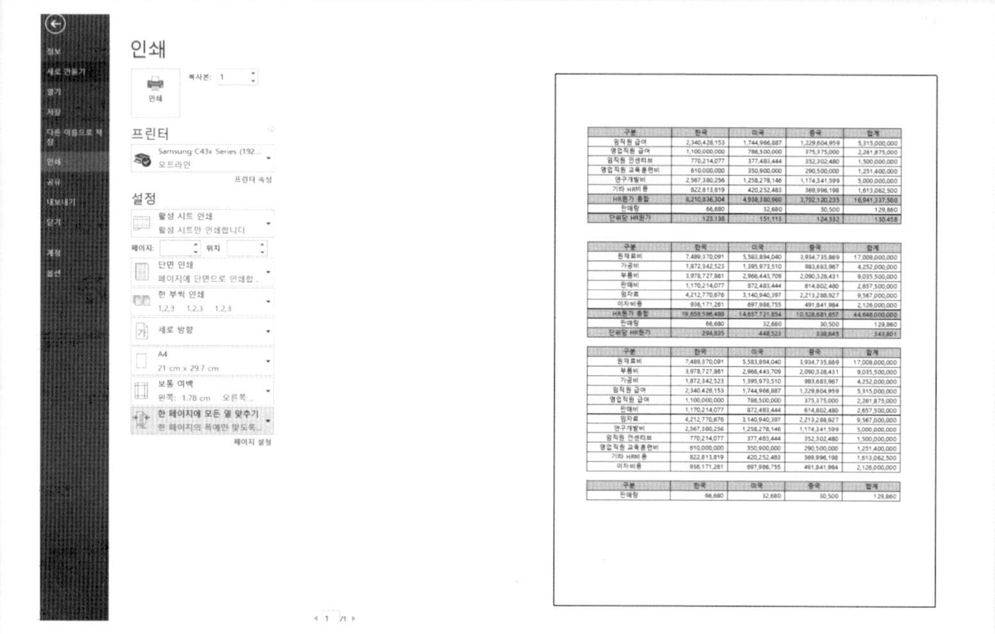

만일 표가 가로 방향으로 긴 형태라면 [설정]에서 가로 방향을 선택하여 출력할 수도 있다.

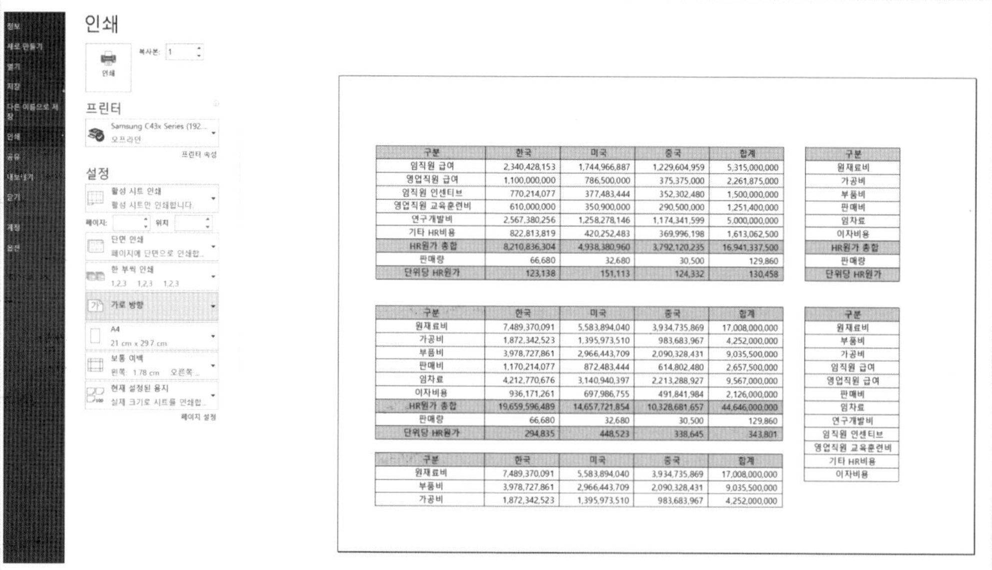

또한 인쇄 설정 항목에는 여백의 크기를 설정할 수도 있는데 인쇄 영역의 바깥쪽인 여백을 넓히거나 좁힐 수도 있고 자신이 원하는 크기로 조정도 가능하다.

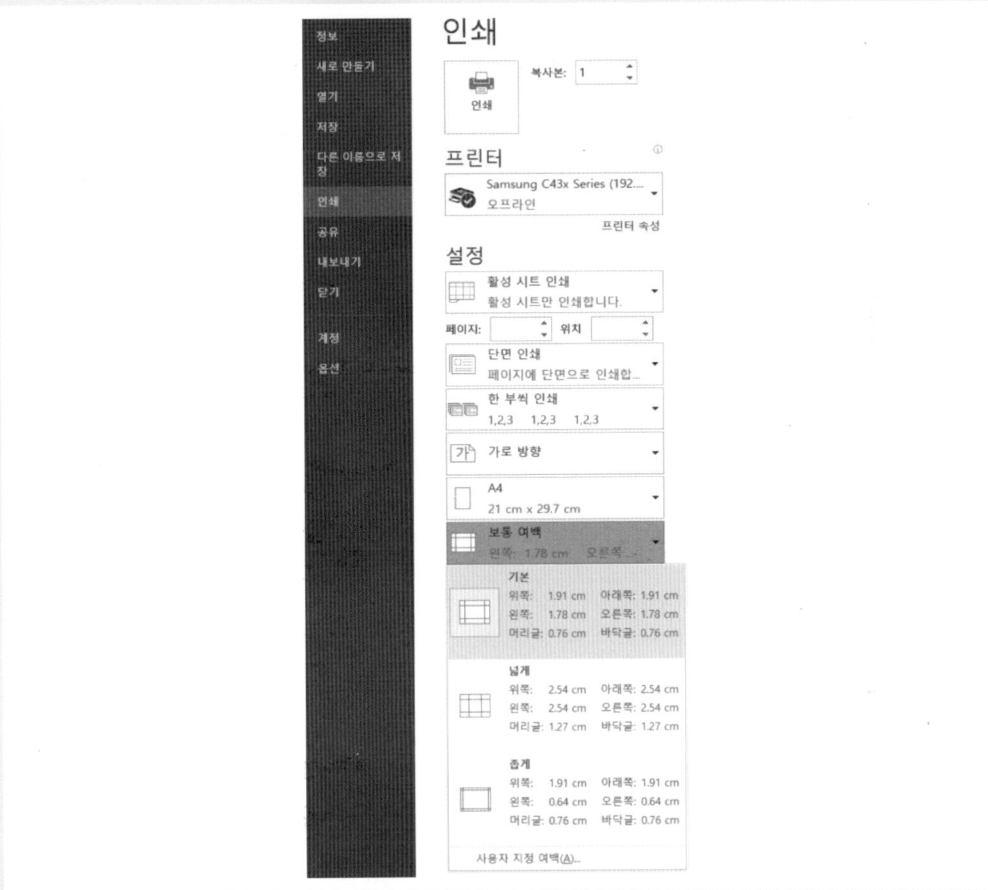

찾아보기

[ㅂ]

[ㅅ]

[ㅇ]

[ㅈ]

[ㅊ]

저자소개

김상수

〈학력〉
고려대학교 산업공학 학사
조지아 주립대학교 경영학 석사, 박사

〈주요 경력〉
現) 한양대학교 경영학부 교수
現) ㈜B2L Soft CTO
前) 한국정보시스템학회 부회장
前) 2011 한양대학교 창업지원 준비 단장
前) 경기 테크노파크 ECRC 센터장

〈전공분야〉
경영 시뮬레이션, 전략적 의사결정
창조적 혁신과 창의적 문제해결 방법론, 창업과 신사업 기획

〈주요 저서〉
전략적 의사결정 방법론, 비즈니스 시뮬레이션 게임 Biz-Master
창의적 문제해결과 의사결정, 위기를 기회로 바꾸는 문제해결 노하우
창업을 위한 사업계획서 작성 가이드, Creative Thinker를 위한 아이디어 발상법
창조경영의 원리와 추진 전략 등

〈주요 프로젝트〉
경영 시뮬레이션 개발(Biz-CEO, Biz-Manager, Biz-MBA, Biz-champion)
맞춤형 경영 시뮬레이션 개발(삼성전자 SDMS, 포스코 PBS, SK 이노베이션 정유 SBBS, SK 이노베이션 전기차배터리 SKBS, HSG HMS, 홈앤서비스 HSBS)
창의적 문제해결 포털 사이트 Biz-Solver 개발
기타 프로젝트(한국남동발전 창조혁신 컨설팅, 현대해상 포털 전략 구축, 철강 산업 수요 예측 등)

이근필

〈학력〉
고려대학교 경제학사
서울시립대학교 경영학 석사
한양대학교 경영컨설팅 박사과정

〈주요 경력〉
現) 한국바른채용인증원 수석전문위원
前) 에듀윌 CM1 본부장
前) 파고다 교육그룹 상무이사

엑셀을 활용한

경영자료분석과 의사결정

인　　쇄　2022년 1월 10일
발　　행　2022년 1월 17일

지 은 이　김상수 · 이근필
펴 낸 이　김광범
펴 낸 곳　도서출판 시대가치

출판등록　2017년 3월 23일 제2018-000088호
주　　소　서울특별시 마포구 토정로 222, 422-1호(한국출판콘텐츠센터)
전　　화　02)3152-2620 / 팩스 02)6442-2621
이 메 일　timepub2017@gmail.com

ISBN 979-11-89607-58-6 93320

가격 30,000원